ドイツ経済の
地域構造

――その変動の諸要因と変わらざる特質――

山本 健兒

原書房

Spatial Structure of German Economy
—Factors for Its Dynamism and Long-term-lasting Characteristics—
by Kenji YAMAMOTO

ISBN978-4-562-09227-7
Copyright © 2025 Kenji YAMAMOTO
Hara Shobo Co. Ltd., Tokyo, 2025

はしがき

　本書は日本の経済地理学界において彫琢された「地域構造論」という視点に基づいて、ドイツ経済の地理的実態を解明すべく、筆者が 30 歳台に入った頃から断続的に公表してきた諸論文を点検して若干の修正を加えて集成するとともに、2010 年代の状況についての書下ろし論文も含めてまとめたものである。

　筆者は学部学生時代からドイツに関心を抱き、いくつかの偶然が重なって経済地理学の世界に足を踏み入れ、1970 年代後半の博士課程在学時にドイツ学術交流会の奨学金を得てミュンヘン工科大学地理学研究所（Geographisches Institut der Technischen Universität München）での研究滞在が可能になってからドイツ研究に本格的に従事するようになった。その際にはドイツという国民経済の地域構造を明らかにしようとするよりもむしろ、当時の日本にはごく一部の識者を除いてまだあまり知られていなかったドイツ経済の一側面、即ち外国人労働者の存在に関心を抱き、彼らの家族呼び寄せに伴って発生する都市という場での社会問題の実態とその要因に関する研究に取り組んだ。

　その後、筆者は 2 度目の奉職先である法政大学経済学部で「経済地理」という科目を担当し、院生時代に積極的に参加した「地域構造研究会」での集団的研究の成果に学ぶとともに、内外の経済地理に関するテキストブックを踏まえて筆者なりの経済地理学を模索してきた。その際には、経済地理学の体系化に寄与しうるような、そして経済地理学の視点に基づく実態解明をより豊かにするための、自分なりに考えた新しい論点を機会あるごとに提示してきた。また具体的な地域に関する研究としては、ドイツにおいて第 2 次世界大戦後以降に目覚ましい経済発展を遂げたバイエルン州とその州都ミュンヘンの研究に力を入れる一方で、ドイツ経済の地域構造をより精密なデータで実証しようとしてきた。その際には、経済主体としての企業の立地行動を具体的に描き、その立地行動を規定する要因をできるだけ解き明かそうとしてきた。

　なぜドイツに着目したのか。その理由はいくつかの偶然が重なったからでしかない。しかし結果的には、『矢田俊文著作集　第三巻　国土政策論《下》国

土構造構築論』のキーワードである「一軸一極集中的な地域構造」を呈するようになったと理解されている日本と対照的な地域構造を示すドイツの実態を描くことが、あるべき日本の地域構造を構想するうえで有用と考えたからである、と今にして思う。

　この点に関連して言及しておきたいのは、1960年代から2000年代にまでわたって数年おきに開催されてきた日独地理学会議の目的である。当初は日独地理学ゼミナールと称していたこの会議創設のイニシャチブを取り、1980年代半ば過ぎまでドイツ側の代表として尽力した故ペーター・シェラー（Prof. Dr. Peter Schöller）ルール大学教授が1988年3月に名古屋で開催された第6回日独地理学会議を目前にして病に倒れて参加できなくなった際に、この会議に参加した日独双方の地理学者を代表して石井素介明治大学教授・小林博大阪市立大学教授・浮田典良京都大学教授・伊藤喜栄慶応義塾大学教授、及びゲアハルト・アイマンズ（Prof. Dr. Gerhard Aymans）ボン大学教授、ハンス・ブーフホルツ（Prof. Dr. Hanns J. Buchholz）ハノーファ大学教授、ヴァルター・マンスハルト（Prof. Dr. Walther Manshard）フライブルク大学教授、アロイス・マイア（Prof. Dr. Alois Mayr）ミュンスター大学教授の連名でシェラー教授を日独地理学会議名誉会長に推挙した日独両語併記の感謝状の中にある次の文章が、日独地理学会議の目的を簡潔に表現している。

　　"Unsere Konferenzen dienen dem Ziel, Fremdes besser verstehen, bewerten und einordnen zu können sowie Eigenes und Vertrautes in anderem Licht erscheinen zu lassen."
　「吾が日独地理学会議の目的は、《未知のこと》については、これを、より良く理解し、評価し、正しく位置ずけ（ママ）ができるようになること、また《自国のこと》や《熟知していること》については、これに全く違った光を当てて、改めて見直してみること」という目的に資することである。」[1]

　私は、この日独地理学会議の目的を意識してドイツ研究に取り組んできたわけではなく、自身の好奇心を出発点としたにすぎないが、結果的にその目的にそって遅々たる歩みを進めてきた、と今改めて思う。
　ところで、現実の地域構造を理解するためには、産業の立地、産業経済を主

導する大企業の立地、大企業組織が作り出す諸地域や諸都市の間の関係を、データによって明らかにするという方法が必要になる。しかし大企業に焦点を当てるだけで経済の実態が解明されるわけではない。中小企業の営みやこれらが作り出す産業集積地域、あるいは集積地域とは言い難いが活力ある農村的地域の実態解明も必要である。そのためには、地理学が得意とする現地観察だけではなく、解明のためのデータの発見とその分析が必要になる。

　言うまでもないが、ドイツは経済地理学という学問においても先進国であり、それだけに研究者の層が日本よりもはるかに分厚い。それ故、1人の日本人が未解明と思うことであっても、既にドイツ人研究者によって解明されている可能性が高い。したがって、まずは、筆者の研究関心にそうような、あるいはヒントになるような研究成果があるか否かの探索が必要になる。そして、それを踏まえて、何らかの独自性のある成果を生み出す必要がある。しかし、その研究成果を日本人読者に向かって提示するためには、ドイツ人研究者が明らかにした成果を紹介したり、それを用いた2次的分析や解釈をしたりすることも必要になる。

　本書に収録した諸論文は、その意味で、多くのドイツ人研究者による研究成果を取り入れることなくしては執筆し得ないものであった。しかし同時に、可能な限り筆者自身の分析と考察を加えてある。地域構造論という視点にしても、地域構造研究会の到達点やその唱道者の一人である矢田俊文の考えをそのまま引き継ぐのではなく、筆者自身の読書遍歴によって他の研究者たちから学んだ視点や概念を加えて、つまり、視点や概念の新結合によって、現実をよりよく説明しうる地域構造論へと高めるべく試みたつもりである。

　ところでどの国に関する研究であれ、経済地理学的な研究であるためには人々が帰属意識を持ち、政治的・社会的・文化的・経済的に1つの地域であると認識しうるような場所がどのように分布しているかを把握する必要がある。特に、多くの日本人にとって常識となっているとは言い難い外国の事情を日本人読者に提示するためには、その外国において常識となっている地域構成、すなわち、その国にはどのような名称を持つ地域がどのように分布しているか、その姿を提示する必要がある。そのためには地図の提示が必須となる。その提示は、当該国の研究者による研究成果や、学校教育で用いられている当該国の地域区分を基礎とするのが望ましい。それゆえ、本書にはドイツ語文献に表れ

た地図をそのまま掲載した場合が少なくない。このような提示はオリジナルな研究とは言えないが、それを踏まえた独自の思考の成果を提示すれば研究の名に値しよう。本書ではそれを心がけたつもりである。本書の第2章はその趣旨で20世紀半ば頃までのドイツ経済の地域構造の変動を俯瞰した論考であり、第14章は同じ趣旨で21世紀に入ってからの地域構造とその形成要因を論じたものである。この2つの章をお読みいただければ、ドイツの地域構造が超長期的にみて大きく変動してきたことをご理解いただけると思う。しかしその変動にも拘らず、変わらざる特徴もあることを看取していただけると期待している。

　その変らざる特徴を抉り出すために研究してきたというわけではないが、筆者が大学教員の職を得た頃から約40年間かけて断続的に公表してきた諸論文をもとに集成した第3章から第13章までをお読みいただければ、本書に付した副題の意味をご理解いただけると期待している。その中には学術論文というよりも一般向けを意識して書いたものもある。第5章、第7章、第11章がそれである。いずれにせよ、第2章と第14章も含めて本書の各章はそれぞれ独立した論文として読むことができるように書いたものである。それゆえ第1章から順番に読まなければ全体を理解できないというものではない。読者には興味を抱けると感じた章から繙いていただければ、と思う。そのことは逆に、各章の間に重複記述がありうることを意味する。この点、あらかじめ読者にはご了解いただければ有り難い。各章のもとになった既発表論文は以下の通りである。

第1章　書下ろし

第2章初出　「ドイツの地域構造」科研費報告書（平成11～12年度）（所収：松原宏（編）『先進資本主義諸国における地域構造変動の国際比較』（課題番号　11480016）、2001年、pp.61-119）。ただし、これを大幅に改訂したので書き下ろし部分が多い。なお、この科研費報告書に収録された拙稿の一部は松原宏（編）『先進国経済の地域構造』東京大学出版会、2003年2月、pp.89-121に「第3章　ドイツの地域構造」というタイトルで収録されているが、本書第2章とは重なっていない。

第3章初出　「西ドイツ経済の空間的構成―株式会社本社立地の特性―」、『経済志林』（法政大学経済学会）第52巻第2号、1984年8月、pp.1-84。

第4章初出　「西ドイツ経済における支配・従属・相互依存の空間的パターン

―企業による事業所展開を手掛かりにして―」、『経済地理学年報』（経済地理学会）第 33 巻第 3 号、1987 年 9 月、pp.158-180。

第 5 章初出　「第 6 章 地域整備政策」、所収：大西健夫（編）『現代のドイツ第 1 巻　国土と国民』三修社、1982 年 4 月、pp.193-230。

第 6 章初出　「西ドイツ工業における企業内空間分業と地域経済」、『経済志林』（法政大学経済学会）第 58 巻第 1・2 合併号、1990 年 10 月、pp.107-189。

第 7 章初出　「1 章　国土構造」、所収：渡辺重範（編）『ドイツ　ハンドブック』早稲田大学出版部、1997 年 9 月、pp.3-31。及び、「統一ドイツ―その後の変化」、所収：『地理・地図資料』1991 年 12 月号、帝国書院、pp.1-5。

第 8 章初出　「ドイツの中小企業政策と地域経済」、『経済志林』（法政大学経済学会）第 65 巻第 2 号、1997 年 9 月、pp.165-202。

第 9 章初出　「ドイツの産業集積と機械工業中小企業」、『経済志林』（法政大学経済学会）第 67 巻第 3・4 合併号、2000 年 3 月、pp.199-242。

第 10 章初出　「ドイツの産業集積支援政策に関する調査報告（1）」、『経済志林』（法政大学経済学会）第 69 巻第 4 号、2002 年 3 月、pp.371-386。及び、「ドイツの産業集積支援政策に関する調査報告（2）」、『経済志林』（法政大学経済学会）第 70 巻第 1・2 合併号、2002 年 7 月、pp.105-132。

第 11 章初出　「ドイツにおける境域を越えた地域づくり」、所収：愛知大学綜合郷土研究所（編）『県境を越えた地域づくり―三遠南信地域づくりを中心に―』岩田書院、1998 年、pp.113-134。

第 12 章初出　「BMW による新規工場立地選択プロセス」、『経済地理学年報』（経済地理学会）第 49 巻第 4 号、2003 年 9 月、pp.331-353。

第 13 章初出　「ドイツ経済復活の鍵としてのミッテルシュタントと地域経済―Audretsch and Lehamnn（2016）と Ewing（2014）の見解を踏まえて―」、『經濟學研究』（九州大学経済学会）第 84 巻第 5・6 合併号、2018 年 3 月、pp.51-86 の一部に加筆。

第 14 章　書き下ろし。

第 15 章　書き下ろし。

　　既発表論文はいずれも本書に収録するにあたって再読し、記述の根拠は確かであろうかと自身に問いかけ、不安に感じた点については可能な限り原典に当たって必要と判断した場合には加除修正したが、筆者の不手際による資料散逸

や能力・注意力不足ゆえの誤りが残っているかもしれない。また、より達意の文章にすべく推敲して修文した部分もある。それゆえ、本書は上記の拙稿の初出通りというわけでは必ずしもない。また、ドイツ語用語からの和訳はもちろん、日本語用語であっても、約40年間の間に同じことを意味するのに異なる用語をあてた場合があることに、索引用語を選定する際に気がついた。これらについては再校の際にできるだけ統一を図ったが、統一しない方がベターと判断した場合もある。それらとは別に、筆者のドイツ理解に対する異論もありえよう。ご批判いただければ有り難く頂戴し、今後の研究に生かしたいと考えている。

　最後になったが、本書のもとになった諸論文を執筆するうえで日独双方の多くの経済地理学や隣接分野の研究者にお世話になったことを付記しておきたい。特に筆者のドイツ研究をいざなっていただいた故竹内啓一先生（一橋大学名誉教授）、故西川治先生（東京大学名誉教授）、故石井素介先生（明治大学名誉教授）、故浮田典良先生（京都大学名誉教授）、故森川俊夫先生（一橋大学名誉教授・ドイツ文学専攻）、筆者が1970年代末と1980年代末の各2年間、そして2001年夏と3度にわたってミュンヘン工科大学地理学研究所に滞在した際の指導教官ギュンター・ハインリッツ（Prof. Dr. Günter Heinritz）先生（ミュンヘン大学名誉教授）[2]、種々懇切に教えていただくとともに生活面での支援もしてくれた故ハイナー・デュア（Dr. Heiner Dürr、1990年に Professor am Geographischen Institut der Ruhr-Universität Bochum 就任）さんとヴァルター・クーン（Dr. Walter Kuhn）さん、長期にわたって種々支援していただいているヴィンフリート・フリュヒター（Prof. Dr. Winfried Flüchter）さん（デュースブルク・エッセン大学名誉教授）、そして地域構造研究会やその後の研究途上で議論の相手になっていただいた、あるいはいただいている諸先生方、とりわけ矢田俊文さん（九州大学及び北九州市立大学の名誉教授）に厚く御礼申し上げる。Last but not least、デジタル化進展の故に出版事情がますます厳しくなる今日、筆者の意図をご理解いただき、出版をお引き受けいただいた原書房社長の成瀬雅人さんには編集の労もお取りいただいた。記して心より感謝申し上げる。

　2025年1月21日

山本健兒

注

1) この文章は、山本が私的に保管している感謝状原本のフォトコピーによる。ドイツ語の文章は、次の文献の 23 頁に印刷されている。

Yazawa, Taiji, Hiroshi Kobayashi und Motosuke Ishii (1989) Die Deutsch-Japanischen Geographen-Seminare. In: Rolf Heyer und Manfred Hommel (Hrsg.) *Stadt und Kulturraum. Peter Schöller zum Gedenken.* Bochumer Geographische Arbeiten. Heft 50, Paderborn: Ferdinand Schöningh, S.20-24.

会議開催当日の 1988 年 3 月 17 日にドイツからシェラー教授の訃報が届いた。上記のルール大学地理学研究所発行になる冊子は、シェラー教授の追悼号である。

2) ドイツ社会地理学の泰斗ヴォルフガング・ハルトケの後任として 1970 年代半ばにミュンヘン工科大学地理学研究所教授となったが、2000 年代初めに実施されたルートヴィヒ・マクシミリアン大学 (Ludwig-Maximilians-Universität München) 地理学分野の研究所との統合により、ミュンヘン大学地理学部門 (当時の名称は Sektion Geographie) 教授となった。

目　次

はしがき……………………………………………………………………… i

凡例…………………………………………………………………………… xv

第１章　序論―研究課題と研究方法― ……………………………… 1

1. 経済地理学の視点＝地域構造論　………………………………… 1

2. 地域構造論をより豊かにするための道　………………………… 3

3. グローバリゼーションのもとで地域や都市・農村に注目する意義………… 5

4. 地理学の視点からの経済研究　…………………………………… 6

5. 本書の目的と構成　………………………………………………… 7

第２章　第２次世界大戦以前における地域構造の変動 ……………… 13

1. はじめに　…………………………………………………………… 13

2. 第２次世界大戦以前における地域間格差の変動　……………… 15

　2.1. プロイセン王国内における地域間格差の変動………………… 15

　2.2. 20 世紀初めのドイツにおける地域間格差の変動　………… 19

3. 産業化時代におけるドイツ経済の地域構造　………………… 26

4. 第２帝政末期と両大戦間期におけるドイツ経済の地域構造　………… 34

　4.1. 経済地域を認識するためにエルヴィーン・ショイが採用した方法 …… 34

　4.2. 工業４部門の立地分布と地域間の物資流動……………… 37

　4.3. 物資流動から見た地域間の結びつきの強弱……………… 43

　4.4. リーディングインダストリーの立地分布 …………………… 53

5. おわりに　………………………………………………………… 65

第３章　1970 年当時の西ドイツ経済の空間的構成
　　　　　―株式会社本社立地の特性―……………………………… 69

1. はじめに　………………………………………………………… 69

viii

2. 西ドイツの産業配置に関する研究の到達点 ‥‥‥‥‥‥‥‥‥ 70

3. 株式会社本社立地の実態 ‥‥‥‥‥‥‥‥‥‥‥‥‥‥‥‥‥ 74

  3.1. 資料の性格‥‥‥‥‥‥‥‥‥‥‥‥‥‥‥‥‥‥‥‥‥‥‥ 74

  3.2. 企業の諸形態と株式会社の地位‥‥‥‥‥‥‥‥‥‥‥‥‥ 78

  3.3. 産業部門別にみた株式会社本社立地‥‥‥‥‥‥‥‥‥‥‥ 80

  3.4. 小括‥‥‥‥‥‥‥‥‥‥‥‥‥‥‥‥‥‥‥‥‥‥‥‥‥ 103

4. むすびと展望 ‥‥‥‥‥‥‥‥‥‥‥‥‥‥‥‥‥‥‥‥‥‥ 106

第4章 西ドイツ経済における支配・従属・相互依存の空間的パターン
―企業による事業所展開を手掛かりにして― ‥‥‥‥‥‥‥ 115

1. はじめに ‥‥‥‥‥‥‥‥‥‥‥‥‥‥‥‥‥‥‥‥‥‥‥‥ 115

2. 企業による事業所の空間的展開と地域間の支配・従属・相互依存‥‥‥ 117

3. 西ドイツにおける地域間関係 ‥‥‥‥‥‥‥‥‥‥‥‥‥‥‥ 122

  3.1. 資料‥‥‥‥‥‥‥‥‥‥‥‥‥‥‥‥‥‥‥‥‥‥‥‥‥ 122

  3.2. 概観‥‥‥‥‥‥‥‥‥‥‥‥‥‥‥‥‥‥‥‥‥‥‥‥‥ 123

  3.3. 経済の発展水準と地域類型‥‥‥‥‥‥‥‥‥‥‥‥‥‥‥ 124

  3.4. 主要都市の支配圏‥‥‥‥‥‥‥‥‥‥‥‥‥‥‥‥‥‥‥ 130

4. むすびに ‥‥‥‥‥‥‥‥‥‥‥‥‥‥‥‥‥‥‥‥‥‥‥‥ 145

第5章 東西ドイツ分裂時代における西ドイツの地域問題と
地域整備政策 ‥‥‥‥‥‥‥‥‥‥‥‥‥‥‥‥‥‥‥‥‥ 149

1. 地域問題観 ‥‥‥‥‥‥‥‥‥‥‥‥‥‥‥‥‥‥‥‥‥‥‥ 149

  1.1. マスメディア報道などに表れた地域問題‥‥‥‥‥‥‥‥‥ 149

  1.2. 地域格差とは何に関する格差か？‥‥‥‥‥‥‥‥‥‥‥‥ 154

2. 地域格差の実態 ‥‥‥‥‥‥‥‥‥‥‥‥‥‥‥‥‥‥‥‥‥ 155

  2.1. 地域指標‥‥‥‥‥‥‥‥‥‥‥‥‥‥‥‥‥‥‥‥‥‥‥ 155

  2.2. 問題地域の具体‥‥‥‥‥‥‥‥‥‥‥‥‥‥‥‥‥‥‥‥ 164

3. 地域整備政策 ‥‥‥‥‥‥‥‥‥‥‥‥‥‥‥‥‥‥‥‥‥‥ 164

  3.1. 地域区分‥‥‥‥‥‥‥‥‥‥‥‥‥‥‥‥‥‥‥‥‥‥‥ 164

  3.2. 地域整備政策の概念‥‥‥‥‥‥‥‥‥‥‥‥‥‥‥‥‥‥ 166

  3.3. 地域整備政策の伝統‥‥‥‥‥‥‥‥‥‥‥‥‥‥‥‥‥‥ 169

3.4. 重点施策 ……………………………………………………………… 171
　　3.5. 今後の問題 ……………………………………………………………… 175

第6章　西ドイツ工業における企業内空間分業と地域経済 ……………… 177
　1. はじめに ……………………………………………………………… 177
　2. 工業立地の1類型としての「支所たる工場」の立地 ……………… 180
　　2.1. 全国における工場立地動向 …………………………………………… 180
　　2.2. 大都市圏における「支所たる工場」の立地動向 ………………… 190
　　2.3. 周辺的地域における「支所たる工場」の立地動向 ……………… 201
　3. 複数事業所企業における事業所間の機能的分業と地域経済 ……… 208
　　3.1. ラインホルト・グロッツの研究 …………………………………… 208
　　3.2. フランツヨーゼフ・バーデの研究 ………………………………… 210
　　3.3. ヴェルナー・ミークスの研究 ……………………………………… 213
　　3.4. ベルント・レッピングとフリードリヒ・ヘッシュの研究 ……… 216
　　3,5. カールペーター・シャクマンファリスの研究 …………………… 220
　　3.6. ハインリヒ・グレーバーらの研究 ………………………………… 227
　4. むすびに ……………………………………………………………… 234

第7章　東西ドイツ統一間もない頃の国土構造と社会状況 ……………… 243
　1. 多極分散型の国土構造 ……………………………………………… 243
　2. ベルリンへの首都移転決定に表れた地域主義意識 ……………… 249
　3. 生活の質と国土構造 ………………………………………………… 255
　4. 東西ドイツ統一間もない頃の社会状況 …………………………… 263
　　4.1. かつての国境の町ゾネベルク ……………………………………… 264
　　4.2. 意識の変化 …………………………………………………………… 266
　　4.3. 労働市場の変化 ……………………………………………………… 268
　　4.4. 外国人排斥運動の激化 ……………………………………………… 271

第8章　ドイツの中小企業政策と地域経済 ………………………………… 273
　1. はじめに ……………………………………………………………… 273
　2. ドイツ中小企業の概観と経済政策におけるその位置づけ ……… 274

2.1. 中小企業の定義とその比重 ……………………………………… 274

2.2. 経済政策における中小企業の位置づけ ……………………… 277

3. 技術指向の中小企業支援政策 ……………………………………… 280

3.1. 連邦政府の技術支援政策 ………………………………………… 280

3.2. 地方政府等の技術支援政策 …………………………………… 282

4. 技術指向中小企業支援政策の問題点 …………………………… 296

5. おわりに ……………………………………………………………… 300

第9章　ドイツの産業集積と機械工業中小企業 ……………… 303

1. はじめに ……………………………………………………………… 303

2. ドイツ機械工業の概観 …………………………………………… 304

3. 機械工業の地理的集積 …………………………………………… 308

4. アーヘン地域の機械工業中小企業 …………………………… 313

4.1. ヴェーゲナ有限会社 ……………………………………………… 313

4.2. B＋G 搬送技術有限会社 ……………………………………… 315

4.3. M. ブリュック機械工場有限合資会社 ……………………… 317

4.4. アコナ油圧有限合資会社 ……………………………………… 318

4.5. トウエト機械製造合資会社 …………………………………… 320

5. ハイルブロン地域の機械工業中小企業 …………………… 321

5.1. iRM 駆動技術有限会社 ………………………………………… 321

5.2. ホルスト・ティーレ機械製造油圧機器有限会社 ………… 324

5.3. ハイルブロン機械製造有限会社 ……………………………… 326

5.4. ベッカー機械工場有限合資会社 ……………………………… 328

5.5. フリツ機械製造有限会社 ……………………………………… 331

6. おわりに ……………………………………………………………… 333

第10章　ドイツの産業集積支援政策 …………………………… 337

1. はじめに ……………………………………………………………… 337

2. ミッテルシュタント研究所の活動 …………………………… 339

3. ドイツのミッテルシュタントの概況 ………………………… 341

4. 創業の地域的差異 …………………………………………………… 344

5. 中小企業のイノベーション支援 ……………………………………… 348

　5.1. ノルトライン・ヴェストファーレン・イノベーション・技術センター有

　　限会社の活動……………………………………………………………… 348

　5.2. エルンスト・ヘーゼ機械工業有限会社……………………………… 354

　5.3. フラウンホーファー環境・安全・エネルギー技術研究所………… 356

6. ノルトライン・ヴェストファーレン州の創業支援政策 …………… 359

　6.1. ゾーリンゲン創業者・技術センター有限会社……………………… 360

　6.2. アーヘン地域における創業支援……………………………………… 362

7. むすびに代えて ………………………………………………………… 365

第11章　ドイツにおける境域を越えた地域づくり ………………… 369

1. ヨーロッパにおける国境を越えた地域づくり ……………………… 369

2. ドイツにおける県境を越えた地域づくりの一例—ルール地域—……… 372

3. ラインラントとヴェストファーレン ………………………………… 375

4. ルール炭田地域集落連合からルール地域自治体連合へ …………… 378

5. 国際建築展エムシャーパーク ………………………………………… 383

6. ドイツにおける境域を超えた地域づくりから学べること ………… 386

第12章　BMWによる新規工場立地選択プロセス……………………… 389

1. はじめに ………………………………………………………………… 389

2. 新聞報道に見るBMWの立地選択の理由 …………………………… 390

3. BMW公表資料に見る立地選択の理由……………………………… 394

　3.1. 立地候補地の募集と評価基準………………………………………… 394

　3.2. 意思決定の公表………………………………………………………… 395

　3.3. 1つの疑問 ……………………………………………………………… 400

4. 新聞報道に見るBMWによる選考過程 ……………………………… 401

5. 既往の行動論的立地論への含意 ……………………………………… 410

　5.1. 西岡（1976）の理論的考察 ………………………………………… 410

　5.2. Hayterの理論的考察 ………………………………………………… 413

6　結論 ……………………………………………………………………… 417

第13章　ドイツ経済復活を支えるミッテルシュタント ……………… 419

1. はじめに ……………………………………………………………… 419

2. ヘルマン・ズィーモンによる「隠れたチャンピオン」論 ………… 420

3. Ewing（2014）によるミッテルシュタント論 ……………………… 424

   3.1. ピックハン社………………………………………………… 427

   3.2. カネギーサ社………………………………………………… 429

   3.3. ハーン・ガラス製造社……………………………………… 430

   3.4. クリスティアン・ボリン・アルマトゥーレン社………… 431

   3.5. トゥルンプ社………………………………………………… 432

   3.6. シャープミュラー自動車技術社…………………………… 433

   3.7. ミッテルシュタントの特質………………………………… 434

4. おわりに ……………………………………………………………… 436

第 14 章　21 世紀におけるドイツ経済の空間的構成と地域整備 ……… 437

1. はじめに ……………………………………………………………… 437

2. ドイツにおける都市化地域の地理的分布と交通の大動脈 ………… 439

3. 大企業本社の立地パターン ………………………………………… 446

   3.1. 全国的影響力を持つ有力都市……………………………… 446

   3.2. 売上高最大 500 社の本社所在地 ………………………… 448

   3.3. 先端的工業部門の本社立地………………………………… 450

   4. 産業の「多極＋農村的地域への広域的分散」をもたらした諸要因…… 458

   4.1. 19 世紀に領邦国家単位で推進された産業化 …………… 460

   4.2. 第 2 次世界大戦敗北の影響………………………………… 465

   4.3. 政府による工業立地政策あるいは企業家の分散的輩出… 468

   4.4. 遍歴職人としての修業を経験する企業家の存在………… 472

5. 生活の質を重視する国土政策 ……………………………………… 477

6. おわりに ……………………………………………………………… 480

第 15 章　結論と展望 ………………………………………………… 485

注一覧（各章別）………………………………………………………… 495

文献一覧……………………………………………………………………… 524

xiii

事項索引……………………………………………………………………… 561

地名索引……………………………………………………………………… 572

企業名・団体名・研究機関名索引………………………………………… 579

人名索引……………………………………………………………………… 586

凡　例

1．本書での論述のために参照した文献を各章の本文や注記において指示する
　場合には、著者氏名の姓をまず書き、そのあとに刊行年を丸括弧で括って示
　す。文献の一部や特定ページの参照を示す場合には、刊行年の後にコロンを
　付し、その後に該当ページをアラビア数字で示す。また、ある段落全体や、
　1文ないし複数の文全体の記述が特定の参照文献に基づく場合には、そうし
　た段落や文の最後にその参照文献の著者名と刊行年を意味する数字の全体を
　丸括弧で括ってある。

　　　例　矢田（1975）、Scheu（1924：8）、（Giddens 1984）

2．参照文献の該当箇所が連続する複数ページにわたる場合には、最初のペー
　ジの数字と最後のページの数字の間にハイフンを付す。他方、それが異なる
　ページに複数ある場合には、参照ページをコンマで区切る。

　　　例：Haggett（1979：246-247）、（Amt für Statistik und Datenanalyse
　　　der Landeshauptstadt München1975：85, 131）

3．同一著者の文献を2つ以上参照指示する場合には、その刊行年をコンマで
　区切る。

　　　例　Scheu（1924, 1927, 1928）

4．本文や注記の文章の中で、例えば（S.8）という記載がある場合、これは
　当該箇所の記述のために参照した文献の8頁目ということを意味する。S. は
　ドイツ語のページ（Seite）を意味する。

5．文献の書誌情報については本書巻末の文献一覧を参照されたい。そこでは、
　日本語文献の場合著者氏名のあいうえお順に、欧語文献の場合は著者氏名の
　アルファベット順に並べてある。

6．著者が自然人ではなく、企業、団体、雑誌・新聞の場合も、それぞれの頭
　文字のあいうえお順、あるいは abc 順で、文献一覧の中に含めてある。

7．同一著者が同一年に刊行した文献については、刊行年のあとに a、b、c な
　どのアルファベットを付して区別してある。

8．参照文献が欧文の新聞や雑誌の場合には、原則として刊行年月日を日・月・年の順番で示し、日本語の新聞や雑誌の場合には年・月・日の順で数字と文字を付した。

　例（Süddeutsche Zeitung 10.11.2000）、（日本経済新聞 2001 年 8 月 30 日）

9．インターネットで閲覧ないし入手した文献やホームページについて、原則としてその URL と閲覧年月日を記したが、2000 年代初め頃までについては、当時筆者の不明の故にそれを記さなかったので本書でも閲覧年月日を付すことができなかった。いずれにせよ URL での閲覧が本書全体の校正をしている時点において不可能になっている場合がある。また、信頼できる URL であれば、現在では https で始まるのが普通だが、かつては http だけであり s の文字はなかった。

10．外国地名、外国企業名、外国人名のローマ字綴りは、原則として索引で提示した。ただし、日本でよく知られていると思われる名称についてはそれを割愛した場合がある。なお、大陸ヨーロッパの地名と外国人名のカタカナ表記は *DUDEN Das Aussprachewörterbuch*, 6. überarbeitete und aktualisierte Auflage, Mannheim und Zürich: Dudenverlag, 2005 で示されている発音記号に、英米の地名や人名は大塚高信・寿岳文章・菊野六夫（共編）『固有名詞英語発音辞典』三省堂、1969 年で示されている発音記号に従うことを原則としたが、日本で著名な地名や人名で慣用化されていると筆者が判断した場合には、それを尊重した。

第1章　序論―研究課題と研究方法―

　本書の目的は、経済地理学の視点に基づいてドイツ経済の地理的実態を解明することにある。なぜこれが研究に値することなのだろうか。その意義は、なによりも日本の現状と将来を考えるうえで、ドイツの経済地理的実態とその諸要因とを理解することが有益だからである。日本との比較で注目すべきドイツ経済の地理的実態は多極分散という特徴である、と少なからぬ日本のドイツ研究者が述べてきた[1]。日本経済が東京への一極集中[2]という特徴を持つがゆえにさまざまな社会的問題が生まれていること、問題克服のためには多極分散型の経済的な地域構造に少しでも近づけることが必要である、という認識は研究者だけでなく、多くの日本人にとって共有されうると思われる。

　ドイツの経済地理的実態の解明が研究に値する第2の理由は、経済地理や経済史に関する我が国の研究者などによって研究対象とされてきた諸外国の中でドイツが比較的より多くかつ精密な研究が積み重ねられてきた国ではあるが、十分に解明されたとは言い難い研究課題が依然としてあると考えられるからである。何故そう考えられるのか、この点について本書の研究課題と研究方法を提示しつつ説明する。

1. 経済地理学の視点＝地域構造論

　一極集中型と多極分散型という表現は、経済地理学の視点からの国民経済の類型を意味している。ほかにも国民経済の地理的類型を表現する用語はあり得るが、そうした地理的類型を経済地理学の視点から簡潔に表現するために「国民経済の地域構造」という用語がわが国で案出されたのは1970年代のことである[3]。それ以前に既に、経済地理学の研究課題や研究視点を打ち出す方法論に関する見解が幾人かの経済地理研究者から出されていたが、矢田（1975a）はそれらを批判的に学びつつ、より体系化された経済地理学の樹立を目指して「地域構造」という用語を用いた[4]。その内容は、諸産業、特に国民経済を牽引するリーディングインダストリーの立地とその変化を把握する産業配置論、

1

産業の立地によって形成される経済地域の画定と各経済地域内部の実態を研究する経済地域論ないし地域経済論、産業活動によってどのような国土利用がなされているか、それによって自然破壊や公害などの問題が引き起こされることのないようにするためのあるべき国土利用論、そして国民経済内部に存在している諸地域の間の関係が地域間格差の拡大につながるようであれば、これを是正するための地域政策論の4分野から構成されるのが経済地理学であり、この4分野を統合するための視点として「地域構造」という術語を矢田は用いたのである（矢田 1982a, 1982b）。

　つまり、地域構造論は経済地理学の研究対象全体を包括して指し示すための用語として登場したのである。しかし他方において、産業活動によって形成される産業地域あるいは経済地域は、1国内部にあっても多数あり、かつ多様性に富んでいる。そうした経済地域間の関係を論ずる用語として「地域構造」という用語が理解された場合もある。1970年代当時の日本の若手経済地理研究者たちの集団的討議の場として機能した「地域構造研究会」による6巻からなる「日本の地域構造」シリーズは、農業、工業、流通・情報といった各産業の立地、人々の流動、所得・資金の流動などによって形づくられる日本経済の地域構造、即ち日本を構成する諸地域間の関係を解明したのであって、国土利用論や地域政策論までを包含するものではなかった。

　「地域構造研究会」に筆者自身も大学院生修士課程から博士課程の時期に積極的に参加し、そこで学んだことを踏まえて、「地域構造論のエッセンスは、国民経済の構造を地域間分業の体系として捉える点にある」（山本 2014a：3）と述べたことがある。そのためにはなによりも諸産業の立地を把握し、その立地によって形成される経済地域の具体的姿を知る必要がある。その経済地域は多様性に富んでいるであろうが、大きく大都市圏、工業地域、農山漁村地域の3類型にまとめて認識できるということも述べておいた。もちろん、この類型認識は筆者が初めて提示したわけではない。矢田が執筆者の1人として参画した野原・森滝（1975）に学んでそう述べたに過ぎない。この認識は現在でも国民経済の地域構造を理解するうえで有効性を持っていると考えられるが、経済を支える生産活動を第1次産業、第2次産業、第3次産業に分類する考え方に引きずられ過ぎたきらいがないわけではない。

　現実に存在している地域は、そこに存在しかつ優勢な産業だけに即して理解

第 1 章　序論─研究課題と研究方法─

できるわけではない。長い歴史を経て形成された地域には大小さまざまなスケールがあるが、どのスケールであれ居住する人々の多くが帰属意識を持つ場所であり、国家制度の中での基礎的地方自治体よりも大きなスケールの地域に着目すれば、その中には都市もあれば農村もあるし、産業も多様性に富んでいるのが普通である。そのように認識できる具体的な場所としてどのようなものがあり、そうした場所が国民経済や世界経済の中でどのような役割を担っているのか、経済的に発展する方向にあるのか、それとも停滞あるいは衰退傾向にあるのかということを問う視点もまた経済地理学の重要な視点である。さらに言えば、たとえ経済的に発展する傾向にある地域だとしても、それが持続可能な発展なのか、そうでなければ持続可能な発展に切り替えるためには何が必要なのか、他方で経済的な停滞あるいは衰退傾向にある地域の場合にはそれを克服して持続可能な発展への転換を果たすためには何が必要なのかということを問う視点も重要である。

　つまり経済地理学の視点に基づいていずれかの国民経済の実態を解明しようとするのであれば、狭義の経済現象だけに焦点を当てるのではなく、政治行政制度も含めた社会の成り立ちや、自然環境も視野に入れる必要がある。もちろん、前述した地域構造論は国土利用論という標題のもとで自然環境を視野に入れていた。しかし狭義に理解されている経済という概念には含め難い社会の成り立ちへの関心が弱かったことは否めない。

2. 地域構造論をより豊かにするための道

　社会の成り立ちへの重視を明示的に地域構造論に組みこむことによって、地域構造論に基づく1国経済研究をより豊かなものにすることができると筆者は考えている。この考えをもう少し敷衍するならば次のように言える。

　従来の地域構造論からすれば、産業の立地、物資の流動、人の流動、情報の流動、こうした流動を支える輸送・交通・通信のインフラストラクチャーの整備などを分析することによって経済地域を画定できるということになる。そしてその研究作業は、産業化を経験した国、あるいはその圧倒的影響のもとに低開発状態に置かれている国を研究する際には必要かつ有効な作業である。しかし、その前提として産業化以前に固有名詞で語られうる地域が、どこにどのようなものとして存在していたかを、政治・社会・文化・経済、そして自然とい

3

った諸側面を総合的に考察して明らかにすることも必要である。そのためには、産業化直前の時代において政治権力によってつくられていた諸地域を知る必要がある。そうした諸地域を具体的に知るためには、その人口規模や人々の生活を支えていた具体的な経済活動（具体的な産業あるいは生業）とそのための天然資源、各地域内部での人々の社会的関係のありようや文化的活動（価値観、宗教、祭り、余暇活動）を知る必要がある。つまり産業立地によって基礎づけられる経済地域というよりも、即ち人間の経済活動によって形成される経済地域を地域と理解するよりも、むしろ長い歴史によってそこに住む人々によって帰属意識を持たれるようになった地理的な広がりを地域としてひとまず捉えておく作業が必要である。

　帰属意識は経済活動だけによって育まれるのではなく、政治（権力を持ちかつこれを行使する人あるいは組織がその権力を及ぼすこと、あるいはその権力の座をめぐる人々や諸組織の間の争い）、人々の価値観に関わる風習（言語、習慣、共通の祭祀など）、社会（協力に基づく集団的活動、人と人との関係の取り方）などの要因が複合することによって、場所への帰属意識が形成される。当然のことながら、そうした人間集団の活動全般において、地域の自然は重要な意味を持つ。しかし自然それ自体だけでなく、自然と人間集団の活動の両者によって形成される景観もまた重要な意味を持つ。この意味での景観を文化景観と呼ぶことも可能である。

　産業化時代において人々は、居住する地域の自然という枠組みの下で、産業化以前に形成されていた社会構造や経済構造を改革する行動を積み重ねたであろうし、産業化が本格的に進展してからは資本主義という構造に制約されながらも経済主体として独自の判断をして行動してきたと考えられる。だからこそ、多様な経済主体の動きが相互作用しつつ積み重なることによって、資本主義という社会経済を規定する全体的構造も全く同じままに維持されるのではなく、長期的にみれば変化してきたと言える。このように、資本主義という全体的構造と個々の経済主体の独自の行動との相互作用を重視するという視点で１国経済の経済地理的実態を提示することが、そしてその際に後述するジュリアン・ハクスリー（Julian Huxley）の文化概念を明示的に取り込むことが、地域構造論をより豊かに発展させる道である、と筆者は考える。そして、個々の経済主体だけでなく、１国を構成する諸地域の中で注目に値する地域の変化を

描き出すことが、経済地理学の視点に基づく国民経済研究や世界経済研究にとって必要である。言うまでもなく、その際には注目に値する地域が当該国や世界の中で果たす役割を解明することが求められる。これを動態的な経済地誌と呼ぶことも可能である。言うまでもなく、この段落で提示した視点は高名な社会学者アンソニー・ギデンズの構造化理論（Giddens 1984）[5]の援用である。

　1国経済を理解するために、それを構成する諸地域が織りなす構造、即ち地域構造を明らかにするだけでなく、その中で注目に値する地域を研究する際に、地域構造論に基づく分析と解釈を施すだけでなく、これをより豊かなものにすべく人々の価値観を明示的に取り入れて叙述し、説明することが重要と筆者は考えている。換言すれば、1国経済の地域構造を規定する1つの重要な要因としての文化を重視することが、地域構造論に基づく1国経済の研究をより豊かにする道である。ここでいう文化とはハイカルチャーやポピュラーカルチャーという用語で理解される音楽や美術などといった分野だけに注目する狭い概念ではない。どのようなものを生産して消費するのか、そのためにどのような社会的関係を人々は取るのか、そしてその根底にどのような価値観を人々は共通に持っているのか、その総体を意味するのが文化である。この文化理解は、イギリスの生物学者ジュリアン・ハクスリーによる文化の定義に依拠している[6]。

3. グローバリゼーションのもとで地域や都市・農村に注目する意義

　ところで、1990年代はグローバリゼーションが大きく進展した時期である。したがって、国民経済を研究対象とするよりも、グローバルな世界の構成とはいかなるものであり、これはどのように変動しうるのか、という問題関心が内外の経済地理研究者の間で強い関心を引くようになった。もちろん、グローバルな世界における日本経済全体の位置づけは重要な研究テーマであるが、経済地理研究者の関心は都市や農村といった地理的スケールの場所や、これらが複数集まって構成される地域に集中しがちであり、一国スケールよりも小さな地理的スケールの場所がグローバルな世界の中でどのように位置づけられるのかという問題に取り組む研究者が多い。筆者もその例に漏れない。

　時あたかも、21世紀にはいる頃から、欧米で活躍する経済地理研究者は、国民国家から構成されるグローバル経済というよりもむしろ、実際には大都市あるいは大都市圏のネットワークによって世界経済が動いているという観点を

強く出すようになった[7]。それは、もともと都市研究に取り組んでいた経済地理研究者にとって理論的方法論的に大きな支援となった。筆者自身は「フローの空間」と「場所の空間」という概念を打ち出したカステル（1999）あるいは Castells (1989) の考え方に影響を受けて、この観点からドイツの主要都市の研究に 21 世紀に入ってから取り組むようになった（山本 2005a，2007，2009a，2009b，2010）

　しかし、その一方で、ドイツには農村的地域でありながら経済的に豊かな場所があることに気がついていたし、なかにはかつてドイツの中で特に貧しい農村的地域だったにもかかわらず 21 世紀には躍進著しい場所があることを、ドイツ人研究者から教えられたことをきっかけとして、何故そのような地域があるのか、ということに関心を持つようになって今日に至っている[8]。

4. 地理学の視点からの経済研究

　本章の冒頭で、経済地理学の視点とは地域構造論であると述べたが、経済的現象を地理学的視点から研究する学問が経済地理学であると言い換えることもできる。地理学的視点とは場所の個性を発見し、その個性が発現するようになった要因を探求することである。他方、経済学は、時代を超えて、そしてどの場所であれ通用する経済法則を発見し、この法則に基づいて将来を予見しようとする学問である。これに対して経済地理学が扱う経済現象は、資本や労働の量が与えられるならば、そしてその他の条件を一定とするならば、いつの時代でもどこであっても同じように発現する現象、というものではない。他の場所とは異なる経済的特性を持つ場所がどこにあり、その場所がなぜその特性あるいは個性を持つに至ったのかを究明することに関心をもつのが経済地理学である。

　その個性探求のためには、原因即ちどのような要因がどのように作用してその個性を生みだしたのかという因果関係に関する理論的考察が必要である。それゆえ、現状や過去の実態を説明するために必要な法則の解明を重視する理論と無縁ではない。人間とこれが構成する社会の過去の状況や現状を記述するだけでなく、何故、如何にして、といった問題を探求して解説する「説明」という知的営為を経済地理学的研究も実践すべきことは言うまでもない。その際に、諸要因を経済的要因だけに求めるのではないし、環境決定論のように自然条件

第1章 序論─研究課題と研究方法─

だけに求めるのでもない。経済的要因に帰し得ない社会的要因や政治的要因、
人々の価値観や生活スタイルといった文化的要因なども含めた多様な要因を考
慮に入れるのが経済地理学的研究である。

しかも、場所あるいは地域の個性探求だけに終わるのではなく、個性を持つ
諸地域が全体としてどのようなより大きな空間、即ち、国民経済や世界経済を
構成し、諸地域相互の間にどのような関係が取り結ばれているのか、そしてこ
れに変化がないのか否か、変化があるとすればそれは何故なのか、といった全
体構造とその変動を究明することも課題とするのが経済地理学である。念のた
めに付言するならば、地域とは、例えば市町村スケールの小地域もあれば、こ
れらが集まって都府県スケールの地域を構成し、その上に関東や九州などのス
ケールの地域があるという認識、即ち地域には重層性あるいは階層制があると
認識するのが経済地理学である。

全体構造が解明されれば、そのなかの1要素としての個別地域を将来どの
ようにしたいとそこの住民が考え、そのためにはどのように行動すればよいの
か、ということを考えるための知識基盤を提供できるであろう。地域構造論と
は、小規模地域内部の諸要素に関するミクロスケールの研究で終わるのではな
く、国民経済や世界経済といったスケールの経済が、どのような諸地域から構
成されているのか、それら諸地域の間の関係はいかなるものか、その関係に変
化はないのか、変化の結果として国民経済や世界経済といった全体のありよう
が変わるのか変わらないのか、という問題の探究のための視点を重視する、と
筆者は理解している。

5. 本書の目的と構成

以上述べた経済地理学観に基づいて、ドイツ経済の地域構造の変動を具体的
に描き、その変動をもたらした要因を解き明かすことが本書の目的である。そ
の際に、成長・発展の著しい地域を見出し、その要因を考察することが求めら
れる。経済的に困難な状況にある地域が、その困難を克服するためには、成長・
発展著しい地域が何故それを可能にしているのか、そこから学べることは何か、
ということを明らかにする必要があるからである。言うまでもなく、そうした
ドイツあるいはその中の特定地域の経験を日本及び日本の諸地域も学ぶ価値が
ある。

7

そこで本書第2章では、ドイツ人研究者の成果を利用して、産業化段階におけるドイツの地域的構成と諸地域の間の関係を提示したい。これについてはドイツ史を専攻する日本人研究者の研究も参照する。

　第3章では、産業活動の担い手である企業の中で株式会社という法的形態を取る大企業の本社立地に関する産業部門別の特徴を、西ドイツ政府による1970年代初めの公刊資料に基づいて明らかにする。

　第4章では、やはり1970年代初めの西ドイツ政府公刊資料に基づいて、同国内の様々な場所に事業所を配置する大企業を、それらが本社を置く主要都市単位でまとめて扱い、各都市が全体として国内のどの場所に影響力を発揮しているかを解明する。

　第5章から第13章までは、筆者が大学教員として活動し始めた1980年から2010年代までの間に執筆した西ドイツないしドイツ経済の地域構造に関わる各論的な諸論考を、若干の例外はあるがほぼその公表年次順に配置した。その中で第5章、第7章、第11章は学術論文というよりもドイツの国土構造や地域整備政策に関して依頼されて一般向けに書いたものを再点検して若干の訂正や補足をしたものであるが、執筆した当時の西ドイツあるいは東西ドイツ統合間もない頃の状況を理解していただけるのではないか、さらには第14章も併せて読んでいただければ筆者自身の思考の遍歴を読み取っていただけるのではないかと考えて本書に収録した。ちなみに、国土構造と地域構造は類似概念であるが、前者は国の在り方を考える際に自然をより強く意識している用語であるのに対して、すでに述べたように後者は経済地理学の体系を意味するとともに国民経済を構成する諸地域間の関係を意味する用語であると筆者は考えている。

　その第5章では、1970年代当時の西ドイツ経済の地域構造を解き明かし、どのような地域が問題地域であると認識され、どのような政策が取られていたかを解説している。雇用機会に恵まれず失業率が高い地域が問題地域として認識されていたが、それだけでなく環境破壊への問題意識が強かったことを読み取っていただけるであろう。

　第6章では、東西ドイツ分裂時代の西ドイツにおける企業内空間分業と地域経済との関係について、支所機能が勝っている地域は本社機能の勝っている地域の支配を受けていると論じたドイツ人研究者たちの研究成果をレビューし

た。これを踏まえて西ドイツ経済を構成する諸地域の間の関係を筆者なりに論じている。

第7章では東西ドイツ統一後間もない時期のドイツの国土構造を描くとともに、ボンからベルリンへの首都移転決定に影響した要因をドイツ人地理学者の論文に依拠して紹介している。当時のドイツの国会議員たちの思考に、所属政党の違いよりもむしろ地域主義的な感覚が影響していたことを知っていただけるであろう。さらにこの章では、東西ドイツ統一間もない頃に、かつての国境近辺の町で私自身が見聞したことや、当時の社会情勢に関するエッセイも含めた。

第8章から第10章までは、1980年代の西ドイツ、そして東西ドイツ統一後のドイツにおいて機械工業部門の中小企業が活躍する産業集積地域やそこに立地する中小企業及び支援機関の政策などを論じている。その中で第8章は、主としてドイツ人経済地理研究者による研究成果をレビューすることによって、1980年代以降の西ドイツの各州政府による中小企業政策が技術力向上を目指したものであることを概観している。

第9章は、1990年代に筆者が当時の日本人共同研究者やドイツ人経済地理研究者とともに行なったノルトライン・ヴェストファーレン州西部のアーヘン地域とバーデン・ヴュルテンベルク州ハイルブロン地域における機械工業中小企業の調査や、これに関連して筆者自身が独自に関係諸機関を訪問して入手した資料に基づいて、ドイツの機械工業集積地域がこれに関する英米の著名研究者たちによる理解通りでは必ずしもない、ということを明らかにしている。

第10章では、ドイツ最大の工業地域であるルール地域と、石炭資源に基づく産業化がそこよりも早かったアーヘン地域とを取り上げて、それぞれにおける1990年代当時の産業集積再活性化政策を、現地の諸機関を日本人共同研究者たちとともに訪問して聴き取りを行なった成果を調査報告として筆者なりにとりまとめたものである。

第11章では石炭鉄鋼産業の隆盛時代に大都市圏化し、現在でもドイツ有数の工業地域としての存在感を持つ一方で、アメリカのラストベルトほどではないにせよ重厚長大産業の卓越の故に種々の問題を抱えているルール地域を取り上げ、その経済・自然生態・文化の再生をめざすノルトライン・ヴェストファーレン州の政策、すなわちエムシャーパーク建設の動きとその効果を論じている。

第 12 章では、有力自動車メーカーの 1 つである BMW が、2000 年代初め
に新しい自動車組立工場の最適立地点を探すために、全世界に対して立地適地
を公募し、結果的に旧東ドイツのライプツィヒに決定した理由を、各種新聞記
事と BMW 本社での聴き取りや入手資料などに基づいて解明した。

　第 13 章では、2000 年代後半以降のドイツ経済の復活を、ドイツ語圏独特
のミッテルシュタントと呼ばれる企業を生き生きと紹介したアメリカ人ジャー
ナリストの記録を紹介し、そうした企業が大都市圏だけでなく農村的地域にも
少なからず立地していることを論じた。その紹介に先駆けて、ミッテルシュタ
ントの中でも特に強い国際競争力を発揮する企業を「隠れたチャンピオン」と
名づけたヘルマン・ズィーモンの定義についても批判的に考察している。

　第 14 章はもともと矢田・田村（2023）のために準備した論考であるが、結
果的に収録断念に至ったものである。しかし、21 世紀に入ってからのドイツ
経済の地域構造を比較的新しいデータに基づいて明らかにしているし、従来、
ドイツ経済あるいは東西分裂時代の西ドイツの経済的な地域構造の特徴を多極
分散型と名づける議論が多かったが、大都市圏に着目するだけでなく、広く農
村的地域にも経済力の強い場所があることを明示すべく「多極＋農村的地域へ
の広域的分散」と特徴づける方が適切であることを論じたものである。

　もちろん、この特徴づけをする以上、本書第 7 章で述べているようにかつ
て筆者自身も西ドイツあるいは統合後のドイツ経済の地域構造を多極分散型と
理解していたわけであるから、自己批判しなければならないと考えている。し
かしそれ以上に、文化や価値観を重視して国民経済の地域構造を解明すべきと
主張しながら、具体的にそれを果たせずにいた筆者が、大学教員退職間際にな
ってようやくその考え方に基づいてドイツ経済の地域構造の特徴を具体的に描
き直したという意味が第 14 章にはある。また、グローバリゼーションに翻弄
されている国内諸地域に関する日本政府による施策と比べて、ドイツの各レベ
ルの政府による地域整備政策がどのようなものであったのか、また今後どのよ
うなものであろうとしているのかといった問題に関する筆者の解釈を提示して
いるという意味が第 14 章にはある。

　第 15 章では、本書の結論を簡潔にまとめるとともに、広い意味での経済地
理学が今後取り組むべきと筆者が考える研究展望を示した。

　本書によって、ドイツ経済は多極分散という地域構造を取ると理解するより

第1章　序論—研究課題と研究方法—

もむしろ、ドイツ的な意味での大都市（日本人の感覚からすれば中規模以上の都市）のみならず、小都市と農村から構成される農村的地域にも活力ある企業・産業が分散していること、そしてその理由が世界に雄飛するとともに、故郷と認識するようになった地域での生活の質の向上を重視するドイツ人の特性に由来していることを、読者には明確に認識していただけると期待している。

第2章　第2次世界大戦以前における地域構造の変動

1. はじめに

　現在のドイツにおける経済力地域間格差の空間的パターンと経済的地域構造とは、産業化時代と大きく異なっている。そして産業化時代であっても、その初期における地域間格差の空間的パターンと経済的地域構造とは、ドイツ経済がイギリス経済を凌駕するほどに発展した[1] 20世紀初めまでの間に大きく変わった。その理由は、第2帝国として統一されたドイツ内の各領邦及びプロイセン王国内諸地域の間で産業化が不均等に進行したからである。すでに筆者は、自身の最初の研究書として公刊した山本（1993：6-21）において、ドイツ第2帝政時代のうち20世紀に入ってからの時期と、旧西ドイツにおける1961年から1980年代半ば頃までの期間における地域間格差の変動について論じたが[2]、第2帝政時代に入る以前からの変化も含めて説明するために必要な表を本章において再掲して、ドイツにおける地域間格差の変動について要約的に述べる。その上で、日本の経済地理学界において練り上げられた地域構造把握の方法を踏襲するとともにドイツの経済地理研究者Scheu（1924, 1927, 1928）に依拠して、産業化時代のドイツにおける地域構造の変動を提示し、地域間経済力格差と地域構造の変動要因を考察する。

　その前に、産業化時代の理解に関して筆者なりの解説をしておきたい。産業化時代という用語は、農業生産中心の時代から工業生産が経済を牽引する時代に転換する期間を意味する。産業革命とこれが人々の生活に大きな影響を与えた時代全体のことでもある。わが国の経済史学界ではドイツ経済史に関する豊富な研究がなされてきたが、そこでは、渡辺（1972：160-161）のように、18世紀末から19世紀半ば頃までの時期をドイツの産業革命期と理解する考え方があった。その根拠が具体的に示されているわけではないが、渡辺はドイツにおける繊維工業の機械動力化を念頭に置いていたものと推定される。

　実際、水車動力による紡績機械工場がドイツで最初に建設されて稼働したのは、デュッセルドルフから北東に約10km離れたラーティンゲンという中山間

13

地の町においてであり、1783/84 年のことだった。これは、イギリスの産業革命における画期として知られているリチャード・アークライトによる綿紡績工場、即ちイギリス中部ダービシャーの村クロムフォードで稼働していた水車動力による綿紡績工場を模倣したもので、エルバーフェルト（ヴッパー川に沿って上流側で隣接するバルメンと合併した現在のヴッパータール）の富裕な商人家族の一員ヨハン・ゴットフリート・ブリューゲルマン[3]という人物が経営した工場である。これの建設にあたっては、イギリスで実際の水車動力による紡績工場を見学してその建設に関する知識を取得した人物や、イギリス人機械工の協力があった。この工場は単にドイツだけでなく、大陸ヨーロッパにおける最初の水車動力による機械式紡績工場だったとみなされている。ただし、現存して博物館となっている水車動力機械を内部に設置した工場は、1797 年に稼働した（Landschaftsverband Rheinland. Rheinisches Industriemuseum. Außenstelle Ratingen 1996：26-27）。

　ちなみに松田（1968：469）はドイツにおける産業革命の時期を確定することの困難さを指摘しつつも、「一八一〇年代はマヌファクトゥア・工場が並存しながら、しだいに工場工業に比重を移してゆく時期であった。生産過程の技術的基礎は手工業から機械制へ移行し、当初は作業機、次いで動力へ機械化が拡延されていった。」（1968：488）と記すとともに、営業の自由、多数の領邦分立から関税同盟や北ドイツ同盟の成立による広大な市場領域の成立などを述べ、こうした一連の政治的変革が相伴ってドイツの産業革命が進展した、としている。その根拠資料として 1770 年から 1880 年までのドイツ資本主義形成過程の画期を示す年表を松田（1968：475-483）は掲げている。したがって、渡辺によるドイツの産業革命の時代理解は、松田の理解に従っているものと思われる。

　他方、ドイツ経済史、特に産業革命の研究でわが国にも知られたモテック（1980：66）は、「ドイツにおいて、一八世紀の八〇年代にすでに始まった準備期と、一九世紀の三〇年代後半、とりわけ四〇年代初頭の不変固定資本の大量投下への移行とともに起こった本来の産業革命」と述べているし、この理解はすでにモテック（1968）で詳しく提示されている。ちなみに、モテック（1968：17）は前述のラーティンゲンにブリューゲルマンが設立した紡績工場に言及しているが、それは本格的な産業化ではなく、その準備期のエピソードとしての言及である。

また、単に工業技術と産業活動の変革だけでなく、政治的・社会的な近代化
も含めた社会総体としての大きな変革の時代として産業化時代を理解するなら
ば、1815 年から 1914 年までの約 100 年間をドイツの産業革命期と捉える見
方を、高名なドイツの産業史研究者 Kiesewetter（1989a）が提示している。

　また東西ドイツ分裂時代にベルリンのライヒスターク（国会議事堂）の建
物内でドイツ史に関する大規模な展示がなされていたが、その分厚いカタロ
グには、ドイツの産業革命が 1850 年代初めに開始したとまず述べられてお
り、鉄道建設と石炭鉄鋼産業の隆盛、そしてこれに伴う政治的社会的変動
が重点的に扱われている（Deutscher Bundestag, Verwaltung Presse- und
Informationszentrum Referat Öffentlichkeitsarbeit 1977：184-216）。

　ドイツ連邦共和国政府の 1 機関として、政治・経済・社会・国際情勢など
に関する成人教育のための教材を多数刊行してきている「政治教育のための
連邦センター（Bundeszentrale für Politische Bildung）」でも、そのホーム
ページから閲覧できる用語解説のウェブサイトにおいて産業化と産業革命をほ
ぼ同義としている。これがドイツでいつ始まりいつ終了したかということは
明確に書かれていないが、19 世紀のほぼ全体を通じて進行した現象であると
いう趣旨で書かれていることは明白である。「ドイツ連邦共和国公共放送連盟
ARD（Arbeitsgemeinschaft der öffentlich-rechtlichen Rundfunkanstalten
der Bundesrepublik Deutschland）」の一員である「西ドイツ放送 WDR
（Westdeutscher Rundfunk Köln 即ちノルトライン・ヴェストファーレン州の
公共放送）」も、Kiesewetter（1989a）とほぼ同趣旨の解説をしているウェブ
サイトを開設している [4]。

　以上のようなドイツにおける産業化時代に関する解説を踏まえて、本書でも
ドイツの産業化時代を 19 世紀初めから 20 世紀初めまでの約 100 年間と理解
しておきたい。

2. 第 2 次世界大戦以前における地域間格差の変動
2.1. プロイセン王国内における地域間格差の変動
　最初に、19 世紀初めから 20 世紀初めまでの約 100 年間にわたるプロイセ
ン王国内での地域間格差の推移を検討する。
　周知のごとく、経済史学ではエルベ川以西と以東とのあいだの格差が問題に

15

されてきた。エルベ川以東の典型をオストプロイセン、ヴェストプロイセン、ポンメルンの各地域に、エルベ川以西の典型をラインラントやヴェストファーレンに求めるならば19世紀前半期にはまさしくその通りであったことが、表2-1（図2-1も参照）から分かる。

　しかし、エルベ川を境にして、文字通りの以東の空間すべてが低い経済水準にあったわけではない。シュレージエンからザクセンとヴェストファーレンを経てラインラントに至るプロイセン王国内の南部が、バルト海沿岸部やブランデンブルクなどの北部よりも豊かであったという南高北低の空間的パターンがプロイセン王国内にあったことを認識することも可能である。

　これはもちろん、産業化時代以前において、すでに農村工業がかなり発達していた南部と農業に特化していた北部との差を反映したものとみなすことができる。しかしまた、大陸氷河に覆われたことのある、地味のやせた土地が広がる北部と、肥沃なレス土壌の広がる南部とのあいだの自然的基盤の差異が、農

表 2-1　プロイセン王国における1人当たり所得の地域（省）間格差
（各時点でのプロイセン王国全体の水準を100とした場合の各地域の相対比）

地域（省）　　　　　　　　年	1816	1822	1831	1837	1840	1849	1858	1867	1873	1883	1913
1　オストプロイセン	84	86	86	85	87	84	85	90	86	84	61
2　ヴェストプロイセン	96	96	96	94	93	93	91	94	93	91	60
6　ブランデンブルク	94	95	97	97	98	100	99	106	106	108	154
3　ポンメルン	91	84	85	85	86	86	85	91	88	87	74
4　ポーゼン	100	99	92	88	87	89	87	91	90	88	57
5　シュレージエン	104	104	104	105	105	104	100	101	101	99	78
7　プロヴィンツザクセン	101	102	102	104	104	104	101	103	103	102	95
10　ヴェストファーレン	102	100	103	102	103	102	101	105	107	109	93
12　ラインラント	113	113	113	113	113	115	123	118	119	120	111
8　シュレースヴィヒ・ホルシュタイン								78	77	77	105
9　ハノーファ								88	89	89	92
ズィークマリンゲン								79	79	79	76
11　ヘッセン・ナッサウ								102	104	103	121
相対比の平均偏差	6.1	6.5	7.3	8.3	8.2	8.1	8.7	5.2	6.1	6.9	19.0

資料：Hohorst (1980：231) に掲げられている Tabelle2: Die regionale Entwicklung der Pro-Kopf-Einkommen in den preussischen Provinzen.
　　　相対比の平均偏差は筆者の計算による。地域の位置については、各地域名の前に付した番号が図2-1の各地域に対応するので、この図を参照されたい。
注1）ズィークマリンゲンはヴュルテンベルク (16) とバーデン (17) それぞれの最南部で挟まれている小地域であり、プロイセン国王ホーエンツォレルン家の故地である。
注2）空欄になっている年次の各地域は、当時プロイセン王国の領土になっていなかった。

第 2 章　第 2 次世界大戦以前における地域構造の変動

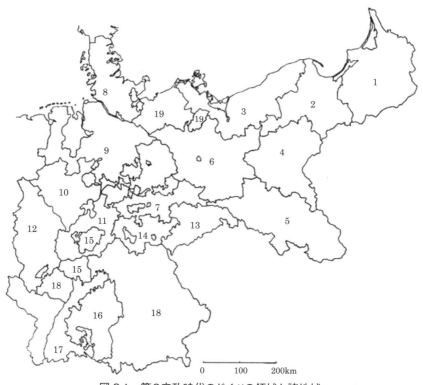

図 2-1　第 2 帝政時代のドイツの領域と諸地域

資料：Berthold et al. (1985) *Produktivkräfte in Deutschland 1870 bis 1917/18*. Berlin: Akademie-Verlag Berlin, S.14-15 掲載の Politisch-administrative Gliederung Deutschlands um 1900 をもとに筆者作成。

注：各地域に付した番号が表 2-1 及び表 2-2 の地域名の前に付した番号に対応している。なお、番号 19 が 2 つの地域に打たれているが、これはメクレンブルクという場所が 2 つの領邦に分かれていたことを意味する。

業生産力の差の基礎にあったという事実もある[5]。

　このような格差の空間的パターンは、19 世紀後半にはいると変化してくる。すでに 1858 年に、ラインラントの経済力が相対的に大きく上昇した一方で、かつてはプロイセンの平均的水準にあったポーゼンと、もともと低い水準にあったポンメルンの経済力が相対的にかなり下降したのである。このことによって、プロイセン王国内での南高北低という空間的パターンよりも、エルベ川以西と以東という空間的パターンが強調される現実的基盤ができたといえよう。

　1834 年にドイツ関税同盟が結成され、1871 年のプロイセン王国を中心とする第 2 帝国が成立するまでの期間において、それ以前の空間的パターンと明

17

瞭に異なるパターンが出現しつつあったことも分かる。それはベルリンを中心とするブランデンブルクの経済的興隆である。また、新たにプロイセン王国の属領となったシュレースヴィヒ・ホルシュタイン、ハノーファ、ズィークマリンゲンが、当初エルベ川以東のどの地域よりも経済水準の低い地域だったことも注目に値する。

　第2帝政時代の期間中に、経済的な地域間格差の空間的パターンがいま一度大きく変化した。それは、プロイセンきっての最先進工業地域だったラインラントの経済水準に、かつての後進地域ブランデンブルクが接近し、1913年には完全にその地位を逆転させたということである。その意味でエルベ川以西と以東という地帯認識は、この時期にはもはや適切なものとはいえなくなった。他方、かつての先進地域シュレージエンが低開発化し、常にプロイセンの平均以上の経済水準を示してきたプロイセン王国内のザクセンとヴェストファーレンも平均以下の地位に落ちたのに対して、逆にかつての低開発地域シュレースヴィヒ・ホルシュタインが経済的先進地域になったことも注目に値する。1913年にプロイセン王国の平均水準を下回ったヴェストファーレンも19世紀半ばまでと比べて同世紀末までに経済力の相対的水準が徐々に上昇したことも見逃せない。

　プロイセン王国全体としての地域間格差の程度の変化を、1868年以前と以後とでストレートに比較することはできない。王国の領土が拡大したからであり、その結果として地域の数が異なるようになったからである。しかし、1人当たり所得に関する王国内各地域の相対比の平均偏差（人口非加重）を用いて各年の地域間格差の程度を比較するならば（表2-1の最下行）、約100年間にわたって王国内での地域間格差は拡大しつつあったと言える。特に1883年に比べて1913年の平均偏差が大きく上昇したことは、本格的な資本主義の下での産業化が経済力の地域間格差を大きく拡大させたことを意味する。しかも経済的な最先進地域だったラインラントの所得水準の相対比がプロイセン王国全体の平均に近づく方向で下がったのに対して、ブランデンブルクとヘッセン・ナッサウのそれが大きく上昇したという変化に注目したい。

　以上のような、経済的水準の地域間格差の拡大とその空間的パターンの変化が、なによりもプロイセン王国内の産業化を主導する具体的な工業部門の交代とその地域的跛行によって引き起こされたものであるということは自明であろ

第 2 章　第 2 次世界大戦以前における地域構造の変動

う。ラインラントやヴェストファーレン、そしてシュレージエンの 19 世紀前半期における経済水準の高さは農村的地域での繊維工業の故であろうし、19 世紀後半における前 2 者における 1 人当たり所得の相対比の上昇は石炭資源の賦存を基盤とした重化学工業化の故であろう。20 世紀初めにベルリンを含むブランデンブルクと、フランクフルト・アム・マインを含むヘッセン・ナッサウの経済水準の相対比が大きく上昇したのは、エネルギー源を獲得できる場所に工業立地が緊縛されることから解放されるうえで重要な役割を果たした電力利用の普及と送電技術の発達、及びこれに伴って市場立地への傾向を示した新しいリーディングインダストリーたる機械工業・電気機械工業・輸送用機械工業の成立と拡大の故であると考えられる。

2.2. 20 世紀初めのドイツにおける地域間格差の変動

　つぎに 20 世紀初め、1936 年までの時期のドイツにおける地域間格差の推移を検討する（表 2-2）。この時期は 1918 年まで続いたプロイセン王国を盟主とするドイツ第 2 帝国と第 1 次世界大戦後のヴァイマル共和制とでドイツの領域が異なるので、図 2-1 とは別に図 2-2 を掲げておく。

　1901 年時点における 1 人当たり所得について、プロイセン王国以外ではザクセン王国とバーデン大公国の数値しか入手できない。このうちザクセン王国は、ベルリン・ブランデンブルクやヘッセン・ナッサウほどではないにしろ、ラインラントを上回る経済水準にあった。バーデン大公国は、プロイセン王国東部諸省ほどではないにしろ、ハノーファ省と同水準にあって平均以下の地位にとどまっていた。また、ハンブルク市はベルリン市よりも高い経済水準を示していた。この統計数値は 1 人当たり未訂正所得に基づいている。これは租税統計から直接算出された所得で、査定された所得と免税点以下の所得との合計額であり、自然人の税務的に把握しえない所得や公企業の所得、そして企業の未分配利潤が算入されていない [6]。これらを含めて推計されたものが推計国民所得ということになるが、いずれの指標でみてもプロイセン王国内の各地域及びヴュルテンベルク王国の 1913 年における 1 人当たり所得水準に関して、未訂正所得と推計国民所得との間に大きな相違はない。ただし、バーデン大公国の経済水準が未訂正所得では平均を上回っているが、推計国民所得では下回っているという食い違いがある。

表 2-2　20 世紀前半期のドイツにおける1人当たり所得の地域間格差

右4列はドイツ全体の1人当たり国民所得を100とした各地域の指数、その左3列はプロイセン王国の1人当たり所得を100とした各地域の指数。

各地域の位置については、この表で各地域の前に付した番号に即して図 2-1 と図 2-2 で確認されたい。

	1人当たり未訂正所得		1人当たり推計国民所得	1人当たり国民所得（名目価格）			
	1901年	1913年	1913年	1913年	1928年	1932年	1936年
プロイセン（王国）	100	100	100	101.2	99.1	99.3	99.0
1　オストプロイセン	71.8	66.6	65.1	63.4	68.7	76.9	72.4
2　ヴェストプロイセン [7]	67.6	65.1	64.3	61.6[1]	70.6	74.1	66.6
3　ポンメルン	77.6	78.3	77.1	75.2	77.7	82.3	82.5
4　ポーゼン [7]	67.6	62.8	62.2				
5　シュレージエン	88.6	82.1	80.7	78.7	83.8	84.5	75.9
6　ベルリン・ブランデンブルク	137.1	141.4	141.6	138.1	132.2	132.8	136.4
7　プロヴィンツザクセン	98.9	94.2	93.7	91.4	97.5	96.4	99.0
8　シュレースヴィヒ・ホルシュタイン [2][3]	100.0	104.5	102.1	99.6	98.2	107.2	101.6
9　ハノーファ [2]	94.4	94.0	93.3	91.0	90.2	98.1	98.5
10　ヴェストファーレン	99.6	97.2	98.4	96.0	91.1	86.2	89.1
11　ヘッセン・ナッサウ [4]	122.8	120.7	120.3	117.4	103.5	98.6	97.2
12　ラインプロヴィンツ [2][5]	109.2	109.7	111.4	108.6	102.8	97.8	99.8
13　ザクセン（王国）	113.9	120.0	120.1	117.1	120.1	110.1	108.2
14　テューリンゲン					92.4	89.5	92.6
15　ヘッセン				83.8	97.7	91.1	88.6
16　ヴュルテンベルク（王国）		96.2	90.0	87.7	99.8	115.9	114.8
17　バーデン（大公国）	94.4	102.2	95.0	92.7	95.8	98.1	95.2
18　バイエルン（王国）			84.2	82.1	87.8	89.7	89.4
19　メクレンブルク						95.3	98.1
20　ザールラント							79.5
その他の諸邦 [6]				97.7	97.5	104.3	111.9
ハンブルク [2]	194.6	186.1	175.8	171.4	148.0	149.0	148.8
ベルリン	186.6	159.8	167.9		153.8	149.7	161.5
ドイツ（帝国）				100.0	100.0	100.0	100.0
相対比の平均偏差　　19 地域				18.5	13.2	13.0	14.1
20 地域					12.9	12.8	13.8
21 地域						12.4	13.2

資料：1人当たり未訂正所得と1人当たり（推計）国民所得については Borchardt (1982：45) に掲載されている表に基づいて、1人当たり国民所得（名目価格）については Statistisches Jahrbuch für das Deutsche Reich, 1939/40, S.678 に掲載されている表に基づいて、筆者作成。

注 1)　当時のポーゼン省とヴェストプロイセン省の平均。

2)　1936 年の数値は大ハンブルクに関する法律等によって制定された領域についてのものであるために、それ故旧プロイセン王国内のいくつかの地域において区分の若干の変化があったために、これ以前の数値と直接の比較はできない。

3)　1932 年以降の数値はリューベックを含む。

4)　1928 年以降の数値はヴァルデックを含む。

5)　ホーエンツォレルンを含む。

6)　1913 年の数値はテューリンゲンとメクレンブルクを含む。1928 年の数値はテューリンゲンを含まないが、メクレンブルクを含む。1928 年以降の数値はヴァルデックを含まない。

7)　1928 年以降は、グレンツマルク・ポーゼン・ヴェストプロイセンに関する統計。

第 2 章　第 2 次世界大戦以前における地域構造の変動

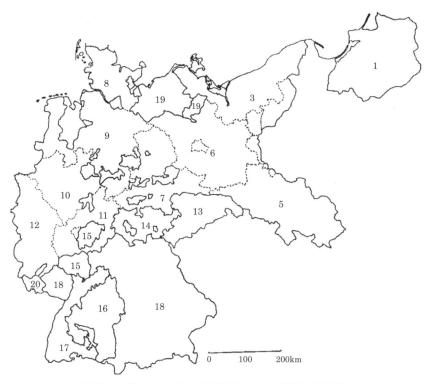

図 2-2　ヴァイマル共和国時代のドイツの領域と諸地域

資料：Berthold et al. (1987) *Produktivkräfte in Deutschland 1917/18 bis 1945*. Berlin: Akademie-Verlag Berlin, S.19 掲載の Politisch-administrative Gliederung Deutschlands をもとに筆者作成。

注：各地域に付した番号が表 2-2 の地域名の前に付した番号に対応している。メクレンブルクの 2 つの領邦はヴァイマル共和制時にも別々の政治行政地域として存続したが、ナチス政権の下で合併して1つの行政領域となった。

　この点はともかくとして、1913 年時点の 1 人当たり推計国民所得の地域間格差に関する空間的パターンをみると、1901 年時点の 1 人当たり未訂正所得と大きな違いがないということ、そしてシュレースヴィヒ・ホルシュタイン、ベルリン・ブランデンブルク、ラインプロヴィンツ（即ちラインラントとホーエンツォレルン）がプロイセン王国の平均を上回っていたのに対して、バーデン大公国、ヴュルテンベルク王国、バイエルン王国という南部の領邦国家の経済水準がプロイセン王国の平均水準を下回っていたので、エルベ川以東を度外視すれば明らかに北高南低という経済力地域間格差の空間的パターンを示していたことが分かる。ドイツ中部のヘッセン・ナッサウとザクセン王国がプロイ

21

セン王国の平均的水準を20%強上回っていたことも注目に値する。

　ヴァイマル共和制時代からナチスドイツ時代にかけて、それ以前においてバーデンの経済水準を下回っていたヴュルテンベルクのそれがむしろより強くなり、ドイツ全体の平均と比べても約15%上回るようになったことが注目に値する。他方においてラインプロヴィンツとヘッセン・ナッサウはドイツ全国平均をわずかとはいえ下回るようになった。バイエルンは徐々にではあるが全国平均にキャッチアップしつつあったがバルト海沿岸のメクレンブルクよりも下位にあり、石炭資源に恵まれていたザールラントはさらにこれを下回っていた。ルール工業地帯の東半分を含むヴェストファーレンが1930年代にはバイエルンの経済水準を下回ったことにも注目せざるをえない。このような1980年代の旧西ドイツで問題にされた南高北低の兆しがすでに両大戦期に発生していたことにPetzina（1987）は着目し、これの原因をなによりも産業構造の転換、すなわち電気機械工業に代表されるフットルースな新しい産業の興隆と立地に求めている。

　格差の程度も、1901年から1913年にかけて激化したことがうかがえる。ベルリン・ブランデンブルクの指数が上昇したのに対して、オストプロイセン、ヴェストプロイセン、ポーゼン、シュレージエン、プロヴィンツザクセン、ヴェストファーレンなど、平均水準を下回っていた諸省の指数が低下したからである。ただしハンブルクとベルリンの2大都市の指数も下がったが、これは都市自治体の領域を超える大都市圏化が進行したことに伴うものだった可能性がある。ベルリン市自体の指数が低下したのに対して、ベルリン・ブランデンブルクの指数が上昇したのは、ベルリン大都市圏の拡大あるいはこれの影響圏の拡大を意味している。ハンブルク市の指数低下とシュレースヴィヒ・ホルシュタインの指数上昇もハンブルクの大都市圏化を意味すると考えられる。

　第1次世界大戦直前の時期即ち1913年と比べて、1920年代末から1930年代初めにかけての時期における地域間格差の程度は縮小したが、ナチス政権下でやや拡大した。このことは相対比の平均偏差の変化で分かる。ベルリン、あるいはベルリン・ブランデンブルクの指数が1932年にはそれ以前に比べて低下したが、1936年に上昇したこともその証左である。とはいえ、ヴァイマル共和制時代からナチスドイツ期にかけての各地域の指数の変化は多様であり、1928年から1932年にかけて大きく指数が低下したのは旧ザクセン王国、旧

プロイセン王国内のラインプロヴィンツ、ヘッセン・ナッサウ、ヴェストファーレンなど、ドイツの中で相対的に経済発展が進んでいた場所である。これらは、世界大恐慌の影響をより強く受けたと考えられる。その一方で前述したように、ヴュルテンベルクの指数は大きく上昇した。

　人口増加の実態を具体的な統計数値で確認しよう。表 2-3 は、ドイツ第 2 帝国を構成した各領邦及びプロイセン王国についてはその中の各プロヴィンツ（省）における人口、人口密度、人口増加率（1905 年からの 5 年間と、1871 年からの約 40 年間）を示したものである。当時のドイツ帝国はどこであれ出生数が死亡数を上回り人口増加傾向にあったが、1871 年からの約 40 年間のドイツ全体の人口増加率約 58.1％、そして 1905 年からの 5 年間のそれ、即ち約 7.1％を大きく上回る場所は、他の場所からの人口流入が人口流出を大きく上回ったと判断できるし、それは人を引き付けるだけの経済力が高くかつ経済成長が顕著な場所だったと言える。それはいずれの期間においてもプロイセン王国内のブランデンブルク省及びラインラント省、そして神聖ローマ帝国時代からの自由帝国都市でハンザ都市を名乗っていたリューベック、ブレーメン、ハンブルクである。なお、第 2 帝政成立以降の約 40 年間において、ドイツ帝国全体の人口増加率 58.1％を 1.5 倍以上上回っていたのは、ほかにザクセン王国だけだった。また、さほどの増加率ではないが帝国全体の人口増加率を上回っていたのはほかに 2 つのロイス侯国とアンハルト公国だけである。これらは現在のテューリンゲン州とザクセン・アンハルト州に位置する領邦だった。つまり、第 2 帝政成立以降において人口流入によって人口が大きく増加するだけの経済成長を遂げたのは、プロイセン王国内のラインラント、ヴェストファーレン、ベルリンと、ザクセン王国だったと判断できるし、これに続くのがテューリンゲンやアンハルトだったことになる。

　ところで、ベルリンは 1871 年からの約 40 年間の人口増加率が 150％強にも上ったが、1905 年からの 5 年間の増加率はわずか 1.5％でしかなかった。しかし、この当時のベルリンの面積は 63.4 km^2 でしかなかった。現在のベルリン市は 1920 年の合併によって成立したものであり、その面積は約 878.1 km^2 に上る。それに対して 1910 年当時のベルリン市は現在のベルリン市の都心及び都心周縁部に概ね相当し、東西分裂時代の西ベルリンの都心街路クーアフュルステンダムを含むシャルロッテンブルク区ですらベルリン市に含まれて

表 2-3　第 2 帝政期ドイツにおける地域別にみた人口増加と人口密度

	面積 km²	人口 1910年 12月1日	人口 1905年 12月1日	人口 増加率 %	人口密度 1910年 12月1日	人口 増加率 % 1871年〜 1910年
Provinz Ostpreussen	37,002.0	2,064,175	2,030,176	1.7	55.8	13.2
Provinz Westpreussen	25,554.7	1,703,474	1,641,874	3.8	66.7	29.6
Stadt Berlin	63.4	2,071,257	2,040,148	1.5	32,669.7	150.7
Provinz Brandenburg	39,842.3	4,092,616	3,531,856	15.9	102.7	100.9
Provinz Pommern	30,131.4	1,716,921	1,684,345	1.9	57.0	19.9
Provinz Posen	28,991.5	2,099,831	1,986,637	5.7	72.4	32.6
Provinz Schlesien	40,335.1	5,225,962	4,942,725	5.7	129.6	41.0
Provinz Sachsen	25,267.3	3,089,275	2,979,249	3.7	122.3	46.9
Provinz Schleswig-Holstein	19,018.8	1,621,004	1,504,248	7.8	85.2	55.1
Provinz Hannover	38,509.4	2,942,436	2,759,245	6.6	76.4	50.0
Provinz Westfalen	20,219.6	4,125,096	3,618,090	14.0	204.0	132.4
Provinz Hessen-Nassau	15,702.0	2,221,021	2,070,052	7.3	141.4	58.6
Provinz Rheinland	27,000.2	7,121,140	6,436,337	10.6	263.7	99.0
Hohenzollern	1,142.2	71,011	68,282	4.0	62.2	8.3
Königreich Preussen	348,779.9	40,165,219	37,293,264	7.7	115.2	62.7
Bayern rechts des Rheins	69,942.2	5,950,206	5,638,539	5.5	85.1	40.4
Bayern links des Rheins (Pfalz)	5,928.0	937,085	885,833	5.8	158.1	52.4
Königreich Bayern	75,870.2	6,887,291	6,524,372	5.6	90.8	41.6
Königreich Sachsen	14,992.9	4,806,661	4,508,601	6.6	320.6	88.0
Königreich Württemberg	19,507.3	2,437,574	2,302,179	5.9	125.0	34.0
Großherzogtum Baden	15,070.3	2,142,833	2,010,728	6.6	142.2	46.6
Großherzogtum Hessen	7,688.4	1,282,051	1,209,175	6.0	166.8	50.3
Großherzogtum Mecklenburg-Schwerin	13,126.9	639,958	625,045	2.4	48.8	14.7
Großherzogtum Sachsen	3,610.0	417,149	388,095	7.5	115.6	45.8
Großherzogtum Mecklenburg-Strelitz	2,929.5	106,442	103,451	2.9	36.3	9.8
Großherzogtum Oldenburg	6,429.1	483,042	438,856	10.1	75.1	52.6
Herzogtum Braunschweig	3,672.0	494,339	485,958	1.7	134.6	58.6
Herzogtum Sachsen-Meiningen	2,468.3	278,762	268,916	3.7	112.9	48.3
Herzogtum Sachsen-Altenburg	1,323.5	216,128	206,508	4.7	163.3	52.1
Herzogtum Sachsen-Coburg-Gotha	1,976.8	257,177	242,432	6.1	130.1	47.5
Herzogtum Anhalt	2,299.4	331,128	328,029	0.9	144.0	62.8
Fürstentum Schwarzburg-Sondershausen	862.2	89,917	85,152	5.6	104.3	33.8
Fürstentum Schwarzburg Rudolstadt	941.0	100,702	96,835	4.0	107.0	33.3
Fürstentum Waldeck	1,121.0	61,707	59,127	4.4	55.0	9.8
Fürstentum Reuß älterer Linie	316.3	72,769	70,603	3.1	230.1	61.4
Fürstentum Reuß jüngerer Linie	826.7	152,752	144,584	5.6	184.8	71.6
Fürstentum Schaumburg-Lippe	340.3	46,652	44,992	3.7	137.1	45.5
Fürstentum Lippe	1,215.2	150,937	145,577	3.7	124.2	35.8
Freie und Hansestadt Lübeck	297.7	116,599	105,857	10.1	391.7	123.5
Freie Hansestadt Bremen	256.4	299,526	263,440	13.7	1,168.2	144.7
Freie und Hansestadt Hamburg	414.5	1,014,664	875,149	15.9	2,447.9	199.3
Reichsland Elsaß-Lothringen	14,521.8	1,874,014	1,814,564	3.3	129.0	20.9
Deutsches Reich	540,857.6	64,925,993	60,641,489	7.1	120.0	58.1

資料：*Statistisches Jahrbuch für das Deutsche Reich* herausgegeben vom Kaiserlichen Statistischen Amte 33. Jahrgang, 1912, Berlin: Verlag von Puttkammer & Mühlbrecht Buchhandlung für Staats- und Rechts- wissenschaft, 1912, S.1. I. Gebietseinteilung und Bevölkerung. 1. Die Bundesstaaten nach Fläche und Bevölkerung (Vierteljahrshefte zur Statistik des Deutschen Reichs. Jahrgang 1911, IV.)

いなかった（Mende und Wernicke 2002：143-144）。つまり、現在のベルリン市の都心及び都心周縁部の人口は 19 世紀の最後 30 年間に急増したが 20 世紀にはいるとその更なる増加は困難となり、当時ブランデンブルク省に属していた、現在のベルリン市の都心及び都心周縁部を除く大部分での人口急増が、即ちベルリンの外縁的拡大を伴う大都市化が、一見したところのブランデンブルクの1905～1910年における人口急増という現象に帰結したのである。実際、Statistisches Landesamt Berlin（1996：26-27）によれば、現在のベルリン市の面積での人口が 1910 年に 3,734,258 人、1905 年に 3.226,049 人であったのに対して、1920 年 4 月 27 日以前の旧ベルリン市、即ち現在のベルリン市の都心及び都心周縁部の人口が1910年に2,071,907 人、1905 年に 2,042,402 人だったので、ブランデンブルク省に属していた範囲での人口増は 5 年間で508,209 人に上ったことになる。これは表 2-3 から計算できるブランデンブルク省の人口増加約 56 万人の約 90%に相当する。つまり、ブランデンブルク省の人口急増は決してこの省全体の経済成長を意味したのではなく、ベルリンの大都市化を意味するのである。

　大都市化という現象はベルリンに限定されるものではない。自由帝国都市でありハンザ都市を名乗っていたリューベック、ブレーメン、ハンブルクの人口増加率のいずれもが 1871 年からの約 40 年間においても 1905 年からの 5 年間においても、ドイツ全国のそれを大きく上回っていた。このことは、それら以外の都市でも人口流入による人口急増と面積的拡大の両方を意味する大都市化が進行したことを示唆する。筆者がたまたま所有しているミュンヘン市のデータ（Amt für Statistik und Datenanalyse der Landeshauptstadt München 1975：85,131）からも、1853 年当時のミュンヘン市の市域は現在の都心及び都心周縁部だけだったが、その後隣接するゲマインデを順次合併して市域が拡大し、1905 年当時の人口約 53 万 4 千人から 1910 年の約 59 万 1 千人に増加した。この 5 年間の人口増加率は約 10.7%だったことになる。これはハンブルクやブレーメンほどの増加率ではないが、ドイツ全体のそれを 3 ポイント強上回った。ちなみにミュンヘン市と隣接ゲマインデの合併は 19 世紀中に 6 回なされ、1900 年にも合併によって市域が拡大したが、その後 1912 年まで合併はなかった。さらにその後 1938 年までの 4 回の合併によって現在のミュンヘン市域が確定して今日に至っている。

3. 産業化時代におけるドイツ経済の地域構造

　前節で確認した産業化時代と両大戦間期におけるドイツの諸地域の間の経済力格差を規定するのは、それぞれの時期におけるリーディングインダストリーの立地である。これは、ドイツ経済の地域構造を形成する原動力である。リーディングインダストリーは時代とともに交代する。したがって地域構造も変化しうる。リーディングインダストリーを擁する地域は人口規模も大きくなり、中心性の高い都市が成立する。本節では、地域構造の変化を、ドイツ人研究者などが作成した地図によって確認する。

　まず産業化初期のころのドイツの地域構造を、図2-3によって確認しよう。これは1815年当時のドイツにおける各種工業の立地と重要な通商路を描いたものである。ここから、産業化初期における繊維工業の立地分布については次のようであったと言える。

　最も広範に展開していた繊維工業は麻の加工である。これは主として、ニーダーライン（ライン川下流域）からヴェストファーレンを経てヘッセン北部やニーダーザクセン南部にかけての広い地帯に分布していた。さらに、現在のチェコとの国境に沿ってシュレージエンにもザクセンにもオーバープファルツにも広範な分布が見られた。連続的な面積的広がりはこの2つほど大きくないが、ドイツ南西部のシュヴァーベン、北東部のオストプロイセンにも麻の農村工業が展開していた。木綿の農村工業はオーバーフランケン、シュヴァルツヴァルト南部、シュヴァーベンに見られる程度だった。羊毛の農村工業はシュヴァーベンとテューリンゲン西部に展開している程度だった。

　絹織物も含めてこれら繊維工業で非常に重要な立地点となっていた都市は、アーヘンからニーダーラインやケルンを経てエルバーフェルトにいたるラインラント、そしてケムニッツを中心とするザクセン南部に集まっていた。そのほか、ベルリン、ハンブルク、ビーレフェルト、アウクスブルクも重要な繊維工業都市だったし、シュレージエンにも比較的重要な繊維工業都市が散在していた。

　主要な通商路が結節する都市として、ケルン、フランクフルト・アム・マイン、ニュルンベルク、ミュンヘンがあった。これらの都市は、当時のヨーロッパで最も豊かな地域となっていたネーデルラントやイングランドと、政治的に大きな力を持っていたハープスブルク王朝の首都ウィーンとを結ぶ交通路線の途上に位置していたし、ケルンやフランクフルトはパリに通ずる街道が交わる

結節点だった。これらのドイツ南部や西部の都市に対して、中位山地[7] 以北や以東の中で、主要通商路の結節点となっていた都市は、ベルリン、ライプツィヒ、ドレースデン、ハンブルク、ブレーメン、ハノーファ、ブラウンシュヴァイクなどであった。

さまざまな工業の立地を全体としてみれば、シュレージエンからザクセンやテューリンゲンを経てニーダーザクセン南部に至る地帯（これをドイツ語でミッテルゲビルクスシュヴェレという、即ち中位山地及びその縁辺部の丘陵地帯と表現できる）、ラインラント、シュヴァーベンなどに各種の工業が相対的に多く立地していた。ラインラントやシュヴァーベンにもまた中位山地がある。これらに加えてベルリン、ニュルンベルク、アウクスブルク、ハンブルクなどの都市が工業都市としての性格を比較的強く示していた。ただし、先に指摘した 19 世紀初め当時の農村工業や繊維工業都市において、化石燃料を動力源とする工場が稼働していたわけではない。むしろ手作業による製造が主流であり、紡績を人間労働以外の動力源に頼るとしても水車動力を利用する工場であって、それゆえ中位山地及びその縁辺部などに農村工業が広く分布していたとみるのが適切である[8]。

主として両大戦間期に活躍したドイツの経済地理学者 Scheu（1928：10）は、次のように 19 世紀初めまでのドイツの経済的な地域構造をまとめている。農業が経済の主要部分を構成していた時代の地域構造は、農業によって規定される。ドイツは大別すれば、北ドイツの低地、中部ドイツの中位山地とその縁辺丘陵地帯、南ドイツの盆地、そしてアルプス地方から成り立っている。アルプス山麓にはシュヴァーベンとバイエルンの高原が広がっている。気候もこの地形条件によって影響を受けている。その結果、農業はこうした自然条件によって大きな影響を受けている。しかし土地所有の状況は歴史によって規定されている。ゲルマン民族大移動の時代以降、エルベ川以東にはゲルマン民族が住まなくなる時代が長く続いたが、中世になると再びドイツ人の植民がなされた。この結果、大土地所有がこの地域にみられるようになった。このエルベ川以東では穀物耕作が卓越している。これに対して中小規模の土地所有が卓越するエルベ川以西では、混合農業が行われている。ただし、自然条件が混合農業に適さないアルプスや西部の湿潤な所では、畜産に特化する場合もあった。

さらに Scheu（1928：10-13）は、19 世紀初めまでのドイツで工業が盛ん

27

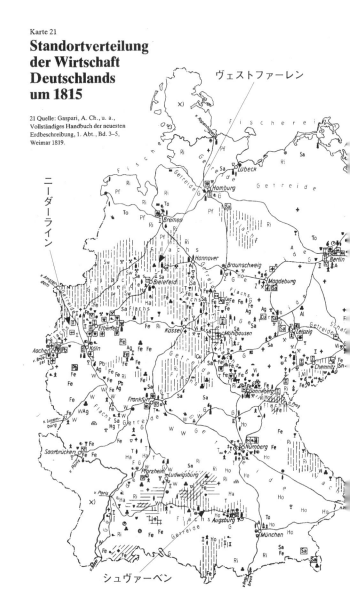

Karte 21

Standortverteilung der Wirtschaft Deutschlands um 1815

21 Quelle: Gaspari, A. Ch., u. a.,
Vollständiges Handbuch der neuesten
Erdbeschreibung, 1. Abt., Bd. 3–5,
Weimar 1819.

第2章　第2次世界大戦以前における地域構造の変動

図2-3　19世紀初めのドイツにおける産業分布と主要通商路
出所：Berthold et al. (1990：Karte 21)
注：縦線がある場所では亜麻布加工の、横線がある場所では羊毛糸紡ぎの、斜線がある場所では木綿紡ぎの農村工業が発達していた。主要都市は複数の通商路が合流する場所にあることが多いが、アウクスブルクのようにそうでない場合もある。シュヴァーベンは現在のバーデン・ヴュルテンベルク州南東部とバイエルン州南西部にまたがる地域である。

29

になった場所について次のようにまとめている。農業地帯構成の上にたって、ドイツは 19 世紀に工業国となった。その起源はさまざまである。中部ドイツの中位山地では鉱物資源の賦存の故に鉱山業が栄えた。ここには豊富な森林資源があり、この自然条件が鉱物精錬業の立地を支えた。また山間部の水量豊富な河川が、搗鉱や鍛造などのためのエネルギー源となった。それらの中で鉄鉱石が採れるところでは、鉄加工業が生み出された。山間地域では鉱山業だけが営まれたわけではない。農民もまたすでに中世に山間の森林地帯に入植して開墾した。しかし山間地域の土壌の豊度は低いので、増大する人口を農業だけでは養うことができなかった。そこで家内工業が起こった。この家内工業は当初、森林などの地元で調達できる資源を加工するものだったが、次第に他の地域から原材料を移入して加工するようになった。鉱山業に従事していた人々も鉱物資源が枯渇すると、森林地帯の山間地農民と同様に、工業に転換していった。このようにして、ドイツには 2 つの大きな農村工業地帯が生まれた。一つはシュレージエンから中位山地に沿ってザクセン、テューリンゲンに至る地帯である。もう一つはライン川あるいはその支流に沿った山間地域である（図 2-4）。図 2-3 の出典である Berthold et al.（1990：391-393）にも、産業化初期の時代までに形成されていた農村工業の立地要因として天然資源の賦存と農業に拠るだけでは暮らしが成り立たなかった経済状況の 2 つを挙げている。分割相続制が取られていた場所では農地の所有が細分化され、農業だけでは生活が成り立たないがゆえになんらかの家内製造業が副業として営まれるようになったこと、そしてそれがドイツ西南部に典型的に表れたことはよく知られている。

　これらの山間地域から隣接する平地に向かって、工業がしみでるように立地拡大していった。この過程を促進したのが石炭の利用である。近代交通網の構築によって工業は都市に引きつけられた。しかし 20 世紀初めにいたってもなお、工業の分布は 2 つの山間工業地帯、即ち東部のシュレージエンから西に向かってザクセンやテューリンゲンに至る地域、そしてもう 1 つはライン川やその支流に沿った中位山地によって規定されていた。工業化が進行した地域は人口密度が高くなった（図 2-5）。工業化に基づく経済発展の結果として、それまでの政治的境界とは無関係な経済圏が形成されるようになった。例えばラインラントとヴェストファーレンの境界を越えて形成されたルール工業地域、バーデン大公国に属していたマンハイムとバイエルンに属していたルートヴィ

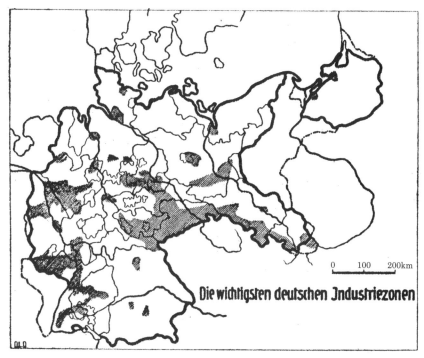

図 2-4　20 世紀初めのドイツにおける工業の地理的分布
出所：Scheu (1928：12)

ヒスハーフェンとはライン川をはさんで隣接しており、工業地域として一体化して発展していること、フランクフルト・アム・マインを中心とする経済地域は、プロイセンに属していた場所や他の領邦国家に属していた場所の境界を越えて形成されていること、プロイセンに属していたエアフルトは小領邦に分断されていたテューリンゲンを一体化して新しいテューリンゲン共和国（Freistaat Thüringen）の経済的な首都になっていることなどを、政治的境界と無関係に形成された経済地域の例として Scheu（1928：14-15）は言及している。

　以上の、Scheu（1928：10-15）が描いた産業化時代初期及び 20 世紀初めのいずれにも認められたドイツ経済の地域構造の特徴は、1880 年当時の鉱工業立地分布を描いた Berthold et al.（1985：Karte 9 と S.282-284 Tabelle75 の左半分 1882 年の列）によっても確認できる。即ちザクセン王国とニーダー

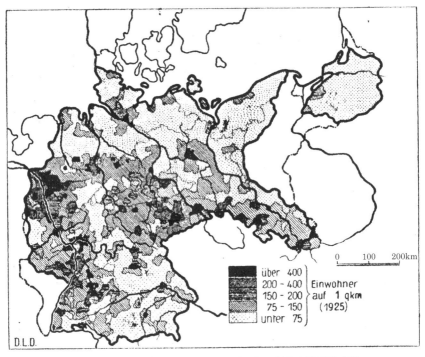

図 2-5　20 世紀初めのドイツにおける人口密度の地理的差異
出所：Scheu (1928：13)

ライン・ヴェストファーレンとが二大工業地域である。このうち前者の西から北西方向に連なるテューリンゲン、アンハルト、ハルツ山地周囲を経てハノーファにまで至る地帯、及び逆にその東に位置するオーバーラウズィッツとシュレージエンに至る地帯がまず目につく。他方、ニーダーラインから南東方向にベルク・マルク地方やズィーガーラントを経てフランクフルト・アム・マインに連なる地帯も 19 世紀末時点でのドイツの大工業地帯と言える。そしてマンハイムからネッカー川に沿ってシュトゥットガルトに至る地帯と、ライン川に沿って南方に連なる地帯を併せ持つドイツ西南部が上記 2 つの大工業地帯に続いて目を引く。それらの工業地帯から離れて存在するベルリン、ハンブルク、ブレーメン、ニュルンベルク、アウクスブルク、ミュンヘンといった都市が工業の中心として並立するという特徴を、Berthold et al（1985：Karte 9 と Tabelle 75）から認識できるのである。

32

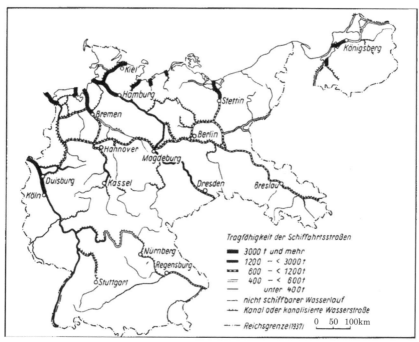

図 2-6 1930 年代末のドイツにおける内陸水路とその輸送量
出所：Berthold et al. (1987：316)

　上の特徴を多極分散型と表現するだけでは妥当と言い難い。むしろベルリンやハンブルクなどの重要な都市を極と位置づければ、「多極＋中部及び西南部の中位山地とその縁辺部における高い工業密度」と表現するのが適切である。もちろんニーダーラインやヴェストファーレンからドイツ西南部にかけての工業諸地域や工業諸都市は、ライン川とその支流の水運によって、たとえ連続する工業地帯であるとはみえないとしても比較的強く結合していたと考えられる。これに対してザクセン王国を中心として東西に連なる工業地帯内部の工業諸地域間を直接つなぐ水路・運河はエルベ川沿いのドレースデンからマクデブルクまでを除けば発達しておらず、相互の貨物流動は相対的に弱かったと推察できる（図2-6）。ちなみにベルリンから西に延びる水路はエルベ・ハーフェル運河とミッテルラント運河によってドイツ西部のドルトムント・エムス運河までつながっているが、ミッテルラント運河の建設は 20 世紀に入ってからの

ことである（Berthold et al. 1985：246；Berthold et al. 1987：316-317）。

　小縮尺の地図でみると連坦する工業地帯であるかのように見える工業諸地域・諸都市の間の貨物流動や人の流動を容易にしたのは、なによりも鉄道である。1866年までには全国的な鉄道網が完成し（図2-7）、これによって緊密な全国市場が各種商品の流通に関して成立したと考えられる。ただし、全国市場が成立したといっても、長い歴史を通じて形成され、独自のまとまりを持つ経済地域がそれによって消滅したわけではない。

4. 第2帝政末期と両大戦間期におけるドイツ経済の地域構造

　産業化時代に形成されたドイツ経済の地域構造は、第1次世界大戦の敗北によって大きな変動を受けた。その理由は国境の変更がなされ、アルザス・ロレーヌ（エルザス・ロートリンゲン）や、ヴェストプロイセン、ポンメルンの多く、そしてポーゼンがドイツに属さなくなったからである。しかし、産業化時代に形成された地域構造の骨格は維持された。これを裏づけるのが、Scheu（1924，1927，1928）である[9]。これらのショイの論文は、単に図2-8から把握できる工業の立地分布だけでなく、政治行政地域とは異なる経済地域が経済発展によって独自に形成されるという事実を、地図化して提示している。その際にショイが取った方法は、公的な統計データに基づいて物資の流動の地理的特徴を把握するというものである。しかも、複数の経済地域が合して一つの経済圏を構成するという考え方とその結論が地図で示されている。このような方法は、1970年代後半当時の日本の若手経済地理研究者たちの集団的討議によって練り上げられた地域構造論の先駆をなすと言える。そこで、ショイの経済地域認識のための考え方を述べたScheu（1927：7-9）を紹介し、その上でショイが見出したドイツの経済地域とこれらが作り出す全国的な地域構造をみてみる。

4.1. 経済地域を認識するためにエルヴィーン・ショイが採用した方法

　経済地域（Wirtschaftsgebiet）を認識する際には、その境界を線としてではなく、むしろ漸移的な帯として認識し、人口密度が低くなる地帯をその経済地域の境界帯として認識できるというE. Tiessen[10]の考え方を、ショイはある程度肯定している。しかし、豊かな農業地域は経済地理学の視点からすれば

34

第2章　第2次世界大戦以前における地域構造の変動

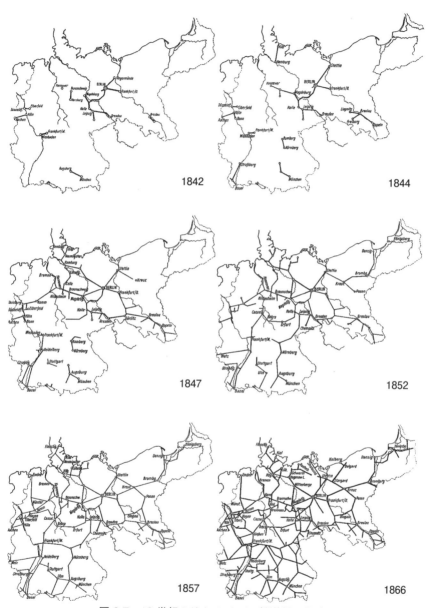

図2-7　19世紀のドイツにおける鉄道網の発達
出所：Gerlach (1986：XXI)

あるラントの中核地域となるが、その人口密度は家内工業のある山間地域より低いこともあるので、人口密度は経済地域の境界帯を見出す方法の1つでしかないことを付言している。つまり、経済地域を見出す際には複数の視点から接近しなければならない、とショイは考えたのである。

　経済地域を特徴づけ、経済地域の構造を規定しているメルクマールを把握することが重要であるとショイは考えている。例えば、石炭資源の存在と、これと結びついた製鉄工業が重要な産業となっている地域は石炭鉄鋼産業地域として把握しうるし、これは比較的単純な作業である。農業地域についても同様に考えることができる。例えばビート栽培地域と製糖工業の立地とが結びついて一つの経済地域となっている事例が考えられる、とショイは述べている。

　しかし、経済の構造的メルクマールだけでなく、人々の共属感情も経済地域の把握に際して重要であるとショイは述べている。さらに静態的な統一性に対して動態的な分離動向が観察されるところでは、その動態的な力が経済地域の設定に際して静態的な統一性よりも重要であることが往々にしてあるという。最も統一的な経済地域とは自給自足を行う閉鎖的なアウタルキー経済地域であるが、このような経済地域は20世紀初めのドイツに存在していないという。物資の流動がそのことをよく示しているからである。シュレージエンはドイツ東部と密接な経済関係を持っているが、第1次世界大戦の結果、ポーランド回廊が切り離されたために、シュレージエンの上記の地位が著しく影響を受けた。物資の流動は動態的な要素であり、物資の流動と、流動する物資の種類は経済地域の設定・特徴づけに重要な意味を持つとショイは考えている。

　鉄道時代以前において、多くの小都市は、周囲の農村地域の市場中心地以外の何物でもなかった。農民はその生産物を小都市に持ち込み、他方において農村での生活や農業に必要な道具を小都市で購入した。主要街道に面していない都市は地方市場にのみ依拠し、常に小都市だった。鉄道によって小都市がより大きな中心地と経済的に結びつき、このより大きな中心地はその位置やほかの理由からより大きな都市に成長した。一般的に、都市は規模が大きくなればなるほど、関係する領域が広がる。より大きな都市は購買力の大きな市場を呈する。そうした都市は生産者であると同時に分配者でもある。都市の関係領域は隣接する1つあるいは複数の重要な都市によって制限される。大規模な中心地を持つ経済地域間の境界はかなりの程度、交通状況によって規定される。よ

第2章　第2次世界大戦以前における地域構造の変動

り容易に、より早く到達できる中心地は、そうでない中心地よりも広大な経済地域を持つことになる。都市をその規模と経済的意義にしたがって太陽系に喩えることができる。大規模な都市の周囲には中都市や小都市が衛星のように存在している。

　こうした、太陽系になぞらえることのできるより大きな都市とその周囲の中小都市や農村から構成される経済地域は、現在の経済地理学で言う都市システムに近いと言えよう。そしてある都市システムと別の都市システムとの間には、交通がどの方向にも傾かない狭い地帯が存在する。このような無差別地帯が経済地域の境界帯となる。以上のようにショイは、経済地域を認識する方法として、物資の流動によって形成されている都市システムを把握することが必要であると考えていたのである。ただし、都市システムという用語をショイが用いているわけではない。

4.2. 工業4部門の立地分布と地域間の物資流動

　1920年代初めのドイツの工業分布を、鉱業・重工業、金属加工・機械工業、繊維工業、その他の工業の4つに区分して示したScheu（1924：8）から、次のような読図と解釈を施すことができる（図2-8）[11]。鉱業・重工業の一大集積地としてルール地域を、また、それほどではないがシュレージエンも集積地として認識できる。他方、金属加工・機械工業は、ライン・ルール地域とベルリンの2つが最も重要であり、そのほかシュヴァーベン・バーデン、ザクセン・テューリンゲン、ベルリンとルール地域を東西に結ぶ中間地帯（マクデブルク、ブラウンシュヴァイクなど）、ハンブルク、ブレーメン、フランクフルト・アム・マイン、マンハイム、ニュルンベルク、アウクスブルク、ミュンヘンに小さな集積がある。

　繊維工業[12]はニーダーラインに大きな集積があり、これに続いてザクセンに小規模な繊維工業都市が比較的近接して集まっている。シュトゥットガルトの南方にも小さな繊維工業都市が認められる。上記の3つの工業部門には属さない「その他の工業」の集積地としてライン・ルール地域とベルリンへの集積が目立つが、全体として先の3つの工業部門に比べて極めて分散の程度が高い。それは主として食品工業、衣服製造、雑貨製造業などの消費財製造業や製紙・紙加工や木材・土石などの建材であると推察される。このような「その他の工業」

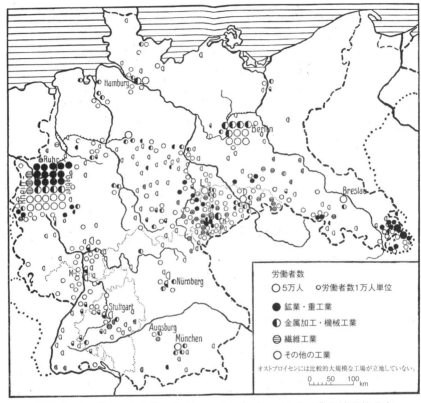

図 2-8 20世紀初めのドイツにおける主要部門別にみた工業の地理的分布
出所:Scheu (1924：9)

の立地は人口分布に概ね対応していると考えられる。それゆえ人口が多くかつ人口密度が比較的高い場所であればどこにでも立地しているが、敢えてその重点的な地帯を指摘するとすれば、①シュレージエンからザクセン、テューリンゲンを経てヴェストファーレン南部の中位山地地帯に沿う東南東から西北西に延びる地帯、②ライン・ルール地域、③ライン・マイン地域からライン・ネッカー地域を経てシュトゥットガルトを中心とするシュヴァーベンやライン川上流部のバーデンまで南北に延びる地帯の3つを指摘できる。それ以外にはハンブルク、ブレーメン、ニュルンベルク、アウクスブルク、ミュンヘン、ブレスラウなどの大都市にも「その他の工業」の小さな集積が認められる。

渡辺（1972）が19世紀前半期までに形成されたとする4つの工業地帯という認識や、柳沢（1981）が捉えた2大工業地域群という認識よりも、むしろ、19世紀後半以降のリーディングインダストリーに着目して、1920年代初めにおけるドイツ経済の地域構造の特徴として次のように捉えるべきであろう。ライン・ルール地域とザクセンの2つがほとんどすべての工業部門を擁する最重要工業地域として存在しており、これらに加えて素材供給工業地域としてのオーバーシュレージエン、金属・機械工業地域としてのベルリン、シュヴァーベン・バーデンが続いていた。これらとは別に、相対的大都市としてのハンブルク、ブレーメン、フランクフルト・アム・マイン、マンハイム、ニュルンベルク、アウクスブルク、ミュンヘンが金属・機械工業都市として立ち現れていた。全体としてみれば、ライン・ルールとザクセンの2大工業地域があるというものの、分散的な地域構造を示していた。

　ザクセンの機械工業は、物理的距離の近さからシュレージエンの鉄をより多く利用していたかのように思われるかもしれないがそうではない。第1次世界大戦直前の1913年の物流統計を利用してScheu（1924：83-84, Abb.38）が示したところによれば、ルール地域で生産される鉄を圧倒的により多く利用していた。また石炭は1925年においてザクセン東部がシュレージエン産の石炭をより多く消費していたとしても、ザクセン西部とテューリンゲンはルール地域産の石炭をより多く消費していた（Scheu, 1928：53）[13]。

　Scheu（1924：136）にも1913年時点でのルール地域、オーバーシュレージエン、ザール地域の各産炭地で産出される石炭の仕向け地を描いた地図があるが、ザクセン西部ではルール炭が、東部ではオーバーシュレージエン炭が多く使われているという姿を認めることができる。したがって、柳沢（1981）の主張、即ち東部工業地域群や西部工業地域群は、それぞれ複数の独自の工業地域から構成されているが各地域群内での工業地域どうしの関係が比較的強いと示唆する主張（柳沢1981：11-12）は正当だとしても、ザクセンで消費される石炭はルール地域産よりもシュレージエン産の方が多いという主張（柳沢1981：15）は適切と言い難い。

　ただし柳沢がそう主張したのは、Scheu（1924：82-83）自身が「ザクセンの工業にとって、ザクセン内で得られる動力源だけではずいぶん以前から不足しており、遠隔地の石炭を移入しなければならなかった。その大部分はシュレ

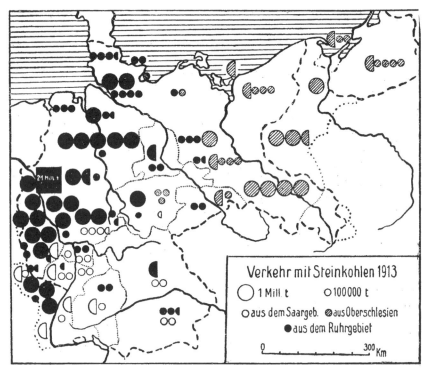

図2-9　1913年におけるドイツの石炭3産地別にみた石炭販売市場の地理的分布
出所：Scheu (1924：136)
注：白抜きの記号がザールラント産石炭の販売地域、黒の記号がルール産石炭の販売地域、網掛けの記号がオーバーシュレージエン産石炭の販売地域。大きな円が100万トンを、その半円は50万トン、小さな円が10万トン、その半円が5万トンを意味する。

ージエンから移入し、ルール地域の石炭はわずかな割合しか占めていなかった」と書き、その証拠として136頁の1913年時点でのルール地域、オーバーシュレージエン、ザール地域の3つの石炭産地の石炭をドイツ国内のどこにどれだけ送出したかを示す地図を参照せよ、としているからである。しかし、この地図（図2-9）を素直に読み取るならば、エルベ川以東では圧倒的にオーバーシュレージエン炭が、ドイツ南西部ではザール炭が多いが、現在のドイツの北部ではルール炭が多いし、バイエルンではザール炭よりもルール炭が多いのに対して、ザクセン東部ではオーバーシュレージエン炭が、ザクセン西部ではルール炭が多い。仮にザクセン東部と西部とを分けて地図化したのではなく、単に

第 2 章　第 2 次世界大戦以前における地域構造の変動

左側にルール炭の記号を、右側にオーバーシュレージエン炭の記号を描いたの
だとしても、オーバーシュレージエン炭が約 60 万トン、ルール炭が約 20 万
トンを意味する記号となっているので、ルール炭の利用がザクセンではほんの
わずかだったわけではない。そしてテューリンゲンではルール炭が約 110 万
トン、オーバーシュレージエン炭が約 30 万トンの記号で示されていることも
併せて考えると、地域間の経済的関係からすれば、中部ドイツの工業地域であ
るザクセン・テューリンゲンは、シュレージエンだけでなくライン・ルール地
域とも強く結びついていたとみるべきである。なお、ザクセンではツヴィッカ
ウやバイエルンとの境界に近いエルスニツ、そしてドレースデン近郊のドイベ
ンで石炭が採掘されていたし、褐炭資源も豊富にあったので、域外からの石炭
移入だけに頼っていたわけではない。そのことは Scheu（1924：83）に記さ
れている。

　それは、金属製品についても言える。Scheu（1924：134-149）はニーダー
ライン・ヴェストファーレンを 1 つの工業地域とみなしてその特徴を描いて
いるが、その最初の段落でベルク・マルク地方やズィーガーラントといった鉄
加工業が中世以来盛んとなっていた場所における小都市ごとの、特にゾーリン
ゲンとレムシャイトの具体的な金属製品の特徴を描いたうえで、この中位山地
で生産される鉄鋼金属製品はドイツ国内のすべての地域に販路を持っており、
中でも金属工業が盛んなベルリン、テューリンゲン、ザクセン、ハノーファを
重要な市場としていると Scheu（1924：135）は記しているのである。もちろん、
ザクセン王国自身もまた有力な金属製品製造地域だった。また、ザクセン王国
の金属機械工業が必要とした銑鉄は、第 1 次世界大戦以前において主として
ライン・ヴェストファーレン、ロレーヌ、ザール地域などから多く移入し、オ
ーバーシュレージエンからの移入は少なかった、と Scheu（1924：83）は述べ、
銑鉄・棒鋼の移入元としてオーバーシュレージエンの比重が、ザクセンの西に
隣接するテューリンゲンだけでなくルール地域と比べても圧倒的に少ないこと
を示す地図（図 2-10）を掲げている。ただしこれは第 1 次世界大戦前のこと
であって、その敗戦によってロレーヌやザールラントをドイツは失ったので、
これらからの銑鉄・棒鋼の移入はほとんどなくなり、代わってオーバーシュレ
ージエンからの移入が大きく増えたことを Scheu（1924：84-85）は述べている。
　ザクセンの繊維工業にとっても、紡績糸を地域内で生産できるといっても

41

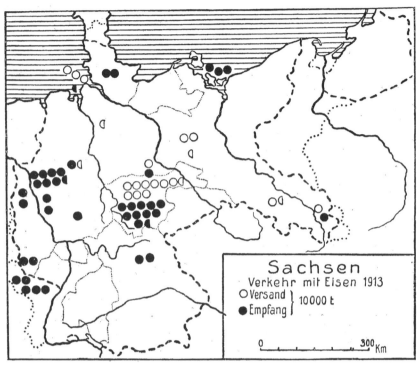

図 2-10 1913 年におけるザクセン王国をめぐる銑鉄・棒鋼の移入元地域と移出先地域
出所:Scheu(1924:84)
注:白抜きの円はザクセン王国からの移出地域と量を意味する。黒い円はザクセン王国が移入する地域と量を意味する。1つの円が1万トンを、半円が5千トンを意味する。

それだけでは不足し、テューリンゲンとシュレージエンという東西に隣接する地域からだけでなく、ライン・ルール、バイエルンなどの国内だけでなく、イギリスからの輸入もかなりの量に上っている地図が提示されている(Scheu 1924:86)。他方においてザクセンで生産される紡績糸がテューリンゲン、ヴェストファーレン、ルール地域、ニーダーライン左岸[14]、ヴュルテンベルク、シュレージエンなど、産業化以前から繊維工業が盛んだった地域に移出されていることも Scheu(1924:86-87)は述べている。つまり、20世紀初めのドイツでは、有力工業地域相互の間で異なる商品の生産と売買という形態での分業ではなく、糸、金属製品、機械といった程度の商品分類で見れば同じ商品を生産して相互に移出入しあう関係を持っていたことになる。

第 2 章　第 2 次世界大戦以前における地域構造の変動

　ただし Scheu（1924：89-90）は、1913 年におけるザクセンとドイツ国内
他地域との関係を全物流の観点から、テューリンゲンとの結びつきが最も強く、
ベルリンがこれに続いていること、石炭と鉄鋼の需要を満たすという点でシュ
レージエンとの結びつきの方がライン・ルール地域との結びつきよりも強いと
述べている。また繊維製品についてはザクセン南部のフォークトラントはその
南に接するバイエルンとの間の物流において移出入の均衡が概ね取れているこ
とも述べている。

4.3. 物資流動から見た地域間の結びつきの強弱

　Scheu（1924）はどの地域とどの地域がより強く結びついていたかを、
1913 年の物資流動全体によって、第 2 帝政を構成していたサブナショナルな
規模の地域すべてについて明らかにしている。そのうち、特に経済力の高い地
域と伝統あるかつての領邦国家に絞って、それぞれの概要も紹介しておこう。
ただし、重量単位で表現されているため、加工品よりも原料や食糧の物流が過
大評価される傾向にあることを注意しなければならない。

　ベルリンはブランデンブルクとの結びつきが特に強い。また、ルール地域、
テューリンゲン、ザクセン、シュレージエンとの結びつきも相対的に強い。フ
ランケン、ヴュルテンベルク、バーデンなどの南部や、北海沿岸、バルト海沿
岸等との結びつきは弱い。しかし、ベルリンはドイツ全国のすべての地域と関
係を有している。ベルリンは重量単位で見て入超の地域である（図 2-11）。ブ
ランデンブルクはベルリンとの結びつきが特に強く、また、直接接する諸地域
はもちろん、ルール地域との間でも物流が相対的に盛んである。しかし、南部
との結びつきは極めて微弱である（図 2-12）。

　ザクセンは西に隣接するテューリンゲンとの間の結びつきが特に強い。また、
ベルリンを含むブランデンブルク、シュレージエン、ザクセン・アンハルト、
バイエルン北部という隣接する諸地域との間の物流が相対的に盛んである。ル
ール地域もこれに含まれる。それ以外の地域とのつながりは弱いが、特にポン
メルンとのつながりが弱い（図 2-13）。テューリンゲンはザクセンに比べて、
シュレージエンとの結びつきが弱くなるのに対して、ライン・ルール地域やヘ
ッセン、さらにフランケンとの結びつきが強まっている。それ以外は、ザクセ
ンが示すパターンに類似している（図 2-14）。

43

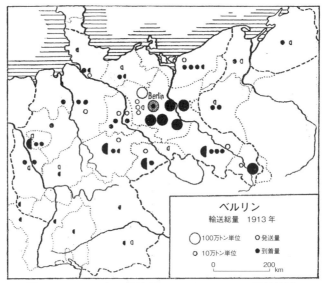

図2-11　1913年の物流量からみたベルリンの関係地域
出所：Scheu (1924：75)

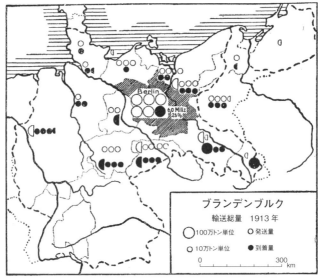

図2-12　1913年の物流量からみたブランデンブルクの関係地域
出所：Scheu (1924：76)

第2章　第2次世界大戦以前における地域構造の変動

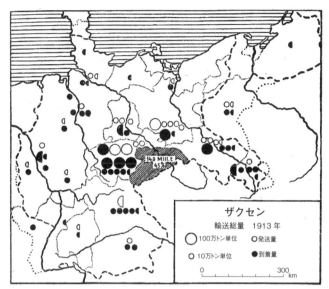

図2-13　1913年の物流量からみたザクセン王国の関係地域
出所：Scheu (1924：89)

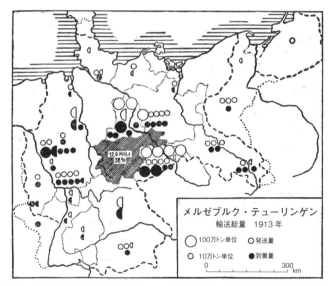

図2-14　1913年の物流量からみたメルゼブルク・テューリンゲンの関係地域
出所：Scheu (1924：95)

バイエルンは相対的に他地域との結びつきが余り活発でないが、その中では北に隣接するザクセンとテューリンゲン、西に隣接するヴュルテンベルクとの結びつきが強く、これにライン川とマイン川の流域が続いている（図2-15）。ヴュルテンベルクはライン川流域との結びつきが活発であり、バイエルン南部との結びつきも相対的に強い。プロイセンの領域とはライン川流域を除いて極めて微弱な結合度である（図2-16）。バーデンはヴュルテンベルクとの結合が特に強く、またこれが示す結合パターンと類似のパターンを示している（図2-17）。

　ライン川左岸のラインラントは右岸地域との結びつきが圧倒的に強い。これにヘッセン南部やプファルツが続いている。ドイツ南部やヴェーザー川以東とのつながりは弱く、特にエルベ川以東とのつながりはきわめて微弱である（図2-18）。ルール地域はラインラント、ヴェストファーレン、ヘッセン、ニーダーザクセン、ハンブルク、ブレーメンなどとの結びつきが強く、テューリンゲン、アンハルトなどのドイツ中部やベルリンを含むブランデンブルクとの結びつきも弱くない。バイエルン南部とザクセンとのつながりは相対的に弱いが、オストプロイセンを除く全国の地域とある程度の結びつきを持っている（図2-19）。

　以上みたように、ドイツの各地域は、それぞれの隣接地域との物資流動による結びつきを特に活発に行なっていた。距離が離れるとともに関係が弱くなるという一般的傾向があったのである。そして明らかにライン・マイン地域以南の諸地域は、ラインラントを除くプロイセン王国との結びつきが弱かった。ザクセン、テューリンゲン、アンハルトからなるドイツ中部、ベルリン、ルール地域は、いずれも全体としてドイツ全国の諸地域との結びつきを持ってはいるが、同じ中部でもアンハルトは北部との関係が、テューリンゲンは西部やフランケンとの関係が、ザクセンはシュレージエンやフランケンとの関係が相対的に強いという特徴を示していた。

　このように市場として認識できる経済地域が厳然として存在しているが、そのほかに人々の共属感情も地域認識の上で重要である。共属感情をどのようにして客観的に把握するのか、その方法をScheu（1927）は示していないが、長い歴史を通じて維持されている広域地名とこれが意味する地理的範囲を、そこに住む人々がアイデンティティを見出す地域として認めることができると筆者は考える。ショイ自身が筆者のように考えたかどうか分からないが、主とし

第2章　第2次世界大戦以前における地域構造の変動

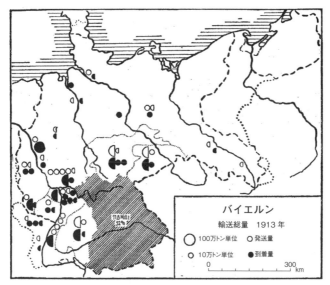

図2-15　1913年の物流量からみたバイエルンの関係地域
出所：Scheu (1924：114)

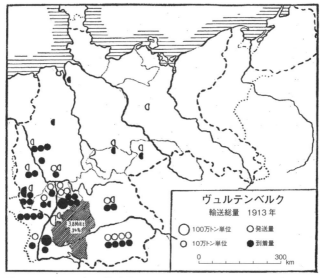

図2-16　1913年の物流量からみたヴュルテンベルクの関係地域
出所：Scheu (1924：126)

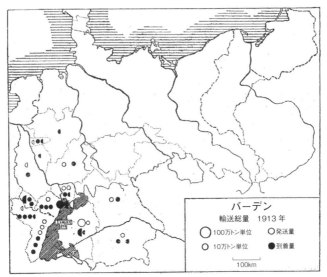

図2-17 1913年の物流量からみたバーデンの関係地域
出所：Scheu（1924：130）

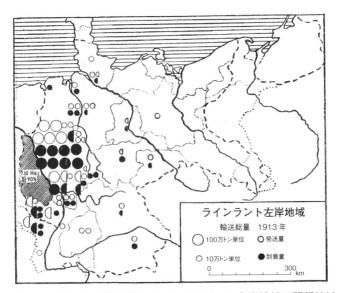

図2-18 1913年の物流量からみたラインラント左岸地域の関係地域
出所：Scheu（1924：148）

第2章　第2次世界大戦以前における地域構造の変動

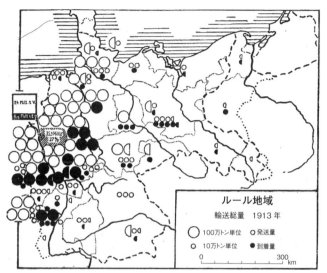

図2-19　1913年の物流量からみたルール地域の関係地域
出所：Scheu（1924：149）

て物資流動の実態を踏まえて、Scheu（1927）は、20世紀初めのドイツについて22の経済地域（Wirtschaftsbezirk）を識別したのである（図2-20）。

Scheu（1928）も検討しておきたい。これは、経済省の資料を利用してヴァイマル共和制時代のドイツ国内に認められた経済地域の構成を画定したものである。この資料は1919年に国家経済評議会を組織する際にまとめられたもので、交通地区単位での物資流動統計のほかに、都市単位での鉄道運輸の未公表資料（ただし旅客流動は含まれていない）も活用された。また地域帰属意識の範囲を探るために、ライプツィヒ、ハンブルク、ケルンの各都市で発行されている日刊新聞の流通範囲を示す地図が掲げられ（Scheu 1928：38）、各新聞が人々の思考に影響を与えているという考え方が提示されている。こうして、できるだけ多くのメルクマールで、すでに1927年の論文で提示していた経済地域を再確認し、さらにいくつかの経済地域が生産における分業や物資の流動で相互に密接に絡み合っている場合には、これを経済圏（Wirtschaftsprovinz）にまとめることができるとした。その結果はScheu（1927：29）と同じ地図にまとめられた（Scheu 1928：17）。これを表の形でまとめたのが表2-4である。

第 2 章　第 2 次世界大戦以前における地域構造の変動

図 2-20　20 世紀初めのドイツにおける 22 の経済地域区分図
　　　　出所：Scheu (1927：29)

表 2-4　Erwin Scheu によるドイツの経済地域区分

経済圏 （プロヴィンツ）	代表的都市	経済地域 （Wirtschaftsbezirk）	人口 （万人）	代表的都市
バルト海沿岸経済圏	シュテティーン	オストプロイセン	230	Königsberg
		ポンメルン、メクレンブルク	270	Stettin
マルク経済圏	ベルリン	ブランデンブルク [1]	320	Berlin
		大ベルリン	390	Berlin
シュレージエン 経済圏	ブレスラウ	オーバーシュレージエン	140	Oppeln
		ニーダーシュレージエン [2]	280	Breslau
中部ドイツ経済圏	ライプツィヒ	ドレースデン地域 [3]	300	Dresden
		ライプツィヒ地域 [4]	380	Leipzig、Chemnitz
		テューリンゲン [5]	190	Erfurt, Jena
		ハレ・マクデブルク地域 [6]	240	Halle, Magdeburg
北西ドイツ経済圏	ハンブルク	ハノーファ・ブラウンシュヴァイク地域 [7]	340	Hannover, Braun-schweig, Osnabrück
		ウンターヴェーザー地域 [8]	240	Bremen（Oldenburg）
		ハンブルク、シュレースヴィヒ・ホルシュタイン、リューベック [9]	300	Hamburg（Lübeck, Kiel）
ニーダーライン・ヴェストファーレン経済圏	ケルン	ルール地域	400	Essen, Dortmund, Duisburg, Düsseldorf
		ベルク・マルク地域	190	Elberfeld/Barmen, Remscheid, Iserlohn, Solingen, Lüdenscheid
		ケルン・アーヘン地域 [10]	240	Köln, Aachen（Mönchnegladbach, Krefeld）
		ミュンスター・アルンスベルク地域 [11]	120	Münster
ライン中流域経済圏	フランクフルト・アム・マイン	フランクフルト地域 [12]	290	Frankfurt am Main
		モーゼル・ラーン地域 [13]	200	Koblenz
南西ドイツ経済圏	マンハイム	ヴュルテンベルク、バーデン、プファルツ（ザール地域、プファルツ、マンハイムとその周辺） [14]	580	Stuttgart、Karlsruhe Mannheim
バイエルン経済圏	ミュンヘン	バイエルン南部	350	München
		バイエルン北部	280	Nürnberg

資料：Scheu（1928：71-72）をもとに筆者作成。
注 1) アルトマルクとグレンツマルクを含む。　2) ミッテルシュレージエンを含むが、ラウズィッツを除く。　3) ザクセン東部。ラウズィッツを含む。　4) ザクセン西部。　5) エアフルト地域という別の名称もショイは提示している。　6) アルトマルクを除く。旧プロイセン王国内のザクセン、メルゼブルク県、アンハルトなどから構成される。　7) ニーダーザクセン南部及び東部に相当する。　8) ニーダーザクセン北西部とオルデンブルクから構成される。　9) エルベ川下流域、シュレースヴィヒ・ホルシュタイン、リューベック。　10) ニーダーライン地域、特にライン川左岸に広がる地域。　11) ヴェストファーレン、アルンスベルク。　12) ライン・マイン大都市圏のことである。　13) コーブレンツ地域とも命名。　14) 南西ドイツ経済圏は、仮にザール地域を含めることができるならば、ヴュルテンベルク、バーデンとは独自の経済地域がありうとショイは考えた。南西ドイツ経済圏には、第 1 次世界大戦以前であればザールラントも含まれ、これとプファルツやバーデン北部を含めてマンハイム経済地域をなしていたとショイは考えていたと思われる。その理由は、S.61-62 においてザールラントのドイツからの分離という事実と、しかし将来的にはザールラント経済が南西ドイツと強い結びつきをもつようになるであろうと接続法 2 式を用いて書いているからである。その場合にはカールスルーエを南西ドイツ経済圏の中心都市になるであろうということも書いている。それはアルザスがドイツの領土になれば、ということを意味することになる。ただしショイはそこまではっきり書いているわけではない。

第2章　第2次世界大戦以前における地域構造の変動

4.4. リーディングインダストリーの立地分布

　本章をしめくくるにあたって、20世紀後半におけるドイツのリーディング
インダストリーとなる機械工業、精密機械・光学・電子技術工業、化学工業、
金属工業がナチスドイツ期においてどのように分布していたかを、Berthold
et al.（1987）に依拠して概観するとともに、1939年に実施された事業所統計
調査の結果に基づいて自動車製造業、航空機製造業、電気機械・装置製造業、
光学・精密機械製造業についてより詳細に明らかにする。その上で、自動車工
業においてどのような地域間関係が表れていたかに関する仮説を提示しておき
たい。

　図2-21は1939年における機械工業の分布を示したものである。この地図
の見方を説明する文章は記されていないので、凡例からどのようにこの地図を
解釈できるか、筆者の考えを示す。太い閉曲線で囲まれている諸地域は「平均
以上に就業者数が多い地域」と凡例に記されている。平均以上というのは工業
就業者数に占める機械工業就業者比率と解釈せざるを得ない。凡例の中で上か
ら2番目の記号、即ち四角形のなかに黒点が1つの場合の記号は工業就業者
の0.5%であることが示されている。それゆえ、閉曲線の中で黒点を含む四角
形があるか否か、そして黒点がいくつあるかをみれば、当該地域が機械工業と
いう点で卓越する地域かどうかが判断できる。黒点を含む四角形のすぐそばに
記されている数値は、当該地域における千人単位での機械工業就業者数である。
従って、閉曲線で囲まれた地理的範囲が大きく、かつ黒点の数が多い四角形が
描かれていれば、そこは1939年当時のドイツの中で機械工業が栄えている場
所であると判断できる。また、たとえ閉曲線で囲まれた地理的範囲が狭く小さ
くても、黒点を含む四角形が描かれていれば、その地域の中心都市とその郊外
において機械工業が集積していると解釈できる。そういった場所には二重円が
付されており、凡例には「傑出した立地」と付記されている。ここでいう立地
（Standort）とは都市自治体を意味すると考えられる。

　以上の地図の見方に基づくならば、1939年時点のドイツで機械工業が最も
盛んな地域としてベルリンとその周囲、ザクセン、ライン・ルール地域の3つ
を挙げることができる。いずれも機械工業就業者数が17～19万人台に達す
る。この3地域の中で後二者には、「傑出した立地」都市が複数あるだけでなく、
傑出しているほどではないが言及に値する都市（「その他の立地（選択）」と凡

53

第 2 章　第 2 次世界大戦以前における地域構造の変動

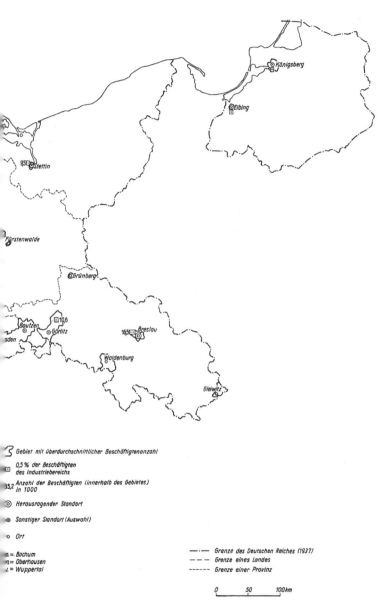

図 2-21　1939 年のドイツにおける機械工業の立地分布
　　　出所：Berthold et al. (1987：361)

例に記されている）も複数あることが分かる。ライン・ルール地域にはドルトムント、エッセン、デュッセルドルフ、ケルンが傑出した立地都市として、デュースブルク、オーバーハウゼン、ヴッパータール、レムシャイトがその他の立地都市として挙げられている。ザクセンではケムニッツ、ドレースデン、ズィークマル・シェーナウが傑出した立地都市、ツヴィッカウ、プラウエン、バウツェン、ゲーラがその他の立地都市として挙げられている。ただしこの中でゲーラはザクセンではなくテューリンゲンに位置するし、バウツェンは現在のザクセン州に属する都市ではあるが、伝統的なラントシャフトの意味でみればスラブ系のゾルベン人も混住するオーバーラウズィッツの都市である。他方、この地図ではザクセンに属するライプツィヒが、ケムニッツを中心とするザクセン機械工業地域と切り離されて独立した機械工業都市として描かれている。

　要するに、当時のドイツには3つの傑出した機械工業地域があり、ライン・ルール地域とザクセンの内部では機械工業都市が複数存在するという多極性がみられたのである。しかも上記の機械工業地域や都市とは別に、フランクフルト・アム・マインとリュッセルスハイムを傑出した機械工業立地都市、マインツとオッフェンバハをその他の機械工業立地都市とするライン・マイン地域（この地図では記されていないがダルムシュタットを逸することもできない）、マクデブルクとデッサウを傑出した機械工業都市とする現在のザクセン・アンハルト州に相当する機械工業地域、傑出する機械工業都市はないが、エアフルト、アイゼナハ、ゴータ、ゼメルダなどを擁するテューリンゲン、そしてハンブルク、ブレーメン、ハノーファ、ブラウンシュヴァイク、ビーレフェルト、カッセル、マンハイム、シュトゥットガルト、フリードリヒスハーフェン、シュヴァインフルト、ニュルンベルク、アウクスブルク、ミュンヘンが傑出した機械工業立地都市として描かれている。ただし、シュトゥットガルトの場合、閉曲線で囲まれた範囲がこの都市の北や東西に広がっているので、このネッカー川中流域に数多くの機械工業立地小都市がすでに存在していたと言える。

　つまり、比較的少数の大都市を極と表現する多極分散型の立地パターンを機械工業が取っていたのではなく、ドイツの中部、西部、西南部に広域的に機械工業が集積すると同時に、広大な農村的地域のなかで一人屹立する大都市や、大都市がない広大な農村的地域であってもその中の中小都市に機械工業が集積する場合があったのである。この最後のパターンの具体例として、オスナブリ

ユック、ミンデン、ズィーゲン、ヴュルツブルク、ハイルブロン、インゴルシュタットなどを挙げることができる。ただしハイルブロンは、1939年時点においてシュトゥットガルトを中心とするネッカー川中流域機械工業地域に含まれるようになったが、1925年時点ではそれと切り離された機械工業立地都市として Berthold et al.（1987：360）に掲載されている地図に描かれている。

　Berthold et al.（1987：359,362）には、ザーレ・エルベ・エルツゲビルゲ地方即ちザクセン・テューリンゲンが最大の機械工業立地地域、ライン・ヴェストファーレンとベルリンがそれに続く大きな機械工業地域であり、ライン・マイン地域を含めればこの4大機械工業地域だけでドイツの機械工業就業者数の約50％を占めると記されている。そして、ケムニッツを中心とするザーレ・エルベ・エルツゲビルゲ地方が繊維機械工業に、ライン・ヴェストファーレンが重機の生産に秀でていた一方で、広大な農村的地域に位置する都市では農業機械が、精密機械工業はベルリンとヴュルテンベルクといった質の高い専門技術者が多くいる都市や地域で盛んであったことが記されている。

　「多極＋農村的地域への広域的分散」が第2次世界大戦以前のドイツにおける各種機械工業の地域構造だったのである。Berthold et al.（1987：349-358）には、精密機械・光学、電気技術工業、化学工業、金属工業の各分布を示す地図と解説も掲載されている。精密機械・光学工業と電気技術工業は機械工業の分布と類似しているが、化学工業と金属工業はそれぞれにとって必要な天然資源（石炭、褐炭、塩、石灰）の賦存や、これらの輸入あるいは移入に便利な輸送拠点となっている場所が傑出した工業地域となっている。具体的には化学工業がライン・ルール地域、ライン・マイン地域、ライン・ネッカー地域、ザクセン・アンハルト南部、ハンブルク、ベルリンが重要拠点となっていた。金属工業はライン・ルール地域が傑出し、この南東に位置するズィーガーラントも含めてドイツ全国の金属工業就業者数の約50％を占めていた。

　第2次世界大戦後のドイツ経済を牽引する役割を果たすことになるのは、機械工業の中でも1930年代当時のハイテク工業とみなしうる自動車製造業である。これが都市あるいは郡スケールの地域単位で集積していた場所を、1939年になされた事業所統計調査に基づいて列挙したのが表2-5である。これから、いかに数多くの都市や郡に自動車製造業が集積していたかが分かる。ただしこの表は四輪自動車だけでなく自動二輪車や自転車製造組立企業も含むの

表 2-5 自動車（自動二輪・自転車を含む）組立工業（Bau von Kraftfahrzeugen und Fahrrädern）就業者数が 1000 人を超える市郡 [1] 1939 年

州規模の地域名	市郡名	事業所数	就業者数
Württemberg	Lkr. Böblingen	4	6,652
	Stkr. Heilbronn	9	1,307
	Lkr. Heilbronn	7	4,375
	Stkr. Stuttgart	54	12,313
	St. Friedrichshafen	2	1,693
	Stkr. Ulm	6	4,114
Baden	Lkr. Rastatt	3	6,468
	Stkr. Mannheim	5	3,181
Provinz Ostpreußen	Stk. Königsberg	6	1,058
	Stk. Elbing	4	1,290
Provinz Pommern	Stkr. Stettin	6	1,351
Berlin		127	16,282
Provinz Mark Brandenburg	Stkr. Brandenburg	8	4,071
Sachsen	Stkr. Chemnitz	21	4,942
	St. Siegmar Schönau	3	4,933
	Lkr. Flöha	3	4,042
	Stkr. Bautzen	3	1,672
	Stkr. Dresden	30	1,165
	Stkr. Zittau	4	1,202
	Stkr. Leipzig	33	2,548
	Stkr. Plauen	2	1,823
	Lkr. Schwarzenberg	7	1,419
	Stkr. Zwickau	7	8,094
Provinz Sachsen, Thüringen, Anhalt	St. Ammendorf [2]	1	1,455
	Stkr. Zeitz [3]	11	3,607
Thüringen	Stkr. Eisenach	4	5,767
	Lkr. Gera	3	1,294
Hamburg		59	1,586
Provinz Hannover, Braunschweig, Oldenburg,	Stkr. Hannover	23	1,333
Bremen, Schaumburg-Lippe	Stkr. Braunschweig	9	6,539
	St. Bremen	16	6,217
Provinz Westfalen, Lippe	Stkr. Bielefeld	42	4,184
Rheinprovinz	Stkr. Düsseldorf	25	2,077
	Stkr. Essen	16	3,483
	Stkr. Wuppertal	35	1,057
	Stkr. Köln	47	6,236
	Siegkreis	5	1,174
Provinz Hessen-Nassau, Hessen	Stkr. Kassel	11	4,079
	Stkr. Frankfurt a.M.	43	7,142
	St. Rüsselsheim	2	15,977
Bayern, Saarland	Stkr. München	40	2,965
	Stkr. Coburg	4	1,117
	Stkr. Nürnberg	42	15,092

資料：Statistik des Deutschen Reichs, Band 568 に掲載されている次の資料に基づいて筆者作成。Volks-, Berufs-, und Betriebszählung vom 17. Mai 1939. Nichtlandwirtschafliche Arbeitsstättenzählung. Die nichtlandwirtschaflichen Arbeitsstätten in den Reichsteilen und Verwaltungsbezirken, Heft 1~Heft 14.
注1）Lkr. は郡、Stkr. は都市を含む郡、St. は都市を意味する。
　　2）Halle の南に位置する小都市。
　　3）Gera と Leipzig の中間に位置する郡。

で、そこに掲載されている事業所と就業者のすべてが四輪自動車製造組立に従事していたわけではない。それでも、2000人以上の就業者数を記録した市郡にはほぼ確実に四輪自動車または自動二輪車の製造企業があったと推定されるし、1000人台であっても例えばヴュルテンベルクのハイルブロン（Heilbronn）には後にアウディ社に統合される自動車メーカー NSU の分工場が 1920 年代末にあったことは Audi AG（2000:188）から明らかである。決して少数の大都市にのみ集積していたわけではない。

　中小都市でも自動車工業集積が顕著だったのはヴュルテンベルクとザクセンである。前者では特にシュトゥットガルトへの、後者ではツヴィッカウという小都市への集積が目立っていた。ツヴィッカウはアウディの故郷といえる小都市である。しかし同時に、大都市ベルリンと小都市リュッセルスハイムへのひときわ大きな集積があったことも見逃せない。リュッセルスハイムはドイツの中でいち早くフォード式大量生産を導入したアーダム・オーペルの本社工場があったし、現在でもある。集積度がひときわ高かったとは言えないが、ブレーメン、ハノーファ、デュッセルドルフ、ケルン、フランクフルト・アム・マイン、ミュンヘン、ライプツィヒといったドイツの代表的な大都市にはいずれもかなりの自動車製造業集積があった。1939 年時点での就業者数が 1000 人台でしかなかったが、ハンブルクやドレースデンにも自動車製造事業所が存在したことがある（Flik 2001b：107, 305-310）。この両都市にその時点で自動車製造事業所があったかどうか不明であるが、自動車製造はこれに取り組むだけの技術力をもつエンジニアや熟練労働者が多く、かつ自動車を購入しうる富裕層の絶対数が多い大都市ではほぼどこでも複数誕生して存続していたのである。

　表 2-6 は電気機械一般ではなく、この製造部門の中でより高い技術力を必要としていた重電関係の機械・装置の製造が集積していた都市や郡を示したものである。ここでもベルリンがひときわ大きな集積を見ていたことが分かる。しかしそれだけでなく、ニュルンベルクとシュトゥットガルトにも比較的大きな集積があった。しかし、自動車製造業にみられたような中小都市や郡部への集積は顕著でなかった。

　航空機製造業はベルリンとその周囲に大きな集積が形成されていた。表 2-7 においてブランデンブルク省の立地都市ないし郡として挙げられている場所はいずれもベルリンの近郊に位置している。ライプツィヒやブレーメンにもかな

表 2-6　電気機械・装置製造（分類番号 09.03.00 Herstellung von elektr. Maschinen und Apparaten）就業者数が 1000 人を超える市郡　1939 年

州規模の地域名	市郡名	事業所数	就業者数	備考
Berlin		544	59,290	
Provinz Mark Brandenburg	St. Teltow	2	1,024	
Provinz Schlesien	Stkr. Schweidnitz[3]	4	1,920	
Sachsen	St. Annaberg	11	1,590	
	Stkr. Dresden	56	2,432	＊
	Lkr. Dresden	89	5,496	＊
	Lkr. Meißen	4	1,471	＊
	St. Grimma	3	1,452	＊
	Stkr. Leipzig	99	6,061	＊
Provinz Sachsen		43	2,123	
Thüringen	Stkr. Arnstadt	5	1,220	＊
	Stkr. Eisenach	7	1,358	＊
	Lkr. Eisenach	121	1,133	＊
	Lkr. Sonneberg	99	1,487	＊
Hamburg		46	6,496	
Provinz Westfalen	Ldkr. Altena	101	1,932	
	Stkr. Dortmund	18	1,064	＊
	Stkr. Lüdenscheid	187	1,976	＊
Rheinprovinz	Stkr. Düsseldorf	66	1,028	
	St. Ratingen	3	1,267	＊
	Stkr. Essen	43	1,478	＊
	Stkr. Rheydt	12	1,244	＊
	Stkr. Wuppertal	54	2,532	＊
	Stkr. Köln	59	3,300	＊
	Gem. Porz	6	1,370	＊
	Stkr. Aachen	12	2,370	＊
Provinz Hessen-Nassau	Lkr. Hanau	4	1,506	
	Stkr. Frankfurt a.M.	81	9,559	＊
Bayern	Stkr. München	92	6,024	＊
	Stkr. Erlangen	12	3,170	＊
	Stkr. Nürnberg	107	18,922	＊
	Lkr. Neustadt a.d. Saale	3	1,751	＊
Württemberg	Stkr. Stuttgart	72	20,853	
Baden	St. Villingen im Schwarzwald	3	1,252	＊
	Stkr. Mannheim	8	3,634	＊

資料：表 2-5 と同じ資料に基づいて筆者作成。
注 1)　電気機械・装置製造業は、分類番号 09.00.00 の電気技術の 1 分野である。
　2)　備考欄に＊印がついている市郡の場合、電気機械・装置製造以外の電気技術製品製造に従事する事業所・就業者数を含む。したがって、＊印がついていない市郡の場合、電気技術全体ではより多くの電気機械機器製造事業所がある。
　3)　この都市を含む郡はブレスラウの南西に位置しており、現在はポーランドに属する。

表 2-7　航空機・航空機部品製造（Bau von Luftfahrzeugen und -teilenn）
　　　　就業者数が 1000 人を超える市郡　1939 年

	市郡名	事業所数	就業者数
Berlin		64	15,749
Provinz Mark Brandenburg	Stkr. Brandenburg	1	5,565
	Lkr. Niederbarnim	1	6,343
	St. Velten	2	1,201
	Stkr. Rathenow	3	1,634
	Lkr. Teltow	3	7,485
	Gem. Klein-Machnow	1	1,661
	Stkr. Wittenberge	2	1,708
Provinz Schlesien	Stkr. Breslau	3	1,550
Sachsen	Stkr. Leipzig	9	11,673
	Lkr. Leipzig	4	2,550
Provinz Sachsen, Thüringen, An-halt	Stkr. Ascherleben	1	4,971
	St. Schönebeck	1	2,524
	Stkr. Halberstadt	1	3,566
	St. Oschersleben	1	3,582
	St. Eilenburg	3	1,215
	Stkr. Halle a. S.	3	3,764
	Stkr. Wittenberg	1	2,164
Thüringen	Stkr. Erfurt	2	1,180
	Stkr. Eisenach	2	2,088
	Stkr. Gotha	1	2,992
Anhalt	Stkr. Bernburg	1	1,813
	Lkr. Bernburg	1	2,290
	Stkr. Dessau	6	12,923
Provinz Schleswig-Holstein	Stkr. Lübeck	2	1,684
	Stkr. Neumünster	1	1,109
Hamburg	Hamburg	7	6,021
Mecklenburg	Selbst. Stadtbez. Neubrandenburg	1	1,597
	Selbst. Stadtbez. Rostock	4	13,709
Provinz Hannover, Baraun-schweig, Oldenburg, Bremen, Schaumburg-Lippe	Gem. Langenhagen	1	1,034
	Stkr. Braunschweig	3	1,437
	Lkr. Braunschweig	1	1,010
	Lkr. Wesermarsch	1	1,383
	St. Nordenham	2	3,286
	St. Bremen	4	14,936
Provinz Hessen-Nassau, Hessen	Stkr. Kassel	1	3,595
	Stkr. Frankfurt a.M.	10	1,606
Bayern, Saarland	Stkr. München	4	2,535
	Stkr. Regensburg	1	3,226
	Stkr. Augsburg	7	5,270
	Lkr. Augsburg	2	2,286
Württemberg, Baden, Hohen-zollerische Lande	Lkr. Aalen	3	1,111
	St. Friedrichshafen	4	7,172

資料：表 2-5 と同じ資料に基づいて筆者作成。

り大きな集積が形成されていた。しかし、大都市だけでなく、例えばドイツ西南部の最南端にあるフリードリヒスハーフェンやアンハルトのデッサウといった中小都市にもかなり大きな集積があったし、プロヴィンツザクセンやテューリンゲンには多数の中小都市が飛行機部品の製造に関わっていたと考えられる。その一方でドイツ南部のアウクスブルクにも比較的大きな集積があった。つまり、航空機製造業は決して少数の大都市にだけ立地していたわけではない。

　光学・精密機械もベルリンでの集積が目立つが、むしろイェーナ、ヴェッツラル、そしてドイツ西南部のシュヴァルツヴァルトの小都市への集積が目立つ（表2-8）。よく知られているようにイェーナにはレンズのカール・ツァイスが、ヴェッツラルにはカメラのライカが立地し、シュヴァルツヴァルトには時計製造企業が集積していたのである。

　以上から、第2次世界大戦直前におけるドイツ経済の地域構造の最大の特徴は、「多極＋農村的地域への広域的分散」だったことが明らかである。現在の州名で言えばザクセン、テューリンゲン、ザクセン・アンハルトから構成されるドイツ中部、ライン・ルール地域からズィーガーラントにかけてのドイツ西部、ライン・マイン地域からライン・ネッカー地域を経てネッカー川中流域に至るドイツ西南部、そしてベルリンがドイツ経済の大黒柱としての役割を果たす地域となっていたのである。ベルリンとその周囲を除いて、上記のそれぞれの地域の中には人口数十万人を超える大都市もあれば、数万人以下の中小都市も工業都市として存在感を示していた。そして、ハンブルク、ミュンヘン、ニュルンベルクなどの大都市にもリーディングインダストリーとなる諸部門が立地すると同時に、大都市の範疇には属さない人口10万人未満の中小都市を中心とする農村的地域にも、次代のリーディングインダストリーとなる工業部門の立地を認めうるというのが、第2次世界大戦直前の時点でのドイツの地域構造だったのである。

　かつて有力な工業地域だったシュレージエンは、それらの後景に退くようになっていた。他方、ヴュルテンベルクの興隆がはっきりと認められる。ヴュルテンベルクの機械製造能力が向上したのは19世紀後半にヴュルテンベルク王国の経済政策を担ったフェルディナント・フォン・シュタインバイスによる工業振興政策[15]が花開いたからであるという仮説を立てることができる。ヴュルテンベルク王国が1848年に設立した「商工業センター（Centralstelle für

第2章　第2次世界大戦以前における地域構造の変動

表 2-8　光学工業・精密機械 (Herstellung von Optik, feimechanischen Erzeugnissen) 就業者数が 1000 人を超える市郡　1939 年

州に相当する地名	市郡名	事業所数	就業者数	備考
Berlin		2,244	27,248	＊＃
Provinz Mark Brandenburg	St. Oranienburg	4	5,065	＊
	Stkr. Rathenow	198	6,372	＊
Provinz Schlesien	Stkr. Breslau	105	1,327	＊
Sachsen	Stkr. Chemnitz	68	1,517	＊
	Stkr. Leipzig	191	2,207	＊
Thüringen	Stkr. Erfurt	31	2,197	＊
	Stkr. Mühlhausen	10	4,813	＊
	Lkr. Gotha	6	1,227	＊
	Stkr. Jena	15	9,221	＃
	Stkr. Jena	21	1,249	＊
	Stkr. Jena	21	35	＊＊
	Stkr. Jena	1	1,289	
Provinz Schleswig-Holstein	Stkr. Kiel	54	2,450	＊
Hamburg		754	7,212	＊＃
Braunschweig	Stkr. Braunschweig	19	1,989	＃
Provinz Hessen-Nassau	Stkr. Frankfurt a.M.	156	1,163	＊
	St. Wetzlar	41	2,162	＃
	St. Wetzlar	8	2,437	＊
Bayern	Stkr. München	85	6,066	＃
	Stkr. München	186	1,457	＊
	Stkr. Nürnberg	107	1,033	＊
Württemberg	Stkr. Stuttgart	38	2,480	＃
	Stkr. Stuttgart	135	2,410	＊
	Lkr. Calw	3	1,008	＃
	St. Schramberg	122	8,199	＊＊
	St. Schwenningen am Neckar	268	7,401	＊＊
	St. Tuttlingen	112	1,805	＊
Baden	Lkr. Villingen	183	2,348	＊＊
	St. Villingen im Schwarzwald	31	1,488	＊＊
	Stkr. Pforzheim	176	5,174	＊＊

資料：表 2-5 と同じ資料に基づいて筆者作成。
注 1）備考欄に＊印がある都市や郡は、分類番号 10.03.00 の精密機械工業のみの事業所種数と就業社数を意味する。
　　　備考欄に＃印がある郡は、分類番号 10.02.00 の光学機器のみの事業所数と就業者数を意味する。
　　　備考欄に＊＊印がある郡は、分類番号 10.04.00 の時計製造・修理のみの事業所数と就業者数を意味する。
　　　備考欄に＃印がある場合には、10.00.00 分類番号の光学・精密機械工業全体の事業所数と就業者数を意味する。
　 2　テューリンゲンのイェーナの最下行は分類番号 10.05.00 の光学・精密機械工業における管理・補助部門の事業所数と就業者数を意味する。

Gewerbe und Handel)」の技師監（Technischer Rat）として任官し、後にセンター長としてヴュルテンベルク王国の工業発展のために尽力したシュタインバスの存在が重要であると考えられる。彼は、19世紀半ば以降に王国内各地の企業家による機械金属工業企業の設立を支援したし、王国内各地に繊維工業学校を設立し、工業技術の理論の教授と工業企業での実習の両方を受けることによって工業熟練労働者や技術者・技能者を育成する教育方法を導入したのである。

　他方、1人当り国民所得が上昇したというわけではないが、現在のテューリンゲンやザクセン・アンハルトに機械工業、精密機械・光学・電気技術工業の立地が進んだことも見逃せない。ザクセン・アンハルト南東部には環境汚染という点で後に大きな問題を引き起こすことにはなるが、化学工業の立地も進んだことは明確である。

　ところで、20世紀初めには、ライン川流域の諸地域とザクセンとの間の経済的交流が活発になっていたことにも注目したい。例えばそれは、20世紀後半のリーディングインダストリーとなる自動車工業の形成途上で見られた地域間経済交流である。Seherr-Thoss（1979：12-43）に掲げられているドイツ自動車工業の年表を丹念に読めば、ガソリン内燃機関を動力とする自動車工業の誕生前夜から1905年までの同国における自動車工業企業の立地の特徴は、きわめて分散的だったことが分かる。部品供給工場も最初から、組立工場とかなり離れたところに立地していた。決して、特定の場所に自動車工業が集中するというパターンではなかった。これは、自動車組立企業の前身として、ミシン、自転車、定置エンジン（工場用、あるいはモータボート用）生産企業が多く（大島2000：282-290）、これらの自動車工業に先行する機械工業のいずれもが、ドイツ国内で分散的に立地していたからである。しかし、同時に自動車工業企業創業者がドイツ国内でかなり遠隔地間を移動していることも、Seherr-Thoss（1979）から分かる。これは、もともとマイスターになるための修業途上で、職人たちが広域にわたって移動するという風習がドイツにあったことと関係していると思われる。たとえ物資の流動で密接な関係が地域間にない場合でも、人的交流がかなり盛んであったということが、ドイツの地域構造を考える際に重要であると考えられる。

5. おわりに

産業化初期、即ち19世紀初めの、後に第2帝政ドイツとして統一される地理的範囲における農業や製造業の地理的分布を規定したのは、天然資源の賦存と土地所有の社会的規範に関する場所による違いである。シュレージエンからザクセン、テューリンゲンを経てヴェストファーレン南部にまでわたって東西に広がる中位山地とその縁辺部の丘陵地帯は豊かな土壌に恵まれて農業の土地生産性が高かったし、鉱物資源や森林資源に恵まれて山間部では金属精錬と鉄加工業が発達していた。これはライン川の支流である中小河川が流れるベルク・マルク地方やズィーガーラントといった、ライン川右岸側で南北に連なる中位山地とその縁辺部にも当てはまる。

中世から亜麻の栽培や牧羊がなされていた場所では繊維製造が早くからなされており、これを基盤にするとともに輸入綿花に依拠して、綿紡績工業が水車動力を利用して発展していた。これはプロイセン王国領となっていたニーダーライン、特にその左岸側やザクセン王国において顕著だった。この2地域ほどではないが、シュレージエンとヴュルテンベルクにおいても小河川の水流を利用した水車動力に基づいて綿紡績工業がある程度発展した。

上の地域構造を大きく変えたのは石炭資源に基づく鉄鋼業の隆盛である。これによってラインラントやヴェストファーレンといった伝統的な地域の境界を横断してルール工業地域が形成されたし、オーバーシュレージエンやザールラントも石炭資源に恵まれて19世紀半ば頃から経済的に興隆していった。それはあたかも中世から近世にかけて形成された農村工業地域と重なるようにみえる。しかし農村的地域がドイツの産業化を支えたのではなく、むしろ実際に鉄道の急速な普及を支えたのは石炭産業と鉄鋼業という素材生産地域だけでなく、蒸気機関車と車両という機械・器具を開発するエンジニアが活動する都市や、その生産に必要な金属器具生産の伝統を持つドイツ全国各地に展開していた鉄加工業地域もまたドイツの産業化時代における地域構造形成の主役だった。

産業化時代の後期に入ると電気機械器具の開発と生産が重要になる。その中心となる場所はジーメンスやAEGの誕生成長の地であるベルリンだが、電気技術は鉱山業や鉄道経営のためにも必要であり、人々の日常生活にも直結するがゆえに、ベルリンにのみ電気技術工業が集中したわけではない。例えばニュ

ルンベルクやシュトゥットガルトなどにも独自の電気技術を駆使する企業が誕生し成長した。しかもそもそも、企業の生産や人々の生活のためのインフラストラクチャー整備主体としての各領邦の政治権力が所在する都市は、本格的産業化時代を牽引する産業諸部門の重要な需要が発揮される場所として機能した。他方において、次代の主導産業の一つとなる化学工業にとって、その原材料としての石炭や繊維工業における染色技術が重要な意味を持ったし、そうした原材料の搬入のための水路や化学工業技術の開発を担う高等教育研究機関や研究開発に専念する部署の設立を推進した企業の所在地もまた20世紀に入る頃からの新たな地域構造の形成にとって重要な意味を持った。

　こうして、20世紀初めには、ベルリン、ライン・ルール地域、ザクセン王国領を中心として東西に延びる中位山地北縁地帯がドイツの最重要の産業地域として確立したのである。しかしそれらだけでなく、鉱物資源にさほど恵まれなかったヴュルテンベルクが19世紀末から目覚ましく経済発展したという事実に着目しておきたい。その立役者はヴュルテンベルク王国の工業振興政策を推進したフェルディナント・フォン・シュタインバイスであるが、彼だけでなく、彼が導入した二重システム職業教育を受けて熟練工業労働者や技師として成長した無名の数多くの人々や、彼の支援を受けて19世紀半ば以降に設立され、後に世界大の市場で活躍している機械金属企業、例えば1853年にガイスリンゲンで設立された「ヴュルテンベルク金属製品工場（WMF：Württembergische Metallwarenfabrik）」、1857年にゲッピンゲンで設立された「メルクリン（Gebr. Märklin & Cie.）」、1864年にウルムで設立された「マギルス（Magirus Deutz）」、1867年にハイデンハイムで設立されたフォイト（Maschinenfabrik Voith）などがある（von Alberti 2016：19）。

　こうしてみると、ドイツ経済の地域構造を規定する要因として、産業化以前や産業化の前半期においては天然資源の賦存の場所による差異が大きな意味を持っていたことは確かである。しかし、その自然条件が場所による経済水準の高低を決定したわけでは決してなく、それぞれの場所に存在する天然資源の活用の工夫に地元の人々が取り組んだということの方が、地域構造形成にとってより重要な意味を持っていたと考えられる。その際に、営業の自由、先進的技術に関する情報を得たならばそれを取り入れてより生産性の高い商品生産を行なうという企業家精神、都市商人や領邦君主が蓄積していた資本、そして鉄道

第2章　第2次世界大戦以前における地域構造の変動

ネットワークの充実に伴う市場の地理的拡大が、各場所での天然資源の賦存以上に重要な意味を地域構造形成に対して持っていたと言えよう。

第3章 1970年当時の西ドイツ経済の空間的構成
―株式会社本社立地の特性―

1. はじめに

　本章の目的は、西ベルリンを含む西ドイツ経済の地域構造を把握するための手がかりを得ることにある。

　ここで言う地域構造とは、矢田（1975a）が提起したものと同じである。矢田は、既に1973年にその考え方を経済地理学という学問の性格規定に関する既往の諸説の批判的摂取という形をとって展開していた（矢田1973）。その後10年にわたって様々な角度から考察を進め、矢田（1982a，1982b）において中間的総括と称して改めて国民経済の地域構造という考え方を論じている。それは「一国の国土を基盤にして、長い歴史的経過をへて作りあげられた国民経済の地域的分業体系のことであり、世界経済の地域的分業体系のなかに有機的に包摂された」（矢田1982b：230）ものである。この地域構造は「社会的分業体系としての再生産構造」の空間的表現であり、それ故その解明のためには、国民経済の「再生産構造そのものの把握が不可欠の前提となる」（矢田1982b：230）としている。

　しかし、再生産構造が明らかになれば直ちに地域構造も解明される、と考えられたわけではない。「地域構造は、再生産構造の直截的反映ではない。ほぼ同じ再生産構造であっても、異なる地域構造を示すことが十分にありうる」（矢田1977：10）。そこで、この二つの構造を媒介するものを措定する必要があり、矢田はこれを「各産業部門および諸機能の立地・配置の展開」（矢田1977：10）であるとしている。

　ここで矢田の言う「ほぼ同じ再生産構造」とは、どの次元で「ほぼ同じ」と考えられているのか、必ずしも明晰ではない。本章で分析対象とする西ドイツ経済の再生産構造が、日本のそれと同じであると考える者は1人としていないであろう。しかし、どちらの国の経済も資本主義的再生産構造を有していることに異議をさしはさむ者はあるまいし、先進資本主義諸国の中で、人口と国土面積という点で日本に比較的近い規模をもつのは、西ドイツ、フランス、イギリス、イタリアなどのヨーロッパ諸国であって[1]、日本の特性を浮き彫りに

するために国際比較を行うのであれば、まずこれらの諸国が検討されねばならないと思われる。しかも、これら諸国の中で第2次世界大戦による荒廃からの復興とその後の世界経済の中で占めるようになった地位とを考慮にいれるならば、西ドイツが最も興味深い研究対象として選定されうる。

　このような理由で西ドイツ経済の地域構造を明らかにしたいと筆者は考えているが、そのためのアプローチの仕方には様々なものがある。矢田の構想に従えば地域構造論の中には大別して、産業配置、地域経済、国土利用、地域政策という4つの分野がある。この各々は有機的に関連しているとはいっても、相対的に独自な分野であって、それ故どこから切りこんでいってもよいはずである。だが、この4分野の中で論理的に基底をなすのは、矢田の指摘の通り、産業配置であろう。筆者もこの分野からアプローチすることにしたいし、本章の枠内ではそれに留まらざるをえない。標題に地域構造という言葉を用いなかったのは、この理由からきている。

2. 西ドイツの産業配置に関する研究の到達点

　西ドイツの産業配置を論ずるといっても、それだけで研究対象が確定されるわけではない。矢田（1982：230-241）が述べているように、ここでは、各個別産業部門の中の物的生産の場、そこで労働する労働者の居住の場、更に複数の生産の場を管理する中枢管理の場が各々把握されるとともに、それらの場をめぐって、原材料、半製品、労働力、所得・資金、情報がどのように移動し、もってどのような原材料調達圏、製品市場圏、通勤圏、資本の循環圏、情報伝播の経路が形成されているかを明らかにする必要がある。

　このような個別の生産過程の配置に関わる諸事項を把握するだけでなく、西ドイツ経済総体としての産業配置をも明らかにしなければならない。そのためには、歴史的前提としてのかつての産業配置と、戦後のキーインダストリーの把握を通じて、現時点での「物質的財貨の生産・流通・輸送部門の配置体系（地域的分業体系）」（矢田 1982：239）を解明するとともに、「都市のネット・ワーク」（矢田 1982：240）という言葉で表現される、いわば企業活動の意思決定のピラミッド的構造とでも言うべきものの空間的形態を明らかにし、この両者を統一的に描き出さなければならない。

　アプローチの確定に関わる問題は、このそれぞれの細かな研究対象領域が、

第 3 章　1970 年当時の西ドイツ経済の空間的構成

先の 4 分野の場合と同様に、相互に有機的に関連しながらも相対的に独自な
研究分野となりうることから発生する。つまり、論理的に各個別の問題領域の
間で解明の順序が想定されるとしても、実際にはこれにこだわる必要はなく、
極端なことを言えば、どこからでも切りこみうるのである。そのため、地域構
造に関わる様々な側面を扱う著作が多数出たとしても、全体像としての地域構
造はなかなか理解し難いということになりかねない。

　しかし、このことは他面において、実態分析のためにかえって有利であると
も考えられる。というのは、実態分析のためには何よりもデータの利用が不可
欠であるが、必要なデータの入手が論理的に想定される個別分野の解明の順序
に必ずしも相応ずるわけではないからである。要するに、現状分析を当面の課
題としている者にとって、存在するデータの種類がとりあえずの研究対象を規
定するということがあり、本章も又そのような性格を帯びていることを予め断
っておきたい。

　勿論、そうは言っても、本章で明らかにすることの位置づけはなされねばな
らない。そのために、西ドイツ経済の地域構造の解明に関わりうる諸研究のレ
ビューを行う必要がある。その詳細は別の機会に果たすつもりであるが、とり
あえずここでは、産業配置に関して明らかにされていることを簡単に述べてお
こう。

　物質的財貨の生産の場、換言すれば工場の立地や農林水産業の立地の把握
は比較的容易であると考えられる。しかし、日本人研究者で実際にそれをオ
リジナルのデータで把握し、その結果を公表している者はほとんどいない。そ
れは、西ドイツの経済地理を専攻している研究者がいないからではない。むし
ろ我国の経済地理研究者によって取りあげられる外国として西ドイツはか
なり上位の部類に属する。しかしその場合、ミクロないしメソスケールの農
業地域に関する研究（石井 1975,1976；浮田 1970；小林 1978,1982；佐々木
1965,1975,1976；水津 1976）か、さもなければ地域政策を対象としたもの（石
井 1974,1979；金田 1979,1981；祖田 1980a,1980b；森川 1979,1983；山田
1981；山本 1982a）がほとんどであって、全国的な産業配置の研究は非常に稀
である。わずかに金田（1981）が、これに直接関わるものとして、1955 年から
1975 年の工業立地動向を明らかにしている程度であろう。しかし、そこで分析
の単位となっている空間は州であるか、又は稠密地域や大都市といったように

類型として捉えられる空間であって、具体的な場所はほとんど示されていない。

　日本人研究者による業績がないからといって、この分野の解明が遅れているわけでは決してない。例えば、Burtenshaw（1974）が交通体系、エネルギー産業、鉄鋼業、自動車産業、石油化学産業、電気機械産業、農業における生産の場についての西ドイツ全国の地図をもって明らかにしている。そこで取りあげられなかった一般機械、繊維、食品も含めて、Mellor（1978）が明らかにしている。又、Wild（1979）は個別産業部門にまでおりての分析ではないが、就業機会の場としての工業地域の位置や、日本に例えれば県レベル程度の面積をもつ地域を単位として1950年から1968年に至る就業機会の増減を、地図によって明らかにしている。

　英語文献だけでなく、ドイツ語文献でもそうした生産の場の分布を明らかにしているものは、当然のことながら存在する。『*Diercke Weltatlas* ディールケ世界地図帳』（201. Auflage, Georg Westermann Verlag 1977：30-33, 36-37）のような標準的な学校教育用地図帳には産業の分布を表現する地図がたいてい載っているし、Fuchs（1977）も、直接的にそれを扱っているわけではないが、大都市地域、これに属さない工業地域、農業及び農工混合地域の3つに西ドイツ全国を構成する諸地域を類型区分して各地域についてかなり詳細に解説しているので、全体を通読すればどこにどのような産業があるかは大体おさえることができる。個々の工業部門については余り詳しくないが、工業の集積をみているという意味での工業地域として西ドイツにはどこにどのようなものがあるかということは、Hottes（1980）が明らかにしている。更に、そもそも連邦統計庁の編集になる「就業調査統計」をもとに、「地誌及び地域整備のための連邦研究所」（Bundesforschungsanstalt für Landeskunde und Raumordnung）が産業部門別の立地分布図を製作しており[2]、それ故、産業諸部門の生産現場として、どこにどのようなものがあるかという最も基礎的な事項は解明されていると言ってよいのである。居住の場や中枢管理の場も、都市の配置と読みかえれば枚挙に暇がないほど数多くの研究が既になされている。比較的新しいところでも、Blotevogel und Hommel（1980）が西ドイツ全国の実態を4枚の地図とともに描いている。

　だが、人や財貨、あるいは資金の地域的移動、即ち原材料調達圏、製品市場圏、通勤圏、労働力需給の広域的な地域的関係、資本の循環圏、情報の経路の把握

となると、それほど易しいことではない。それでも、通勤圏や小売商圏、あるいは余暇行動圏といったものは、中心地研究との関係で数多くの実態研究がなされているし[3]、筆者自身も労働力の広域的な移動について若干述べたことがある（山本 1982b）。しかし、これら以外のものについてまとまった研究はドイツ人の手によってもまだほとんどなされていないというのが現状であろう。管見の限りでは、自動車産業に関して各企業の本社工場と分工場の位置関係や、ダイムラー・ベンツ社とその生産工場の位置と同社への部品供給企業の立地の関係を地図に表わしたものが Brücher（1982：116-117）にあることと、よく知られた事実なのか、石油精製工場の立地を４つの異なった時点で比較し、これによって市場空間分割的な立地展開があったことを容易に読み取らせてくれる４枚の地図がギムナジウム上級生用の副読本として公刊された Sedlacek（1975：31）に掲げられている程度である。

　したがって未開拓の領域があるとすれば、それは企業間や部門間の経済的関係に基づいてつくりあげられる圏構造の実態解明であり、これとの関連で個別企業の本社という意味での中枢管理機能の立地体系を把握することであろう。勿論、総体としての西ドイツ経済の産業配置を、歴史的前提とキーインダストリーとに配慮しつつ、同時に都市システムをも考慮にいれて明らかにするという課題は、こうした視角がドイツ人研究者には余りみられないことと、日本人の側にそのような視角で行う西ドイツ研究がないことによって、同様に未開拓の領域となっている。

　本章の直接的課題とするのは、そうした未開拓の領域のうち、1970 年時点での中枢管理機能に関わる株式会社本社の立地を、その所属する産業部門と資本金額とに基づいて明らかにし、もって西ドイツ経済の地域構造解明の手がかりを得ることである。

　ところで西ドイツにおける中枢管理機能の位置の確認という作業は、全く手がつけられていないというわけではない。例えば 1974 年時点での EEC における工業部門の上位 100 社の本社の位置が Lee（1976：27）によって地図に表わされており、これが Dicken and Lloyd（1981：80）や Bamford and Robinson（1983：137）に引用されている。この地図をみると、イギリスやフランスでは各々の首都に大企業本社が集中しているのに対し、西ドイツでは、日本語的な感覚からして大都市でない場所をも含め、かなり多くの場所にそれ

が散在しているという特徴をつかむことができる。ただ、この地図はEECというより大きな地域の中での上位100社に関するものであって、これを構成する各国民経済内の大企業が扱われているわけではない。又、大企業といっても、その間には規模差が当然存在する。にも拘らず、その地図はこれを一切考慮にいれておらず、我々の当面の目的に直接役だちうるものではない。

中枢管理機能のもうひとつの重要な分枝をなす国家機構については、ドイツ人地理学者の手になる研究（Peppler 1977）がある。その詳しい内容は未見なのでわからないが、その研究の一部がSchöller（1980a）[4]によって引用されている。これは、各都市における連邦機関の就業者数を地図に表わしたものである。西ドイツでは中央政府の機能が首都ボンに集中せず、全国各地の都市に配されていることはよく知られた事実であるが、この地図を参照すると、それが一目瞭然である。勿論、これだけをもってしては、経済の主要部分を担っている民間部門の中枢管理機能についてわからないのはあたりまえのことである。

3. 株式会社本社立地の実態

3.1. 資料の性格

本章での分析のために用いた主たる資料は、連邦統計庁（編）『株式会社一覧：1970年3月31日現在』（Statistisches Bundesamt 1970）である。これは、その時点において連邦共和国商業登記簿に登録されているすべての株式会社の一覧表であって、各企業の配列の順序は、本社の所在している州別に、企業名のアルファベット順に依っている。ここに盛られている情報は、企業名、本社の位置するゲマインデ名、資本金、所属産業部門のみである。

この情報を、人口10万人以上のゲマインデとして郡から独立している都市各々に、どの部門の企業が何社その本社を置いているか、それら企業の資本金を都市ごとに集計するとどれだけの規模になるか、という観点から整理したい（図3-1）。

このように整理しようとすることから、いくつかの問題が発生する。まず、人口10万人未満のゲマインデはすべてその他として一括することにしたが、そうしたゲマインデの中には人口10万人以上の大都市の近傍に位置しているものもあれば、かなり遠隔地に位置するものもある。前者の場合には、たとえその近傍の大都市のゲマインデ内に位置しないとしても、実質的には中心ゲマ

第3章 1970年当時の西ドイツ経済の空間的構成

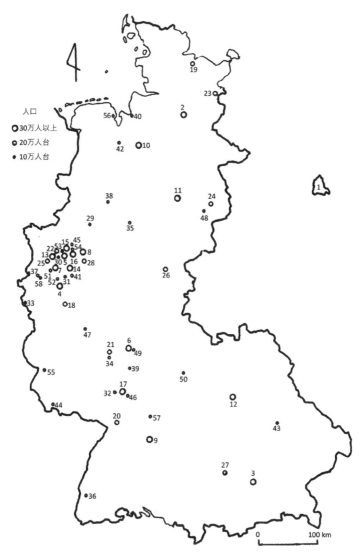

図 3-1　西ドイツにおける人口 10 万人以上の郡に属さない都市自治体
　　　　（1970 年 5 月 27 日実施のセンサスに基づく）の地理的分布
資料：Bundesminister für Raumordnung, Bauwesen und Städtebau（Hrsg.）（1979）*Raumordnungsbericht 1978*, S.79 に掲載されている Karte 3 Siedlungsstrukturelle Typisierung der Kreise und Kernstadt-Umland-Ausprägung に基づいて筆者作成．
　注：都市名は付表の番号を参照．

図 3-1 の付表　1970 年の西ドイツにおける人口 10 万人以上の郡に属さない都市自治体

人口規模 順位	都　市　名	人　口 単位：千人	所　在　州
1	西ベルリン	2,122.1	西ベルリン
2	ハンブルク	1,793.8	ハンブルク
3	ミュンヘン	1,293.6	バイエルン
4	ケルン	848.4	ノルトライン・ヴェストファーレン
5	エッセン	698.4	ノルトライン・ヴェストファーレン
6	フランクフルト・アム・マイン	669.6	ヘッセン
7	デュッセルドルフ	663.6	ノルトライン・ヴェストファーレン
8	ドルトムント	639.6	ノルトライン・ヴェストファーレン
9	シュトゥットガルト	633.2	バーデン・ヴュルテンベルク
10	ブレーメン	582.3	ブレーメン
11	ハノーファ	523.9	ニーダーザクセン
12	ニュルンベルク	473.6	バイエルン
13	デュースブルク	454.8	ノルトライン・ヴェストファーレン
14	ヴッパータール	418.5	ノルトライン・ヴェストファーレン
15	ゲルゼンキルヒェン	348.3	ノルトライン・ヴェストファーレン
16	ボーフム	344.0	ノルトライン・ヴェストファーレン
17	マンハイム	332.2	バーデン・ヴュルテンベルク
18	ボン	274.5	ノルトライン・ヴェストファーレン
19	キール	271.7	シュレースヴィヒ・ホルシュタイン
20	カールスルーエ	259.2	バーデン・ヴュルテンベルク
21	ヴィースバーデン	250.1	ヘッセン
22	オーバーハウゼン	246.7	ノルトライン・ヴェストファーレン
23	リューベック	239.3	シュレースヴィヒ・ホルシュタイン
24	ブラウンシュヴァイク	223.7	ニーダーザクセン
25	クレーフェルト	222.3	ノルトライン・ヴェストファーレン
26	カッセル	214.2	ヘッセン
27	アウクスブルク	211.6	バイエルン
28	ハーゲン	200.9	ノルトライン・ヴェストファーレン
29	ミュンスター	198.4	ノルトライン・ヴェストファーレン
30	ミュールハイム	191.5	ノルトライン・ヴェストファーレン
31	ゾーリンゲン	176.4	ノルトライン・ヴェストファーレン
32	ルートヴィヒスハーフェン	176.0	ラインラント・プファルツ
33	アーヘン	173.5	ノルトライン・ヴェストファーレン
34	マインツ	172.2	ラインラント・プファルツ
35	ビーレフェルト	168.9	ノルトライン・ヴェストファーレン
36	フライブルク	162.2	バーデン・ヴュルテンベルク
37	メンヒェングラートバハ	151.1	ノルトライン・ヴェストファーレン
38	オスナブリュック	143.9	ニーダーザクセン
39	ダルムシュタット	141.2	ヘッセン
40	ブレーマハーフェン	140.5	ブレーメン

第3章　1970年当時の西ドイツ経済の空間的構成

41	レムシャイト	136.4	ノルトライン・ヴェストファーレン
42	オルデンブルク	130.9	ニーダーザクセン
43	レーゲンスブルク	129.6	バイエルン
44	ザールブリュッケン	128.0	ザールラント
45	レクリングハウゼン	125.2	ノルトライン・ヴェストファーレン
46	ハイデルベルク	121.0	バーデン・ヴュルテンベルク
47	コーブレンツ	119.4	ラインラント・プファルツ
48	ザルツギッター	118.2	ニーダーザクセン
49	オッフェンバハ	117.3	ヘッセン
50	ヴュルツブルク	117.1	バイエルン
51	ノイス	114.6	ノルトライン・ヴェストファーレン
52	レーヴァクーゼン	107.5	ノルトライン・ヴェストファーレン
53	ボットロプ	106.7	ノルトライン・ヴェストファーレン
54	ヘルネ	104.1	ノルトライン・ヴェストファーレン
55	トゥリーア	103.7	ラインラント・プファルツ
56	ヴィルヘルムスハーフェン	102.7	ニーダーザクセン
57	ハイルブロン	101.7	バーデン・ヴュルテンベルク
58	ライト	100.1	ノルトライン・ヴェストファーレン

資料：*Statistisches Jahrbuch Deutscher Gemeinden*, 59. Jahrgang 1972.
注：ゲッティンゲンは約109千人の人口であるが、郡に属するのでこの表から省いた。

インデと周辺ゲマインデとで構成される大都市圏に含まれることが多い。その場合、当該大都市圏の中枢管理機能の強さは、整理の仕方が上記の通りであることによって、過小評価されがちになる。どのゲマインデが西ドイツ内のどこに位置しているかを正確に把握できればこの問題はかなりの程度緩和されるが、人口1000人前後といった小規模ゲマインデについて、そのことは困難である。後掲の分析叙述においてこの問題に対する配慮はできるだけ行うつもりであるが、過小評価の危険性があることは認識しておかねばならない。

　第2の問題は企業の産業分類に関わっている。この資料での産業分類は、農林水産業1、エネルギー産業4、鉱業2、製造業28、建設業1、商業3、運輸・通信業4、金融業2、サービス業8、合計53の部門から成っている。これだけ細かな分類をされると、個々の企業の業種をかなり詳細におさえうる反面、多様な活動を内包する企業を一面的にしか把握させなくする恐れがある。だからといって、この分類を再編成することは、各企業に関するより詳細な情報を入手していない以上不可能であるし、たとえ入手していたとしてもある種の恣意性が再編成に際して紛れこんでしまう恐れがある。そこで原資料の分類をそのまま生かすことにするが、多様な企業活動の一面的評価という危険性のあるこ

77

とだけは認識しておく必要がある。

　第3に複数本社制を取っている企業の取り扱いの問題がある。具体的には、西ベルリンと連邦共和国内のいずれかの都市との両方に本社を置く企業が、1970年当時で54社あった。これは登記上そうなっているというだけであって、実質的な本社機能はいずれか一方にあると解釈すべきだろう。しかし、これを判断するための資料も入手しえていないのでここでは全く機械的な措置ではあるが、企業数としては各都市に0.5社、資本金は2分割して配することにした。この措置によって、西ベルリンの中枢管理機能を過大評価する危険性があることを認識しておかねばならない。

　第4の問題は、資料の中にライヒスマルク（RM）建ての資本金を有しているとされる企業が17社あることである。このうち13社は西ベルリンあるいは西ベルリンとどこかもうひとつの場所に本社を置いている企業である。この17社に関しては、分析からすべて除外することにした。これによって、西ベルリンの中枢管理機能を過小評価することになるかもしれないが、第3の問題点と考えあわせれば、依然として過大評価の危険性の方が大きい。

　なお、いくつかの企業については、本社と工場との位置関係を示す図を提示するが、これは全く別の資料（Schmacke1976）に基づくものであり、しかも年次が異なるものであることを附記しておきたい。西ドイツの人口10万人以上の郡から独立した都市は58ある。又、取りあげられた企業数は2322社である。

3.2. 企業の諸形態と株式会社の地位

　ここでは株式会社という法的形態をとっている企業のみを分析対象とするが、企業の法的形態はこれに限られるものではない。そこで、本章の視野の限界を明らかにするために、株式会社が西ドイツ経済に占める地位を、簡単にみておくことにしたい。

　西ドイツの企業の形態は大別して4つある。第1は、原則として出資者と経営者とが同一人物である人的企業（Personenunternehmen）で、個人企業、合名会社、合資会社などがこれに属する。第2は資本会社（Kapitalgesellschaft）と呼ばれるもので、出資者と経営者は別人である。これには株式会社、有限会社、鉱業法上の鉱業組合などが属する。以上の2つと異なる範疇に属するものとして、第3に協同組合、第4に公企業がある（黒田1982）。

こうした様々な企業形態の中で、株式会社がどのような地位を占めているか
をみたものが表3-1である。本章での分析の対象年次と異なるものであるが、
大勢に変化は余りないだろう。鉱工業における企業総数 558,961 のうち、株
式会社はわずか 0.2 ％しか占めていない。圧倒的大多数は個人企業という法的
形態をとっている。しかしこれを規模別にみると、就業者数 10 人以上の企業
数に占める個人企業の割合は激減し、それ以外の法的形態をとる企業のシェア
が増える。もっとも、株式会社のシェアは 1.1% で依然として微々たるもので
ある。企業数でみるとこのように株式会社の占める比重は非常に小さいが、就
業者数と生産高という指標でみると、各形態と比べ最大の割合を有している。
しかし、それでも全体の 3 割前後しか占めておらず、株式会社だけをみてい
ても全体像が明らかになるわけではない。

　だが、同時に確認しておくべきことは、西ドイツ経済をリードするような企
業は一般に株式会社形態を取ることが多いという点である。勿論、電気機械メ
ーカーのボッシュのように有限会社という形態でありながら、西ドイツの全企
業の中で 1977 年の販売高順位において 24 位に位置する [5] というように巨大
な企業もある。しかし、いわゆる大企業は株式会社形態を取ることが多いので
ある。

　例えば、就業者数 10 人以上の鉱工業部門における企業形態別の地位を、基

表 3-1　ドイツ連邦共和国における第2次産業企業の法的形態別にみた比重　1967 年

| 企業の法的形態 | 企業数 | 比率% | 従業員 10 人以上の企業 | | | | | |
			企業数	比率%	就業者数（単位：千人）	比率%	生産高百万マルク	比率%
個人企業	498,036	89.1	67,394	58.2	2,029	19.5	41,715	14.9
合名会社	18,508	3.3	12,773	11.0	770	7.4	17,391	6.2
合資会社	24,720	4.4	21,039	18.2	2,356	22.6	60,192	21.5
株式会社	1,300	0.2	1,289	1.1	2,855	27.4	92,529	33.0
有限会社	12,871	2.3	10,474	9.0	2,211	21.3	60,421	21.6
鉱業法上の鉱業組合	31	0.0	31	0.0	61	0.6	2,916	1.0
協同組合	3,495	0.6	2,768	2.4	122	1.2	4,886	1.7
合計	558,961	100.0	115,768	100.0	10,403	100.0	280,049	100.0

資料：Statistisches Bundesamt (1972) *Statistisches Jahrbuch für die Bundesrepublik Deutschland 1972*, S.193
　　　に掲載されている表を簡略化。
　注：就業者数と生産高に関する各法的形態別の数値は概数であり、これらを合計した値と若干異なる値が合計
　　　欄の数値となっている。ここで言う第 2 次産業には製造業だけでなく、鉱業、エネルギー生産・上水供給、
　　　土木建設業を含む。

表 3-2 ドイツ連邦共和国における製造業企業（従業員 10 人以上）の 4 部門別及び
法的形態別にみた比重 1967 年

最下段の数値は絶対数、ただし純生産高の単位は 100 万マルク

企業の 法的形態	基礎資材生産部門			投資材生産部門			消費財生産部門			食品・嗜好品生産部門		
	企業数	労働者数	純生産高	企業数	労働者数	純生産高	企業数	労働者数	純生産高	企業数	労働者数	純生産高
個人企業	29.9	6.6	4.8	29.4	7.8	7.3	39.7	19.2	17.7	27.2	12.0	8.0
合名会社	14.7	4.0	3.0	13.8	5.7	5.4	16.7	11.8	11.6	14.9	8.7	5.6
合資会社	32.5	15.7	12.5	32.8	22.4	22.1	29.0	35.0	35.6	25.8	28.7	33.2
株式会社	3.2	50.6	57.3	2.1	33.3	33.3	1.3	11.2	11.3	4.8	16.7	20.0
有限会社	19.3	21.0	18.9	21.8	30.7	31.9	13.2	22.7	23.6	15.4	29.2	30.1
鉱業法上の鉱業組合	0.1	2.0	3.4	0.0	0.1	0.1	—	—	—	—	—	—
協同組合	0.2	0.0	0.0	0.0	0.0	0.0	0.1	0.1	0.1	11.9	4.7	3.1
％	100.0	100.0	100.0	100.0	100.0	100.0	100.0	100.0	100.0	100.0	100.0	100.0
合計数	8,732	1,750,460	65,230	13,934	3,410,831	80,079	18,420	1,893,770	38,316	4,905	553,222	27,013

資料：Statistisches Bundesamt (1972) *Statistisches Jahrbuch für die Bundesrepublik Deutschland 1972*, S.196 に掲載されている表を簡略化。
注：原資料において、消費財と食品・嗜好品とが区別されてそれぞれの数値が掲載されている。

礎資材、投資財、消費財といった次元の部門で比較してみると（表 3-2）、株
式会社が西ドイツで果たしている役割というものを概略イメージできるであろ
う。即ち、大規模な設備投資を要する産業部門において、株式会社形態を取る
企業が優位を占めているのである。

3.3. 産業部門別にみた株式会社本社立地

3.3.1. 農林水産業（表 3-3）

この部門の株式会社の中で最
大のものは資本金 1500 万マル
ク[6] を有しているが、これを除
けばいずれも資本金は 1000 万
マルク未満でしかなく、比較
的小規模の企業が多い。又、農
林水産業といっても、その多く
は水産業関係で、それ故本社の
立地は北海沿岸のブレーマハー
フェンとエルベ河川港のハンブ

表 3-3 西ドイツの農林水産業部門における
株式会社本社の立地

最右列の最下段は 9 社の資本金の合計額（単位：千マルク）

立地都市	企業数	資本金合計に占める比率 ％
ブレーマハーフェン	3	34.5
ハンブルク	2	10.1
ミュンヘン	1	3.0
その他	3	52.4
合計	9	36,230

資料：Statistisches Bundesamt (1970) *Verzeichnis der Aktiengesellschaften. Stand: 31. März 1970*, W. Kohlhammer Verlag をもとに筆者作成

ルクが主な集積地となっている。しかし、上の資本金最大の企業の本社は、ニーダーザクセン州の州都ハノーファの南方約70kmに位置する小都市アインベクにあり、水産業関係の会社本社もすべてが上記2都市にあるわけではなく、分散的である。

3.3.2. 電力・ガス・上水供給産業（表3-4）

この部門は電力、ガス、遠隔暖房、水道といった業種から成っている。但し、水道業の株式会社は2社しかなく、その資本金額の合計も約0.8億マルクと小規模であって、大部分は電力とガスの企業であると理解しておいてよい。周知のように我国ではこうした業種の企業は第3次産業に分類されているが、西ドイツでは鉱業と同じ系列に、従って生産的部門に属するものとされている（Statistisches Bundesamt 1971a）。

この部門の株式会社の資本金総額は約79億マルクに昇っており、全部門を通じて最大となっている。その中で最大の企業は、エッセンに本社を置くライン・ヴェストファーレン電力（資

表3-4　西ドイツの電力・ガス・上水供給部門における株式会社本社の立地

最右列の最下段は120社の資本金の合計額（単位：千マルク）

立地都市	企業数	資本金合計に占める比率 %
エッセン	3	17.5
ミュンヘン	11	10.3
ドルトムント	2	7.8
ハノーファ	2	6.4
シュトゥットガルト	4	6.3
ハンブルク	2	5.8
ケルン	3	4.5
西ベルリン	1	3.8
ニュルンベルク	3	2.8
カールスルーエ	1	2.4
ザールブリュッケン	3	2.1
マンハイム	3	1.6
フランクフルト・アム・マイン	3	1.5
ハーゲン	2	1.5
ブレーメン	2	1.4
フライブルク	1	1.3
カッセル	2	1.2
ヴッパータール	1	1.1
ゲルゼンキルヒェン	1	1.0
キール	1	1.0
アウクスブルク	1	1.0
レーゲンスブルク	1	1.0
デュースブルク	1	0.7
ルートヴィヒスハーフェン	1	0.7
ダルムシュタット	2	0.7
ヴィースバーデン	2	0.6
オルデンブルク	1	0.6
ヴュルツブルク	2	0.6
オーバーハウゼン	1	0.5
クレーフェルト	1	0.5
アーヘン	1	0.3
マインツ	1	0.3
オスナブリュック	1	0.3
ブレーマーハーフェン	1	0.3
レムシャイト	1	0.2
コーブレンツ	1	0.2
ライト	1	0.2
その他	49	10.0
合計	120	7,932,361

資料：表3-3と同じ。
注：立地都市欄の「その他」とは人口10万人未満の都市である。

本金 12 億マルク）であり、これを反映して 58 都市の中で最大の資本金集積
額をみているのはエッセンとなっている。ガス部門の中でも最大の企業は、エ
ッセンに本社を置くルールガス（資本金 1.4 億マルク）である。

　ここで注意を要するのは、この部門でエッセンに本社を置いている 3 企業
のうち、残る 1 社も電力会社であるということである。周知のように、我国
では戦後改革の流れの中で 9 電力会社が設立され、各々が電力生産の場はと
もかくとして、電力販売市場地域について相互不可侵という体制を取ってきた。
ガスについても、プロパンガスは別として、類似の市場空間分割の形態が取ら
れている。そのため、我国でも特定都市に株式会社本社が、数的にも規模的に
も著しく偏在するということはなくなっている（隅倉 1977）。ところが、西ド
イツでは同一都市に同じ電力部門に属しながら、異なった企業が立地している
のである。これはミュンヘン市の場合により顕著にみられる。ここには 9 つ
の電力関連企業の本社が立地しているのである。

　筆者は深く調べたわけではないので断定できないが、このような事実をみる
と、西ドイツでは公益事業であるからといって直ちに日本のような市場地域独
占の形式で電力会社が配置されているわけではないのかもしれない。あるいは、
日本のような発電・送電・配電一貫の総合電力企業の形態をとらないで、それ
らが分割されているだけのことかもしれず、配電という側面だけをみれば日本
のような一種の市場地域独占型になっているのかもしれない。この点に関して、
Mellor（1978：221）に掲載されている図ではまさしくそのような姿が示さ
れている。つまり、ハンブルク州ではハンブルク電力（株）（資本金約 3.1 億
マルク）が、ニーダーザクセン州、シュレースヴィヒ・ホルシュタイン州及び
ヘッセン州の一部ではハノーファに本社を置くプロイセン電力（株）（資本金
約 4.3 億マルク）が、ノルトライン・ヴェストファーレン州のうちヴェストフ
ァーレン南部一帯にはドルトムントに本社を置くヴェストファーレン合同電力
（株）（資本金 4.8 億マルク）が、同州の残余の部分、ラインラント・プファル
ツ州、ザールラント州及びヘッセン州の一部に対しては前掲のライン・ヴェス
トファーレン電力（株）が、バーデン地方ではカールスルーエに本社を置くバ
ーデン電力（株）（資本金 1.9 億マルク）が、ヴュルテンベルクではシュトゥ
ットガルトに本社を置くシュヴァーベン・エネルギー供給（株）（資本金 2 億
マルク）が、そしてバイエルン州ではミュンヘンに本社を置くバイエルン電力

82

（株）（資本金的 2.9 億マルク）が、各々独占的に電力を供給しているかのような図が掲げられている。その典拠が何であるか不明であるが、確かにこれらの企業の本社がある都市はいずれも、表 3-4 の上位に来ている。

結果的には、人口 10 万人未満の場所も含め、西ドイツでのこの部門の本社立地パターンはきわめて分散的になっている。その理由は、都市自治体政府が出資者となっている電力会社が全国各地にあるからである。それが株式会社であるとは限らない。有限会社という形態を取っている場合も少なくない。

3.3.3. 鉱業 （表 3-5）

この部門では石炭部門にしてもそれ以外の鉱業にしても、資源の賦存位置と密接に結びついた本社の立地パターンがとられている。石炭部門の中で最大の企業ルール石炭（株）（資本金約 5.3 億マルク）と第 2 位のゲルゼンベルク（株）（資本金約 4.9 億マルク）の本社が位置するエッセン、第 3 位の企業ヒベルニア（株）（資本金約 4.5 億マルク）の本社があるヘルネ、更にドルトムント、デュースブルク、レクリングハウゼン、ゲルゼンキルヒェン、オーバーハウゼン、ボーフムの 8 市はいずれもルール地域に位置する都市であるし、その他の小規模都市に位置している 7 企業のうち 6 企業もルール地域やそのすぐ近隣

表 3-5 西ドイツの鉱業部門における株式会社本社の立地

最右列の小計・合計欄は各株式会社の資本金の合計額（単位：千マルク）

立地都市	企業数	資本金小計に占める比率 %
エッセン	4	35.5
ヘルネ	1	13.7
ザールブリュッケン	1	10.7
ドルトムント	2	6.4
西ベルリン	0.5	4.8
ハノーファ	0.5	4.8
デュースブルク	2	3.7
レクリングハウゼン	1	3.1
デュッセルドルフ	1	1.8
ゲルゼンキルヒェン	1	0.6
オーバーハウゼン	1	0.6
ボーフム	1	0.2
ハンブルク	1	0.1
その他	7	14.0
小計	24	3,258,303
ハンブルク	3	50.3
ケルン	1	15.1
カッセル	1	2.2
ザルツギッター	1	2.0
ミュンヘン	2	1.4
ハイルブロン	1	0.4
その他	8	28.6
小計	17	1,513,310
合計	41	4,771,613

資料：表 3-3 と同じ。

注 1) 最初の小計は石炭採掘企業とコークス製造企業の合計。2 番目の小計はその他の鉱業企業の合計。

2) 立地都市欄の「その他」とは人口 10 万人未満の都市である。

に本社を置いている。ザール鉱山（株）（資本金 3.5 億マルク）の本社がある
ザールブリュッケンもザール炭田地域に位置する都市である。近隣にさしたる
石炭資源がないにも拘らず石炭企業の本社があるのは、複数本社制則ち西ベル
リンとハノーファの両都市に本社を置くプロイサク（株）（資本金約 3.2 億マ
ルク）[7] である（表 3-5）。

　その他の鉱業にしても、ケルンは褐炭産地をすぐ背後にひかえ、ライン褐炭
鉱山（株）（資本金約 2.3 億マルク）の本社があるし、ザルツギッターは鉄鉱
石の産地である。なお、ハンブルクの 3 社はいずれも石油関連で、やはりこ

の都市近辺に油田があるし、パ
イプラインの普及以前の原油輸
入はほとんどハンブルク港を通
じてであったことを反映してい
るものである。この 3 企業は、
実際には後掲の石油精製業の企
業とそれほどかわる活動をして
いるわけではない。ちなみに 3
社のうち 2 社が大企業と呼びう
るもので、ひとつはドイツ石油
（株）（資本金約 3.6 億マルク）、
いまひとつはドイツモービル石
油（資本金 4 億マルク）である。

　このような立地パターンは、
その由来からして資源産地型
が支配的であると言うべきであ
る。しかも産地の中の特定少数
の都市にだけ本社が集中するの
ではなく、分散的である。

3.3.4. 化学工業（表 3-6）

　全体として分散的なパターン
となっている。もっとも、既に

表 3-6　西ドイツの化学工業部門における
株式会社本社の立地

最右列の合計欄は 80 社の資本金の合計額（単位：千マルク）

立地都市	企業数	資本金合計に占める比率 %
レーヴァクーゼン	2	27.0
フランクフルト・アム・マイン	6	26.0
ルートヴィヒスハーフェン	2	20.0
ハンブルク	10	4.5
ヴッパータール	2	2.8
西ベルリン	4.5	1.9
オーバーハウゼン	1	1.2
エッセン	3	1.1
ケルン	3	0.8
ハノーファ	1	0.8
ヴィースバーデン	2	0.7
ミュンヘン	4	0.5
フライブルク	1	0.5
マインツ	2	0.2
ニュルンベルク	1	0.1
ゲルゼンキルヒェン	1	0.1
ノイス	1	0.1
マンハイム	1	0.0
オスナブリュック	1	0.0
オッフェンバハ	1	0.0
その他	30.5	11.7
合計	80	6,799,503

資料：表 3-3 と同じ。
　注：立地都市欄の「その他」とは人口 10 万人未満の都市
　　　である。

みた諸部門のそれとは異なる形態である。即ち、世界最大のトラストであった
イー・ゲーファルベンの後継会社のうち、バイエル（資本金約16.1億マルク）
とこれの100%出資の子会社であると同時にフィルムメーカーの大企業でもあ
るアグファ（資本金約2・3億マルク）の両本社が、ケルンの北方約10kmに
位置するレーヴァクーゼンにある。イー・ゲーファルベンの後継会社のうちヘ
キスト（資本金約14.8億マルク）とカッセラ・ファルプヴェルケ・マインク
ーア（資本金約0.3億マルク）の両本社はフランクフルトに、BASF（資本金
約13.3億マルク）の本社はルートヴィヒスハーフェンに置かれている[8]。こ
の3都市だけで化学工業株式会社資本金総額の7割以上を占め、しかも3都
市の比重がほぼ等しい。ついでながら、この3都市はいずれもライン川ない
しその支流のマイン川に面しているという共通性もある。

3.3.5. 石油精製工業（表3-7）

　西ドイツの場合、石油精製と
合成物質製造とに分かれている
が、両者を合計したとしても、
ハンブルクへの集中が規模的に
非常に大きなものであることに
かわりはない。これは、前述し
たようにパイプラインが利用さ
れる以前に、西ドイツの原油輸
入の門戸がハンブルクであった
ことに依っている。現在、西ド
イツでは大規模な石油精製基地
が5ヶ所、即ちハンブルク、ル
ール地域、ケルン、ライン・ネ
ッカー地域、インゴルシュタ
ットにあるが、またそれを表
3-7はある程度反映してはいる
が、管理部門としての本社の大
規模なものはハンブルクに集中

表3-7　西ドイツの石油精製・合成化学物質工業部門における株式会社本社の立地

最右列の小計・合計欄は各株式会社の資本金の合計額（単位：千マルク）

立地都市	企業数	資本金小計に占める比率 ％
ハンブルク	3	79.1
ゲルゼンキルヒェン	2	9.5
ケルン	1	3.6
デュースブルク	1	1.7
ミュンヘン	1	1.6
その他	3.0	4.5
小計	11	2,781,100
マンハイム	1	16.0
エッセン	1	10.0
ケルン	1	2.4
フライブルク	1	0.8
その他	3	70.8
小計	7	50,000
合計	18	2,831,100

資料：表3-3と同じ。
注1）　最初の小計は石油精製企業の合計。2番目の小計は合
　　　成化学物質工業企業の合計。
　2）　立地都市欄の「その他」とは人口10万人未満の都市
　　　である。

している。それは、エッソ（資本金 8.5 億マルク）、ドイツシェル（資本金 7 億マルク）、ベンジン & 石油（資本金 6.5 億マルク）で、その他鉱業の所で触れた 2 社を加えれば一層大規模な集中になっていると言える。なお、フェーバ化学（資本金約 1.7 億マルク）の本社はゲルゼンキルヒェンに置かれており、その親会社にあたる合同電気鉱山株式会社、通称 VEBA（フェーバ）（資本金約 8.3 億マルク）は、原資料では持株会社に分類されており、その本社は西ベルリンとヘルネの両方に置かれているが、別の資料（Schmacke 1976 Ergänzungslieferung vom 30. Oktober1978）によれば、フェーバの本社は 1978 年現在でデュッセルドルフに位置している。

3.3.6. ゴム工業（表 3-8）

この工業部門の本社立地はかなり分散的である。そのなかで最大規模のコンティネンタールゴム製作所（株）（資本金約 2.7 億マルク）がハノーファに、ミシュランタイヤ（資本金 1 億マルク）がカールスルーエに本社を置いている。

3.3.7. 窯業（表 3-9）

既述の諸部門とは異なった形態での分散型がみられる。つま

表 3-8　西ドイツのゴム・アスベスト工業部門における株式会社本社の立地

最右列の合計欄は 20 社の資本金の合計額（単位：千マルク）

立地都市	企業数	資本金合計に占める比率 %
ハノーファ	1	41.0
カールスルーエ	1	15.4
ミュンヘン	1	11.6
ハンブルク	5	11.1
アーヘン	1	2.3
ケルン	2	2.0
ドルトムント	1	0.2
その他	8	16.4
合計	20	648,740

資料：表 3-3 と同じ。
注：立地都市欄の「その他」とは人口 10 万人未満の都市である。

り、人口 10 万人以上の 58 都市の中で格別優位に立つ都市がないとともに、これより小規模な都市にかなり多くの企業が本社を置いているのである。セメント生産では、この部門の企業の資本金合計額の 15％強をハイデルベルクがわずか 1 社で占めているが、ここには西ドイツのセメント生産最大企業のポートランドセメント工場ハイデルベルク社が立地している。

3.3.8. 鉄鋼業（表 3-10）

西ドイツ最大の鉄鋼会社はアウグスト・テュッセン製鉄（資本金 10 億マルク）

であるが、この本社はルール工業地域の一角、ライン川とルール川の合流点に位置するデュースブルクに置かれている。これに続く大企業マネスマン（資本金的5.8億マルク）はデュッセルドルフに、フリードリヒ・クルップ製鉄（資本金約5.7億マルク）はボーフムに、ヘッシュ（資本金約5.7億マルク）はドルトムントに各々本社を置いている。更にこれらに続いて資本金規模で第3グループを形成するのは、デュースブルクに本社のあるクレックナー・ヴェルク（資本金約3.3億マルク）、デュッセルドルフに本社のあるテュッセン鋼管（資本金約2.8億マルク）、ドルトムシトに本社を置くドルトムント・ヘルデ製鉄連合（資本金約2.8億マルク）、ザルツギッターに本社を置くザルツギッター製鉄所（資本金約2.8億マルク）、オーバーハウゼンに本社のあるオーバーハウゼン製鉄（資本金2.6億マルク）などである。

これらの企業の中でその名称からすぐわかるように、テュッセン鋼管はアウグスト・テュッセン製鉄の子会社であるし、樗木（1975：214-242）や

**表3-9 西ドイツの窯業部門における
株式会社本社の立地**

最右列の小計・合計欄は各株式会社の資本金の合計額（単位：千マルク）

立地都市	企業数	資本金小計に占める比率 %
ヴィースバーデン	2	25.5
ハイデルベルク	1	15.4
西ベルリン	3	11.2
ミュンヘン	2	4.7
ハノーファ	3	3.7
ケルン	3	2.8
ハイルブロン	2	2.6
ボン	2	1.7
マンハイム	1	1.4
フランクフルト・アム・マイン	2	0.9
エッセン	1	0.3
ダルムシュタット	1	0.2
シュトゥットガルト	1	0.1
ニュルンベルク	1	0.1
カッセル	1	0.1
ドルトムント	1	0.0
その他	39	29.3
小計	66	584,400
ミュンヘン	1	15.3
ブレーメン	1	7.1
ハノーファ	1	2.4
ボン	1	0.7
カールスルーエ	1	0.4
その他	17	74.1
小計	22	113,127
ゲルゼンキルヒェン	2	30.5
デュッセルドルフ	1	20.5
エッセン	1	0.0
その他	9	49.0
小計	13	222,000
合計	101	919,527

資料：表3-3と同じ。
注 1) 最初の小計はセメント、第2の小計は陶磁器、第3の小計はガラス製造企業の合計。
　　2) 立地都市欄の「その他」とは人口10万人未満の都市である。

小林（1983：164-165）によるとオーバーハウゼン製鉄所も既に1960年代末にそれに合併されている[9]。又、ドルトムント・ヘルデ製鉄連合はヘッシュに合併されている（橡木1975：236）。したがって各本社のある都市が互いに異なっていたとしても、全く独自の中枢管理者あるいは最終的かつ最高の意思決定者が異なった都市に分散的に存在すると直ちに言えるわけではない。産業組織を考慮にいれる必要のあることは言うまでもないが、第1次接近として本章で主として依拠している原資料をそのまま生かすならば、上述のような大企業の本社立地となっているのである。このことをそのまま反映して、それら諸都

表3-10　西ドイツの鉄鋼業部門における
株式会社本社の立地

最右列の小計・合計欄は各株式会社の資本金の合計額（単位：千マルク）

立地都市	企業数	資本金合計に占める比率 %
デュースブルク	4	26.4
デュッセルドルフ	5	16.1
ドルトムント	2	15.7
ボーフム	2	11.1
ザルツギッター	1	5.1
オーバーハウゼン	1	4.8
エッセン	1	1.9
ゾーリンゲン	3	1.4
クレーフェルト	1	1.0
ミュールハイム	1	0.4
シュトゥットガルト	1	0.1
ニュルンベルク	1	0.1
マンハイム	1	0.1
ハーゲン	1	0.1
ハンブルク	2	0.0
ミュンヘン	1	0.0
ヴッパータール	1	0.0
その他	36	15.7
合計	65	5,392,797

資料：表3-3と同じ。
注：立地都市欄の「その他」とは人口10万人未満の都市である。

市が表3-10で上位に来ており、同時にどの都市も特別な優位性をもたない形となっている。ただし、ザルツギッター市を除いて、表中10位までの都市はいずれもルール工業地域ないしそのすぐ近隣に位置しているので全国的に広く本社が分散しているわけではない。石炭業の場合とよく似た形態と言える。これは勿論、19世紀半ば以降の、当時の技術水準と密接に関連しつつ形成・確立されたドイツ鉄鋼業の地域性[10]が色濃く残っていることを意味している。

3.3.9. 非鉄金属工業（表3-11）

　この部門の大企業は、フランクフルトに本社を置くメタルゲゼルシャフト（資本金約1.8億マルク）と、西ベルリン及びボンで複数本社制を取っている合同アルミニウム（資本金約1.5億マルク）である。これが反映されてこの3都

市及びハンブルクのシェアが高くなっている。しかし、格別大きなシェアを有する都市はなく、分散的であると言えよう。もっとも、その他都市も含め、フランクフルトはドイツ中部に位置しているが、大部分は北ドイツに位置している。

3.3.10. 一般機械工業（表 3-12）

これまでみてきたどの部門にもなかったほどの著しい分散性が現われている。ここでの大企業は、アウクスブルクに本社を

表 3-11 西ドイツの非鉄金属工業部門における株式会社本社の立地

最右列の合計欄は 18 社の資本金の合計額（単位：千マルク）

立地都市	企業数	資本金合計に占める比率 %
フランクフルト・アム・マイン	2	39.2
ハンブルク	2	15.7
西ベルリン	0.5	11.3
ボン	0.5	11.3
アーヘン	1	3.2
エッセン	1	1.5
デュースブルク	1	1.5
ハノーファ	1	0.4
デュッセルドルフ	1	0.1
その他	8	15.8
合計	18	678,925

資料：表 3-3 と同じ。
注：立地都市欄の「その他」とは人口 10 万人未満の都市である。

表 3-12 西ドイツの一般機械工業部門における株式会社本社の立地

最右列の合計欄は 125 社の資本金の合計額（単位：千マルク）

立地都市	企業数	資本金合計に占める比率 %	立地都市	企業数	資本金合計に占める比率 %
アウクスブルク	3	9.8	メンヒェングラートバハ	1	1.1
ケルン	2	8.1	ニュルンベルク	2	0.9
デュースブルク	2	6.6	ハンブルク	1.5	0.8
ハノーファ	3	5.1	ヴッパータール	1	0.8
ヴィルヘルムスハーフェン	1	4.3	ブラウンシュヴァイク	1	0.7
デュッセルドルフ	5	4.2	ボーフム	2	0.6
ヴィースバーデン	1	4.1	クレーフェルト	2	0.6
ミュールハイム	1	3.8	ザルツギッター	1	0.5
西ベルリン	6.5	3.4	ドルトムント	1	0.4
フランクフルト・アム・マイン	6	3.2	レムシャイト	2	0.4
オーバーハウゼン	1	2.7	ザールブリュッケン	1	0.4
ビーレフェルト	6	2.5	ヴュルツブルク	1	0.4
カールスルーエ	1	2.3	エッセン	1	0.2
ハイデルベルク	2	2.2	レーヴァクーゼン	1	0.2
ミュンヘン	3	2.1	トゥリーア	1	0.2
マンハイム	4	1.5	リューベック	1	0.1
オッフェンバハ	2	1.5	ハーゲン	1	0.1
シュトゥットガルト	4	1.1	ルートヴィヒスハーフェン	1	0.1
			キール	1	0.0
			その他	48	23.0
			合計	125	1,842,654

資料：表 3-3 と同じ。
注：立地都市欄の「その他」とは人口 10 万人未満の都市である。

置くアウクスブルク・ニュルンベルク機械工業（M.A.N.、資本金 1.7 億マルク）、
ケルンに本社を置くクレックナー・フンボルト・ドイツ（資本金約 1.4 億マル
ク）、デュースブルクに本社を置くデマーク（資本金約 1.2 億マルク）などで
あって、これを反映してこの 3 都市が上位に来ている。尚、M.A.N. は単なる
一般機械メーカーではなく、トラックも生産している。それはともかく、どの
都市も 10% を越える比重をもっておらず、表 3-12 の都市名をつぶさに見れば
すぐわかるように、西ドイツ全土に一般機械メーカーの本社が分散しているの
である。

3.3.11. 輸送用機械工業 (表 3-13)

　この部門のうち自動車工業だ
けについてみると、1970 年当
時で最大規模の資本金を誇って
いた企業は、フランクフルトの
南西約 20km のリュッセルスハ
イムに本社を置くアーダム・オ
ーペル（資本金 8.5 億マルク）
であった。これは GM の子会社
である。それに続くダイムラー・
ベンツ（資本金約 7.6 億マルク）
の本社はシュトゥットガルト
に、フォルクスヴァーゲン・ヴ
ェルク（資本金 7.5 マルク）の
本社はブラウンシュヴァイクの
北東約 30km 近くのヴォルフス
ブルクに、そして第 4 位のアウ
ディ NSU 自動車連合（資本金
約 2.2 億マルク）の本社はハイ
ルブロンの北 10km 弱のネッカ
ーズルムに位置していた。つま
り、ダイムラー・ベンツを除い

**表 3-13　西ドイツの輸送用機械工業部門に
おける株式会社本社の立地**

最右列の小計・合計欄は各株式会社の資本金の合計額（単位：
千マルク）

立地都市	企業数	資本金小計に占める比率 %
シュトゥットガルト	2	24.4
ケルン	1	3.8
ミュンヘン	2	3.4
カッセル	2	2.1
ブラウンシュヴァイク	1	1.3
ハイルブロン	2	1.1
ゾーリンゲン	1	0.6
西ベルリン	1	0.0
その他	7	64.4
小計	19	3,129,017
ブレーメン	2	38.9
キール	1	25.8
ハンブルク	1	15.8
リューベック	1	10.3
西ベルリン	1	2.6
ブレーマハーフェン	1	1.8
その他	2	4.8
小計	9	194,000
合計	28	3,323,017

資料：表 3-3 と同じ。
注 1）最初の小計は自動車工業企業の合計。2 番目の小計は
　　　造船業企業の合計。
　　2）立地都市欄の「その他」とは人口 10 万人未満の都市
　　　である。

ていずれも人口 10 万人未満の小都市に本社を置いているのである。勿論、この 4 社に続くドイツフォード（資本金 1.2 億マルク）とバイエルンモーター製作所（BMW、資本金 1 億マルク）の本社は各々ケルンとミュンヘンにあるので表 3-13 でもこの 2 都市とシュトゥットガルトが上位に来ている。しかし、人口 10 万人未満のその他都市に規模的にみて 60% 以上も集中しており、特別優位に立つ都市は自動車工業の場合ないと言ってよい。又、この叙述から推し量れるように、どちらかと言えば自動車工業の大企業本社の立地はドイツ中部よりも南の比重が高い。

　逆に造船業の場合は、海港またはこれに匹敵する港を有する都市への集積が大きく、従って北ドイツの比重が高いが、ここでも特定の単一都市が圧倒的地位を占めているわけではない。

3.3.12. 電気機械工業（表 3-14）

　この部門は、自動車工業や石油化学工業と並んで、戦後の成長部門の一方の旗頭的存在である。ここでは西ベルリンの地位がかなり高く、これにミュンヘン、フランクフルト、シュトゥットガルトなどが続いている。これは、第 2 次世界大戦以前にベルリンに本社を置いていた大規模電機メーカー、即ちジーメンスと AEG が戦後になって西ドイツ本土内の都市と西ベルリンとで複数本社制を取ったことに大きく依拠している。1970年当時でそれは、ミュンヘンと西ベルリンに本社を置くジーメンス（資本金約 9.9 億マルク）、フランクフルトと西ベルリンに

表 3-14　西ドイツの電気機械工業部門における株式会社本社の立地

最右列の合計欄は 42 社の資本金の合計額（単位：千マルク）

立地都市	企業数	資本金合計に占める比率 %
西ベルリン	5.5	37.0
ミュンヘン	1.5	17.9
フランクフルト・アム・マイン	5.5	15.4
シュトゥットガルト	2	8.0
マンハイム	1	3.9
ハノーファ	1	2.5
ライト	1	0.9
ケルン	3	0.8
カールスルーエ	1	0.5
ニュルンベルク	3	0.4
デュースブルク	0.5	0.4
アーヘン	2	0.4
ボン	1	0.2
ノイス	1	0.1
ドルトムント	1	0.0
ヴィースバーデン	1	0.0
その他	11	11.6
合計	42	2,788,579

資料：表 3-3 と同じ。
注 1)　西ベルリンには複数本社制度を取る企業が 5 社ある。そのうち 2 社は人口 10 万人未満の都市にもう一つの本社を置いている。いずれにせよ 5 社の実質的本社は西ベルリンではなく、西ドイツ本土にある。
　　2)　立地都市欄の「その他」とは人口 10 万人未満の都市である。

本社を置く AEG テレフンケン（資本金約 5.5 億マルク）、ニュルンベルク北方 10 数 km のエアランゲンと西ベルリンとに本社を置くジーメンス・シュッケルトヴェルケ（資本金 4.4 億マルク）が主なものであったし、この 3 社が他を圧してリードする大企業であった。

　名目的に複数本社制を取るとはいえ、いずれも西ドイツ本土内の都市に本社機能を実質的に完全移転したし、前述のように株式会社ではないが大規模な電機メーカーとしてのボッシュの本社がシュトゥットガルト近郊にあることを考えると、電気機械工業の中枢管理機能の主要なものはすべて南ドイツにあると言える。

3.3.13. 精密機械工業 (表 3-15)

　この部門において極めて大きな規模をもつ企業はアメリカのカメラ及びフィルム生産企業コダックのドイツ子会社（資本金約 1・1 億マルク）である。この本社がシュトゥットガルトにあることから、西ドイツでは珍しく 1 つの都市が規模的に圧倒的に大きな地位を占めている。したがって集中度が高いかのようにみえるが、企業数からすればやはりかなり分散的である。

表 3-15　西ドイツの精密機械工業部門における株式会社本社の立地

最右列の合計欄は 17 社の資本金の合計額（単位：千マルク）

立地都市	企業数	資本金合計に占める比率 %
シュトゥットガルト	3	77.7
ブラウンシュヴァイク	1	4.7
マインツ	1	3.5
オスナブリュック	1	2.0
ハンブルク	1	1.3
西ベルリン	1	0.6
ハノーファ	1	0.6
その他	8	9.6
合計	17	171,407

資料：表 3-3 と同じ。
注：立地都市欄の「その他」とは人口 10 万人未満の都市である。

3.3.14. 金属製品工業 (表 3-16)

　西ドイツの産業分類の中で鋼・軽金属と鉄・ブリキ・金属製晶の 2 つをこの部門にあてたが、前者には鉄骨などのほかに車輌も含まれている。したがって、これを鉄鋼業と輸送用機械工業の 2 つに分類しなおすべきなのかもしれない。しかし、本章では金属製品工業企業として分類されている株式会社を、その本社が位置する都市別に整理してみた。

　その結果、鋼・軽金属部門ではオーバーハウゼン、デュッセルドルフ、クレ

ーフェルト、ドルトムントと、ルール地域ないしその近隣に位置する都市が上位に来ている。鉄・ブリキ・金属製品部門ではブラウンシュヴァイクの比重がかなり高くなっている。いずれにしても、特定単一都市への集中が非常に大きいというほどではない。

3.3.15. パルプ・製紙工業（表 3-17）

この部門としては比較的大きな企業がデュッセルドルフとマンハイムに本社を置いているので、資本金規模からみれば二つの拠点があるように感じられる。しかし、企業数からすれば分散的である。

3.3.16. 繊維・衣服工業（表 3-18）

最大の集積地点はアウクスブルクであるが、それでも衣服工業を含めた 130 社中 9 社、資本金額では 10% 強程度でしかない。しかも、人口 10 万人未満の小都市の比重の大きさをみると全国分散的な立地パターンを

表 3-16　西ドイツの金属製品工業部門における株式会社本社の立地

最右列の小計・合計欄は各株式会社の資本金の合計額（単位：千マルク）

立地都市	企業数	資本金小計に占める比率 %
オーバーハウゼン	1	31.7
デュッセルドルフ	3	12.3
クレーフェルト	1	10.1
ドルトムント	1	8.5
ハイデルベルク	1	4.5
ケルン	1	4.3
ブラウンシュヴァイク	1	2.1
その他	10	26.5
小計	19	176,149
ブラウンシュヴァイク	1	36.9
ゾーリンゲン	2	3.9
ゲルゼンキルヒェン	1	3.5
フランクフルト・アム・マイン	2	3.3
ハンブルク	1	2.6
ドルトムント	1	2.6
シュトゥットガルト	1	2.6
ブレーメン	1	1.8
西ベルリン	1	1.5
ハノーファ	1	1.3
レムシャイト	1	0.9
ミュンヘン	1	0.7
エッセン	1	0.7
ニュルンベルク	1	0.4
ヘルネ	1	0.3
レーゲンスブルク	1	0.0
その他	16	37.0
小計	34	230,444
合計	53	406,593

資料：表 3-3 と同じ。
注 1）　最初の小計は鋼・軽金属・車両製造企業の合計。2 番目の小計は鉄・ブリキ・その他金属製品製造企業の合計。
　　 2）　立地都市欄の「その他」とは人口 10 万人未満の都市である。

この部門はとっていると言ってよい。但し、それは文字通りの全国分散型ではなく、19 世紀に既に確立していた三つの繊維工業地域[11]、即ち①ニーダーライン～ヴェストファーレン、②シュヴァーベン～バーデン、③ザクセンへ

の繊維工業の集中というパター
ンを、表 3-18 に列挙されてい
る都市の名称から認めることが
できる。つまり、クレーフェル
ト、メンヒェングラートバハ、
ライトがニーダーラインに位置
する都市であり、ビーレフェル
トがヴェストファーレンに位置
している都市である。他方、ア
ウクスブルクはシュヴァーベン
の都市である。ザクセン工業地
帯は東ドイツに含まれるが、そ
の南西外周に位置していた現在
のバイエルン州北東部にも繊維
企業本社がかなり立地している
のである。表 3-18 の「その他
都市」、即ち人口 10 万人未満の
都市の多くはバイエルン州北東
部、バーデン・ヴュルテンベル
ク州、ノルトライン・ヴェスト
ファーレン州に位置しているの
である。

3.3.17. 食品工業（表 3-19）

製粉工業の場合は、いずれも
ライン川やその支流に面する都
市がリストアップされている
が、人口 10 万人未満の小都市
への立地も考えると比較的分散
的である。

製糖業ではマンハイムの地位

表 3-17　西ドイツのパルプ・製紙工業部門に
おける株式会社本社の立地

最右列の最下段は 19 社の資本金の合計額（単位：千マルク）

立地都市	企業数	資本金合計に占める比率 %
デュッセルドルフ	1	31.3
マンハイム	2	22.4
その他	16	46.3
合計	19	383,088

資料：表 3-3 と同じ。
注：立地都市欄の「その他」とは人口 10 万人未満の都市
　　である。

表 3-18　西ドイツの繊維・衣服工業部門に
おける株式会社本社の立地

最右列の小計・合計欄は各株式会社の資本金の合計額（単位：
千マルク）

立地都市	企業数	資本金小計に占める比率 %
アウクスブルク	9	13.3
クレーフェルト	3	7.3
ヴッパータール	3	7.2
ブレーメン	4	6.1
フライブルク	2	3.4
ミュンヘン	1	2.5
メンヒェングラートバハ	3	1.6
ライト	2	1.5
ビーレフェルト	2	1.0
シュトゥットガルト	2	0.6
ヴィルヘルムスハーフェン	1	0.5
マンハイム	1	0.3
ブラウンシュヴァイク	1	0.3
ハンブルク	1	0.2
その他	86	54.2
小計	121	787,039
ミュンヘン	3	34.2
その他	6	65.8
小計	9	163,684
合計	130	950,723

資料：表 3-3 と同じ。
注 1)　最初の小計は繊維工業企業の合計。2 番目の小計は衣
　　　服製造企業の合計。
　　2)　立地都市欄の「その他」とは人口 10 万人未満の都市
　　　である。

表 3-19　西ドイツの食品工業部門における株式会社本社の立地

最右列の小計・合計欄は各株式会社の資本金の合計額（単位：千マルク）

立地都市	企業数	資本金小計に占める比率 %	立地都市	企業数	資本金小計に占める比率 %
ケルン	1	21.5	ザールブリュッケン	1	0.4
デュースブルク	1	16.1	マンハイム	1	0.3
ルートヴィヒスハーフェン	1	14.3	ボン	1	0.3
フランクフルト・アム・マイン	1	7.0	ルートヴィヒスハーフェン	1	0.3
その他	8	41.1	オスナブリュック	1	0.3
小計	12	27,945	ハイデルベルク	1	0.3
マンハイム	1	53.4	ハイルブロン	1	0.3
その他	28	46.6	リューベック	1	0.2
小計	29	146,087	ヴィースバーデン	1	0.1
ドルトムント	5	19.2	フライブルク	1	0.1
西ベルリン	3.5	8.5	その他	69	18.4
ハンブルク	4	7.8	小計	132	669,954
フランクフルト・アム・マイン	2	7.6	ブレーメン	2	29.0
ボーフム	1.5	6.3	ミュンヘン	3	12.2
ミュンヘン	5	5.8	ケルン	4	4.3
シュトゥットガルト	3	2.8	シュトゥットガルト	1	3.2
ブレーメン	2	2.4	ハーゲン	1	2.0
ヴッパータール	2	2.4	ハンブルク	3	1.9
コーブレンツ	2	2.4	カールスルーエ	2	1.3
ニュルンベルク	2	2.0	ハノーファ	1	1.1
ハノーファ	2	1.8	マンハイム	1	1.1
エッセン	2	1.6	マインツ	1	1.1
ブラウンシュヴァイク	2	1.5	ノイス	1	1.1
カールスルーエ	2	1.4	コーブレンツ	1	0.7
デュッセルドルフ	2	1.3	レーゲンスブルク	1	0.5
ヴルツブルク	2	0.9	西ベルリン	1	0.4
カッセル	1	0.7	オッフェンバッハ	1	0.4
ケルン	2	0.6	ヴュルツブルク	2	0.4
マインツ	1	0.6	アーヘン	1	0.2
キール	1	0.5	ゾーリンゲン	1	0.1
ゲルゼンキルヒェン	1	0.4	オルデンブルク	1	0.1
アウクスブルク	1	0.4	クレーフェルト	1	0.0
ゾーリンゲン	2	0.4	その他	33	38.9
			小計	63	448,548
			合計	236	1,292,534

資料：表 3-3 と同じ。
注 1) 最初の小計は製粉、第 2 の小計は製糖、第 3 の小計は醸造、第 4 の小計はその他の食品工業企業の合計。
　　2) 立地都市欄の「その他」とは人口 10 万人未満の都市である。

がかなり高くなっているが、29社中19社がニーダーザクセン州に本社を置いている。これは同州南東部にこの国きってのビート栽培地域が広がっていることに照応している。

　他方、ビール醸造業となるとまさしく典型的な全国分散的な本社立地パターンが取られている。数的にみるとその他小都市への立地が過半数を占めているが、このうちの半数近くがバイエルン州の小都市への立地である。これも、ビール醸造業に不可欠のホップ特産地帯がバイエルン州中部のハラタウ地方に広がっていることと無関係ではないかもしれない。

　その他食品工業でも、ブレーメンとミュンヘンがこの中ではややとび抜けて高いシェアを占めているが、全国分散的なパターンが取られている。

　つまり、総じて食品工業部門において全国分散的な本社立地のパターンが認められる

3.3.18. その他の製造業 (表3-20)

　ここには、玩具、楽器、木材・木工、紙製品、印刷、皮革工業が含まれている。ハンブルクのシェアが高くなっているが、総じて全国分散的であり、特定地方への集中もみられない。

3.3.19. 建設業 (表3-21)

　デュッセルドルフ、ルートヴィヒスハーフェン、エッセン、フランクフルトが比較的大きなシェアを有している。他の都市をみても、概ねライン川やその

表3-20　西ドイツのその他製造工業部門における株式会社本社の立地

最右列の合計欄は72社の資本金の合計額（単位：千マルク）

立地都市	企業数	資本金合計に占める比率 %
ハンブルク	3	15.5
アウクスブルク	1	2.2
シュトゥットガルト	4	2.1
エッセン	1	1.8
オッフェンバハ	1	1.8
ミュンヘン	3	1.7
ハイルブロン	2	1.6
ライト	1	1.3
マンハイム	2	1.1
ビーレフェルト	1	0.9
西ベルリン	4	0.7
オルデンブルク	1	0.7
ヴュルツブルク	1	0.7
ノイス	1	0.6
ニュルンベルク	1	0.5
フランクフルト・アム・マイン	1	0.4
ヴィースバーデン	1	0.3
カッセル	1	0.2
メンヒェングラートバハ	1	0.2
その他	41	65.8
合計	72	227,351

資料：表3-3と同じ。
注 1)　その他の製造工業部門には楽器、玩具、製材、木工加工、紙加工、印刷、皮革工業等が含まれる。
　　 2)　立地都市欄の「その他」とは人口10万人未満の都市である。

支流に位置する都市が多いが、分散的であると言ってよい。

3.3.20. 商業 (表 3-22)

まず卸売業部門では、ボーフム、ミュンヘン、ケルンを比較的大きな拠点として、全国に本社が分散している。

小売業では、西ドイツの主要百貨店であるカウフホーフ（資本金 2.7 億マルク）がケルンに、カールシュタット（資本金 2.7 億マルク）がエッセンに、ホルテン（資本金 2.5 億マルク）がデュッセルドルフに本社を置いており、これを反映してこの 3 都市が上位に来ている。ついでながら百貨店として大規模でありながら有限会社の形態を取っているヘルティーはフランクフルトに本社を置いているし、最大規模のチェーン店であるエデカは、当時まだ株式会社形態を

表 3-21　西ドイツの建設業部門における株式会社本社の立地

最右列の合計欄は 39 社の資本金の合計額（単位：千マルク）

立地都市	企業数	資本金合計に占める比率 %
デュッセルドルフ	4	23.5
ルートヴィヒスハーフェン	1	14.9
エッセン	2	14.1
フランクフルト・アム・マイン	3	10.3
ミュンヘン	4	7.6
ヴィースバーデン	1	5.9
シュトゥットガルト	3	5.6
ハンブルク	3	4.2
ケルン	2	3.8
マンハイム	1	3.7
アウクスブルク	1	1.9
西ベルリン	6	1.1
デュースブルク	1	0.8
ハノーファ	1	0.6
ボーフム	1	0.6
ドルトムント	1	0.4
その他	4	1.0
合計	39	269,028

資料：表 3-3 と同じ。
注：立地都市欄の「その他」とは人口 10 万人未満の都市である。

取らず協同組合であったと思われるが（黒田 1982：46）、本部をハンブルクに置いている。このような事情とあわせて表 3-22 の下段をみるならば小売業における中枢管理機能は全国主要都市にかなり分散的に立地していると言えよう。

3.3.21. 運輸・通信業 (表 3-23、表 3-24、表 3-25)

陸運部門ではハンブルクとケルンのシェアが比較的高いが、総じて全国主要都市に分散しているし、その他の小都市にもかなり多くの企業が本社を置いている。

表3-22 西ドイツの商業部門における株式会社本社の立地

最右列の小計・合計欄は各株式会社の資本金の合計額（単位：千マルク）

立地都市	企業数	資本金小計に占める比率 %
ボーフム	1	32.4
ミュンヘン	13	17.8
ケルン	5	13.0
西ベルリン	12	6.2
マンハイム	5	5.6
ダルムシュタット	2	3.8
エッセン	3	3.6
フランクフルト・アム・マイン	4	3.2
ハンブルク	7	2.3
ゲルゼンキルヒェン	1	2.3
シュトゥットガルト	3	1.8
ニュルンベルク	2	1.4
ハノーファ	4	1.2
デュッセルドルフ	5	0.9
ミュンスター	2	0.9
ビーレフェルト	1	0.7
コーブレンツ	1	0.4
ザールブリュッケン	4	0.3
ブレーメン	3	0.2
アウクスブルク	1	0.2
トゥリーア	2	0.2
デュースブルク	1	0.0
ヴッパータール	1	0.0
ヴィースバーデン	1	0.0
オッフェンバハ	1	0.0
その他	21	1.6
小計	106	926,241
ケルン	2	26.4
エッセン	1	25.1
デュッセルドルフ	1	23.2
フランクフルト・アム・マイン	2	9.6
ザールブリュッケン	1	2.1
シュトゥットガルト	1	0.7
ハイルブロン	1	0.7
ビーレフェルト	1	0.4
ボーフム	1	0.2
ハーゲン	1	0.2
西ベルリン	1	0.1
ハンブルク	1	0.1
ブレーメン	1	0.1
カッセル	1	0.1
メンヒェングラートバハ	1	0.0
その他	10	11.0
小計	27	1,075,723
合計	133	2,001,964

資料：表3-3と同じ
注：最初の小計は卸売企業の合計。2番目の小計は小売企業の合計。

表3-23 西ドイツの陸上輸送部門における株式会社本社の立地

最右列の合計欄は74社の資本金の合計額（単位：千マルク）

立地都市	企業数	資本金合計に占める比率 %
ハンブルク	3	17.0
ケルン	2	16.6
デュッセルドルフ	1	8.8
シュトゥットガルト	1	8.2
エッセン	1	3.6
ニュルンベルク	1	3.4
ハノーファ	1	3.3
ドルトムント	1	2.8
ブレーメン	1	2.7
ボーフム	1	2.7
フランクフルト・アム・マイン	5	2.1
デュースブルク	1	1.9
ハーゲン	1	1.6
アーヘン	1	1.6
キール	1	1.4
ザールブリュッケン	1	1.4
クレーフェルト	2	1.3
ハイデルベルク	1	1.2
カッセル	1	0.9
レムシャイト	1	0.7
ブラウンシュヴァイク	1	0.3
ブレーマハーフェン	1	0.3
西ベルリン	1	0.1
マンハイム	1	0.1
ボン	1	0.1
ヴィースバーデン	1	0.1
カールスルーエ	1	0.0
その他	39	15.8
合計	74	729,875

資料：表3-3と同じ。
注：立地都市欄の「その他」とは人口10万人未満の都市である。

第3章　1970年当時の西ドイツ経済の空間的構成

表3-24　西ドイツの水上輸送部門における株式会社本社の立地

最右列の合計欄は38社の資本金の合計額（単位：千マルク）

立地都市	企業数	資本金合計に占める比率 %
ハンブルク	10	34.8
ブレーメン	5	29.4
デュースブルク	4	11.3
マンハイム	1	9.4
ドルトムント	1	4.5
デュッセルドルフ	1	2.1
レーゲンスブルク	2	1.6
リューベック	1	1.5
ミュンスター	1	0.6
西ベルリン	1	0.2
ケルン	1	0.1
その他	10	4.5
合計	38	336,620

資料：表3-3と同じ。
　注：立地都市欄の「その他」とは人口10万人未満の都市である。

表3-25　西ドイツの航空輸送・倉庫・通信部門における株式会社本社の立地

最右列の合計欄は19社の資本金の合計額（単位：千マルク）

立地都市	企業数	資本金合計に占める比率 %
ケルン	3	73.9
フランクフルト・アム・マイン	2	21.6
ハンブルク	5	1.1
ニュルンベルク	2	0.5
リューベック	1	0.2
ノイス	1	0.1
デュッセルドルフ	1	0.0
その他	4	2.6
合計	19	556,345

資料：表3-3と同じ。
　注：立地都市欄の「その他」とは人口10万人未満の都市である。

　水運部門では当然のことながら大きな海港や河川港のある都市に集中している。しかし、特定単一都市に集中してはいない。

　空運・倉庫・通信部門では、実際には空運と港湾ないし空港の企業だけである。この中でルフトハンザ（資本金4億マルク）がケルンに、フランクフルト空港（資本金1.2億マルク）がフランクフルトに各々本社を置き、しかもこの2社の規模が他を圧して大きいため、かなり大きな集中度となっている。

3.3.22. 金融・保険業（表3-26、表3-27）

　銀行部門からみてみよう。ここでは西ドイツ最大の民間銀行であるドイツ銀行（資本金4.8億マルク）と第2位のドレースデン銀行（資本金4億マルク）、そして資本金額で第4位の共同経済銀行（資本金1.9億マルク）がいずれもフランクフルトに本社を置いており、中小の銀行もあわせ、この都市の地位が非常に高い。この国の中央銀行である連邦銀行の本店もフランクフルトにあることから、我々はともすれば西ドイツの金融センターがここであるとイメージしがちである。これは決してまちがいではないが、そのイメージに反して、表3-26

表 3-26　西ドイツの金融部門における株式会社本社の立地

最右列の合計欄は 194 社の資本金の合計額（単位：千マルク）

立地都市	企業数	資本金合計に占める比率 %
フランクフルト・アム・マイン	32	40.4
デュッセルドルフ	11	13.7
西ベルリン	21.5	9.9
ミュンヘン	14.5	9.6
ハンブルク	20	5.6
ケルン	12.5	3.6
ブレーメン	7	2.3
シュトゥットガルト	6	1.3
カールスルーエ	4	1.3
ハノーファ	5.5	1.0
ボーフム	1	0.9
リューベック	3	0.8
ドルトムント	2	0.6
ニュルンベルク	2	0.6
マンハイム	1	0.5
ルートヴィヒスハーフェン	1	0.5
マインツ	4	0.5
オルデンブルク	1	0.5
ザールブリュッケン	3	0.5
キール	2	0.4
エッセン	2	0.3
ハーゲン	1	0.2
メンヒェングラートバハ	2	0.2
ハイルブロン	1	0.2
デュースブルク	2	0.1
ヴッパータール	1	0.1
カッセル	1	0.1
ブレーマハーフェン	1	0.1
ハイデルベルク	1	0.1
ボン	1	0.0
オーバーハウゼン	1	0.0
アーヘン	1	0.0
フライブルク	1	0.0
その他	24	3.8
合計	194	3,705,100

資料：表 3-3 と同じ。
注：立地都市欄の「その他」とは人口 10 万人未満の都市である。

表 3-27　西ドイツの保険部門における株式会社本社の立地

最右列の合計欄は 184 社の資本金の合計額（単位：千マルク）

立地都市	企業数	資本金合計に占める比率 %
ミュンヘン	27.5	26.5
ケルン	34	20.2
西ベルリン	19.0	15.5
ハンブルク	30.5	11.1
フランクフルト・アム・マイン	8	4.0
デュッセルドルフ	6	3.1
アーヘン	3	2.4
シュトゥットガルト	3.5	2.3
ザールブリュッケン	10	1.8
ハノーファ	5	1.7
ヴィースバーデン	3	1.4
マンハイム	3	1.1
カールスルーエ	2	1.1
ブレーメン	4	0.9
ニュルンベルク	3	0.9
ドルトムント	3	0.8
ボン	2.5	0.8
ブラウンシュヴァイク	2	0.6
マインツ	1	0.5
メンヒェングラートバハ	3	0.5
ノイス	2	0.5
ボーフム	1	0.4
ハイルブロン	1	0.4
ヴッパータール	2	0.3
リューベック	1	0.3
オッフェンバハ	1	0.3
その他	3	0.6
合計	184	1,197,188

資料：表 3-3 と同じ。
注：西ベルリンには複数本社制度を取る金融機関が 28 社ある。そのうち 11 社がミュンヘンに、6 社がケルンに、4 社がデュッセルドルフに、3 社がハンブルクに、2 社がヴィースバーデンに、1 社がボンに、1 社がシュトゥットガルトにそれぞれもう一つの本社を配置している。

の中のフランクフルトの地位は意外に高くないという感じを受ける。第3位のコメルツ銀行（資本金3.5億マルク）の本社がデュッセルドルフに、第5位のバイエルン抵当手形銀行（資本金約1.7億マルク）と第6位のバイエルン連合銀行（資本金1.2億マルク）の本社がいずれもミュンヘンにある。数的にみても、西ベルリンやハンブルクの地位はそれらの都市と比べてそれほどひけを取るものではない。こうした結果として、意外に西ドイツの銀行本社は分散的な性格も持っていると言えよう。

保険業はミュンヘン再保険会社（資本金約1.2億マルク）がミュンヘンに、そしてアリアンツ保険（資本金1.2億マルク）が西ベルリンとミュンヘンとで複数本社制を取っていることを反映し、ミュンヘンが最高の地位を占めている。しかし、その地位は決して圧倒的なものというほどではなく、ケルン、ハンブルク、西ベルリンとで4拠点を構成しつつ、全国主要都市に分散しているというパターンが認められる。

3.3.23. 不動産業（表3-28）

全国主要都市に分散的である。その理由の1つとして、ドイツの都市では都市自治体の子会社によって賃

表3-28　西ドイツの不動産業部門における株式会社本社の立地

最右列の合計欄は170社の資本金の合計額（単位：千マルク）

立地都市	企業数	資本金合計に占める比率 %
ブレーメン	2	26.2
西ベルリン	39.5	19.9
デュッセルドルフ	8	8.6
フランクフルト・アム・マイン	11	7.4
マンハイム	1	6.4
ミュンヘン	13	5.9
エッセン	4.5	4.2
ハンブルク	9	3.5
デュースブルク	4	2.7
ニュルンベルク	1	2.3
シュトゥットガルト	11	1.7
ドルトムント	4	1.4
ダルムシュタット	2	1.3
ザルツギッター	1	1.2
クレーフェルト	3	0.9
ボン	1	0.8
ケルン	5	0.7
ルートヴィヒスハーフェン	2	0.6
レムシャイト	2	0.5
ノイス	1	0.5
アーヘン	1	0.3
フライブルク	3	0.3
ハイルブロン	1	0.2
ライト	3	0.2
ハノーファ	3	0.1
キール	1	0.1
カールスルーエ	1	0.1
カッセル	1	0.1
トゥリーア	1	0.1
ヴッパータール	1	0.0
オーバーハウゼン	1	0.0
ゾーリンゲン	1	0.0
メンヒェングラートバハ	1	0.0
レーゲンスブルク	1	0.0
その他	25	1.6
合計	170	1,715,731

資料：表3-3と同じ。
注：立地都市欄の「その他」とは人口10万人未満の都市である。

貸される集合住宅棟が重要な位置を
占めるということがある、と考えら
れる。

3.3.24. その他のサービス業 (表3-29)

　ハンブルクへの集中が目につく。
これは、税理会計部門で資本金4.5億
マルクとこの分野にしてはとび抜け
て巨大な企業の本社がハンブルクに
置かれているせいで、これを別にす
れば、その他の小都市も含め、全国
分散的である。

3.3.25. 持株会社 (表3-30)

　西ドイツで無視しえないものに持
株会社がある。1970年時点で80社
がこれに属していた。もっともその
すべてが純粋な持株会社、即ち生産
部門を直接かかえこまないものであ
ったかどうか疑問の余地はある。例
えば石油精製の記述で触れたように
フェーバは原資料で持株会社に分類
されているが、Schmacke (1976) に
よれば生産部門をかかえていること
になっている。同じことは西ベルリ
ンとボンとで複数本社制を取る合同
工業企業 (VIAG、資本金約3.0億マ
ルク) や、エッセンに本社を置くラ
イン鉄鋼 (資本金4.7億マルク)[12)]
やニュルンベルクに本社を置くグー
テホフヌングス製鉄株式連合 (資本

表 3-29　西ドイツのその他のサービス
産業部門における株式会社本社の立地
最右列の合計欄は197社の資本金の合計額 (単位：千
マルク)

立地都市	企業数	資本金合計に占める比率 %
ハンブルク	15	49.6
西ベルリン	27.5	4.9
ゲルゼンキルヒェン	2	4.4
キール	1	4.1
ハノーファ	1	4.0
カッセル	3	3.5
ミュンヘン	17	2.6
デュッセルドルフ	10	2.3
ドルトムント	3	2.2
ボン	2.5	2.0
エッセン	8	1.9
フランクフルト・アム・マイン	10	1.5
ケルン	7	0.8
ザールブリュッケン	3	0.8
ヴィースバーデン	3	0.6
シュトゥットガルト	6	0.5
デュースブルク	2	0.5
ハーゲン	2	0.5
ヴッパータール	3	0.4
ボーフム	2	0.4
マンハイム	4	0.4
カールスルーエ	2	0.4
ニュルンベルク	1	0.2
アーヘン	2	0.2
リューベック	2	0.1
クレーフェルト	2	0.1
ビーレフェルト	1	0.1
フライブルク	1	0.1
ブレーメン	2	0.0
オーバーハウゼン	1	0.0
ブラウンシュヴァイク	1	0.0
ミュンスター	2	0.0
オルデンブルク	1	0.0
レクリングハウゼン	1	0.0
ノイス	1	0.0
その他	45	10.8
合計	197	986,985

資料：表3-3と同じ。
　注：立地都市欄の「その他」とは人口10万人未満
　　　の都市である。

金約 2.3 億マルク）[13] などについて
も言える。

　それはともかく、この部門の巨大
企業は、鉄鋼、石油化学などの工業
に関連したものが多く、それらの部
門で上位に来ている都市がここでも
上位に来ていると言ってよい。トッ
プには西ベルリンが来ているが、こ
れも既述のように、複数本社制を考
えれば過大評価であろう。しかし、
いずれにせよこの部門でも分散的な
パターンとなっている。

3.4. 小括

　以上の叙述から、国民経済をリー
ドする代表的企業の本社立地パター
ンは、西ドイツにおいて分散的であ
るということは明らかである。しか
し、細かくみれば同じく分散的とい
っても、主要都市への拠点的な多極
分散もあれば、むしろ小都市に分散
している場合もある。

　要するに、多様な諸形態を認める
ことができるのである。この多様な
立地パターンを理解しやすくするた
めに、本節ではある客観的な規準を
もとに類型区分を試みたい。その基
準は、企業数からみた集中性と分散
性、資本金規模からみた集中性と分
散性、選定された主要都市の中の第
1位都市と第2位都市との間の懸隔、

**表 3-30　西ドイツの持株株式会社
本社の立地**

最右列の合計欄は 80 社の資本金の合計額（単位：千
マルク）

立地都市	企業数	資本金合計に占める比率 %
西ベルリン	13.5	24.5
エッセン	1	13.2
ヘルネ	0.5	11.6
フラックフルト・アム・マイン	11	7.5
ケルン	6	6.8
ニュルンベルク	1	6.3
デュッセルドルフ	8	5.0
レーヴァクーゼン	1	4.6
ボン	0.5	4.3
ザルツギッター	0.5	4.2
ミュールハイム	1	2.8
ドルトムント	1	0.8
ミュンヘン	3	0.5
マンハイム	1	0.4
ブレーメン	1	0.3
デュースブルク	1	0.3
ハンブルク	5	0.2
シュトゥットガルト	1	0.1
ブラウンシュヴァイク	1	0.1
ザールブリュッケン	1	0.1
ハノーファ	1	0.0
リューベック	1	0.0
コーブレンツ	1	0.0
ライト	1	0.0
その他	17	6.5
合計	80	3,570,238

資料：表 3-3 と同じ。
　注：複数本社制度を取る株式会社が西ベルリンに 3
　　　社ある。それぞれのもう一つの本社は、ヘルネ、
　　　ボン、ザルツギッターにある。

小規模都市の占める地位の4点であり、これらを組みあわせて産業諸部門の類型区分を行う。

　勿論、客観性を維持するために一定の数値を基準にして機械的に分類を行う。しかし、この数値の選定において恣意性をまぬがれえないので類型区分によって見失われるものが出てくる恐れはある。しかし、それは前節の叙述と掲げた表とで補えばかなりの程度防げるものと思われる。

　具体的には次の基準を用いる。

①当該部門の株式会社数に占める小規模都市（人口10万人未満）に本社を置いている企業数の割合。

②当該部門の資本金総額に占める小規模都市立地の会社資本金総額の割合。

③当該部門の株式会社資本金総額に応じて大都市を順位づけ、会社数の50%以上を占めるのに必要な大都市の数。

④同じく、資本金総額の50%以上を占めるに必要な大都市の数。

⑤第1位の大都市の資本金総額を第2位の大都市のそれで割った比率。

以上5つの指標を用いて、次の6類型に区分する。

〔Ⅰ〕小都市優位型

　①と②の指標のうち少なくともいずれか一方が50%を越え、かつ①と②の数値の和が80%を越える部門。

〔Ⅱ〕大都市1点集中型

　③と④の数値がともに1で、かつ⑤の数値が2を越える部門。

〔Ⅲ〕少数の大都市への多極分散型

　③と④のいずれかが2以上9以下で、かつ⑤の数値が2未満の部門。

〔Ⅳ〕少数の大都市間での優位・補完型

　③と④のいずれかが2以上9以下で、かつ⑤の数値が2以上の部門。

〔Ⅴ〕比較的多数の大都市への分散型

　③の数値が10以上で、かつ⑤の数値が2未満の部門。

〔Ⅳ〕比較的多数の大都市間での優位・補完型

　③の数値が10以上で、かつ⑤の数値が2以上の部門。

　結果は表3-31の通りであるが、要点を言えば39部門中13部門で小都市優位型となっているし、大都市1点集中型は皆無である。但し、小都市優位型の部門は、自動車工業を除けば概ね軽工業ないし地方資源依存的な性格を有し

ており、西ドイツ経済をリードしてきたというようなものではない。少数の大都市への多極分散型に属するものは 6 部門あるが、造船や水運のように自然地理的な位置条件と密接な関連を有するものとサービス部門に属するものが、これに相当している。

つまり、西ドイツ経済を索引してきた諸部門のほとんどは、優位 . ・補完型か比較的多数の大都市への分散型のいずれかに属している。前者には 10 部門、後者には 7 部門属しているが、それらのトップに位置する都市がかなりヴァラエティに富んでいることを注意しておくべきである。

その結果として、全産業部門を合計した場合にも、特別な優位を占める都市はひとつもなく、最大の集積を誇るハンブルクですら企業数で全体の 6.5％、資本金額で 9.2％ でしかない。この各々の基準で全体の 1 ％ を越える都市を上位から列挙すると、企業数ではハンブルク（6.5％）、西ベルリン（6.4％）、ミュンヘン（5.7％）、フランクフルト（5.0％）、ケルン（4.5％）、デュッセルドルフ（3.1％）、シュトゥットガルト（2.7％）、エッセン（1.8％）、ブレーメン（1.7％）、ハノーファ（1.7％）、マンハイム（1.6％）、ドルトムント（1.4％）、ザールブリュッケン（1.2％）、ニュルンベルク（1.2％）、デュースブルク（1.2％）の 15 都市が並び、資本金規模ではハンブルク（9.2％）、西ベルリン（6.7％）、エッセン（6.5％）、フランクフルト（6.2％）、ミュンヘン（5.1％）、ケルン（4.8％）、デュッセルドルフ（4.4％）、ドルトムント（3.5％）、レーヴァクーゼン（3.5％）、

表 3-31　西ドイツの株式会社本社の立地パターンに関する諸類型

類型	産業部門
小都市優位型	農林水産業、合成化学物質工業、窯業、自動車工業、パルプ・製紙工業、繊維衣服工業、製粉業、製糖業、その他の食品工業、その他の製造業
少数の大都市への多極分散型	造船業、建設業、水上輸送業、保険業、不動産業、持株会社
少数の大都市間での優位・補完型	石炭産業、その他の鉱業、石油精製、ゴム工業、非鉄金属工業、電気機械工業、精密機械工業、鋼・軽金属製造業、その他の輸送業、金融
比較的多数の大都市への分散型	エネルギー・上水供給業、化学工業、鉄鋼業、一般機械工業、卸売業、小売業、陸上輸送業
比較的多数の大都市間での優位・補完型	鉄・ブリキ・その他の金属製品製造業、醸造業、その他のサービス産業

資料：表 3-3 に同じ。

シュトゥットガルト（3.3%）、デュースブルク（3.3%）、ルートヴィヒスハーフェン（2.6%）、ハノーファ（2.2%）、ブレーメン（1.9%）、ボーフム（1.8%）、ヘルネ（1.5%）、マンハイム（1.3%）、ニュルンベルク（1.1%）、ザールブリュッケン（1.1%）の19都市が並ぶのである（図3-2、図3-3）。

この2つの指標と人口規模とを総合してみるならば、西ドイツには他を圧して大規模な首位都市というようなものは存在せず、ハンブルク、西ベルリン、ミュンヘン、フランクフルト、ケルン、デュッセルドルフがほぼ等しい階層に位置づけられて首位グループを形成し、第2グループをシュトゥットガルト、エッセン、ブレーメン、ハノーファ、ドルトムント、ニュルンベルク、マンハイム、デュースブルクが形成するというパターンになっていると言える。地図で確認すればわかるように、中枢管理の集積の場はライン・ルール大都市圏にやや集中しているとはいえ、全国土に相互にかなり距離をおいて位置しているのである。

4. むすびと展望

西ドイツが、わが国やフランスなどと異なって地方分権的ないし地方分散的な性格を帯びた政治経済体制をとっていることは、よく知られた事実である。わが国では、そのような西ドイツの性格が、マイナス・イメージとしての日本の中央集権的構造に対置されるあるべきモデルとして、ここ数年来の地域主義をめぐる議論において強調されてきた[14]。

ところでその議論を含めて、西ドイツを地方分散的ないし分権的体制の国であると言う場合、具体的には何をもって分散的・分権的としたのであろうか。又、何故、そのような体制がとられるに至ったと理解されてきたのだろうか。

端的に言って、分散性は、多数核的な都市の立地パターンに表出されているという見方が一般的である。例えば、祖田（1983：3）は「フランス、イギリスがパリ、ロンドンを核とする単一核集中型空間であるのに対し、西ドイツはボン、ベルリン、フランクフルト、ハンブルク、ハノーファ、ミュンヘン等々を核とする多数核分散型空間をなしているのである」と述べている。この空間が形成された要因を、祖田は自然条件に注意を払いつつも、より重要なものとして、歴史的条件と政策的条件とに求めている。歴史的条件とは領邦国家分立を指し、政策的条件とは戦後西ドイツの多数核分散型国土空間の維持政策を指

第 3 章　1970 年当時の西ドイツ経済の空間的構成

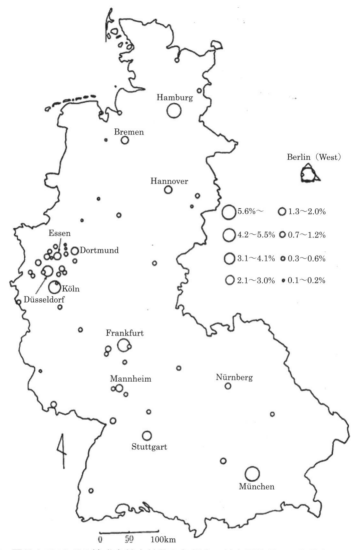

図 3-2　西ドイツにおける株式会社本社数の各都市の対全国比重でみた分布　1970 年
資料：Statistisches Bundesamt (1970) *Verzeichnis der Aktiengesellschaften. Stand: 31. März 1970.* Stuttgart und Mainz: W. Kohlhammer Verlag をもとに筆者作成。

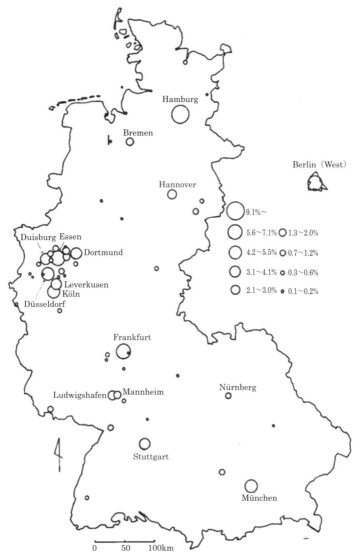

図3-3 西ドイツにおける株式会社資本金集積額に関して各都市の対全国比重でみた分布 1970年

資料: Statistisches Bundesamt (1970) *Verzeichnis der Aktiengesellschaften. Stand: 31. März 1970.* Stuttgart und Mainz: W. Kohlhammer Verlag をもとに筆者作成。

している。この後者の内容は、祖田（1980a）をあわせて読めば一層はっきりする。それは単なる分散政策ではなく、歴史的存在として多数核分散型に配置されている諸都市を「結合」する政策であり、中央政府としての連邦レベル、地方政府としての州レベルの空間整備政策を指している。

　我国における地域主義の代表的唱道者である玉野井芳郎もほぼ同様の見解を政治行政組織に力点を置きつつ示している。ドイツにおける地域主義の強さのよってきたる所以が、1871年に統一されたドイツ帝国の連邦制と戦後西ドイツにおける連邦制とに求められているのである。

　祖田や玉野井の指摘は首肯しうるものである。西ドイツの地理学者 Schöller et al.（1984）も、バランスのとれた都市システムという言葉を用いてほぼ同様の指摘をしている。しかし、その指摘だけでは欠落するものがあるのではないだろうか。それは、都市経済ないし地域経済の視角を前面に出していない、ということである。歴史的条件としての領邦国家分立にしても、又、政治的行政的条件としての連邦制にしても、それが一方的に地域経済を規定するのではなく、逆に現に存在している、あるいは存在してきた地域経済がそのような制度をうみだし維持する基盤をつくったという側面もあるはずである。祖田も玉野井も、このことを否定はしないであろう。とりわけ玉野井（1978：127-129）は、マルシャル（1969）の所説を積極的に引用しているだけに、このことに十分気がついていると思われる。しかし、法的・政治的制度の強調や、歴史的要因という言い方で一括りにしてしまう説明の仕方は、どうしても経済的側面を後景に追いやることになってしまう。

　一口に地域経済あるいは都市経済といってもその内実は多様であろうが、いずれにせよ、個々の企業活動が複合して形成されているものである。その企業活動は、広狭様々の選択肢の中でいずれを採択するか、日々決定することによって営まれている。この意思決定にあたって、当然利潤極大化という行動原理も考慮されうるであろうが、それ以外の諸要因もはいりこみうるものであろう。企業の意思決定にあたって考慮される諸要因の中で地域に関わるものが何であり、又、意思決定がなされるのはどこなのか、という問題が地域経済にとって重要になるはずである。意思決定の場が国土のどこか1点に集中していれば、その国民経済は必然的に中央集権的な色彩が濃くなるにちがいない。逆にそれが、数的にみても、国民経済に与える個々の意思決定の影響の大きさという規

模の点からみても、国土の各地に分散していれば、必然的に地方分権的な表象
を呈する国民経済となるのではあるまいか。

　既に前節で詳細に明らかにしたように、西ドイツ経済の最重要部分を占める
株式会社の本社立地という意志決定の場は、日本と比べ [15]、あるいはイギリ
スやフランスと比べても [16]、非常に分散的なパターンをとっている。このパ
ターンが戦後西ドイツの連邦制を直接うみだしたわけでは勿論ない。しかし、
少なくとも、それを維持するための強い力として作用しているとみてよいだろ
う。特定単一の都市が他を圧して巨大になることがなかったのは、連邦制とと
もに Schöller（1980a，1980b）が提示しているように首都がもつべき行政機
能が全国各地の都市に分散配置されたことも与って力があったであろうが、そ
れに劣らず分散的な本社立地も大きく寄与したはずである [17]。そうであれば
こそ、国土全体で営まれる生産活動によってうみだされる利潤の１部が、特
定単一の都市にのみ集中しなかったのであり、だからこそ巨大都市が形成され
なかったのである [18]、とも言えよう。

　このように考えれば、次に出てくる問題は、意思決定の場、中枢管理の場が
何故に分散しているのか、ということである。クリスタラー（1969）やレッ
シュ（1968）が理論的に明らかにしたような階層的な地域システムの中では、
国土全体に対する近接性を最大限に享受しうる場所はどこか１点に定まるは
ずであり、近接性が高ければ高いほど収益性も高くなるとすれば、その地点に
中枢管理機能は集中するのが当然であろう。市場経済システムを根幹とする資
本主義の枠組の中では利潤極大原理が最も重視される意思決定要因であるとす
れば、必然的に近接性最大の地点に諸々の中枢管理機能が集中してくるはずで
あり、巨大都市を首位都市とするピラミッド的な構成を示す都市システム [19]
が形成されて然るべきであろう。

　そこで、何故、西ドイツでは中枢管理機能が分散しているのかという問題は、
理論的に考えれば集中するはずのものを何が抑制しているのか、という問題に
おきかえられるのである。と同時に、歴史的事実として集中の傾向は全くなか
ったのか、ということも問題にされるべきであろう。

　この第２の問題点について筆者が今考えていることは、たとえ連邦制とい
う政治行政制度のもとであったにせよ、第２次世界大戦以前においてベルリ
ンへの集中が傾向的に存在していた、ということである。ベルリンは 1816

年当時の人口が 18 万人強でしかなかった（Partzsch1967：Tabelle 1）。これを当時のヨーロッパの大都市と比べれば、パリの 3 分の 1、モスクワやサンクトペテルブルクよりも小規模であったし、同じドイツのハンブルクよりも 30% 程度しか大きくなかったのである [20]。それが、1871 年には約 83 万人、郊外住民を含めれば約 93 万人に達し、1900 年には当時の市域内で約 190 万人の人口に及んだのである（Partzsch1967：208）。更に 1925 年に至ると、旧市街地内で約 200 万人、大ベルリンで 400 万人を越えるまでに成長した（Partzsch1967：210）。Lee（1978：283）によれば、ベルリンは 1914 年に大陸ヨーロッパ最大の都市となったし、ハンブルクの 3 倍にまで大きくなったとのことである。これほどまでの急成長をもたらしたものは、ドイツ全体における産業化の進展の中でベルリンが機械工業や電気機械工業の一大集積地になったこととともに、ベルリン 6 大銀行の形成過程に表われているような他都市に設立された企業の中枢管理部門が漸次ベルリンに移転してきた（斎藤 1977）ことにもよるのである。

　前節の随所で触れたように、ミュンヘンやフランクフルトが現在の地位を築きあげたのは、第 2 次世界大戦の敗戦を契機としてベルリンから、重要な部門の重要な企業の本社の移転を受けた都市であったからである。つまり、もし第 2 次世界大戦による敗戦がなければ、そして東西ドイツへの分割がなかったならば、他の先進資本主義諸国と同様、ドイツでもベルリン一極集中の方向に進んだのではないか、少なくとも圧倒的優位を誇る首位都市の形成に進み続けたのではないかと思われるのである。このことはとりもなおさず、戦後西ドイツにおいて多核心分散型の空間が形成されたのは、そのような傾向が敗戦と東西ドイツへの分割によって阻止され、ベルリンから異なった諸都市に中枢管理機能の再配置があったからである、ということを意味する [21]。

　このような再配置政策がとられたのは何故なのであろうか。国家機構の分散配置の理由は既に明らかにされている通り、18 世紀末以来の国民国家理念の放棄を決定づけないため、きたるべき東西両ドイツの統合の暁に再びベルリンを容易に首都として復活させるため、そして物理的にもボンにはそれだけの施設が十分なかったからである（Schöller 1980a，1980b）。しかし、民間企業のそれについては、まだ実証的に明らかにされているわけではなく、これも今後の筆者の課題としたい。

中枢管理機能の分散的立地パターンの意義について、いまひとつ指摘してお
きたいことがある。それは、分散的立地パターンであることが直ちに自己完結
的な経済循環をもつ地域経済があることを意味するわけでは決してない、とい
うことである。確かに主要な都市であるハンブルク、ミュンヘン、ケルン、フ
ランクフルト、シュトゥットガルト、ハノーファなどの産業構成は比較的バラ
ンスがとれているし、それ故、それらの都市を中心として自立性の高い経済地
域が形成されていることは否定できないかもしれない。本書の第4章で明ら
かにするように、企業の本社と支店あるいは本社と分工場の立地関係をみても、
企業活動のネットワークはマクロ的にみて距離逓減的であり、それ故、なんら
かの閉曲線（帯）で囲まれるような経済地域（領域）を考えることはできる。

　しかし、前節で明らかにしたように、石油精製のハンブルク、化学工業のレ
ーヴァクーゼン、フランクフルト、ルートヴィヒスハーフェン、自動車のシュ
トゥットガルト、電気機械のミュンヘン、鉄鋼のデュースブルクといったよ
うに、主要産業の筆頭に位置する都市は相互に異なっている。そうした都市
に本社を置く各部門を代表する企業は、全国的な立地展開を行なっているの
である。例えば、石油メジャーの1つのドイツ子会社でハンブルクに本社を
置く Mobil Oil、フランクフルト・アム・マインに本社を置くコングロマリッ
トの Metallgesellschaft、アウクスブルクに本社を多く繊維工業の Chrsitian
Dierig、ミュンヘンに本社を置く電気機械の Siemens の4社について、それ
ぞれの本社が位置する都市と支所・工場が位置する場所とを線で結んだ図3-4
をみれば明らかなように、いずれも西ドイツ全国にわたる企業内空間的ネット
ワークを構築しているのである。

　現在では大企業を中心にして世界市場を視野にいれた国際的な立地展開が進
められている。更に、産業組織の複雑性を考慮にいれるならば、西ドイツ内の
経済地域はいずれも自己完結的どころか、逆に非常に密接な連関をもつ地域間
ネットワークが全国的に形成されているとみるべきであろう。こうした点を踏
まえた西ドイツの地域構造の解明も、今後の課題としたい。

　〈附記〉本章は昭和58年度法政大学特別研究助成金による研究成果である。なお、
本章で扱ったデータの1部については、1983年1月22日に明治大学で開催された
経済地理学会関東支部例会において発表したものである。

第3章　1970年当時の西ドイツ経済の空間的構成

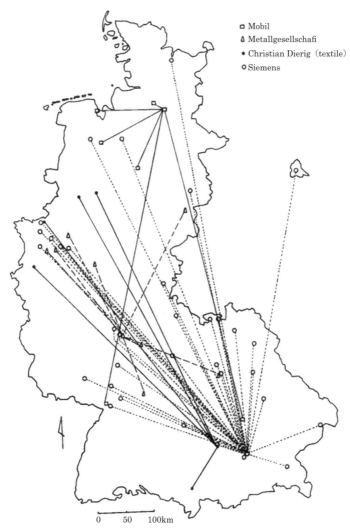

図3-4　西ドイツにおける複数事業所企業の本社と支所の位置関係に関する4つの事例　1970年代半ば
資料：Schmacke (Hrsg.) (1976) *DIE GROSSEN 500. Deutschlands führende Unternehmen und ihr Management* mit Ergänzungslieferung vom 31. Januar 1979. Neuwied: Luchterhand Verlag に基づいて筆者作成。

第4章　西ドイツ経済における支配・従属・相互依存の空間的パターン
―企業による事業所展開を手掛かりにして―

1. はじめに

　本稿の目的は、西ドイツという一つの国民経済の内部で、これを構成する諸地域が互いにどのような関係を有しているか、言い換えれば、西ドイツがどのような空間システムから成り立っている国なのかを解明することである。

　この問題の解明に関わる論文は少なくない。例えば、日本人研究者による成果だけをみても、森川（1985）、祖田（1980a，1983，1984）、金田（1981）などの業績があり、いずれも西ドイツの空間システムの特徴は多数核都市分散型であるという認識で一致している。筆者も、株式会社の本社の立地を産業別に検討したことがあり、少なくともその点については同じ結論を出したことがある（山本1984、本書第3章）。また、大企業本社の立地に関する先進諸国間の比較から、青野（1986）もそのことを認めている。

　西ドイツの最大企業500社を取り上げ、その本社立地の1950年から1982年にわたる変化を検討したStrickland & Aiken（1984）も、そのことを明らかにしている。同じことは西ドイツの研究者にもあてはまる。これは、ブローテフォーゲルらの豊富な研究を活用している森川（1985）からも読み取れるし、事務労働の職場立地を論じたOlbrich（1984）に掲載されている、金融・保険業を除く最大500社の本社立地地図や企業規模別に整理した表からも多数核都市分散型という西ドイツの特徴ははっきりとつかめるのである。更に、ブローテフォーゲルの師、シェラーを総帥とする西ドイツ都市システム研究グループの総括論文とも言うべきSchöller et al.（1984：184-185）が、現在の都市システムの基本的特徴として、次の7点を挙げていることからもその認識は容易に引き出されうる。

　①ベルリンの東西への分離分割のために、首位都市が欠けている。

　②大都市の空間的分布は相対的にバランスが取れている。即ち、都市化の著しい北西部と南西部のコナーベイションは、そうでない北部や南東部にあるこ

115

の国最大の都市ハンブルク及びミュンヘンと対照をなしている。

　③中小都市の空間的分布には地域的偏差がみられる。それは、都市化の著しい北西部と南西部に集中している。但し、各々の広域内で、大都市の周囲のみならず、これから比較的遠く離れた所にも中小都市はかなり多く存在している。

　④多くの大都市の周囲には、人口２万人を越える小都市がある。その多くは戦後になって初めてこの規模に達したのに対し、中都市がその周囲にある場合、これは通常、戦略的位置にある歴史的都市であり、当該の大都市に対して補完的機能を発達させてきた。中心都市たる大都市は、それら中小都市とともに高度に分化した多核心大都市圏を構成している。

　⑤それとは対照的に、ただ１つの中心都市と人口２万人を下回ることの多い衛星都市とから成る単核心的大都市圏もある。

　⑥ヨーロッパ大陸最大の人口集積地であるライン・ルールのコナーベイションは、上記④、⑤の大都市圏と性格を異にしている。それは、いくつかの大都市圏から成り立っており、各大都市圏の構造と機能は著しく異なっている。これらはほぼ同じ時期に成長したのであるが、相互の機能的結合は発展してこなかった。ライン・ルールのコナーベインョンは、一見してみえるほどには、高度に統合された機能的単位地域ではない。

　⑦人口が５万人を越える都市圏の空間的分布は、相対的にバランスがよく取れている

　こうしてみると、西ドイツの空間システムについて、解明されるべく残されている論点なぞ、もはやないかのように思われるかもしれない。しかし、「さまざまの規模と性格をもつ都市が各々の後背地とともに地域を構成」（Johnston 1981：362）するのであり、このようにして理解される「諸地域が財、サービス、情報、資本、労働等々の流動するネットワークによって統合されているのであって、この全体が統合的システムなのである」（Johnston 1981：362）という都市システム観にたつならば、実証的に解明されるべき問題点はまだ多く残されている。それは、本稿の冒頭で提示した問題点、即ち、諸地域がどのような関係を有しているのか、という論点に集約される。このことは、シェラーらも認めていることであって、上記論文の中の「都市システム内での相互作用」と題されている節の最初に、次のような記述がある。

　「西ドイツの都市システムの分散的構造は、諸都市の間で密度の濃い相互作

用を生みだす。次の議論は、資本の移転や情報流動に関する適切なデータが得られないために、鉄道、道路、空運の分析に基づかざるをえない。」（Schöller et al. 1984：190）

この交通インフラストラクチャーの分析のみという制約の中で、シェラーらは、西ドイツの都市システム内での相互作用のかなりの部分が、上位の諸都市の間での直接的相互作用から成り立っているという結論を引き出している（Schöller et al. 1984：191）。

本章では、諸都市間というだけでなく諸地域間の関係を、シェラーや上記の他の研究者らの視角とは少し違った角度から検討してみたい。それは、支配・従属・相互依存という3つの概念を用いるという視角である。この視角から地域間の関係を見直してみようというアイデアは、法人企業に関する最近の文献（北原1984；奥村1984）と多国籍企業の展開による米日欧の相互依存論（宮崎1982：157-161）から得ている。

2. 企業による事業所の空間的展開と地域間の支配・従属・相互依存

支配・従属・相互依存という3つの概念は地域間の関係にどのように適用できるのであろうか。AがBを支配するということは、Aが自身の意思をBに強制すること、ないしはBの行動を管理することを意味する。従属はBを主体にみた場合の用語であり、Bが自身の意思に基づくのではなく、Aの意思に従って行動することを、あるいはAによって行動を管理されることを意味する。相互依存はそのような一方方向的な関係ではなく、AがBを支配する側面もあれば逆にBがAを支配する側面もあることを意味する。言うまでもなく、地域なるものが意思を持つことはない。しかし、地域を構成する諸要素の一つである人間やその集団、あるいはこれが形成する諸組織は、各々独自の意思を持っており、個々の地域がどのような性格の集団、あるいは組織から成り立っているかを明らかにすれば、諸地域間の関係を上の3つの用語を用いて表現することは可能であろう。そのような組織として、ここでは企業に着目するのである。

シェラーらの言うように、地域間の関係、とりわけ経済的なそれを解明するには、資本や労働などの生産諸要素、物財、情報の空間的流動パターンを把握すればよい。これを直接示すデータがないために、彼等はそれらが流動する際

の媒体としての機能を果たす交通路線網に着目したのであるが、本稿ではそれらの流動を起動させる主体に着目しようというわけである。

新古典派的経済思想によれば、資本主義体制下の市場メカニズムによって、資本と労働の空間的流動パターンは決定されることになる。しかし、現在の資本主義の下では、生産諸要素や情報などが市場メカニズムだけで動かされているわけではない。大枠は競争的市場によって規定されながらも、これとは相対的に独立したメカニズムによってそれらが空間的に流動しているという事実がある。そのメカニズムの1つにコーポレート・システム[1]がある。

これは、ガルブレイス（1984）[2]が示した巨大企業によって支配される経済体制とその巨大企業内における分業体系を意味するが、ここでの問題関心に引き付けて言えば、企業活動のために必要な諸機能が、組織の単位として明瞭に分離するのみならず、空間位置的にも分離することを意味している[3]。言うまでもなく、一つのコーポレート・システムは他のコーポレート・システムとの関係で市場メカニズムにさらされている部分が多く、従ってコーポレート・システム内のある事業所から他の事業所への生産諸要素や情報の流動が全く市場メカニズムと関係ないわけではない。しかし、市場メカニズムがそうした流動を直接規定するのではない。その枠組にある程度制約されながらも、経営者たちの計画と意思決定によって、コーポレート・システム的な生産諸要素や情報の空間的流動がなされているのである。

さて、コーポレート・システムはどのような要素から成り立っているのであろうか。これについては、企業組織の成長理論において、企業の成長段階に応じたいくつかのタイプがWatts（1980：140-161）、Hayter & Watts（1983）、Håkanson（1979）、Taylor（1975）らによって呈示されている。それらによれば、最も現代的な製造業大企業のコーポレート・システムは、本社、母工場、分工場、営業所、倉庫、R&D、子会社、下請企業などから構成されている。これら構成要素の間においてどのような関係が一般的に存在し、またそれらがどこに立地しているかを把握すれば、更に多くの企業を通覧した場合に全体としてどのような立地パターンがみられるのかを明らかにすれば、それに応じて地域間の関係を推定できる。先進諸国ではそのような企業の経済全体に占める重要性が増大している[4]からである。

以下に述べることは、きわめて粗い考え方ではあるが、また実際のところこ

第4章　西ドイツ経済における支配・従属・相互依存の空間的パターン

の粗さは実証のために用いる資料に制約されているのではあるが、支配・従属という用語を適用しつつ地域間の関係を次のように考えることができる。その際、本社とは別の場所になんらかの事業所を持つ企業を複数事業所企業と命名し、一つの事業所のみから成る企業を単一事業所企業と呼んでおく。

　ある地域に立地する事業所の多くが複数事業所企業の本社以外の事業所であれば、その地域の経済は他の地域によって支配されていると言うことができる。勿論、本社以外の事業所であっても、かなりの権限が委譲され、その結果として、生産水準や雇用水準、更にはどのような生産物を開発してゆくかといったことを自主的に決めることがないわけではない[5]。だから、工場、支社、営業所といったタイプの事業所しかないからといって当該地域の経済的自律性が完全に否定されると言い切れるものではない[6]。しかし、企業の戦略的意思決定は本社のエグゼクティヴたちによってなされるのであり、その結果として、支所たる事業所の新設、拡大、縮小、閉鎖という、雇用の増減に大きく影響する決定は、当該地域以外の所でなされる、と言わざるをえない。この意味で、支所たる事業所が多く、そこで働く者が当該地域の就業者の多くを占める場合には、この地域は従属的地位にあると言ってよい。また、ハイマー（1979b：281）によれば、支所が従属的地位にあるのは、もう一つ別の側面を意味している。それは、支所で生み出された所得の一部が本社に収奪されるということである。

　逆に、複数事業所企業の本社が多く、ここで働く者が多い地域は支配的地位にあることになる。また、単一事業所企業が多く、そこで働く者が多い地域は、自らの運命に関わる意思決定を自ら下せるという意味で非従属的であるし、コーポレート・システムの作用で他地域に影響を及ぼすわけでないという意味で非支配的である。この非従属的かつ非支配的な地位を、ここでは独立型と命名しておく。

　言うまでもなく、現実はこのように単純化されうるものではない。単一事業所企業といえども、それが特定大企業の下請的地位にある場合には非従属的とは到底言えない。またどのタイプの事業所であれ、その属する産業部門が衰退過程にあるのであれば、他企業ないし他事業所との間の関係として、支配や従属ということは主要な問題にならないかもしれない。この場合にはむしろ、いずれもが経済の流れに支配されているのである。

　しかし、たとえそうであったとしても、衰退部門の企業の中には成長の見込

119

のある部門への事業展開を試みるものがある。それは、単一事業所企業よりも複数事業所企業のほうにより多く見られるであろう。複数事業所企業の中には事業部制を採る大企業があり、その創業当時の経営部門がたとえ衰退産業になったとしても、事業部制の故に、産業構造の転換や経営環境の変化に柔軟に対応しうるからである。そしてこの場合には、衰退部門の事業の支所は容易に整理縮小の対象となりやすく、当該産業部門の衰退過程であるからこそ、支配・従属の関係が最も鮮明になるはずである。

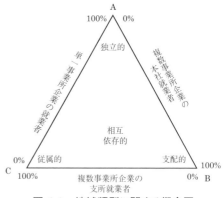

図 4-1　地域類型に関する概念図
出所：筆者原図

さて、支配型、従属型、独立型という3つの地域類型を組み合わせることによって、相互依存型地域を考えることもできる。これは、支配と従属の両面をあわせ持つ地域であり、図4-1のように三角ダイヤグラムを用いることによって、はっきりと認識できるであろう。

　この図から地域の発展過程を幾つかのタイプに分けることもできる。複数事業所企業が出現する以前には、すべての地域のすべての企業は単一事業所企業であったのだから、図4-1の中の頂点Aにすべての地域は位置していたはずである。しかし、経済の発展にともない、複数事業所企業が発生し、その本社を多く抱える地域は、地域内総就業者数に占めるそれら本社で働く人員の比率が上昇するので、頂点Bの方向に進んでゆくことになる。他方、その逆に、分工場や支店などの就業者数の地域内就業者数に占める比率が上昇するような地域は、頂点Cに向かって進んでゆく。最初は頂点Bに向かっていた地域が、頂点Cの方向に転換することもないわけではない。企業の成長とともに本社がよそに移転することがありうるからである。更に、別のヴァリエーションとして、本社で働く就業者数が多いと同時に、支所で働く者も多いような地域、即ち図4-1の底辺に位置するような地域に、頂点Aからダイレクトに向かうところもあろう。この類型の地域は、相互依存型地域と名づけることができる。

従って、原初的なタイプの地域も含めて4つの地域類型が考えられるのである。

さて、この4つの地域類型の中で最も安定した経済力を発揮するのは、相互依存型ということになる。なぜならば、このタイプの場合には、事業所の種類を問わず、多様な企業・事業所が立地しているはずであり、それ故、地域経済を構成する諸産業がそれだけ多様である可能性が高いからである。このような特質を持つ地域は、当然のことながら景気変動に対して左右されにくく、構造的不況に陥る危険性もかなり低いはずである。この安定性はとりもなおさず、ある一定程度の成長を保証することになる。

これに対して支配的地域は、一見経済の安定度が高いかのように見受けられるかもしれないが、実はそれほどでもない。確かに、この種の地域は、他地域に立地する事業所で得た所得の一部を企業内事業所間のヒエラルヒー構造の故に引き寄せるはずであり、それ故、当該地域での生産を常に上回る所得を享受すると考えられる。この意味で、支配的地域は高い地位に恵まれていると言えるが、景気変動や、構造的変動に対する抵抗力という点になると、当該地域の産業構造がどのようなものであるかによって、経済の安定度のみならず、成長力の点でも他地域に大きく劣ることもないわけではない。

従属型地域には逆のことがあてはまる。ここでは確かに、生産した所得の一部が常に他地域に移転するので、一般的には弱い立場にあると見られる。しかし、成長業種の分工場や支店が多いならば、最も安定度の高い相互依存型地域と比べても、むしろより高い経済成長をそれが享受する可能性はある、と言えよう。もっとも、成長業種の本社のある支配型地域と比べれば、その成長から享受する量は小さいし、ひとたび構造不況業種に陥ってしまえば本社の意向にそって支所が整理縮小される可能性は大きい。従って、従属型地域の経済の安定度は著しく低いと言わざるをえない。

独立型地域は、経済の成長力も安定度もそう高いものではない。特に成長度は低位に留まる。なぜならば、仮に成長度の著しく高い単一事業所企業が立地していたとしても、そのような企業はまもなく複数事業所企業に発展し、そこの地域類型としても独立型を脱して支配型の方向に動いていくものと考えられるからである。地域が独立型である限りにおいて、これは停滞的な経済という特質を持つであろう。しかし、安定度は従属型よりもある。

こうしてみると、あるべき地域の姿としては、相互依存型が最も望ましく、

その他は各々一長一短を有していると言える。

　このように考えてみれば、ある広域的な地域の経済が多くの相互依存型の部分地域から成り立っていれば、それだけその広域的地域の経済は安定し、かつ成長力のあるものになろう。しかも、各部分地域の間には経済格差が余りないものと思われる。逆に、広域経済を構成する各部分地域の経済がいずれも独立型であれば、その広域経済は著しく立ち遅れたものであるはずだし、Williamson（1965）の地域間格差と経済発展水準との関係に関する議論を想起すれば、この広域内での部分地域間の格差は小さい、と予想されるのである。また、支配型の部分地域と従属型の部分地域とに両極分解している広域地域は、成長力があるかもしれないが、部分地域間の格差が比較的大きいものと思われる。これらの仮説が西ドイツにどの程度当てはまるか否かを検討することも本章の課題である。

3. 西ドイツにおける地域間関係

3.1. 資料

　ここで用いた資料は、西ドイツの連邦統計庁から公刊された『企業と事業所1970年5月27日の事業所統計調査』の第8号『非農業企業（経済単位）とその事業所（場所単位）の間の関連』（Statistisches Bundesamt 1971b））である。これには、郡、及び郡から独立している都市別[7]に、各地の事業所数、就業者数、賃金俸給総額（但し1969年）が掲載されている。しかも各地について、更に各々の事業所を管轄している本社の所在地別に、上の項目が掲載されている。この統計は殆どの事業所をカヴァーしている[8]ので、前章で述べた意味での地域間関係を全体的に捕えるには非常に好都合な資料である。ただ、各事業所の属する産業部門に関する情報が掲載されていないため、前節で述べた仮説のすべてをこの資料で検証することができるわけではない。

　念のためにこの統計書で用いられている用語について解説しておく。本章に直接関わる重要な用語は、Arbeitsstätten（事業所）、Beschäftigte（就業者）、Unternehmen（企業）であるが、Beschäftigteには従業者という訳語をあてる場合もある。事業所とは、この統計調査の対象となった単位で、空間的に他と切り離されているという意味で場所的な単位でもある（Statistisches Bundesamt 1971b：3）。そこでは必ず1人以上の人間が、主たる職業

としていると否とに拘らず、フルタイムであると否とを問わず、働いている（Statistisches Bundesamt 1971b：4）。これが就業者とされているため、2ヶ所以上でパートタイマーとして働いている者は重複調査されている可能性がある。企業とは、独立して決算をする法的に独立した最小の経済単位のことである（Statistisches Bundesamt 1971b：3-4）。従って、いわゆる子会社であっても、それが親会社と連結決算をしていれば支所として扱われ、そうでなければ本社ないし単一事業所企業として扱われていることになる。

3.2. 概観

上記の資料から、ここでは専ら就業者数に着目して、単一事業所企業、複数事業所企業の本社、及びその支所という、3つのタイプの事業所が、各市・郡で各々どの程度の割合を占めるかを算出した。各都市間の関係を検討する前に、西ドイツ全体として、その3つの類型の事業所の比重がいかほどであるか、また各州はどのような特徴を示すかを見ておく。

1970年当時、この国には、農林業以外の産業全体で合計213万7千余りの事業所が存在し、そのうち85%強が単一事業所企業であった。従って、複数事業所企業という形態は一般的ではなかった。しかし、就業者数でみれば、全体の50%近くが複数事業所企業のいずれかの事業所で働いており、この形態の企業が西ドイツの経済に占める比重は既にかなり重いものであったことがわかる（表4-1）。また、このことから、一般に単一事業所企業よりも複数事業所企業の方が規模的に大きいことは明らかである。

各事業所別の就業者数でみた比重が各州内でどのようになっているかは、表4-2に示されている。単一事業所企業の比重はシュレースヴィヒ・ホルシュタイン、ニーダーザクセン、ラインラント・プファルツで高い。複数事業所企業本社の比重の高い州として、ハンブルク、ブレーメンという都市州を筆頭に、ヘッセン、バーデン・ヴュルテンベルク、西ベルリン、ノルトライン・ヴェストファーレンが続いている。逆に、支所の比率の高い州は、ザールラント、バイエルン、ブレーメン、西ベルリン、ニーダーザクセンである。前節で各事業所類型の多寡ないしは部分地域の各類型の多寡と、広域経済の発展水準との間になんらかの関係があるのではないかという仮説を呈示しておいたが、それはある程度あてはまっているように見える。これについては次項で検討する。

123

表 4-1　西ドイツにおける農業部門を除く企業の各事業所類型別にみた比重 1970 年

	単一事業所企業	複数事業所企業		合計
		本社	支所	
事業所数	1,822,441	175,641	139,438	2,137,520
比率　%	85.3	8.2	6.5	100
従業員数	10,784,504	6,153,792	4,320,383	21,258,679
比率　%	50.7	28.9	20.3	100
1 事業所当り平均従業者数	6	35	31	10

資料：Statistisches Bundesamt (1971) *Unternehmen und Arbeitsstätten. Arbeitsstättenzählung von 27. Mai 1970*, Heft 8, *Zusammenhänge zwischen den nichtlandwirtschaftlichen Unternehmen (Wirtschaftseinheiten) und ihren Arbeitsstätten (örtlichen Einheiten)*. Stuttgart und Mainz: Verlag W. Kohlhammer に基づいて筆者作成。

表 4-2　西ドイツの州別にみた農業部門を除く企業の各事業所類型の
従業者数の比重 1970 年

州　名	単一事業所企業	複数事業所企業		従業者数の合計
	従業者数の比率 %	本社従業者数の比率 %	支所従業者数の比率 %	
シュレースヴィヒ・ホルシュタイン	58.7	24.2	17.1	671,288
ハンブルク	46.6	36.4	16.9	846,899
ブレーメン	41.7	35.8	22.4	324,596
ニーダーザクセン	53.8	25.2	21.0	2,228,695
ノルトライン・ヴェストファーレン	51.3	29.6	19.1	5,938,624
ヘッセン	49.2	31.5	19.2	2,006,818
ラインラント・プファルツ	55.0	25.7	19.3	1,082,060
ザールラント	49.0	25.2	25.8	368,507
バーデン・ヴュルテンベルク	49.1	31.3	19.7	3,442,803
バイエルン	50.1	26.2	23.7	3,584,889
西ベルリン	47.7	30.2	22.1	763,500
西ドイツ全国	50.7	28.9	20.3	21,258,679

資料：表 4-1 と同じ。

3.3. 経済の発展水準と地域類型

　事業所の類型に基づいて得られる地域の各類型は、全国に、また各州別にどのように分布していたであろうか。これを明らかにするためには、なんらかの基準を設定して各地域を分類する必要がある。その基準をここでは西ドイツ全国の平均を上回るか否か、ということに求めることにする。3つのタイプの事業所の就業者数の割合を、三角ダイヤグラムに描いたのか図 4-2 である。その結果、前述した 4 つの地域類型のほかに 2 つの地域類型が得られる。独立

第4章　西ドイツ経済における支配・従属・相互依存の空間的パターン

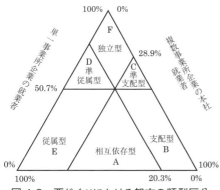

図 4-2　西ドイツにおける都市の類型区分
出所：筆者原図

型と支配型の中間形態を準支配型、独立型と従属型の中間を準従属型と呼んでおく。各市・郡は、各々の域内における各事業所の比重をもとにして、この三角ダイヤグラムの6つの部分域のどこかに分類されうる。その結果を図4-3と表4-3にまとめてみた。これから観察されるいくつかの特徴を摘記しよう。

①全国的にみると独立型地域に属する市・郡が最も多い。そしてこれは農村部に広く分布している。特に、シュレースヴィヒ・ホルシュタイン州、ニーダーザクセン州の南東部を除く部分、バイエルン州南部に多い。

②大都市は概ね相互依存型か支配型に分類される。しかし、大都市であってもニュルンベルクとカッセルだけは従属型に含められている。但し、三角ダイヤグラムに描けばニュルンベルクは相互依存型の近くに位置するし、カッセルもそれほどではないが、同様に相互依存型に近い。尚、相互依存型はザールラント州とノルトライン・ヴェストファーレン州に特に多い。

③相互依存型の集積がルール工業地帯にみられる。他方、港湾都市エムデンやバイエルン州南東部のパッサウのように、大都市でもなくまた工業地帯でもない所であっても、相互依存型が点在的に分布している。

④支配型は、ハンブルク、ケルン、フランクフルト・アム・マイン、ドルトムントなどの大都市のほかに、なんらかの工業に特化している中小規模の市・郡、例えばフォルクスヴァーゲン社のヴォルフスブルク、バイエル社のレーヴァクーゼン、BASF社のルートヴィヒスハーフェンなどにも見られる。

⑤準支配型は、農村的地域の中で工業集積度の高い地方に見られる。例えば、ヴェストファーレン北部、ズィーガーラント、ヴュルテンベルクなどがそれに相当する。しかし、特に集中している所はない。

⑥支配型と準支配型とを合わせてみると、これは、バーデン・ヴュルテンベルク州に広く分布している。

⑦従属型はルール工業地帯の北部と東部に集積している。そのほか、これが

125

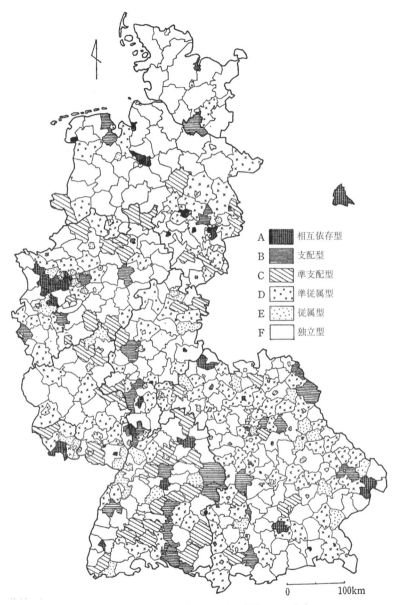

図 4-3　西ドイツの市・郡の類型別にみた分布
資料：表 4-1 と同じ資料に基づいて筆者作成。

第4章 西ドイツ経済における支配・従属・相互依存の空間的パターン

表4-3 西ドイツの州別にみた市・郡に関する6類型の比重

州 名	相互依存型	支配型	準支配型	準従属型	従属型	独立型	各州の市・郡の数
シュレースヴィヒ・ホルシュタイン		6.3		6.3	6.3	81.3	16
ハンブルク		100.0					1
ブレーメン	100.0						2
ニーダーザクセン	6.6	3.9	6.6	23.7	5.3	53.9	76
ノルトライン・ヴェストファーレン	10.0	7.8	13.3	17.8	13.3	37.8	90
ヘッセン	4.2	8.3	12.5	18.8	8.3	47.9	48
ラインラント・プファルツ	2.6	5.3	15.8	26.3	13.2	36.8	38
ザールラント	25.0		12.5	37.5	25.0		8
バーデン・ヴュルテンベルク	5.6	12.5	19.4	13.9	11.1	37.5	72
バイエルン	3.7	7.3	3.7	29.3	14.7	41.4	191
西ベルリン	100.0						1
西ドイツ全国の類型別にみた市・郡の数	33	41	51	123	64	231	543
比率　％	6.1	7.6	9.4	22.7	11.8	42.5	100

資料：表4-1と同じ。

比較的多く見られるのは、バイエルン州内の各地、バーデンとラインラント・プファルツの境界地帯などである。

⑧準従属型は全国に広く分布している。

このように観察してみると、都市州を除く広域各州を大きく3つのタイプに分けることができる。第1は、相互依存型、支配型、準支配型の市・郡が多い所で、ノルトライン・ヴェストファーレン、ザールラント、バーデン・ヴュルテンベルク、ヘッセンの各州である。この内、前2者は石炭資源に依拠した工業化を19世紀末から20世紀初めにかけて経験した地域を抱えているのに対し、後2者のドイツ経済を牽引する本格的な工業化は第2次世界大戦以降のことである。また、どちらかといえば、前2者には相互依存型が多いのに対し、後2者には支配型と準支配型とが多い。

第2は、バイエルン州とラインラント・プファルツ州であり、どちらも多くの従属型と準従属型の市・郡を抱えている。

第3は、独立型の市・郡が多いシュレースヴィヒ・ホルシュタイン州とニーダーザクセン州である。以上は、常識的な西ドイツ地域経済に関する知識を踏まえて述べたにすぎないものであり、経済発展水準と地域類型との間の関係について実証しているというほどのものではない。そこで、簡単な計量的分析

を試みてみたい。

図4-4は、横軸に各市・郡における単一事業所企業就業者数の全就業者数に占める比率を取り、縦軸に居住人口一人当りの域内総生産額を取って、全ての市・郡をプロットしたものである。この図は明らかに右下がりの傾向を示しており、単一事業所企業の比重が高ければ高いほど経済発展水準は低

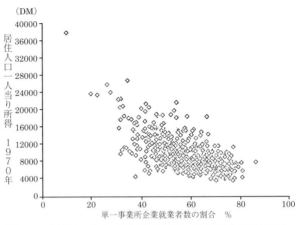

図4-4　西ドイツの市・郡における単一事業所企業の比重と経済水準との関係

資料：表4-1と同じ資料、及び Das Bruttoinlandsprodukt der kreisfreien Städte und Landkreise 1961, 1968 und 1970 (Gemeinschaftsveröffentlichung der Statistischen Landesämter, 1973) に基づいて筆者作成。

注：ゲッティンゲン市はゲッティンゲン郡に含めて計算した。以下、図4-5と図4-6も同様に処理した。

いと言える。尚、相関係数は－0.657（有意水準0.1％）である。

図4-5は、横軸に各市・郡における複数事業所企業の本社就業者数の全就業者数に占める比率を取ったもので、そのほかは図4-4と同じである。これから逆に、この比率が高ければ高いほど、経済発展水準は高いと言える。この場合の相関係数は0.565（有意水準0.1％）である．

図4-6は、各市・郡における複数事業所企業の支所就業者数の全就業者数に占める比率を横軸に取ったもので、はっきりとした関係は認められない。しかし、この比率の低い市・郡は独立型かもしくは支配型であるはずであり、所得水準の高いグループと低いグループとに分解していることを見落してはならない。同様に、このグラフで右側に位置している従属型の市・郡もその2つに両極分解していることは、注目すべき事実である。

地域類型と地域間格差との関係の問題に移ろう。各州内市・郡間の一人当り所得の格差と地域類型との間に一定の関係があると前節の最後で予測したが、実際には明瞭な関係が見出されなかった（図4-7）。相互依存型市・郡の多いノルトライン・ヴェストファーレン州とザールラント州での部分地域間の格

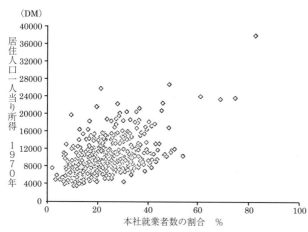

図 4-5　西ドイツの市・郡における複数事業所企業本社の比重と経済水準との関係
資料：図 4-4 と同じ資料に基づいて筆者作成。

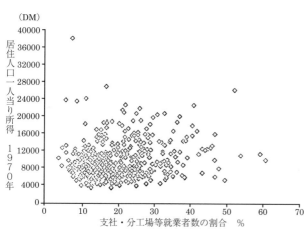

図 4-6　西ドイツの市・郡における複数事業所企業支所の比重と経済水準との関係
資料：図 4-4 と同じ資料に基づいて筆者作成。

差は小さいと予想されたのであるが、後者において、むしろかなり大きいからであり、ヘッセン州もバーデン・ヴュルテンベルク州と類似の市・郡構成を示しているにも拘らず、かなり州内格差が大きいからである。しかし、独立型の市・郡が圧倒的に多いシュレースヴィヒ・ホルシュタイン州と、経済発展水準の高いノルトライン・ヴェストファーレン及びバーデン・ヴュルテンベルクの両州において格差が小さく、この両者の中間的位置にあるとみなしうるバイエルン、ラインラント・プファルツ、ニーダーザクセンにおいて格差が大きいという事実は、上の予想が必ずしも的はずれでないことを意味している。しかも、これはWilliamson（1965）の提唱した地域間格差と経済発展水準との間に関する逆U字型モデルにある程度符合している。ここでは以上のことを、各広域州の

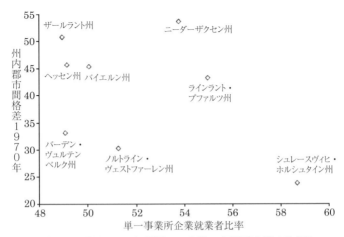

図 4-7　西ドイツの各州別にみた単一事業所企業の比重と
州内郡市間の経済的格差との関係

資料：図 4-4 と同じ資料に基づいて筆者作成。
注：市・郡間の経済的格差は変動係数で示した。ただし人口規模での加重はしていない。

単一事業所企業就業者の割合と州内市・郡間格差との関係をグラフに表現した図 4-7 で確認しておくに留める。

3.4. 主要都市の支配圏

既に述べたように、多くの大都市は支配型か相互依存型のどちらかに分類されうる。本節で取り扱う問題は、それら大都市が支配している領域はどこなのか、また相互依存といってもどことその関係を取り結んでいるのかということである。これらを明らかにするために、1970 年当時の人口数でみた 12 大都市を対象にして、各々に立地している複数事業所企業の本社の支所がどこにあり、その支所立地先の市・郡において、これがどの程度の比重を占めているかを就業者数レベルで計算した。その結果を地図に描いたのが図 4-8〜図 4-19 である。これらの地図を比較することによって次の点を指摘できる。

①各大都市は、その支配が及ぶ領域を自分の周囲に有している。
②その支配力の程度は距離が増すとともに減少している。
③具体的に言えば、ハンブルクはシュレースヴィヒ・ホルシュタイン州とニーダーザクセン州の多くの市・郡を、ミュンヘンはバイエルン州全域を、ケル

第4章　西ドイツ経済における支配・従属・相互依存の空間的パターン

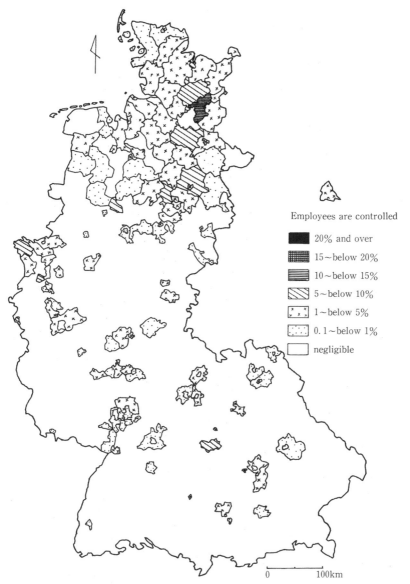

図4-8　ハンブルク企業の支所の従業者数が非農業部門事業所全体の就業者数の
0.1％以上を占める市・郡の分布
資料：表4-1と同じ資料に基づいて筆者作成。

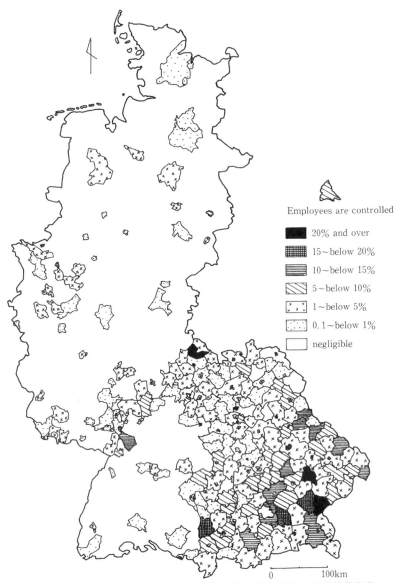

図 4-9 ミュンヘン企業の支所の従業者数が非農業部門事業所全体の就業者数の
0.1％以上を占める市・郡の分布
資料：表 4-1 と同じ資料に基づいて筆者作成

第4章　西ドイツ経済における支配・従属・相互依存の空間的パターン

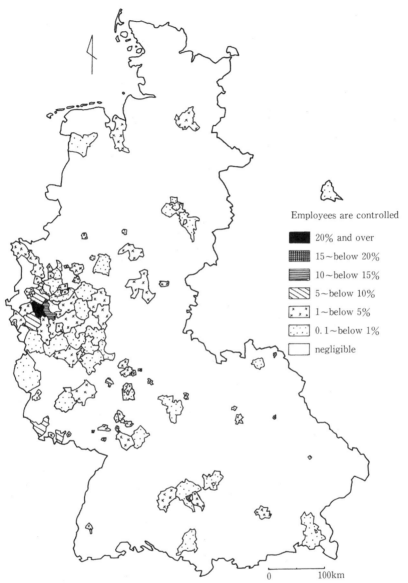

図4-10　ケルン企業の支所の従業者数が非農業部門事業所全体の就業者数の
0.1％以上を占める市・郡の分布
資料：表4-1と同じ資料に基づいて筆者作成。

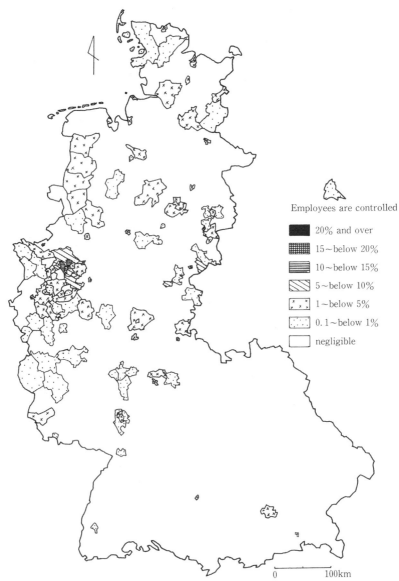

図 4-11 エッセン企業の支所の従業者数が非農業部門事業所全体の就業者数の
0.1%以上を占める市・郡の分布
資料：表 4-1 と同じ資料に基づいて筆者作成。

第4章　西ドイツ経済における支配・従属・相互依存の空間的パターン

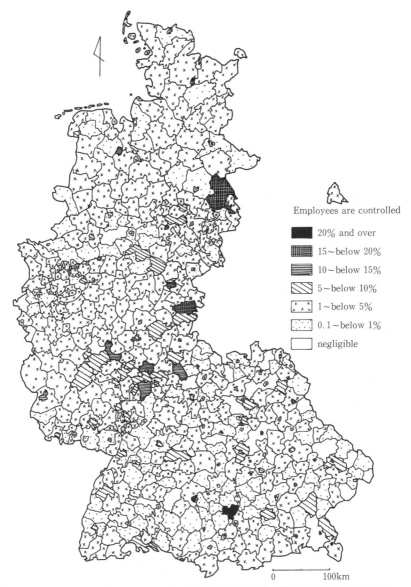

図 4-12　フランクフルト・アム・マイン企業の支所の従業者数が非農業部門事業所
　　　　　全体の就業者数の 0.1％以上を占める市・郡の分布
　　　　　資料：表 4-1 と同じ資料に基づいて筆者作成。

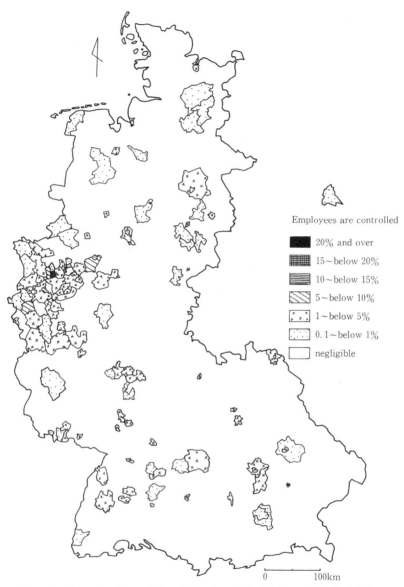

図 4-13 デュッセルドルフ企業の支所の従業者数が非農業部門事業所全体の就業者数の 0.1%以上を占める市・郡の分布
資料：表 4-1 と同じ資料に基づいて筆者作成。

第 4 章　西ドイツ経済における支配・従属・相互依存の空間的パターン

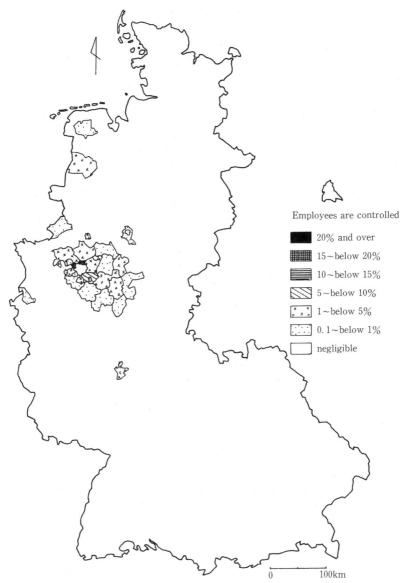

図 4-14　ドルトムント企業の支所の従業者数が非農業部門事業所全体の就業者数の
0.1％以上を占める市・郡の分布
資料：表 4-1 と同じ資料に基づいて筆者作成。

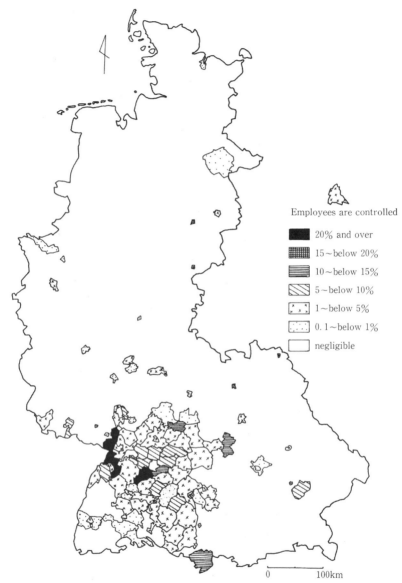

図 4-15 シュトゥットガルト企業の支所の従業者数が非農業部門事業所全体の就業者数の 0.1％以上を占める市・郡の分布
資料：表 4-1 と同じ資料に基づいて筆者作成。

第4章　西ドイツ経済における支配・従属・相互依存の空間的パターン

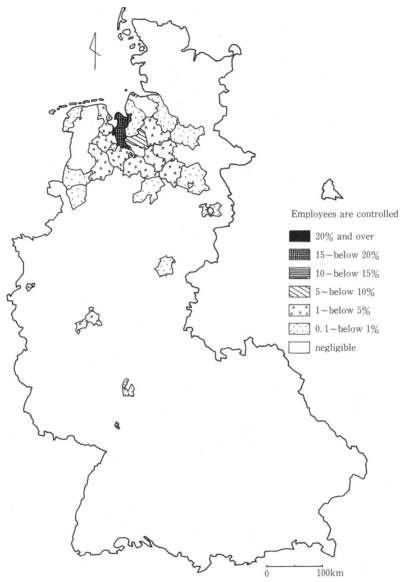

図4-16　ブレーメン企業の支所の従業者数が非農業部門事業所全体の就業者数の
0.1％以上を占める市・郡の分布
資料：表4-1と同じ資料に基づいて筆者作成。

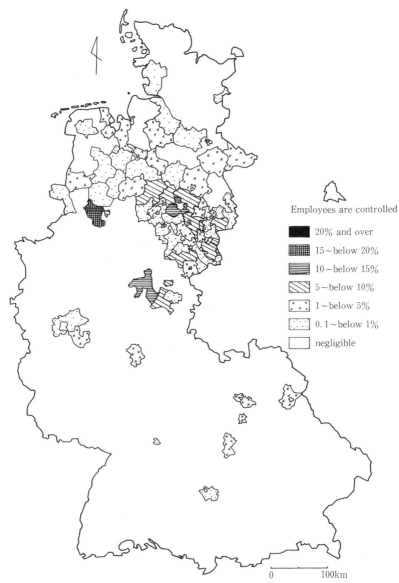

図 4-17 ハノーファ企業の支所の従業者数が非農業部門事業所全体の就業者数の
0.1%以上を占める市・郡の分布
資料：表 4-1 と同じ資料に基づいて筆者作成。

第4章 西ドイツ経済における支配・従属・相互依存の空間的パターン

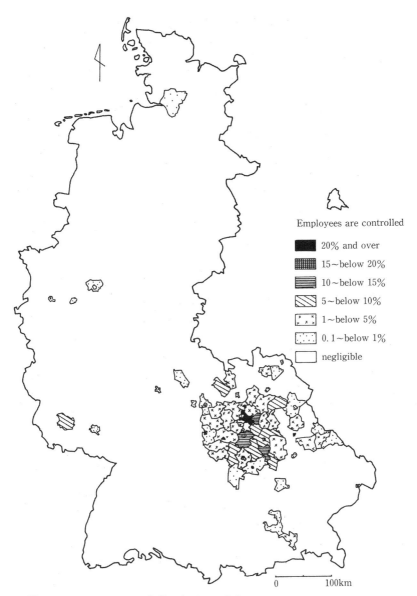

図 4-18 ニュルンベルク企業の支所の従業者数が非農業部門事業所全体の
就業者数の 0.1％以上を占める市・郡の分布
資料：表 4-1 と同じ資料に基づいて筆者作成。

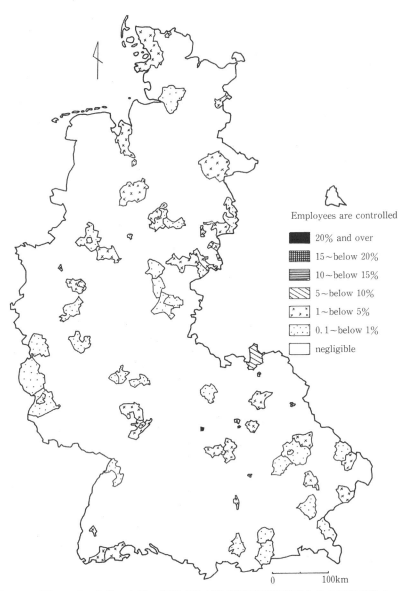

図 4-19 西ベルリン企業の支所の従業者数が非農業部門事業所全体の就業者数の
0.1％以上を占める市・郡の分布
資料：表 4-1 と同じ資料に基づいて筆者作成。

ンはラインラント北部の全域を、エッセンはラインラント北部のどちらかと言えば右岸の中でルール地域とその近隣を相対的により強く、デュッセルドルフはラインラント北部のどちらかと言えば左岸を、ドルトムントはヴェストファーレンやザウアーラントを、シュトゥットガルトはヴュルテンベルクとバーデン北部を、ブレーメンはニーダーザクセン州の北部を、ハノーファは同じくニーダーザクセン州の大部分を（ただし同州の南東部をより強く）、そしてニュルンベルクはミッテルフランケンを支配していると言ってよい。

　④上記のようなパターンを示さない大都市が２つある。ひとつはフランクフルト・アム・マインで、この都市の支配領域は西ドイツ全国にわたっている。また西ベルリンは西ドイツ本土と空間的に切り離されているが故に当然のことではあるが、軽微な支配力を分散的に有しているにすぎない。

　⑤西ベルリンとフランクフルト・アム・マインを除く他の10大都市を、各々の支配領域の広がり方から、大きく３つに分けることができる。ひとつは、空間的に連続した、各都市の直接の周囲のみならず、全国に非連続的な空間パターンで支配領域を多数有している都市で、ハンブルク、ミュンヘン、ケルン、エッセン、デュッセルドルフがこれに相当する。第２は、自都市の直接の周囲に支配領域がほぼ限られる都市で、ドルトムント、ブレーメン、ニュルンベルクがそれに当る。第３はシュトゥットガルトとハノーファで、この両都市は第１と第２の中間形態にあたる。

　⑥以上のことから、経済的支配力の空間的広がりにおいて、12大都市の間に階層的差異が存在していることを認めうる。つまり、最上位にあるのがフランクフルト・アム・マイン、第２の階層に位置するのがハンブルク、ミュンヘン、ケルン、エッセン、デュッセルドルフ、第３がシュトゥットガルトとハノーファ、そして第４階層がドルトムント、ブレーメン、ニュルンベルクである。西ベルリンは別格の位置にある。

　地図には示さなかったが、ボンもフランクフルト・アム・マインと同様のパターンを呈する。これは、郵便局の本省があるなど、各地に分散している連邦政府の機関を統括する本省がボンにあるためである。フランクフルトが最上位に位置づけられたのは、連邦鉄道の本社とドイツ銀行やドレースデン銀行などの大銀行の本店の立地に拠る所が大きいと思われる。それ故、ベルリンは、もしも東西ドイツへの分割がなければフランクルフト・アム・マインのようなパ

表4-4　西ドイツにおける主要大都市間の相互依存

本社所在都市 ＼ 支所所在都市	ハンブルク	ミュンヘン	ケルン	エッセン	フランクフルト・アム・マイン	デュッセルドルフ	ドルトムント	シュトゥットガルト	ブレーメン	ハノーファー	ニュルンベルク	ボン	西ベルリン	左記ドイツ全国（その他の都市を除く）での就業者数
ハンブルク		4,548 / 0.7	3,304 / 0.8	2,568 / 1.0	6,018 / 1.3	3,779 / 1.0		2,948 / 0.8	5,608 / 2.0	5,642 / 1.8			9,599 / 1.3	135,952 / 0.6
ミュンヘン	7,384 / 0.9		5,573 / 1.3	4,426 / 1.7	6,710 / 1.4	4,673 / 1.0	2,442 / 1.0	7,596 / 1.9	3,833 / 1.4	4,424 / 1.8	18,307 / 6.4	522 / 0.5	48,495 / 6.4	334,724 / 1.6
ケルン	10,641 / 1.3	6,175 / 1.0		1,708 / 0.6	10,939 / 2.3	8,054 / 2.2	2,362 / 1.0			2,892 / 0.9	3,640 / 1.3	3,002 / 3.1	4,026 / 0.5	148,034 / 0.7
エッセン	10,245 / 1.2	6,286 / 1.2	3,564 / 0.8		3,210 / 0.7	2,353 / 0.6	4,066 / 1.6			4,294 / 1.3		684 / 0.7	6,250 / 0.8	155,328 / 0.7
フランクフルト・アム・マイン	37,215 / 4.4	31,940 / 4.4	20,043 / 4.8	11,116 / 4.2		15,102 / 4.0	10,565 / 4.3	17,467 / 4.5	12,212 / 4.4	25,847 / 8.0	28,276 / 9.9	3,848 / 4.0	30,321 / 3.5	754,149 / 3.5
デュッセルドルフ	7,071 / 0.8	5,203 / 0.8	4,298 / 1.0	2,732 / 1.0	5,854 / 1.2		3,152 / 1.3	3,703 / 0.9	2,264 / 0.8		3,332 / 1.2	591 / 0.6	4,077 / 0.5	144,771 / 0.7
ドルトムント														27,199 / 0.1
シュトゥットガルト					3,154 / 0.7	7,260 / 1.9					11,750 / 4.1		10,976 / 1.4	204,519 / 1.0
ブレーメン														19,842 / 0.1
ハノーファー									4,357 / 1.6		3,610 / 1.3			69,675 / 0.3
ニュルンベルク														28,778 / 0.1
ボン	26,999 / 3.2	19,910 / 3.2	15,041 / 3.6	5,604 / 2.1	18,915 / 3.9	11,218 / 3.0	7,520 / 3.0	13,078 / 3.3	7,149 / 2.6	14,568 / 4.5	9,382 / 3.3		22,558 / 3.0	468,832 / 2.2
西ベルリン														32,878 / 0.2
最上段の都市を除く、複数事業者企業の支所の従業者数／当該都市の支所に占める比率（％）	99,555 / 11.8	74,062 / 11.7	51,823 / 12.3	28,154 / 10.6	54,800 / 11.4	52,439 / 14.0	30,107 / 12.2	44,792 / 11.5	39,458 / 14.2	57,667 / 17.9	78,297 / 27.4	8,647 / 8.9	136,302 / 17.9	2,524,681 / 11.9

資料：表4-1と同じ。

注1）都市名は、表4-1と同じ。

注2）各都市の人口について1970年当時の人口の多い順に従って並べた。ボンよりも人口が多くニュルンベルクよりも少ない都市については割愛した。

注3）各都市の数値の上段の数値は、最左列に示した都市に本社を置く企業の、最上段に示した都市での支所の従業者数が、最上段に示した都市にある支所で働く従業者数を意味する。

注4）各都市の数値の下段の数値は、最左列に示した都市に本社を置く企業の支所の従業者数が、最上段に示した都市の支所の従業者数に占める比率（％）を意味する。最下段から1つ上の行の数値は、最上段の都市を除く、この都市に本社を置く、他の西ドイツ全国の諸都市に本社を置く企業の当該都市に本社を置く企業の支所の従業者数。

ターンを、あるいは少なくとも上記第2階層の諸都市に類似するパターンを
とったであろうと推測される。

　次に相互依存のパターンを解明しよう。そのために作成したのが表4-4であ
る。これは各行が支配の程度を、各列が従属の程度を示している。例えば、ハ
ンブルクはデュッセルドルフ市の中で3779人の被雇用者を支配し、これは、
後者の総就業者の1.0%に当る。ここでは12大都市のほかにボンも検討の対
象に含めた。

　これらの都市のうち、真の意味で相互依存関係にあるのは、西ベルリンを除
く相対的に大きな6都市とボンのみであることがわかる。そのほかの都市は、
シュトゥットガルトとハノーファを別にして、それらに従属することはあって
も、支配を及ぼすことはない[9]。また、それら上位の諸都市の間には、相互依
存関係が認められるのに対し、ドルトムント、ブレーメン、ニュルンベルク、
西ベルリンの4都市相互の間には支配・従属の関係が認められないのである。
シュトゥットガルトはこの2グループの中間的位置にあると言えよう。

4. むすびに

　以上の検討から、フランクフルト・アム・マイン、ボン、ミュンヘン、エッ
セン、ケルン、デュッセルドルフ、ハンブルクの7都市が、西ドイツにおい
て首位都市サークルを、即ち空間的支配の頂点ネットワークを形成していると
結論できる。大都市圏スケールの中で、これを構成する部分地域間の一種の相
互依存が形成されている可能性は否定できないが、国民経済スケールの中での
真の意味の相互依存は首位都市サークル内にのみ形成されていると言わざるを
えない。

　この首位サークル7都市の支配の下で、シュトゥットガルト、ハノーファ、
ニュルンベルク、ドルトムント、ブレーメンは州ないしその下位地域のスケー
ルの空間の中で支配的機能を発揮しているにすぎない。当然のことながら、こ
れらよりも更に規模の小さい都市は、一層限られた空間の中で、各々の周囲の
空間のみを支配しているにすぎないであろう。つまり、入れ子構造の空間的パ
ターンが見出されるのである。そして、上の5都市が相互の依存関係をほと
んど持たなかったように、下位の都市になればなるほど、事業所展開の面にお
ける相互依存関係がそれぞれの同規模の都市の間に形成されていることは、国

145

民経済スケールではほとんど考えられないのである。この意味では、Schöller et al.（1984）による交通インフラストラクチャーの分析の結果、西ドイツの都市システム内での相互作用のかなりの部分が、上位の諸都市の間での直接的相互作用から成り立っているという結論は首肯しえるのである。

　首位都市が欠けているという Schöller et al.（1984）の結論もその通りである。ただ、ここでの分析の結果、経済支配力という点で、フランクフルト・アム・マインが一頭地を抜いていることを見逃してはならない。問題は、何故このような空間的パターンが形成されたのか、将来どのように変化するのであろうか、ということである。この点を明らかにするためには、事業所展開の歴史を探究する必要がある。この意味で、Olbrich（1984：230）が例示した1970年の Veba AG 本社のヘルネからデュッセルドルフへの移転、1965 年の Varta AG 本社のハーゲンからフランクフルト・アム・マインへの移転は示唆的である。西ドイツの代表的なコンピュータ企業、ニクスドルフが本社をパーダボルンからミュンヘンに移すという噂もある（Olbrich 1984：230）。Meyer-Larsen（1985：41）と Olbrich（1984：232）は、大企業の金融子会社、例えば、BMW Kreditbank や Degussa Bank がフランクフルト・アム・マインに、また販売子会社、例えばフォルクスヴァーゲンと MAN の共同販売会社がミュンヘンに設立されたことを指摘しているが、これらのことも、首位都市サークルに属する大都市の空間的経済支配の強化を示唆している。このような動きは、Pred（1977：116-120）の言う「都市間の成長伝達」のしからしめるものであろう。

　このような動向とからんで、我々が明らかにすべき課題は、次のことであろう。つまり、一方では東京への経済力集中が激化していると言われている日本があるのに対し、他方において首位都市の比重が低下するアメリカ合衆国（Borchert 1978）やオーストリア（Maier and Tödtling 1986）がある。そして、東京、ニューヨーク、ウィーン、あるいはロンドンやパリのような首位都市を持たないが、しかし首位都市サークルへの集中が高まりつつある西ドイツ[10]がある。これらの動きを統一的にどう説明するかという課題である。

　勿論、解明されるべき点はほかにもある。本章が扱ったことと直接関係することに限って言えば次の諸点が指摘されよう。第 1 に、本章の分析は 1970 年当時の資料のみに基づいており、それ以前を含めて現在に至るまでの傾向を明

らかにする必要がある。第2に本章は定量的な分析に終始しており、定性的な分析・解釈をなしえていない。この欠点を補うためには、個々の企業ないし企業集団の事業所立地展開を、その時々の経営陣の意思決定プロセスと関わらせて捉える必要がある。第3に経済の安定と成長という古くて新しい経済問題と本章のような空間分析とがどのように連接するのか、いま少し理論的な考察と詳細な実証分析とを必要とする。

本章は昭和62年度文部省科学研究費補助金、奨励研究A（課題番号62780274）による研究成果の一部である。また本章のための準備研究段階において、法政大学特別研究助成金（昭和61年度）を使用した。

第5章 東西ドイツ分裂時代における西ドイツの地域問題と地域整備政策

1. 地域問題観

西ドイツ（ドイツ連邦共和国）を訪れる機会に恵まれる人は、そこに住む国民が裕福に暮しているという印象を受けるのではないだろうか。とりわけ、イタリアやスペインなどの地中海沿岸諸国・諸地域を見てきた人にとって、その印象は一層深いものがあるだろう。この国の人々自身も、ドイツの歴史の中で現在ほど繁栄を謳歌した時代はないと思っている。たしかに、世界の中で最も豊かな地域の一つであるヨーロッパの中でも、西ドイツはその経済の水準の高さと安定度において群を抜いている。このような国に、一体、地域政策を必要とする地域問題が発生しているのであろうか。特別な施策を必要とする問題地域が存在しているのであろうか。

このような疑問に対して筆者は次のように考える。高度に発達した資本主義国においても、その発展した経済によってもたらされる地域的な歪みとでもいうべきものをもたざるを得ないのであり、たとえ事情をつまびらかにしない異邦人の眼にはすべてうまくいっていると映ったとしても、やはり西ドイツにも先進資本主義国に共通の性格をもつ地域問題があり、独自の歴史的背景から固有の問題地域が生じている。しかも、当の西ドイツの中で地域格差があると論じられ、問題地域をなんとかしなければならないという世論が意識的に形成されていれば、これを解決するための地域政策が講じられざるを得なくなるだろう。地域問題が存在していると主張する人々がいなければ、地域問題などありえないからである。

1.1. マスメディア報道などに表れた地域問題

以上のように考えるならば、地域政策を提起する主体が誰なのか、その提起がどのようにしてどこまで広まっているのか、言い換えれば、西ドイツにおける地域問題観とでもいうべきものをまず探ってみる必要がある。ここでは、世論形成の重要な手段である学校教育とマスメディアにおいて何が地域問題とし

て扱われているかを検討する。

　地域政策を扱った教科書でギムナージウムの上級段階で使われている資料集（Niedzwetzki 1977）をとりあげてみよう。これは、生徒たちにさまざまな地域問題と地域政策について、いろいろな資料を読み取らせて考えさせるためのものである。この中で2つの問題地域が事例としてとりあげられている。1つは人口集中地域の典型としてのルール地域、いま1つはこの国の経済水準からみれば立ち遅れた相対的人口稀薄地域の典型としてのドーナウヴァルト地域（バイエルン州東部、バイエリッシャーヴァルトの一部でパッサウが中心都市）である。この両者において人口減少の傾向がみられるのである。ルール地域の資料として採用されている新聞記事は、次のように語っている。

　「昨年だけで、約1万3千人がゲルゼンキルヒェンを去り、わずかに1万5千人が新たに流入してきただけである。良質の労働者の流出を市政の怠慢の矯正によってストップさせることに成功しなければ、この都市は内部から疲弊する恐れがある。市の開発企画局はその原因を探究し、魅力ある働く場や職業教育の場の不足と平均水準を下まわる劣悪な住宅の質とが人口流出に関連していることを明らかにした。（…中略…）ほとんどの流出者は20〜30歳台である」（Niedzwetzki 1977：19-20、原資料は Buersche Zeitung 24.7.1976）。

　ドーナウヴァルト地域の事例については、1960〜1972年のこの地域の社会的人口動向に関する資料が掲げられている。それによると、1966年を除いて1968年まで毎年、人口流出が流入を上まわっている。これ以降、社会的人口動向は増加に転じているが、若者は相変らず流出傾向にある。この地域に属しているフライウング・グラーフェナウ郡の人口ピラミッドとミュンヘン市のそれとが比較されており、前者の若者の少なさと後者におけるその多さとが対照をなしている（Niedzwetzki 1977：52-53）。

　『デア・シュピーゲル』誌は西ドイツの問題地域の一つとして、リューヒョ・ダネンベルク郡についてのレポートを載せ、この地域の様子を次のように描いている。

　「エルベ河畔のシュナッケンブルクの町にまだ留っている620人のうち、ある

第5章　東西ドイツ分裂時代における西ドイツの地域問題と地域整備政策

人が医者を呼んだとしても、救急車ですぐに病院に運ばれなければならない程に
悪くなければ、その人は火曜日か木曜日まで医者が来るのを待たなければならな
い。この両日に、10 km 離れたガルトから一人の医者がシュナッケンブルクの人々
を診るためにやってくるのである。この町の人口の3人に1人はすでに65歳を
越えている。（…中略…）シュナッケンブルクは高山にあるのでもなければ孤島に
あるのでもない。ニーダーザクセン州のリューヒョ・ダネンベルク郡にあるので
ある。つまり郡当局が定式化しているように、それは出口のない位置、袋小路に
位置している。このニーダーザクセン州の東端部は、東ドイツ（ドイツ民主共和
国）のメクレンブルクとアルトマルクの間に奥深く入り込んでいる。シュナッケ
ンブルクから始まって、エルベ川が分離線としての役割を果たしており、繰り返
していえば、これは最東縁部に位置しているのである。「右にも左にも、そしてま
っすぐにも、これ以上先に行くことはできないんです」と地元の人々は語ってい
る。（…中略…）1km² 当り 41 人しか住んでおらず、これに相応してあまり効率
のあがらないところでは、必然的に公共サービス提供もつましいものとなる。公
共交通機関が利用されないだけでなく、上下水道、廃棄物処理もうまく機能しな
い。かくして行政は困難な立場に追い込まれるのである．ここの住民の58％しか
水道の供給を受けていないし、44％しか排水処理施設の恩恵を受けていない」（Der
Spiegel, 12.7.1976）。

ここで描かれたシュナッケンブルクの町から、さらにエルベ川に沿って下流
に行くと、ブレッケーデという町がある。日本の中学3年と高校1年の学齢
に相当する生徒が使用する教科書の一つは、この町に関して「一つの町が絶滅
に抵抗している」という標題の次の新聞記事を紹介し、この町の様子を描いて
いる（Schultze et al. 1979：6-9）。

「ブレッケーデの実科学校の5人の女生徒は公然と次のように話している。「こ
の辺りでは何も簡単にはできないのよ。職業教育のチャンスもないし、余暇を楽
しむ場所もないし、気のきいたお店もない。どこかに行くにしたって交通の便が
とても悪いわ。」この5人の少女たちは（…中略…）いつかはブレッケーデを去っ
て大都市に行くことになるだろう。他の多くの人たちも同じように行動するだろ
う。エルベ河畔のロマンティックな小都市ブレッケーデには老齢化の危険がさし

せまっているのだろうか。（…中略…）統計はブレッケーデ市民の年齢構造について
てネガティブなことしか語ってくれない。ここ 10 年来、65 歳未満の就業者の割
合はたえず減少している。毎年、新しい市民の流入よりも、この町を去って行く
市民のほうが多い。1971 年には 222 人がこの町を去ったのに、転入してきたのは
187 人だった。町の政治家や長老たちは眠れぬ夜を過している。というのは、こ
の町の中心性が脅かされているからである。簡易裁判所がこの町から消えてなく
なるのである。この町の郡からの独立はとうになくなっている。新しい工業の立
地は不利な交通条件のため困難である。」

　上の新聞記事に対して教科書は次のように解説している。ドイツ連邦共和国
の基本法は誰に対しても人格の自由な発達を保障し、職業・職場・職業教育の
場の自由な選択を保障しているのに、それは紙の上のことにしかすぎず、そう
した機会のない地域に住む人々はこの基本的権利を十分に享受できず、その一
事例がブレッケーデだというのである。
　一方、ある有力全国紙の一つは経済欄で、「失業がますます地域化している」
という標題で、現在深刻化している地域問題について報道した（Süddeutsche
Zeitung 14.2.1979）。それによると、失業の新しい集中地域としてノルトライ
ン・ヴェストファーレン州が浮び上がり、これと対照的にバーデン・ヴュルテ
ンベルク州の失業率の低さが顕著だという。毎月の失業実態が連邦労働庁によ
って発表されているが、石油危機以降、そのニュースが新聞の第 1 面を飾っ
ている。その記事の中や経済欄・地域欄の関連記事の中で、失業率の地域的差
異が語られている。場合によると、その第 1 面の記事に各州の失業率を示す
数字を伴った地図が掲げられるのである。
　同紙はまた第 3 面に毎日なんらかの特集記事を掲載する。その 1 つとして
1978 年 5 月 9 日号には、バイエルン州のオーバープファルツにあるズルツバハ・
ローゼンベルクという町の様子が伝えられた。この町にはマックス製鉄所とい
う大企業がある。1965 年当時、9300 人の労働者・事務員がこの会社に雇われ
ていたが、鉄鋼産業が不況に陥るとともにここでも人員整理が行われ、1975
年からの 3 年間だけで 755 人が解雇された。この新聞記事にはここで働く 1
人の労働者の半生が述べられている。彼の父は鉱山労働者だったが、自分の息
子にはもっと楽な稼ぎができるように塗装工の道を選ばせた。しかし、彼は塗

装工としてしばらく働いた後、この職業が季節に影響されることをみてとり、もっとわりのいい仕事に就くためにマックス製鉄所に勤めを変えた。したがって彼はこの会社にとって熟練工ではなく、輸送部門にたすきわる労働者でしかなく、人員整理の対象になりかかった。彼はすでに44歳、3人の子供と妻、それに年老いた両親を抱えていた。この年齢で会社をやめて退職金をもらったとしても、次に誰も雇ってくれそうにないという考えから、彼はこの人員整理に応じなかった。逆にいえば、雇ってくれるところがあれば、彼はこの会社をやめたかもしれない。しかし、それがもしズルツバハ・ローゼンベルクから遠いところであれば、やはり彼はそれに応じなかったであろう。というのは、町から5キロメートル離れた村に彼は土地と家屋を購入しており、そのための借金も大部分返済していたからである。彼が不況の結果操業短縮措置を受けて収入が少なくなった時でも、彼の妻は自宅の庭からとれる野菜で倹約し、なんとかやっていたと述べている。このような条件を背負っている彼に、この土地を離れることはそう簡単にできる相談ではないのである。さらにこの記事では、この町の抱えている問題として、就業機会があまりないからという理由で若者たちの流出が指摘されている。

　もう一つ事例を挙げさせていただこう。フランクフルト在住の若きジャーナリスト、ユルゲン・ロートによって著された本に『連邦共和国における貧困—社会国家の危機に関する研究とルポルタージュ』（Roth 1979）というものがある。初版は1974年であるが1979年に増補改訂版が出版された。この改訂版に二つの貧困地域として、デュースブルクとバイエリッシャーヴァルトのルポが報告されている。後者はいわば伝統的な貧困地域、ドイツ連邦共和国が生まれるはるか以前からの貧しい農業地域である。かたやデュースブルクはヨーロッパ有数の河川港都市でルール川とライン川の合流地点に位置し、ルール工業地域の一つの中心として栄えた都市である。この両者に現在共通するのは高い失業率である。もちろんその具体的理由はそれぞれ異なっているが、デュースブルクの失業率は7.8%、これに対してその属するノルトライン・ヴェストファーレン州の失業率は約4.2%であるということ、他方バイエリッシャーヴァルトの小さな町ケツティングでは1978年の冬にそれが36%にも上ったというように、いずれも高い失業率を示している。

1.2. 地域格差とは何に関する格差か？

　以上の簡単な紹介からだけでも、何が地域問題とされているのか、そのイメージが浮び上がってくるであろう。即ち若者たちの流出、それに基づく地域全体としての人口減少、その原因としての魅力ある職場や職業教育機会の不十分性、そして何よりも高い失業率の問題である。地域格差という場合、我々はともすると所得格差のことを考える傾向にあるのではないだろうか。所得格差があれば一つの地域問題が生まれるかもしれない。しかし、たとえ低くてもある程度の所得を得る機会があれば問題はそう大きくならないだろう。労働の対価としての所得が全くない状態、即ち失業の地域的な偏りが地域問題として意識されていると言ってよい。

　とはいうものの、高い失業率だけが地域問題発生のメルクマールとされているわけではない。そのほかにもすでに述べたように地域間人口移動に基づく人口減少、とりわけ若者たちの流出がそのメルクマールの１つとして挙げられている。それはなにも「高度成長期」の日本で顕著にみられたような全国的スケールでの若者の移動だけをさしているのではない。１つの大都市圏の中で、中心都市あるいは都心部から周辺部へ向けての人口移動も、その大都市圏というスケールの中での地域問題発生の徴候とみられるのである。それは通勤範囲内での移動であるから、失業や職業選択の問題と直接関わっているわけではない。ルール工業地域の１都市ゲルゼンキルヒェンからの人口流出の原因の一つとして、住宅を含めた居住環境の劣悪さが挙げられているのは前述した通りである。最初に紹介したギムナージウム上級生用の教科書の中には、ルール工業地域の問題として失業問題のみならず、市民の生活に必要なインフラストラクチャーの不足に関する資料も多く集められている。たとえば、住宅水準、余暇を快適に過ごしうる場所や施設の有無、交通機関の整備、中心地システムの編成といった問題である。西ドイツ市民が切実に要求している地域問題の解決は、地域間の経済格差というよりも、むしろ生活の基本的な居住条件にかかわる問題であるという評価もなされている。そのような見方も決して誤りではないが、この場合、地域問題といっても都市地域というスケール内での各部分地域間の格差が問題になっていると理解すべきであろう。西ドイツのような高度に発達した産業社会では数多くの都市が存在し、それぞれの都市は周辺農村とともに１つの都市地域を形づくっていると同時に、都市地域相互間の階層制を伴った１つ

のシステムが国土をつくりあげている。したがって都市地域は国内に遍在しているのであり、居住環境やインフラストラクチャーの問題は少数の特定地域に偏在しているというよりはむしろ全国に共通した問題であると言えなくもない。

もう1つ注意しておかなければならないのは、リューヒョ・ダネンベルク郡についての報道からも推測されるように、東欧社会主義国との国境縁辺地帯には独自の問題が存在しているということである。これについては後にあらためて述べることにしたい。

2. 地域格差の実態

前節ではいわばドイツ人の地域問題観とでもいうべきものを検討したが、次にどの程度の地域格差が実際に存在するかを検討しよう。その場合、何よりもまずどの範囲の空間的広がりを単位地域として格差を測定するかが問題となる。ここではもっぱら資料の制約という理由から、西ドイツの連邦地域整備プログラムのために設定された38の単位地域を利用する。これらの単位地域は、それぞれの内部に人口10万人以上の上位中心地ないし将来その規模に発展しうると思われる中心地を少なくとも1つ含んでおり、これを中心に地域内でのさまざまな機能の補完関係が一応なされていると考えられている。そして地域全体としての人口規模は40万人以上が想定されている。また、それだけの人口がありながら上位中心地が形成されておらず、しかも5000 km^{2}強の面積、即ち千葉県や愛知県程度の面積をもつ地域も1つの単位地域として設定されている。その境界区分には郡境が利用されているが、あくまで統計データを整理するための地域であり実質的な政治的・行政的権限がそれに付与されているわけではない。

2.1. 地域指標

どのような表現方法で地域格差をとらえるかも問題となる。ここで用いた方法は、個々の指標について全国の平均値を100とした場合、これから各地域の示す値がどれだけ乖離しているか、その程度を各地域について計算し、いくつかのグループに各地域を分類して同一グループに属する地域については同じ記号をもって地図上に表現するというものである。

この方法の特徴は、格差の空間的パターンを視覚にうったえて捉えやすいという利点と、異なった指標間でどちらの地域格差がより大きいかを一応判断で

きるというところにある。

　この方法を用いて、まず失業の地域偏在の実態を検討してみよう。1975 年は第 1 次石油危機によって引き起こされた不況のただ中にあり、全国の失業率は 4.7％だった。この平均からの各地域の乖離の度合を次の計算式で求める。

$$Ii = Ui ／ Un × 100$$

　ここで、Ii は地域 i の乖離度であり、Ui は地域 i の失業率、Un は全国の失業率である。このようにして求められた 38 地域の値を 5 つのグループにまとめ、地図化したのが図 5-1 である。ここから、特に失業率の高い地域はニーダーザクセン州西部のエムスとバイエルン州東部、それにヴェストファルツであることがわかる。これに 120 〜 140 の指数をもってかなり高い失業率を示す地域として、最北部のシュレースヴィヒ、ニーダーザクセン州東部のブラウンシュヴァイクとゲッティンゲン、ハイエルン州東北部のバンベルク・ホーフ、それにトゥリーアとザールラントが加わっている。他方、地域内でほぼ完全雇用の状態を示している地域はバーデン・ヴュルテンベルク州にみられる。全体としてみれば国の北部で失業率が高く、南部で低いというパターンを見て取ることができる。

　不況からやや立ち直ってきた 1978 年になると若干様子が違ってきている。バイエルン州東部とニーダーザクセン州の東西両端部、シュレースヴィヒ、それにトゥリーアなどに高い失業率がみられることは 1975 年と同様だが、ザールラントでの失業率が高まり、さらにエッセン、アーヘンなどの石炭鉄鋼産業が集中立地している地域の雇用状態の悪化がみてとれる。これに対し、バーデン・ヴュルテンベルク州やミュンヘン・ローゼンハイム地域、それにフランクフルト・ダルムシュタット地域などはほぼ完全雇用状態に近くなっている。要するに近年、失業に関する地域格差が拡大したと言わざるをえないのである。

　雇用・失業に関して別の角度からも検討してみよう。図 5-2 は 1978 年 9 月の失業者千人当りの求人数に関する地域格差を示しており、その空間的パターンは失業率のそれとほぼ同じである。即ち求人失業比率は南部において相対的に高く北部において低い。特にそれが低い地域として、エムス、エッセン、ザールラント、レーゲンスブルク・ヴァイデンが挙げられる。しかもグループのまとめ方をみればわかるように、この点に関する地域格差は失業率のそれより

第5章　東西ドイツ分裂時代における西ドイツの地域問題と地域整備政策

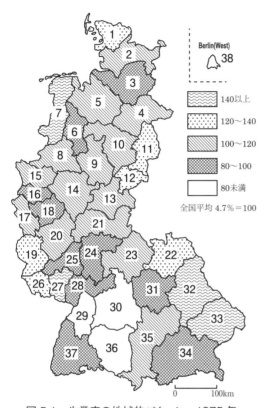

図5-1の付表　西ドイツの連邦地域整備プログラムの地域区分

番号	地域名
1	シュレースヴィヒ
2	ミッテルホルシュタイン・ディトマルシェン
3	ハンブルク
4	リューネブルガーハイデ
5	ブレーメン
6	オスナブリュック
7	エムス
8	ミュンスター
9	ビーレフェルト
10	ハノーファ
11	ブラウンシュヴァイク
12	ゲッティンゲン
13	カッセル
14	ドルトムント・ズィーゲン
15	エッセン
16	デュッセルドルフ
17	アーヘン
18	ケルン
19	トゥリーア
20	コーブレンツ
21	ミッテルオストヘッセン
22	バンベルク・ホーフ
23	アシャッフェンブルク・シュヴァインフルト
24	フランクフルト・ダルムシュタット
25	マインツ・ヴィースバーデン
26	ザールラント
27	ヴェストプファルツ
28	ライン・ネッカー・ズュートプファルツ
29	オーバーライン・ノルトシュヴァルツヴァルト
30	ネッカー・フランケン
31	アンスバハ・ニュルンベルク
32	レーゲンスブルク・ヴァイデン
33	ランツフート・パッサウ
34	ミュンヘン・ローゼンハイム
35	ケンプテン・インゴルシュタット
36	アルプ・オーバーバイエルン
37	オーバーライン・ズュートシュヴァルツヴァルト
38	西ベルリン

図5-1　失業率の地域的パターン　1975年
資料：Bundesminister für Raumordnung, Bauwesen und Städtebau (1979:84-85)

出所：Bundesminister für Raumordnung, Bauwesen und Städtebau (1979：77)

もはるかに大きい。この失業という面での問題地域は、必ずしも石油危機以降の不況があまりにも激しいものであったために顕在化したというわけではない。もしそうだとすれば、繁栄を謳歌した1970年に比べて、問題地域では求人数が大幅に減っていなければならない。しかし事実の示すところによれば、全国の平均的な求人数の減少率よりも、それら問題地域の多くの減少率の方がかなり小さかったのである。ルール工業地域だけが平均的な求人数減少率よりもやや高い減少率を示したにすぎず、むしろ好況地域の中にこの不況によっ

157

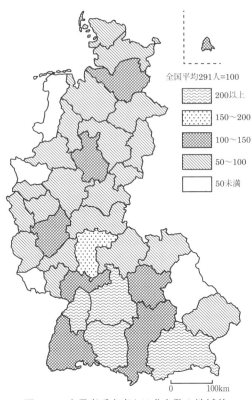

図 5-2　失業者千人当たり求人数の地域的
　　　　パターン　1978 年

資料：Presse- und Informationsamt der Bundesregierung (1979) *Gesellschaftliche Daten : Bundesrepublik Deutschland*. Bonn.

て大きく影響された地域がみられる。たとえば、ハンブルク、アンスバハ・ニュルンベルク、マインツ・ヴィースバーデン、ケルン、オーバーライン・ノルトシュヴァルツヴァルト、西ベルリンの各地域である。同時にまた、好況地域の中にはこの不況にほとんど影響されていない場所もある。ミュンヘン・ローゼンハイムやシュトゥットガルトを中心とするネッカー・フランケン地域などである。これらのことから、失業問題地域はここ数年大きくクローズアップされるようになったのだとしても、実はその根をかなり以前からもっていたことが推定されるのである。

ところで、失業率は主循環や小循環といった景気変動に基づいて変動するばかりでなく、季節による変動もある。1978 年 9 月の失業率に対する 1979 年 1 月の失業率の変動をみると、失業問題地域のうち農村的地域に属するところは 2 倍以上あるいはそれに近い失業率の上昇を示しているのである。特に季節変動の激しさと持続性は農村部の失業問題地域の 1 つであるデッゲンドルフ労働局管区の失業率の変動を示した図 5-3 をみればより明瞭になる。ここはバイエルン州東部のランツフート・パッサウ地域に属しており、フィーヒタハはその中でもバイエリッシャーヴァルト山中のまっただ中にある町である。このような失業に関する地域格差に比べれば、空間的パターンが類似する賃金水準の地域格

第5章 東西ドイツ分裂時代における西ドイツの地域問題と地域整備政策

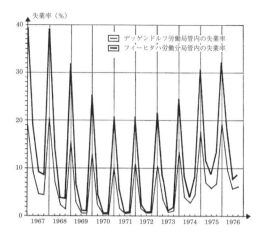

図5-3 デッゲンドルフ労働局とフィーヒタハ労働分局管内における失業率の季節的変動
出所：Niedzwetski, Klaus (1977) *Raumordnung und Landesplanung* (S II Arbeitsmaterialien Geographie im gesellschaftswissenschaftlichen Aufgabenfeld. Stuttgart: Ernst Klett Verlag, S.51（原資料：Unveröffentiche Statistiken des Arbeitsamtes Deggendorf).
注：上の折線グラフがフィーヒタハ労働分局管内の失業率の季節変動を示す。

差は、両者のグループ分けの仕方をみれば分かるようにさほど大きなものではない（図5-4）。

雇用に関する地域格差と比べて、生活上必要なインフラストラクチャーの地域格差はどの程度であり、またその空間的パターンはいかなるものであろうか。まず職業教育の機会について検討しよう。図5-5によれば、その空間的パターンは失業の場合と若干異なっている。標準以上に職業教育の機会に恵まれている地域はこの国南部とニーダーザクセン州東南部にみられる。この点で不利な状況にある地域のいくつかが失業問題地域と重なっている点も留意すべきだろう。しかしながらその格差の程度はきわめて小さく、この程度ならは分析の素材にした地域スケールでの格差はないと言ってよいかもしれない。しかし、これは学卒者100人当りの職業教育機会の数という量的な平等でしかなく、質的には依然として地域格差があるのかもしれないが、ここでは職業教育の質の問題にたちいることはできない。また量的には地域間平等がかなり達成されているといっても、自宅から通える範囲内にその機会があるかどうかが問題であって、これについて図5-5は何も語ってくれない。したがって、この地図でみて職業教育機会に関する地域格差がほとんどないからといって、ブレッケーデの女生徒たちの言っていたことが間違いであると速断するわけにはいかない。このような制約はあるが、それにしても、雇用問題に比べれば職業教育機会の地域間平等の達成度ははるかに高いと言わねばならない。地域内の学卒者100人に対して、最悪のところでも91人分の職業教育における技能実習の機会が確保されてい

159

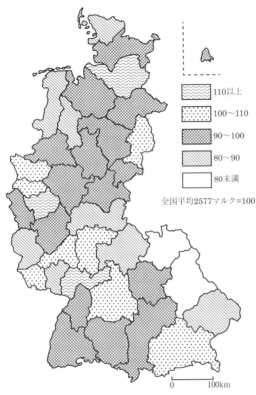

図 5-4　工業従業者の賃金俸給額の
　　　　地域的パターン　1978 年 6 月

資料：Presse- und Informationsamt der Bundesregierung (1979) *Gesellschaftliche Daten : Bundesrepublik Deutschland*. Bonn.

るし、多いところでも約108人分でしかないからである。これに対して大学入学資格保持者100人当りでみた大学教育を受ける機会には、かなり大きな地域格差がある。これは、元来大学が少数のエリートのためのものであり、各地に遍く在る必要のないものであること、また学生は空間的モビリティの最も高い集団の一つであり、特定地域に大学が偏在していたとしても、別にそのことを問題視することがなかったからだと言うこともできよう。しかしながら、今後この大学教育の機会に関する地域的不均等は深刻な問題として受けとめられるようになるかもしれない。

　医療機関が整っているかどうかということも住民の生活上のインフラストラクチャーが良好かどうかを判定する目安の一つになる。専門医1人当りの住民数という指標でみた場合、その空間的パターンは北部と中央部、それにミュンヘン・ローゼンハイム地域がこの点で良好であるのに対し、相対的に医者の少ない地域が南部に認められる。ただ、ここでも我々は、失業問題地域であると同時に伝統的農村地域であるところで、やはり医療機会も劣っていることに注意しておくべきだろう。なお、医療機会についてここで呈示された指標は量的なものでしかなく、質的な不均等があるかもしれな

第5章　東西ドイツ分裂時代における西ドイツの地域問題と地域整備政策

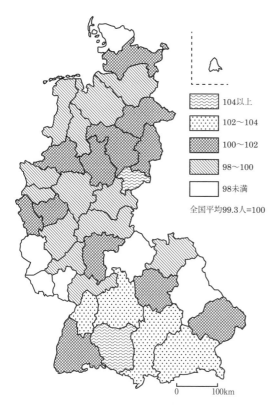

図5-5　職業教育機会の地域的パターン（域内学卒者100人に対する職業教育（技能実習）の機会　1978年
資料：Presse- und Informationsamt der Bundesregierung (1979) *Gesellschaftliche Daten : Bundesrepublik Deutschland*. Bonn.

いということ、そしてそれほど多額の交通費をかけずに、しかも一日の行動可能範囲内にそれがあるかどうかが重要なのであって、教育機会について言及した問題がここでも存在していることを注意しておきたい。

次に自然環境に関する地域格差を検討しよう。もちろん人間の手の加わらない自然環境というものはこの地球上にはほとんどなく、公害と呼ばれる諸現象に顕著にみられるように、人間の側に環境悪化の原因が往々にしてある。この意味で、自然環境という呼び方が妥当なものかどうか議論もあろうが、それでもなお、人間の活動が自然の生態的秩序をフィルターにして人間に作用するという意味で、自然環境という言葉を用いることは許されるだろう。さて、大気汚染の状況を硫黄酸化物の放出密度という指標でみた図5-6によると、その地域格差の程度は極めて激しく、ライン・ルール地域、ザールラント、西ベルリンで大気の汚染が進んでいる。そのほか、ハンブルクやフランクフルト、ライン・ネッカー地域も平均以上の大気汚染度を示している。河川の水質汚濁の状況をみても（図5-7）、主要河川はどれも汚染が進行しているがライン川が全体的にみてそうであり、特にライン・ルール地域のエムシャー川とヴッパー川、及びこの両河川がライン川に合

161

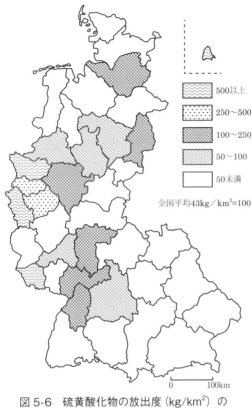

図 5-6 硫黄酸化物の放出度 (kg/km²) の地域的パターン 1972 年

資料：Bundesminister für Raumordnung, Bauwesen und Städtebau (1979:108-109)

流する辺り、ザール川、フランクフルト周辺のマイン川とライン川、そしてネッカー川などにおいて汚染度が高い。さらに、森林や湖沼などのレクリエーション的機能や保養機能を果たす自然環境が地域住民 1 人当りどれだけあるかという指標でみると、ライン・ルール地域、ハンブルク、西ベルリンが最も劣悪であり、ライン・マイン地域、ライン・ネッカー地域、ザールラント、北ドイツのかなりの部分が平均以下の状態にある。要するに自然環境の良好度に関する地域格差は、あたりまえのことであるが重化学工業地域や大都会で悪く、農村的地域ですぐれているという状況にある。しかしながら、大都市地域の中でもミュンヘンやニュルンベルクが自然環境に恵まれていることは注目に値する。

最後に、先に触れたギムナージウムの教科書に基づき[1]、大都市地域の間で住宅および居住環境の程度にどれだけ差があるかを概観してみよう。まず、住宅建物が 50 年以上の古さかどうか、住宅内にバスとトイレがあるかどうか、セントラルヒーティングの有無、1 人当り居住面積という 4 つの指標をもとに総合判定すると、ハンブルク、ブレーメン、ミュンヘンの各大都市圏が非常に良好であるのに対し、エッセン、ドルトムシト、デュースブルクなどのルール

第5章 東西ドイツ分裂時代における西ドイツの地域問題と地域整備政策

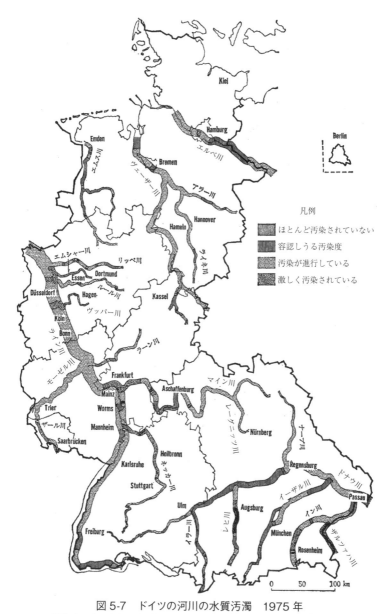

図 5-7 ドイツの河川の水質汚濁 1975 年
資料：Bundesminister für Raumordnung, Bauwesen und Städtebau (1979:195)
注：原図はカラー印刷で7段階に区分されているが、これを4段階区分に簡略化。

163

地域、マンハイムやルートヴィヒスハーフェンなどのライン・ネッカー地域、そしてシュトゥットガルト地域の悪さが顕著である。社会教育の機会、芸術を楽しみ娯楽の場所に恵まれているかどうか、プールなどのスポーツ施設や遊技場の有無、それに緑地の有無といったいわば余暇環境価値とでもいうべき指標で比較すると、多くの大都市圏が良好な状態であるのに、ここでもまたルール地域はハンブルク地域とともに悪い状態にある。

2.2. 問題地域の具体

　以上、いくつかの指標をもとに西ドイツの地域格差を検討してきたが、ここからいくつかの問題地域が析出される。失業問題地域として挙げられるのはバイエリッシャーヴァルトやオーバープファルツなどのバイエルン州東部、トゥリーアからザールラントを経てヴェストプファルツに至る地域、ニーダーザクセン州の東西両端部、最北部のシュレースヴィヒ、それにルール地域である。このうちルール地域やザールラントは石炭鉄鋼産業によって栄えた工業地域であり、これが構造的不況業種に陥るとともに失業問題地域と化したのであるが、他は伝統的な農村的地域である。失業問題ほど顕著ではないにしても、この後者において生活関連のインフラストラクチャーの整備が遅れている一方で、前者では自然環境の悪化が全国の中で最も著しいことに着目すべきだろう。

3. 地域整備政策

　地域整備政策の目的は1965年に制定された「地域整備法」においてまず規定され、1975年に発表された「連邦地域整備プログラム」でより具体化されている。それによると、地域整備政策はすべての国民の生活の質を改善してゆくという一般的な政治目標の上に立って、国民に対して国内のどこに住もうとも同等の価値をもつ生活諸条件を保障するという独自の目標をもっている。この場合、生活諸条件という言葉の中に含まれている具体的内容は、生態学的に均衡のとれた環境、就業機会の量的・質的な確保・改善、インフラストラクチャーの整備である。

3.1. 地域区分

　我々は既にそれぞれの生活条件に即してどこが問題地域であるかを検討した

第 5 章　東西ドイツ分裂時代における西ドイツの地域問題と地域整備政策

が、地域整備政策でも当然のことながら地域類型区分が行われている。それは最初「地域整備法」の中で、次の 4 つの地域カテゴリーに区分するという形で行われた。

・稠密地域（Verdichtungsraum）[2]
・農村的地域（ländlicher Raum）
・一般的な発展から立ち後れた地域（hinter der allgemeinen Entwicklung zurückgebliebene Gebiete）
・東方国境縁辺地帯（Zonenrandgebiet）

この 4 つのカテゴリーのうち稠密地域と農村的地域は明確に異なるが、他の 2 つは稠密地域あるいは農村的地域と重複する場合もある。稠密地域は人口と商工業が集積しているところで、「地域整備担当閣僚会議」（Ministerkonferenz für Raumordnung：MKRO）によって、1968 年、具体的に 24 の地域が指定された（表 5-1、図 5-8）。農村的地域はその名のとおり、農業や林業という土地利用が卓越している地域で、「地域整備法」ではこの特徴とともに、生活諸条件が全国平均に比べて立ち遅れている問題地域の主要地域である、と指摘している。発展から立ち遅れた地域とは、人口密度、住民千人当り工業就業者数、住民 1 人当り不動産税額、営業税額、経済人口 1 人当り域内総生産額といった指標で全国平均と比べて著しく立ち遅れているか、あるいはその危険性のある地域のことで、1970 年の地域整備担当閣僚会議でその指定がなされている。第 4 の東方国境縁辺地帯は、東欧社会主義諸国との国境線やバルト海から 40 キロメートル以内に含まれる細長い帯状の区域で、線引きの際には、この区域内に面積あるいは人口の 50 パーセント以上が含まれるゲマインデの境界が使われている。ここの面積は全国土の 19％を占め、総人口の約 2％が住んでいる。これは第 2 次世界大戦後のいわば「鉄のカーテン」との境界部分に政治的配慮によって設定された特殊な計画地域である。しかし政治的とはいっても、この地帯の中にある経済地域の多くは戦前に有していた経済圏を東西冷戦によって失ったために経済的困難に遭遇したのであるから、このうちのかなりの部分は第 3 の一般的な発展から立ち遅れた地域とも、また農村的地域とはもちろんのこと稠密地域とも部分的に重複している。

このような地域カテゴリーは、先に指摘した問題地域と必ずしも 1 対 1 に対応するものではない．自然環境、就業機会、インフラストラクチャーのいずれ

165

の点でも劣位にあるルール
地域も、逆に優位にあるミ
ュンヘシ地域も同じ稠密地
域の範疇に属しているし、
農村的地域だからといっ
て、なんらかのメルクマー
ルで常に問題地域になるわ
けでは必ずしもない。一般
的な発展から立ち遅れた地
域も、その設定にあたって
は経済力指標が利用された
が、雇用問題だけが重要な
のではなく、生活関連のイ
ンフラストラクチャーの整
備の遅れという問題もある。

3.2. 地域整備政策の概念

地域整備政策は、その目
的からして長期的な見通し
をもって遂行されるもので
あるが、実はその時々の経
済情勢にかなり影響される
ものである。西ドイツの地
域整備政策の法的体系が整
い始めたのは 1965 年の「地

表 5-1　地域整備担当閣僚会議が指定した
稠密地域の人口と人口密度

番号	地域名	人口 単位：千人 1970年1月 1日時点	人口密度 （人／km²）
11	ライン・ルール	10,527	1,624
16	ライン・マイン	2,467	1,261
3	ハンブルク	2,089	2,013
20	シュトゥットガルト	2,109	1,218
23	ミュンヘン	1,591	2,591
17	ライン・ネッカー	1,129	1,116
21	ニュルンベルク	819	2,172
6	ハノーファ	727	2,345
5	ブレーメン	717	1,526
18	ザール	661	1,107
12	アーヘン	491	1,320
9	ビーレフェルト・ヘルフォルト	478	1,019
22	アウクスブルク	338	1,397
19	カールスルーエ	330	1,398
1	キール	315	2,032
7	ブラウンシュヴァイク	301	2,246
14	カッセル	276	1,227
2	リューベック	259	1,116
15	コーブレンツ・ノイヴィート	261	1,008
10	ミュンスター	226	2,283
8	オスナブリュック	193	1,222
24	フライブルク	181	1,724
13	ズィーゲン	178	718
4	ブレーマハーフェン	159	1,486
	合計	26,822	1,521

出所：Raumordnungsbericht 1972, S.26.
注：各稠密地域の位置については、それぞれの番号に従って図 5-8
で確認できる。

域整備法」の制定以降のことであり、その 2 年前には第 1 回の『地域整備報告』
が提出されている。また前述の地域カテゴリーのうち、農村的地域を除いた 3
つの類型は、いずれも 1970 年前後に具体的に地域指定された。そして、この
国の経済は、1966/67 年に景気後退があったとはいえ 1950 年代から高度成長
をなしとげ、1960 年前後からほぼ完全雇用の状態にあった。このような経済
情勢のもとで体系化が進んでいた地域整備政策に、はたしてどれだけ強く雇用

第5章　東西ドイツ分裂時代における西ドイツの地域問題と地域整備政策

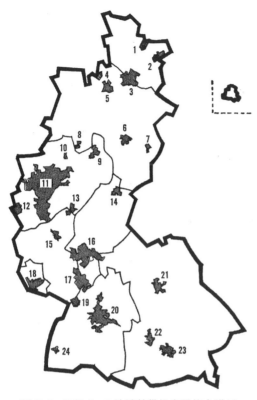

図 5-8　西ドイツの地域整備担当閣僚会議が指定した稠密地域

資料：*Raumordnungsbericht* 1970, Karte nach Seite 32: Gebietskategorien nach dem Raumordnungsgesetz.

問題地域のことが顧慮され得たであろうか。問題を受けとめ、それを問題として認識し、その問題解決を要求してゆくのは地域というなにか曖昧なものではなく、あくまで人間自身である。雇用問題の解決のためには、問題のない地域に人が移動すればよいという考え方もあり、事実その傾向が続いたのが石油危機以前の状況であろう。このような経済状態にあり、しかも東方国境縁辺地帯や一般的な発展から立ち遅れた地域の人口がそれぞれ全国の総人口に占める割合は一割強でしかなく、大都市固有の社会的問題を抱える稠密地域に総人口の4割以上も集中しているとなれば、この問題が地域整備政策の焦点に据えられるのも至極当然といえるだろう。

第1次石油危機以前、経済が好況状態にあった1972年に発表された『地域整備報告』にはそのことが反映されており、その第3篇が「計画と施策」と題され、次のような構成になっていた。

　第1章　連邦地域整備プログラム
　第2章　空間構造
　第3章　環境保全
　第4章　居住構造
　第5章　経済構造

167

第6章　インフラストラクチャー

第7章　認識と作業を進めるための準備

　第1章は1975年に結実する「連邦地域整備プログラム」の策定に関して述べた章であり、第2章は前述した地域カテゴリーを説明している章である。第3章以降、初めて具体的な施策について述べられているが、みられるとおり前面に出ているのは環境保全の問題である。この中では、上水供給、廃棄物処理、大気汚染といった大都市に特に顕著に現れる諸問題が扱われているのである。第4章の居住構造では、都市や農村で老朽化した建物が集中している地区の改善、さまざまな要因で増大する住宅需要への対応、すなわち住宅建設がまず扱われている。次に、都市と都市、都市と農村、さらには大都市を構成する諸部分地域間での機能的補完体系の発展が扱われている。いわば前者はフィジカル・プランニング、後者はエコノミック・プランニングである。このような居住構造改善のために、「私たちの村はもっと美しくなるべきだ」というテーマ、あるいは「市民の皆さん、あなたの町が重要なんです」というテーマのもとで、連邦や州のレベルでコンクールが実施されているという。これは要するに都市や農村の景観の美化・景観修復運動である。このほか、この章では余暇活動や休暇のための環境整備について論じられている。

　第5章ではじめて雇用問題に関わる地域経済の振興策が論じられている。低開発地域の振興は結局のところ工業立地や観光業の振興によらざるをえないと西ドイツでも認められており、できるだけ「自由」な市場経済を指向するこの国のいわゆる「社会的市場経済」原理のもとでの具体的政策は、民間企業の投資意欲を引き出すという形になる。このために「共同課題「地域的経済構造の改善」に関する法律」が1970年から発効しているが、これについてはあとでもう少し詳しく述べることにしよう。この章では農業それ自体の構造改善も論じられている。1969年に制定された「共同課題「農業構造と海岸防護の改善」に関する法律」がその基礎となっており、具体的には灌漑施設、護岸施設、圃場整備、市場構造の改善、個々の農業経営のための投資が連邦や州の財政からの助成対象になっている。助成の重点地域は定められているが、そこには純粋な農村的地域ばかりでなく稠密地域の近郊も含まれているので、これは農業的地域政策というよりもむしろ産業政策の一種でしかないとみた方がよい。第6章では、農村的地域での教育機関の設置、医療機関の整備、全国的な交通網・

168

輸送施設の整備、エネルギー供給の問題が扱われている。

　このように西ドイツの地域整備政策は、我々日本人が地域開発という言葉から連想するようなものとはかなり趣を異にしている。電源開発や大規模な工業地域の育成といったような代物ではなく、日本に引き寄せて言えば、市町村の任務となり重要課題となっている仕事が地域整備政策の中心課題となっている。それは、国土全体からみて特にある地域の経済発展水準が低いからそこに投資を集中しようとか、あるいは国民経済全体としての成長の牽引車とすべく特定地域に投資を集中しようとかという発想に基づいているのではない。全国どの地域でも固有の問題を抱えており、それ故にその地域内での生活が円滑に進まないという事態がありうる。そのような地域（Raum）の状態を「きちんとした状態にする」(in Ordnung bringen) するのが地域整備（Raumordnung）の発想だというわけである。そして、その眼が重点的に向けられた地域は、少なくとも経済が好況の波に乗っている期間において経済の先進地域である稠密地域だったと言ってよいだろう。

3.3. 地域整備政策の伝統

　地域整備政策にはそれなりの歴史的背景がある。この国の地域整備政策の先駆的形態として、通例、1910 年に設立されたデュッセルドルフ県緑地委員会と大ベルリン目的組合が挙げられる。また、地域整備政策の典型として言及されるものに、1920 年に設立されたルール炭田地域集落連合がある。これらはいずれも、ドイツ経済の発展を主導した各々の地域経済が急激な人口流入による都市化をもたらし、その結果たちあらわれてきた諸問題に対処するために設立されたのであった。デュッセルドルフ県緑地委員会は住民のレクリエーションのための緑地保全にその重点をおいていたし、大ベルリン目的組合もルール炭田地域集落連合も、大都市圏の形成とともに発生した諸問題に個々の地方自治体の力では対処しきれなくなったため設立されたものである。そこでの人口急増ぶりは、1871 年に約 80 万人の人口を擁していた大ベルリンが、世紀の変わり目には 200 万人に達するほどだったし、ルール工業地域でも 1871 年には約 90 万人の人口でしかなかったのに 1920 年には 400 万人以上が住むようになったのである。したがってこれらの地域整備政策の先駆・典型は、けっして経済的困窮地域の問題ではなく、逆に経済的繁栄の上昇過程にある地域の問

題に対処するためのものであった。それらの問題は、たとえば住宅建設、上水供給、排水処理、緑地保全、近距離交通といった、もともと主として地方自治体によって担われていた仕事に関わるものである。都市化した地域が広域にわたるようになり、個々の地方自治体の手におえなくなれば、複数の地方自治体によってこれら自身が構成する地域をきちんとした状態にするために、自主的な地域整備政策の団体が設立される。これがこの国の伝統なのである。

　他方、市民の日常生活が行政単位としての狭い地方自治体の枠内ではおさまりきれなくなっているという現状もある。住居を構えている場所、買物をする場所、各種のサービスを受ける場所、教育を受ける場所、仕事をする場所、余暇をすごす場所がそれぞれ異なっており、その分化の傾向が強まっている。しかしながらこれらの基本的な生活機能が一応完結するという意味での生活圏は考えられるわけで、これを考慮にいれた計画地域が例えばバイエルン州では18、バーデン・ヴュルテンベルク州では12、ラインラント・プファルツ州では9、ヘッセン州では6、シュレースヴィヒ・ホルシュタイン州では5設定されている。なおバーデン・ヴュルテンベルク州のウルムとその周辺は、バイエルン州のノイウルムとその周辺とともに州の境界を越えて一つの計画地域を成している。また前述のルール炭田地域集落連合もそうした計画地域の一つとして活動を続けてきた。このようにして、西ドイツの地域整備政策の担い手は基本的に地方自治体であり、これを超える問題については計画地域連合体が扱うという構図になっている。州政府はそれらの間の調整や特定地域への重点的資金支援、あるいは州全体としての整備計画の策定・実施という機能を持っている。連邦政府の地域整備政策も同様にして、各州間の政策の調整と特定地域への重点的資金支援、そして連邦全体としての整備計画の策定・実施という機能を担っているのである。1990年代からEU内での各レベルの諸政府間の関係のあるべき姿を表現する用語として使われるようになった補完性の原理が、西ドイツの地域整備政策の仕組みに認められるのである。

　しかしながら、前にも述べたように、地域整備政策はその時々の経済状況にかなり影響されるものである。石油危機以前はそれほど重要視されなかった雇用問題が、1973年以降の長期不況を経て、1978年に発表された『地域整備報告』には大きく取りあげられている。

　地域区分のやり方も従前とは異なっている。図5-9にあるように、ここで

第5章　東西ドイツ分裂時代における西ドイツの地域問題と地域整備政策

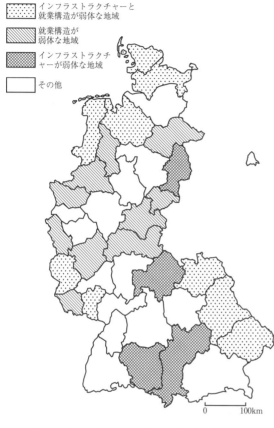

図5-9　西ドイツの連邦地域整備プログラムの地域カテゴリー
出所：Presse- und Informationsamt der Bundesregierung (1979) *Gesellschaftliche Daten : Bundesrepublik Deutschland*. Bonn.

は問題別にインフラストラクチャーが弱体な地域、就業構造が弱体な地域、その両者が弱体な地域、それ以外の地域に類型区分されている。この地図でみられる問題地域は、すでに明らかにした問題地域とかなりよく対応している。この地域類型区分は1975年に発表された『連邦地域整備プログラム』で初めて試みられたものであるが、そこではまだ「地域整備法」に基づく4類型地域が言及されていた。しかし1978年の『地域整備報告』では図5-9のような地域類型のみとなり、個別の地域問題それ自体に即応する方向に発展転換していることを読み取ることができる。

3.4. 重点施策

地域整備の具体的施策も、雇用問題に重点を置くようになってきている。それを1978年の『地域整備報告』で取りあげられた順序に従って列挙すると、次のようになる。

(1) 生産性の振興と経済構造の変更を主要目的とする施策。
・共同課題「地域的経済構造の改善」

171

・共同課題「農業構造と海岸防護の改善」
　　　・研究・技術の振興
　（2）住民へのサービス提供の改善とともに、同時に継続的な働く場を創設
　　　するインフラストラクチャー設置施策。
　　　・国の機関の立地
　　　・職業教育機関の立地
　　　・共同課題「大学の拡充・新設」
　（3）立地誘引力の改善を主要目的とするインフラストラクチャー設置施策。
　　　・交通・通信の改善
　　　・エネルギー供給の改善（発電所の立地等）
　（4）住宅および環境条件の改善を主要目的とする施策。
　　　・環境政策
　　　・不況地域に対する特別財政援助
　　　・住宅建設・居住構造の改善に対する財政援助
　（5）州間の財政力均等施策。
　この具体的施策の配列順序と 1972 年の『地域整備報告』のそれとを比較す
れば、国民経済の変動に呼応して地域整備政策の重点も大きく変わったことは
明瞭であろう。かつては最初にとりあげられた環境政策・居住構造改善政策が
後退し、地域経済の改善に寄与する政策が（1）〜（3）で扱われているので
ある。（2）で言及されている各種機関の立地は住民へのサービス提供の改善
をも目的としているというが、むしろ本音は就業機会の創設、それも職業の質
を問わないというものではなく、質の高い労働力が国内のどこにでもその働く
場をみいだせるよう、いわゆる知識集約的産業を低開発地域に配置するという
ところにあるとみるべきだろう。その意味では、（1）で言及されている研究・
技術の振興も同じ性格を持っている。これは民間の研究機関・技術開発機関が
国内の低開発地域にも立地することを求めている。しかし現実には、それらは
知識集約的産業が集中立地している大都市圏、あるいは伝統のある大学所在都
市に引きつけられていることも述べられている。このように、就業構造が弱体
な地域への梃入れが目論まれているものの、実際に効果がどれだけあるかは疑
問なしとしない。農業に関する施策は地域整備政策というよりも、むしろ産業
政策の性質の濃いものであるし、（2）でとりあげられた諸機関の立地にして

第5章　東西ドイツ分裂時代における西ドイツの地域問題と地域整備政策

も限りがある。（3）のような産業関連のインフラストラクチャーの整備が産業の地方分散に寄与するのか、それとも物資や人間の遠距離間の移動が容易になっていずれかの中心都市への集中に向わせるのか、議論の分かれるところであろう。

このようにみてくると、失業問題地域に就業機会をつくり出す直接的かつ有効な施策は、共同課題「地域的経済構造の改善」ということになろう。そこで、この施策の内容と問題点を指摘して本章を終えることにしたい。

農業や大学設置に関する施策と同様、地域整備政策についても共同課題という言葉が冠せられているが、その意味は連邦と州とが共同で各々の課題に対処するというものである。実は従前この3つの課題はいずれも州の行政に委ねられており、連邦は単なる財政援助という役割しか持っていなかった。それが共同課題法の制定により、連邦は財政資金の具体的運用にまで直接参加できるようになったのである。「共同課題「地域的経済構造の改善」に関する法律」は1969年に制定され、翌年から発効した。この共同課題の遂行のため、具体的に毎年、4年先を見通した基本計画が作り替えられており、第1次基本計画は1972年から発効した。基本計画の中では地域ごとに行動プログラムが策定されており、現在その地域が図5-10のように20ある。地域的経済構造の改善はこの共同課題法のみでなされるのではなく、1969年に制定された「投資支援法」や1971年に制定された「東方国境縁辺地帯の振興に関する法律」と一体となって振興資金の運用が図られているのである。その方法はいささか複雑であるが、基本的には就業機会の拡大、あるいは悪くとも既存の働く場の確保に資するかどうかが試金石となって、そのための民間投資額の一定割合が補助金として支給されるというものである。その補助率は各次の基本計画によって変わり得るが、東方国境縁辺地帯に有利なように、また投資拠点のランクづけに基づいて上位の拠点が有利になるように定められている。具体的には図5-10に示されているように、例えば東方国境縁辺地帯の上位重要拠点（A拠点）では、製造業の新設ないし拡張に際して投資額の25％までが補助金として付与される。観光業の新設ないし拡張の場合でも、それが観光育成地としての指定を受けたところならば投資額の15％までが付与される。それらの補助率の7.5％までが「投資支援法」の資金から、残りの部分が共同課題の資金から融通される。そしてこの共同課題資金は連邦政府と州政府が各々半分ずつ負担すると

173

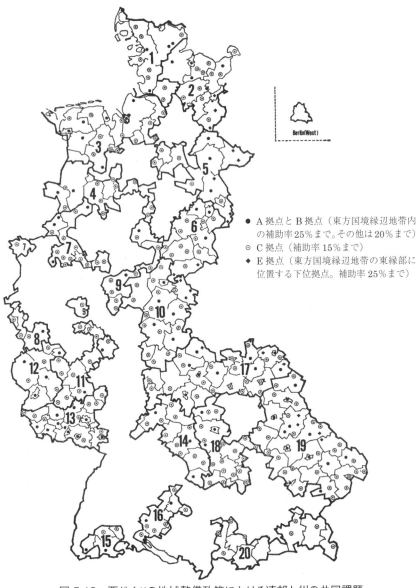

図 5-10　西ドイツの地域整備政策における連邦と州の共同課題
「地域的な経済構造の改善」対象地域（1979年1月1日現在）
資料：Bundesminister für Raumordnung, Bauwesen und Städtebau (1979:132)　原図はカラー。

174

第5章　東西ドイツ分裂時代における西ドイツの地域問題と地域整備政策

いう仕組みになっている。そのように直接的な就業機会創設でなくとも、工業用地の造成、交通施設、工業用廃水施設、廃棄物処理施設、観光用の公共施設、職業教育施設といった産業関連のインフラストラクチャーの建設主体が地方自治体ないしその連合体である場合には、その建設投資への補助が共同課題資金から提供される。

3.5. 今後の問題

　概略、以上のような内容をもつ地域経済構造の改善策であるが、ここからいくつかの問題が出てくる。第1は、行動プログラムの選定地域がかなり広域にわたっていることである。すでに本章の第2節でみたように、あるいは図5-9と比べても分かるように、行動プログラムに選定された地域は失業問題に著しく苦しんでいる地域を越えて広すぎる地域をカバーしているのではないだろうか。そのことによって、投資効率がどれだけ上がるか疑問なしとはしない。第2に、このこととも関連するが、投資拠点が多すぎはしないか、あるいはそのランクづけが適正なものかどうかという問題もある。第3に、資金の分担方法からすれば結果として財政力の豊かな州に有利になるように連邦資金が引き出されるのではないか。第4にここでは詳しく触れることはできないが、この政策が実際にどれだけの効果をあげているのか必ずしも楽観を許さない、ということが指摘されるべきだろう。いずれ機会を改めて考察したいと思うが、共同課題資金は結果的に中小企業に対して支給される傾向がある。そのこと自体は問題でなく、むしろ好ましい面もありえようが、そうして助成を受けた中小企業がどこまでその雇用力を安定させえているのだろうか。こ問題の解明のためには一層の研究が必要である。そうすれば、日本の地域開発問題にとっての示唆を得ることができるだろう。

175

第6章 西ドイツ工業における企業内空間分業と地域経済

1. はじめに

　企業内空間分業、すなわち複数の事業所を擁する企業の内部で、その事業所それぞれの間の分業がどのような空間的形態をとり、どのように地域経済の発展に影響を及ぼすのか、という研究課題は、経済地理学の現代的な主要研究課題のひとつである。空間的分業の性格ということであるならば、日本でも早くから川島（1963）が日本工業と欧米の工業を対比することによって論じたし、1970年代には当時の若手経済地理研究者たちが、大企業間の市場空間分割および大企業内事業所間の市場空間分割という視点から、日本工業の空間的分業の性格の変遷を明らかにした（北村・矢田1977）。しかし川島（1963）は時代的制約もあって、大企業内の事業所間分業という視点をはっきりと出しているわけではないし、北村・矢田（1977）は、企業内事業所間の分業の展開がそれまでの空間的分業の態様を変え、もって地域経済の発展や地域間の経済格差に大きな影響を与えるという視点からなされたものではなく、工業の地域構造を解明するという限定された課題を追求するなかで、工業それ自体の空間的分業の性格を明らかにしたものであると言ってよい。

　ところが近年、日本のより若い経済地理研究者たちが、まさしくその新しい課題に正面から取り組む研究を発表しつつある。例えば友澤（1989a, 1889b）や末吉（1989）は、日本国内の周辺的地域への大企業の工場立地がその周辺的地域の経済発展に資するものではないと論じている。こうした問題関心を引き起こしたのは、なによりもマイクロエレクトロニクス関連の大企業が周辺的地域に工場を活発に立地させてきたという事実と、そうした周辺的地域の経済発展の現実であろう。安東（1986）や井上・伊東（1989）も同様の関心から上に述べた課題を扱っているし、宮本・横田・中村（1990）の「第Ⅰ部　地域の経済理論」の「第1章　地域経済」を執筆した中村（1990）も同じ問題を扱っている。

　こうした最近の日本の研究を論評することは本章の課題ではない。ここでは、

177

そうした諸研究の一部がその問題関心を部分的にはイギリスの研究者たちの成果から引き出していることだけを指摘しておきたい。欧米の研究を摂取することによって「企業の地理学」という研究課題が日本でも意識されるようになったのは、概ね 1980 年前後以降のことである[1]。児島（1979, 1982）、日野（1981）、中島（1984）、松岡（1985）、西岡・富樫（1986）、松橋（1986）などが欧米の地理学者による「企業の地理学」研究や新しい空間的分業研究を紹介してきたのであり、前段で指摘したより若い経済地理研究者たちの最近の研究や松橋（1988）は、このような欧米の研究動向とその紹介に触発されてなされたという側面もある。

このような学界動向から、わが国ではイギリスを事例とした企業内事業所間分業と地域経済との関連については比較的よく知られていると思われる。しかし、西欧最大の工業国であり、しかもわが国と対極に位置づけられる地域構造を持ち、それゆえあるべき地域経済の範を示していると称揚されることの多い西ドイツの事情についてはほとんど知られていない。金田（1981：9-37）が、1955 年から 1975 年にいたる西ドイツの工業立地動向を紹介してはいるものの、そこには上のような問題意識はみられない。しかし、西ドイツでも同じ問題意識をもってなされた研究がある。それらを参照すれば、この問題意識をもって西ドイツの実態を捉えるのに役立つ。

本章の目的は、西ドイツの工業部門における企業内事業所間分業がどのような空間的分業形態を生じさせており、地域経済の発展にどのような影響を与えているかを、西ドイツの研究者たちの実証的研究を批判的に摂取することによって明らかにしようとするものである。そこで本論にはいる前に、この国ではどのような研究がなされてきたかを概観しておきたい。

西ドイツの工業部門の複数事業所企業[2] に関わる研究は大きく 4 つのタイプに分けることができる。第 1 は工業立地の 1 類型としての「支所たる工場」の立地を扱ったものである。その中で最もまとまったものは、連邦政府の労働・社会秩序省から 12 回にわたって報告された『事業所立地選択』（Der Bundesminister für Arbeit und Sozialordnung 1961, 1964, 1966, 1967, 1968, 1971, 1973, 1975, 1977, 1979, 1981, 1982）であり、またそれらの集大成という意味をもって「地誌及び地域整備のための連邦研究所」から出版された Schliebe（1982）である。これらは主として工業部門の事業所に焦点を当て、

新設・移転・閉鎖された各事業所がどのような雇用効果を発揮したかを解明しようとしたものである。その文脈のなかで複数事業所企業という類型が注目されている。

上記の諸研究が政府機関によって西ドイツ全国を対象にしてなされたものであるのに対して、大都市圏というスケールの地域を対象にした研究が、何人かの地理学者によってなされた。例えばフランクフルト・アム・マイン大都市圏における工場立地を論じた May（1968）、シュトゥットガルト大都市圏のそれを扱った Grotz（1970, 1971）、ミュンヘン大都市圏については Thürauf（1975）と Decker（1984）が挙げられる。これらの大都市圏はいずれも 1950 ～ 1960年代の西ドイツの工業発展を担った場所であり、ルール地域やザール地域などの石炭鉄鋼産業地域とは対照的に、その時期のみならず現在においても西ドイツの成長部門が多く立地し、最も繁栄している地域となっている。

他の大都市圏における工場立地を扱った文献がないわけではない[3]。しかし、「支所たる工場」の立地に注目したものは、管見の限りで上の3つの大都市圏に関する研究だけにとどまる。なお、大都市圏の工場立地だけを対象としたわけでもないし、全国のそれを網羅的に扱っているわけでもないが、Fürst und Zimmermann（1972）の研究は企業に対するインタビューに基づいて「支所たる工場」の立地の特色を明らかにしたという意味で、上記の諸研究と同様、第1のタイプに含めておく。

第2のタイプの研究は、複数事業所企業を構成する事業所間の関係を問題にしたものである。その中で理論的な整理という意味で最も重要なものは Bade（1979, 1981, 1983a, 1983b）である。地理学者のなかでは Mikus（1979）がそのことを問題にしているし、Grotz（1979）も単一事業所企業から複数事業所企業への発展や複数事業所企業の類型を論じており、このタイプの研究のなかに含めておいてよい。

第3のタイプの研究は、複数事業所企業の立地行動と地域経済の発展との関わりを論じたものである。これらの多くは、「支所たる工場」が周辺的地域の経済発展にどれだけ寄与しうるのかということを問題にしている。例えば Schackmann-Fallis（1985）、Gräber et al.（1986, 1987）、Gräber und Holst（1987）、Gerlach und Liepmann（1972）、Strunz（1974）、Weber（1984）、Lepping und Hösch（1984）、Richter und Schmals（1986）、Maier und Weber（1987）が挙げられる。これらの中でStrunz（1974）とその後に言及した文献はバイエルン州の周辺的地域を扱っている。また上に言及したMikus（1979）も、周辺的地域を問題にしているわけではないが、このタイプに含めてもよい成果をあげている。

第4は、個別企業に関するインテンシブな研究である。その最も初期のものはKrumme（1970）のジーメンスに関する研究であり、Grotz（1979）もこれほど詳細ではないがダイムラー・ベンツとドイツIBMを扱っており、このタイプに含めてもよい。また最近ではやはりジーメンスを扱ったDobler undFürstenberg（1989）とBMWを扱ったBertram und Schamp（1989）があるが、この2つとKrumme（1970）については別稿で論じる予定なので本稿では扱わない。（補注：Dobler und Ftirstenberg（1989）とKrumme（1970）については山本（1993）で紹介したものの、1990年当時に構想していたBMWの立地行動については現在に至るまでまとめることができていないので、Bertram und Schamp（1989）について論評することができないでいる。）

本章では、西ドイツ工業における企業内事業所間分業の空間的形態を既往の研究から知るために、上記の4つのタイプの研究のうち、まず第1のものと、第3のタイプのうちバイエルン州の周辺的地域を扱ったものとをやや詳しく紹介する。次に複数事業所企業そのものに関する理論的整理のために第2のタイプと第3のタイプの研究を批判的に考察する。そうすることによって、複数事業所企業と地域経済の発展との関わりについて西ドイツの研究者たちがどのような見解を持っているかを明らかにし、さらに一層の研究の深化を図るために必要なアプローチの仕方を導きだしたい。

2. 工業立地の1類型としての「支所たる工場」の立地
2.1. 全国における工場立地動向

立地した工場数やその就業者数でみると、西ドイツの工業立地もまた全般的な景気動向と関連していることは明白であった。しかし、それは1971年までのことでしかなく、これ以降、景気と工業立地との間に関係は認められなくなる（図6-1）。70年代初めまでの西ドイツの経済成長の重要な要因として、工業製品輸出の著しい増加を挙げることができる（出水1978）。これを供給サイドから可能にした要因はいくつかあるが、国内における工業の旺盛な立地もそ

第6章　西ドイツ工業における企業内空間分業と地域経済

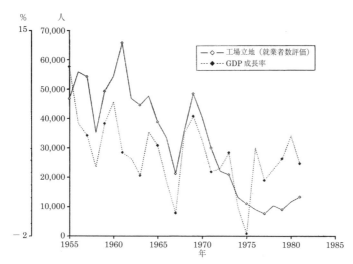

図6-1　西ドイツのGDP成長率（対前年比、名目）の変化と
工場立地（就業者数評価）の変化

資料：Schliebe (1982:77) と Der Bundesminister für Arbeit und Sozialordnung (1982:11) から筆者作成。
注：1955年から1981年までの両変数の相関係数は0.572　有意水準1％。

の重要な1つである。これは、企業の投資行動の地理的現象と呼ぶことができる。現在の西ドイツ工業の地域構造は、19世紀半ば頃からの産業化がその土台にあるとはいうものの、直接的にはこの70年代初めにいたるまでの旺盛な工業立地によっているところが大である、といえよう。

もちろん、これらの立地した工場およびそこでの就業者のすべてが、現在まで存続しているわけではない。そのかなりの部分は閉鎖あるいは解雇されているのである。1963年までは、新規立地にせよ移転にせよ、立地した工場で雇用されている人のほうが、閉鎖された工場で働いていた人をはるかに上回っていたが、これ以降、常にその逆となり、1955年から1979年までの通算でみると閉鎖された工場数やそこでの就業者数の方が新規立地工場数やここでの就業者数を上回るという結果になっている。もちろん、それは、この間に新たに立地した工場だけが閉鎖したということを意味するのではない。しかし、Schliebe（1982：135）によると、1960年、1965年、1970年、1975年の各時点において立地した事業所（新規立地と移転の両方を含む）の継続性をみると、就業者数評価で1979年までに各々、51.5％、47.2％、43.5％、49.2％だ

け閉鎖されているのである。

　さて、本稿では複数事業所企業を研究対象としているから、そのあらわれの1つとしての「支所たる工場」が、そのような工場立地の中でどれだけの割合を占めているかを概観しておきたい。図6-2と図6-3から、旺盛な工場立地がみられた1960年代半頃まで、その大部分が「支所たる工場」の新規立地によっていたことがわかる。またその後も1970年代初めまで工場立地の半数近くがこれによっていたのである。しかし、既に述べたように、これ以降西ドイツにおける工場立地は激減し、これと平行して「支所たる工場」の立地の全体に占める割合が、以前ほど顕著なものではなくなったのである。その意味からすれば、1990年代初めのこの時期に、複数事業所企業、あるいはその1要素としての「支所たる工場」に焦点を当てるのはいささか時期遅れといえるかもしれないし、これに焦点を当てた研究の多くが西ドイツでは1970年代になされ、1980年代に余りなされていないのはそうした現実を反映しているからであろう。

　この最後の点はひとまずおくとして、Schliebe（1982:82）が「支所たる工場」を企業組織の中でどのように位置づけているかを紹介しておきたい。彼は次のように述べている。

　　「支所は非常に可動的な工業ポテンシャルであって、企業はこれまでの立地点での経営上の隘路を生産過程の一部の他の場所への移転によって克服すべく、または追加的な立地点で新しい製品を、ないしは既存立地点での生産と同じ製品を生産すべく、そのポテンシャルを動員するのである。支所は、企業の計画・管理という分野において限られた課題しか果たさないがゆえに、相対的に高い価値を有する雇用の場を創造するという目的に対しては、わずかしか貢献しない。とはいえ、支所の中には固有の広範な生産プログラムを持つところもありうる。しかし、たいてい支所は取り立てて言うほどの固有の決定権を持たずに本所の生産物と同じものか、またはそのための半製品等の生産という課題しか持っていないのが普通である。」

　このように「支所たる工場」を評価することは、論理必然的に、地域経済の発展に対するその役割をネガティヴに評価することにつながる。また、図6-4

第6章　西ドイツ工業における企業内空間分業と地域経済

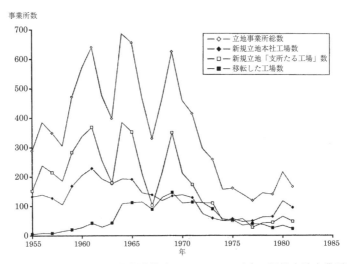

図6-2　西ドイツにおける工場立地数（1955〜1981年）、新規立地事業所数
（本社工場、支所たる工場）、移転した工場数
資料：図6-1と同じ。

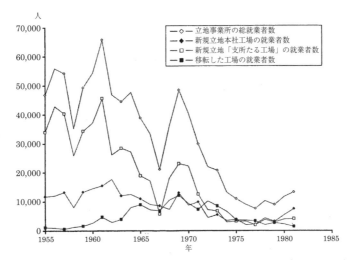

図6-3　就業者数でみた西ドイツにおける工場立地　1955年〜1981年
資料：図6-1と同じ。

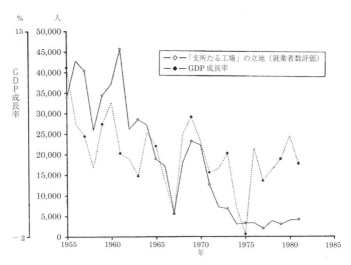

図 6-4　西ドイツの GDP 成長率（対前年比　名目）の変化と
「支所たる工場」の立地変化（就業者数評価）との関係
資料：図 6-1 と同じ。
注：両変数の相関係数は 0.595　有意水準 1％。

にみられるように、支所の設立が景気変動とパラレルであることから、それが景気に対する調節弁としての役割を果たしている、とシュリーベは解釈している。

　新規立地した「支所たる工場」は、新設された本所や移転した工場と比べて、相対的に大きな事業所である。これが何を意味するかについてシュリーベは何も述べていない。彼はむしろ、新たな工場立地が次第に小規模な事業所として実現するようになってきたこと、そしてそのことが支所の場合にもあてはまることに注目して、生産要素としての労働が高価につくようになったためであると解釈しているにすぎない。したがって、全体的に大規模工場はその重要性を失ってきていることが強調されている（Schliebe 1982：85-86）。

　先にみたような工場の新設、移転、閉鎖が総合した結果として、西ドイツではまず 1950 年代に既成大都市圏に工業の集中がみられ、その後、農村的地域の工業化が進行したと言える。閉鎖した工場が考慮されているわけではないが、そのことを示すのが表 6-1～表 6-3 である。これによると、1955 年から 1958 年までに新設ないし移転した工場の雇用過半数が大都市圏に集中していたのに

第6章　西ドイツ工業における企業内空間分業と地域経済

表 6-1　西ドイツにおける時期別にみた本社工場新規立地に関する各地域類型の比重
（就業者数で評価した百分率）

地域類型	1955～58 年	1959～63 年	1964～67 年	1968～71 年	1972～75 年	1976～79 年	合計
大都市圏を含む地域	56	51	50	50	51	47	52
高度都市化地域	47	33	37	28	40	39	37
古くから工業化した地域	6	16	11	20	9	8	13
西ベルリン	3	2	2	2	2	0	2
農村的地域	44	49	50	50	49	53	48
都市化傾向を示す地域	29	27	31	33	30	29	29
集落密度の低い地域	11	15	14	13	16	16	14
通年観光地域	4	5	5	4	3	8	5
合計	100	100	100	100	100	100	100

出所：Schliebe（1982：88）

表 6-2　西ドイツにおける時期別にみた「支所たる工場」の新規立地に関する
各地域類型の比重
（就業者数で評価した百分率）

地域類型	1955～58 年	1959～63 年	1964～67 年	1968～71 年	1972～75 年	1976～79 年	合計
大都市圏を含む地域	55	50	39	39	34	34	47
高度都市化地域	46	31	30	20	22	26	33
古くから工業化した地域	6	17	7	18	9	8	12
西ベルリン	3	2	2	1	3	0	2
農村的地域	45	50	61	61	66	66	53
都市化傾向を示す地域	29	28	35	39	39	34	32
集落密度の低い地域	12	17	19	17	24	20	16
通年観光地域	4	5	7	5	3	12	5
合計	100	100	100	100	100	100	100

出所：Schliebe（1982：89）

対し、その後はやや農村的地域の比重が増したことがわかる。特に支所につい
てその儀向がはっきりとみられる。1955 年から 1979 年までの通算で、農村
的地域に新設ないし移転した工場の雇用数は全体の 49% に昇るが、1961 年当
時この類型の地域に存在していた工業雇用は全体の 38% であり、1979 年には
41% に上昇している（Schliebe1982：92）。明らかに、農村的地域の工業化に
それが作用したのである。
　さて、新設ないし移転した工場の中で、どのような部門がどの程度の比重を
占めているのだろうか。全体的には投資財工業の占める割合が 1950 年代には

表 6-3　西ドイツにおける時期別にみた工場移転立地に関する各地域類型の比重

(就業者数で評価した百分率)

地域類型	1955～58 年	1959～63 年	1964～67 年	1968～71 年	1972～75 年	1976～79 年	合計
大都市圏を含む地域	74	66	70	67	70	66	68
高度都市化地域	74	55	57	47	58	56	54
古くから工業化した地域		11	13	19	10	10	13
西ベルリン					2		1
農村的地域	26	34	30	33	30	34	32
都市化傾向を示す地域	24	14	22	24	16	16	20
集落密度の低い地域	2	19	6	6	10	11	9
通年観光地域	0	1	2	3	4	7	3
合計	100	100	100	100	100	100	100

出所：Schliebe (1982：90)

かなり高かったが、次第にこの部門の比重が減退してきた。逆のことが消費財工業にあてはまる。農村的地域の工業化を担ったのはこの後者の場合が多く、なかでも繊維・衣服工業の支所が重要である。Schliebe（1982：146）は次のように述べている。

　「雇用の場の確実性、そこでの昇進の可能性といった質の観点からするならば、農村的地域は大都市圏と比べて不利であるように思われる。そこに平均を上回って多く立地したのはたいてい支所であり、それも 1970 年以降就業者数が著しく減少し、近年の不況の中で閉鎖に追い込まれることの多い部門の支所なのである。このような事業所では将来さらに雇用の場が減る危険性がある。」

　以上から、シュリーベは、複数事業所企業の「支所たる工場」が地域経済の発展に果たす役割を、少なくとも雇用数の増加にこれが貢献しうるがゆえに決してマイナスではないにしても、プラスと評価しているわけではないと言えよう。

　Schliebe（1982：114-121）は、工場の完全移転や「支所たる工場」の新規設立が、どの場所からどの場所への移転として実現しているかを事業所のモビリティという用語で表現し、それを明らかにしている。1955 年から 1979 年までの 25 年間に、6,278 事業所、624,027 人分の雇用がその意味で可動的であったのであり、立地工場数と雇用数に対して各々 67% と 73% を占めていた

第6章　西ドイツ工業における企業内空間分業と地域経済

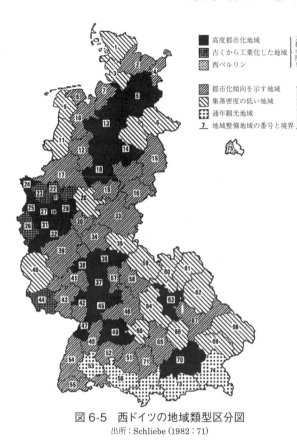

図6-5　西ドイツの地域類型区分図
出所：Schliebe (1982：71)

とのことである（念のために注記するが、これは本社工場や「支所たる工場」の新設立地と移転の両方を含む）。そのうち、支所の移転ないし新設は4,705事業所と492,467人分の雇用に相当し、大きな比重を占めていた。既に述べたように、支所は農村的地域によくみられるものであり、この類型の地域における立地工場数の55%、その雇用数の63%を占めていたという（Schliebe 1982：114）。しかし、支所の設立が農村的地域で大きな比重を占めていたのは1970年代初めまでであって、1970年代後半以降、その比重は大きく下がっている。

　新設された支所とその本所との間の距離、あるいは移転した支所の場合、従前の立地点と新たな立地点との間の距離はそう大きなものではない。比較的離れたところに立地しうると考えられる大規模事業所の場合であっても、西ベルリンへの移動あるいはここからの移動を別として、100kmを越えることはまれであった（図6-6）。シュトゥットガルト大都市圏に典型的にみられるように、支所は大都市を中心として放射状に近くの農村的地域に拡散したのである。完全移転の場合にはさらに移動距離は短かった（Schliebe 1982：118）。

　西ドイツ経済の地域構造が多極分散型であることはよく知られた事実であ

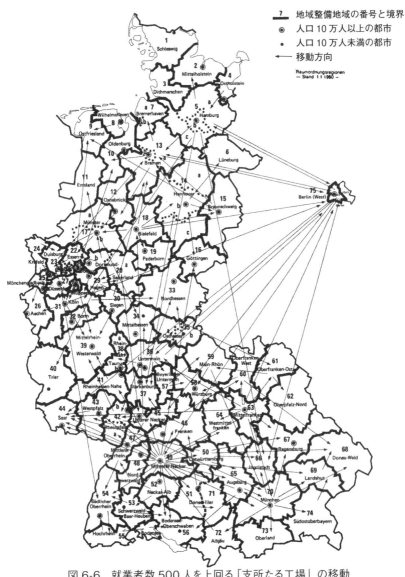

図 6-6　就業者数 500 人を上回る「支所たる工場」の移動
1955 ～ 1979 年 (本社と支所との位置関係)

出所：Schliebe (1982：Karte 21)。
注：地域整備地域内での移動は表示されていない。

第6章　西ドイツ工業における企業内空間分業と地域経済

る。それは、連邦制という政治行政制度によっているだけでない。戦後に展開した企業内事業所間の空間的分業が、少なくとも工業部門についてみれば、全国に広がってなされることは少なく、大都市とこれをとりまく農村的地域という空間スケールのなかで完結することが多いという事実と、そうした核になる大都市が歴史的に分散していたという事実とにも帰せられるのである。

　西ドイツ全国の工業立地動向を知るうえで欠かせない最近の文献として、Nuhn und Sinz（1988）が挙げられる。彼らは、これまでの工業地理研究とやや趣を異にし、工業企業の規模や産業組織上の集中やコントロールをまず問題にしている。西ドイツもまた他の先進資本主義諸国と同様、産業組織における集中は進んできた。しかし、それは直ちに空間的な集中と結びつくわけではなく、西ドイツの最大10都市を合わせても、イギリスにおけるロンドン、フランスにおけるパリほどの集中がみられないことが強調されている。工業部門による発展の差異は、当然のことながら工業の発展の地理的差異をもたらす。衰退部門に特化しているルール地域やザール地域が問題地域となる一方で、成長部門が多く立地しているシュトゥットガルトやミュンヘンの地位が向上するのは当然のことである。そのことを指摘しつつ、彼らは全体として西ドイツでは工業が分散してきたこと、しかし大都市圏と周辺的地域との間の格差は、そのわりに余り変化していないと述べている（Nuhn und Sinz 1988：45）。

　以上のように西ドイツ工業の発展を概観したのちに、彼らは1970年から1985年までの工業立地動向を雇用数に基づいて分析し、工業の発展傾向として2つの格差があると述べている。その1つは農村的地域と大都市圏との間の発展差であって、前者の方が後者よりもこの間の発展が顕著であったとのことである。もうひとつの格差は、この国の南北間の差である（Nuhn und Sinz 1988：50）。西ドイツでは全般的に、南部に位置する地域の方が北部よりも発展してきたのである。それらの発展差を説明するためには、地域あるいは立地点の差異に着目する方法よりも、企業組織とその空間配置に着目する方法が必要であるとして、彼らは複数事業所企業の空間組織を論じている。

　これについて、理論的には次のように整理することができると彼らは述べている。

　「市場への近接性、緊密なコミュニケーション、多様な直接的かつ個人的な接触

を必要とする標準化されざる任務が問題となる限りにおいて、高度の中心性を備えた集積地域が良好な条件を提供する。これと逆に生産は、インフラストラクチャーがよく整備され輸送コストが廉価ですめば相対的にどこでも立地できるようになり、大都市圏以外のところで費用を節約でき、そこに立地するようになりうる。ここから、調整・管理・決定といった高度な活動や、販売・購入・R&D などは大都市圏に集中することになるし、他方、生産は周辺的な立地点に位置し経営上の任務を余り持たない支所たる工場でなされることになる。この「拡張された作業台」[4] は賃金が低くしかも不安定な雇用しか提供しない。というのはそのような所の雇用は、機械化の進行によって脅かされる半熟練的な活動が大部分だからである。逆に本工場での就業の可能性は多様であり、高度な質を持ち、賃金俸給が高い。」（Nuhn und Sinz 1988：51）

　このように彼らは述べ、またプロダクトサイクル理論にも言及して、「企業内部の支配構造と機能的分業は従属的な地域を不利にさせ、中心と周辺との間の既存の不均等を強化するような地域的分化を規定することになる」（Nuhn und Sinz 1988：51）と指摘している。しかし、理論的にも、また中央集権的な諸国において実際的にも [5]、地域間の分極化をもたらさざるをえないとされているそのような大企業の空間組織は、連邦制をとる多極分散的な西ドイツにあっては決してマイナスの作用を及ぼしていない、と Nuhn und Sinz（1988：52）は述べている。

2.2. 大都市圏における「支所たる工場」の立地動向
　既に述べたように、明瞭に複数事業所企業という組織に着目しているわけではないが、本社とは位置を異にする「支所たる工場」の立地を扱った研究は、西ドイツの地理学界においてもかなり以前からなされている。それは、大都市圏の拡張という地理現象に対して、工場立地が大きな役割を果たしているという視点からなされた研究である。

2.2.1. フランクフルト・アム・マイン大都市圏
　May（1968）は、第 2 次世界大戦後のフランクフルト・アム・マイン大都市圏における工業化が、かなりの程度フランクフルト・アム・マイン市に立地

していた工業が分散することによってなされたことに着目し、それが具体的にどのような場所に、どのような分野の工業に関して、そして完全移転かそれとも「支所たる工場」の設立という形態をとってなされたものか、といった問題を明らかにしている。彼が、ゲマインデ当局や工業事業所に対するアンケート調査などから明らかにしたことは、多岐にわたっている。ここでは、そのなかから複数事業所企業に関わること、すなわち「支所たる工場」について彼が述べていることを紹介しておく。

　絶対数からいえば、完全移転の場合と同様、「支所たる工場」の設立も、フランクフルト・アム・マイン市に比較的近い都市化されている所に設立されたものが多い。しかしこの両者の相対比という観点からするならば完全移転はフランクフルト・アム・マイン市により近接したところで実現することが相対的に多かったのに対し、「支所たる工場」はそれよりも遠く離れた農村的地域に設立されることが多かった（May 1968：72）。また、完全移転の場合には、それまでの従業員が引き続き新しい立地点でも雇用されていることが多いのに対して、「支所たる工場」の場合はそうではなく、新たに多くの女性労働者を雇うという形態が多かった。

　フランクフルト・アム・マイン市以外の所に新しい立地点を求めた理由は、完全移転の場合と「支所たる工場」の場合とに分けて、表にまとめて明らかにされているわけではない。そのようなことからも、Mayにあっては「支所たる工場」への関心がそれほど大きなものではなかったと推測できる。それはともかくとして、全体的には、既存の立地点では拡張する空間的余地がないということ、換言すれば土地の問題が最も重要な立地要因であったとのことである。しかし、それについで労働力確保が重要な立地要因となっており（May 1968：87-93）、これは特に「支所たる工場」設立の場合にあてはまっていたとMay（1968：96）は述べている。

　これらの事実から、同じくフランクフルト・アム・マイン市という場所に起源を有するといっても、完全移転した工業企業と「支所たる工場」とでは、各々の新たな立地点とフランクフルト・アム・マイン市との間の関係の様態が異なる、と言える。完全移転といっても、Mayにあっては工場の完全移転を意味するだけであって、本社機能をフランクフルト市に残す形での移転もこれに含められている。実際、完全移転したとされている企業の多くは、まず管理部門

をフランクフルト・アム・マイン市に残すか、新たにそのための事業所をフランクフルト・アム・マイン市に設置することによって、この中心都市での接触の利益を享受し続けるという行動を採ったとのことである。しかし、特に中小企業の場合には、フランクフルト・アム・マイン市に残した管理部門も一定期間の後には新たな工場立地点に吸収し、真の意味での完全移転となったものがほとんどだという。それだけ完全移転は、フランクフルト・アム・マイン市に立地する企業サービス業との接触や、その他の大都市でのみ得ることのできる利益を容易に享受しうる距離的に近い範囲内でなければなされえなかった、というのが May（1968：98-99）の主張なのである。

　いまひとつ興味深いことは、従業員の居住地の問題である。完全移転は、多くの場合、その従業員を引き続き確保した上での工場移転であった。彼らの多くは、従前の居住地から新しい工場立地点に通勤したのである。それだけの距離しか移動したにすぎなかったとも言える。しかし他方で新たな立地点の近くに従業員用のアパートを確保したり、場合によっては住宅建設会社を子会社として設立して従業員のための住宅を建設させたりした企業もある。このような従業員およびその家族を考慮に入れれば、フランクフルト・アム・マイン市と新たな立地点との間の密接な空間的関係は、企業経営の必要のためのみならず従業員とその家族の労働力再生産のためにも必要であったということになる。これは、買物や文化施設の利用のための、郊外からフランクフルト・アム・マイン市への人の流れの増加という形態で表れた（May 1968：100）。他方、「支所たる工場」の設立地点とフランクフルト・アム・マイン市との機能的関係は、完全移転の場合と全く異なった様相を呈する。「支所たる工場」は、なによりも豊富な労働力を求めて設立されたものであった。そして、その多くは女性労働力によって実現したのである。この場合、2つの場所の間の関係は、なによりも企業内事業所間の原料・半製品の輸送や、本社から「支所たる工場」への指令、あるいは管理による結びつきという形態をとる（May 1968：101）。

2.2.2. シュトゥットガルト大都市圏

　シュトゥットガルト大都市圏における工業立地は、フランクフルト・アム・マイン大都市圏と類似する特徴を示す。そこでの工場立地を研究した Grotz（1970, 1971）によると、1960年代半ば頃のシュトゥットガルト市をとりま

表 6-4　シュトゥットガルト大都市圏における「支所たる工場」新規立地点の選択理由
（1950 年～ 1966 年）

新しい立地点選択の理由	シュトゥットガルト企業 シュトゥットガルトからの距離		シュトゥットガルトの外に本社を置くヴュルテンベルク企業
	15km以内	15km以遠	
より広い敷地	15	11	18
より安い地価	7	7	9
土地を既にそこに所有	2		1
豊富な労働力	3	13	25
豊富な熟練労働力	4	5	11
豊富な技師	2	1	6
相対的に安い賃金		3	10
同じ工業部門の他事業所を取得		3	6
異なる工業部門の他事業所を取得	3	3	5
便利な交通	1		5
原料位置との関係で有利			3
工業用水			3
相対的に安い営業税率		1	5
優遇措置（金融その他）		2	2
部品納入企業に近い			2
市場に近い		1	4
同一生産物他企業に近い			1
同一生産物他企業から遠い		1	1
個人的理由			2
その他の理由		1	2
回答理由の合計	37	52	121
捕捉した支所たる工場の数	23	22	47

出所：Grotz (1971：85)
注 1)　調査アンケートに対して複数回答を可としている。
　　2)　回答理由の合計を 100％とすると、「より広い敷地」「より安い地価」の回答数合計が「回答利用の合計数」
　　　　に占める比率に、明確な差異が 3 つのタイプの企業の間にある。
　　3)　「豊富な労働力」、「豊富な熟練労働力」、「豊富な技師」の回答数合計が「回答理由の合計数」に占める比率
　　　　にシュトゥットガルトから 15km 以内に「支所たる工場」を設立した場合と、他の 2 つの場合との間に明確
　　　　な差異がある。

く地域の工業は、完全移転した工場と「支所たる工場」の設立という 2 つの
形態をあわせて、工場数の 5 分の 1、雇用数の 4 分の 1 をシュトゥットガルト
市に由来していたとのことである（Grotz 1970：467）。

　グロッツはアンケート調査を用いて、完全移転と「支所たる工場」の設立と
に分けて、2 つの表で立地要因を明らかにしている。これによると、シュトゥ
ットガルト市から 15km 以内の所に「支所たる工場」を設立したこの都市に
立地する企業は、その約 6 割がより大きな工場用地、あるいは安価な用地と

表 6-5　シュトゥットガルトからの工場移転の際の新規立地点選択の理由
（1950 年～1966 年）

新しい立地点選択の理由	シュトゥットガルトから 15km以内		シュトゥットガルトから 15km以遠	
	1950～1959 年	1960～1966 年	1950～1959 年	1960～1966 年
より広い敷地	18	21	11	16
より安い地価	8	8	12	11
土地を既にそこに所有	2	1	2	3
豊富な労働力	4	2	6	7
豊富な熟練労働力	3	1	3	2
豊富な技師	2	1	1	1
相対的に安い賃金	2		4	2
同じ工業部門の他事業所を取得		1		2
異なる工業部門の他事業所を取得		1		3
便利な交通	3	2	3	6
原料位置との関係で有利	1		4	
工業用水				2
相対的に安い営業税率	1	3	2	
優遇措置（金融その他）	1	1	1	
部品納入企業に近い	1		1	1
市場に近い	2			
同一生産物他企業に近い				
同一生産物他企業から遠い		1	1	1
個人的理由				1
その他の理由		5	1	5
回答理由の合計	48	48	52	63
捕捉した移転工場数	18	27	19	23

出所：Grotz (1971:88)
注 1)　調査アンケートに対して複数回答を可としている。
　　2)　回答理由の合計を 100％とすると、「より広い敷地」「より安い地価」の回答数合計が「回答利用の合計数」に占める比率に、明確な差異が 15km 以内移転と 15km 以遠移転との間にある。
　　3)　「豊富な労働力」、「豊富な熟練労働力」、「豊富な技師」の回答数合計が「回答理由の合計数」に占める比率に、15km以内移転であっても明確な差異が 1950 年代と 1960 年代前半期との間にある。15km以遠移転の比率に時期による差異は大きくない。
　　4)　移転先の距離とは無関係に、またどの時期であっても「より広い敷地」、「より安い地価」の合計が「回答理由の合計」に占める比率は、労働力要因に関する理由の合計が占める比率に比べてはるかに高い。

いう要因からその立地点を決定したことが分かる。約 24％は労働力という要因を挙げているが、その多くはエンジニアや熟練労働者の確保のためだった。他方、15km 以遠の所に「支所たる工場」を設立した企業の 37％は労働力という要因を重視して立地点を決定した。しかもその中身は単なる労働力であって、エンジニアや熟練労働者という高いレベルを要求したのではない。また、土地という立地要因を重視した決定は 34％であった。これに対して完全移転

の場合には、シュトゥットガルト市からの距離の遠近を問わず土地が最も重要であり、労働力要因はその次に重要であるとはいえ、「支所たる工場」の場合ほどの重みがなかった。

「支所たる工場」で比較的遠隔地に設立されたものの多くは、繊維工業部門に属していた。その場合であっても、May が述べたこととはやや違って、全く新しい従業員だけがその工場で働いたのではなく、熟練労働者が本工場から派遣されて新しい工場を稼働させ、そこで新たに雇用された労働者の指導という任務も果たしたとのことである。そうはいっても、ほとんどの「支所たる工場」は「拡張された作業台」でしかなく、組織的にも生産技術的にも本工場から独立したものではなかったとのことである。

2.2.3. ミュンヘン大都市圏

シュトゥットガルトとならんで、あるいはむしろこれ以上に戦後西ドイツの工業化を担った大都市圏としてミュンヘンを逸することはできない。ゲマインデのレベルで工業生産額を比較すると、1964 年にミュンヘンは、ハンブルクと西ベルリンについで西ドイツ第 3 位の工業都市となっていた（Der Spiegel, Nr. 39, 1964, S.43）。ちなみに、1964 年に発行されたこの号のシュピーゲル誌のカヴァータイトルは「ドイツの秘密の首都ミュンヘン」と題されており、イメージとは違ってミュンヘンが西ドイツの最も重要な工業都市の一つであると述べられていたし、1984 年には製造業販売高でハンブルクについで第 2 位、製造業就業者数では第 1 位になっていたのである（Statistisches Amt der Landeshauptstadt München 1985：506）。

ミェンヘン大都市圏の工業立地を最初に本格的に分析したのは Thürauf（1975）である。もっとも、彼の研究関心は複数事業所企業そのものにあるのではなく、ミュンヘン大都市圏における工業の立地動向を把握することにある。その一環として、工場の完全移転や「支所たる工場」の立地が取り扱われているにすぎない。したがって既にみた May（1968）や Grotz（1970, 1971）の研究と同様、西ドイツにおける工業の中心としての大都市圏およびその膨張過程を明らかにする研究であるといえよう。そのために彼が用いたデータは幾つかあるが、特に労働局の日常業務によって蓄積されたデータ、つまり先に紹介した Schliebe（1982）の研究と同じデータが重要であり、分析対象期間は

1955年から69年にかけての15年間である。この期間はさらに景気動向が考慮されて6つの時期に細区分され、各時期における南バイエルンの工業立地を地図化したうえで、その動向が明らかにされている（Thürauf 1975：139-156）。

工業企業の新設、完全移転、「支所たる工場」の立地の3つに工業立地を分ければ、上の15年間で最も立地が活発だったのは「支所たる工場」であり、これに完全移転が続いている。しかし、それは時期や場所によってさまざまである。ミュンヘン市、その近郊、そしてこれらを除くバイエルン州南部の3つの地域を考えると、1950年代に最も工業立地が活発だったのはミュンヘン市である。事業所数という指標でみれば企業新設が最も重要であるが、雇用数という点では移転や「支所たる工場」の立地がはるかに重要であった。特にこの時期にめだつのは、ミュンヘンからかなり遠く離れた地域の企業が、ミュンヘン市ないしその近郊に大規模な「支所たる工場」を設立したり、完全移転してきたりしたということである。他方、ミュンヘン市近郊あるいはバイエルン州南部の重要な工業立地の多くは、ミュンヘン市の企業が完全移転したり、「支所たる工場」を設立したりすることからなっていたとのことである。

ミュンヘン市近郊では、3つの立地形態がほぼ均等に認められるが、部門的には衣服工業が比較的多く、労働力の確保が重要な立地要因であったという。立地した衣服工場はいずれも女性労働力にかなり依存しており、その割合は40から90％に昇るとのことである。ミュンヘン市およびその近郊に比べると、これ以外のバイエルン州南部での工場立地はわずかなものである。しかしその多くは、既に述べたように、ミュンヘン市に立地する企業が支所として設立したものであることに注意しなければならない。

1958～60年になっても、相変わらず、ミュンヘン市及びそのすぐ近傍に立地した工業は、かなり遠隔地からやってきた成長部門に属する比較的大規模の事業所がめだつ。他方、ニーダーバイエルンの農村的地域などのミュンヘン市から比較的遠く離れた所に立地する工場数はそれ以前に比べてかなり多くなり、立地数ではミュンヘン市のそれを上回るようになった。もっともその大部分は、ミュンヘン市に立地する衣服工業企業によって設立された比較的小規模の「支所たる工場」でしかない。これらは農村的地域に女性労働力を求めて設立されたものである。この1950年代末に支所として設立された衣服工場の3

分の１は、1960年代の不況期までの間に閉鎖されたとのことである（Thürauf 1975：144）。しかし、そのようにして閉鎖された工場の３分の２は、ほどなく別の企業によって取得されている。その多くは同じ部門の企業であるが、他方で電気機械部門の企業もそのような工場建物を取得したとのことである（Thürauf 1975：145）。

1961〜63年は、ミュンヘン市が最も活発な工場立地を経験した時期にあたる。その多くは、新設の比較的小規模の企業であるが、さまざまな部門からなっているのが特徴である。近郊でも新設企業が多数を占めていたが、雇用数という点ではミュンヘン市あるいは他の遠隔地の都市に立地する企業の支所や、ミュンヘン市からの移転企業の方が大きな比重を占めた。これら近郊に立地した工場の３分の１は衣服工業部門に属する。バイエルン州南部のその他の地域に立地した企業の多くは、以前と同様、ミュンヘン市に立地する企業の支所であった。その多くは単純労働力を求めた立地だとのことである（Thürauf 1975：147）。

1964年以降になると、それまでの立地動向とかなり異なる様相を呈するようになった。ミュンヘン市への立地は非常に少なくなり、あっても小規模な企業の新設か支所の立地である。後者の場合、1960年代半ば頃こそ遠隔地に位置する企業の支所が立地したが、その後は外国企業の支所も含めて、ミュンヘン市内ではなく、その近郊への立地の方が目立つ。一方、バイエルン州南部のその他の地域に立地する事業所は、ミュンヘン市に本社を置く企業の支所がほとんどという傾向だけは変わりない。

以上、要するに、ミュンヘン市とこれを取り巻く地域の工業立地の特徴は、ミュンヘン市の重要な工場がかなり遠隔地から戦後やってきたということを別にすれば、先にみたフランクフルト・アム・マインやシュトゥットガルトの場合とかなりよく似ていると言えよう。ただ、立地要因については、比較的遠距離の所に設立された支所を別として、必ずしも同じであるとは言えない。Thürauf（1975：163-164）によれば、ミュンヘン市近郊も含めて、土地という要因が重要であることはフランクフルト・アム・マインやシュトゥットガルトと同じであるが、接触の利益や市場への近接性がそれについで重要だとのことである。もっともこれは、戦後になってようやく大規模な事業所がかなり遠隔地からやってきたというミュンヘン市の特徴を反映しているからなのかもしれない。

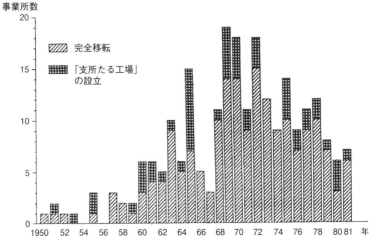

図 6-7　ミュンヘン市から、これを取り巻く地域への工場進出（事業所数評価）
1950 〜 1981 年
出所：Decker (1984：33)

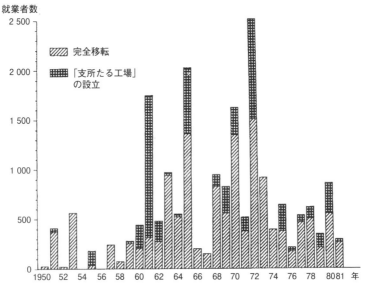

図 6-8　ミュンヘン市から、これを取り巻く地域への工場進出（就業者数評価）
1950 〜 1981 年
出所：Decker (1984：33)

第6章　西ドイツ工業における企業内空間分業と地域経済

表6-6　ミュンヘン大都市圏における工場移転や「支所たる工場」設立の理由

	工場移転		支所たる工場設立	
	回答数	％	回答数	％
既存の場所では拡張の余地がない	155	87.6	42	89.4
建物の老朽化、合理化のため	77	43.5	12	25.5
自動車乗り入れの不便・駐車場不足	50	28.2	10	21.3
当局や住民との軋轢	40	22.6	7	14.9
労働力不足	28	15.8	15	31.9
自己所有地を持つため	25	14.1	1	2.1
地代が高すぎる	21	11.9	3	6.4
地価が高すぎる	20	11.3	8	17.0
分散している事業所を統合するため	16	9.0	1	2.1
借地契約の解消を通告されたため	15	8.5	1	2.1
営業税が高すぎるため	12	6.8	1	2.1
主要交通網への接続が悪いため	3	1.7	1	2.1
個人的理由	3	1.7	1	2.1
顧客への近接性が悪いため	2	1.1		
部品納入企業への近接性が悪いため				

出所：Decker（1984：58）
注 1）　工場移転のパーセンテージは回答企業数177に対する百分率。また「支所たる工場」設立のパーセンテージでは回答数47に対する百分率。
　　2）　工場移転に際して挙げられた理由の中で、「拡張の余地がない」という理由を最も重要であったとする企業数が112と最も多かった。また、「労働力不足」を最も重要とする回答がその次に多かったが、14企業に過ぎなかった。

　Thürauf の研究以上に、「支所たる工場」を重視したミュンヘン地域の工業立地の研究として、Decker（1984）がある。彼女の研究関心は、ちょうど1980年代初めにミュンヘンで大きな議論を呼んだミュンヘン市からの工場移転にある。当時、ミュンヘン市の市政は戦後長く続いていた SPD 政権から CSU 政権に移ったばかりであり、この保守政権のもとでミュンヘン市工業の空洞化がホットな問題とされたのである[6]。

　Decker（1984）によれば1950年から1981年夏までの間に、ミュンヘン市から郊外に移転した工場のうち1981年時点でその場所に存続しているのは、236事業所、19,648人分の雇用に達していた。その大部分は1960年代に入って以降のものであり、また全体の8割近くが完全移転からなっている。支所の設立は、事業所数からすれば60年代前半に比較的活発であった。その中には大企業の大規模な「支所たる工場」があるので、ミュンヘン市に起源を有する郊外立地工場を雇用数でみれば支所の比重がかなり高くなる。

　部門別にみれば事業所数、雇用数いずれにしても、金属加工・一般機械・自

199

表 6-7　ミュンヘン大都市圏における新規工場立地点選択の理由

理由	工場移転全体		支所たる工場
	対回答数比率	最重要回答比率	対回答数比率
主要道路へのアクセスが良い	69.5	9.6	59.6
地価	61.0	49.7	53.2
敷地が広い	44.1	31.1	46.8
ミュンヘンに近い	39.0	6.8	29.8
以前の立地点ないし本社に近い	31.6	9.1	51.1
公共交通機関へのアクセスが良い	32.2	8.5	29.8
労働力が豊富	29.4	7.9	36.2
営業税率が安い	20.9	4.5	17.0
工場敷地が開発済み	16.4	6.8	12.8
個人的理由	14.7	9.6	2.1
地代が安い	14.1	9.0	17.0
顧客に近い	10.7	1.1	10.6
既にそこに工場建物があった	9.6	4.5	17.0
インフラストラクチャーが良好	8.5	1.7	2.1
鉄道へのアクセスが良い	6.2	3.4	4.3
部品納入企業への近接性が良い	2.8	1.1	4.3
その他	20.9	9.6	19.1

出所：Decker（1984：62）

動車の比重が高く、これに木材・紙・印刷、電気機械、化学が続いている。ミュンヘンからの距離も、May や Grotz の研究と同様、完全移転は比較的短く、支所は相対的に遠い所に設立された（Decker 1984：31-51）。

　ミュンヘン市内から郊外に完全移転した工場や、ここに設立された「支所たる工場」について、その立地要因や労働力構造、さらに取引企業との関連などを具体的に把握するために、彼女は自身の現地調査によって、177 事業所についての次のような諸点を明らかにしている。

　立地要因として最も重要なのは、ここでも土地である。既存の所では拡張の余地がないということを移転ないし支所設立の理由として挙げたのは、全調査対象事業所数の 9 割近くに昇っている。2 番目に重要な理由は、完全移転の場合には既存の建物が古すぎること、あるいは合理化のためということであるが、これは 5 割にも達していない。支所の場合には労働力不足が土地につぐ要因であるが、3 割強の支所がそれを理由として挙げているにすぎない。他方、現在地を選んだ理由として重要なのは、交通条件が良いこと、地価が安いこと、十分な面積を確保できること、などである。支所の場合には本所との近接性や

第6章　西ドイツ工業における企業内空間分業と地域経済

労働力確保も比較的重要な選定要因になっている。

2.3. 周辺的地域における「支所たる工場」の立地動向

　前節で紹介したテューラウフ（Thürauf）の研究からも、バイエルン州の周辺的地域に立地する「支所たる工場」の性格をある程度読みとることができる。本節では、周辺的地域における工業を直接の研究対象としている研究を参照することによって、そうした地域の「支所たる工場」がどのように評価されてきたかを探ってみたい。あらかじめ言っておくならば、そうした研究の多くは、周辺的地域に立地する「支所たる工場」での雇用が景気変動に対して脆弱であるなどのマイナス面に着日している。

2.3.1. バイエルン州北東部のオーバープファルツ

　Gerlach und Liepmann（1972）は、1956年から1969年にいたる工業立地の点で、バイエルン州の周辺的地域という性格を持つオーバープファルツがこの州全体や西ドイツ全体よりもかなり急速であったこと、この急速な工業化が工場の新設あるいは他地域からの移転によっていること、そして新設工場の中のかなりの部分が支所という地位にあることを、その工業化を担った電気機械工業と衣服製造業の2つの部門を取り上げて示している。重要なことは、この2つの工業部門において、景気変動に伴う就業者数の変化率が、オーバープファルツではバイエルン州や西ドイツ全体と比べてかなり高いということである。

　このような特徴、すなわち、成長が早くしかも景気感応性が著しく高いというオーバープファルツの特徴を通常の景気理論では説明できないとして、彼らはその原因を工業化を担った具体的存在である支所という事業所の性格に求めているのである。そこで、①支所と独立企業との間で景気変動に伴う就業者数の変化率に差異があるかどうか、②支所とその本所とでは立地する地域を異にしているかどうか、③本所は景気変動に対して、過剰ないし過小な生産設備の調整問題を、支所を調節弁として使うことによって対応しているかどうか、という問題を立て、オーバープファルツを事例にしてそれを論じているのである。

　第1の問題については、電気機械工業部門の「支所たる工場」は、明らかに独立企業よりも好景気時においてより速く成長し、リセッション時において

201

図 6-9 バイエルン州の県及び郡に属さない都市自治体
出所：Bayerisches Landesamt für Statistik und Datenverarbeitung (1990) *Statistisches Jahrbuch 1990 für Bayern*, S.2 をもとに筆者作成。
注：細線は県 (Regierungsbezirk) の境界。各県内にある閉曲線で囲まれた場所は郡に属さない都市自治体を意味する。

より速い雇用の減少を経験したという事実が見出されている。衣服製造業ではそれほど明瞭ではないが、それでも、1966/67年の不況時には、独立企業よりも支所において雇用の落ち込みが著しかったことが見出されている。

第2の問題については、1957年から1966年にかけてオーバープファルツで設立された164の支所のうち、その本所の所在地の分布が、同じオーバープファルツ地域で39であるのに対し、ニュルンベルク地域で50、ミュンヘン地

域で 20、オーバーフランケン地域で 15、バイエルン州内のその他の地域で 9、バイエルン州以外の地域で 31 であるという事実によって、多くの支所が他地域に立地している本社からコントロールされていることが示されている。

　第 3 の問題については統計的に実証できるものではないが、著者たちは、周辺的地域に立地している支所は当該地域の労働市場に対して独占的位置にあるので、景気変動に対して上に述べたような対応の仕方をとることができるのであろう、と推測している。またあわせて、Fürst und Zimmermann（1972）を引用して、支所での労働の質が低いこと、そして支所の生産設備が他と比べて相対的に低いことを指摘している。

　上記の著者のうち、ゲルラハの指導をかなり受けて書かれた博士論文で、後にレーゲンスブルク大学の地理学叢書の一冊に加えられた Strunz（1974）が、Gerlach und Liepmann（1972）のための素材をかなり提供しているものと思われる。Strunz（1974）は、Gerlach und Liepmann が用いなかったが周辺的地域の「支所たる工場」の性格を捉えるのに興味深いデータを掲げているので、これについて言及しておきたい。

　事業所の設立年次をみると、単一事業所企業の場合にはかなり均等にばらついているのに対して、支所の設立年次は、明らかに西ドイツの景気動向と関係している。すなわち、1957 年から 1966 年にかけて設立された支所 146 のうち、58 が 1959 年からの 3 年間に、また 46 が 1964 年からの 2 年間に設立されているのである。事業所の規模は明らかに支所の方が独立企業よりも大きい。前者が平均 107 人であるのに対して、後者は 40 人でしかない。（Strunz 1974：37-41）。

　オーバープファルツで 1957 年から 1966 年の間に設立された単一事業所企業の数は 144 と支所の設立数にほぼ拮抗しているのに対して、この地域の中の西部の郡や市では、即ちニュルンベルク地域やオーバーフランケンの中心都市バイロイトなどに近い西部の郡や市では支所の比率が高くなっている。Strunz は、この立地上の特徴を、つまるところ、大都市圏との交通の便のよさに帰している。なお、この地域の最大の中心都市レーゲンスブルクで設立された支所は 15 でしかないが、単一事業所企業は 25 に上っていた。しかし、レーゲンスブルクの支所の規模は格段に大きい。単一事業所企業の規模もレーゲンスブルクでは相対的に大きいが、支所の従業員数でみた規模は 365 人に

達しているのである。そして、低利の融資という西ドイツ政府の地域政策の1つの手段の恩恵を受けて設立された事業所の割合は、単一事業所企業よりも支所の方が高かったとのことである。

2.3.2. バイエルン州北部のオーバーフランケン

オーバーフランケンを事例にした研究には Weber（1984）がある。彼は、製造業企業の支所が熟練労働者の雇用機会をもたらすような機能を持っているかどうか、もしそのような機能を持たないのであればそれを可能にするためにどのような施策がとられうるかの考察を、その論文の目的としている。

オーバーフランケンにおける「支所たる工場」の今日の状況は、第2次世界大戦以降の問題だというわけではなく、既に第1次世界大戦以前からあった問題だという。調査対象となった159の支所のうち、35が第2次世界大戦以前に設立されたものである。それらの支所は、大部分、ゼルプを中心とする陶磁器工業、あるいは繊維・衣服、そして電気機械工業に属している（Weber 1984：133）。しかし、この地域の「支所たる工場」の多くが戦後の設立になることも事実である。第2次世界大戦以降に設立された「支所たる工場」の特徴は次の4点に絞られる、と Weber（1984：133-134）は言う。

（1）設立のブームは明らかに景気変動と関係している。それが盛んだったのは、1955-1957、1959-1962、1964-1965、1969-1972年の各期間においてであった。その後は設立数も少なく、その場所もバンベルク、バイロイト、ホーフというオーバーフランケン内の主要都市に集中している。

（2）ニュルンベルク大都市圏（フュルトとエアランゲンの2都市を含む）に近いということが重要な立地条件となっている。具体的には、1960年代半ば以降のバンベルクとその近辺への立地である。

（3）工業密度の低い所が好まれて立地している。その結果、バンベルクとバイロイトの工業密度は高まり、他方、リヒテンフェルスとコーブルクにはあまり立地しなかった。

（4）構造転換の激しかったところが好まれている。ホーフでは、1950年代半ば以降支所の立地がみられ、1960年代末にそれが著しかった。

Weber（1984：135）はゲマインデ別に、支所での就業者数と当該ゲマインデの総就業者数に占めるその割合を、オーバーフランケン全体について地図化

している。ここから、中心的都市で「支所たる工場」の絶対数は多いが、しかしその割合が高いのはその中心地の近傍のゲマインデにおいてである、ということを読み取ることができる。

「支所たる工場」による立地地域の労働市場に与える影響がこの論文のメインテーマであるが、その考察結果にみるべきものは余りない。失業との関係について回帰分析が試みられているが、そこで用いられている支所の割合という指標が、事業所数のことなのかそれとも就業者数のことなのかはっきりしていないので何とも論評しがたい。おそらく就業者数を用いたのだろうが、これと失業率との間にも、またそれと失業率の変動との間にも相関関係は余りない。

いずれにしても、Weber（1984）は Lepping und Hösch（1984）を肯定的に引用していることからみて、少なくとも、雇用機会の量という点で支所の地域経済に果たす役割を肯定的にみていると言ってよい。しかし雇用の質については否定的である。その場合、単に管理的職業のみならず、熟練労働者の育成という点でこの国では重要な意味を持つ技能実習生の職場という点でも、手工業などと比べて、規模の大きい支所ですら劣るとしている。なお、Maier und Weber（1987）の中でも支所の意義が論じられているが、Weber（1984）とほぼ同一の文章であり、新しいことは書かれていない。

2.3.3. バイエルン州南東部のニーダーバイエルン

Richter und Schmals（1986）の研究は、周辺的地域にだけ眼を向けるのではなく、バイエルン州の中心であるミュンヘンとの対比のうえでオーバープファルツとニーダーバイエルンの周辺性を論じており、興味深い論文である。一方におけるミュンヘンの経済的繁栄を能動的構造転換、他方における周辺的地域、とりわけオーバープファルツの周辺性を受動的の改造と呼んでいる。この論文が興味を呼ぶのは、企業の具体例が豊富だからである。

しかし、オーバープファルツに関しては、ここに古くから立地するマックス製鉄所の経営危機と大量解雇の問題が扱われているだけであり、「支所たる工場」という視点からその地域経済を論じているわけではない。

これに対して、ランツフートというニーダーバイエルンの郡から独立している都市のなかで最もミュンヘンに近くしかも県庁所在地でもある都市と、これをとりまく農村的地域の経済に関する記述がまさしくその観点からなされてお

205

り、紹介に値する。例えば1975年から1983年にかけて、ランツフート地域において、金属労組（IG Metall）に関わる雇用に限っても12件、3,731人分の雇用が失われたが、少なくともこのうちの8件、2,527人分が「支所たる工場」に関わっていた（Richter und Schmals 1986：198）。

　なかでも、この地域のランダウとアシャウ[7]に工場を持っていた家電メーカー GRUNDIG（グルンディヒ、本社はニュルンベルク大都市圏内のフュルト市に立地）は、1978年当時1,146人分（内800人分は女性）の雇用を提供していたが、その経営危機の中でこれらの工場を閉鎖する一方で、外国で工場を取得するという動きをみせたことが記されている。支所での雇用が如何に不安定であるか、またその存在が本社の恣意によってどうにでもなるということが、実例をもって示されているのである。さらに、このグルンディヒ自体がオランダの電機メーカー Philips（フィリプス）の傘下に入り、かつての本社であったフュルト事業所もいまや「拡張された作業台」としての機能を果たすだけであると否定的な結論がくだされている（Richter und Schmals 1986：199-201）。

2.3.4. 西ドイツ全国における周辺的地域

　バイエルン州における周辺的地域の「支所たる工場」の評価を試みた論文とあわせて、ここで Fürst und Zimmermann（1972）を紹介しておきたい。これは、バイエルン州、ラインラント・プファルツ州、シュレースヴィヒ・ホルシュタイン州、ヘッセン州北部という、西ドイツを全体としてみた場合に多くの周辺的地域を含んでいる場所に工場を設立した企業に対するインタビューを行ない、そこから企業の立地選択に関する興味深い事実を見出している論文である。調査対象企業は346に上り、その内177が支所を設立した企業、93が新設単一事業所企業、76が完全移転を行なった企業となっている。また地域別には、79がシュレースヴィヒ・ホルシュタイン州、15がヘッセン州北部、172がバイエルン州、80がラインラント・プファルツ州に立地している（Fürst und Zimmermann 1972：204）。

　これらの周辺的地域に立地する工業事業所の性格をみると、規模的には従業員数と売上高のどちらの指標でみても支所を設立した本社が最大で、これにその支所、完全移転を行なった企業、そして新設された単一事業所企業の順で続

いている。ただし、支所と完全移転企業との間での従業員数に関する差異はさほど大きなものではない。

第2に、支所の約半数は生産機能に特化しており営業機能を持ち合わせていない。しかもそれは、どの州においても、周辺性がより著しいいわゆる東方国境縁辺地帯に立地する事業所にあてはまる。

第3に、生産技術の点で支所はその他のタイプの事業所と比べて最も劣る。当該工業部門に一般的な生産設備よりも新しいものを備えている事業所は、支所にあってはわずか28%でしかないのに対して、完全移転では55%、新設された単一事業所企業では48%となっている。

第4に、部門的には、支所の場合繊維・衣服工業が最も多いのに対して、他のタイプでは化学工業が最も多く、繊維・衣服は2次的地位しか占めていない。

第5に、事業所が設立されたゲマインデの規模をその人口数のメジアンで比較すると、支所の場合が4,000人台と小さいのに対して、完全移転の場合は8,000人台、新設された単一事業所企業の場合は5,000人台というように、設立される場所の人口規模に差が認められる（Fürst und Zimmermann 1972：205-206）。人口規模が小さいほど当該地域の中心都市から離れているので、支所は周辺的性格のより強い地域に立地していると言える。

支所の設立に際して重要な立地条件は、第1に重要な交通路に近いこと、第2に豊富な未熟練労働力が存在していること、第3に土地の点で工場拡張の余地があることが挙げられている。これらの立地条件は他のタイプにもその順位こそ異なれ概ねあてはまるが、ただ1つ違うことは労働力に対する要求である。「支所たる工場」の設立と違って、完全移転の場合にはむしろ熟練労働力が重視されているし、新設された単一事業所企業の場合には特に労働力要因は重視されていないとのことである（Fürst und Zimmermann 1972：207-208）。

地域政策との関係で注目すべきは、どのようなタイプの立地にせよ、金融的助成は重要な立地要因とみなされていなかったことである。これよりも上に挙げた諸要因の方が企業の意思決定にとってはるかに重要であり、金融的助成などの公的援助が問題となるのは、企業が複数の具体的な立地候補地を持ち、それらを比較する際においてでしかないというのである。公的援助の提供が約束されている所であっても、交通、土地、あるいは場合によっては労働力という点で企業の要求を満たしえない場所は、最初から問題にならないのである（Fürst und Zimmermann 1972：211）。したがって、「支所たる工場」は他のタイプの工場よりも周辺的性格の強い場所に立地するとはいえ、真の意味での周辺にではなく、交通条件に恵まれた「周辺的地域」に立地する傾向があると言える。

　既に Schliebe（1982）も見出していることであるが、支所が設立される場所は本社から 100km 以上離れたところでも設立されうるが、概ねこれに近い所であり、完全移転の場合は大都市圏内で完結し、かつての立地点から 20 km と離れることはほとんどないとのことである。また、本社工場が新設される場合、企業家の住居に近い所でなされることが多いが、大都市圏内、あるいは比較的大きな都市に近い所が一般的だとのことである（Fürst und Zimmermann 1972：213）。

3. 複数事業所企業における事業所間の機能的分業と地域経済

　既に紹介した諸研究からも、複数事業所企業、とりわけその「支所たる工場」が立地地域の経済に与える影響を読み取ることができる。しかし、この問題をストレートに扱った研究や、より理論的に整理した研究は、1980 年前後以降に発表されている。本章ではそうした研究を批判的に検討する。

3.1. ラインホルト・グロッツの研究

　Grotz（1979）は大都市圏への経済活動や人口の集中過程を理解するために、複数事業所企業の空間的結合を明らかにする必要があると考え、バーデン・ヴュルテンベルクに本社が立地し、しかも現代工業のリーディングセクターとしての役割を果たしている産業、すなわち自動車工業とエレクトロニクス工業に属している大企業の事例研究を行なっている。それは、現在の西ドイツで最大のコンツェルンとなっているダイムラー・ベンツとアメリカのコンピューター会社の子会社ドイツヒューレットパッカードである。

　彼はまず、伝統的な立地理論、すなわち工場は最大の利益をあげるために輸送費に関して最も経済的な場所に立地するというモデルが現実にはあてはまらないとして、技術の観点からの立地理論とは別の理論が必要である、としている。その際、単一事業所企業と複数事業所企業とでは立地行動がかなり異なり、国民経済に占める後者の重要性から、これに焦点を当てているのである。彼によると、複数事業所企業という組織の最も重要な目的は、企業全体として

の総コストをできるだけ低くするように、また資本と労働の生産性をできるだけ高くするように、空間的に分離した諸部門に対して特定の課題（機能）を割り当てることにある、という。このような企業は、販売市場や労働市場などの状況変化にフレキシブルに対応できるので、1箇所だけですべての要求を満たさざるをえない単一事業所企業と比べて、競争力がはるかに強いとされている（Grotz 1979：228）。

Grotz（1979）は、複数事業所企業の支所を5つのタイプに分類している。第1は原料産地指向的事業所で、食品工業や素材工業に属する企業の支所がそれにあたる。こうした事業所の市場が地方的なものであればその本社からの独立性は高いが、他方において、企業全体の戦略の中で単なる部品としての地位しか占めていない事業所もこのタイプの中にはある、としている。

第2は、いわゆる「拡張された作業台」と呼ばれているもので1955年以降の労働力不足の中で、大都市圏のなかに労働力も適当な用地も見出せなくなった時期に設立された事業所である。このタイプの事業所は、本工場にほぼ完全に従属している。

第3は特化した支所と名付けられている。これは、既に上で紹介したように、グロッツが複数事業所企業の特徴として挙げているものに相当する。個々の工場にとって、各々の立地に適した生産任務が割り当てられるという企業内分業によって、多くの合理化効果が生じうる。その任務の遂行は他の事業所と連携してなされる場合もあるし、企業の生産物が多様なものからなっている場合には、当該事業所が単独で一つの製品または一群の製品の生産に特化することもある。この種の事業所は非常に多いが、その独立性ないし従属性を一般化することはできないとされている。

第4は、吸収合併によって支所となったもので、この中にも事業所の独立性という点で3つの類型が認められる。第1は、市場戦略の理由から吸収された企業がその後もほぼ完全に独立性を保って存続するもので、事例としてフォルクスヴァーゲンに吸収されたアウディが挙げられている。第2は、統合が次第に進んで、以前その事業所が持っていた機能が失われて新たな任務が与えられる場合である。ダイムラー・ベンツに吸収されたハノーファに本社工場が立地するハノマク・ヘンシェル（Hanomag-Henschel）がそれに当たるとされている。第3は、吸収された事業所がいずれ閉鎖される場合である。それは、

209

吸収する側がかつての自己の過剰な生産容量をフルに利用するため、あるいは市場を確保するという目的で吸収合併を行なうからである。ビール工場などにそうした事例が認められるとのことである。

　第5は、多国籍企業の海外事業所である。これは、他の国民経済の中での事業活動であり、本社から通例遠く離れているという点で、上に挙げた4つのタイプと異なっているとされている。グロッツは、このような多国籍企業の海外事業所の本社からの独立性が、通常高いとしている。以上のような分類は、分類基準が統一されてなされているわけではないので問題なしとしないが、示唆に富んでいる。

　なお、ダイムラー・ベンツの事例研究は、事業所間の物財の流れを示す図と同社全体及び同社の3工場への部品供給企業の立地位置を示す地図4枚が掲げられている（Grotz 1979：232-236）。そこから言えることは、ダイムラー・ベンツの事業所間結合は、その遠近を問わず錯綜しているということであり、部品供給企業の立地が必ずしも当該事業所の近くに限られているわけではない、ということである。ドイツヒューレットパッカードについても、部品供給企業との関係を示す地図が掲げられている（Grotz 1979：239）。この場合には、多国籍企業の海外事業所ということもあって、物財の流れは西ドイツ内にとどまるものではなく、ヨーロッパ全域にまたがっていること、部分的には日本からも来ていることが示されている。要するに、距離という要因は、複数事業所企業にあっては余り重要でないということが示唆されている。

3.2. フランツヨーゼフ・バーデの研究

　ところで、機能的分業という用語に特別の意味を当てて理論化に貢献し、かつ大企業による地域経済の発展への影響を論じたのは、フランツヨーゼフ・バーデによる一連の研究である。Bade（1979）はその概念を詳しく論じている。また、この概念のエッセンスを紹介し、あわせて西ドイツの製造業大企業が地域経済の発展に対してどのような影響を与えたかを、Bade（1981）が明らかにしている。

　バーデのいう機能的分業とは組織論の用語を借用したもので、要するに企業のさまざまな活動・課題を表現する用語である。具体的には生産、管理、研究開発などの諸機能などである。こうした機能の各々は、一国の諸地域に均等に

210

分布するわけではなく、特定の機能が特定の地域に集中する傾向がある。例え
ば、本社機能は大都市に立地する傾向がある。他方、一国の地域政策の中で政
府による金融支援を受ける地域に立地する事業所は、多くの場合複数事業所企
業の支所で生産機能に特化することが多い。

　Bade（1981：342）によると、1964年から1975年の間に立地した工業事
業所の半分は支所であり、それらには本工場の持つ管理的機能がほとんど与え
られていないという。そうした支所は、「拡張された作業台」という言葉で呼
ばれる。本工場ないし本社の多くは地域外に位置しており、それ故、それらの「支
所たる工場」の多くは立地する地域の外部からのコントロールを受けていること
とになる。上で素描されるような地域間の機能的分業は、企業間の吸収合併に
よって強化される。

　企業内の事業所間での機能的分業が地域経済に与える効果は、直接的効果と
間接的効果とに分類される。前者は、その事業所の従業員の所得と雇用である。
そのいずれも、確かにその意味での量的なプラス効果を当該地域にもたらして
いるが、一国の低開発地域に立地する「支所たる工場」の雇用は、その機能の
故に質的に低い労働であり、したがって低い賃金俸給でしかなく、景気変動に
左右されやすく、構造的な確実性にも乏しいとバーデは捉えている。

　間接的効果とは、事業所間の購入・販売を通じて、当該地域の他企業の所
得や雇用に与える影響のことである。支所という位置にある事業所の場合に
は、本所と支所との間の機能的分業の故に、そのような間接的効果に乏しいの
が普通である。吸収合併の結果生まれた支所の場合にも、企業サービス機能の
一定部分は吸収した側の企業に移るのが通例なので、吸収された企業の立地地
域にとっての間接的効果はむしろマイナスであることが多い、という（Bade
1981：343-344）。

　Bade（1981：345）によると、もう1つの間接的効果として集積効果があ
りうるとされている。それは、大企業の支所などで養成された相対的に高い質
を持つ人材が地元企業に引き抜かれることを指している。彼は、シリコンバレ
ーで発生したようなスピンオフのことを念頭に置いているのであろうが、この
点については日本の経験に照らしてみるならば、低開発地域の場合にはむしろ
まったく逆のことがあてはまることが多いと思われる[8]。

　機能的分業の発生因に関するバーデの指摘は必ずしも明晰でない。彼はまず、

大企業が立地決定に際して大きなフレキシビリティをもっていることを指摘している。大企業は既に複数の事業所からなっており、そうした事業所の中から特定の場所に特定の活動を割り当てることができるからである、と彼は考えている。単一事業所企業が複数事業所化しようとする場合に、最初から特定の場所に特定の活動を割り当てようとすると未知の場所が最初から問題になるが故に空間的な機能的分業は発生しにくいが、既に複数事業所企業となっている大企業の場合には選択の幅が大きいが故に、それが発生しやすいというのである。また、大企業の組織は、多くの部門からなっているから、さまざまな活動を特定の部門に集めることも可能であれば、異種の活動を各々特定の部門に分散することもできる。このような組織の性格が、空間的な機能的分業を容易にするというのである（Bade 1981：345-346）。

こうしたフレキシビリティが、どのようにして機能的分業の形成に寄与するのかということについてバーデは決定論的アプローチと非決定論的アプローチの2つを紹介しているのみで、この点、あまり明晰ではない。決定論的アプローチとは、特定の機能が特定の立地条件をもっており、したがって特定の場所に立地せざるを得ないとする思考のことである。これに対して非決定論的アプローチとは、そのような明白な立地戦略の結果として空間的な機能的分業が生まれたのではなく、さまざまな、必ずしも相互に独立しているとは限らない諸要因の合成の結果として空間的機能的分業が形成される、とするものである。言い換えれば、企業の全体としての戦略の一つとして立地条件への要求があるにすぎないのであり、立地要因だけに着目するよりも、企業全体としての戦略を考察する必要があるとするのが非決定論的アプローチだというのである（Bade 1981：346-347）。

以上のような理論的考察を踏まえて、バーデは西ドイツにおいて工業部門の大企業が機能的分業にどのように影響を与えているか、事例研究を行なっている（Bade 1981：348-363）。これによると、この国では寡占化が進行しており、そのかなりの部分が吸収合併によっていること、しかも例えば1973年から1978年にかけての合併の70%は同じ市場に製品を供給する企業どうしの水平的合併であるが故に、機能的分業が大きく進展したと考えられる、とのことである。実際、1971年時点での工業部門における最大コンツェルン32社の1977年までの変化は、コンツェルン傘下の企業数が716から826に増加、そ

の中で事業所数が 1,177 から 1,470 に増加というものであった。それらの事業所のうち本所たる事業所が 168 から 150 に減少したのに対して、支所たる事業所は 1,009 から 1,320 に増加しているので、大企業という組織の中での機能的分業が大きく進展したこと、その結果、本社機能がより少数の場所に集中したことが推測されるとしている。しかし、コンツェルンの親企業の本社の分布、子会社の本社の分布、コンツェルン傘下の事業所の分布を調べてみると、それらの間に大きな差異がなく、しかも 2 つの時点での差異もあまりないことから、産業組織的な集中の進展にもかかわらず、地域間の機能的分業の進展による特定地域への本社機能の集中は生じなかったと結論されている。

3.3. ヴェルナー・ミークスの研究

Mikus（1979）は、一方においてさまざまな産業が集中する大都市圏と、他方において自らの力で発展することが極めて困難となっているいわゆる受動空間とに分極化している経済空間の形成に、工業企業の支所たる工場の設立が少なからず寄与しているという考えのもとに、複数事業所企業の実証的研究を行なっている。彼が研究対象とした地域は、イタリア北部、スイス、南西ドイツという異なる国民経済に属する地域であるが、欧州全体の中で見れば、いずれも高い工業生産力の故に経済的先進地域となっている。この地域に多く立地している工業の中で化学、精密機械、電気機械、食品の 4 部門が取り上げられている。

彼が最初にたてた問題は 7 つあるが、これらは大きく 2 つに分けることができる。ひとつは、複数事業所企業という組織形態による工業化が地域経済の発展に寄与するかどうかという問題である。その際の大きな関心は、支所という地位にある工場が設立されることによって果たして低開発地域は発展の可能性を持つのだろうか、という問題によせられている。いまひとつは、複数事業所企業内の事業所間の関係という問題であり、そのような形態をとることによる企業全体としての発展の可能性という問題である。彼の結論は以下のようにまとめることができる。

（1）複数事業所企業の工業部門における比重の大きさからして、これが地域の工業の発展に対して持つ意味は大きい。就業者数を指標にすると、イギリスでは 60% 強、イタリアでは 40% 強が複数事業所企業に属している。スイス

と西ドイツについてそれは不明であるが、上に述べた経済空間の中で彼自身が行なった調査によると、調査対象となった370企業に対して1,421工場が対応しており、平均して1つの工業企業は3〜4工場を持っていることになる。その際、必ずしも大企業ばかりでなく、中小企業も複数事業所化していることが見出されている。「支所たる工場」には生産機能以外の機能はほとんどの場合なく、女性就業者の割合が高い。

　（2）複数事業所企業の本社と「支所たる工場」の分布は、国によって違う。イタリアでは本社が大都市に集中し、支所が農村的地域や下位中心都市に立地する傾向がある。これに対して、南西ドイツでは本社が必ずしも大都市に立地するわけではなく、その3分の1は中心性の低い都市に立地している。

　（3）工業企業の複数事業所化は既に19世紀半ば頃に開始している。1900年代にそのテンポが速くなったが、1910年代に停滞したのち、再び工場設立の動きが活発化した。しかしこの動きが最も活発だったのは1960年代である。

　ミークスは複数事業所企業のことを結合システム（Verbundsystem）と表現しているが、これにはその誕生から消滅までいくつかの発展段階があると考えている。第1に、独立企業間の資本参加や生産協力が認められる段階であり、これを初期段階と名づけている。この段階には単一事業所企業の急速な成長という形態も含まれる。第2は従属段階と名づけられている。それは企業の法的独立性が維持されるものの、ある一つの主導的企業が他の企業の生産事業所を含めて2か所以上の生産事業所を組織化し、企業間の支配従属関係が表れる段階のことを意味している。第3は実現段階である。要するに2か所以上の生産事業所を所有する企業の誕生を意味する。これは1カ所の生産事業所を持つ企業どうしの合同による場合も含む。第4は統合と再編成の段階であり、各事業所が特定の生産に特化することを意味している。第5は拡大の段階であり、生産能力の拡大を新しい工場の設立によって実現することを意味している。第6は縮小の段階であり、工場が閉鎖されることを意味している。第7は結合システムの廃棄の段階であり、「支所たる工場」の独立による結合システムの終焉を意味している。

　このような段階区分は示唆するところがあるものの、その現実性に乏しい部分もある。例えば第7段階は「支所たる工場」が法的に別個の会社になることを想定しているのであろうが、そうなったからといって必ずしもその事業所

間の生産上の関連がなくなるとは限らないからである。第4段階から第6段階までを殊更に区別する理由もない。たしかに成長途上にあるか縮小途上にあるかは大きな違いだが、いずれにしても結合システムの再編成が必ず伴うものである。

（4）結合システムが発展する理由として最も重要なのは販売である。支所を設立すればその立地点の近くに新たな市場を開拓できるからである。この要因に加えて、南西ドイツとスイスでは労働力の確保という要因も重要である。それに対してイタリアでは拡張と分散化の利益や金融・社会政治的理由がむしろ重要となっている。本社と「支所たる工場」とではその立地要因が異なるが、一般的には本社の場合歴史的理由が重要であり、工場については労働力、低価格の工場用地、すぐれたインフラストラクチャーという要因が重要となっている。

しかしミークスは、立地要因が固定的なものではなく、一企業の中の各事業所にとって特有の立地要因があり、しかもその重要性が時とともに変わるということこそが重要だとしている。

（5）企業経営のための諸機能が各事業所に対してどのように割り当てられているかを理解することが、工業の空間組織を理解する鍵になる。諸機能として通例、生産、管理、研究、販売、調達などが挙げられる。これらのうち2番目以降の機能は本社に集中する傾向がある。このような場合にはミュルダール（1959）のいう循環的累積的因果関係が作用して、地域経済の2極分化が進行する。しかし、企業の拡大とともに分散化のプロセスが進行することもあり、その場合には波及効果が作用することもあるとして、複数事業所企業における機能的分業の地域経済の発展にとって持つ意味について一面的なマイナス評価を下しているわけではない。

（6）結合システムの類型化については、そのための基準として、①事業所間の生産連関が企業内だけにとどまるのかそれとも他企業に対して開放的かという視点、②事業所間の関係が固定的かフレキシブルかという視点、③生産物が一種類かそれとも多様なものから成り立っているかという視点、④事業所間に川上川下の生産連関が認められるか、それとも各々独立的かという視点、⑤事業所間の距離が近いか遠いかという視点、⑥事業所の立地が地域内に収まっているか、各地域にまたがっているか、あるいは国際的かという視点、⑦複数事業所化するに際しての起源、などが提示されている。しかし、それらを統合

215

した類型化に成功しているわけではない。

（7）最もよくみられる結合システムは、大都市に本社があり、周辺的地域に工場が立地するというタイプである。しかしそのほかにもさまざまなタイプの結合システムがあり、その例としてスイス西部やバーデン・ヴュルテンベルク州南西部の時計工業が挙げられている。しかしこの点は、既に上記第2点で述べられており、重複している。

（8）「支所たる工場」が地域経済の発展に寄与する効果は限られている。というのは、企業内事業所間での投入産出関係の卓越によって、地域内の他企業との前方ないし後方連関効果が発生しにくいからである。また工場自身は生産機能だけに特化する傾向があるし、閉鎖の危険なしとはしないからである。言い換えれば、「支所たる工場」は本社に従属すること、植民地的だからである。しかし雇用政策効果は過小評価されてはならないとしている。この点は、上記第5点と必ずしも整合した評価ではない。

（9）均衡のとれた地域発展という空間政策の目的にしたがうならば「支所たる工場」の立地による工業化は空間的発展の過渡的段階としてのみ受容されうる、とのことである。これはミークスの価値観を示したものと言えるが、そこから、彼は複数事業所企業の支所を、それだけに留まる存在であるならばネガティヴな評価しか与えることができないと考えていることが分かる。

3.4. ベルント・レッピングとフリードリヒ・ヘッシュの研究

Lepping und Hösch（1984）は、Gerlach und Liepmann（1972）が取り上げたテーマをほぼそのまま踏襲して、1970年代のバイエルンを事例にして論じているが、その論文の主要部分は複数事業所企業における機能的分業と地域経済との関わりについての理論的考察にある。彼らによると、1970年からの10年間に西ドイツ全体で新たにつくられた工業部門の雇用機会の39%が支所においてであったのに対して、インゴルシュタット、レーゲンスブルク、ドーナウヴァルト、ドーナウ・イラー、オーバーバイエルン南東部というバイエルン州南部における周辺的地域では、それが60%強に上っていることを指摘して、周辺的地域の雇用に関して「支所たる工場」の果たす役割が大きかったことにあらためて注意を喚起している。そして、これまでの研究では、単一事業所企業や本社と比べて支所での雇用が不安定なものであり、景気変動にさ

らされやすいというネガティヴな評価が与えられてきたとしている（Lepping und Hösch 1984：101-102）。

このような評価を批判的に検証するために彼らはまず、生産構造、就業構造、コストの変化などに関して「支所たる工場」と単一事業所企業との間でどのような違いがあるかを理論的に考察し、しかるのちに、バイエルン州を事例にして事業所の設立と閉鎖が景気変動に敏感に反応しているかどうかを支所と単一事業所企業や本社との間で比較するとともに、周辺的地域での事業所設立と閉鎖が大都市地域よりも景気感応的であるかどうかを検証している。

彼らの説く理論を忠実に紹介してみよう。単一事業所企業から複数事業所企業に発展するのは、一般に、その企業の製品が多様化したり企業自体が急速に成長したりするのに対して、その拡張のための十分な土地が大都市圏に欠けているからだという。したがって「支所たる工場」が設立されるのは、本工場で生産されていた製品のうち特定の製品生産を他の場所に移転したり生産能力をさらに拡張したりするという目的がある場合であり、これに加えて吸収合併による支所の誕生もあるという。このようにして企業内事業所の立地を多様化することによって、特定の労働市場や顧客あるいは部品供給企業への偏った依存というリスクを縮小することができるし、地域間のコストの違いを、あるいは地域間分業の利益を享受できるとのことである（Lepping und Hösch 1984：102-103）。

一般に周辺的地域は、その要素賦存と密集化していないという特徴によって、人的資本節約的かつ輸送コストや情報コスト節約的な商品、すなわち成熟し標準化された製品を生産するために好都合な場所となっている。これに対して大都市圏では、土地は集約的に利用され、労働力の質はより高くかつより専門化しているし、輸送コストと情報コストはより低い。したがって、大都市圏は新しい製品の生産やサービス業、より高度な管理機能、研究開発機能の立地に適している。教育・実習費や募集コストの観点から、労働力の質が高ければ高いほど、また専門化していればいるほど、景気変動があってもその労働力は保持される傾向が強いとすれば、一般的に周辺的地域の企業は大都市圏の企業と比べて、その労働力構造のゆえに景気変動に応じた雇用変動をより強く示すとされている（Lepping und Hösch 1984：103-104）。

商品の性格からしても、大都市圏で生産される新製品やサービスは一般に景

気変動に左右されにくいし、消費財であっても新しく開発されたばかりのもの
は価格が高いが故に高所得者が購入するし、高所得者の購買行動は景気変動に
左右されにくいので、大都市圏の雇用は安定している、と彼らはみている。イ
ノベーションそれ自体を追求する行動も景気変動には左右されない。というの
は、新しい生産技術が開発されれば、それだけコスト節約的になり、競争力が
つくからである。彼らがはっきりと言っているわけではないが、そのようにし
て競争力を増すことは、企業経営にとってより厳しい環境にある景気後退期に
こそ重視されるというのであろう。生産技術のみならず、新しい製品の開発は
より高い収益を保証する。というのは、その特許権や技術力の差の故に競合企
業の参入が防止されるし、需要の価格弾力性もそれを代替しうる製品がないこ
とから低いし、より高い成長率の故に可能となる単位原価の低下も利用できる
からだというのである。収益がより高ければ景気変動に伴う倒産の危険性もよ
り小さくなるというわけである（Lepping und Hösch 1984：104）。

　このようなレッピングらの整理から、周辺的地域に位置する「支所たる工場」
は大都市圏に位置する本社よりも景気変動に脆弱であるという結論が導きださ
れることになる。しかし、前者が周辺的地域に立地する単一事業所企業と比べ
てどうか、ということも問われねばならない。この点について、彼らは支所の
規模が単一事業所企業よりも通常大きいことを考慮し、つぎのような考察を行
なっている。

　規模の大きい支所は、生産機能だけに特化するのではなく、生産現場に直結
する司令機能もあわせ持つことがある。例えば生産計画、生産制御、品質管理、
保守、経理、資材調達などであり、これらは多かれ少なかれサービス的職能と
いう性格をもっている。研究開発機能も生産直結的で応用的なものは、本社立
地点やその近くに集中するのではなく、むしろ生産現場に近い支所に置かれる。
とりわけ自立性の高い事業部制をとる大企業にあっては、研究開発機能が分散
することが一般的だという（Lepping und Hösch 1984：104-105）。たしかに
単一事業所企業では支所よりも、専門労働者やホワイトカラーの全従業員に占
める割合が高く、それ故質の高い雇用の割合が高いのが一般的ではあるが、規
模が小さければ独自の研究開発機能もさまざまな司令機能も十分に構築するこ
とができず生産物も多角化しうるわけではない。また、小さな単一事業所企
業の多くは大企業の下請け的部品納入業者であることが多く、機能的には大企

218

業に直属する支所と大差ない。このように、Lepping und Hösch（1984：105-107）は述べており、周辺的地域における単一事業所企業と比べて、そこでの「支所たる工場」が必ずしも劣位にあるわけではないと主張している。

　コスト構造については、単一事業所企業よりも複数事業所企業の方が柔軟性をもっているとされている。それは事業所間で資本や労働力を移動しうるからである。しかし、そのことから一義的に「支所たる工場」が景気変動に対して強靭であるとか、逆にこれに左右されやすいということはできないとしている。というのは、理論的にはどちらの結論も引き出し得ることが示されているからである。つまり、資本と労働の空間的モビリティ、あるいはこの両者の組み合わせ方は、単一事業所企業よりも「支所たる工場」における方がよりフレキシブルになしうる。そのため、支所の限界費用曲線、即ち供給曲線の傾きは緩やかとなり、供給の価格弾力性がより高くなる。その結果、景気変動に応じた生産量の変動は支所においてより大きくなり、それだけ景気変動に左右されやすくなると考えることができる。しかし他方で、生産要素投入を支所にあってはよりフレキシブルにやれるので、生産能力の平均的な稼働水準はより高く、したがって単位コストはより低くなる。これに規模の優位性や特化の優位性が付け加わるし、さらには複数事業所企業の内部労働市場や特殊化された内部サービス（金融、調達、販売）を利用できるため、景気後退期にあっても支所は閉鎖されにくいと考えることもできる（Lepping und Hösch 1984：108-109）。

　周辺的地域が景気の調節弁としての機能を果たしているかどうかについても、彼らは必ずしも一義的な答えを見出してはいない。一方では、周辺的地域の支所に投下される資本が固定費用よりも可変費用に対してであり、それ故景気変動に対して柔軟に対応しうると考えることができる。換言すれば、これに左右されやすいということであり、したがって景気の調節弁としての役割を最初から持たされていると考えることができる。より経済理論的には、単位費用も限界費用も周辺的地域では大都市圏よりも高いので限界的な役割を果たすしかないと考えられる（Lepping und Hösch 1984：109-110）。

　しかし他方では、周辺的地域の労働市場に対して独占的地位を支所がもっていれば、仮にその労働者が解雇されるようなことがあると、その地域労働市場内で他の企業に雇われる可能性が低いために、かえって逆に解雇に対する労働組合や世論の抵抗が強くなり、したがって景気変動に対して必ずしも脆弱では

ないと考えることもできるというのである。また、支所で生産される製品が本工場でのそれと同様であればリセッション時に支所がその犠牲になる可能性が高いが、そのような性格を持つ支所は、あるいは支所での雇用は相対的に少ないので、このことからも支所イコール景気変動に対して脆弱とは言い切れないとしている（Lepping und Hösch 1984：110-111）。

　支所であるからといって、本社に対する自立性が全くないわけではない。これは、複数事業所企業を、コングロマリット、垂直的に統合されている企業、水平的に統合されている企業の3類型に分けて考えてみればわかる、とレッピングらはいう。コングロマリットでの支所は、独立の企業といってよいほどの自立性をもっているが、複数の事業所が水平的に統合されている企業、すなわち同一の製品を生産している事業所からなる企業の場合には支所の自立性はほぼない。支所の自立性があるかないかは、結局のところ、環境の不確実性や製品の成熟度、あるいは事業所間の相互依存度にかかっているというのが著者たちの考えである。当然のことながら、環境の不確実性が高ければ高いほど、また製品の成熟度が低ければ低いほど、そして事業所間の相互依存度が小さければ小さいほど支所の自立性は高いし、それ故に景気変動に対して強靭でありうるというのである（Lepping und Hösch 1984：112-114）。

　結論的に言えば、理論的には支所が支所というだけの理由でネガティヴに評価されるいわれはないというのが彼らの考えである。支所という存在は、いわば企業行動の合理性から生まれたもので、経済理論によれば単一事業所企業よりも景気変動に対して強靭でありうることが指摘されている。しかし実際には、バイエルン州の事例から、やはり支所はそれ以外の類型の事業所と比べて景気変動に左右されやすい存在であることが示されており、「設立に際してのリスクの小ささ、景気変動と無関係の設立動機、総コストの低さの故に、支所が景気変動にさらされない」という仮説はしりぞけられざるをえない、としている（Lepping und Hösch 1984：121）。

3.5. カールペーター・シャクマンファリスの研究

　Schackmann-Fallis（1985：3）の問題設定は、「外部に従属している事業所が地域の発展にとってどのような意味を持つのかを究明する」ことである。そのためにさらに研究目的を次の3つに細分している。

（1）既往の理論を整理し、経験的研究によって検証し得るテーゼを建てる。

（2）2次的統計データの分析と独自の経験的研究とによってテーゼを検証すべく、方法論を構築する。

（3）トゥリーア地域を事例にして外部に従属する事業所の実態を解明し、そのトゥリーア地域の発展への影響を測定すること。

なお、彼が用いている「外部に従属する事業所」という概念は、当該地域以外に本社を置く企業の「支所たる事業所」、当該地域以外に親会社のある子会社、および取引関係を通じて当該地域以外の企業に支配されている企業の3つを含んでいるが、トゥリーア地域の実証的研究では最初の2つの類型の外部従属事業所に限定されている。一方、従属という言葉の意味は、主として Dicken（1976）の考察を踏まえて、ある事業所が別の事業所に対して直接的な影響を及ぼし、そのことによって重要な経営上の決定に相当程度影響を与える可能性、約言して、潜在的コントロールないしコントロールの可能性と理解されている。これに対して、欧米の文献でよく用いられているコントロールという言葉は、実際に影響力が行使されている場合に用いられる用語であるとしている。また周辺的地域という概念もキーワードとして多用されているが、これは地理的意味での周辺というだけではなく、社会経済的にも立ち遅れた水準を示す地域であるとしている（Schackmann-Fallis 1985：4）。

このような定義と産業組織論の議論を踏まえて、Schackmann-Fallis（1985：24-26）は経験的に把握し得る従属の類型として、次の6つを挙げている。

（1）法的に独立した位置にない支所や分工場。

（2）他の企業に資本の100％を所有されており、子会社と呼ばれる企業。

（3）他の企業に資本の50〜100％を所有されている多数資本被参加企業。

（4）他の企業に資本の25〜50％を所有されている少数資本被参加企業。

（5）地域外に居を置いている人に所有されている人的従属企業。

（6）取引関係で他の企業に支配されている、事実上の従属企業。

このような細かい分類のなかで（2）から（5）までの類型の区別が果たしてどれだけ重要なのかは留保を要すると思われる。（5）でいう人とは、法人ではなく自然人を意味するのであろうが、自然人と法人を区別する意味はあまりないと思われる。仮に人的に従属するということの中味を、他から経営陣を送りこまれるという意味に解するのであれば、それは、（2）から（4）までの

類型の企業に多かれ少なかれあてはまることだからである。また、現在の大企業によくみられるように、株式が多数の株主に分散所有されている場合には、100% 子会社であろうと 50% 子会社であろうとさして差はない。場合によっては、25% 資本の支配であっても 100% 子会社とほとんど変らない支配力を持ちうるのが現状である。もちろん 50% 以上の資本を所有するかどうかということは、かなり決定的な意味を持つ。というのは、そうであれば他の株主の意向とは関わりなしに当該企業の経営に関する重要事項を決定する力を持ちうるからである。もっとも、西ドイツでは日本と違って有限会社という法的形態をとる企業が多く、これらは多数の自然人によってではなく、少数の法人によってその資本を所有されていることが多いから、そのような子会社と 100% 子会社とを区別することは一定の意味を持つのかもしれない。しかし、資本参加率の程度で従属企業の類型を区別するのであれば、50% を分岐点にして 2 つに区分する方が従属という実態を理論的にとらえるには妥当であろう。

　さて、Schackmann-Fallis（1985：120-125, 162-164）は外部従属事業所と地域経済の発展に関わる既往の文献を整理したうえで次のような仮説をたてている。

　A. 外部従属の程度と空間構造に関する仮説

　　A1　吸収合併は、外部従属性の発生にとって少なくとも従属的事業所の新設と同じ意味をもっている。

　　A2　吸収合併は景気後退期においてより多く、他方事業所の新設は成長期においてより多く観察される。例えば 1974 年以降、事業所の新設は外部従属の他の発生の仕方に比して少なくなっている。

　　A3　従属的事業所の新設はとりわけ成長力の弱い部門にみられる。

　　A4　周辺的地域の外部従属性は、相当程度、資本的にも物財の取引という点にも基づいている。

　　A5　雇用、販売額、賃金俸給といったメルクマールに関して、周辺的地域での外部従属事業所の占める割合は、事業所数に関する割合を大幅に上回る。この点で外部従属事業所は、少なくとも地域にとって独立事業所と同じ程度の重要性をもっている。

　　A6　外部従属事業所の大多数は西ドイツの大企業の事業所に属する。

　　A7　研究対象地域（トゥリーア地域）から行使される支配力は、ここで

の外部従属性に比べてはるかに小さなものである。周辺的地域にとって重荷となるような、不均等な従属性の収支がみられるのである。

A8　周辺的地域の従属的事業所は、概ね大都市圏に本社を置く企業に属している。

B. 周辺的地域の外部従属事業所の特性としての、機能的生産技術的な特化と企業的結合に関わる仮説

B1　周辺的地域の外部従属事業所がもつ中枢管理機能の比重は、独立事業所のそれと比べて小さい。このことはとりわけ研究開発ならびに企画という機能についてあてはまる。外部従属事業所は生産機能に著しく偏している。

B2　外部従属事業所にあっては、中枢管理機能のうち、生産過程の直接的な操作に関連しているルーティン的意思決定や機能への特化がみられる。影響力の大きな戦略的意思決定に関連する管理機能は、ほとんどみられない。

B3　外部従属事業所における管理機能の割合は、本社からの距離の増大とともに増す。

B4　従属的事業所の生産は、プロダクトサイクルのなかでより後の局面や標準化された商品の大量生産という特徴を持つ。

C　周辺的地域における外部従属事業所と独立事業所の地域的影響

C1　事業所の地域的影響力は、従属の程度によって影響を受ける。外部従属事業所のそれは独立事業所のそれと比べて圧倒的に小さい。外部従属事業所のなかでは、企業への結合度が高まるとともに地域的影響力の程度は低下する。

C2　全雇用者に占める肉体労働者の割合は従属の程度と関係している。外部従属事業所では著しく多くの肉体労働者が働いている。

C3　外部従属事業所の就業者の労働力としての質は相対的に低い。管理面でも生産面でも、より高級な活動はほとんどみられない。

C4　景気変動は外部従属事業所においてより著しい。

C5　従業者1人当たりの賃金俸給と従属的地位との間には関係が認められる。外部従属事業所の賃金俸給は独立事業所よりも著しく低い。

C6　販売・購入の連関は外部従属事業所にあってはきわめて強く地域際

的である。その重要な理由は、その本社企業との取引関係が密接という
ところにある。

C7　地域内からのサービス購入は外部従属性によって地域外に転移され
る。外部従属事業所は、事業所に内部化していないサービス部門のかな
りの部分をその本社企業から、換言すれば地域外から購入している。

C8　外部従属事業所のイノベーションを引き起こす力はわずかなもので
ある。

　これらの仮説は、主としてトゥリーア地域の事業所に対するシャクマンフ
ァリス独自のアンケート調査によって検証されている。彼は、332 の製造業事
業所にアンケートを送付し、途中アンケートの内容の簡素化や督促等を行な
って 72% という高い回収率を挙げている。この 332 事業所は、支所 71、子会
社 13、独立企業 248 からなっており、その中でアンケートに答えた事業所は、
各々 46、11、182、計 239（ただし当初の詳しいアンケートに答えた事業所は、
各々 39、11、142、計 192）である。ただこの内訳は事業所名鑑などから推
定されたものであって、独自のアンケート調査を考慮に入れて、独立事業所は
228、なんらかの意味での従属事業所は 104 と修正されている。この 104 事業
所のうち、外部に従属する支所は 62、子会社は 24、多数資本被参加企業は 6、
少数資本被参加企業は 1 と推計されている（Schackmann-Fallis 1985：205-
208）。

　これらの事業所類型のなかで規模が大きいのは従属的事業所である。独立企
業の平均従業員数は 78 人であるのに対し、支所は 214 人、子会社は 169 人、
資本被参加企業は 244 人となっている。固定資本投下額についても 1 事業所
当たりに直すと、従属的事業所の方が独立企業よりもかなり大きい。前者は
1,407 千マルク、後者は 923 千マルクである。各々の事業所が属する部門から
みても、独立企業よりもむしろ外部従属企業の方が有利な位置にありうること
が、彼の提示している表から読み取れる。例えば拡張的な部門かそれとも停滞
的な部門かでみると、外部従属事業所、とりわけ子会社や資本被参加企業はそ
の両方のいずれかに属することが相対的に多く、その意味で 2 極分解的である
のに対し、独立企業の場合そのいずれにも属さないことが多い（Schackmann-
Fallis 1985：215-228）。

　トゥリーア地域では外部従属事業所の比重が 1970 年代初め以降高まってき

第6章　西ドイツ工業における企業内空間分業と地域経済

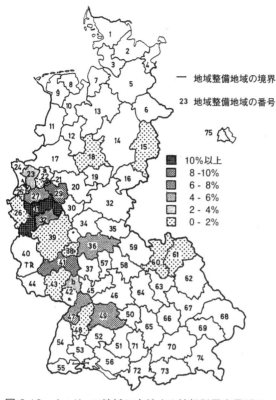

図6-10　トゥリーア地域に立地する外部従属事業所の本社の位置する地域
出所：Schackmann-Fallis (1985：243)
注：この地図での地域とは、西ドイツのラウムオルドヌングのために設定された「地域整備地域」のことである。凡例に示されている数値は、トゥリーア地域に立地する支所の就業者数に占める、それぞれの本社が位置する地域の当該企業の比率を意味する。

ている。その結果、事業所数では約30%、就業者数では約50%が外部に従属していると推計されている。これら外部従属事業所の発生の仕方のうち過半数は新設事業所として発足したが、移転と吸収合併も各々20%前後ある。そうした事業所の本社や親会社は、トゥリーアに相対的に近い大都市圏、具体的にはライン・ルール、ライン・マイン、ライン・ネッカー、およびシュトゥットガルトに位置していることが多い。他方、トゥリーアに本拠を置く企業が地域外に事業所を配置する例は多くなく、それ故、トゥリーアは他地域との関係において、一方的な従属の位置にあることになる（Schackmann-Fallis 1985：237-244）。

さて、事業所の機能という観点からみると、独立企業と外部従属事業所との間には明白な差異が認められる。Schackmann-Fallis（1985：259-261）は経営機能を生産、販売、購入、人事、製品および生産方法の開発、財務、企画の7つに分けて、各類型の事業所の従業員のうち何%がどの機能に従事しているかを明らかにしている。それによると、外部従属事業所、とりわけ支所では

225

生産機能に従事する就業者の割合が高く、これに対して、独立企業では販売機能に携わる従業員の割合が高い。購入、人事、企画の諸機能について両者の間にそれほど大きな差はないが、開発機能については独立企業の場合さほど高くなく、むしろ子会社や資本被参加企業においてかなり高い。

　製品のプロダクトサイクル上の位置についてみると、外部従属企業のなかで、支所とそれ以外の類型の事業所との間に大きな差がある。支所では開発直後あるいは成長段階にある製品が生産されることが多いのに対し、子会社や資本被参加企業の場合、成熟段階にある製品の生産が卓越している。独立企業はその中間にあたる（Schackmann-Fallis 1985：262-266）。

　従業員構成の特徴をみると、外部従属事業所では肉体労働者の割合が高く、ホワイトカラーなどや技能実習生の割合が低い。しかし、外部従属事業所のなかでその特徴がはっきりと表われているのは支所であって、資本被参加企業ではホワイトカラーなどの構成比が独立企業よりもむしろ高い。一方、従業員の質の点ではやはり支所の場合に未熟練および半熟練労働者が多く、熟練労働者・技師・ホワイトカラーの割合が低いという最も不利な状況が認められる。ただしこの場合も、外部従属事業所のすべてがそのような特徴を示しているのではなく、資本被参加企業の場合にはむしろ逆に独立企業よりも有利な従業員構成を示している（Schackmann-Fallis 1985：267-272）。

　だが、1976年から1981年という不況期において、雇用機会数の伸び率が最も高かったのは支所であって、独立企業のそれよりもはるかに高い。また、子会社での雇用数の伸び率はわずかなものだったし、資本被参加企業では全体的傾向とまったく逆に減少した。従業員1人当たりの賃金俸給額も決して外部従属事業所では悪くない。子会社や資本被参加企業でのそれはかなり高いし、支所でも独立企業と比べてそれほど遜色ない。従業員構成の特徴を考慮に入れるならばかえって、支所の方が独立企業よりも賃金面で有利な条件にあるといえよう（Schackmann-Fallis 1985：272-275）。原料や半製品、あるいは企業サービスの購入、製品の販売という点で外部従属事業所は地域外との関係が深く、したがって域内連関効果が低いということははっきりしている（Schackmann-Fallis 1985：276-281）。

　固定資本投下額は、事業所単位でみると独立企業よりも外部従属企業の方が高いが、従業員1人当たりでみると逆になる。また生産性を示す指標に代

替するものとして従業員 1 人当たりの販売額も比較されており、はっきりと支所において低く独立企業において最も高いことが認められる（Schackmann-Fallis 1985：281-284）。しかし、この最後の点は、留保を必要とする。1 人当たり販売額はどう考えても生産性を示す指標として使えるものではないからである。

Schackmann-Fallis（1985：311-312）は、以上紹介したアンケート調査の結果を提示したあとで、支所、子会社、資本被参加企業、独立企業の 4 者の間で上にみた経営機能の分化とその地域経済に与える影響とについて有意な差があるかどうか、分散分析を用いて検定している。その結果、明らかにこのような外部への従属の程度が、事業所の規模や部門とともに、経営機能と地域経済に対して影響をもっていると結論している。そして、理論的にみれば、外部従属事業所は独立企業ほどには地域経済にとって良い効果を与えないとせざるをえないが、トゥリーア地域の実証分析からは、資本被参加企業や子会社の場合には独立企業に劣らない効果を持ちうること、そして支所の場合にもその雇用の質については理論の通りであるにしても、雇用の量については決して地域経済に悪い効果を与えてはいないことを確認している。

3.6. ハインリヒ・グレーバーらの研究

Gräber, Holst, Schackmann-Fallis und Spehl（1986, 1987）は、Schack-mann-Fallis（1985）の研究をさらに深めるべく、これと同じ問題意識をもって、連邦統計庁のもっているデータと独自の地域調査（対象地域はヘッセン、ラインラント・プファルツ、ザールラント）によって、企業ないし事業所間のコントロールと地域経済の発展との関係を解明している。彼らの研究は単行本として 1987 年に公刊されているが、その前年にその要約版というべき論文が発表されており、また 1987 年に 4 人の著者のうちの 2 人によって、ちがった形でやはり要約的な論文が発表されている（Gräber und Holst 1987）。

彼らの研究の理論的基盤ないし作業仮説は、図 6-11 に示されている通りである。すなわち、地域経済が良好かどうかは、具体的には賃金水準、雇用の成長、雇用の安定性などの指標で表現されるが、これは当該雇用の機能と生産技術によって規定され、さらにこの 2 つは当該事業所の規模とこれが属する産業部門、そして企業組織内における当該事業所の機能的地位によって決定されるという

227

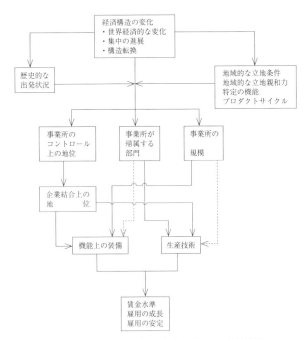

図 6-11 事業所の性格と地域経済との連関構造に関するモデル図
出所：Gräber at el. (1987：33)

考えである。図の上部3つの枠に書かれていることは企業の環境を構成する要素と解釈することができる。

したがって、産業部門、事業所規模、機能的地位の3つが、地域経済の重要な主体の1つである事業所の経済的パフォーマンスを直接規定すると考えられていることになるが、そのうちとくに第3の要因が重視されている。言い換えれば企業ないし事業所間の機能的分業が空間的分業に投影されて、地域の雇用の質や成長、賃金俸給、技術水準、イノベーション行動などに強い影響を与え、結果として地域経済の発展に大きな影響を与えているという考えである。例えば企画や管理の機能は大都市圏や古くからの工業地域に立地し、生産機能のなかでも技術集約的な製品や工程に関わるもの、換言すればプロダクトサイクルの中で初期段階にある製品を生産する機能は中心的地域に立地するのに対して、成熟製品にあたる標準化された商品を大量に生産する機能は周辺的地域に、そして両者の中間に位置する製品の生産機能は古くからの工業地域に立地するとしている。従属的事業所の地域経済の発展に与える影響は、本社といった支配的事業所や単一事業所企業のそれと比べて不利であり、特に周辺的地域に立地する従属的事業所についてそう言えるとしている（Graber et al. 1987：65-93）。

このような理論に対して、連邦統計庁のデータや独自調査によって得られた

第6章　西ドイツ工業における企業内空間分業と地域経済

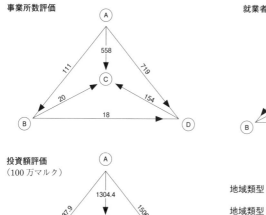

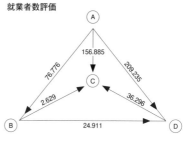

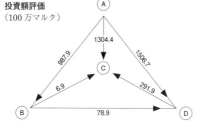

地域類型 A ＝有利な構造をもつ大都市地域

地域類型 B ＝古くからの工業地域

地域類型 C ＝農村的周辺地域

地域類型 D ＝稠密化傾向を示す地域

図 6-12　西ドイツにおける地域類型間の支配・従属関係に関するモデル図
出所：Gräber et al. (1987：155)

データによると、西ドイツについて次のような事実が見出されている。製造業において本社と法的に独立していないその支所からなる複数事業所企業は、1979年において事業所数で30％、雇用数で約60％、投資額で約70％の比重を占めている（Graber et al. 1987：173）。それ故当然のことながら、親会社子会社関係や取引関係を通じての支配従属も含めれば、コントロール・被コントロールの関係を持つ企業ないし事業所が西ドイツ経済に占める比重はもっと高いものになる。

このような企業間ないし事業所間の支配従属関係は地域間の関係に投影される。西ドイツの労働市場地域[9)]を有利な構造を持つ大都市圏、古くからの工業地域、稠密化傾向を示す地域、農村的周辺地域の4つに分けると、第1の地域は他の3つの地域を支配し、第2の地域はこの第1の地域に支配されつつも残りの2つの地域を支配し、第3の地域は最初の2つの地域に支配されながら最後の地域を支配し、そして第4の地域は他の3つの地域すべてから支配されるという関係のあることが実証されている（図6-12）。

しかし、これらの関係は、支配従属をネットでみた場合に言えることであっ

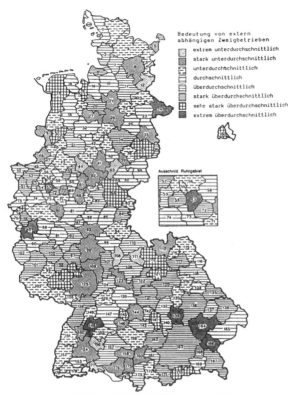

図 6-13 西ドイツの労働市場地域別にみた
外部地域への経済的従属度の空間的パターン
出所：Gräber et al. (1987：143)。
注：ハッチのパターンに関する凡例において下にあればあるほど外部地域への従属度が高いことを意味する。
右中央にある図はルール地域を拡大した図。

て、地域外からのコントロールの多くは、西ドイツ経済の主要部分が大都市圏に集中していることもあって、複数の大都市圏の間に認められる。それを彼らの掲げている表から計算して就業者数で示すと次のようになる。1979年の西ドイツの製造業部門では、約7,316千人の就業者がおり、そのうち約21%（1,512千人）が当該地域の外に位置する本社からコントロールされており、さらにそのうち約647千人が大都市圏に立地する支所で就業し、そしてこの中の約476千人が他の大都市圏に立地する本社によってコントロールされているという具合である。この数値は、大都市圏に立地する本社が稠密化傾向を示す地域に立地する支所への支配を表す数値、即ち約209千人や、農村的周辺地域に立地する支所への支配を示す数値、即ち約157千人をはるかに上回っているのである（Gräber et al. 1987：141）。

　上に示したような地域間の関係とは別に、一般的に地域間のコントロールの関連は近接した地域間のそれが卓越している。したがって中心的都市は、そこから遠く離れたところよりも、自身のまわりの地域をコントロールしているこ

第6章　西ドイツ工業における企業内空間分業と地域経済

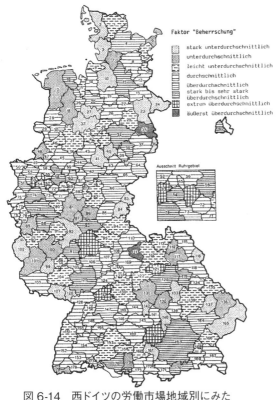

図6-14　西ドイツの労働市場地域別にみた
外部地域への経済的支配度の空間的パターン
出所：Gräber et al. (1987：148)
注：ハッチのパターンに関する凡例において下にあればあるほど外部地域への支配度が高いことを意味する。
右中央にある図はルール地域を拡大した図。

とになる。また、稠密化傾向を示す地域と農村的周辺地域との間には、大都市圏によるコントロールとは別に、狭い空間的範囲に限定された支配従属の関係がある（Gräber et al. 1987：175）。

西ドイツ国内の中で他地域に従属している地域、あるいは他地域を支配している地域は、具体的にどこなのだろうか。このような問題に関する1つの解答をかつて筆者は出したことがあるが（山本1987、本書第4章）、類似の地図を Gräber et al.（1987）も提示している。彼らは1979年工業センサスに基づいて、図6-13のように労働市場地域ごとに「支所たる工場」が相当な比重を占める地域とそうでない地域を、また図6-14のように本社工場が相当な比重を占める地域とそうでない地域を、地図で表している。これらの地図の作成の手続きは必ずしも明確ではないが、次のような諸点を読み取ることはできる。

　第1に、従属的地域が、バイエルン州、ラインラント・プファルツ州、ニーダーザクセン州、ノルトライン・ヴェストファーレン州北西部にまとまって存在している。第2に、支配的地域は概ね大都市の所在する地域と一致している。

231

第 3 に、この 2 枚の地図で従属的地域と支配的地域の両方の性格を示す地域が認められる。例えばミュンヘン、ハンブルク、西ベルリン、ハノーファなどである。これらの都市は筆者が第 4 章で示した相互依存型地域と同一というわけでは必ずしもないが、またグレーバーらもそのような存在に着目しているわけではないが、外部依存性と支配性の両方を高く示す地域が現実に存在していることは、西ドイツ経済の地域構造を考える際に注目すべきことであろう。

事業所の性格が地域経済の発展に与える影響については、いくつかの事実が指摘されている。まず、全就業者に占める肉体労働者の割合は、複数事業所企業の本社よりも単一事業所企業において高く、さらにこれよりも複数事業所企業の支所において高い。他方、1 人当たり賃金俸給額は単一事業所企業において最も低く、複数事業所企業の本社において最も高い。第 3 に、いずれにしても地域類型との関わりでみるならば農村的地域が最も不利な姿を示している（Gräber et al. 1987：169-173）。

1978 年から 1982 年にかけて雇用は全般的に減少したが、単一事業所企業でその減少率が最も低かった。これに対して、複数事業所企業の本社では投資増加率が単一事業所企業よりもはるかに高かったにも拘らず、雇用の減少率がより大きいといういわゆる「雇用なき成長（jobless growth）」がみられた。そして支所では 1980 年まで雇用が増加したもののその後減少に転じた。つまり、単一事業所企業が最も有利な発展傾向を示したと著者たちはまとめている（Gräber et al. 1987：161-169）。

しかし、Gräber et al.（1987：163）が掲げている数値をみるかぎり、複数事業所企業の支所での雇用の減少率は 4.8％で単一事業所企業の 4.1％よりも高いとはいうものの大差はなく、しかも投資の増加率は前者が 39.3％、後者が 11.5％とはるかに最も高い。その投資の内容が将来の競争力を強めるためであれば、著者たちが本文の中で言っているのとは違って、単一事業所企業ではなく複数事業所企業の支所が最も有利な発展をみたというべきかもしれない。また、単一事業所企業や複数事業所企業の本社では、その位置する地域の類型によって発展の仕方が大きく異なるのに対して、支所では地域類型間の差異が相対的に小さいという特徴がみられる。

複数事業所企業の各事業所が企業内分業の中でどのような機能を担っているかについて、理論に即した結果が著者たちの独自調査からかなりはっきりと

表6-8　事業所の性格と保有する機能

数値は調査対象事業所の中で該当する機能に専従する従業員を擁すると回答した事業所の百分率

事業所の性格		生産	販売	購入	人事	研究開発	財務経理	投資企画	市場調査広告	一般管理	その他	事業所数
全事業所		99.2	88.7	82.1	83.2	56.5	87.3	23.4	32.0	67.8	51.3	665
支配従属に関わる地位	支所たる事業所	98.4	60.9	64.1	78.1	53.1	56.3	18.8	17.2	56.3	57.8	79
	従属企業を持たない子会社	98.6	87.8	90.5	87.8	54.1	90.5	24.3	33.8	89.2	55.4	92
	従属企業を持つ子会社	96.2	96.2	96.2	92.3	88.5	96.2	46.2	57.5	92.3	80.8	32
	従属企業を持ちかつどこにも従属しない企業	98.4	96.8	95.2	92.1	76.2	98.4	38.1	57.1	79.4	81.0	72
	下請企業	100.0	88.2	70.6	82.4	38.2	94.1	17.6	23.5	61.8	47.1	51
	従属企業を持たずかつどこにも従属しない企業	100.0	93.4	81.1	81.1	51.9	90.9	19.3	28.4	60.9	38.7	339
規模	従業員数 49 人以下	99.5	83.8	68.1	63.8	33.5	83.2	10.8	14.1	49.7	28.1	
	50 ～ 99 人	99.0	92.4	84.8	88.6	58.1	88.6	17.1	30.5	71.4	50.5	
	100 ～ 199 人	98.0	94.0	94.0	96.0	69.0	92.0	29.0	37.0	75.0	58.0	
	200 ～ 499 人	100.0	87.1	90.3	98.4	72.6	85.5	33.9	48.4	87.1	77.4	
	500 人以上	100.0	90.2	91.8	96.7	86.9	91.8	52.5	63.9	85.2	85.2	
助成上の地位	助成地域において助成を受けていない事業所	99.2	80.0	78.3	75.0	46.7	80.0	19.2	25.8	63.3	44.2	
	助成地域において助成を受けている事業所	100.0	86.3	86.3	87.2	58.1	89.7	28.2	31.6	65.8	53.0	
	助成地域以外に立地する事業所	98.9	93.5	81.9	85.1	60.1	89.5	23.2	34.8	70.7	53.6	

出所：Gräber et al. (1987：254)
注1)　支配従属に関わる地位の種類に応じた調査対象事業数については Graber (1987:237) から得て補足した。
　　　事業所規模と助成上の地位に関する調査対象事業所数を示した表は掲げられていない。
　2)　調査対象地域はヘッセン州、ラインラント・プファルツ州、ザールラント州である。

出ている。彼らは、ヘッセン、ラインラント・プファルツ、ザールラントの3州に立地する工業事業所を対象にしてアンケート調査を行ない、この問題に関する有効回答事業所数513の分析から次のような事実を見いだしている。

　複数事業所企業の支所で機能の多様性があまりみられないのに対し、これよりも単一事業所企業が、そしてさらに他企業を支配する位置にある企業がより多様な機能を担っている。このような違いは事業所規模に即してもはっきりと出ている。すなわち規模の小さい事業所ほど機能の多様性がみられない。また、それほどはっきりとした違いがあるわけではないが、政府による開発援助を受けていない地域に立地する事業所の方が、それを受けている地域に立地する事業所よりも多様な機能を担っている（表6-8）。

　地域経済と事業所の性格との関係について、最後にマクロ経済的な分析結果が提示されている。純生産、雇用、資本ストックなどの変数で代表される活動

水準と正の相関関係を示すのは本社の割合である。逆に負の相関関係を示すのは単一事業所企業の割合である。これらに対して、支所の割合は負の相関関係を示すとはいえ、低い有意水準で相関関係がより小さい。景気感応性との関係については、これとまったく逆のことが言える。ただし相関関係は小さい。雇用の発展との関係については、支所の割合が正の相関係数を示しているのに対し、他は負の相関係数である。生産性の発展との関係はない（Gräber et al. 1987：289-351）。

　以上の分析結果から著者たちは、外部従属へのネガティヴな評価は相対化される必要があるし、逆に単一事業所企業に対する評価についてもこれまでのような単純なポジティヴ評価を相対化する必要があると結論している（Gräber et al. 1987：359-362）。

4. むすびに

　これまでみてきたように、工業部門における複数事業所企業と地域経済の発展との関連を扱う研究は、西ドイツにおいても少なからず蓄積されてきた。それらの具体的な成果は既に詳細に紹介したとおりである。本章ではそれを批判的に摂取することによって、筆者なりにこのテーマの研究をさらに深めるための課題を提示したい。

　第1に、複数事業所企業の定義に関わる問題がある。これまでの西ドイツの研究者のほとんどは、法的に1つの企業を構成する本社ないし本社工場と支所たる工場とが、複数事業所企業の事業所であると定義してきた。それは、工業化社会という枠組みの中で、工場という生産現場が雇用の場を提供するうえで重要な役割を果たしてきたという事実があったからであろう。

　しかし、ある企業がその支配力を及ぼしうるのは、法的にその企業に属する事業所に対してだけではない。ある一定比率以上の資本を取得していれば、たとえその企業と法的には別の会社であったとしても、この会社の企業戦略の決定に対して影響力を行使しうる。また、日本における企業グループ研究の最近の成果（坂本・下谷 1987）からしても、同一企業内に属するか別個の企業として存立しているかは、実態的にみて大きな差がなくなりつつあるほどに企業の組織構造はフレキシブルなものとなっている。そのように考えると、西ドイツで蓄積されてきた諸研究の中で Schackmann-Fallis（1985）と Gräber et al.（1986；1987）が、子会社をも視野のなかに含んでいるという意味で高く評価されなければならない。そこで筆者は、複数事業所企業をひとまず次のように定義しておきたい。

　ある企業が、その経営のための諸機能を異なる場所に分散配置している場合、またたとえ同一の場所であっても資本所有の故に影響力を行使しうる別法人の企業をその傘下におさめている場合、これを複数事業所企業と呼ぶ。前者のケースと後者のケースを特に区別する必要のある場合には、前者を狭義の複数事業所企業、後者を企業グループと呼ぶ。この定義の中で用いられている機能という言葉は、工業部門の企業に即して考えれば、生産、購入、販売、研究開発、広報・公告、人事、経理・財務、企画、戦略的意思決定、その他の機能といった諸活動を意味している。これらの諸機能は単に羅列的に挙げたにすぎないのではなく、企業経営を論理的に考えれば必然的に出てくるものである。この点に関する考察を西ドイツの研究者はその論文の中で示していないが、筆者は次のように考える。

　工業企業である以上、生産活動がその中軸の位置を占める。生産のために必要な資財は購入を担当する部門が調達する。生産された製品の販売は販売部門が担当する。その販売を拡大するための公告や企業活動を外部に知らせる役割を担うのは、換言すれば企業が持つ情報で公表してもよいものを外部に伝達する機能は広報・公告部門が担う。新たな製品や生産技術の開発は研究開発部門が担当する。諸機能にどのような人材をどれだけ当てるかは人事部門が担う。諸機能の遂行のためにどれだけの経費がかかるかを記録したり、各機能の拡大や縮小のためにどのように資金を充当ないし引き揚げたりするかは経理・財務部門が担当する。企画部門は、企業の進むべき方向に関して必要な情報を蒐集したり、そうした情報を整理して幾つかの代替案を提示したりする役割を担う。これに基づいて戦略的意思決定がなされるが、これを担うのは取締役会や常務会といった機関であることは言うまでもない。その他の機能は、以上のどれにも属さない活動を意味しているにすぎない。例えば輸送や保管などが考えられる。

　企業規模が小さければ小さいほど、それらの機能は異なる部門に分化せず、ある１つの部門が複数の機能を担う傾向にあるだろう。これとは逆に、複数事業所企業は大企業であることが多く、それ故、諸機能を異なる部門に分散配

置せざるをえない。そのような機能的分業体制をとらなければ全体としての企業が機能しないからである。あるいは、そのような分業体制をとるからこそ大規模な企業に発展できたと考えられる。

　また、企業経営の進展にしたがって、上に挙げた諸機能がさらに分化することも容易に考えられる。例えば、同じ生産といっても製品のプロダクトサイクルに応じて試作的機能に特化する工場と、大量生産に特化する工場とに機能分化することはおおいにありうるし、研究開発機能も新しい製品を開発するための基礎的研究、開発された製品を商品化するための応用的研究、あるいは生産技術に関する研究に分化することもありえよう。輸送や保管は調達や販売に直属するものだが、ロジスティクスの発展によって独自の重要な経営機能の地位を獲得することもありうる。

　上に掲げた複数事業所企業の定義の中で、異なる場所という字句が次に問題となる。とくに、地域外への、あるいは地域外からのコントロールを新しい空間的分業とみる視点からすれば、これは重要な問題である。西ドイツの研究者は、異なる場所という意味を異なるゲマインデという意味に理解する傾向にある。それには統計的把握の便宜という理由もあろうが、異なる場所の意味は、取り扱う問題にとって意味のある空間スケールに即して初めて規定できるのであって、あらかじめリジッドに定義できる性質のものではない。

　換言すれば、地域とは何か、その境界線は具体的にどう引くことができるのかという問題に答える必要があるのである。西ドイツの場合、地域（Region）とは、州という大きな空間スケールでもないし、ゲマインデ（基礎的地方自治体）という小さな空間スケールでも、また郡というこれよりやや大きな空間スケールでもないことははっきりしている。あえて言えば、日常の生活リズムの行動範囲の中で成立しうる労働市場圏やそれが幾つか合した地理的範囲がそれにあたると考えられている、と言ってよいだろう。もちろんその基底には、歴史的に成立した住民が帰属意識を持ちうる空間スケールがある。

　第3に複数事業所企業ないしは、これを構成する事業所の類型化の問題がある。グロッツやミークスがその案を提示しているが、区分のための基準が曖昧であり論理性に欠けている。類型区分の問題は実証的研究を積み重ねる中で解決されるという性格もあるので、ここでは企業の類型区分ではなく、事業所の類型区分に関する次のような考え方を提示しておくにとどめたい。それは、

区分のための基準を段階的に設定するという方法である。その基準は次の通りである。

（1）事業所が戦略的意思決定を行なう本社か、それともそれ以外のなんらかの機能を担う支所かどうか。

（2）支所は法的に独立した企業か、それとも本社に法的に帰属する事業所かどうか。

（3）事業所は生産機能を有するかどうか。

（4）生産機能を持つ事業所の場合、その事業所が、当該企業の事業所間分業の体系の中で中軸的地位を占めるかどうか。中軸的な地位を占める工場の製品は、当該企業にとっての最終製品を意味することが一般的であろうし、それ故、当該企業と資本の所有関係を持たない他企業や消費者に販売される製品ということになろう。他方、周辺的な地位にある工場の製品は、当該企業の最終製品のための部品を意味することが一般的であろうし、それ故、その製品は企業内の事業所間で移動するにすぎないであろう。

（5）生産機能を持たない事業所はサービス機能に特化していると言ってよい。そのサービスは当該企業の製品に関わるサービスか、それとも製品とは無関係のサービスか。前者の場合、そのサービス機能が研究開発という技術的な発展に関わるものか、それとも市場開拓や顧客サービスに関わる営業所かという観点からさらに二分することも可能であろう。

以上のような基準を段階的に設定することによって、我々は図 6-15 のような複数事業所企業を構成する事業所の類型区分を得ることができる。この図に示されている各事業所は、前述した諸機能のいずれかに特色を持っているが、ただ 1 つの機能しか備えていないというようなことは企業規模が大になれはなるほどありえないことであろう。諸機能を各事業所に適切に組み合せて分散配置し、一定程度の権限委譲を行なわなければ大企業は全体として機能しえないからである。そこから、たとえある 1 時点において従属的地位に置かれた事業所であっても、なんらかの事情によりその従属的地位から脱するものも出てきたという現実を理解することが可能になる。

さて、この類型区分を用いて、これまでの西ドイツ研究者の研究成果を、もう一度手短かに取りまとめておこう。ほとんどの研究は、狭義の複数事業所企業に属する支所たる工場で、しかも本社工場と同じ製品かそのための部品生産

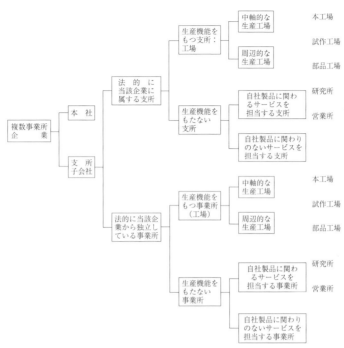

図 6-15　工業部門の複数事業所企業を構成する事業所の分類
筆者原図

の機能を持つ工場に焦点を当てていた。これらの工場は、本社とそう著しく離れた距離の所に立地するわけではないのが通例である。しかし、本社が大都市であれ小都市であれ、いずれにしても都市化した場所に立地しているのに対して、「支所たる工場」は農村的地域に立地することが多い。その理由は、本社工場のある場所では、その都市化の進展の故に生産キャパシティを拡大するための土地がなく、そこで企業が成長して生産を拡大する必要に迫られると、そのための土地を安価にしかも拡張の余地を持つほどに十分得ることのできる場所、すなわち農村的地域に「支所たる工場」を設立するからである。同時に、そこでは安価で豊富な労働力を調達できるという理由も土地の問題について重要である。

したがって、複数事業所企業の発展は、少なくとも農村的地域に農業以外の雇用機会を提供したという意味で、その地域経済にポジティヴな効果を発揮し

第6章　西ドイツ工業における企業内空間分業と地域経済

たといえる。しかし、「支所たる工場」は生産機能に特化するのが通例なので、サービス機能を果たす雇用機会は創造されず、しかも立地の動機が安価な労働力獲得だったが故に、雇用の質が改善される見込みはほとんどなく、さらには企業経営が行き詰まると閉鎖あるいは大々的な解雇という事態が生じ、これらの意味で当該地域経済にとってネガティヴな効果を発揮した。

　ところで、その「支所たる工場」が立地する農村的地域は、上述したように本社からそう遠く離れたところではない。農村的地域の中で具体的にどこに立地点を定めるかという選択の際に、上に挙げた土地と労働力という要因のほかに、交通の便が良いという要因が重要視される。それは、本社との連絡に便利な場所であり、また製品を市場まで運ぶのに便利な場所ということである。したがって、「支所たる工場」が立地するのは、西ドイツの中で最も周辺的な場所ということはほとんどなく、通常は大都市圏内、ないしは本社が中小都市に位置する場合にはその近くの農村においてである。その意味で、複数事業所企業が西ドイツにおける地域間格差の縮小に大きな役割を果たしたかどうかは、依然として検討の余地ある問題だと言える。ただ、かつて Friedmann（1966：35-36）がモデル化して述べたように、都市圏の拡大が都市と都市との間に取り残されている周辺的地域を縮小させ、もって地域間格差を縮小させるという空間的統合を西ドイツは経験してきた、とみるべきかもしれない。

　西ドイツの諸研究を通覧すると、かつては上に挙げたネガティヴな側面を強調するものが多かったが、最近では Gräber et al.（1986, 1987）のようにポジティヴな側面に光を当てるものも出てきた。これは、複数事業所企業を構成する事業所の中のどれに着目するかという問題にかなりの程度関わっている。生産機能だけに特化している支所に焦点を当てればネガティヴな評価になるのは当然である。しかし、複数事業所企業にいくつかの類型があるのみならず、複数事業所企業の事業所にもさまざまなものがありうる。このことを考慮して複数事業所企業と地域経済の発展との関係を考えるためには、複数事業所企業の全体構造を視野に含めた研究が必要である。そのためには、地域からの接近とは別に、企業からの接近という方法をとることも必要であろう。換言すれば、地域を特定して、そこに立地する事業所を大量に観察するという方法とは別に、企業を特定して、それがどのような地域にどのように関わっているかを研究するという方法も必要だと考えられる。そのことによって、大量観察では得られ

239

ない質的な詳細が明らかにされうるからである。ここにさらなる研究の余地が
まだあるといえよう。

　ところで、地域経済の発展にとって重要なことの1つは、生産諸要素が他
地域から流入するかどうかである。生産諸要素の中で空間的モビリティを持つ
ものは、資本、労働、技術（情報）である。支所が卓越する地域は、支所がな
かった時期と比べれば、本社の立地する地域から資本の流入を受けるので地域
経済にとってプラスであると評価することは可能である。しかし、後者にとっ
ては資本の流出を意味するからマイナスであると直ちにいえるわけではない。
その資本を遊休させざるをえなかったかもしれない以前と比べれば、資本を活
用したが故にそれが生み出す利潤の還流を受けてプラスの効果を受けると評価
しうるからである。他方、支所が卓越する地域は利潤の流出の故にマイナス効
果を受けるという評価も可能ではある。しかし、支所がなければ賃金俸給とし
て地元に残る部分すら存在しなかった以前と比べれば。プラスであると評価す
ることも可能である。

　同じく支所が卓越する地域でも、吸収合併によってそうなった地域にとって
は、上で指摘したようなプラスの関係は必ずしも成り立つわけではない。しか
し、吸収合併されなければ企業として存続しえなかったと考えれば、支所と
化すことが地域にとってマイナスであると直ちに言えるわけではないことにな
る。この考察から、支所が地域経済の発展にとってプラスかどうかという問題
を判定するには、比較の基準を明確にしておく必要のあることが分かる。と同
時に、ここでも前述したような意味で企業組織の全体構造に焦点を当てる研究
も必要であることが分かる。

　労働については、支所の設立の故にその流出を一定程度阻止する効果を当該
地域において持つ。しかし、他地域から労働力が流入してくるかどうかは別問
題である。結局のところこの点は、支所の設立の動機のなかに労働力の調達が
重要なものとしてあるか、それともそれ以外の動機、例えば販売市場の獲得が
あるかどうかということ、そしてまた当該地域の労働市場の状態がどうかによ
って変わってくる問題である。本社が卓越する地域では機能特化の故にこれま
でなかったような産業あるいは企業が生まれ、それが新たな労働力の流入を招
来するかもしれない。支所が卓越する地域でも、その機能の種類によってはそ
うした可能性がないとは言えない。

第6章　西ドイツ工業における企業内空間分業と地域経済

　技術については、生産技術であれ組織に関わるイノベーションであれ、本社の卓越する地域がほぼ常にその発生の地であり、支所の卓越する地域がその流入地域ということになろう。しかし、後者の中には、その機能の故に、逆にそうしたイノベーションの発生の地となるところもありえよう。

　以上の素描から、複数事業所企業が生産諸要素の空間的モビリティにどのように影響し、地域経済にどう影響するかば、かなりの程度、企業を構成する各事業所の持つ機能によって変わってくることが理解されるであろう。いずれにせよ、資本と労働が流入してくる地域は発展しつつあるということができるし、イノベーションについては、流入地域よりも発生地域こそ発展の可能性を持っているといえよう。資本についてもこれとやや性格の似ているところがあり、その流出地域というよりも送出地域の方が、流入地域よりも主導権を握っていることは確かである。

　それにしても、これらの空間的モビリティのある生産諸要素の動きはどのようにして測定できるのであろうか。労働の移動は比較的容易に測定できるとしても、資本とイノベーションの移動の測定はかなり困難である。しかし、個別企業の事業所の配置と機能を同定すれば、地域というマクロレベルの経済についてはともかくとして、企業というミクロレベルの経済についてはそれらの移動をおさえることができる。ここにも、マクロ的指標のみによる研究だけではなく、個別企業を前面に出した研究の1つの価値が見出せると言えよう。

　複数事業所企業の全体構造を視野にいれた研究を行なうためには、これまでの多くの研究がそうであったように匿名の多数の企業に関する集計的研究ではなく、固有名詞をもつ特定の大企業の歴史的研究が必要である。「企業の地理学」という旗印のもとでなされた研究はそのような認識に基づいているはずであるが、例えばジーメンスとミュンヘン地域経済との関連を論じた Krumme（1970）ですら、その具体的成果に疑問なしとしないものがある。本章に引き続き、筆者は、西ドイツ大企業のひとつであり、しかもミュンヘン経済、あるいはバイエルン経済を考える際に見逃すことのできないジーメンスの立地行動を論じる予定である。

　付記：本稿は、1988.89 両年度にわたって、Alexander von Humboldt-Stiftung の研究奨学生として従事した研究の成果の一部である。西ドイツ滞在の機会を与えて

241

くれた同財団と法政大学に感謝する。また、この論文の末尾で予告したジーメンス社とミュンヘン経済およびバイエルン経済との関連については、山本（1993）『現代ドイツの地域経済―企業の立地行動との関連―』法政大学出版局で論じたので参照いただきたい。なお、この拙著の228頁以下に呈示したバイエルン州の地図の下に示したスケールを、「100、200km」と誤記した場合が多い。正しくは「50、100km」である。

第7章　東西ドイツ統一間もない頃の国土構造と社会状況

1. 多極分散型の国土構造

　現代ドイツの国土構造の特徴は、よく知られているように、多極分散型というところにある。主要大都市圏とこれを補完する中規模の都市圏の分布を示した図7-1から、そのことが一目瞭然である。この地図では、人口100万人を超える大都市圏が6角形で示され、それら大都市圏とは別の景観的にも機能的にも独自性を持つ人口10万人以上の都市圏が4角形で示されている。ただし、人口規模だけでみれば、100万人以上の大都市圏としてライン・ネッカーとケムニッツ／ツヴィッカウを含めなければならない。また、ハノーファ、ドレースデン、ブレーメンは人口70万人前後規模である。大都市圏については、人口規模に応じて6角形の大きさが異なる。さらに、中規模の都市圏も含めて、各都市圏の間で通勤やビジネスなどのためにどのような人口流動があるかが示されている。この流動は主として鉄道旅客の動きを示しているものと考えられる。航空旅客の動きは例えばミュンヘン〜デュッセルドルフ間など、もっと遠隔地にある大都市圏どうしをむすぶ流れの方が重要であるし、乗用車流動は、各大都市とその周辺との間での流動が最も密であるはずだが、それらの動きがこの地図には表れていないからである。

　この地図から、ケルン、デュッセルドルフ、ボン、エッセン、ドルトムントなどを含むライン・ルール地域が最大の都市圏となっていることがわかる。この大都市圏は人口1100万人を上回っている。これとかなりの距離をおいて、人口200万人前後以上の大都市圏が、北からハンブルク、ベルリン、フランクフルト・アム・マインを中心とするライン・マイン、シュトゥットがルト、ミュンヘンと5つ存在している。そして、それら大都市圏の中間に、ハノーファ、ブレーメン、ライプツィヒ、ドレースデン、ライン・ネッカー（マンハイム、ルートヴィヒスハーフェン、ハイデルベルク）を初めとする中規模の都市圏が分散的に位置している。まさしく多極分散型の国土構造を現代ドイツは取っていることがよくわかる。

243

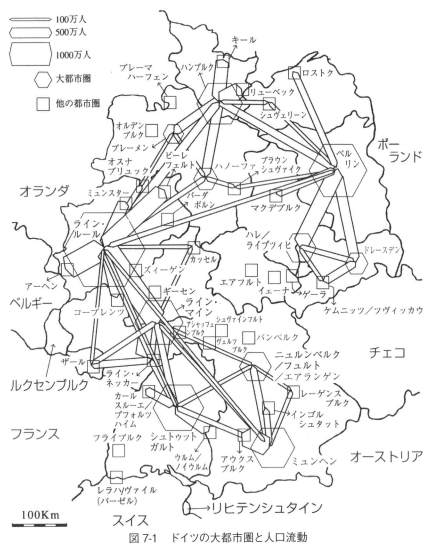

図 7-1 ドイツの大都市圏と人口流動

出所：Bundesministerium für Raumordnung, Bauwesen uind Städtebau (1994：31)
注：人口流動は 1993 年の 1 年間における大都市圏間の人の移動規模の概略を両矢印の太さで示している。原典ではカラー印刷。

第7章　東西ドイツ統一間もない頃の国土構造と社会状況

　上述した制約はあるが、これら都市圏の間の人口流動からみた連結性もはっきりとみて取ることができる。最も太い連結はビーレフェルト、ミュンスター、アーヘンなどからライン・ルール地域につながり、ここからライン・マイン地域を経てライン・ネッカー地域、さらにはシュトゥットガルトに至る軸線上にみられる。この軸を北のハンブルクと南のミュンヘンに延長した線がドイツの大動脈を表現している。

　他方、旧東ドイツ領域ではベルリンを中心として、南部のハレ・ライプツィヒやドレースデンとの間の流動が重要である。この図は1993年のデータを基にして描かれたものだが、かつての東西ドイツ間の流動は、ベルリン～ハンブルク間を除けばまださほど大きくなっていないことがわかる。アウトバーンを走るトラックの台数もライン・ルール、ライン・マインからライン・ネッカーの各大都市圏を経てシュトゥットガルトに至る区間で最も多く、またその密度も濃い（図7-2）。

　図7-1から読み取ることができるわけではないが、ドイツの国土構造を理解するためには、最大の大都市圏であるライン・ルールがベルリン、ハンブルク、ミュンヘンなどと違って多核心構造を取っていることを知る必要がある。ライン・ルール地域はケルン、デュッセルドルフ、エッセン、ドルトムント、デュースブルクなどの人口50万人を上回る大都市やボンなど多くの中小都市から成り立っているが、これら諸都市の間には農村が広がっている。そのため諸都市は独自性を強固に保ちつつ、しかも密接に連結しているという構造になっている。さらに言えば、独自の都市形成史のゆえにエッセン、ドルトムント、デュースブルクなどのルール工業地域の大都市内部も多核心構造になっているのである。

　ゲマインデのレベルでの多核心という特徴はルール工業地域の大都市に固有のものであり、ドイツの他の大都市にはさほど顕著でない。しかし、大都市圏内の多極分散という特徴は旧西ドイツ領域で第2の大都市圏であるライン・マインやこれに次ぐシュトゥットガルト、さらにはライン・ネッカーやニュルンベルクにも存在している。多極分散型という特徴が国家スケールの空間だけでなく、大都市圏スケールの空間でも、場合によっては都市自治体スケールの空間でもみられるという重層性がドイツの国土構造の特徴なのである。

　しかし、そうした多極分散型という特徴が常に安定していたわけではない。

245

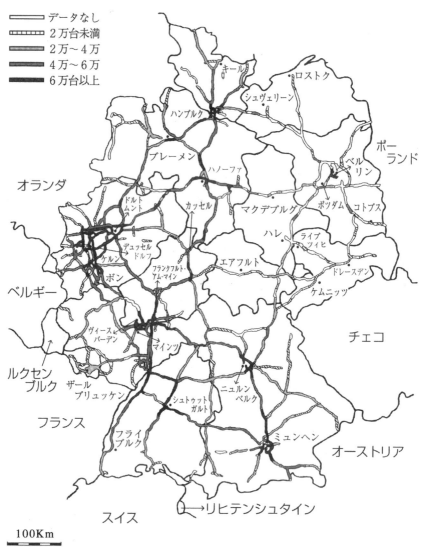

図 7-2　ドイツのアウトバーンにおけるトラック流動（1日当たり）
出所：Schmitz（1993：871）

第 7 章　東西ドイツ統一間もない頃の国土構造と社会状況

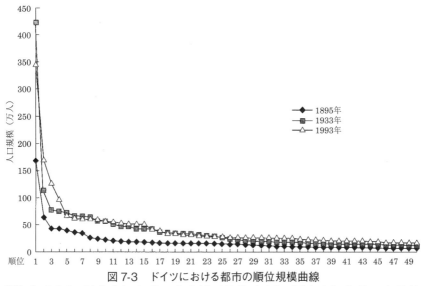

図 7-3　ドイツにおける都市の順位規模曲線

資料：Statistisches Jahrbuch für das Deutsche Reich 1900、Statistisches Jahrbuch für das Deutsche Reich 1934、及び Statistische Jahrbuch Deutscher Gemeinden 81 Jg., 1994 より筆者作成。

むしろ、一極集中の方向に変化する時代もあった。1871 年のドイツ帝国成立以降ナチス政権の時代まで、しだいにベルリンに政治権力のみならず経済的な支配力も集中する傾向がみられた。

図 7-3 は、第 2 帝政時代、ナチ支配下の時代、及び現在のドイツにおける国土構造の特徴を、都市の順位規模曲線を描くことによってみたものである。これは横軸に人口規模でみた都市の順位を取り、縦軸にゲマインデとしての都市の人口を取り、上位 50 都市をプロットしてそれをつないだものである。いうまでもなく、第 2 帝政時代のドイツではベルリンがすでに他の都市をはるかに上回る大都市になっていた。しかし、第 2 位都市のハンブルクの人口の 2.7 倍程度でしかなかったし、その後の合併によって面積が拡大した状態を考慮して比べれば、大ベルリンは大ハンブルクの 2.5 倍程度の規模でしかなかった。しかもこの両都市に続く規模を持つミュンヘン、ライプツィヒ、ブレスラウ、ドレースデン、ケルンが、人口 30 万人以上の都市として、ベルリンとの相対比において決して極端に小さかったわけではない。

ところがナチス政権が誕生した直後のドイツになると、ベルリンは他の大都

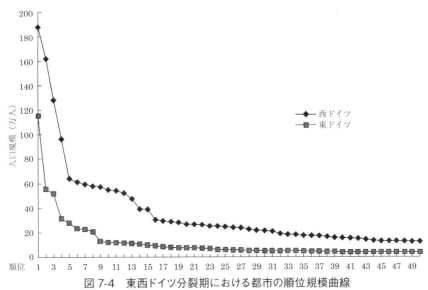

図 7-4　東西ドイツ分裂期における都市の順位規模曲線

資料： Statistische Jahrbuch Deutscher Gemeinden 69 Jg., 1982 と Statistisches Jahrbuch der Deutschen Demokratischen Republik 1990 より筆者作成。

市を圧倒するようになっていた。第2位都市のハンブルクの約3.7倍の人口規模を示すようになったし、後にアルトナやハールブルクを合併する大ハンブルクと比較しても大ベルリンは約2.9倍の人口を抱えるようになっていたからである。ケルンやミュンヘン以下の大都市とベルリンとの差も大きくなったことが、図7-3からはっきりと読み取れる。

　しかし、このようにベルリンへの集中度が高まる傾向は東西ドイツの分裂によって完全になくなった。西ドイツは言うまでもなく、政治的には中央集権的だった東ドイツですら、少なくとも人口規模でみれば第2次世界大戦以前のドイツにおけるベルリンの卓越性に比べて、東ベルリン及び西ベルリンの東西ドイツ各々の国土に占める比重は減退していた（図7-4）。

　ちなみに、統一以後のドイツにおける都市規模からみた国土構造を同様のグラフで確認しておこう。図7-3と図7-4の対比から分かるように、東西ドイツ分裂時代の西ドイツに比べれば、明らかにベルリンの比重が増大した。しかし、第2次世界大戦以前のドイツに比べれば、第2位以下のすべての大都市はベルリンに対する比重を高めているのである。

第7章　東西ドイツ統一間もない頃の国土構造と社会状況

しかし、そうした多極分散型という特徴が常に安定していたわけではないことはすでにみたとおりである。そうだとすれば、東西ドイツ統一後の国民国家たるドイツ連邦共和国でもベルリンへの集中化傾向が再現する可能性がないとは言えない。事実、1991年6月20日に連邦議会において統一ドイツの首都をベルリンとすることが決定され、その後、首都建設のために膨大な資金がベルリンに注ぎ込まれ、現在、この都市はヨーロッパ最大の建築現場となっている。ベルリンが名実ともに首都となれば、多極分散から一極集中の方向にしだいにドイツの国土構造が変化していく可能性を簡単に否定しきることはできない。

そこで、この問題を考えるための材料として、ベルリンへの首都移転決定について考えてみよう。実はこの問題に関して、興味深い分析がボン大学の地理学教授（Laux 1991）によってなされている。そこで、それを紹介してみたい。

2. ベルリンへの首都移転決定に表れた地域主義意識

統一ドイツの首都をベルリンとするかボンとするか。この問題は連邦議会で激論の末に議員の投票で決せられた。その結果、ベルリンに票を投じた者が328人、ボンをよしとする者が320人という僅差でベルリンが首都と決定された。なお、そのほかに、保留1、無効票1があった。この議員たちの投票行動は、どのような要因によって左右されたのだろうか。

日本ではベルリンかボンかという二者択一で争われたかのようにマスメディアは報じていた。しかし、実際には首都の決定に関する動議は5つ提出された。第1は、ベルリンに連邦議会を移転するが連邦政府はボンに残すという案である。これはキリスト教民主同盟（CDU）内部のリベラル派から提出された案である。この案に対しては議会制民主主義の機能確保の観点から反対動議が出された。第3案は、民主的社会主義党（PDS）から提出された連邦議会と連邦政府の即時ベルリン移転案である。最終的に第1案は否定され、第3案は撤回された。連邦議会議員による二者択一の議案として提出されたのは、結局のところ「ドイツ統一の完成」を標榜するベルリン案と、「連邦国家的解決策」とみなされるボン案だった。

そのベルリン案とは、連邦議会の所在地はベルリンとするが、連邦政府はベルリンに所在する議会に対して責任を全うするための施策を講じ、政府機能の

249

中核部分をベルリンに移転することによってその政治的プレゼンスを確保することを期待する、という内容だった。したがって、ベルリンを首都にするといっても、ボンもまた連邦共和国の行政センターとして機能すべきことを含む案だった。これに対していわゆるボン案は、連邦議会と政府はボンに留まるが、大統領府と連邦参議院をベルリンに移転し、しかも連邦機関のいくつかをベルリン以外の新しい州、すなわち旧東ドイツ内各地に移転するという内容だった。

この2つの代替案に対してどのような議員がどのような見解を述べたかについて、ここでは触れない。重要なことは、ベルリン案がドイツ統一を完成するという意味を持つとされ、またここに名実兼ね備えた首都があることによって旧東ドイツ領域全体の経済的社会的開発がよりうまく、より迅速になされる、と考えられたということである。他方でボン案は、ボン共和国こそが安定した民主主義の建設に成功したし、諸都市や諸地域の間で均衡のとれた発展を実現させる連邦主義の仕組みを確固たるものとしたという意味を持たされたということである。

さて、投票の結果をより詳細にみたのが表7-1である。ここから、最大の政党であるCDUがどちらかといえばベルリン案に、最大野党である社会民主党（SPD）がどちらかといえばボン案により多くの賛成者を出したものの、両政党とも2つの案の賛成者がほぼ拮抗していたことがわかる。これに対してベルリンから遠く離れたバイエルンの政党たるキリスト教社会同盟（CSU）ではボン案支持者が圧倒的に多く、逆に旧東ドイツ領域出身者で固められたPDSと、やはり1990年暮れの総選挙で旧西ドイツ領域では敗北したために旧東ドイツ領域出身者が多くなっていた「連帯90・緑の党」においてベルリン案が圧倒的に支持されたことがわかる。自由民主党（FDP）ではベルリン案支持者の方が多かった。

議会の議論では、各政党の主要人物即ち戦前を体験している年配の議員がベルリン支持の論陣を張り、ボン共和国の体制の下で育った若手の議員がボン案支持を表明していたために、年齢が投票行動を左右したのではないかという仮説も考えられた。しかし、この仮説は完全に間違っていた。どの年齢層でも2つの案の支持者が拮抗していたからである（表7-2）。

いったい、議員の投票行動を左右した要因は何だったのだろうか。これはすでに示唆したように、議員の地域へのロイヤリティによっているものと考えら

第7章　東西ドイツ統一間もない頃の国土構造と社会状況

表7-1　統一ドイツの首都決定投票に際しての政党別議員の投票行動

	CDU	CSU	SPD	FDP	PDS	連帯90／緑の党	無所属	合計
ベルリン案	145	9	110	53	15	6	—	338
ボン案	123	41	126	26	1	2	1	320
保留	—	—	1	—	—	—	—	1
合計	268	50	237	79	16	8	1	659

出所：Laux (1991：741)

表7-2　統一ドイツの首都決定投票に際しての年齢別議員の投票行動

	30歳未満	30歳台	40歳台	50歳台	60歳以上	合計
ベルリン案	6	44	120	132	35	337
ボン案	5	33	134	115	32	319
合計	11	77	254	247	67	656

出所：Laux (1991：741)

れる。全国で328ある小選挙区の投票によって選ばれた議員のなかでボン案に賛成票を投じた者がどの小選挙区から選出されていたかをみたのが図7-5である。ここにはかなりはっきりとした空間的パターンが出現している。ボン案賛成者は統一ドイツの西部と南部に集中していたのである。北部と東部ではベルリン案支持者が圧倒的に多かった。これはある意味で当然の投票行動である。首都に近い地域は、そのことによる経済的社会的効果を受けるからである。東部選出の議員がベルリンを、西部選出の議員がボンを支持するのは、よく言えば地域主義、悪く言えば地域エゴの発想に基づいていたと考えられる。

それではベルリンからもボンからも遠く離れている北部選出の議員がベルリン案を支持し、同様に遠隔地の南部バイエルン選出議員の多くがボン案を支持したのはなぜだろうか。これもまた、歴史と地理の交錯から説明できよう。言うまでもなく北部は首都をベルリンとしていたプロイセンに属する時代が長かったし、バイエルンは反プロイセン意識を昔から現在に至るまで強固に持ち続ける人々が多く住んでいる地域である。さらに東西ドイツの分断とこれによって後背地を失ったがゆえに第2次世界大戦後以降の経済成長が鈍化したハンブルクを中心とする北部は、ベルリンへの首都移転効果を受けてかつてのような成長の享受を期待したと十分考えられる。

他方、西ドイツのなかで実質的な首都として機能してきたボンが、首都とい

251

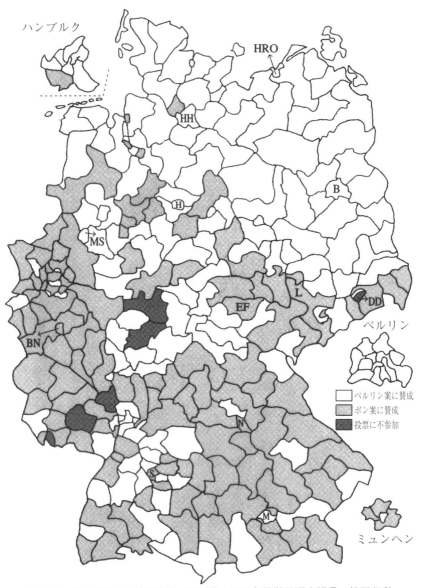

図 7-5　統一ドイツの首都決定投票に際しての小選挙区選出議員の投票行動
HH：ハンブルク、B：ベルリン、H：ハノーファ、MS：ミュンスター、HRO：ロストク、BN：ボン、EF：エアフルト、
DD：ドレースデン、M：ミュンヘン、S：シュトゥットガルト、L：ライプツィヒ、N：ニュルンベルク
出所：Laux (1991：742)

表 7-3　統一ドイツの首都決定投票に際しての政治的出身地域別にみた議員の投票行動

	西部		南部		北部		東部	
	票数	％	票数	％	票数	％	票数	％
ベルリン案	72	30.5	54	33.8	88	80.7	124	81.0
ボン案	164	69.5	106	66.2	21	19.3	29	19.0
合計	236	100.0	160	100.0	109	100.0	153	100.0

出所：Laux（1991：741）

うにはあまりに小規模であり、かといってベルリンを首都と呼んでも空疎にひびくだけの時代に「秘密の首都」と呼ばれたミュンヘンは、東西ドイツ分裂時代に空前の経済発展を遂げた。首都が名実ともにベルリンになればもはや「秘密の首都」と呼ばれることもなくなり、経済的繁栄もプロイセンのベルリンに奪い取られかねないと多くのバイエルンの小選挙区選出者は考えたであろう。

　旧東ドイツ領域のなかでも、ザクセン、テューリンゲン、ザクセン・アンハルト選出の議員がかなり多くボン案に賛成したのも地域主義的行動によっている。東西ドイツ分裂時代に東ベルリンや北部ドイツに比べて冷遇されることの多かったこれらの地域では反ベルリン意識が強かったし、なによりもボン案は単純なボン首都案ではなく、旧東ドイツ各地に連邦機関を配置する案でもあったのである。旧東ドイツ領域のなかで連邦機関を受け入れうる都市は、都市の分布密度が濃く第2次世界大戦以前にその伝統を持っていたライプツィヒを擁する地域にある、とこの地域選出の議員は考えたと思われる。

　結局のところ、小選挙区選出の議員は169対153でわずかにボン案賛成者が多かった。これに対して比例代表で選ばれた議員全体をみると、185対151でベルリン案賛成者が多かった。しかし比例代表といってもそれは州単位で選出される。そこで比例代表と小選挙区選出すべての議員の選出地域をドイツの西部、南部、北部、東部の4つに分けてみると、明らかに西部と南部の議員はボン案を、北部と東部選出の議員はベルリン案を、各々圧倒的に支持していたことがわかる（表7-3）。

　もちろん以上の説明だけでは、なぜベルリンから最も遠く離れたドイツ南西部のバーデン・ヴュルテンベルクの小選挙区選出議員のかなり多くが、またヘッセン州北部やノルトライン・ヴェストファーレン州東部、テューリンゲン州西部選出の議員の多くがベルリン案を支持したのか分からない。ここで紹介している論文を書いた地理学者はバーデン・ヴュルテンベルクの現象を、コール

首相の最有力後継候補者と目されているショイプレ議員の影響力によっていると筆者に教えてくれた。

それはともかくとして、確かに議員の投票行動は政治的な出身地域に対するロイヤリティだけで説明できるわけではないが、この要因が非常に強く働いていたと考えられる。統一完成のシンボルであるとか、ボン民主主義と地方分権・連邦制の擁護であるとかという政治理念のレベルだけで、各議員は投票行動を決定したわけではない。

このような各議員の地域主義的意識と行動は統一後のドイツの国土構造の変化に影響を与えるだろうか。これについては残念ながらはっきりしたことは言えない。かつてベルリン案に強固に反対したバイエルンのCSUは、その後、連邦参議院もベルリンに移転すべきだと主張するようになったからである。連邦参議院の立地については、1991年7月5日にいったんボンに決定したが、その後の情勢の変化を踏まえてこの決定を見直すことがありうることも当時決定されていた。その見直しを主導したのがCSUなのである。

これは連邦制の最も重要な保証装置である参議院がベルリンから遠く離れたボンに位置することによって、連邦政府に対する参議院の影響力が弱まるかもしれないことを懸念しての主張であろう。その動機がいずれにあるにせよ、CSUがそのように主張するとすかさずノルトライン・ヴェストファーレン州は、連邦参議院がボンに残るべきだと発言してきた。結果的には、1996年9月27日に13州の賛成をもって連邦参議院もベルリンに2000年までに移転することが決定された。ボンに留まるべきだと主張したのは、ノルトライン・ヴェストファーレン州、ラインラント・プファルツ州、ザールラント州のみだった（*Süddeutsche Zeitung* 28/29.9.1996）。

連邦参議院のこの決定をもって、直ちにベルリンへの集中が一層進展すると結論できるわけではない。確かに、連邦参議院のベルリン移転によってボンの雇用機会は悪化する可能性があるし、逆にベルリンのそれは数値的には上昇するであろう。しかし、連邦参議院のベルリン移転は中央政府たる連邦政府に対する連邦参議院の影響力確保の意味を持っているとみてよい。そして、連邦制が実質的に維持されればベルリン一極集中は簡単には生じえないと考えられる。

確かなことは、地域主義の意識が政治家はもちろんのこと、一般市民の間で

第7章　東西ドイツ統一間もない頃の国土構造と社会状況

も非常に強いということである。それゆえ、東西ドイツ分裂時代に西ドイツで
形成されて強化された多極分散型国土構造は、この要因を一つの理由として簡
単には崩れないと考えられる。

　さらに注意しなければならないことは、現在の旅客流動パターンや貨物流動
パターンから容易に推察されるように、たとえベルリンが人口規模で他の都市
を圧した大都市だとしても、いまや西ドイツ領域で形成された大都市圏連合の
方がはるかに重要な意味をドイツの経済社会に対して持っているということで
ある。この理由からも、多極分散型国土構造は、ベルリンが名実ともに首都に
なった後においても簡単には崩れないであろう。

3. 生活の質と国土構造

　多極分散型国土構造の下で、生活の質の地域格差はどのようになっているの
であろうか。この点についていくつかのデータに基づいて考えてみたい。

　まず、1人当り所得水準からみてみよう。図7-6は世帯可処分所得を1人当
りで計算し、それを地図化したものである。ここから、ドイツの平均よりも
25%以上高い1人当り所得を享受している地域がハンブルクとその周辺、デ
ュッセルドルフ、ケルン・ボンとその周辺、シュトゥットガルト、ミュンヘン
など、旧西ドイツ領域の主要大都市圏にみられることが分かる。そのほかに、
ニュルンベルク大都市圏のなかのエアランゲン（電気電子機械工業のドイツ最
大メーカー、ジーメンスの本社機能の一部が立地）や、保養都市として伝統
のあるバーデン・バーデンも最高所得地域に属している。さらに、ベルリンで
は西ベルリンの高級住宅地が位置する南西部もこのレベルにあるのに対して、
その他の西ベルリンは第2位水準に、東ベルリンは平均的な水準にあることも
興味深い。全体としてみると、所得水準の高い地域は旧西ドイツ領域の経済的
な大動脈にそって分布しており、最も低い所得水準の地域は旧東ドイツの広範
な農村的地域に分布している。全国平均を下回る地域は旧西ドイツ領域のニー
ダーザクセン州、ヘッセン州、ラインラント・プファルツ州、バイエルン州な
どの農村的地域にも広範に広がっている。

　雇用機会の多寡も生活の質の重要な一側面である。失業率という指標でこれ
を判断すると、旧東ドイツの北部の農村的地域や、ザクセン・アンハルト州か
らテューリンゲン州にかけての農村的地域が最も劣悪な状況にある（図7-7）。

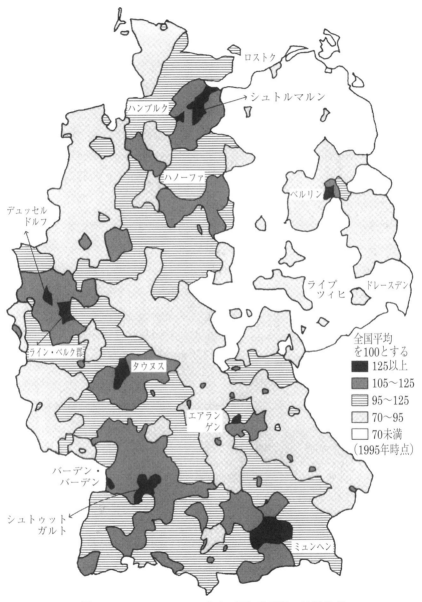

図 7-6　ドイツにおける1人当り可処分所得の地域格差
出所：Süddeutsche Zeitung (7.9.1995)

256

第 7 章　東西ドイツ統一間もない頃の国土構造と社会状況

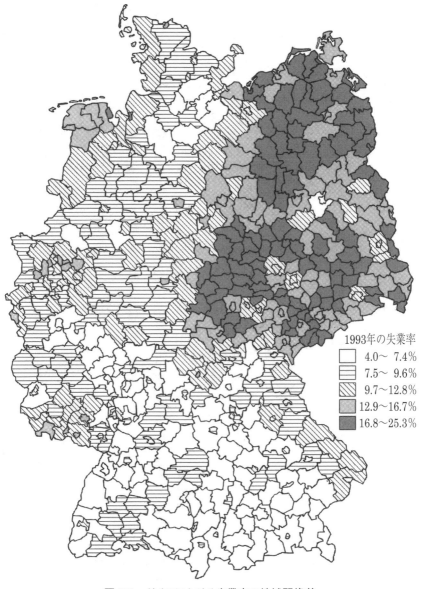

図 7-7　ドイツにおける失業率の地域間格差
出所：Korczak (1995：71)

もちろん、旧東ドイツ領域全体がドイツ全体の平均的失業率を大幅に上回っている。そのなかでポツダムとその近郊が、旧西ドイツ領域のなかで高い失業率を示す地域、例えば最北西端部のオランダとの国境地域やルール工業地域北部、ザールラントなどよりもかえって低い失業率であることが注目される。東西ドイツ分裂時代の西ドイツに存在していたいわゆる南高北低の雇用機会[1]は現在でも存在しているが、旧東ドイツの大半で失業率が高いためにその南北格差は目立たなくなっていることが明らかである。

　大気汚染という環境条件でみた生活の質はどうであろうか。その1つをみたのが二酸化硫黄の汚染状況である（図7-8）。二酸化硫黄は主として火力発電所や工場から排出される。その汚染は必ずしも汚染排出源と同じ場所で発生するとは限らないが、二酸化硫黄が大気のなかに蓄積集中すると気管支系や角膜の病気などの障害を引き起こすだけでなく、温室効果による地球温暖化の問題につながるし、酸性雨の原因ともなって森林の死や建築物の劣化を引き起こす。これらの意味で、最も劣悪な環境条件にある地域は、1993年においてもなお旧東ドイツの南部工業地域、即ちザクセン・アンハルト、ザクセン、テューリンゲンに存在している。他方、旧西ドイツ領域でもライン・ルール工業地域、ザールラント、ライン・マインからライン・ネッカーにかけての地域、北海沿岸で二酸化硫黄の汚染度が比較的高い（Korczsak 1995：56）。

　二酸化窒素も大気汚染の重要な原因の1つである。その主要発生因は、火力発電所や工場施設での脱窒素装置の設置以降、自動車の排気ガスとなっている。排出される二酸化窒素のうち道路交通に起因する割合は1970年には31%だったが、1991年には54%に上昇した。窒素酸化物は特に乳幼児の健康に悪い影響を与えるし酸性雨の原因ともなる。酸性雨による建築物の劣化による被害はドイツ全国で年間23億マルクにのぼると見積られている。有名なケルンの大聖堂の被害は、年間500万マルクにのぼる。確かに、窒素酸化物の汚染は1970年に比べて近年では45%以上も減少したが、世界のなかでドイツはこの問題が最も大きな国の1つである。しかも全体として窒素酸化物の汚染が減少したとはいえ、その地域的集中の度合いはかえって進んでいる。それは、ライン・ルール、ライン・マイン、シュトゥットガルト、ミュンヘン、ニュルンベルクなどの主要大都市圏であるが、それだけでなくライン川中流域、ヘッセン州中部、バイエルン州北西部の農村的地域も二酸化窒素の汚染がひどい。

258

第7章　東西ドイツ統一間もない頃の国土構造と社会状況

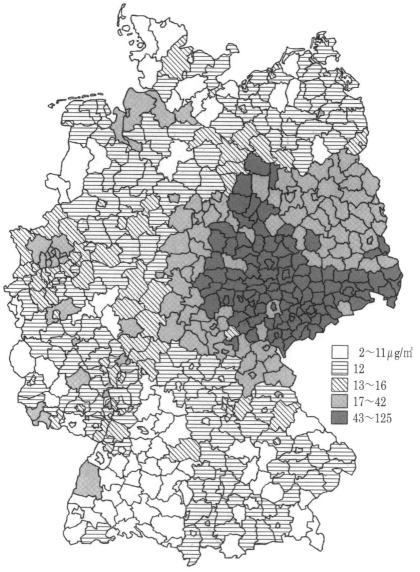

図 7-8　ドイツにおける二酸化硫黄の汚染度の地域間格差
出所：Korczak (1995：57)

旧東ドイツ領域では相対的に汚染度の低い地域が広範に広がっているが、テューリンゲン州北部がひどい状況にある（図7-9）。大気の逆転層が発生しやすい盆地状の山間部では、二酸化窒素の汚染が昂進するので、このような自然条件も影響を与えているものと考えられる（Korczsak 1995：58）

　生活活の質は、決して所得水準や雇用機会などの経済的側面や環境汚染だけで決定されるものではない。文化施設や福祉・医療施設の充実、さらには犯罪や事故などから生命や財産がどの程度守られているか、ということもそれに密接に関連している。これらの点をすべて考慮して一つの「生活の質」指標にまとめることが果たして適当かどうか議論がありうる。生活の質を構成する各側面に応じて観察すべきであって、全く性格の異なる現象を一つの数値にまとめることによって重要な側面が見落とされることにつながるからである。

　このような問題をあえて無視して一つの「生活の質」指標にまとめた研究結果をみてみよう（図7-10）。ここから、ドイツ全体のパターンは大都市圏で生活の質が高く農村部で低いということが分かる。特に旧東ドイツの中部から南部にかけての農村部において生活の質が著しく低い（Korczsak 1995：159-163）

　とはいえ、大都市圏の中心都市において生活の質が最も高くなっているのではない。全国を543地区に分けたなかで、上位20位以内に入っているのはミュンヘン（第7位）とシュトゥットガルト（第18位）だけである。上位50位以内という範囲にまで広げて、ようやくケルン（第31位）、デュッセルドルフ（第33位）、フランクフルト・アム・マイン（第38位）が顔を出すだけでしかない。ベルリンは第55位、ハンブルクは第60位でしかない。トップクラスに位置する地域はテュービンゲン、ボン、ミュンスター、シュトゥットガルト近郊のルートヴィヒスブルクやエスリンゲン、カールスルーエ郡部、ウルム、デュッセルドルフ近郊のメットマンやノイスなど、大都市圏内の中小都市や、独自の中小都市圏を構成している地域である。これは上位50位までをみても言えることである。

　このような生活の質に関する空間的パターンは将来の人口移動の動向に影響を与えうると考えられる。即ち、より高い生活の質を求めて居住地を決定しようとするならば、ドイツでは大都市圏が肥大化する方向には向かわないということである。国土に占める大都市圏の比重が著しく減退することは考えられないが、その大都市圏のなかでは中心都市ではなく既に圏域内に含まれている中

第7章　東西ドイツ統一間もない頃の国土構造と社会状況

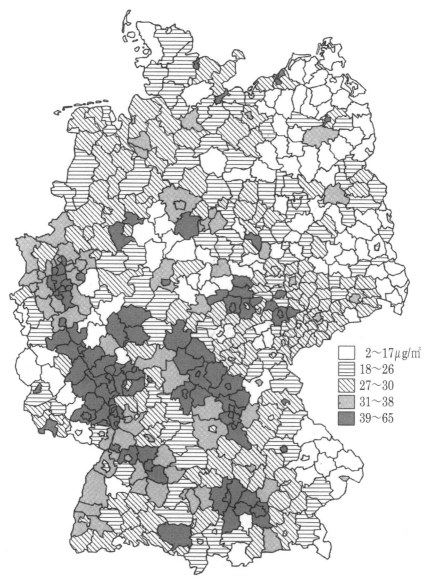

図7-9　ドイツにおける二酸化窒素の汚染度の地域間格差
出所：Korczak (1995：59)

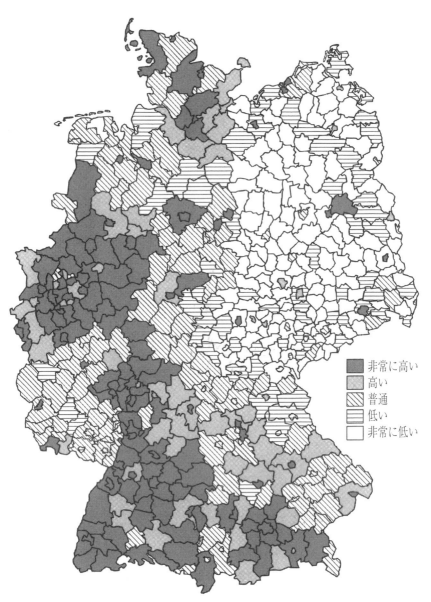

図 7-10　ドイツにおける「生活の質」の地域間格差
出所：Korczak (1995：161) での 8 段階区分を 5 段階区分にして簡略化。

第7章　東西ドイツ統一間もない頃の国土構造と社会状況

小都市に、そして大都市圏には属さずに独自の圏域を持つとともに高い生活の質を享受しうる中小都市に向かう人口移動の流れが予想される。とはいえ、ドイツ人の国内での居住地移動は日本やアメリカなどと比べてそう頻繁になされるわけではない。そうであればなおのこと、多極分散型という国土構造に大きな変化が起きるとは考えにくい。

いずれにせよ、現存の多極分散型国土構造を撹乱する要因があるとすれば、それは国際的な人口移動であろう。外国人労働者、アウスズィートラー（旧東欧諸国や旧ソ連領域内に先祖代々居住してきたドイツ人の血統を引くとみなされ、かつドイツに移住してドイツ国籍を得る人々）、難民など、さまざまな国際的な人口流入を経験してきたドイツは、グローバリゼーションが一層進展すると考えられる世界のなかで今後も国境の外からの人の流入を経験するであろう。そしてそうした国際人口移動の波を吸収する地域は、吸収するだけの経済的基盤（雇用機会）と社会的基盤（住宅と人的ネットワーク）がある大都市であろう。このような大都市圏への国際的な人の流れが活発化すれば、既存の構造が変質する可能性もでてくる。

4. 東西ドイツ統一間もない頃の社会状況

1991年夏に、筆者は旧東ドイツの領域を垣間見る機会に恵まれた。もっとも、この旅行の目的は本節の標題にそったものではなかったので、統一後のドイツの変化を調べるべく準備をして行ったわけではないし、そのために必要な資料を集めたり専門家との会話をしたりしたわけでもなかった。

とはいえ、統一後の変化に対する関心は持ち合わせていたので、この眼でその一端を確かめるべくバイエルン州との境に位置するテューリンゲンの小都市ゾネベルクに立ち寄った。この都市を選んだのは、ミュンヘンからベルリンに向かう筆者の旅程スケジュールにとって都合よかったからであるが、それ以上に、かつてこの町と一つの経済圏を形成していた現在のバイエルン州最北端部と合わせ見ることによって、単にこの1年間の変化のみならず、1948年以来の異なる体制下での発展の違いも瞥見できるかもしれないと期待したからである。

さらに、ドイツ第3の大コンツェルンであり世界的に見ても有数のエレクトロニクス企業であるジーメンスが、実はすでに戦前、このテューリンゲン南

263

東部からバイエルン最北端部にまたがる地域内の各地に投資していたという事実にひかれたのも、この地を訪問した理由の一つである。ゾネベルクにも、ここからわずか 3km 強しか離れていないバイエルンの隣町ノイシュタット・バイ・コーブルクにも、当時ベルリンに本社を置いていたジーメンスは工場を配置していたのである。

　後者の工場は現在に至るまで存続し、同社の光ケーブル製造部門の拠点となっている。もちろん、ゾネベルク工場は「人民所有」という名の国営工場と化したはずである。他方、ジーメンスの本社は戦後ミュンヘンに移転し、これを軸にしてかつての後進地域バイエルンはハイテクランドとして躍進しているのである。

4.1. かつての国境の町ゾネベルク

　さて、このかつての国境地帯は第 2 次世界大戦中に爆撃を受けていない。そのため、都市のたたずまいは戦前のそれと同じである。わずかな距離しか離れていないとはいえ、ゾネベルクとノイシュタト・バイ・コーブルクとはもともと異なる領邦に属していた。しかも 40 年間という分裂もあった。そこで、筆者はこの二つの小都市が多少とも異なる景観を示すものと予想していた。

　ところが、両都市の家屋の様式や建材はほとんど同じであり、家屋の立ち並び方も酷似していた。これはある意味で当然である。というのも、ノイシュタットを含むバイエルン最北端部のコーブルク地方は、地理的・歴史的にはゾネベルクと同様テューリンゲンに属する地域であり（ゾネベルクもコーブルクもテューリンガーヴァルトという山地の南麓に位置する）、また領主の系譜からいえばザクセンにつながる伝統を持つ土地であって、第 1 次世界大戦後に初めてバイエルンに帰属した場所でしかないからである。

　しかし、ノイシュタットの多くの家屋の窓が近代的な 1 枚ガラスに変わっているのに対して、ゾネベルクのそれは昔ながらの十字形の木枠が窓ガラスの中にあるというものがほとんどという違いがあった。それ以上に、町の匂いが違うことを指摘しておきたい。夏というのに、ゾネベルクの町中では石炭あるいは褐炭を燃やす匂いがしたのである。旧西ドイツ領域でも石炭暖房を用いている住宅はまだあるが、町中の通りで石炭の匂いがするところはほとんどない。ところが、ゾネベルクは、10 数年前の冬にプラハやクラクフの町中で経験し

264

第 7 章　東西ドイツ統一間もない頃の国土構造と社会状況

たのと同様、石炭燃焼の匂いがするのである。

　道路の状況も決してよくない。西側をバスで走ると、たとえハンガリー製の
イカルスであろうと流れるが如くであるが、東側ではたとえベンツのバスで
あっても決して乗り心地はよくない。鉄道も、旧西ドイツ領域では軽く時速
100km を越えるスピードが出るのに対して、旧東ドイツ領域ではたとえ平地
の比較的まっすぐな線路の上であっても、せいぜい 50km 程度の時速でしか
ない。

　これらの事例は、インフラストラクチャーの整備や住宅の近代化の度合いに
東西間で大きな格差が生じていること、そしてたとえ政治的に統一したといっ
ても、それが解消されるにはまだかなり長い年月がかかるであろうことを示唆
している。

　ところで、ゾネベルクはテューリンガーヴァルトの南東麓に位置する人口 3
万人たらずの小都市である。ここでは 19 世紀末から、低賃金労働力や近在の
資源を利用した玩具工業が発達した。第 1 次世界大戦前には、玩具工業都市
として少なくともヨーロッパの中で名を馳せた都市である。そのためかなり早
い時期に工業学校が設立された。現在、この建物は玩具博物館として利用され
ているが、ニュルンベルクやミュンヘンの玩具博物館と比べて収集品の質や量
において優るとも劣らず、労働生活史という観点からも興味深い展示物がある。

　旧西ドイツ領域にある博物館で昼休みがあるようなところを寡聞にして筆者
は知らないが、ゾネベルクの玩具博物館はきっかり 12 時から 1 時まで昼休み
をとっていた。これは、東西ドイツが合併する以前からそうなのであって、見
方を変えれば少なくともこのような公的施設で働く人々の労働慣行は、合併後
もあまり大きく変わっていないことを示しているといえよう。筆者は 11 時 55
分ころに博物館に到着したが目の前で係員が施錠すべく入口のところに立って
おり、12 時きっかりに扉を閉めてしまった。

　この町の玩具博物館はぜひとも見学したいと思っていたので、しかたなく散
策で時間をつぶし、12 時 55 分ころに戻ってみると、入口付近には見学しよう
という親子づれがすでにかなり来ていた。ゾネベルクは決して観光都市といえ
るほどではないし、したがって観光客本意のサービスがなされていなくとも不
思議なことではないかもしれない。しかしこのことから、旧東ドイツ領域のサ
ービス業の質が西側並みになるには、いましばらく年月を必要とするだろうと

265

筆者は感じた。

　展示の中身が変わるはずはないが、解説文の調子も依然としていかにも社会主義的だった。たとえば、人形は良妻賢母を育成するための道具として発達したという解説や、1910年代のゾネベルクでは年端もいかない子供が学校にも行かせてもらえずに、玩具制作の一端を担ったし、子供の死亡率が非常に高かったという記述がそれである。

　人形の社会史的解釈の当否を判定する力を筆者は持ち合わせていないし、ゾネベルクで子供が今世紀初めの時点で賃労働に従事していたことは疑う余地のない事実であるが社会主義下の子供たちがこの玩具博物館を訪れ、そのような解説文を親や引率の先生が読んで聞かせてやれば、資本主義に対する社会主義の優位性を子供に教えるという効果を持ったであろうと容易に想像できる。ちなみに、そのような解説文はニュルンベルクの玩具博物館にもミュンヘンの玩具博物館にもない。

　ところで大きな変化を感じ取れるものもある。都市の景観でそれが最もはっきりするのは小売店の変化である。旧東ドイツの小売店は国営か協同組合の経営になるものがほとんどだったが、これらはすでにほとんど消滅し、かわって西側の大資本が入り込んできている。他方、空になったショーウインドーを無残に見せている閉鎖された小売店も少なくない。

　なかには、刃物師として精巧な刃物工芸品を作ったり刃物修理で生計を立てたりするとともに食器の小売りをしていた職人が、その業務を続けながら、西側の食器大メーカーの委託販売をも兼ねるようになったという事例もある。社会主義下のテューリンゲン地方で唯一、そのような技術を持ちかつ個人営業を続けてきたリュツェルベルガ氏の工房を筆者は幸運にも見学することができた。氏の作品は驚嘆に値するほどすばらしいものであるが、「前の体制のもとで職人稼業はすっかりだめにされた」という彼の言葉は、偶然の訪問から2か月ほどたった現在でも覚えている，

4.2. 意識の変化

　いま3つほどエピソードを記すことを許されたい。ベルリンに向かう車中で、イェーナから40代と思われる婦人と相席になった。彼女はフランクフルト・アン・デア・オーデルの人で、スペインやギリシアなど各国から集まった芸術

第7章　東西ドイツ統一間もない頃の国土構造と社会状況

表 7-4　旧西ドイツと旧東ドイツの市民の意識の違い

質問項目	その通りと回答した %	
	西の市民の比率	東の市民の比率
西ドイツは東ドイツを植民地のごとく征服したか？	31	63
西の市民は豊かであるにも拘わらず分かち合うことを身につけていないか？	39	64
東は西の商品の販売市場としてのみ見られているか？	55	92
非常に多くの西の市民は、東の市民よりも賢いと自任しているか？	56	82

出所：Der Spiegel (1991) Nr.30, 22. Juli, S.28.

家たちとの会議を終えて帰る途上にあった。彼女に、いま東の人たちは東西ドイツの統一を喜んでいるだろうかと率直に尋ねてみた。答は、喜んでいる人もいるし不安を持っている人もいる、というものだった。喜ぶ理由は何と言っても自由な社会になったからであるが、不安は失業やさまざまな社会保障政策の劣悪化にあるというのである。

　ベルリンでは、公共資金による住宅改善の事業をやっているベルリン市100% 出資の会社で広報の仕事をしている婦人の話が印象的だった。彼女は西の人間であり、東西ドイツ統一後は住宅水準の劣悪な東ベルリンなどの住宅改善の仕事にも関心を抱かざるをえない立場にある。彼女は、東の人たちの考え方は依然として自分たちとはあまりにも違うので、一緒に仕事をすることができないほどである、と断言したものである。

　シュトゥットガルトでも、大学で言語学の教鞭をとっていたこともあり、現在は同市の副市長の職務にある FDP の女性が、「私たちはここに以前から住んでいるトルコ国籍を持つ同胞市民を、東の人たちよりずっと良く理解できるし、うまくやっていける」と、同市に住むトルコ人の団体を代表する立場にある人たちの目の前で筆者に語ったほどである。

　上記の体験談は個人的なものでしかなく、これだけではどこまで客観的なのかどうかにわかに判断することはできない。そこで、『デア　シュピーゲル』誌の委託で 1991 年半ばに実施された世論調査の結果をみてみよう。これは東西各々について千人のサンプルをとって調査されたものである（表 7-4）。

　それによると、西の市民の東の市民に対する共感度は 1 年とたたないうちに大きく減退した。非常にシンパシーを感ずるを＋5、まったくシンパシーを感じ

267

ないを－5と評価すると、1990年秋には平均＋2だったのが、＋1.1に下がっ
てしまったのである。西の市民のフランス人に対するそれは＋2、アメリカ人に
対しては＋1.9、オーストリア人に対しては＋1.7、ロシア人に対してですら＋1.2
であるのに、である。西の市民と東の市民が互いに近しく感じるようになった
とするのは、西の市民で51％、東の市民で45％でしかない。逆に疎遠に感ずる
ようになったとする者は西で36％、東で50％にも達する。東では、西の市民を
占領軍兵士のごとく傲慢であるとみる者が多いのに対して、西では東の市民が
怠惰であり、自分たちの力で何かをなし遂げようとするよりも、西の援助を受
けることで幸運をつかもうとしているとみる者が多いのである。

4.3. 労働市場の変化

　上にみたように、統一後の大きな変化として、東西の市民のお互いを見る目
が変わったことを挙げざるをえない。しかし日本のマスメディアも報道してい
るとおり、ドイツとりわけ旧東ドイツ領域での統一後の最も大きな客観的変化
は、失業の激増と外国人排斥運動であろう。そこで、まず公表された統計によ
って失業の動態を見てみよう。表7-5から失業急増のようすがわかる。それは
政治的に統一した10月になって初めて発生したのではなく、すでに7月に始
まっている。通貨・経済・社会同盟が7月1日に発足し、東の経済が西に完
全に組み込まれたからである。
　単に東の生産物が西のそれと競争しえないほどに質的に劣っているという
ことだけがその根底にある理由ではない。実勢としては西のマルクの3分の1
以下の価値しかなかった東のマルクを、政治的判断で1対1で交換したつけ
がすぐ表面化したからである。というのは、7月以降に生産性と生産物がすぐ
変わるわけではないのに、賃金だけが急騰したことになり、これはいやおうな
しに東側のすべての事業所に経営危機をもたらすという効果を持ったはずだか
らである。
　東の失業率が大きく上昇したいま一つの理由は、旧来の東の生産物の市場で
あったソ連や東欧諸国の経済状況が悪化した結果、販路を失ったことに求めら
れる。どの理由がより重要であるにせよ、東の生産が落ち込んだことは事実で
あるし、他方で東の住民も必要な商品を購入しなければならないので、また購
買力も上のような通貨交換や充実した失業手当てなどの故に増大したために、

第7章　東西ドイツ統一間もない頃の国土構造と社会状況

表 7-5　旧東ドイツ領域における労働市場の動向

| 年月 | 失業者数 | 失業率% | | 求人数 | 操業短縮対象者数 | | |
		男性	女性		総数	75%以上の操短	50~75%の操短
1990年 5月	94,807			54,000			
1990年 6月	142,096	1.6		41,372			
1990年 7月	272,017	3.1		27,728	656,277		
1990年 8月	361,286	4.1		20,426	1,499,872		
1990年 9月	444,856	5.0		24,289	1,728,749	204,990	352,704
1990年10月	536,800	6.1		24,737	1,703,782	221,878	377,951
1990年11月	589,178	6.7		23,781	1,709,899	262,165	383,542
1990年12月	642,182	7.3	6.4	8.2	21,630	1,795,264	292,628	445,225
1991年 1月	757,162	8.6	7.6	9.6	22,963	1,840,639	389,952	510,408
1991年 2月	786,992	8.9	7.9	10.0	20,788	1,947,059	472,047	580,896
1991年 3月	808,349	9.2	8.0	10.4	20,879	1,989,815	514,363	607,491
1991年 4月	836,940	9.5	8.2	10.9	22,854	2,018,907	521,869	620,562
1991年 5月	842,285	9.5	8.0	11.2	25,327	1,968,477	533,987	595,579
1991年 6月	842,504	9.5	8.0	11.2	31,733	1,898,937	542,269	579,870
1991年 7月	1,068,639	12.1	9.8	14.5	40,253	1,615,893	459,499	455,149
1991年 8月	1,063,200	12.1		43,500	1,449,000		
1991年 9月	1,029,000	11.7		43,000	1,333,000		

資料：下記資料に基づいて筆者作成。
　　Amtliche Nachrichten der Bundesanstalt für Arbeit, 38 Jg., Nr.12, 1990.
　　Amtliche Nachrichten der Bundesanstalt für Arbeit, 39 Jg., Nr.1, Nr.6, Nr.8, 1991.
　　Süddeutsche Zeitung, 5.7.1991, 5.9.1991 und 9.10.1991.

東の住民の商品需要が西の企業を潤す結果になった。

　そのため西では、それ以前からの好況と重なって労働力不足が一層顕在化した。旧西ドイツ領域では東西ドイツ統一の故に外国人労働者が不利な立場におかれ、帰国せざるをえないような状況が生まれるのではないかとわが国の多くの識者が予測したし、そのような論調の報道もなされた。しかしこれまでのところ、その予測に反して すでに合法的に居住し働いている「ガストアルバイター」が少なくとも経済的な理由で不利な立場に追い込まれているわけではない。

　むしろ、「ガストアルバイター」だけでは足りず、東の住民を専用送迎バスで100km 以上の距離を越えて通勤させる事態も生まれているのである。それでも不足する労働力を得るために、これまで労働を禁止してきた庇護権請求者を動員し、さらにチェコスロバキアやポーランドなどから季節的労働に限定してではあるが労働力を導入するほどに、西における生産活動は活況を呈している。

269

なお、東からの通勤者は、9月時点で10万人を越えている。また、旧西ドイツ政府は、政治的庇護権を利用して流入する経済難民の数を抑えるべく、1980年代に庇護権請求者に対する労働禁止政策を強化してきたにもかかわらず、1991年夏から労働許可を与える方向に転換したのである。ところで、1991年4月から失業の発生が底をうったかにみえるが、7月に再び急増した。これは確かに、1991年春ころになると西側からの投資効果が出てきたこともあるが実は解雇からの保護に関する協定が6月末まで有効だったことにもよっている。操短労働者数も減少しつつあったか、失業と実態的にはほとんど変わらない75％以上の操短を受けている労働者の数がじりじりと増え続けたことは、その間も失業が実質的に増え続けたことを意味している。

　ただ、8月、9月は失業者数も増えず、操短労働者数はむしろ減少したことから、6月ころに危惧されていた1991年末における40数％の実質失業率という事態には至らないかもしれない。しかし、冬になれば季節的な要因で失業が増加することを考慮すれば、実質的に30％を越える失業率という危機的状況に変化はない。

　この失業を、失業率と失業者数に対する求人数の比率の2つに照らして旧東ドイツで設定された諸州の間で比較すると、ザクセンとテューリンゲンが比較的良好な位置にあることがわかる（表7-6）。この理由の1つは、この地域が西の中で労働力不足の著しいバイエルンとヘッセンに隣接しているので、そこからいわゆるスピルオーバー効果を得やすい地理的位置にあるからだし、最も労働力不足の著しいバーデン・ヴュルテンベルクも含めて上の諸州に長距離通勤しやすいため、その効果を部分的に受けているからでもあろう。東ベルリンとブランデンブルクの失業者数に対する求人数の比率も若干高めになっているのは西ベルリンからのスピルオーバー効果という可能性がある。

　しかしそれ以上に、ザクセンとテューリンゲンが西を含めて考えても本来ドイツの工業地域として最も伝統あるところであり、社会主義時代にあっても代表的な工業地域としての地位を保ち続けてきたため、西側企業が投資するとしたならば、そうした基盤が著しく欠けている旧東ドイツの北部よりも、南部の遺産を利用した方がよいという判断があるからであろう。事実、ジーメンスや自動車エレクトロニクスのトップメーカーたるボッシュ、あるいは先端産業の代表である航空機生産メーカーは、民営化を進める信託公社からザクセンやテ

270

第7章　東西ドイツ統一間もない頃の国土構造と社会状況

表7-6　旧東ドイツ領域における州別労働市場の状況　1991年7月

州名	失業者数	失業率%	求人数	操短者数	求人数／失業者数（%）
メクレンブルク・フォーアポンメルン	143,635	13.9	4,749	188,734	3.3
ブランデンブルク	165,097	12.1	6,658	238,815	4.0
ザクセン・アンハルト	197,747	12.2	6,477	318,827	3.3
ザクセン	288,198	10.9	9,977	497,299	3.5
テューリンゲン	174,254	12.0	8,354	304,347	4.8
東ベルリン	99,708	14.0	4,038	67,871	4.0

資料：Amtliche Nachrichten der Bundesanstalt für Arbeit, 39 Jg., Nr.8, 1991.

ューリンゲンに立地する事業所を購入したのである。

　化学工業都市ハレの中央駅間近にたつ10階建てほどのオフィスビルに、ジーメンスの旗がなびいていたのはいかにも印象的であった。かつてベルリンを本拠としていたジーメンスは、ニュルンベルクの重電メーカーを吸収し、両都市の中間に位置するザクセンとテューリンゲンに膨大な投資を大戦間期に行なったが、第2次世界大戦後は東西分割の故にやむをえずバイエルンを中心として発展してきた。しかし統一後はこのかつての第2あるいは第3の拠点ともいうべきザクセンとテューリンゲン、そして隣接するザクセン・アンハルト南部にすばやく投資を開始したのである。

　これに比べれば、もともと工業立地のための有利な条件を持っていない旧東ドイツの北部には、西からの本格的な投資も少ない。しかも、社会主義時代の北部に立地した工業は、地域間平等を図るための地域政策に基づくものが少なからずあったはずだし、その故にある種の無理をしての立地だったが故に、社会主義の崩壊後はより急速に衰退せざるをえなかった。たとえば、県庁都市として戦後急成長したノイブランデンブルク市に立地する工業は軍需の性格を持っており、国家としての東ドイツが崩壊したために南の工業よりも急速に衰退せざるをえない構造を持っていた。

4.4. 外国人排斥運動の激化

　さてもう1つの大きな客観的変化である外国人排斥運動については、紙数の関係で詳細に論ずることができない。ここではいくつかの特徴と留意点を簡潔に記すだけにとどめたい。この夏から秋にかけて激発した外国人に対する暴

271

力騒動は、まず西よりも東において、その東の中では北よりも南、とりわけザクセンにおいて 1990 年秋から著しくなった外国人排斥運動に端を発していると言ってよい。この地域性の説明は難しいが、もともと体制に対する不満を持っていた若者が、社会主義体制の崩壊とともにその不満を解消したのではなく、新たな不満を持つようになり、そのはけ口を外国人に求めたという点をおさえておく必要がある。

　ところが最近上のような地域性はうすれて、全国に等しくその動きが広がりつつあるように見受けられる。その説明もまた難しい。しかし、これまでも、旧西ドイツで急激な異邦人流入が生じた時には外国人排斥運動が高揚したのであって、最近の動きを単純に統一のつけと直ちに断じうるわけではないということを指摘しておきたい。外国人に対する暴力は、外国人の中でもまず庇護権請求者として滞在しているものに向けられている。暴力騒動の発生の地理的分布と庇護権請求者収容所の地理的分布は類似しているのである。

　とはいえ、外国人排斥運動が「ガストアルバイター」に向けられていくことも十分考えられる。実際、部分的にはすでにそのような事態も生じている。ある調査によれば、旧東ドイツ領域の若者の 4 割は外国人を厄介者と感じており、反感を感ずる程度はアラブ人、ポーランド人、黒人に対してよりも、勤勉に働くベトナム人とすでに西側で経済的に成功しているトルコ人に対しての方が高いのである。しかも、ライブツィヒ市の青少年の約 4 分の 1 は、外国人排斥運動を正当と考えているほどである。

　旧来から西ドイツではネオナチの動きがあったが、現在これがかなり多くの青少年を引きつけ、しかも多くの場所で優勢になりつつあることは紛れもない事実であるし、これが東西ドイツの統一の故に顕在化したことも否定できない。この動きを防ぐには、モラルに訴えるばかりでなく、経済的な向上を図る必要がある。それも旧東ドイツ領域の経済だけでなく、世界的にも貧困と政治的紛争に苦しんでいる国や地域の経済を向上させなければ根本的な解決には至らないであろう。

第8章　ドイツの中小企業政策と地域経済

1. はじめに

　わが国では、西ドイツ時代も含めたドイツの中小企業政策の内容については比較的よく知られている。例えば清成（1983：19）は、1980年代初めにおける西ドイツ中小企業の特徴と問題点を指摘し、この国の中小企業政策が市場経済の担い手としての中小企業の育成によって「経済活性化と失業の克服」をめざすものであり、CDU（キリスト教民主同盟）が1982年に連邦政府の政権を握ってから積極的に推進されつつある、と述べている。もちろん、CDUが政権を握っている州では、1970年代後半頃から中小企業振興策が積極的に採られつつあったことも指摘している。近藤（1982）も、西ドイツ政府の資料に依拠して、「市場経済的生産様式の確保、補完、修正」（p.4）たる構造政策の中に中小企業政策が位置づけられていることを詳細に紹介した上で、清成と同様のことを指摘している。

　その後、近藤は西ドイツの中小企業政策について、1982年論文を踏まえつつ、研究開発と技術革新施策の側面から西ドイツの中小企業政策と（近藤1985a）、技術開発団地（Technologiepark）建設を通しての技術革新政策（近藤1985b）を紹介した。また、新しい技術に対応する企業の新設を重視しかつそうした企業が顧客のニーズを汲み取るからこそ成功すると主張するHorst Albachの所説を紹介し（近藤1987）、ラインラント・プファルツ州の事例を踏まえて地域振興政策と中小企業との関連を問題にする論考（近藤1989）を公表した。清成（1990）もまた、新しい技術を駆使する企業の創業支援という点に、近年のドイツの中小企業政策の重点があることを、バーデン・ヴュルテンベルク州に着目して指摘した[1]。

　吉田（1993）も、現在のドイツの中小企業政策の重点が創業と技術革新の支援にあることを論じ、連邦政府のそれは一般的枠組みの整備に力点があるので州政府や都市自治体の政策を具体的に見ないとドイツの中小企業政策は理解できないとして、特にベルリンの事例[2]を詳しく紹介している。なお、そ

273

の具体例を述べる前に、今日的な意味での中小企業政策がすでに 1970 年代の
SPD と FDP の連立政権下で構想されたこと、また西ドイツで最初の技術移転
センターがルール大学に設置されたことを指摘しており、政権党の違いと中小
企業政策との関連が清成の主張どおりでは必ずしもないことを読み取ることが
できる。

　以上の邦文文献の簡単なレビューから、ドイツの中小企業政策の概要は我が
国でよく知られていることが分かる。しかし、そうした政策が地域経済の実態
とどのようにかみあっているのかという問題は、必ずしもよく知られているわ
けではないと思われる。というのは、これまでの研究は、制度の解説や政策実
施のために設立された機関の紹介に重点が置かれており、地域経済の実態と政
策との関連まで踏み込んだ調査研究がなされているわけではないからである。

　この点、ドイツでは、中小企業政策と地域経済の実態との関わりについて、
踏み込んだ調査研究が経済地理学者を初めとする研究者によって行われてい
る。本章の目的は、そうしたドイツ人研究者の既往の研究を紹介し、その上で
日本人研究者がドイツ中小企業研究を行なう際にとるべき視点を探るというと
ころにある。ただし、ドイツ人研究者の研究成果を網羅的にレビューするわけ
ではない。ここで取り上げる文献の大半は 1980 年代の実態を扱ったものでし
かない。それゆえ本章は、今後の研究展開のためのプロローグとして位置づけ
られるにすぎない。

2. ドイツ中小企業の概観と経済政策におけるその位置づけ

　本章の主題に入る前に、手短にドイツ経済のなかで製造業部門の中小企業が
どの程度の比重を占めるのか概観しておこう。

2.1. 中小企業の定義とその比重

　近藤（1996：333）によれば、ドイツでは中小企業概念の明確な量的規定
も質的規定もないとのことである。しかし、近藤は、ミッテルシュタント
（Mittelstand）即ち中間層という概念が中小企業に相当するものとして用いら
れており、所有と経営の一体性を意味するこの概念が、中小企業の質的規定と
して一般に受け入れられていることを強調している。

　この概念は実質的に第 2 次及び第 3 次産業部門における中小零細企業を意

第8章　ドイツの中小企業政策と地域経済

表 8-1　コメルツ銀行による中小企業の規定

部門	企業規模	販売額	雇用者数
工業	小	年間 200 万マルク未満	50 人未満
	中	200 ～ 2500 万マルク未満	50 ～ 499 人
卸売業	小	年間 100 万マルク未満	10 人未満
	中	100 ～ 5000 万マルク未満	10 ～ 199 人
小売業	小	年間 50 万マルク未満	2 人以下
	中	50 ～ 1000 万マルク未満	3 ～ 99 人
交通通信・手工業 その他サービス業	小	年間 10 万マルク未満	2 人以下
	中	10 ～ 200 万マルク未満	3 ～ 49 人

出所：Smith（1994：419）

味している。Smith（1994：419-420）によると、表 8-1 のような基準がミッテルシュタントにあてはまるが、他方、連邦経済省による中小企業の定義はつぎのようになっているという。小規模企業とは年間販売額が 100 万マルク以下、雇用数が 49 人以下の企業をさし、中規模企業とは年間販売額が 100 万～ 1 億マルク、雇用数が 50 ～ 499 人の企業をさす。この意味での中小企業は、1990 年代初め時点の旧西ドイツ領域に 190 万あるが、大企業の数は 3600 ほどしかない。また、中小企業の雇用数は 1200 万人にのぼり、すべての民間部門の企業によって雇用される人数の 3 分の 2 に上っている。また、すべての技能実習生の 80％は中小企業によって訓練を受けている。民間部門の国内総生産の 50％、総投資額の 40％が中小企業によっている。このように、ドイツ経済における中小企業の比重はかなり大きなものであることが、Smith（1994）から読み取れる。

　しかし、それは中小企業が一般に大きな比重を占める商業やサービス業も含めた数値である。1987 年に西ドイツで行われたセンサスをもとにして作成した表 8-2 から、製造業における従業員 499 人以下の中小企業の比重は決して高くないことが分かる。同年の日本の製造業では、従業員数 499 人以下規模の企業の比重が約 72％だったのに対して（清成ほか 1996：28）、西ドイツでは 53％でしかなかったのである。しかも西ドイツでは、経済成長を牽引してきた部門、すなわち化学、鉄鋼・機械・自動車等、電気機械などでは中小企業の比重が一段と低かったのである。

　やや古い資料ではあるが、1984 年時点での鉱工業の地理的分布を見ると、ノルトライン・ヴェストファーレン州、バーデン・ヴュルテンベルク州、バイ

275

表 8-2　西ドイツの企業規模と産業部門　1987 年 5 月 25 日

産業部門	西ドイツ全国 企業数	就業者数	1～9人規模 企業数 %	就業者数 %	10～19人規模 企業数 %	就業者数 %	20～499人規模 企業数 %	就業者数 %	500人以上規模 企業数 %	就業者数 %
0　農林水産業	28,195	137,958	89.5	53.3	7.2	19.1	3.4	27.1	0.0	0.5
1　エネルギー・上水供給・鉱業	3,010	485,183	61.2	1.2	11.0	0.9	24.0	14.7	3.8	83.2
2　製造業	336,561	8,581,947	73.9	10.2	13.0	6.8	12.6	36.1	0.5	47.0
20　化学	4,121	645,858	51.2	1.2	14.6	1.3	30.2	19.4	4.0	78.1
21　合成物質・ゴム製造	8,145	374,816	51.5	4.6	18.3	5.5	29.0	48.2	1.3	41.7
22　土石・セラミックス・ガラス	14,883	327,437	72.1	11.2	12.8	7.9	14.6	46.1	0.5	34.8
23　金属製錬・加工	29,625	652,734	79.0	11.7	10.7	6.5	9.9	32.9	0.4	48.9
24　鉄鋼・機械・自動車・造船・事務機器・情報処理機器	60,706	2,520,583	67.1	6.3	15.2	4.9	16.8	29.6	0.9	59.2
25　電機・精密機器・光学機器・鉄ブリキ金属製品・楽器・運動具・装飾品・フィルム	52,270	1,779,947	72.7	7.0	12.3	4.9	14.2	32.4	0.8	55.7
26　木工・製紙・印刷	58,353	816,470	77.2	19.3	12.2	11.6	10.4	49.6	0.3	19.6
27　皮革・繊維・衣服	47,952	614,798	85.2	14.6	5.6	5.9	8.9	54.7	0.3	24.7
28　食品・タバコ	60,506	849,304	71.9	23.9	18.4	17.1	9.5	42.5	0.2	16.5
3　建設業	181,598	1,864,592	75.9	28.2	15.0	19.4	9.1	43.5	0.1	8.9
4　商業	585,073	3,878,928	90.6	37.6	5.7	11.3	3.6	30.9	0.1	20.2
40／41　卸売業	108,245	1,199,091	80.0	22.8	10.5	12.7	9.4	51.7	0.1	12.7
42　仲介業	74,543	164,793	98.7	80.0	0.9	5.1	0.4	9.9	0.0	4.9
43　小売業	402,285	2,515,044	91.9	41.9	5.3	11.0	2.7	22.3	0.1	24.8
5　交通・通信	81,039	1,513,583	85.7	12.7	8.2	5.9	6.0	17.5	0.1	63.9
6　金融・保険	80,052	979,435	93.7	14.1	1.9	2.1	4.1	30.3	0.3	53.4
7　サービス業	802,325	4,474,212	92.5	48.7	5.2	11.8	2.3	25.0	0.1	14.5
71　ホテル	212,243	944,665	92.9	63.1	5.2	15.0	1.9	18.3	0.0	3.6
72　養護施設	2,641	52,780	52.1	10.5	21.4	14.6	26.4	70.6	0.2	4.3
73　クリーニング・理容・写真スタジオ・他の個人サービス	98,687	403,028	93.9	67.1	4.7	14.6	1.4	14.7	0.0	3.7
74　清掃・廃棄物処理	16,440	616,247	80.2	6.2	5.9	2.1	12.3	39.2	1.5	52.4
75　教育・科学・文化・スポーツ・娯楽	66,989	310,430	94.7	46.4	3.2	8.9	2.0	25.9	0.0	18.8
76　出版・新聞	6,887	155,408	81.6	9.4	7.1	4.2	10.6	41.0	0.7	45.4
77　医療・保健	123,110	696,885	93.2	69.4	5.7	12.0	1.1	13.5	0.0	5.1
78　税理会計・設計・測量・広告・調査・他の企業サービス	218,653	1,080,011	91.4	47.1	6.0	15.8	2.5	27.8	0.0	9.2
79　その他のサービス業（リース・不動産等）	56,675	214,758	95.2	54.4	2.8	9.6	2.1	31.1	0.0	5.0
合　計	2,097,853	21,915,838	87.2	24.8	7.4	9.4	5.2	31.4	0.2	34.3

資料：Statistisches Jahrbuch 1994 für die Bundesrepublik Deutschland, S.137 より作成

エルン州に集積している（Nuhn und Sinz 1988：69）。その中で、ハイテク関連は前2者への集中が顕著である（Sternberg 1995：206）。シリコン・バリアの異名をもつバイエルン州への集積はさほど高くない。しかしイノベーション創造力のある企業の比率という観点から見れば、バイエルン州南部とバーデン・ヴュルテンベルク州のシュヴァーベン地方の大部分とがほぼ連続したハイテク企業集積地域を形成している（Grotz 1989：267）。また、バーデン・ヴュルテンベルク州ではハイテク企業の絶対的集積の大きな地域と相対的比率の高い地域とがほぼ同じ空間に、すなわちシュトゥットガルトとその周辺に見出されるのに対して、ノルトライン・ヴェストファーレン州では絶対的集積の大きな地域と相対的比率の高い地域とは一致しない。前者はデュッセルドルフとケルンの両大都市圏に見出されるのに対して、後者はビーレフェルト、ミュンスター、アーヘン、ズィーゲンなどの、いわゆるライン・ルール工業地域から離れたところに見出されるのである（Grotz 1989：267）。

以上のような工業全般の地理的分布に対して、地域内で中小企業が比較的大きな比重を占めるのは、大都市圏ではなく農村的地域である。ノルトライン・ヴェストファーレン州はもちろん、バーデン・ヴュルテンベルク州やバイエルン州でも、大都市圏に立地する鉱工業についてみると、従業員規模100人未満の企業の就業者が地域内の鉱工業就業者数に占める割合は15%にも達していない。これに対して農村部ではおおむね15%を超えている（Nuhn und Sinz 1988：69）。

要するにドイツ経済を牽引してきた部門の製造業は、それも比較的大きな企業は、大都市圏に立地しているという構図なのである。このことは、中小企業と地域経済との関連を問題にするのであれば、大都市圏よりもむしろ農村部に注目すべきであることを意味することになる。

2.2. 経済政策における中小企業の位置づけ

中小企業は、ドイツの経済政策の中でどのように位置づけられてきたのだろうか。これについては、既に言及した邦文文献が多かれ少なかれ触れているので多くを述べる必要はない。ここでは、Leipold（1983）やSmith（1994）に依拠して、筆者なりに整理するにとどめる。

周知のように、ドイツの経済政策は社会的市場経済の思想によって特徴づけ

られる。社会的市場経済とは、その唱導者であるミュラーアルマック（Müller-Armack）の規定によれば、「競争的経済を基盤にして、市場経済の成果によって保障された社会的進歩に、自由なイニシャチブを結び付ける」ことを目的としている（Leipold 1983：35）。この思想は、社会的統合も重視し、市場、国家、社会集団という各々の領域の間の調整を重視すべきとしているが、経済の領域では市場が基礎的な秩序調整原理であるともしている。というのは市場こそが経済的自由と豊かさを最もよく保障するし、それゆえ社会保障の多様なシステムのための土台となるからである。したがって、国家は競争を促進する政策を取るべきであるとされる（Leipold1983：35-36）。しかし、アングロサクソン的なモデルでのレッセフェールが重視されるのではない。むしろ、競争的エネルギーが自由に行使されうる機会を作り出す、という意味での競争促進政策が重視されているのである（Smith 1994：17）。

　中小企業政策に引きつければ、経済力の集中、独占化への動きを持つ市場経済の中で、集中化に対していかにして中小企業の存在を保障していくかが問題となる。中小企業が活躍してこそ、競争に立脚した社会的市場経済が維持されうると考えられているからである（Smith 1994：418）。それゆえ、中小企業に対する支援は西ドイツでも伝統的になされてきている。しかし、経済政策的な立場から中小企業が特に注目されるようになったのは1980年代以降のことである。その理由は、1970年代に入ってから大企業の国内での雇用力が衰えてきたのに対して、中小企業のそれはむしろ維持されたからである。

　1970年代後半以降、西ドイツは国際的な競争、とりわけ新しい技術の開発・応用をめぐる日米との熾烈な競争を経験するようになった。と同時に、世界市場をめぐる新興工業国との競争も激化してきた。また、1980年代半ば頃まで西ドイツはそれまで経験しなかったほどの不況に見舞われ、失業問題が最大の社会問題になっていた。1980年代初めは失業率を引き下げることが経済政策の最優先課題であるとされていた時代である。その観点から、中小企業の雇用力が注目されたのである。表8-3から、製造業における雇用は全体として下落してきたが、その下落を促進したのが大企業、特に1000人以上の従業員規模を誇る大企業であることは明白である。中小企業の雇用数も減少しているがその減少率は小さく、それ故、製造業全体の雇用数に占める中小企業の比重は増大した。このような中小企業の実態に着目し、雇用維持のためには中小企業を

第 8 章　ドイツの中小企業政策と地域経済

表 8-3　西ドイツの製造業における企業規模別雇用シェア（単位：%）

企業規模	1970 年	1976 年	1977 年	1980 年	1983 年
20 〜　49 人	5.6	5.8	7.7	7.3	7.8
50 〜　99 人	6.9	7.3	8.2	8.1	8.2
100 〜 199 人	9.3	9.5	9.6	9.7	10.0
200 〜 499 人	15.5	15.4	14.9	14.8	14.8
500 〜 999 人	11.2	10.9	10.7	10.8	10.3
1000 人以上	51.6	51.1	49.0	49.2	48.9
製造業雇用数	8396.5 千人	7199.5 千人	7346.7 千人	7462.7 千人	6709.1 千人

出典：Bade (1987：72)

支援する必要があると考えられるようになったのである。

　既に述べたように、中小企業は相対的に経済水準の低い農村的地域の経済的
担い手であるという現実も、中小企業支援政策を政府が積極的に取る根拠とな
っている。つまり、経済的に立ち遅れている地域の開発のための有効な手段は、
その地元に存在している中小企業を支援することであり、地域の実情とは無関
係に事業所の設立・閉鎖を決定しうるところの、その地域とは別の所に意思決
定機能を置いている大企業に頼ることではないという考え方である。いわゆる
内発的開発が地域開発の重要な道であり、そのためには中小企業を支援する必
要があるという論理である。

　このような経済的背景から、技術と研究開発が企業自身によって重視される
と同時に、政府の側からの経済政策としても、大企業と比べて独自の技術開発
力を持ち難い中小企業に対して技術面での支援を行う方法が重視されるように
なった。商品化のための研究開発自体は企業が行うべきものとされているが、
新しい製品の開発と新しい生産技術のための基礎研究、新しい応用分野での現
代的技術の投入、既存の技術的知識の普及（技術移転）、技術指向の若い企業
の育成、という 4 つの分野は、政府が関与する政策領域であるとされるよう
になった（Grotz 1989：268）。

　その際、連邦政府は原子力発電、宇宙航空、エレクトロニクスといった大規
模プロジェクトに関わり、州政府は大学への資金供与（ドイツの大学は基本的
に州立）を通じて新しい技術の開発に貢献するという分担が、1970 年代半ば
まではっきりと取られていた。しかし、この方式だと政府からの支援は研究開
発のための自己資金を持つ大企業に対してなされ、中小企業がなおざりにされ

279

るという欠点があった（Grotz 1989：268）。

　そこで、各州政府は中小企業に対する技術面での支援を 1970 年代半ば頃から実行するようになった。バーデン・ヴュルテンベルク州がその最初である。1976 年にたてられたイノベーション支援プログラムの枠組みのなかで、1977 年からプロジェクトに対する助成が開始された。これに続いて、ノルトライン・ヴェストファーレンとハンブルクが同様の政策をとるようになった（Grotz 1989：269）。

3. 技術指向の中小企業支援政策
3.1. 連邦政府の技術支援政策

　連邦政府も又、1978 年にその政策を転換し、中小企業のための技術面での支援政策を進め始めた。その具体的内容を Bundesminister für Raumordnung, Bauwesen und Städtebau（1986）によって紹介しよう。

　まず、研究開発要員の人件費の 40％、1 企業あたり 12 万マルクを限度として補助する施策が 1979 年から開始された。これは、1984 年の連邦政府の決定により 1988 年まで継続することが決まり[3]、さらに販売額や従業員数に照らした研究開発要員の増員に対する助成（成長助成）もなされるようになった。この助成を受けることができるのは年間販売額 5000 万マルク未満、従業員数 500 人未満の中小企業である。ただし、成長助成の方は年間販売額 2 億マルク未満、従業員数 1000 人未満の企業に対してもなされ、その助成限度額は研究開発要員の増員分の人件費の 55％、25 万マルクまでとされた。

　この助成措置を 1985 年までに 15,000 を上回る企業が受けた。またその援助額は 25 億マルク弱に達した。実際の助成は、研究というよりも開発のための要員に対してなされた。平均的な研究開発要員数は 4.5 人であり、助成を受けた企業の半数以上は従業員 100 人未満である。その多くはいわゆる投資財生産部門の機械工業に属し、半数以上は大都市に立地していた。農村的地域には助成金額の 13％しか割り当てられなかった。助成対象となる企業は次第に大都市近郊ないし都市近郊地域に立地している傾向がみられるようになった（Bundesminister für Raumordnung, Bauwesen und Städtebau 1986：76）。農村的地域はこの施策の恩恵をあまり受けなかったと言える。

　第 2 に委託研究に対する助成がある。年間販売額 2 億マルク未満の企業に

よって第3者に対して委託される研究開発が助成対象となる。その第3者に
対して支払われる資金のうち30％（ただし年間販売額5000万マルク未満の
企業については40％）、12万マルクを限度として助成される。これは1978年
から導入された制度であるが、1982年から利用が大きく増加した。1984年か
らは年間販売額5億マルク未満の企業もこの助成を受けることができるよう
になった。こうして1983年とくらべて1985年には助成総額が3倍以上とな
った。1982年までに助成を受けた件数の半数以上は年間販売額2000万マル
ク未満の企業に対するものだった。また助成件数の3分の2以上は従業員数
250人未満の企業に対するものだった。機械工業や金属加工業に属する企業が
この制度をよく利用した。その地域的分布は、研究開発要員人件費助成の場合
と類似しているが、農村的地域や伝統工業地域の比重が漸増する傾向にあった。
ただし1984年以降農村的地域の比重は再び下がった（Bundesminister für
Raumordnung, Bauwesen und Städtebau 1986：77）。

　第3に、イノベーションコンサルティングに関するパイロットプロジェク
ト（技術支援機関・技術コンサルティング機関の設立運営）への助成が
ある。パイロットプロジェクトたるイノベーションコンサルティング・技
術移転機関が1970年代から全国で設立されて活動するようになった。この
機関の主たる担い手は商工会議所、手工業会議所、ドイツ経済合理化監督局
（Rationalisierungskuratorium der deutschen Wirtschaft）である。ほとんど
の州政府も技術コンサルティング機関や経営コンサルティング機関を設立して
いる。連邦政府は1976年以降そうしたパイロットプロジェクトを助成してき
たのである。そうした機関からの恩恵を特に農村的地域に立地する中小企業が
受けると期待されている。約20の大学と20の工科短期大学（Fachhochschule）
に設立された技術移転サービス所も含めて、1986年当時の西ドイツ全国で
約170の技術移転サービス所やイノベーションコンサルティング機関が活
動するようになった。さらにいくつかの州では、より掘り下げた技術的・
経営的コンサルティングを行う工科短期大学がある（Bundesminister für
Raumordnung, Bauwesen und Städtebau 1986：77-79）。

　第4に、連邦政府と州政府の共同課題「地域経済構造の改善」[4]という政策
のなかに、イノベーションに関連する追加支援というものがある。1981年以
来、この施策によって、経済構造の改善を図るべきと指定された地域で研究開

発などの高度な職場が作られ、少なくとも5年間働く人員を雇用する投資がなされるならば、その投資に対して一定の条件のもとで補助金が支給されている（Bundesminister für Raumordnung, Bauwesen und Städtebau 1986：80）。

　連邦政府の中小企業支援政策は、以上の叙述から分かるように、決してCDU政権下でなされ始めたというわけではない。また、すべての中小企業というよりも農村的地域に立地する中小企業への技術支援が特に期待されていたと言える。

3.2. 地方政府等の技術支援政策

　Schütte（1985：147）によれば、州政府の技術支援政策にはイノベーションの企画に関する資金助成と技術移転の支援の2つがある。都市レベルの自治体も含めれば、上の2つに技術指向の起業支援を含めた3つの領域から地方政府の中小企業支援政策が構成されている。以下、順次これらについて解説しよう。

3.2.1. 資金助成

　資金助成に関する具体的内容は、Schütte（1985：150）によれば以下のとおりである。

- 新しい製品を初めて製造するか、あるいは新しい生産技術を初めて応用する新しい企画が支援対象となる。
- その企画は技術的に見て成功することが確実であり、中期的に見て経済的な利用が期待されるものであること。
- その企画は国民経済的な意義を持っていること（経済全体からの需要があること、経済効率あるいは経済的な生産力の大幅な上昇が見込まれること）。
- その企画はコストがかかるので、仮に支援がなされなければその企画が全く実行されえないか、または実行が大幅に遅延する恐れがあること。
- その企画は助成する州の領域内で行われること。

　このような技術支援政策を州別に整理したのが、表8-4である。当時の西ドイツの中ではヘッセン州だけが資金的な面からの技術支援政策を採っていなかった。なお、以上の資金助成は主として中小企業を対象としているが、バイ

第8章　ドイツの中小企業政策と地域経済

表8-4　西ドイツの州別にみた中小企業に対する技術支援のための資金助成

州名	開始年	内容
バーデン・ヴュルテンベルク	1977年	1979年までに145の企画に対して3600万マルクの助成金
ノルトライン・ヴェストファーレン	1978年	1982年までに343のプロジェクトに対して2億200万マルクの助成金（イノベーションの応用、市場への導入も助成対象となる）。サービス業も支援対象。
ハンブルク	1979年	1984年までに22のプロジェクトに対して264万マルク。
ザールラント	1979年	1981年までに16の企画に対して46万マルク。サービス業も支援対象。ただし医者と弁護士を除く自由業。
バイエルン	1980年	1983年までに56の企画
ニーダーザクセン	1980年	
西ベルリン	1980年	1984年までに43の企画に対して560万マルク（研究支援基金）。
	1982年	1984年までに25のプロジェクトに対して1100万マルク。サービス業も支援対象。（イノベーション基金）
シュレースヴィヒ・ホルシュタイン	1981年	1984年までに100のプロジェクトに対して400万マルク。サービス的自由業も支援対象。
ブレーメン	1982年	1件につき3万マルクを限度とする。
ラインラント・プファルツ	1984年	

出所：Schütte（1985：150）　空欄は不明を意味する。

エルンとブレーメンでは販売金額面での制限はなく、ノルトライン・ヴェストファーレンとラインラント・プファルツでは一定の条件のもとで大企業も援助を受けることができた。これに対してバーデン・ヴュルテンベルクとザールラントでは販売額2億マルク未満の企業が、ベルリンでは5000万マルク未満の企業が資金助成対象とされた。他の州は、中小企業概念を規定していない（Schütte 1985：150-151）。

　資金助成は、補助金として、条件付き償還のありうる贈与として、あるいは無利子の貸付金として融通される。融資金額は州によって大きく違うが、プロジェクトのコストの33％から60％がカバーされる。これは地域開発政策として採用されている支援政策、即ち共同課題「地域経済構造の改善」政策で指定された助成対象地域に立地する場合に、その事業所に対してなされる融資率（15〜25％）を大きく上回っている。バーデン・ヴュルテンベルク、バエイルン、ベルリン、ラインラント・プファルツ、ノルトライン・ヴェストファーレンで

は融資総額に制限が設けられていない。ブレーメンとシュレースヴィヒ・ホルシュタインでは 5 万マルク、ハンブルクでは 25 万マルク、ニーダーザクセンでは 30 万マルク、ザールラントでは 35 万マルクが限度とされている（Schütte 1985：151）。

　開発段階即ち応用可能なプロトタイプの作成をもって終わる段階を越えて、応用段階まで助成するのがバイエルン、ノルトライン・ヴェストファーレン、ベルリン、バーデン・ヴュルテンベルクである。バーデン・ヴュルテンベルクでは EC 域内でまだ応用されていない新製品や新生産技術でなければならないが、バイエルンでは既に応用されている技術であってもそれがまだわずかな場合には支援の対象となっている。ノルトライン・ヴェストファーレンとベルリンでは支援の幅が最も広く、新しい技術の知識の探求、新しい生産物や新しい生産技術への転換、市場開拓や新技術のデモンストレーションによる普及も助成対象となっている。しかもすべての段階を当該企業自身だけでやる必要はなく、ノルトライン・ヴェストファーレンでは他企業と協力する場合も助成対象となりうる（Schütte 1985：151）。

3.2.2. 技術移転の支援

　州政府による技術移転の支援政策で先駆をなしたのはバーデン・ヴュルテンベルク州である。この州では、包括的な「イノベーション助成プログラム」が 1976 年に作成され、開発プロジェクトに対する州政府からの直接的助成、応用プロジェクトに対する直接的助成だけでなく、技術に関するコンサルティングや技術移転の組織編成への間接的助成も進められるようになった。また、大学や工科短期大学の研究者による技術コンサルティングサービスはすでに 1960 年代末から始められていた（Schütte 1985：148-149）。特に州内の工科短期大学には技術コンサルティングサービス所が設立され、中小企業に対して技術上の相談支援がなされてきている。同様のサービスはドイツ経済合理化監督局でもなされるようになった。商工会議所として技術コンサルティングを最初に始めたのはハイデルベルク（バーデン・ヴュルテンベルク）とコーブレンツ（ラインラント・プファルツ）である。

　技術とイノベーションに関するコンサルティングを中小企業に対して行うことは次のような意義を持つ。コンサルティングによって中小企業は研究開発に

関する新しい知識に容易にアクセスでき、新しい技術的知識を経営実践に素早く応用し、新しい生産物の開発とマーケティングができるようになる。そのことによって、事業所は技術的な構造転換に適応できるようになるし、より多くの企業がイノベーション活動への刺激を得ることになる。イノベーションへの熱意と能力を高めることがコンサルティングという支援政策のポイントである、とされている。コンサルティングの内容はつぎのとおりである。

1. ライセンス、特許、技術の現状、支援の可能性に関する情報提供。
2. コンサルタント、研究機関、関連企業の紹介。
3. 立ち入った問題の分析や、さらに進んだ作業のためのコンサルティング、解決方法の提案。

いずれもコンサルティング時間の長さによって短時間のコンサルティングとインテンシヴなコンサルティングとに分けられる（Schütte 1985：152）。

　州別にみたコンサルティングのための具体的な資金援助は、表8-5に示されている。上記1はすべての州において無料でなされる。上記3のうち最初のコンサルティングは5時間まで無料であるし、短時間のそれは半数の州で無料だが他の州ではコンサルティングを求める企業がそのコストを負担しなければならない。それは企業の年間販売額によって異なり、1日料金の25％、50％、75％と段階区分されている。

　コンサルティングを行なう人は、これを専門とする人や、大学や工科短期大学の研究者である。工科短期大学にコンサルティングサービス所があるのは、バーデン・ヴュルテンベルク、ノルトライン・ヴェストファーレン、シュレースヴィヒ・ホルシュタイン、ザールラント、ハンブルクの各州である。バイエルンにはコンサルティングサービス所という施設はないが、中小企業に対してコンサルティングをする大学講師が任命されている。ラインラント・プファルツとニーダーザクセンでも大学研究者のノウハウを企業のためのコンサルティングに利用する可能性が作られた（Schütte 1985：152）。

　1980年代半ば時点でのコンサルティングサービス所の全国的配置ネットワークは図8-1に示されている通りである。配置はおおむね、大都市圏ないし都市地域に限定されている。しかし、バーデン・ヴュルテンベルク州だけは、農村的地域にも広く分布している。

　大都市では1つの場所に、様々な運営主体による複数のコンサルティング

表 8-5 西ドイツの州別にみた中小企業に対する技術コンサルティングの資金助成

州名	最初の助言	短時間の助言	インテンシブな助言	注記
バーデン・ヴュルテンベルク	5 時間まで無料	大学研究者 5 時間まで最高 200 マルク	工科短期大学で 1 日につき 500 マルク	販売額基準なし
バイエルン	情報提供無料	3 年以内最高 2 日間まで 補助金 90%、最高 612 マルク (1) 補助金 80%、最高 344 マルク (3)	3 年以内最高 10 日間まで 補助金 75%、1 日当たり最高 510 マルク (1) 補助金 50%、1 日当たり最高 340 マルク (2) 補助金 25%、1 日当たり最高 170 マルク (3)	販売額基準 (1) 1000 万マルク未満 (2) 1000 万～3000 万マルク (3) 3000 万マルク以上
西ベルリン	技術移転事務所では無料	1 年間当たり時間制限なし 補助金 75%、最高 15 千マルク (1) 補助金 50%、最高 12.5 千マルク (2)	1 年間当たり時間制限なし 補助金 75%、最高 30,000 マルク (1) 補助金 50%、最高 25,000 マルク (2)	販売額基準 バイエルンと同じ
ブレーメン	5 時間まで無料			
ハンブルク	5 時間まで無料	不明	不明	
ヘッセン	情報提供無料	5 年以内 15 日間まで 補助金 390 マルク (1) 補助金 260 マルク (2) 補助金 130 マルク (3)	助成指定地域 2500 万マルクまで	販売額基準 (1) 250 万マルク未満 (2) 250 万～500 万マルク (3) 500 万マルク以上
ニーダーザクセン	無料	大学研究者の助言 2 日間まで無料 その他は 1 回 500 マルク	補助金 70～75%、最高 15,000 マルク	
ノルトライン・ヴェストファーレン	無料	1 日まで無料	25 日間まで 補助金 50%、最高 1 日当たり 500 マルク	
ラインランド・プファルツ	無料	1 年につき 1 日まで無料	3 年以内 12 日間まで 補助金 75%、1 日当たり最高 510 マルク (1) 補助金 50%、1 日当たり最高 340 マルク (2) 補助金 25%、1 日当たり最高 170 マルク (3)	販売額基準 バイエルンと同様
ザールランド	無料	無料	30 日間まで 補助金 75% (1) 補助金 50% (2) 補助金 25% (3)	販売額基準 (1) 250 万マルク未満 (2) 250 万～500 万マルク (3) 500 万～3000 万マルク
シュレースヴィヒ・ホルシュタイン	5 時間まで無料	大学研究者については料金表あり		

出所：Schütte (1985：153)

第 8 章　ドイツの中小企業政策と地域経済

図 8-1　西ドイツにおけるイノベーション・技術支援施設の地理的分布
1985 年 5 月時点
出所：Bundesministerium für Raumordnung, Bauwesen und Städtebau (1986：78)

サービス所が設けられていることも特徴的である。これは一方において、コンサルティングサービスの特殊化・専門化を反映するとともに、他方ではコンサルティングサービス所の過剰な設置という面も持っている。そのため、コンサルティングを必要とする中小企業からすれば、どこに相談したらよいか分かりづらくなっているという問題もある。

　最近年におけるコンサルティングサービス所の全国的配置ネットワークは図8-2 に示されている。これは大学や工科短期大学も含めて知識移転施設（Wissenstransfereinrichtung）という表現で示されているが、ドイツ全国の中で、バーデン・ヴュルテンベルク州への集積が顕著であることが一目瞭然である。同時に、主要大都市圏にもさまざまな機関によるコンサルティングサービス所の集積がみられることも分かる。

　このようなコンサルティングサービス活動はかなり実を結んでいると思われる。1984 年時点での研究によると、コンサルティングが実を結ぶ比率は 90％に上っているとのことであった。なお、資金助成と技術移転という 2 つの施策のうち、新しい技術への適応という点でより効果があるのは後者の方だとのことである。もっともそれには、直接的なコンサルティング活動だけによるのではなく、メッセ、会議、専門雑誌、特許広報などへの関心の向けかたが、技術上のコンサルティングを受ける企業においてより顕著という意味もある（Schütte 1985：154）。

　技術移転支援政策では、わが国でもしばしばシュタインバイス財団（Steinbeis-Stiftung）を事例にしてバーデン・ヴュルテンベルク州の政策が紹介されている。しかし、その実態については必ずしも十分紹介されてきたとは言い難い。そこで、Grotz（1989）や Wittmann（1987）、さらにインターネットでの情報にも依拠して、バーデン・ヴュルテンベルク州とシュタインバイス財団の活動を紹介しておこう。

　前述のように、バーデン・ヴュルテンベルク州政府は、1976 年にイノベーション支援プログラムを作成した。これには開発の企画、製作施設、応用指向の研究、技術コンサルティング・技術移転という 4 つの政策領域がカバーされていた。州政府は 1982 年に政策の見直しを行い、1984 年に新しい経済支援プログラムを策定した。このプログラムでは中小企業支援、地域開発、技術支援の 3 つが統合され、その中で技術支援が中心的地位を占めることとなっ

第8章　ドイツの中小企業政策と地域経済

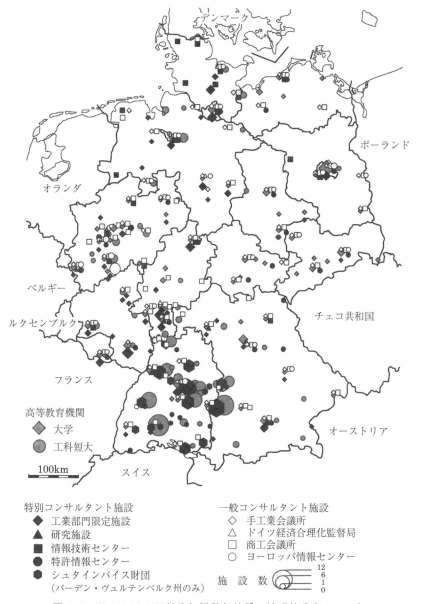

図 8-2　ドイツにおける技術知識移転施設の地理的分布 1992 年
出所：Bundesministerium für Raumordnung, Bauwesen und Städtebau (1994：178)

た（Schütte 1985：158）。

　他方、19 世紀後半にヴュルテンベルク地方で技術面での工業支援に功のあったフェルディナント・フォン・シュタインバイス（Ferdinand von Steinbeis）にちなんで 1971 年に設立されたシュタインバイス財団は、主として中小企業のための技術コンサルティングを行なってきた。当初、そのための場所が 5 個所設置され、これらは工科短期大学の教授によって運営された。バーデン・ヴュルテンベルク州政府によって 1982 年に設置された「技術移転のための州政府による応嘱者」（Regierungsbeauftragte für Technologietransfer）という職務は、多くの点でシュタインバイス財団の意図に一致するものだったので、両者は協力して活動することになった。実際、応嘱者に任命されたヨハン・レーン（Johann Löhn）教授は、同時に財団の理事長を勤めることになり、現在までその 2 つの職務に就いている。したがってシュタインバイス財団の活動は「技術移転のための州政府による応嘱者」の活動と同一であるとみなしてもよい（http://www.stw.de/ の情報による。https://www.steinbeis.de/de/steinbeis/dienstleistungen.html　2023 年 4 月 17 日再確認）。

　財団の活動によって、中小企業が技術・知識に対して持っている心理的障壁と距離的障壁が取り除かれると期待されている。州内に立地している 16 すべての工科短期大学で、財団によるコンサルティングサービスが行われており、このコンサルティングを経由して中小企業はシュタインバイス財団の技術移転センターとコンタクトを持つことができる。技術移転センターはほとんどの場合、工科短期大学に付設され、特定の技術領域での具体的な問題解決のために活動している。

　財団自身は、中央機関と支所からなる。中央機関では少数の質の高い研究員・相談員が、問題に応じて、誰があるいはどの研究機関や企業が適切な技術提供者であるか、助言してくれる。要するに調整と水先案内人の役割を果たす。これに対して支所は分散的に配置され、相当の自立性を認められて活動している。上述のようにその多くは工科短期大学と協力している。支所は 1980 年代半ばにおいて、16 の技術コンサルティングサービス所、22 の技術移転センター、南西ドイツ経済支援研究所[5]、新コミュニケーション技術調整事務所[6]からなっていた。

　シュタインバイス財団の技術移転センターの設立運営資金として、まずその

290

開設のために 30 〜 40 万マルクの補助金が州経済省から措置される。しかし、それは開設されてから 2 年間以内だけ申請を経て得られるにすぎない。2 年後以降、センターは研究を委託する企業からの支払いで運営される。委託金で運営することが不可能になればセンターは閉鎖される。技術移転センター 1 ヶ所あたりの平均販売額は約 30 万マルクであり、そこでは 2 〜 3 人が働いている。1984 年にはこのようにして 1900 件の開発企画が受託され、750 万マルクの販売額を挙げた。他方、技術コンサルティングサービス所はもっぱら受託研究からその運営資金を賄う。財団の中央機関で働く人々の人件費や基礎財源は、財団の基金の利子から得られる（Wittmann 1987：91-92）。

　1980 年代半ば当時、技術コンサルティングサービス所と技術移転センターとして機能している 38 の支所では、90 人の正規職員（技師、情報科学者を含む）のほかに 500 人強の研究者が協力していた（Wittman 1987：91）。他方、インターネットを通じて得た情報によれば、シュタインバイス財団の人員は、そうした研究協力者も含めて 1985 年に千人を、1988 年に 2 千人を、そして1994 年に 3 千人を越えた。1995 年現在、約 3700 人のうち 62％が技術分野のコンサルティングや研究に従事し、工科短期大学の教授が 18％、学生が 14％を占めるという構成になっている。この人員の増加ぶりは、コンサルティングがますます活発化していることを反映するものと考えられる。1995 年に実施されたプロジェクト件数は 23,937 件に上り、そのうち 65％がコンサルティング、19％が研究・開発となっている（http：//www.stw.de/ の情報による）。当然のことながら、技術移転センターの数も急増している。1980 年代末時点までにそれは 50 に増え（Grotz 1989：269-270）、1995 年になると 82 の立地点に 258 という数に達した。このうち 196 のセンターがバーデン・ヴュルテンベルク州内にある（http：//www.stw.de/ の情報による）[7]。

　以上のようなシュタインバイス財団の成長ぶりは、とりもなおさず中小企業への技術移転が成功していることを意味すると考えられる。しかし、後述のように、地域との関連で全く問題がないわけではない。

3.2.3. 技術指向の企業設立支援（資金支援、そしてテクノロジーパーク）

　新しい技術を駆使する企業の創設を支援するという政策を比較的早くから採ったのはノルトライン・ヴェストファーレン（1978 年）であり、これにベル

リン（1982年）、バーデン・ヴュルテンベルク（1983年）、ブレーメンが続いた（Schütte 1985：148）。このような州レベルのイニシャチブを受けて、連邦研究技術省は1984年に1640万マルクの予算を計上し、この種の企業創設のための枠組み的条件に関する知見を得るための仕事を開始した。その結果、つぎのような段階を経て、技術指向企業の創設支援がなされることとなった。

第1段階：技術と市場の両面でのコンサルティング、90％の補助。

第2段階：開発コストの補助（75％）

第3段階：ベンチャー企業への出資（80％まで）を通じてスタートアップと市場開拓を支援。

ただし、この支援政策は、当面、ルール地域、レーゲンスブルク、ベルリン、ハンブルク、ザールラント、カールスルーエの各地域に限定された（Schütte 1985：157）。

テクノロジーパークは、個々の企業に対する資金面での直接的な支援ではなく、土地・建物・サービス施設・コンサルティングなどの便宜供与によって技術指向企業の設立の初期段階を容易にしようというものである。これによって、大学、大学以外の研究機関、大企業の研究所等の領域から企業設立意欲を引き出そうというものである。技術指向企業の設立ポテンシャルを高めることが目的だが、既に活動している企業も視野にいれている。なお、Sternberg（1990：108）は、テクノロジー・創業者センターに関わる様々な経済主体の意図を表8-6のように整理している。

1985年4月段階での既設・建設中・計画中のテクノロジーパーク（テクノロジーセンター）の分布は図8-3のとおりである。但しこの中には、先端技術の開発を目的とし、研究施設と直接関連を持つ（アメリカのシリコンバレーのような）テクノロジーパークだけでなく、新しい技術の応用を指向する団地も含まれている。

その後、テクノロジーパークはテクノロジー・創業者センターと総称されるようになり、1988年時点で西ドイツ全国に53ケ所（Grotz 1989：270-271）、1992年にはもっと増えている（図8-4）。これらのセンターは都市自治体・郡・商工会議所・企業などの様々な団体のコンソーシアムによって設立運営されている。また、これに連邦政府や州政府が補助金を支出している。

テクノロジー・創業者センターには、ここで活動する企業家たちのために共

第 8 章　ドイツの中小企業政策と地域経済

表 8-6　テクノロジー・創業者センターの設立者の目的

設立主体	目的
都市自治体	老朽建築物の修復、技術移転の促進、地域の経済構造の改善
州政府	将来性ある工業の支援、新しいハイテク職業の創出、若い技術指向企業のために有利な環境をつくりだすこと
大学	卒業生のための職場の創出、技術移転、学生のための実習の場の確保
大学以外の研究機関	技術移転
ベンチャーキャピタル企業	ファイナンスの新しいタイプの実験、新しい顧客の獲得、利潤、威信の上昇
銀行	利潤、企業のコントロール
投資家	利潤、新しい拡大しつつある企業の獲得（吸収）、顧客や取引業者の助成、威信の獲得
商工会議所	地域の経済構造改善、イノベーションセンターから中小企業への技術移転の支援

出所：Sternberg (1990：108)

　用会議室や事務サービスが提供されるが、食堂・簿記サービス・工場などの提供は稀である。ここで活動することが許された企業家は、その前に厳しい審査を経たが故に政府や民間からの融資を得やすいという利点を持つ。センターのマネージャーは、ここで活動する企業家に対して外部機関からのコンサルティングやコンタクトの斡旋をする。センターでの活動期間は 5 年間に制限されている場合が多い。その後、企業家は製造段階に入ることが要請され、独り立ちすべきであるとされている。

　テクノロジー・創業者センターに入居している企業の業種はハイテク工業が典型的であるが、その他にソフトウェア生産・技術サービス業・研究もある。初期に設立されたセンターは最近設立されたものよりも規模的に大きい（表8-7）。

　テクノロジー・創業者センター全体で見ると、1987 年時点で 22 万 m^2 が賃貸され、その半分は 490 の新設企業（2,674 人の雇用）に対して、残りの半分はそれ以前に設立されていた 389 の小企業（3,044 人の雇用）に対して賃貸されていた。つまり、入居している企業の平均雇用数は 6.5 人、平均賃貸面積は250 平方メートルだった。（Grotz 1989：270）

293

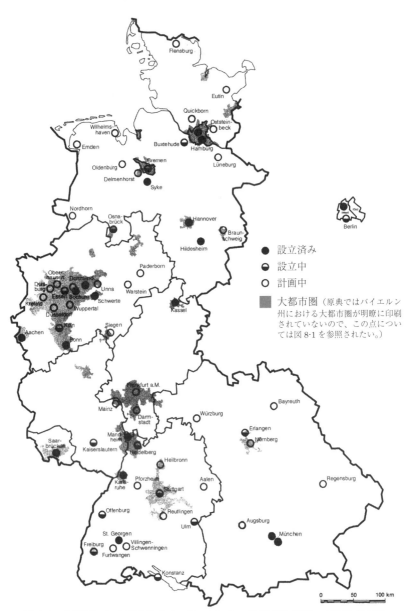

図 8-3　西ドイツにおけるテクノロジーセンターの地理的分布　1985 年 5 月
出所：Bundesministerium für Raumordnung, Bauwesen und Städtebau (1986：79)

294

第 8 章　ドイツの中小企業政策と地域経済

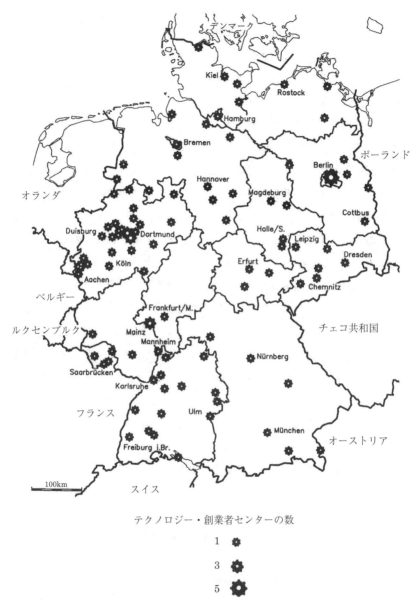

図 8-4　ドイツにおけるイノベーションセンターの地理的分布　1992 年
　出所：Bundesministerium für Raumordnung, Bauwesen und Städtebau (1994：177)

表 8-7　テクノロジー・創業者センターの概要（1988 年時点）

	1983 ～ 85 年設立のセンター	1986 ～ 87 年設立のセンター
センター数	29	24
平均雇用者数	167	50
その標準偏差	146	40
平均面積　m²	8,683	2,159
その標準偏差	16,847	1,736
発進した企業の数	52	4
その雇用者数	606	70

出所：Grotz (1989：271)

4. 技術指向中小企業支援政策の問題点

　ところで、テクノロジー・創業者センターの地域経済への効果を疑問視する見解を、バーデン・ヴュルテンベルク州の中小企業研究を長年続けてきたボン大学のグロッツ教授が示している。まず、技術指向の新設企業のすべてがテクノロジー・創業者センターに入居することを目指すわけでは必ずしもない。バーデン・ヴュルテンベルク州において、テクノロジー・創業者センター以外のところで 1978 年から 1985 年の間に新設された 26 企業に関する調査によると、これらはセンター入居企業よりもかなり大きく、平均雇用数は 15 人、事業場面積は平均して 638 平方メートルに上っていた。この数値は、テクノロジー・創業者センターを卒業した企業の平均値（12 人）と類似している（Grotz 1989：270）。

　上の調査は、同期間にテクノロジー・創業者センターに入居して設立された 12 の技術指向企業も調査したものであるが、合計 38 の調査対象企業のうち 18 は同じ工業部門の別の企業で管理職にあったか、あるいは研究開発部門で働いていた人が創設したものでスピンアウトである。また 9 つは国立ないし州立の研究機関から独立した人が起こしたもの、すなわちスピンオフである。技術指向企業の立地要因として特に重視されるのは、質の高い労働力、大学か工科短期大学に距離的に近いこと、交通の便がよいことの 3 つである。しかし、大都市圏ではより良い労働条件を提供できる大企業との競争のため、そうした小規模企業は質の高い労働力を得ることが困難である。大学に近いことが重視されるのは、創業者がかつて大学で働いていたとか大学とのコンタクトが必要だという理由もあるが、学生を安価な労働力としての実習生として雇うことが

容易になるからでもある。そうした実習生のなかには正規雇用される者もいる。上の3つの立地要因のうち最初の2つは、このような意味合いにおいて理解される。なお、調査対象となった技術指向企業の多くは経営のためのインプットこそ地域内ないし州内に求めているが、その市場はドイツ全国あるいはEC全域を目指している。また、技術指向企業はシュトゥットガルトとカールスルーエでより多く発生し、大学があるといってもハイデルベルク、ウルム、フライブルクではさほどではないし、農村的地域ではさらに弱い（Grotz 1989：271-272）。ちなみに先の2都市にある大学は工科大学の伝統を持つが、後の3大学はそうでない。

　技術指向企業は1年間に創設される製造業企業のうち1～5％にとどまる。つまり、西ドイツ全体で250～400の技術指向企業しか誕生しない。しかも技術指向企業のうちかなりはテクノロジー・創業者センター以外のところで誕生しているので、技術指向企業の誕生にセンターはインキュベータとしてさほど大きな役割を果たしているとは言い難い。また、技術指向企業が失業の軽減に大きな役割を果たすことは期待しえない。従業員の3分の1から2分の1は学術研究者であり、年間の雇用増も1社あたりわずか0.8～1.7人でしかないからである。さらにそのような技術指向企業が成功すれば、新しい製品の登場や合理化の進展のために職場がなくなる人も出てきうるからである（Grotz 1989：271-272）。

　テクノロジー・創業者センターについては、Sternberg（1986, 1988, 1989, 1990）も詳しい研究を行なっているので、その調査結果も紹介しておこう。Sternberg（1986）は、1986年3月に行なった43のテクノロジー・創業者センターに関する調査（回答数は33）によって、つぎのことを見出している。連邦と州の共同課題で助成地域として指定された地域に立地しているテクノロジー・創業者センターは10（30.3％）にすぎない。調査対象センターのうち73％が有限会社組織をとっている。都市自治体が主たる設立者であるが、自治体が単独で設立したものは12、他の経済主体と協力して設立したものが13あった。完全に民間企業だけで設立したものも6つあった。調査対象の82％は既存の建物を使って設立された。その改修のために平均して290万マルクのコストがかかった。新築建物での設立は7センターあり、その建設コストは平均720万マルクだった。センターに入居する企業が払う賃貸料

は、それが立地している都市の平均的賃貸料水準というものが調査対象の 69
％に達した。その水準は、1 か月 0 ～ 15.25 マルク /m² の範囲に収まっていた
（Sternberg 1986：533-534）。

　テクノロジー・創業者センターの経営のために働いている人員は 1 人から 7
人の規模であり、専任のマネージャーがいるのは 72％でしかない。入居して
いる企業に対するサービスについてみると、コンサルティングの程度に関して
はさまざまであるが、共同利用施設（秘書、電話交換台）はおおむねよく整備
されている。（Sternnberg 1986：533-534）

　テクノロジー・創業者センターが受け入れたいと考えているのはイノベーシ
ョン指向企業であり（70％）、単なる創業でもよいとしたテクノロジー・創業
者センターは全体の 15％にすぎない。入居の際の審査は、主として企業の生
産物や提供サービスの質と、技術指向の程度である。調査対象となった 33 の
センターに入居している企業の数は 402 である。このうち 32％が創設時に入
居した。入居率（テクノロジー・創業者センターの部屋数に対する利用率）の
平均は 73％、レンジは 20％～ 100％と必ずしも十分利用されているわけでは
ない様子がうかがえる（Sternberg 1986：533-534）。

　Sternberg（1988）によると、1987 年 10 月までの調査の結果、テクノロジー・
創業者センターの設立ラッシュは 1985 年と 1986 年に発生し、1987 年になる
と設立数が 5 つにとどまった。センターに入居している企業の市場は必ずしも
全国的ないし国際的に広がっているわけではない。それが立地する都市内に市
場が限定されている企業の割合も小さくないし、州内にとどまる比率が入居企
業の 40 ～ 50％というテクノロジー・創業者センターも少なくない（Sternberg
1988：172）。

　Sternberg（1989）は、1988 年に 31 のテクノロジー・創業者センターに立
地している 177 の企業に対して行った調査の結果を紹介している。この調査
から、入居企業は表 8-8 に示したような問題点を抱えていることが明かとなっ
た。また、テクノロジー・創業者センターに立地するメリットとデメリットは、
以下の通りであることも Sternnberg（1989：687）に記されている。わが国
で大きな関心を持って紹介されてきたドイツのテクノロジーセンターが必ずし
も順風万帆ではないという様子を見て取ることができる。

メリット

・ 固定資本費用の軽減

・ センター内の他企業と
　のコンタクト

・ 公的資金の助成を得ら
　れるチャンスが大きい

・ イメージの上昇（宣伝）

・ センター設立者が有す
　るコンサルティングサ
　ービスへのアクセスが
　よい

・ 近くにあるR&Dとの
　コンタクト

・ 賃貸スペースのフレキシビリティ

・ 管理業務の軽減

・ センター経営者からの経営上のコンサルティングを得やすい

・ 地域の経済的インフラストラクチャーへの統合度が高まる

デメリット

・ センターが満杯になった場合には拡張する余地がなくなる

・ 都市内での地理的位置が不便、コストが高い、センター経営者による規制
　など

・ 見学者やインタビューなどが多く、仕事を邪魔される

・ センターの悪いイメージ

・ スペースが狭いため、入居企業どうしがこれをめぐって競合

・ センター内の他の企業との競争

表8-8　テクノロジー・創業者センターに立地する
企業が抱える問題点

問題点	企業数	回答企業数に対する比率 %
1. 新生産物のマーケティング	102	60.0
2. 高度な質を持つ労働力の獲得	77	45.3
3. R&D	69	40.6
4. 資金	57	33.5
5. 経営	40	23.5
6. 法律関係	29	17.1
7. 資材入手	27	15.9
8. 賃金俸給	12	7.1
9. センター経営者との協力	9	5.3
10. 従業員との協力	6	3.5
11. その他	18	10.6

出所：Sternberg（1989：685）

　技術移転の支援についても問題がないわけではない。Grotz（1993:8-9）は、
ドイツのハイテク地域の１つであると同時に機械工業の中小企業の伝統があ
るテュービンゲン、ロイトリンゲン、バーリンゲンなどの小都市を中心とする
バーデン・ヴュルテンベルク州ネッカー・アルプ地方に立地する機械工業中小
企業を調査した結果、シュタインバイス財団の技術移転センターが地域内に２
ヶ所あるにもかかわらず、中小企業と技術移転センターとのリンケージは弱い

ものでしかないということを見出した。調査対象企業 51 社のうち 18 社は同
財団の技術移転センターと全くコンタクトがなかったし、コンタクトを取った
ことのある 33 社もコンタクトの総件数 77 のうち地域内に立地しているセン
ターとのコンタクト件数が 22 でしかなかった。しかもコンタクトの大部分が
簡単なコンサルタントだったとのことである。技術移転センターが厚く集積し
ているという地域環境に個々の企業の技術革新行動が必ずしも対応しているわけ
ではないのである。

5. おわりに

　東西ドイツ統一後、ドイツにおける技術面での中小企業支援政策の重点は、
旧東ドイツ領域に移ったかのように見える。その政策がどれほどの効果を挙げ
ているか、残念ながら筆者は把握していない。しかし他方で、日本と同様にド
イツでは製造業の空洞化が Standort Deutschland という標語のもとに問題視
されてきている。1980 年代に積極的に展開された技術指向の中小企業支援政
策によって空洞化問題に対処しえているのかどうか、これもまた筆者は把握し
ていない。上に紹介したドイツ人研究者の研究蓄積から推測するならば、必ず
しも明るい展望があるとは言えないように思われる。

　事実、連邦経済省によれば、1996 年 4 月末日現在の旧西ドイツ領域には、
従業員 20 人以上の製造業（鉱業と採石業を含む）企業での雇用数が約 600 万
人弱に上っているが、これは 1995 年 4 月末日と比べると 20 万 7 千人、3.4％
の減少である。販売総額は 6.6％、国外での販売額は 11.6％増加したにもかか
わらず、製造業での雇用は減少しているのである。ちなみに旧東ドイツ領域で
は 2 万 8 千人、4.6％の減少で約 60 万人弱という雇用数になっている（http://
www-bmwi.bmwi.de/news/）。中小企業に新しい技術を移転し、それによって
雇用問題の解決を図る、あるいは少なくともこの問題の軽減を図るという施策
は必ずしもうまく機能していない可能性がある。1980 年代に議論された技術
指向の中小企業支援政策は、雇用問題との関わりや、農村的地域の経済構造の
改善という政策課題との関わりを持っていた。すでに本論で述べたように、農
村的地域に立地する中小製造企業への技術移転支援機関が厚く整備されている
のは、わずかにバーデン・ヴュルテンベルク州だけである。しかも、この州に
立地する中小製造企業は、必ずしも最寄りの技術移転支援機関を有効に利用し

ているわけではない。

　もちろん、上のような数値や調査報告だけに基づいてドイツの中小企業政策の成否を判断できるわけではない。中小製造企業はそれだけで存在しているのではなく、大企業や他の部門の企業、さらには他の国に立地する企業との関係の中で生きているのであり、このような質的な側面がどのように変化しているのか、そのような変化を受けて企業間の、あるいは企業とこれを支援すべきとされている諸機関との間のネットワーク構造が変化しているのかどうか、その変化と政策がどのように関わっているのかという点もあわせて考察する必要があるからである。

　東西ドイツ統一によって旧西ドイツ領域で展開されてきた技術指向の中小企業支援政策と中小企業それ自体がどのような影響を受けたのか、またEU統合やグローバリゼーションの進行とも関わる空洞化問題に中小企業がどのように対処しえているのか、という問題もある 。これらと上述の諸問題は、ドイツの研究者たちによってもまだ十分明らかにされているわけではない。これらの問題を現地研究によって明らかにする必要があろう。激変する世界経済のなかで、わが国の中小企業がどのような道を歩むべきか、何らかのヒントが得られるであろうと期待するからである。

　付記：本稿は平成9年度文部省科学研究費補助金による基盤研究（C）「中小企業集積地域の域内ネットワークと域際ネットワークの相互作用に関する比較研究」（課題番号09680168）による研究成果の一部である。

第9章　ドイツの産業集積と機械工業中小企業

1. はじめに

　Piore and Sabel（1984）は産業分水嶺（industrial divide）という用語で、多品種少量生産というクラフト（熟練技術）的生産と大量生産・大量販売というフォーディズム的生産のどちらが社会の中で優位を占めるのかという問題を提起し、前者を技術的基盤として「柔軟な専門化」を行なう企業が今後の経済を牽引するという考え方を提示した。他方、Porter（1990）は、サプライチェーンという連関関係を持つ産業諸部門、即ち産業クラスターが地域的に集積するならば、経済面での国の競争優位が高められると主張している。産業の発展に関する議論に大きな影響を与えてきたこの2つの著作はいずれも、クラフト的生産や産業クラスターの事例としてドイツの機械工業を挙げている。

　地域的な産業集積の典型として、上記の2つよりも詳細にドイツの機械工業を研究した文献の数も決して少なくない。例えば管見の限りでも、Hassink（1992）、Grotz and Braun（1993, 1996）、Staber（1996）、Cooke and Morgan（1998：83-113）などがある。これらはいずれも、バーデン・ヴュルテンベルク州に立地する機械工業中小企業に焦点をあてて、これら企業のイノベーション力の源泉を問題にしている。大胆に分類するならば、Cooke and Morgan（1998：83-113）などの英米の研究は、ドイツ機械工業の成功の由縁を公的機関やシュタインバイス財団[1]などの準公的機関の支援に見る傾向があるのに対して、ヴュルテンベルク地域の中小企業の実態を詳細に研究したGrotz and Braun（1993）は、機械工業中小企業のイノベーション力の源泉を各中小企業の顧客との関係に見る傾向にある。このいずれがドイツ機械工業分野の中小企業の実態を正しく言い当てているのであろうか。

　筆者は、経済・企業が社会に埋め込まれているという考え方を支持している。それゆえ企業の活動にネットワーク概念を適用する場合に、企業内ネットワーク、企業間ネットワーク、企業外環境ネットワークという3つのネットワークの中で、企業外環境ネットワークの役割を筆者は重視している[2]。この

303

立場からすれば、ドイツ機械工業中小企業のイノベーション力を考察する際に、Cooke and Morgan（1998）のように公的・準公的機関の果たす役割を高く評価したいという気持ちを持っている。他方で、どのような理論も事実によって裏付けられなければ仮説に過ぎないのであり、事実を正確に把握することが仮説提示と同等の重要性を持っていると、筆者は考えている。

　幸い、1998年夏に筆者は、ボン大学のグロッツ教授 とブラウン博士、シュトットガルト大学のゲーベ教授らの協力を得てドイツの機械工業中小企業を垣間見る機会を得た。また1999年夏には、ドイツ機械工業に関するまとまった統計を入手することができた。本章の目的は、これらの観察・訪問聴き取りやデータに基づいて、ドイツ機械工業の地域的集積と中小企業のイノベーションに関して、現状の一端を報告し、若干の考察を行うことにある。

2. ドイツ機械工業の概観

　ドイツ機械工業の現況は、ドイツ機械・設備装置工業連盟（Verband Deutscher Maschinen- und Anlagenbau e.V.（VDMA））が刊行した Verband Deutscher Maschinen- und Anlagenbau e.V.（1995）に掲載されている諸論文によって描かれている。まずここでは、その巻頭論文である Wiechers（1995）や、Verband Deutscher Maschinen- und Anlagenbau e.V.（1998）などによって、それを概観しておこう。

　よく知られているように、ドイツ経済の国際競争力の源泉は、自動車工業、化学工業、一般機械工業、電気機械工業の4つにある。この4部門がドイツの製造業に占める比重は表9-1に示されている。4部門の中では、販売額と輸出額において自動車工業が第1位の座を占めているが、一般機械工業は第2位にあり、就業者数では他の3部門を大きく上回って第1位の座にある。販売額に占める輸出額の比率を見ると、一般機械工業は自動車工業と化学工業に匹敵する高い数値を示している。これはドイツ機械工業の国際競争力が、自動車工業や化学工業と同様に極めて高いことを意味する。しかし、一般機械工業の一人あたり販売額は、自動車工業や化学工業と比べてばかりでなく、製造業全体の平均と比べても低い。これは、一般機械工業が中小企業によって担われていることを示唆する。とはいえ、一人あたり輸出額は製造業平均よりもかなり高く、この点からもドイツ機械工業の国際競争力の強さを窺い知ることができる。

304

第 9 章　ドイツの産業集積と機械工業中小企業

表 9-1　ドイツの製造業における主要4部門の比重　1997 年

部門	就業者数		販売額		輸出額		輸出比率 %	1 人当たり販売額（千マルク）	1 人当たり輸出額（千マルク）
	千人	%	10 億マルク	%	10 億マルク	%			
一般機械工業	936	15.3	249.4	13.2	153.3	17.3	61.5	266.5	163.8
自動車工業	686	11.2	271.2	14.4	172.2	19.4	63.5	395.3	251.0
電気機械工業	822	13.5	222.1	11.8	114.9	13.0	51.7	270.2	139.8
化学工業	480	7.9	188.9	10.0	116.6	13.1	61.7	393.5	242.9
全製造業	6,110	100.0	1,888.9	100.0	886.7	100.0	46.9	309.1	145.1

資料：Verband Deutscher Maschinen- und Anlagenbau e.V. (VDMA) (1998) *Statistisches Handbuch für den Maschinenbau*, Ausgabe 1998 より筆者作成.
　注：電気機械工業の輸出額には「医療・計測・制御・光学・時計」も含めてある。この部門の製品を電気機械に含めうるからである。これを除けば、電気機械工業の輸出額は 828 億マルクとなる。

　言うまでもなく、一般機械工業はさまざまな工業部門に対して投資財を供給する重要な位置にある。上記 4 部門のうち他の 3 部門も投資財を生産するが最終消費財生産の比重も大きいのに対して、一般機械工業は投資財の生産に特化しているという特徴を持っている。経済の国際競争力は製造業の国際競争力に大きく依存し、製造業の国際競争力は商品の品質と価格に大きな影響を与える生産設備に相当程度依存するとみて差し支えない。それゆえ、生産財を供給する一般機械工業の国際競争力が強いということは、ドイツ経済にとって重要な意味を持っている。

　ところで機械工業はきわめて多様な分野から構成されている。ドイツ機械・設備装置工業連盟は一般機械工業を 47 のグループに細分類し、世界の機械生産主要国との対比においてドイツがいかなる地位にあるかを統計にまとめている。表 9-2 は、国際貿易面で諸外国との対比において、ドイツが 1992 年から 1996 年の間に一貫して最大のシェアを占めたグループ、あるいは国際貿易におけるドイツ機械工業の平均的シェアに比べてかなり高いシェアを占めたグループを示している。ここから、ドイツが特に強い国際競争力を発揮している機械工業は、印刷機、油圧機器、紙加工機械などであることが分かる。また、上記の期間を通じて常に世界第 1 位であったグループとして、この 3 分野のほかに、製鉄・圧延装置、木工機械、水圧ポンプ、コンプレッサー、ゴム・合成樹脂機械、食品・包装機械、計量機、製紙機械、繊維機械、制御機器、伝導駆動機器要素が挙げられる。いずれも工業生産全般にわたって重要な機械である。

　しかしこの間、ドイツ機械工業の国際競争力が若干衰えてきていることを、

305

表 9-2　各種機械の国際貿易（輸出額）に
占めるドイツの比重（%）

	ドイツ		1996 年の世界第 1 位ないし第 2 位の国とそのシェア	
	1992 年	1996 年		
工作機械	26.4	20.4	日本	25.6
製鉄・圧延装置	33.8	33.2	日本	17.3
工業用炉・燃焼装置	22.8	19.7	イタリア	20.1
検査装置	31.8	24.4	アメリカ	33.4
木工機械	30.1	30.3	イタリア	21.6
精密工具	26.0	20.8	日本	21.8
溶接技術	27.0	20.3	アメリカ	36.5
水圧ポンプ	22.8	22.3	アメリカ	15.0
コンプレッサー・真空ポンプ	23.6	18.1	アメリカ	15.4
建設資材機	27.7	21.5	イタリア	22.0
ゴム・合成樹脂機械	28.3	24.1	日本	15.9
トラクター	26.4	22.8	イギリス	20.9
食品・包装機械	30.3	27.6	イタリア	21.4
計量器	25.7	26.7	日本	15.0
搬送技術	20.3	18.7	日本	16.8
製紙機械	23.6	21.2	フィンランド	17.5
紙加工機械	33.0	30.6	スイス	15.0
印刷機	36.8	36.4	日本	13.4
繊維機械	29.9	29.1	日本	17.3
制御機器	20.9	18.7	イタリア	18.5
伝導・駆動機器要素	31.3	29.2	日本	19.3
軸受け	23.9	20.8	日本	23.4
油圧装置・空気圧搾機	36.1	32.0	アメリカ	11.4
機械工業の合計	18.2	15.7	アメリカ	16.9
狭義の機械工業	22.9	20.5	日本	15.9

資料：Verband Deutscher Maschinen- und Anlagenbau e.V. (VDMA)
(1998) *Statistisches Handbuch für den Maschinenbau*, Ausgabe 1998
より作成。
注：VDMA が作成した機械工業の統計には、通常の一般機械工業に事
務情報技術機器を加えている。狭義の機械工業とは、そこから事務
情報技術機器、武器製造、家庭用品製造を除いた機械工業のことで
ある。機械工業の合計で 1996 年に第 2 位を占めたのは 16.4％の日
本である。狭義の機械工業でドイツは第 2 位の日本を大幅に上回り、
世界第 1 位である。

表 9-2 から読み取ることができる。特にそれが著しいのは、この表には掲げてないが、鋳造機械である。1992 年にはまだ世界全体の国際貿易額のうち 22.8％を占めてトップにあったドイツは、年々そのシェアを下げて 1996 年には 7.7％となり、世界第 5 位にまで下落した。これに代わってトップに踊り出たのが 17.4％から 22.9％に上昇した日本であり、第 2 位には台湾が 15.2％で続いている。東欧諸国における社会主義の崩壊とこれに伴う西側諸国市場との連接、あるいは東・東南アジア諸国の世界市場での地位上昇は、ドイツにおいて特に金属鋳造工業の衰退をもたらしたと言われているが[3]、鋳造機械メーカーにとっての顧客が

ドイツから急速に消滅したことを上の事実は反映していると考えられる。
　また、この表で広義の機械工業にはオフィス・情報機器も含まれているが、
これの国際貿易高は 47 の機械工業諸部門の中で著しく高い金額となっている。

第 9 章　ドイツの産業集積と機械工業中小企業

表 9-3　ドイツ機械工業の企業規模　1996 年

規模	企業数		就業者数		販売額 （100 万 DM）		1 人当り 販売額
20 ～ 49 人	2,177	40.4%	72,763	7.9%	13,745	6.0%	188,901
50 ～ 99 人	1,371	25.4%	95,825	10.4%	20,194	8.8%	210,738
100 ～ 199 人	866	16.1%	122,227	13.3%	26,843	11.7%	219,616
200 ～ 499 人	659	12.2%	199,722	21.8%	48,669	21.2%	243,684
500 ～ 999 人	192	3.6%	132,728	14.5%	35,947	15.7%	270,832
1000 人以上	130	2.4%	294,476	32.1%	84,035	36.6%	285,371
合計	5,395	100.0%	917,741	100.0%	229,433	100.0%	249,998

資料：Verband Deutscher Maschinen- und Anlagenbau e.V. (VDMA) (1998) *Statistisches Handbuch für den Maschinenbau*, Ausgabe 1998 より作成。

　しかし、オフィス・情報機器工業でのみドイツは世界の上位 5 位に入っていない。だから、広義の機械工業国際貿易において、ドイツはアメリカ、日本についで第 3 位に甘んじているのである。しかし、それ以外の機械工業諸部門でドイツはほぼ常に上位 5 位以内に入っている。それゆえ、工業生産全般のために必要な機械工業、即ち狭義の機械工業でドイツは依然として世界のトップの地位にあると言える。

　ドイツ機械工業にとっての最大の輸出先はアメリカ合衆国である。ついでフランス、イギリス、イタリア、オランダ、オーストリア、スイス、ベルギー・ルクセンブルク、スペイン、中国などが続いている。これらのドイツ機械工業にとっての顧客のうち、アメリカ合衆国や中国からみての最大の機械供給国は日本だが、ヨーロッパ諸国にとってはドイツである。したがって、世界のすべてにおいてドイツ機械工業が圧倒的に強いというわけではなく、その強さが発揮されているのは主としてヨーロッパ諸国においてである。これには旧社会主義諸国も含まれる（Verband Deutscher Maschinen-und Anlagenbau e.V.（VDMA）1998：238-245）。

　ドイツ機械工業の強さは、なによりもまずその研究開発力に拠っている。それを端的に示すのが特許取得件数である。Wiechers（1995:33-34）によれば、1988 年から 1992 年の間に複数の国において機械工業分野で特許を取得した件数が最も多いのはドイツだった。

　既に示唆したように、ドイツ機械工業はかなりの程度中小企業によって担われている。表 9-3 に示されているように、企業数の 80％以上が従業員 200 人未満の企業となっているからである。しかし、この部門の就業者総数や販売総

307

額に占める割合でみると、中小企業の比重は50％を下回る。ドイツでは工業部門でも従業者数が500人未満であれば一般に中小企業とみなされるが、この基準で見ると就業者数や販売額でも中小企業の比重は50％前後に達する。

3. 機械工業の地理的集積

Verband Deutscher Maschinen- und Anlagenbau e.V.（VDMA）（1998：18）には、ドイツ機械工業の地理的分布がおおまかに分かる図が掲げられている。ここから、ドイツの中で機械工業が集積しているのは、バーデン・ヴュルテンベルク、ノルトライン・ヴェストファーレン、バイエルンの3州であることが分かる。機械工業の販売額を対人口比でみてもこの3州が傑出している。

だが、ドイツの機械工業の地理的集積を把握するためには、州を単位とする分析では不十分である。産業集積が重視されるのは、理論的に見ればアルフレッド・マーシャルが論じたように、基本的には空間的な近接性に基づく外部経済の利益が問題となるからである。マーシャルは『経済学原理』の第4冊「生産と供給」の第10章「産業組織、続き、特定の場所への特化した産業の集中」において、おおむね以下の諸段落で紹介するように述べている（Marshall 1890：332-333）。

ある産業がひとたびある場所（locality）に集積したならば、その産業はそこに永くとどまる傾向がある。その理由は以下の諸点に求めることができる。第1に、当該産業の集積地では、その産業独自の技術を習得しやすいからである。そこでは、当該産業の優れた仕事が正当に評価される環境があり、機械、工程、ビジネス組織に関する改善案がすぐに議論されやすい環境がある。誰かが新しいアイデアを採用すれば、ほかの人によってそれがまねられ、まねた人の独自のアイデアと結合してさらに新しいアイデアが生まれやすい。これは要するに技術の伝播が、空間的近接性の故になされやすいということを意味する。

第2に、当該産業にとって支援的役割を果たす補助的（派生的）企業が発生する。それは当該産業に対して道具や原料を供給する企業や当該産業の製品を輸送する企業などである。このような一種のサプライチェーンがより有効に機能するのはそれらの企業が空間的に近接している場合であろう。

第3に、当該産業に属する個々の企業は小規模だとしても、これら小企業が集積する地域での生産総額が大規模になれば、そのような地域において高価

な機械を利用することが可能になる、とマーシャルは指摘している。また、当該産業に対して支援の役割を果たす補助的産業にとっても、取引相手となる当該産業の企業個々が小規模であったとしても、全体として大規模な取引になるので非常に特殊な機械を恒常的に利用することも可能になる。

この第3の点は、効率のよい高価な機械の利用が当該産業に属する中小企業によって共同利用される場合と、補助的産業に属する諸企業が効率のよい高価な機械を利用する場合の両方を含んでいる。前者は、例えば日本の各県にある工業試験場などの例を考えると理解しやすい。このような例は、空間的近接性に基づく外部経済とみなすことができる。他方、後者も明らかに一種の外部経済を意味している。大規模な市場が眼前にあるが故に、ここに商品やサービスを供給する個別企業も内部的に規模の経済を享受すべく大規模化することを含意しているからである。近年の欧米経済地理学研究者らによって多用される「規模の外部経済」、つまりある企業にとって外部にある経済活動の規模、即ち市場の規模が、その企業の規模拡大を支えるという意味で外部経済なのである。このような外部経済は、問題となる市場を肌で実感できる場、即ち産業集積という場でこそ得やすいと言えるかもしれない。しかし、**Martin & Sunley**（1996：266）が示唆しているように、市場の規模がもたらす個々の企業にとっての外部経済は空間的な近接性を条件にするものではない。

第4にマーシャルは、産業集積地域が熟練労働市場の形成という点でも重要であることを指摘している。つまり、仕事を求める人々は自分の技術を評価し雇ってくれそうな企業が数多く立地している場所に、自身の労働力を売るための市場を見出せるがゆえに集まってくる。他方、企業はそのような場所でならば特別の技能を持つ職人・労働者を選択しやすいので、その産業集積地域への立地に利益を見出す。このような熟練労働市場の有利性もまた空間的近接性に基づく外部経済である。この外部経済は、次のように敷衍することもできる。産業集積地域でならば、仮に勤務していた企業が何らかの事情で倒産したり業況を低下させたりした場合でも、労働者は代替的な勤務先をより容易に見出しうる。他方で企業は、成長する際に必要な労働力を産業集積地域でならば容易に調達できる。

さらに第5にマーシャルは、近年、地域社会に埋め込まれた中小企業集積という考え方に通ずる議論も提供している。マーシャルは熟練労働市場という

外部経済に言及している段落で、社会的な諸力と経済的な諸力との協同を述べている。この2つの諸力が共鳴する場所では、雇用主と被雇用者との間に強力な友好関係が見出されることが多い、と彼は述べているのである。マーシャルはこのような友好関係が壊れやすいことも認めているが、まさしくそうした産業集積地域に立地することによって、労資の協調的雰囲気という環境がもたらす利益を企業は得るというのである。

　このように、産業集積が意味を持つのは、少なくともマーシャルにとって空間的近接性という条件を具有した場合である。ちなみに Krugman（1991）はマーシャルが指摘した5つの要因のうち、第4の点を最も重視し、最初のものを軽視したし、第3の点と労資の協調的雰囲気にいたっては無視したかあるいは気がつかなかった、ということに我々は注意を払うべきだろう。

　いずれにせよ、産業集積が意味を持つのは、マーシャル的な議論の枠組みに置いてみるならば上記のような空間的近接性という条件がある場合である。それゆえ、ドイツ機械工業の産業集積地域を把握するには、その限りにおいて州という空間スケールではあまりにも大雑把過ぎることになる。

　そこで筆者は、1996年のドイツにおける機械工業の集積地域を把握すべく、市郡レベルの単位地域をもとに分析を試みた。その結果が図9-1である。この図を作成するために行なった作業は、機械工業の地域的集積を、立地する事業所の絶対数と、一定の基準に照らしての相対比の両方を組み合わせるというものである。その相対比とは、単位面積（居住面積＋道路面積）当りの事業所数、及び単位面積（居住面積＋道路面積）当りの就業者数である。本来、アルフレート・ヴェーバーによるならば、集積という概念には巨大規模の事業所の単独立地も含まれる。しかし、現在多くの研究者が問題にしている産業集積とは、マーシャルが議論したように外部経済を享受する集積であり、それゆえ異なる事業所が多数集まる状態を意味している。そこで、ここでは事業所数の絶対数を重視した基準を設定したのである。

　さて、図9-1から、我々はドイツに機械工業の大きな集積地域が2つあることを認識できる。第1は、バーデン・ヴュルテンベルク州のシュヴァーベン地方からカールスルーエやマンハイムにかけての地域である。これは、シュヴァルツヴァルトの集積に連坦しているように見える。そのため、バーデン・ヴュルテンベルク州の相当部分が、一大集積地域となる観を呈している。第2に

310

第9章　ドイツの産業集積と機械工業中小企業

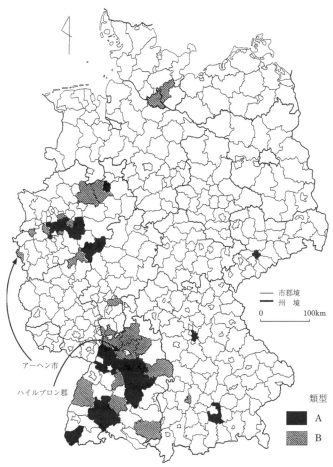

図9-1　ドイツにおける機械工業集積地域，1996年

資料：下記の2つの資料により筆者作成。
　　VDMA (1998) *Statistisches Handbuch für den Maschinenbau*, Ausgabe 1998.
　　Niedersächsisches Landesamt für Statistik im Auftrag der Statistischen Ämter der Länder und Statistisches Bundesamt (Hrsg.) (1998) Kreiszahlen. Ausgewählte Regionaldaten für Deutschland, Ausgabe 1998.
類型A：事業所数30以上，事業所密度3.14/10km^{2}以上，就業者密度47.2/km^{2}以上。ちなみにドイツ全国の平均値は，事業所密度が1.57/10km^2、就業者密度が23.6/km^{2}である。それゆえ、類型Aの市郡はドイツの439市郡の平均的な事業所密度と就業者密度を2倍以上上回る地域である。なお、22市郡が類型Aに属する。
類型B：事業所数25以上，事業所密度2.35/10km^{2}以上，就業者密度35.4人/km^{2}以上。類型Bの市郡はドイツの439市郡の平均的な事業所密度と就業者密度を1.5倍～2倍上回る地域である。なお，23市郡が類型Bに属する。
参考資料：全国の機械工業の事業所数は6,598、就業者数は995,615人。

顕著な機械工業集積地域はノルトライン・ヴェストファーレン州のデュッセルドルフよりも東部にあるベルク・マルク地域（Bergisch-Märkisches Gebiet）に見られる。ここからやや飛び地的になるが、ビーレフェルトやズィーゲンなどもその産業集積地域に近い位置にある。

　上の２つほど面的には広大なものとなっていないが、ハンブルク近郊、ミュンヘン近郊、ニュルンベルク、ケムニッツ、アウクスブルクなどが小規模な産業集積を形成している。また図9-1からはっきりと分かるわけではないが、ドイツ各地の人口20万人を上回る大都市にはほぼいずれにもかなりの数の機械工業事業所が立地しており、いずれも産業集積地域の名に値しよう。また上記の意味での相対的指標でみると、各地の小都市もまた機械工業の集積密度がかなり高い。

　以上から明らかなように、ドイツの機械工業集積地域は農村的地域にある小都市も含めて全国にわたって多数存在している上に、特に大規模な機械工業集積地域も成立しているのである。世界的にみれば類まれな一国スケールでの機械工業集積を実現している国にドイツはなっているのである。このような機械工業集積地域の発生起源として重要な要因は何か。また現在のグローバリゼーション進展のもとでどのようなプロセスが個々の機械工業集積地域で進行しているか、企業間ネットワーキング、あるいは企業を取り巻く企業外環境ネットワーキングの進展はあるのか。あるとすればそれはいかなるものか、こうした諸問題が近年の産業集積に関わる議論との関係で解明されるべきだろう。

　残念ながら、これらの問題についてすべて明らかにする材料を筆者は十分に持ち合わせているわけではない。本章ではそれらの問題に迫る一つの糸口として、1998年8月から9月にかけて、機械工業2大集積地の縁辺部にあたるアーヘン地域及びハイルブロン地域でヒヤリングした10の中小企業の概況について紹介したい[4]。この2つの地域から調査企業を選定したのは筆者ではない。共同研究者のグロッツ教授、ゲーベ教授、ブラウン博士である。これは1998年3月に浜松地域と諏訪・岡谷地域という2つの機械工業集積地域に立地する中小企業を共に訪問して工場見学とヒヤリング調査したことに対応させて、類似の機械工業集積地域を彼らが選定したことによっている。

4. アーヘン地域の機械工業中小企業

アーヘン地域でヒヤリングした機械工業中小企業について述べる前に、アーヘン地域の概略について記しておく[5]。この地域はベルギーとの国境にあり、オランダにも近い。そのためコスモポリタンな指向があるという。ベルギーは大陸ヨーロッパの中で最初に産業革命を経験したところであり、その影響を受けてアーヘン地域はドイツの中で最も早く産業化した。アーヘン地域の産業化はルール工業地域よりも早かった。石炭・鉄鋼・ゴム・繊維などの産業がその主要部門だった。現代ドイツの代表的な鉄鋼企業であるテュッセン社もマネスマン社もその創立者はアーヘン出身である。この地域の重要な高等教育研究機関はアーヘン工科大学である。これは約140年前に設立されたもので、エンジニア育成を目標としていた。創立に際しては、当時のアーヘン産業界が中心になった。

4.1. ヴェーゲナ有限会社

ヴェーゲナ有限会社はアーヘン市内に立地する、プラスチック溶接機械を生産している従業員数40人規模の企業である。インフォーマントは同社の支配人（Prokurist）で技術担当マネージャーのミヒャエル・ゲーデ（Dr.-Ing. Michael Gehde）氏である。

同社は、ヴェーゲナ氏によって1958年に電気部品生産企業として設立された。しかし設立の2、3年後に、現在の生産物に転換した。その際、アーヘンにある溶接研究所でヴェーゲナ氏はプラスチック溶接技術を身につけたとのことである。

同社が現在生産している主なプラスチック溶接機械は、かなり大型の自動化機械と、マシンガン風の形をした手動機械である。いずれにせよ、大量生産用のプラスチック溶接機械ではない。むしろ、同社の顧客は注文に応じて少量生産する企業である。例えば、ドイツの大都市ではプラスチックパイプ管からの漏水で水を失うことがあるが、そうしたプラスチック管の修理を行なうような企業が顧客となる。機械の基本的なモデルは6種類あり、さらに顧客のために異なる仕様で生産しており、合計して約70種類になる。したがって、同社はプラスチック溶接機械を多品種少量生産していると言える。

プラスチック溶接は金属溶接より複雑であり、それだけにプラスチック溶接機械の生産は難しいという。しかし、同社の製品はハイテクで生産するという

ものではなく、標準化された技術で生産するものである。従って、十分な資金とある程度のノウハウがあれば、同社の製品のコピーを作るのに1年から2年もあれば十分だという。

同社の製品と類似のものを生産している競合企業は5社から10社程度ある。その中で同社は世界市場の10%のシェアを占めている。アメリカが主たる市場のひとつだが、日本には参入できないでいる。顧客サービスは十分にやっている。それは顧客を維持するために必要である。必要とあれば、社員をシンガポールやアメリカに顧客サービスのために派遣することもある。他方、同社の製品を作るのに必要な部品は、11,000点に上る。このうち、標準的な部品はコスト節減のためにチェコなどの東欧諸国から輸入している。

プラスチック溶接機械の温度管理システムを作るのに、ミラノにあるイタリアの大企業と協力している。ドイツの大企業は、同社のような中小企業と取り引きしたがらないとのことである。しかし、ここ1、2年、ドイツの大企業もドイツ内の中小企業と取引をするほうがよいということを学びつつある、とゲーデ氏は語った。

同社の技術部門のマネージャーは2人いる。一人は機械工学、もう一人は電気技術を専門としている。このほかにテヒニカー（Techniker）[6]が8人いる。同社の生産のための基礎的な知識はメカニカルな知識ということなので、機械工学のエンジニアの方が重要であると推定される。販売担当の従業員は中央ヨーロッパ担当が1人、アメリカ担当が7人、極東担当が2人の合計10人である。開発のための新しいアイデアは市場から、即ち顧客との対話から得られる。また、機械開発のためにプラスチック材料メーカーと協力する。同社が開発した機械は、ドイツでよりもむしろオランダやベルギーなどでより早く採用される。

現在2つの開発プロジェクトを推進しているが、これは政府から資金を入れて行なっている。また協力する研究機関としてエアランゲン大学と、パーダボルンあるいはアーヘンにある研究所が言及された。

年間生産台数は手動の溶接ガンも含めて約82,000台である。機械や部品のコーティングや熱処理の設備は同社にないので、ミュンヘン近郊にある80人規模の会社に委託している。そのほか、生産のために取り引きしている会社はドイツ全国に分布している。例えばエッセンの企業に熱処理を委託しているし、シュトゥットガルト近郊の企業やアーヘンの企業とも取り引きしている。制御

システムについては南ドイツの企業と協力している。また部分的に旧東ドイツ領域の企業とも取り引きしている。

現在の場所では生産が効率的に行なえないので、同社は近い将来移転を予定している。現在地では生産が20%程度非効率だとのことである。

実習生はオランダ、エッセン、エアランゲンなどから来る。アーヘン工科大学の学生はより理論的な指向が強いため、同社にはあわないという。

以上のような聴き取り内容から判断すると、アーヘンに立地していることによってマーシャル的な意味での集積利益を得ているわけではないと言える。確かにプラスチック溶接技術の一部について、同社はアーヘンにある研究所の協力を得ているが、研究開発のために協力する研究機関は直線距離で200km以上も離れているパーダボルンや、その倍以上も離れており、しかも他州に位置するエアランゲンにもある。サプライチェーンの関係にある取引企業もまた全国に分散しているし、エンジニアやテヒニカーのリクルートもアーヘン地域に限られるわけではない様子が、実習生の出身地域の多様性からうかがえる。

4.2. B＋G搬送技術有限会社

B＋G搬送技術有限会社はアーヘン地域というよりもむしろボンに近いオイスキルヒェンに立地する70人規模の企業である。インフォーマントは同社の企画担当責任者ベッケ（Udo Boecke）氏である。

同社は1968年に設立された、アミューズメントセンターで用いるコンベヤ機械の生産企業だった。しかし、1983年にフォイト・ズルツァ（Voith Sulzer）という製紙機械メーカーの子会社になった。ズルツァはスイスの総合機械メーカーであり、フォイトはバーデン・ヴュルテンベルク州のハイデンハイムにある機械メーカーである。フォイト・ズルツァ自体は、これら機械メーカーグループに属する製紙機械メーカーであり、バーデン・ヴュルテンベルク州のラーヴェンスブルクに立地している。B＋G搬送技術社は、フォイト・ズルツァが製造する製紙機械装置の一部をなすコンベヤを生産しているのである。したがって同社社長（General manager）はラーヴェンスブルクにおり、1ヶ月に数日間だけ同社を訪れ、主として財務経理の管理をする。オイスキルヒェンにいるマネージャーは技術分野を担当している。

ちなみにオイスキルヒェンとアーヘンの中間に位置するデューレンにも、フ

ォイト・ズルツァの工場が立地しているのを筆者はたまたま目撃した。アイフェル山地を背後に控えたこの地域には、その森林資源を利用した製紙工業が比較的早くから興っていたものと考えられる。それもあって西南ドイツに立地する有力製紙機械メーカーがアーヘン地域に進出してきたものと推定される。なお、ズルツァは 3500 人の従業員を擁して広範な機械を生産する、ヨーロッパでも最大規模の機械メーカーの一つである。

　B＋G 搬送技術社は、機械設計のために 1991 年から CAD を導入し、1997年から完全に CAD だけで設計するようになった。プロジェクト図面作成（Projekt Zeichnung）に際しては、顧客の要望に応じて詳細な設計図を示すことができる。これが同社の強みであるが、逆に弱点にもなるという。というのは、同社に引き合いを求めてきた企業が、この図面を競合他社に提示し、より安い価格で機械を提供できるところを探しうるからである。ちなみに同社の競合企業はヨーロッパ内に 3 社、全世界で 8 社ほどある。

　同社の受注額のうち、ラーヴェンスブルクの親企業に依存する部分が 40％、それ以外の顧客への依存が約 60％を占める。顧客から同社に直接注文が来る場合、この顧客は同社の親企業とは異なる会社の製紙機械と組み合わせて製紙機械システムにする場合もかなり頻繁にあるとのことである。同社が生産する機械は、注文を受けてから顧客に引き渡すまで 3 ～ 6 ヶ月かかる。契約期間がそれだけということだが、社内で設計開発のための議論を積み重ねるために、実際に設計のためにあてる期間は短くなる傾向にある。

　コンベヤ生産用の部品は大部分を購入している。同社が行なっているのは設計と組み立てである。デューレンに切削関係の下請企業があるが、このようにルーチン的プロセスを行う協力工場の多くはデューレンにある。またより複雑な加工や、同社が購入する部品のうちかなりのものは約 150 キロメートル離れたオランダの機械メーカーと取引している。スペインや東欧諸国にまで下請けに出すことはない。これらの国ではいくら賃金コストが安くても同社にとって遠すぎる。これに対してオランダは 1 日で往復できる距離である。しかし他方で協力工場がフィリピンにもある。

　このように同社の協力工場は比較的近くにあるものが多く、その意味で地域的な産業集積が意味を持っていると言えよう。ただし、ここで言う地域にはオランダも含まれる。アウトソーシングする際に重要なポイントとなるのは、第

1に価格、第2に品質、第3に納期である。納期についてはその正確性が最重要であり、そのことを信頼できるか否かが重要だとのことであった。輸送コストも重要である。このように価格、品質、納期という点で、同社から100～150キロメートルの範囲内にあるオランダやベルギーの企業は信頼できるとのことである。オランダ人のメンタリティは同社との協力の上で良好である。またドイツとの賃金コストの差もある。例えば、亜鉛鍍金などのコーティングでは、材料1kgあたりのコストがドイツよりも0.5マルク安い。しかも労働の質はドイツと同じであり、多少輸送コストがかかってもこれを補ってあまりある。

アーヘン地域ないしその近郊のデューレンに立地する下請企業の規模は10人程度であり、同社の望むことや必要とすることをよく知っている。コストは10～15％高くなるが、信頼性が重要であり取り引きしている。

同社の従業員のうちエンジニアとテヒニカーは合計して10人になる。この10人がR&D、設計、販売を担当している。事務管理の仕事に従事するのは約15人、生産部門では25人の熟練労働者がいる。

大学との協力は、特にアーヘン工科大学と密接に行なっている。ケルン大学との協力もある。実習生はこの両大学から来る。しかし、同社の製品開発に関する技術上のアイデアやイノベーションは顧客との対話に由来することが多い。

4.3. M. ブリュック機械工場有限合資会社

M. ブリュック機械工場有限合資会社はデューレンに立地しており、1906年設立になる特殊プレス機械を生産する40人規模の家族所有企業である。インフォーマントは社長のグラートバハ（Dipl.-Ing. Hubert W. Gladbach）と同社の資本所有者の1人であるグレックナ（Bruno Glöckner）氏である。同社を設立したのはグレックナ氏の妻の祖父である。同社の所有者はもう1人おり、アメリカのクリーブランドに住んでいる。同社を経営しているのは技術部門のディレクターが1人、営業部門のディレクターが1人である。

同社が生産しているのはビルの天井板として用いる網状金属板をプレスする機械（perforating machine：鑽孔プレス機械）である。この特殊なプレス機械を生産する企業は全世界に3社しかない。1社はベルギー企業、2社がドイツ企業である。それゆえ、同社は全世界に輸出しているが、市場規模は小さ

い。市場が小規模ということは小規模企業にとって重要なことだという。同社が鑽孔プレス機械を生産したのは 1950 年代のことである。1970 年代からこの機械生産に特化するようになった。同社の顧客の組織としてアメリカの Industrial Perforating Association（鑽孔工業協会）が重要である。

　また、同社は、special eccentric press というプレス機械も生産している。これは、ドイツの新しい建築物の窓に一般的な、窓の上下横開閉を可能とする金属プレートをプレスする機械である。このプレス機械はドイツや東欧などで需要があり、ホテルなどの建設が盛んになればより多く売れるプレス機械である。そのほかに同社が生産する機械は 6 〜 10 種類に上る。

　同社の販売高のうち 50 〜 60％はアメリカ合衆国市場から得ている。顧客の多くは中小企業である。グラートバハ氏は、顧客をよく訪問する。なお同社の最大の顧客の 1 つは東ドイツにあったとのことである。

　同社は下請企業を利用していない。溶接部品は購入するが、その他のすべての加工エンジニアリングは社内で行う。溶接はその質と価格が重要であり、生産する機械に応じて必要な溶接技術も変わる。同社が生産する機械で最も重要な点はメカニクスであり、エレクトロニクスやソフトウェアではないという。1 分間に 400 ストロークの速さでプレスする機械を生産するためにはメカニクスこそ重要であり、制御のためのエレクトロニクスはさして重要ではないという。同社の従業員のうち、メカニクスのエンジニアが 5 人、エレクトロニクスのエンジニアが 2 人であり、この構成が上の発言を裏づけていると言えよう。

　機械の改善は、顧客の要望を組み入れることによって実現する。例えばある顧客は 30 年前のプレス機械を初め、年々改造された機械を 30 台持っているという具合である。大学や研究所との協力で機械を改善するということはない。

　同社での聴き取りによるとデューレンは主として製紙関係の工業が盛んなところである。だから同社はこの地域では非典型的な企業だとのことである。ここに立地していてもコスト面での有利性はないという。ちなみに同社の生産のために必要な部品で標準化されたものは、できるだけ市場で安いものを買うとのことである。

4.4. アコナ油圧有限合資会社

　アコナ油圧有限合資会社は 1963 年に器械組立企業として設立された。1965

年から油圧シリンダーの生産に参入し、現在、主として大型シリンダーを生産する 60 人規模の企業である。同社は他社が生産した器械部品の商社機能も持っている。同社の販売高の約半分をこの商社機能が担っている。立地点はアーヘン市に隣接するヘアツォーゲンラートである。インフォーマントは技術部門のディレクターであるゼンプト（Dipl.-Ing. Uwe K. Sempt）氏である。

同社の生産するシリンダーは大量生産ではなく、多品種少量生産である。たった 1 つのシリンダーでも、注文があれば同社で設計して生産する。このシリンダーは発電所、製鉄所、工作機械などのために用いられる。自動化が重要な場合にはシリンダーが必要になるという。販売額の 50％ は約 100 社から 150 社のメインカスタマー向けのシリンダーである。同社の主要な顧客はドイツ内に立地している。同社が顧客の信頼を得ているのは、ACONA が確立したブランド名だからであり、サービスが良好だからである。

同社は、シリンダー生産に必要な加工をほとんど自社内でやっている。コーティングのみエッセンの企業に下請に出している。また、プロジェクトに応じて金属加工の面で協力する企業がレムシャイトにある。

同社は同じ業界の他企業 3 ～ 4 社と協力関係にある。いずれもドイツの企業であり、小規模なシリンダーを生産している。この協力関係にとって距離的近接性は無意味だという。協力する企業の選定基準として重要なのは品質である。こうした協力企業は、大型シリンダーならば同社がよいと顧客を紹介してくれることもある。こうした企業とのコンタクトは主として電話で行なう。いずれもフランクフルトより南に立地しており、50 ～ 60 人規模の企業である。これらの企業とは前から個人的な知り合いだった。メッセで知り合ったわけではない。チェコやポーランドの企業とも協力関係を持ったことがあるが、失敗だったという。品質が悪かったからである。競合企業は約 50 ～ 60 社ある。この中には数人規模の企業もあれば大企業もある。強力な競合企業がベルギーにある。

アーヘン工科大学との協力はあまりない。大学からの情報を同社はあまり必要としていないからである。とはいえ、技術的に解決し難い困難な問題が発生したときには相談することもあるとのことである。

同社の従業員は 58 人である。このうち顧客サービスに従事する大卒エンジニアが 8 人いる。営業部もあり、ここでは販売と管理を担当している。熟練

工は 18 人いる。若い工具を雇うのは困難ではない。同社には 25 年以上勤め
ている人もいる。習熟するのに 3 ～ 4 年はかかるので、平均年齢は高くなる。

4.5. トウエト機械製造合資会社

　トウエト機械製造合資会社はアーヘン市に立地する 50 人規模のココア・
チョコレート用機械メーカーである。インフォーマントは社長のクノープス
（Dipl.-Ing. Rudolf Knops）氏である。1947 年に設立された同社はもともと自
動車部品を生産していたが、後に現在の業種に転換した。その経緯は偶然的な
ものである。とはいえ、アーヘン地域にはドイツでも有力なチョコレート製造
企業があり、これと全く無関係というわけではない。生産する機械はきわめて
特殊なものであり、小さな市場向けである。販売額のうち輸出がかつては 85
％を占めたが、1998 年現在で 75％に落ちている。主たる輸出先は西欧、中欧、
北米であり、マレーシア、台湾、フィリピン、シンガポールにも輸出している。
全世界で同社の顧客数は 100 社から 150 社に上る。ヨーロッパでは同社が直
接販売しているが、アジアでは代理店を通じて販売している。機械のアフター
サービスはあまり必要としない。

　競合企業は 9 社ある。その中で規模が大きな企業はイタリアのミラノとオ
ランダなどにある。

　機械生産のための金属は、かつてはこの地域に立地する企業から購入してい
た。しかし鋳造関係の企業はこの地域から消滅した。そこで現在は、スロバキ
アやハンガリーなどから鋳造品を購入している。

　大学との協力は、必要なときにアーヘン工科大学に依頼しているが、さほど
活発な協力関係にあるわけではない。アーヘン地域に立地することは、フラン
スやベルギーとの国境地域に立地することになり、この点が強みとなっていた。
しかし、現在、この地域に立地していることで特に利益があるというわけでは
ない。生産のために必要なものはなんでも、中欧スケールの空間で購入できる。

　従業員のなかにエンジニアは 3 人いる。一方、生産労働者は約 30 人いる。
この人的構成からしても、また工場見学の印象からしても、同社はハイテクノ
ロジーというよりもローテクノロジーを基盤にしていると言える。

320

第9章　ドイツの産業集積と機械工業中小企業

5. ハイルブロン地域の機械工業中小企業

　ハイルブロン地域は、マンハイムでライン川に合流するネッカー川に沿って
マンハイムからシュトゥットガルトに至る道程の中間点に位置する。近代以
前、この地域の主要生産物はワインだった。ハイルブロン市はワイン交易で栄
えた河川港都市だった。1830 年当時、ハイルブロンはシュトゥットガルトを
上回る工業都市だった。ハイルブロンは 20 世紀初めにおいても南西ドイツ有
数の工業都市であり、その主要部門は食品・ワイン醸造業だった。しかし、ネ
ッカー川の運河化や鉄道の敷設という交通インフラストラクチャーの整備もあ
って、この地域には機械工業、自動車工業、印刷工業、製紙工業も立地する
ようになった。その中で最も重要なのは現在のアウディ社の前身企業の 1 つ
となったネッカーズルムに立地する NSU 自動車工業である。この前身企業は
1880 年に現在の場所に立地した。（Dörrer 1993：269-270）

5.1. iRM 駆動技術有限会社

　iRM 駆動技術有限会社はハイルブロン近郊の小都市ラインガルテンに立地
する、自動車エンジンの設計とプロトタイプ生産に従事する 20 人規模の企
業である。インフォーマントは社長のメートナ（Dipl.-Ing.（FH）Manfred
Mäthner）氏と営業担当のヴェーバ（Dipl.-Ing.（FH）Hermann Weeber）
氏である。

　同社は 1976 年にイルムシャ（Irmscher）氏、ライツ（Reitz）氏、メート
ナ氏の 3 氏の出資によって設立された。この中で最大の出資者は、イルムシャ
氏である。イルムシャ氏はシュトゥットガルト東郊で、カロセリー（車体）用
部品やスポイラーを生産し、アーダム・オーペル社に納入している人物である。
このイルムシャ氏が経営する企業は同社の親企業であると言ってよいが、同社
の取引契約はこの親会社から独立してなされている。

　3 人の出資者の中で同社の経営を最初に担ったのはライツ氏である。ライツ
氏が亡くなった後に、同氏と古くからの友人であるメートナ氏が同社の社長を
務めている。またライツ氏の娘が同社の事務部門で働いている。メートナ氏は、
ケルン出身でケルンの工科短期大学（Fachhochschule）を卒業した後、ハン
ブルクの企業に勤めていたが、ライツ氏との関係で、同社の創業の 1 年半後
に同社に移籍した。

321

同社の従業員のうち16人が工科短期大学卒業のエンジニアであり、残りも
テヒニカーと事務担当者であって、生産だけに従事する労働者は皆無である。
つまり、同社は製造企業というよりも、むしろ開発に特化したエンジニアリン
グ企業である。同社は1988年にCADを導入した。現在の従業員1人あたり
設備装備額は、ソフトウェアも含めて12万マルクに達しており、資本集約的
なハイテク小規模企業と言える。設計とプロトタイプ生産は顧客の注文に応じ
て行なっており、多品種少量生産型企業である。

　主な顧客はオーペル社である。かつては売り上げの80％がオーペル社向け
だったが、現在は、オーペル社への依存度が低下して、顧客構造はより多様化
している。ルノー、いすゞ、アウディ、ポルシェとの取り引きがあるし、芝刈
り機のフィヒテル・ザクスとも取り引きしている。いずれとも長期的な取引関
係にある。

　同社のような企業にとって、顧客とのフェース・トゥー・フェースの取引
が重要である。オーペル社のエンジニアと週に1回は会うことが必要である。
このような接触のために、ハイルブロンは、幹線鉄道からはずれており便がよ
くない。アウトバーンも混雑がひどいので必ずしも便利でない。しかし現在は、
電話、ファックス、e-mailで顧客とのコンタクトがなされており、フェース・
トゥー・フェースの接触のために空間的に近接していることは以前ほど重要で
はなくなってきているという。ハイルブロンの位置は決してすぐれたものでは
ないという考えをメートナ氏は持っているが、他方でアウディ、BMW、オー
ペル社のいずれに対してもハイルブロンは遠くない距離位置にあるので、よい
立地点だという認識も持っている。

　オーペル社との取引ために、オーペル社が立地しているリュッセルスハイム
の近郊に事務所を置いている。リュッセルスハイムはフランクフルト大都市圏
内に含まれる。同社のようにオーペル社近くに事務所を置くエンジニアリング
企業は多く、オーペル社の事業所敷地内に20のエンジニアリング企業が事務
所を置いているとのことである。こうしてフェース・トゥー・フェースの接触
が可能になっているが、このことによって同社のエンジニアがオーペル社に引
き抜かれるということもある。しかし、引き抜かれた人を介してオーペルとの
長期的取引が可能になるという利点もある。なおエンジニアリング企業がオー
ペル社と契約するプロジェクトは、その契約期間が最長で1年間である。

第9章　ドイツの産業集積と機械工業中小企業

　同社は、さまざまな技術システムを保有するようになっている。同社のエンジニアはそれぞれなんらかの技術のスペシャリストであり、この多様性のゆえに幅広い分野の顧客に対応できている。それが故にオーペル社への依存度は低下したという。

　中小規模のエンジニアリング企業間で作業グループを形成する動きが、ヨーロッパ規模で存在している。これは顧客、すなわち自動車メーカーの要請によるもので、特別な知識を持つ複数の中小企業が協力して開発を行なうというものである。このような作業グループは1993年頃から一般的になっている。こうした作業グループの実働期間はきわめて限定されている。同社は、いくつもの作業グループに同時に関われるだけの人材を有している。オーペル社自身もエンジンを開発できるが、モーターの多様化は著しく、オーペル社内の人材だけでは、すべてに対応することが困難である。そこで、中小規模のエンジニアリング企業に作業グループを作らせるのである。

　同社の実習生は、カールスルーエ、マンハイム、エスリンゲン、ハイルブロン、シュトゥットガルトの工科短期大学の学生が主である。同社の立地点から最遠でも70km程度のところにある。毎年、1人か2人の実習生を同社は受け入れている。その中から同社の正規従業員になった人もいる。社長の知人が大学にいるので、実習生を雇用するのは困難ではない。実習生は半年間、同社の重要なプロジェクトに組み込まれて仕事を行う。

　工科短期大学は必ずしも十分なCAD・CAMシステムを保有していないために、同社にきても実習生がすぐに役立つわけではない。しかし、人材養成の上で大学間に差はなく、差があるとすればそれは個人間に見られるに過ぎない。

　エンジニアの再教育のためにおおむね毎年従業員に研修を受けさせる。その費用は会社が負担する。1人が1週間の研修を受けると、そのコストは約1万マルクかかる。つまり、授業料は1時間につき200マルクから500マルクする。1年間にこうした再教育を2人から4人が受ける。

　同社はシュタインバイス財団を通じて、新製品の開発のための融資を州立銀行に依頼したことがある。これについては既に返済済みである。この融資申し込みの際に、シュタインバイス財団はきわめて官僚主義的に対応し、手続きに2年もかかるという困難を同社は経験した。シュタインバイス財団のコンサルティングも高価であり、そのサービスにあまり満足していなかった。

323

同社の下請取り引きは、数人規模から数千人規模の企業にまでわたっており、多様である。約 100 社と長期取引関係にある。その中には、同社が立地している工業団地の中に立地しているものもある。下請との関係では、品質、コスト、納期のいずれもが同じように重要である。

　ハイルブロン地域に同社のような企業が 5 〜 7 社ある。これらが情報交換などのために会合することはない。エンジニアリング企業は団体を構成しておらず、いずれも独立独歩で経営している。

5.2. ホルスト・ティーレ機械製造油圧機器有限会社

　ホルスト・ティーレ機械製造油圧機器有限会社はハイルブロン近郊の小都市ノイエンシュタットに立地する油圧シリンダーの開発設計と生産を行う 30 数人規模の企業である。インフォーマントは社長のホルスト・ティーレ（Dipl. Ing.（FH）Horst Thiele）氏である。同社は 1967 年にティーレ氏によって創設された。

　同社は特許をいくつか取得している。つまり開発型の企業である。しかし、特許を取得し、これを維持するためには時間とコストがかかるので、最近は特許を取らなくなってきている。

　いくつものドイツの有名大企業と取引関係がある。例えば、MAN やクラウスマッファイ（Kraus Maffei）などの名前が挙げられたが、示されたカタログには、そのほかにも有名大企業の名前がいくつも読み取れた。キールに立地する戦車を生産する企業のためのシリンダーも生産したことがある。顧客はほとんどドイツの企業であり、その中でも重要なのは有名大企業であるが、オーストリア、イギリス、フランス、フィンランド、デンマークにも中小企業の顧客がある。ウィーンの大学病院での、学生に対する手術実演のためのカメラを自由自在に動かすミニピュレータも同社の生産物である。またハイデルベルクの印刷機械生産企業における、会議室の舞台操作をするためのシリンダーも同社の生産物である。

　同社が生産する油圧シリンダーはすべて受注生産であり、顧客向けの多品種少量生産である。同社の強みは、油圧シリンダーに関する基本的な知識を持っており、これをきわめて多様な用途に応用できるところにある。4500 種類のシリンダーをこれまでに生産した。生産したシリンダーの取り替え部品という

第9章　ドイツの産業集積と機械工業中小企業

ものは持っていない。必要があれば顧客のところにいって修理する。最大規模で6500トンの重量を支え持ち上げることのできるシリンダーを生産したことがある。設計は、顧客の注文や問題解決に応じて行う。年間の生産量はせいぜい1000個である。顧客からの注文はファックスで仕様が届き、これを単純なものならば1週間で、複雑なものでも4週間くらいで設計する。そして注文を受けてから8週間後には、製品を納入できる。

　メッセには一度も出展したことがない。またメディアを通じて宣伝をしたこともない。しかし、メッセを訪問して顧客になりそうな企業に目星をつけ、そことコンタクトを取ることはしたことがある。メッセ訪問は新しい知識を得るという点でも重要である。社長自ら車を運転してドイツ全国、場合によっては外国まで顧客サービス、あるいは顧客獲得のためにまわる。しかし、基本的に同社の顧客は、旧来の顧客による新しい顧客の紹介というように、口コミで獲得してきた。

　同社の従業員のうちエンジニアが5人、マイスターが5人いる。残りもすべて熟練労働者である。社長自身も設計をするが、同時に同社に設置してきた機械すべてを社長自身が操作することができ、それゆえ生産現場をよく知っていて設計できるということを社長は誇りにしていた。設計のために、社外のどんな機関や企業とも協力したことはない。開発のための協力相手は顧客企業だけである。

　社長自身はチェコのズデーテン地方の生まれで、第2次世界大戦後に東ドイツに移住し、そこでアビトゥーア（大学入学資格）を取得した。1956年、18歳のときに1人で西ドイツに移住した。ベルリンやハンブルクに一時期住んだことがあるが、現在居住しているノイエンシュタットにも一時住んだことがある。その後にニュルンベルクの工科短期大学で勉強し、1964年にジーメンス社に就職した。何度か転職した後にノイエンシュタットに戻り、ここで企業を起こした。彼は朝6時半から21時あるいは22時まで働くという日課を送り、土日も働く。休暇を取るとしてもせいぜい1年間に8日間とのことである。彼自身は販売額とか利潤によりも、複雑な技術的問題を解決することに喜びを見出して働いている。

　しかし、従業員に対しては、この地域のどの企業よりも早く、より短い労働時間制度を導入したし、休暇日数もより多く認めた。そのため、彼自身の出身

地ともあいまって、地域の他の企業家からは、コミュニストと呼ばれたこともある。しかし、彼のこのような経営のおかげで従業員の定着率は高いという。

彼の経営哲学（哲学と表現していたが、手法というべきであろう）は、従業員規模をこの程度で維持し、銀行などへの依存度を低くしておくという堅実なものである。従業員数の変動はあまりない。1968 年に同社で雇用するようになった人で現在も働いている人がいるし、10 年未満の雇用という人はいない。多くは 10 年から 15 年間の勤続である。実習生は主としてニュルンベルクから来る。

技術の問題で、エレクトロニクスは制御・計算ができるだけであり、重いものを持ち上げる作業はシリンダーが行う。これはメカニクスの知識があって初めて開発できるものであり、エレクトロニクスよりもメカニクスの方が、この分野においてはより重要な知識である、という認識を社長は持っている。

現在の場所に立地していても特別な利点はない。ここに立地したのも偶然の要因によっている。また、シュタインバイス財団の援助を受けたことはない。

5.3. ハイルブロン機械製造有限会社

ハイルブロン機械製造有限会社は 1857 年の創業になる、偏心プレス機械などの生産を行う 120 人規模の企業で、ハイルブロン市内に立地している。インフォーマントは副社長のメッガ（Dip.Ing. Jens Mezger）氏である。

同社は創業当時、農業用トラクターなどの蒸気動力機械を生産していた。第 2 次世界大戦で工場は破壊されたが立ち直り、シートメタルのプレス機械やシートメタルの複雑な加工ラインを生産設置している。これらは標準的なシートメタルプレス機械ではない。同社の競合企業のところでは解決できない問題を抱える企業が同社に問題解決を頼みに来るとのことであり、技術力には自信を持っている。顧客工場で生産ラインを設置する際には、必要な機械のうち約 3 分の 2 を同社が生産し、残りを別の企業から購入してシステムとして完成させるとのことである。

同社の従業員のうち生産労働者は 64 人、設計と営業の両部門に 56 〜 66 人いる。未熟練労働者が 5 〜 10％おり、同社自身で教育している。熟練労働者が多いがマイスターの資格を取ることはさほど重要ではない。エンジニアはメカニクスの分野で 2 人だけだが、ほかに 15 〜 16 人のテヒニカーがいる。

CAD・CAM は 1980 年頃から導入したが、その増加ぶりはゆっくりだった。

シートメタルを生産する企業はすべて顧客となりうる。自動車工業部門に属する企業のほか、ハウスウェアやプレートなどの生産を行なう企業が同社の顧客である。それらは全世界に分布している。現在、販売高の 40％が輸出向けであり、輸出は増加傾向にある。主たる市場はドイツとヨーロッパだが、インドやロシアにも販売している。ドイツ国内で、同社と同じような能力を持っている競合企業は 2、3 社にすぎない。イタリアの企業が国際的に見た場合の手強い競合企業である。同社よりも規模の大きい企業で競合企業になるところも、同社と同様に大量生産ではなく、カスタマイズされた特別な機械を生産している。大量生産される機械はイタリアや日本から供給されている。

顧客の獲得のためにはメッセも有効だが、顧客のほうから同社に直接電話してくることが多い。同社からはたらきかけなくても、同社の名声は知れ渡っている。顧客にはニューズレターやメールを送ってアフターサービスに努めている。新しい顧客を獲得する上でメッセや専門誌は重要である。インド、中国、ロシアには同社の代理店がある。日本にはない。同社の強みは、顧客が抱える問題を解決できるところにある。価格も重要ではあるが。機械装置システムとして生産して顧客工場に設置できる企業は、ドイツ国内でも少数しかない。顧客が抱える問題の解決によって、競合企業は違ってくる。同社が注文を受けてから製品を引き渡すまでに要する期間は通常 2〜3 ヶ月であり、いくら時間がかかったとしても最大限 1 年間である。

同社の資本を所有しているのは 2 人だが、その 1 人、副社長の父のメッガ氏は普通の被雇用労働者として同社で働いていた。当時、地元の銀行が同社の資本の多くを所有していた。それを 1994 年頃に、メッガ氏は同僚と 2 人で購入したのである。ちなみに副社長はシュトゥットガルト大学で機械工学を学び、アメリカのオハイオ大学で修士課程を 1 年間で修了し、シュトゥットガルトのフラウンホーファー研究所で働いた後、1998 年に同社に入社した。

同社の生産システムや機械のために必要な油圧システムやモーターは購入する。しかし、それ以外はかなり社内で生産できる。同社で生産できない部品を生産する企業はドイツ全国に分布している。遠隔地の企業はハイルブロン地域やシュトゥットガルトに支所を置いており、必要があればその支所と直接コンタクトを取る。

327

同社が取り引きしている企業とは長期取引関係にある。車で2、3時間で行ける範囲であればミーティングするのも容易である。この範囲を副社長は近いと表現していた。

　労働者のリクルートは、ハイルブロンに隣接するネッカーズルムにアウディ社の工場があるために難しい。

　大学との協力はいくつかある。ハノーファ大学、シュトゥットガルト大学、ハイルブロン工科短期大学などである。他企業との協力関係は、ドイツ機械・設備装置工業連盟の中で組織された作業グループの中で推進されている。これには10社から20社参加している。この作業グループの集会は年に4回くらいしかない。副社長は、この作業グループが特に重要というほどではないという口ぶりで話題にした。大学で形成される他企業を含めた作業グループもある。大学の作業グループに参加しても基礎研究をやるだけであり、そのことによって参加する他の企業とノウハウを共有するということにはならない。これに参加する際のコストは自社もちである。

　シュタインバイス財団との協力関係はない。フラウンホーファー研究所とは、副社長本人が勤めていた関係のゆえに、協力関係にある。商工会議所は労働者養成という点で重要な役割を果たすが、技術面では無関係である。

　競合企業と戦略的提携は行なっていない。自分自身で意思決定し、自身で充足することを重視しており、協力ということには気乗りがしない。自分で解決できないことがあるときに初めてアウトソーシングを考える。その際、誰ができるかということが重要であり、どこの企業か、ということは重要ではない。同社の製品のために必要なエレクトロニクス部品は他社に依存している。その企業は同社が立地している工業団地の別の通りに面している。この企業は、以前同社で働いていた人が設立したものである。

5.4. ベッカー機械工場有限合資会社

　ベッカー機械工場有限合資会社は1897年に設立された家族所有企業である。創業時はネッカーズルムに立地していた。現在も登記上の所在地はネッカーズルムであるが、実際には近郊の一小村に位置している。同社は現在エアーコンプレッサーや自動車用リフト（修理の際に自動車を持ち上げる油圧機器）を開発生産する120人規模の企業である。インフォーマントは社長のベック

（Dipl.-Ing. Hans Böck）氏である。

　従業員のうちエンジニアが 7 人、テヒニカーが 14 人、マイスターが 5 人であり、90％以上が熟練労働者である。見習い工が 10 人いる。労働者がアウディ社によって引き抜かれることがある。そのおかげで労働力不足になるので、同社は見習い工を入れる。アウディに移る人の年齢は 30 歳未満であるのが通例である。しかし、同社の従業員の定着率は概ね高い。25 年勤続、40 年勤続という人もいる。

　同社は、創業時からしばらくの間、このあたりがワイン醸造用ブドウの生産地だったために、それに必要な工具を生産していた。そこから油圧技術へと展開し、1926 年にアメリカで発明された自動車修理のためのリフト機の生産に 1930 年代に参入した。エアーコンプレッサーの生産も第 2 次世界大戦前に開始した。大戦後はまずエアーコンプレッサーの生産から再出発した。自動車リフト機はダッチシェルなどの石油会社を顧客として始めた。1950 年代になるとフォルクスヴァーゲンのためのリフト機を生産することが主力となった。フォルクスヴァーゲンを持ち上げるには特別の技術が必要だったので、カスタマイズされた生産を行なっていたと言える。わずか 3 社しか、フォルクスヴァーゲン用リフト機を生産しなかった。当時の月産は 200 台から 240 台だった。

　現在、自動車リフト機は月産 100 台程度である。このうち 65％が乗用車用、35％がバス・トラック用であり、特に大型自動車のリフト機を生産するには特別なノウハウが必要となる。多品種少量生産であり、フォークリフト用のリフト機は月産 1 〜 3 台、トラック用リフト機は 2 台、バス用リフト機が月産 25 台程度である。全体の輸出比率は 35％である。

　乗用車用リフト機を生産する会社はたくさんある。しかし、同社のような高品質の多品種少量生産で競合企業となるのは 4 社程度である。品質の悪いものは価格が安いが、補修費が高くなる。同社のリフト機はそうではない。ドイツ国内市場のうち約 6％を同社がおさえている。

　シリンダーとピストンの生産が同社の強みである。開発は同社の設計部門でやっている。顧客から注文があると、それに応じた製品を開発するのに 3 ヶ月かかる。開発した製品の試験も同社でやっている。

　同社は 1996 年から部品や材料の一定部分を中国から輸入している。ボールベアリングなども輸入品を用いている。1960 〜 70 年代には日本製品を利用

したが、現在はロシアからの輸入が多い。ただし、高品質のボールベアリングは現在も日本から輸入している。鋳鉄を1998年現在でマンハイムの企業から購入しているが、近い将来ルーマニアから購入することになるとのことである。

大型バスを3本のカーリフトで持ち上げるのに必要な電気制御システムはハイルブロン工科短期大学との協力で開発した。これは同社が大学と直接協力したケースだが、シュタインバイス財団との協力で、1998年現在でプロジェクトを1件進めている。シュタインバイス財団との協力関係に同社は満足している。その協力は、財団がしょっちゅう宣伝をしているので利用してみようと考えたからである。かつてアーヘン工科大学との協力で開発したことがあるが、これは17ないし18年前のことである。

同社が所有している鋳鉄加工マシンは、同社の生産のためだけでは稼働率が悪いので、他社のために鋳鉄を加工し、納めるという下請仕事もやっている。これに対して、シュトゥットガルト近郊にあるメーカーから購入した非常に高価な機械は、1日1シフトしか使えないでおり、非効率だとのことである。コーティングは旧東ドイツの州の企業にアウトソーシングしている。

販売面でフランスやイタリアの企業と協力している。いずれもカーリフトメーカーではなく、天然ガス給油システムの企業である。カーリフトメーカーとの協力は1件しかなく例外的である。

カーリフトのための電気制御の開発には時間と金銭コストがかかった。研究開発のために州政府や連邦政府から補助金を得ようとすると、書類作成に時間とお金がかかりすぎる。そのようなことができるのは、書類作成のための人員を抱えることができる大企業だけであるという認識を社長は持っている。商工会議所に対しても、ISO9000を取得する際にコンサルタントを紹介したというだけであり、不満を社長は述べていた。

メッセは同社にとって非常に重要である。エアーコンプレッサーは4月のハノーファのメッセに、カーリフトは9月のフランクフルトのメッセに出展している。

エアーコンプレッサーを同社に対してOEM供給している企業がある。同社に勤めていた人が独立してエアーコンプレッサー生産をしたがうまくいかなかったので、同社の名前で販売してほしいともちこんできたからである。この企業は同社の立地点から25キロメートルほど離れたところで生産している。

5.5. フリツ機械製造有限会社

フリツ機械製造有限会社はハイルブロンの近郊ヴァインスベルクに立地する100人規模の企業である。同社の事業は家具の表面処理・仕上げ加工を行う機械の生産である。インフォーマントは技術部門の責任者アイゼレ（Dipl.-Ing.（FH）Klaus Eisele）氏である。

同社は、シュヴァルツヴァルトに立地するホーマク機械製造株式会社（Homag Maschinenbau AG）の100％子会社である。同社の創業は1948年頃であるが、1980年にホーマク社の子会社になった。ホーマク社グループは家具生産機械メーカーのグループである。グループ全体で生産する機械を集めれば、家具生産工場を立ちあげることができる。

グループ全体の従業員規模は2800人にのぼる。同社の販売額に占める輸出比率は70％に達する。グループ全体としては50～60％である。かつてアジア各国への輸出比率が輸出総額のうち25％を占めるというほどにアジア市場の占める地位が高かった。アジア市場のうち80％が日本向けだった。ところが1998年のアジア経済危機のため、同年のアジアへの輸出は落ち込んだ。日本への輸出はアジア全体への輸出のうち半分程度になった。これに対してアメリカは過去4年間で好調な市場となってきている。同社の主要顧客は全世界に約200社ある。顧客の特別なニーズに対応した機械を生産できるということが同社の強みである。

同社が生産する機械に必要な部品のうち30～40％は購入している（部品といっても、単純部品という意味ではなく、すでに機械としての意味を持つ完成部品ということ）。かつては自社で内生していたが、アウトソーシングするようになってきたためである。そうした外注先の企業数はここ10年間で増えてきている。こうした部品供給企業との協力関係は密接である。コーティング材料メーカーもその中に含まれる。しかし、協力の進行スピードはゆっくりとしている。コーティング材料メーカーの立地点はノルトライン・ヴェストファーレン州北東部のデトモルトと、バーデン・ヴュルテンベルク州のウルムである。また、同社のような機械はダストをたくさん出す性質のものなので、環境規制に対応するためにバイエルン州のローゼンハイムにある工科短期大学と協力している。この大学が木材加工業に関するノウハウを持っているからである。このように、開発協力のために空間的近接性は同社にとっては無意味である。ち

331

なみに親会社のホーマク社はシュトゥットガルト大学と協力している。フリツ社がシュタインバイス財団を利用したことはない。

　開発に際して他社とパートナーを組み、特許を共同で申請して取得することもある。

　同社の競合企業はドイツ国内に2社、スペインに1社ある。プレス機の分野では競合企業が多いが、外張り機の分野では少ない。

　アメリカ市場の90％はドイツのメーカーがおさえている。日本市場では手工業的な中小企業が購入する機械は日本産だが、比較的大規模な企業が用いる機械は同社の製品であることが多い。

　同社の機械はカスタマイズされたものである。同社の機械によって、家具メーカーは安い材料を用いて高品質な感覚を持たせる家具を生産できる。そのため同社のような機械を生産するには、非常に高度な技術を要する。これはできるだけ薄くコーティングする技術に関係している。同社は最初から顧客用の特別な機械を生産してきた。販売額のうち80％はカスタマイズされたものであり、20％は汎用機械である。

　従業員のうち、設計能力を持つエンジニアないしテヒニカーは20人いる。エンジニアの出身地はドイツ全国に分布しており、ハイルブロン地域に限られていない。マイスターは電気部門、製造部門、組立部門、検査部門に1人ずつ、合計4人いる。工場を見学したところ、こうしたマイスターが携帯電話で相互に連絡を取り合って仕事を進めている様子が見られた。また、設計技師として雇用した女性が、工場の中で見習い工と一緒に現場作業をしていた。これは、現場を知らないと設計もできないということから、そうさせているとのことである。

　競合企業とのコンタクトはある。これはドイツ機械・設備装置工業連盟の枠組みの中で行われる。機械のために必要な電気モーターに関する標準を競合企業と協力して決定し、モーター生産者がこれを大量生産して同社にも競合企業にも納入するというのが一例である。こうした協力はコストを抑えるためであり、近年増加しつつある。競合企業との協力は1990年代初め以降のことであり、社内の若手が推進した。同社の所有者は競合企業との協力に乗り気でなかった。しかしそうした協力が進展してきた背景として、安価な機械を供給する例えばイタリアの企業などとの競争激化がある。競合企業との協力は同社の経営が危

機に陥ったときに始めた。コストを下げて市場を獲得するためである。この分野のドイツの企業は、同じボートに乗っているという感覚を持つようになってきている。

制御のためのソフトウェアは自社（Homag グループでという意味だと思われる）で開発している。自分たちの CNC、自分たちのソフトウェアを持っている。グループ全体で制御システムの開発に従事する要員が 40 人いる。通例ならばジーメンスなどの会社に委託するところであろう。同社のグループのような例は非典型的だとのことである。

ハイルブロン地域では熟練労働者を得やすい。しかしアウディ社に引き抜かれやすい。同社の場合、10 年以上勤続者が多く、従業員の 90％以上が 5 年以上の勤続者である。

同社が購入する材料の中にはハンガリーの企業から購入するものもある。また標準的な機械の一部については、チェコ、ハンガリー、ルーマニアで生産されたものを購入して組み付けている。同社にとっての下請企業は 10 社ある。いずれも同社と同規模か、またはより小規模な企業である。鋳鉄供給や鍍金などに従事する企業であり、多くはハイルブロン地域やシュトゥットガルト地域に立地している。この点で、空間的近接性が一定の意味を持っていると言える。なお、シュトゥットガルトまでの時間距離はアウトバーンで約 1 時間である。いずれとも長期的な取引関係にある。こうした下請企業との取引は、品質、コスト、納期のいずれもが重要であり、インフォーマルで双務的な関係が重要である。

メッセは重要である。親会社の意向に沿ってではなく、同社独自の判断で出展する。年間に 12 ～ 13 回出展する。

6. おわりに

筆者らが訪問聞き取りをした中小企業はわずか 10 社であり、ドイツの機械工業中小企業の実態について一般化するにはあまりにも少なすぎる。また、アーヘン地域とハイルブロン地域に則して中小企業の地域的集積を一般化することもできない。そもそも、筆者が訪問した中小企業の多くは、産業集積という用語がイメージを引き起こすような場所に立地していたわけでは必ずしもない。確かに日本の工業団地のような場所に立地していた企業もあるが、その団

地の周囲は純然たる農村的地域であることが一般的だったし、中には農村集落の一画に訪問した企業だけが立地していて、周囲にはほかに工場らしい建物が皆無という場合もあった。都市の住宅街の中に紛れ込むようにして立地していたのはアーヘン地域のヴェーゲナ有限会社と M. ブリュック機械工業有限合資会社だけだった。

　それゆえ、マーシャルがイメージしたようなローカリティレベルの産業集積地域とは異なる場所に立地する中小企業を調査したのだということは、自覚しておかなければならない。これは、アーヘン地域もハイルブロン地域も、図 9-1 で示したドイツの機械工業集積地域の典型に相当する場所ではないということと関連している。それにもかかわらず、両地域ともドイツの中で機械工業の集積地域として位置づけることができない地域ではないので、上で紹介した個々の中小企業の実態から今後の作業仮説として次のようなテーゼを掲げることは許されるであろう。

　ドイツの機械工業中小企業にとって、マーシャル的な産業集積の利益は、現在、あまり重要ではない。マーシャル的な産業集積の利益とは、技術の伝播、サプライチェーンの形成に見られる関連業種との協力、熟練労働力市場の成立という 3 つの外部経済の利益がローカリティという空間スケールの中で生まれることを意味する。これに労資の協調的雰囲気という要素も加えてよい。

　筆者が聴き取りならびに工場見学をしたドイツの中小企業で、技術の伝播やイノベーションの形成のために空間的近接性に基づく同業他社からのポジティヴな影響を受けていると明言した企業は皆無だった。また、立地地域にある研究機関との協力を重視している企業も稀だった。Cooke and Morgan（1998）が強調しているのとは違って、公的・準公的機関からの支援を高く評価する中小企業は決して多くないし、それを積極的に利用する中小企業も多くない。完成品を生産し、世界市場に販売している中小企業であるにもかかわらずそうなのである。ドイツの機械工業中小企業がイノベーションを実現する際に、果たす公的・準公的機関が果たす役割はあまり高くないと考えられる。

　ほとんどの企業が指摘していたのは、顧客との対話が開発のために最も重要だということである。その顧客は、決して当該中小企業が立地している産業集積地域に立地しているとは限らない。ドイツの機械工業中小企業は完成品を生産しており、その市場がドイツ全国どころか全世界に広がっているからである。

第9章　ドイツの産業集積と機械工業中小企業

サプライチェーンも当該中小企業の立地地域で形成されているわけではない。部品供給企業がドイツ全国あるいはヨーロッパ規模で分布していることが多い。しかし、アーヘン地域の **B＋G** 搬送技術有限会社のように、比較的近い範囲に金属加工や部品供給を行なう協力企業が立地している場合もある。とはいえ、その比較的近い範囲というのは、100 km 前後の物理的距離があり、マーシャルがイメージしたローカリティの規模をはるかに上回っている。

企業の技術にとって最も重要なエンジニアやテヒニカーは、決して地域内だけでリクルートしているわけではない。とはいえ、生産技能面での熟練労働者は通勤圏内という意味での地域からリクルートしているという事実はある。だが、ハイルブロン地域で複数の中小企業が述べていたように、地域に巨大企業がある場合、中小企業はその熟練生産労働者を引き抜かれやすく、決して産業集積地域の中にあることが中小企業にとって熟練労働者雇用の上で有利とは言えない。

企業間ネットワークの形成という論点についてみると、競合企業との協力はほとんどないが、ドイツ機械・設備装置工業連盟に加盟していれば、この枠組みのもとで研究会に参加し、協力することもあることが明らかになった。また、国際的な競争にさらされると、国内にある競合企業と協力する場合も出てくる。こうした企業間の新しいネットワークを作る主体は企業経営に携わる人たちの中での若い世代である。このような新しいネットワークもまた、ローカリティレベルの地域に限定されるものではない。

以上見てきたように、ドイツの機械工業にとって地域的産業集積が意味を持ちうるとすれば、その地域とは決してローカリティレベルの地域ではなく、100 km から 200 km の距離まで包含するようなスケールの地域であろう。それではローカリティレベルの地域は、機械工業中小企業にとって無意味なのであろうか。新しい技術の獲得、イノベーションの実現、顧客の分布、下請企業の分布、エンジニアやテヒニカーの雇用にとっては無意味であろう。にもかかわらず、中小企業にとってその立地する場所が意味を持たないはずはあるまい。それは、労資の協調的雰囲気であろうか。それともマーシャルの気がつかなかった別の要因であろうか。

この問題に対する解答を与えることは残念ながらできない。しかし、信頼の形成プロセスにおいてローカリティスケールの産業集積が意味を持つという仮

335

設をたてることはできる。経済的取引における信頼の基盤は、結局のところ、品質、価格、納期という3点に関する経験に集約される。したがって、近距離にあるか遠距離にあるかということは、信頼の基盤となりうるわけではない。だが、近距離に位置すればそれだけ接触の機会が多くなりうる。経済的取引とは別の次元に関する情報も入りやすい。そのことによって経済的取引が開始されやすい環境を、ローカリティスケールの産業集積は個々の企業に対して提供してくれる。そしてひとたび取引が開始されれば信頼獲得のチャンスが生まれる。一般的にはこのように、信頼の形成プロセスにおけるローカリティスケールの産業集積を意義づけることができよう。

　かつてドイツでも、ローカリティスケールの産業集積が上記の点で有意義だったのではなかろうか。しかし現在では、それが信頼形成プロセスの端緒を切り開く上で最重要な要因と言えなくなっているのではないかと推察される。それはメッセの伝統の故かもしれない。また、企業家となりうる人間がモビリティの高い青年時代を送るという伝統の故かもしれない。そのほかの要因も含めて、遠距離に位置する企業どうしが知己になるチャンスをドイツの企業はかなり以前から持つようになっていると考えられる。これらの仮説と前述のさまざまな仮説を検証するためには、調査を積み重ねるしかない。さらに、ドイツの機械工業中小企業に関して設定されるそれら作業仮説が日本の中小企業にどの程度あてはまるのか、あるいはあてはまらないのか、実態調査に基づいて検討する必要がある。

　付記：本稿は文部省（1999年度から日本学術振興会）科学研究費補助金による基盤研究C「中小企業集積地域における域内ネットワークと域際ネットワークの相互作用に関する比較研究」（課題番号09680168）、及び基盤研究B「先進資本主義諸国における地域構造変動の国際比較」（（課題番号11480016）、研究代表者：東京大学助教授　松原宏）の成果の一部である。

第10章　ドイツの産業集積支援政策

1. はじめに

　筆者は数年前から経済地理学の視点から中小企業と地域経済との関係、即ち産業集積に関する研究を進めてきている。2001年度から法政大学社会学部の岡本義行教授を代表者とする研究プロジェクト「産業集積に対する支援体制の国際比較調査研究」が日本学術振興会科学研究費の助成を受けてスタートし、これに研究分担者として加わることになった。この研究プロジェクト活動の一環として、2001年9月にドイツのノルトライン・ヴェストファーレン州にあるいくつかの支援機関や中小企業を訪問して聴き取りをした（表10-1）。本章は、その成果の一部の紹介を目的とする。調査によって得た資料はかなりのものになり、これらを整理した上でひとつの体系的な論文を執筆すべきであろうが、そのためにはかなりの時間を必要とする。そのための時間を持ち得ないでいるからでもあるが、他方で2002年夏にも現地調査を進める予定であり、このためには2001年に得た資料を自分なりに消化しておく必要がある。これが本章を執筆する1つの動機である。他方において、できるだけアクチュアルなドイツの状況を日本に紹介することもそれなりの意義がある。本格的な論文であるならば、本章で紹介することが既に日本で紹介済みのことか否かレビューしておくべきだが、上記第1の執筆動機の故にここではそれをしていない。中小企業研究者にとって常識の範囲に属することかもしれないが、少なくとも経済地理学的視点からのドイツの産業集積・中小企業研究は、わが国の研究者によってはほとんど行なわれていないので、本章のような調査報告にも意義があると思われる。

　わが国のみならず欧米諸国においても、ドイツの産業集積ないし中小企業支援政策というとバーデン・ヴュルテンベルク州のそれが著名であり、研究も比較的多い。しかし、実際に産業集積が存在しており、しかも例えば技術指向の企業創業支援政策のためにドイツ全国各地に設置されるようになった「テクノロジー・創業者センター」（Technologie- und Gründerzentrum）が最も早く

表 10-1　2001 年 9 月に実施したドイツの産業集積支援機関と中小企業調査の訪問先

訪問調査日	訪問先	所在地	インフォーマント
9月3日（月）午前	ノルトライン・ヴェストファーレン経済支援有限会社（Gesellschaft für Wirtschaftsförderung Nordrhein-Westfalen mbH）	デュッセルドルフ	Herr Wolfgang Jansen (Project manager), Herr Markus Collet (Project manager)
9月3日（月）午後	アーヘン・イノベーション技術移転有限会社（Aachener Gesellschaft für Innovation und Technologietransfer mbH）	アーヘン	Frau Dr. Gisela Kiratli (Geschäftsführerin)
9月4日（火）午前	ノルトライン・ヴェストファーレン・イノベーション技術センター（Zentrum für Innovation und Technik in Nordrhein-Westfalen (ZENIT) GmbH）	ミュールハイム	Herr Dr. Bernd Schönwald (Chief Exective), Herr Dipl.-Volkswirt Hagedorn
9月4日（火）午後	フラウンホーファー環境・安全・エネルギー技術研究所（Fraunhofer-Institut für Umwelt, Sicherheits, Energietechnik UMSICHT）	オーバーハウゼン	Herr Dr. Kai Keldenich
9月4日（火）午後	エルンストヘーゼ機械工場有限会社（Maschinenfabrik Ernst Hese GmbH）	ゲルゼンキルヒェン	Herr Bernhard Frabietz, Herr Dilp.-Ing. Ulrich Nettelnbreker
9月5日（水）午前	ミッテルシュタント研究所（Institut für Mittelstandsforschung Bonn）	ボン	Herr Dr. Reinhard Clemens, Frau Dr. Ljuba Kokalj
9月5日（水）午後	ビオメディカヨーロッパ（Bio Medica Europe BV）	アーヘン	Herr Dr. R. Forier (Commercial Director)
9月6日（木）午前	ゾーリンゲン創業者技術センター有限会社（Gründer- und Technologiezentrum Solingen GmbH）	ゾーリンゲン	Herr Dipl.-Verwaltungswirt Bernd Clemens (Geschäftsführer), Herr Dipl.-Ökonom Frank Hölscheidt (Prokurist), Herr Dipl.-Betriebswirt Eberhard Boysen

設立されたのは西ベルリンとノルトライン・ヴェストファーレン州である。重厚長大産業によって成長した同州経済のドイツにおける比重は長期低落傾向にあるが、それだけにかえってこの危機を克服するための政策が早くから州政府やゲマインデレベルの地方自治体によって進められてきた。これが、ノルトライン・ヴェストファーレン州を調査対象地として選んだ理由である。

　この調査には、研究プロジェクトの代表者岡本義行教授と法政大学大学院社会科学研究科政策科学専攻院生の田柳恵美子が参加した。また、表 10-1 に示した日程のうち 9 月 6 日の訪問聞き取りを除いて、研究分担者の小門裕之教授（法政大学エクステンションスクール）と勝部日出男（株）ナレッジカンパニー代表取締役も参加した。インタビューに際してのドイツ語でのやりとりは、筆者が通訳した。

フィールド調査の企画段階では、産業集積支援政策に関する比較研究がテーマであるが故に公的機関への訪問を考えたが、筆者のこれまでの経験から、州政府の担当部局への訪問よりも、中小企業と直接コンタクトを持つ支援機関からの聴き取りの方が得るところ多いと判断して、上記の諸機関への訪問のためのコンタクトを取った。残念ながら訪問希望が受け入れられなかった場合もあるが、他方で受け入れていただいた機関の中には我々の希望に応えて中小企業への訪問聞き取りの機会を設けてくれた場合もある。ゲルゼンキルヒェンとアーヘンの中小企業への訪問聞き取りがそれによって可能になった。前者はミュールハイムにある ZENIT GmbH が、後者はアーヘンにある AGIT が紹介してくれた。各訪問先での聴き取りの時間はおおむね 2 時間前後である。

　これらのうち本章でまず紹介するのは、ボンにあるミッテルシュタント研究所である。これは中小企業を直接支援する機関ではないが、支援のための基礎的な知識を体系化する役割を持っており、この意味で広義の支援機関に数えることができる。また、それがゆえに、ドイツの中小企業に関する概略的な知識を得ることができると期待したことも訪問の理由である。当初、事務局長のカイザ（Kayser）博士との面談が予定されたが、都合により、次席の地位にあるクレメンス（Clemens）博士とコカリ（Kokalj）博士へのインタビューとなった。

2. ミッテルシュタント研究所の活動

　ボンにあるミッテルシュタント研究所は、ドイツ連邦共和国政府とノルトライン・ヴェストファーレン州政府の出資によって 1957 年に設立された財団である。定款でその任務は、「ミッテルシュタントの状況、発展、諸問題を研究し、その研究成果を公表し、連邦政府と州政府の権限に関係する諸課題を達成するのに寄与する」(Institut für Mittelstandsforschung Bonn 2001：1) ことにあるとされている。研究所設立資金の 3 分の 2 は連邦政府（経済技術省）が、残りの 3 分の 1 はノルトライン・ヴェストファーレン州政府（経済・ミッテルシュタント・エネルギー・交通省）が負担している。したがって、研究所は連邦経済技術相を委員長とする管理委員会のもとに組織されている。管理委員会にはほかに、ノルトライン・ヴェストファーレン州経済・ミッテルシュタント・エネルギー・交通相、連邦財務相、連邦労働社会秩序相、ノルトライン・ヴェ

ストファーレン州文部科学研究相、同州環境・地域整備・農業相、ボン大学法学部長、ケルン大学経済社会科学部長の 7 人が委員として加わっている。

現在、研究所の代表を務めるのは、ボン大学金融研究所のベス（Bös）教授とケルン大学経営学・人事管理学研究所のバッケスゲルナ—（Backes-Gellner）教授の 2 人である。しかし、事務局長すなわち実質的な所長はカイザ（Kayser）博士が務めている。事務局長のほかに研究員は 16 人おり、そのほかに委託研究に限定された研究員が 3 人いる。この 3 人は期限付きの研究員ということになる。事務局員は司書やコンピュータ部門の技師も含めて 7 人いる。さらに常設の諮問委員会があり、これには中小企業経営者、経済団体代表、大学教授など 14 人（ほかに 2001 年初めに亡くなった諮問委員会委員もいるので、定数は 15 人と考えられる）が委員として参加している。

研究所の事業として遂行される研究は実践的なものであり、時宜にかなうものとされているが、同時にアカデミックな水準を維持し、現実に即した経済研究であるべきとされている。その研究は、プロジェクト開始時点と終了時点で、企業経営者、業界団体、行政機関、アカデミックな機関などの代表者との討論に付される。各研究プロジェクトは常に複数の研究員がテーマごとにチームを組んで遂行される。研究プロジェクトのテーマは管理委員会の決定で認可されるし、諮問委員会もテーマの選定に助言を行なうが、どのようなテーマを選んで研究すべきかは研究所の側から即ち研究員の側から提案できる。1990 年代に入ってからドイツの大学一般と同様に、研究所も第三者資金即ち例えば研究助成金交付財団などから研究資金を獲得する方向にシフトしている。予算は年間約 350 万マルクであり、このうち 50 万マルクは第三者資金によっている。

研究活動は大きく①継続的な経済観察、②期間限定の研究プロジェクト、③委託研究に分けることができる。第 1 はさらにミッテルシュタント経済における景気状況、連邦共和国における創業、統計数値に見るミッテルシュタントの 3 つに細分されている。第 2 の期間限定のプロジェクトで 2001 年時点において遂行中のものには次の研究課題がある。

1. 従業員参加の効果
2. 急成長企業の資金調達条件
3. 女性の起業—家族企業後継者確保のための女性ポテンシャルの動員—
4. 中小企業の非営利的活動

5. 若い企業における職業教育

6. イノベーションのプロセスとスピードに対する行政的条件の影響

7. 企業規模の統計調査

8. 危機に際しての個人企業―倒産後の再スタートあるいは自力での立て直し―

　委託調査研究にはノルトライン・ヴェストファーレン州労働社会省、ヨーロッパ連合委員会、連邦家族・高齢者・婦人・青少年省、技術協力協会、連邦経済技術省、ドレースデン銀行、ザクセン州経済労働省、ドイツ学術協会などからのものがある。

　そうしたこれまでの研究の中で実際に遂行された政策の評価研究という意味で、1995 年末以降ノルトライン・ヴェストファーレン州が進めている "GO!" Gründungs-Offensive 施策、即ち創業攻勢施策は我々の研究プロジェクトにとっても検討する価値がある。研究所自身、創業という現象について四半世紀前から力を入れて研究してきた分野でもある。この施策については機会を改めて詳しく紹介する予定である。

3. ドイツのミッテルシュタントの概況

　ここでは、2000 年時点のドイツのミッテルシュタントの概要を描いた小冊子（Hauser, 2000）から、筆者が興味を抱いた点を紹介する。

　研究所の名称にもなっているミッテルシュタント（Mittelstand）というドイツ語は中小企業と訳されることが通例だが、これは本来適訳でない。というのは、ミッテルシュタントとは企業規模だけを意味する用語ではないからである。経済的側面とともに社会的、心理的側面も持っている。質の面から見てミッテルシュタントが持つ最も重要な意味は、企業経営と所有の強固な結びつきである。企業活動のための所有と個人的責任感というアイデンティティ、企業家及び企業の資金状況のための所有と個人的義務感というアイデンティティ、企業活動の成否に対する個人的責任感、雇用主と被雇用者の間の個人的な関係、以上の質的な特徴をミッテルシュタントは持っている。純粋に経済学的な用語だけでは表現できない社会的価値観がミッテルシュタントにはつきまとう。仮に従業員数が 500 人を超えるような大企業であっても、上記のような特徴を備えていれば、それはミッテルシュタントの範疇に属する。このような特質は、

企業の法的形態、資金調達の方法、イノベーションのポテンシャル、市場に提供する財やサービスの数、経営方法に影響する。

ミッテルシュタントは企業規模よりもその質的特徴によって認識すべきものであるとはいえ、日本語の中小企業、英語の Small and medium-sized enterprises に対応する用語として用いられる以上、また統計的な把握も必要とする以上、やはり何らかの規模面からの定義も必要となる。ミッテルシュタント研究所は、小規模企業を従業員数 9 人以下で年間販売額 100 万マルク未満、中規模企業を従業員数 10 人以上 499 人以下で年間販売額 100 万マルク以上 1 億マルク未満としている。但し、小売業、運輸通信業、サービス業については販売額基準を 2500 万マルク未満としている。

このような規模基準で 1999 年時点の中小企業を把握すると、その数は 320 万、就業者数は 2 千万人となり、これはドイツの付加価値統計で把握された企業数のうち 99.3％、就業者数の 69.3％に相当し、総販売額の 44.8％、受け入れ実習生数の 80％、総付加価値額の 57％、総投資額の 46％が中小企業によっていることになる。つまり、中小企業なしにドイツ経済は機能し得ないのである。もちろん、すべての経済部門で中小企業が卓越しているわけではない。総販売額の 60％以上が中小企業によっている部門は、繊維工業、木材工業、機械器具を除く金属製品製造業、家具・装飾品・楽器・スポーツ用具製造業、リサイクル業、建設業、自動車販売修理業、ホテル・レストラン業、不動産業などである。逆に 30％を下回る部門、すなわち大企業が支配的な部門はコークス石油製品製造業、化学工業、基礎的金属製造業、オフィス機器製造業、電気機械工業、輸送機器製造業、航空業である。

筆者は製造業の中小企業に注目しているが、技術力を必要とする機械金属・合成樹脂関連の製造業では大企業が卓越している。しかし、そのなかでも医療・精密・光学機器製造業では、その総販売額の 56％が中小企業によっていることが注目される。

1984 年から 1998 年までの創業数と倒産数を比べると、常に創業数が倒産数を上回っている。またその差は 1992 年頃がピークであり、次第に差が小さくなりつつある。旧東ドイツでは 1991 年の創業数が最多であり 1994 年までにこの年間の数が半減したが、90 年代後半に創業数が増えつつある。しかし、それ以上に倒産数の増え方が急であり、したがって両者の差はドイツ全体の傾

向と同様、縮まりつつある。

　創業やこれに伴う雇用の増加はサービス産業に多く、製造業では少ない。しかし、10〜99人規模の製造業では1990年から1994年の間にかけて雇用が増えたことは注目に値する。他の規模では軒並み雇用が減退したにもかかわらず、である。また、サービス産業でも雇用の伸びは10〜99人規模の事業所で最も多い。ドイツでは雇用の維持にとって中小企業が重要な役割を果たしていることが明らかである。

　このような数量的な意味だけでなく、質的な意味でも中小企業は雇用面で重要な役割を果たしている。それはドイツ独特のいわゆる二重システム職業教育において技能実習生を受け入れる役割である。上述したように経済全体に占める中小企業の比重に比べて、明らかに技能実習生教育において中小企業は大企業よりも量的に見て重要な役割を果たしている。

　販売額に占める輸出額の比率は、企業規模が小さいほど低い。その理由は、企業規模が小さいほどより大きな企業へのサプライヤーとしての役割を果たすだけであり、製品を輸出するとしても直接にではなく、卸売企業を通じて行うからであるという解釈が付されている。

　中小企業は大企業に比べて、規模の経済の恩恵を受けにくい。これは販売額に対する環境保全のための投資額や、雇用1人当たりの環境関連投資額に表われている。また、研究開発に特化する要員を抱えることも難しい。研究開発要員を擁しない企業も含めると、従業員数に占める研究開発要員の比率は企業規模が大きくなるにしたがって高くなる。しかし、これは企業規模が小さければ研究開発と無縁であるということを意味するわけではない。技術指向の中小企業が存在することは確かであり、研究開発要員を抱える企業だけで見るならば、企業規模が小さいほど上記の比率は高く、20人未満の企業ではそれが22％強にも達するほどである。この点について、他の中小企業や研究機関と研究開発面で協力する中小企業が増えつつあるという解説がなされている。

　なお、ミッテルシュタント研究所での聴き取りによれば、ドイツの中小企業は他企業と連携する志向性を持たないことが多い。一国一城的な意識が強いと言える。しかし大学や研究機関との連携意欲は強いという。これは、工科系や経済系の大学学部あるいは応用指向の専門高等教育学校（Fachhochschule、修業年限が通常の大学よりも短いので工科短期大学と第8章と第9章では和

訳した）の学生であれば、卒業要件として数ヶ月に及ぶ実習が課せられており、この実習先として中小企業が重要な役割を果たすことが多いので、不思議なことではない。

4. 創業の地域的差異

　ミッテルシュタント研究所での聴き取りによれば、ドイツではベンチャー企業の誕生が決して多くないが、それが活動するための環境は徐々に整えられつつあるという。ベンチャーキャピタルもアメリカなどの企業がドイツで活動しているし、州政府の出資になるベンチャーキャピタルもある。ベンチャー企業が設立されやすいのは、工科大学や工学系研究機関が立地しているところである。例えば、ミュンヘン、シュトゥットガルト、ケルン・ボン地域、アーヘン地域がその例である。これらの地域にはベンチャービジネス創業を支援する公的機関がある。ベンチャービジネスが創業されやすい場所として、快適な生活環境、自然環境、文化的なサービスなど、いわゆる「やわらかな立地要因」が充実している地域を指摘できるとのことである。同時に優れた交通インフラストラクチャーも立地要因として無視し得ないという。

　こうした見方は、Institut für Mittelstandsforschung（2000）に掲げられたデータからも確認できる。これは、先に触れたノルトライン・ヴェストファーレン州の"GO"施策に対する評価を行なうよう、経済・ミッテルシュタント・技術・交通省から委託された研究の成果として公表されたものである。本節では、これに掲載されているデータから、創業の地域的差異に関する部分を批判的に紹介する。

　旧西ドイツ領域のなかで、1990年代後半を通じて農林水産業を除く経済部門を通じて創業数が廃業数を大きく上回ったのは、ノルトライン・ヴェストファーレン州とバイエルン州である。いずれも年間の企業増加数が2万を上回ったのに対して、他の州では数千から1万前後の増加数でしかなかった。ところが、上記報告書が掲げているデータを見る限り、バイエルン州ではその純増数が小さくなる傾向にあったのに対してノルトライン・ヴェストファーレン州ではあまり変化がなかった。1995年と98年とを比べて、創業増加数の変化率が旧西ドイツ諸州全体の平均を上回り、廃業増加数の変化率が平均を下回ったのは、ノルトライン・ヴェストファーレン州だけである。バイエルン州、

第 10 章　ドイツの産業集積支援政策

表 10-2　旧西ドイツ領域における企業新設・廃業の州間比較

	1996 ～ 1998 年 (3 年間) の			人口 (千人) (1995 年平均値)	人口千人当り増減数
	新設届け数	廃業届け数	企業増減		
バーデン・ヴュルテンベルク	297,673	263,726	33,947	10,295	3.30
バイエルン	388,984	317,864	71,120	11,954	5.95
ブレーメン	16,773	14,508	2,265	680	3.33
ハンブルク	58,576	46,395	12,181	1,707	7.14
ヘッセン	200,790	179,550	21,240	5,994	3.54
ニーダーザクセン	189,646	153,593	36,053	7,746	4.65
ノルトライン・ヴェストファーレン	490,475	420,724	69,751	17,847	3.91
ラインラント・プファルツ	113,744	87,800	25,944	3,963	6.55
ザールラント	26,721	21,024	5,697	1,084	5.26
シュレースヴィヒ・ホルシュタイン	87,040	71,843	15,197	2,717	5.59
旧西ドイツ領域の合計	1,870,422	1,577,027	293,395	63,987	4.59

資料：Institut für Mittelstandsforschung (2000:8) 及び Statistisches Jahrbuch 1997 für die Bundesrepublik Deutschland から筆者作成。
注：西ベルリンは含まない。

ラインラント・プファルツ州、ハンブルクも創業増加数の変化率が旧西ドイツ諸州全体の平均を超えたが、廃業増加数の変化率も平均を大きく上回ったのと対照的である。なお、意外にもバーデン・ヴュルテンベルク州やヘッセン州はニーダーザクセン州よりも少ない。"GO!" 施策の効果が出ていると評価しうるデータが掲げられていることになる。実際、そのような評価につながるような記述もなされている（Institut für Mittelstandsforschung 2000：6）。

　しかし、ブレーメンとシュレースヴィヒ・ホルシュタイン州について 1995 年のデータが欠けているので、掲げられているデータのうち 1996 年から 1998 年までの 3 年間のデータを筆者が独自に整理してみると、表 10-2 のような結果になった。確かにノルトライン・ヴェストファーレン州における 3 年間の企業純増の絶対数は約 7 万件に達しており、他のほとんどの州を大きく上回った。しかし、バイエルン州の純増数の方が千件以上多い。しかも、1995 年の人口を基準にして人口千人あたりの企業純増数で比較すると、ノルトライン・ヴェストファーレン州の企業増加率はバイエルン州のそれを大きく下回っている。それでも、バーデン・ヴュルテンベルク州やヘッセン州の企業増加率を上回ったことも事実であり、旧西ドイツ諸州の中で工業化が進展していた地域の中で見れば、ノルトライン・ヴェストファーレン州の人口千人あたり企業

345

表 10-3　ノルトライン・ヴェストファーレン州における企業新設・廃業の地域間比較

商工会議所管轄地域	1995～1998（4年間の）			人口（千人）1995年6月30日	人口千人当り増減数
	新設届け数	廃業届け数	企業増減数		
アルンスベルク	18,767	14,929	3,838	578.6	6.63
ボーフム	15,969	14,904	1,065	580.4	1.83
ハーゲン	33,886	29,609	4,277	1,020.9	4.19
ドルトムント	35,709	30,814	4,895	1,203.4	4.07
ズィーゲン	13,501	11,463	2,038	436.1	4.67
ビーレフェルト	58,977	49,177	9,800	1,641.7	5.97
デトモルト	12,570	10,734	1,836	358.0	5.13
ヴッパータール	24,413	21,973	2,440	670.8	3.64
デュッセルドルフ	51,187	43,878	7,309	1,076.1	6.79
クレーフェルト	53,779	47,640	6,139	1,236.3	4.97
エッセン	34,588	31,132	3,456	1,018.0	3.39
デュースブルク	44,533	39,210	5,323	1,284.8	4.14
アーヘン	47,170	41,366	5,804	1,224.2	4.74
ボン	33,954	27,544	6,410	833.6	7.69
ケルン	88,603	73,313	15,290	1,566.1	9.76
ミュンスター	79,756	67,229	12,527	2,563.1	4.89
州合計	647,362	554,915	92,447	17,292.1	5.35

資料：Institut für Mittelstandsforschung (2000：10) 及び Statistisches Jahrbuch 1997 für die Bundesrepublik Deutschland から筆者作成 。

増加率は相対的に活発だったと言える。

　上記報告書は、同様の比較をノルトライン・ヴェストファーレン州内の商工会議所管轄地域の間で行っている。創業数から廃業数を差し引いた企業純増数は、ケルン地域とミュンスター地域で最も多かった。これにビーレフェルト地域、デュッセルドルフ地域、ボン地域が続いている（表 10-3）。したがって、必ずしも大都市圏での創業が特に多いというわけではない。他方、創業増加数の変化率が州平均を上回りかつ廃業増加数の変化率が州平均を下回ったのは、アーヘン地域、ケルン地域、ヴッパータール地域、デュースブルク地域などである。デュッセルドルフ地域、エッセン地域、ドルトムント地域などは、創業増加数の変化率も廃業増加数の変化率も州平均を上回った（Institut für Mittelstandsforschung 2000：12）。

　したがって、調査企画を立てる前にそうと分かっていたわけではないが、結果的に我々が今回訪問した機関があるところは、いずれも創業が活発なところだったことになる。言うまでもなく、アーヘン、ルール地域西部（ミュールハ

第10章　ドイツの産業集積支援政策

図 10-1　ノルトライン・ヴェストファーレン州の商工会議所管轄地域区分図
出所：Institut für Mittelstandsforschung (2000：13)
注：各管轄地域に付してある地名は商工会議所所在都市名であり、商工会議所の名称ではない。

イムとゲルゼンキルヒェン)、ゾーリンゲン（ヴッパータール地域に含まれる）のいずれも、ノルトライン・ヴェストファーレン州有数の、したがってドイツ有数の産業集積地域である。

　しかし、州内各地域間の比較を、旧西ドイツ各州間比較と同様にデータの得られる1995年から98年までの4年間の企業純増数の1995年の人口千人当たりの比率という指標に変換してみると、やや違った姿が描かれる（表10-3)。ミュンスター地域は人口が多いが故に企業純増数も多かったにすぎないのであって、創業が特に活発だったというわけではないことが分かる。他方、ケルン地域は州内で最も創業が活発な地域であることが確認される。第2位はケルン地域の南に位置するボン地域、第3位は逆に北のデュッセルドルフ地域である。これらを合すればライン川流域の大都市圏地帯ということになる。こ

347

の地帯は、ノルトライン・ヴェストファーレン州の中でもっとも経済水準の高い場所である。我々が訪問した公的機関や中小企業の所在しているアーヘン地域、ヴッパータール地域、エッセン地域は、この地帯に隣接するところであるが、州の平均を下回っており、決して創業が活発な地域とは言えなくなる。産業集積支援あるいは中小企業支援政策が功を奏していないと直ちに言えるわけではないが、慎重な評価の必要性が再認識できる。

5. 中小企業のイノベーション支援

5.1. ノルトライン・ヴェストファーレン・イノベーション・技術センター有限会社の活動

5.1.1. 設立の経緯

　ドイツのノルトライン・ヴェストファーレン州にある産業集積支援機関の1つとして、ノルトライン・ヴェストファーレン・イノベーション・技術センター有限会社（Zentrum für Innovation und Technik in Nordrhein-Westfalen（ZENIT）GmbH、以下 ZENIT 有限会社と略称）がある。これは、ルール地域の西部に位置するミュールハイム市、ルール川のほとりに建てられたテュッセン家の瀟洒な旧邸宅ヴィラ・ユーラ・テュッセン（Villa Jula Thyssen）に拠点を置いている。

　ZENIT 有限会社は、州政府（経済・ミッテルシュタント・技術省）、ZENIT 支援協会（Trägerverein ZENIT e.V.）、州立西ドイツ銀行の3者によって 1984 年 8 月 4 日に設立された会社であり、ノルトライン・ヴェストファーレン州に立地する中小企業に対してイノベーション実現のためのコンサルティングや構造転換の支援を行なっている機関である[1]。その後、州立西ドイツ銀行だけでなく民間銀行協会や西ドイツ協同組合中央銀行も含めた銀行コンソーシアムが ZENIT 有限会社のために形成され、現在では、州政府、ZENIT支援協会、銀行コンソーシアムの3者が ZENIT 有限会社の設立主体となっている。3者の対等な立場からの協力をバックにして、ZENIT 有限会社は、中小企業自身、あるいはこれをめぐる環境の構造転換支援を行なっている。

　ZENIT 有限会社への3つの出資者の中で、ZENIT 支援協会が注目に値する。これは、ミュールハイム市や州内その他の場所に立地する中小企業が、危機にさらされている州内中小企業の経済・技術・構造転換を推進すべく発意

し、1984年5月3日に設立された団体である。ZENIT 有限会社を設立しかつその運営を支援するために設立された団体と言ってもよい。1984年は西ドイツにおいてテクノロジー・創業者センターが設立され始めた頃でもある。この時期に ZENIT 支援協会、ついで ZENIT 有限会社が設立されたのは、まさしくその当時の州経済が石炭・鉄鋼・化学などいわゆる構造不況業種と化していた重厚長大産業から、将来性のある先端産業に転換しなければならないことを、中小企業自身と州政府が認識していたからでもある。州政府によるいわば上からの改革指導によってというよりも、中小企業自身が主体的な役割を果たして ZENIT 支援協会が設立され、これが母体となって ZENIT 有限会社が設立されたことが重要である。民間と公的機関との協力（Private Public Partnership）の典型例というわけである。

5.1.2. ZENIT 支援協会加盟企業

　ZENIT 支援協会に参加する企業数は、1984年5月3日の設立当初、約40社だった。しかし、2001年7月時点で228社を超えているから、その増加は著しい。平均して年間10社以上増加してきたことになる。ZENIT 支援協会加盟企業の多くについては同協会のホームページに、その名称、業務分野、所在地などの情報が掲載されているが、2001年時点で未加盟でありかつ2002年2月時点までの間に加入した企業が6社あるので、加入の増加速度は衰えていない。その理由の一つは、中小企業経営者が政治家に直接意見を具申する機会が設けられるところにあるとのことである。ZENIT 支援協会は企業家集会を頻繁に開催し、責任ある立場についている政治家、官僚、財界人、あるいは学者を講演者として集会に招き、講演の後、講演者と参加者とが直接ディスカッションする機会を設けている。

　中小企業経営者がそのような機会を持つことはドイツでは希だとのことである。ZENIT 支援協会に加盟する企業家だけが参加する会合だから公開の場というわけではないが、多数の目の前で中小企業経営者があるべき政策を政治家たちに訴えるチャンスがあるということになる。これが魅力となって次第に多くの中小企業がZENIT支援協会に加盟するようになっているとのことである。2001年6月現在までに既に72回の企業家集会が開催されている。ちなみに6月27日の会合ではノルトライン・ヴェストファーレン州のクレメント首相が

「統合拡大するヨーロッパの中でのノルトライン・ヴェストファーレン州の役割」と題する講演を行ない、これに約 320 人が出席し、ディスカッションも含めて 2 時間半の会合となった。

ZENIT 支援協会加盟企業の地理的分布は図 10-2 に示されている[2]。ZENIT 有限会社のあるミュールハイム市内が最も多く、44 社に上っている。これに隣接するデュースブルク市、エッセン市、オーバーハウゼン市、デュッセルド

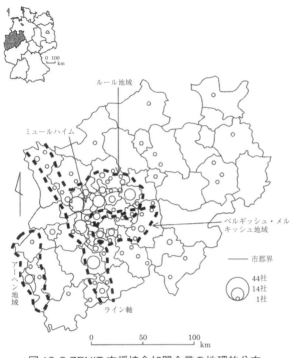

図 10-2 ZENIT 支援協会加盟企業の地理的分布
資料：Trägerverein ZENIT e.V. (2001) より筆者作成。

ルフ市、フェルベルト市、ラーティンゲン市などを含めると、103 社と全体の約 45％になる。他方、いわゆるルール地域に立地する企業という点で見れば 110 社を超える。したがって、本来 ZENIT 支援協会は、州内のすべての中小企業に開かれたものであるし、ミュールハイムからかなり遠方に離れたボン、アーヘン、ミュンスター、パーダボルンなどに立地する企業も加盟してはいるが、加盟企業の半数近くが近隣に立地しているという地域性を、あるいはルール地域の中小企業が中心となっているという地域性が看取される。これは、州レベルの機関といえども中小企業支援を任務とするものは、その組織範囲が強いローカル性を帯びざるをえないことを示唆している。但し、図 10-2 をみると、ZENIT 支援協会に加盟する企業は全体として、ライン軸、ルール地域、ベルク・マルク地域、アーヘン地域に立地している傾向にある。ノルトライン・ヴェス

第10章　ドイツの産業集積支援政策

表10-4　ZENIT 支援協会
加盟企業の産業分布（%）

企業サービス分野	34.6
情報処理分野	7.0
電子・情報技術分野	12.7
機械・金属分野	11.8
その他の製造業	10.1
商業・金融	7.0
その他のサービス業	16.7
合計	228 社

資料：Trägerverein ZENIT e.V.
　　　(2001)

表10-5　ZENIT 支援協会会員の年会費
（単位：ユーロ）

正会員	従業員数 30 人以下の企業	500
	従業員数 31 ～ 100 人の企業	1,000
	従業員数 101 ～ 500 人の企業	1,500
	従業員数 501 人以上の企業	1,750
賛助会員	個人	250
	法人	500

資料：http://traegerverein.zenit.de

トファーレン州の中小企業全体の分布を反映しているのかどうか確認していないが、技術転換や構造転換に熱心な中小企業の分布が、図10-2 に表現されているとみてもよいと思われる。

　ルール地域の中小企業が中心となっているといっても、それは重厚長大分野の製造業というわけでは必ずしもない。2001 年 7 月時点での加入企業 228 社の分布は、表10-4 の通りである。製造業よりもむしろ、企業サービス業の中小企業が若干多い。

　ZENIT 支援協会会員の年会費は表10-5 の通りである。但し、新設企業は、その初年度が無料、2 年目が半額である。会員は ZENIT のサービスを 15％割引で享受できる。但し年間の割引額合計が会費を上回ってはならない。また、会合参加費に関しては割引がない。

5.1.3. ZENIT 有限会社の主要な業務

　ZENIT 有限会社の従業員数は 60 人近くいるが、その中でコンサルティング業務に携わる要員は社長のシェーンヴァルト氏を含めて 26 人いる。そのうち工学系大卒が 10 人（林学＝環境を含む）、経済・経営系が 9 人、社会学系や地理学系などが 3 人、その他 4 人という構成である。コンサルタント業務は、マーケティング（市場調査、商品開発戦略、市場開拓行動の評価、各種の国際的なメッセへの出展支援、国内外の企業間コンタクトの仲介）、技術（商品開発、生産技術開発、EU 資金の申請支援）、経営（ISO9000 シリーズ、ISO14001 取得支援）、資金調達（州政府の施策への助言機能、中小企業自身が必要とす

る資金の調達支援）、EU 関連業務（ヨーロッパ情報センター、イノベーション・リレー・センター、エネルギー技術振興機構として EU から ZENIT 有限会社は資金援助を受けている）などに関連している。また、個々の企業へのコンサルタントだけでなく、州内各地でセミナーを開催し、その時々の経済環境に関わる情報を中小企業に提供している。

　ZENIT 有限会社は、中小企業が知識・技術を向上させ、ビジネスに役立てるために、設立者となっている州政府、金融機関、ZENIT 支援協会に参加する 200 余の中小企業だけでなく、州内にある 60 余のテクノロジー・創業者センターや大学などに附設されている技術移転機関などとも連携している。これはもちろん、グローバリゼーションの進展への中小企業の適応支援を意味する。グローバリゼーションという現象が地域あるいはローカルな位置と密接不可分であるという認識を ZENIT 有限会社は持っている。イノベーションは、グローバルなプロセスとローカルなプロセスとが相互作用する中で実現する、という認識である。ローカルなプロセスとは、地域内のさまざまな能動的主体、即ち企業、大学、研究機関、諸団体、政治、行政が各々持っている知識を相互交流させることによって進展するところの経済的・経営的・技術的な革新を意味する。イノベーションを現実のものとするローカルなプロセスが展開するためには、それら能動的主体がネットワーク化される必要がある、と ZENIT 有限会社は考えている[3]。これは地域内能動的主体間の学習過程として理解される。しかし、ZENIT 有限会社はローカルなプロセスだけで十分と考えているわけではない。同時に地域間の学習過程も必要という認識を持っている。

　このような認識からであろうが、ZENIT 有限会社の活動は、当初、州内に限定されていたが、次第にヨーロッパスケールの活動に重点が移ってきているという。その代表的な仕組みが、イノベーション・リレー・センター（IRCs）の 1 つとしての活動である[4]。IRCs は、中小企業のイノベーションをヨーロッパ規模で支援するネットワークであり、1995 年に EU 委員会によって設立されたものである。ZENIT 有限会社はその国際的なネットワークの中でノルトライン・ヴェストファーレン州の拠点として活動している。このネットワークに組みこまれている機関は、イノベーティヴな生産物やサービスをヨーロッパ規模で市場化したいと考えている中小企業、技術的な問題の解決や新しい生産物・イノベーティヴな生産技術を探している中小企業、国境を越えての技術

移転やイノベーション支援に関心を持つ中小企業を支援するのである。このネットワークに参加する IRCs は、EU 加盟諸国だけでなく、スイス、ノルウェー、バルト三国、ポーランド、チェコ、スロバキア、ハンガリー、スロヴェニア、ブルガリア、ルーマニア、キプロス、さらにはイスラエルをも含めて 30 ヶ国 68 ヶ所にある。IRCs には 222 の機関が参加し、千人を上回るコンサルタントが活動している。2001 年までの 5 年間で IRCs は 5 千強の技術移転契約を支援し、6 万 5 千社に対してサービスを提供した。

　ZENIT 有限会社はルール地域を初めとする州の産業特性を生かし、特に環境技術の分野で中小企業の市場開拓や技術移転の支援に成功を収めてきたとのことである。例えば、エネルギーコストをできるだけ小さくし、環境汚染をできるだけ起さないような水処理技術の開発が求められているが、その技術開発に成功したオランダの中小企業と、製造企業に対して製造工程をデザインし必要な設備の設置サービスを行なっているドイツの中小企業との間での提携機縁が、オランダの IRC とノルトライン・ヴェストファーレンの IRC としての ZENIT 有限会社との連携によって作られた。このようにして、中小企業どうしのネットワーク形成に特に活発な活動を展開したことが認められて、IRC NRW 即ち ZENIT 有限会社は 2001 年に EU 委員会企業総局から、ヨーロッパ最良の IRC として表彰された。

　ZENIT 有限会社の業務の中で注目すべきものの一つに、EU による地域政策の枠組みの中で州政府が推進している「ルール地域将来コンペティション」（ZukunftsWettbewerb Ruhrgebiet）に関する仕事がある。EU はヨーロッパ統合を成功させるために地域間格差の是正を重視しており、そのために政策課題別に地域指定を行ない、地域特有の問題を解決するための政策を実施してきた。この歴史を引き継いで、2000 年から 2006 年までの期間にヨーロッパ地域開発基金（ERDF）の資金を利用する地域政策の 1 つとして、「目的 2」に指定された地域のための支援がある。「目的 2」とは、構造的困難に直面する地域の経済的社会的転換を意味する。「目的 2」の対象となる地域は工業地域、農村地域、都市地域、漁業依存地域などがあるが[5]、そのうち、ノルトライン・ヴェストファーレン州は工業地域としてこの政策対象となる地域（NUTS3 レベルの地域）を抱えている。失業率と工業就業率が EU の平均を超え、かつ工業雇用が減退しつつある地域であり、ルール地域はこれに該当する。

353

そこでノルトライン・ヴェストファーレン州政府は、上記の EU 地域政策を利用して、「ルール地域将来コンペティション」を 2001 年から 2006 年まで実施している[6]。これは将来性のある新しい雇用の場をルール地域に創造することを目的としたものであり、ルール地域の経済構造転換をさらに進めようというのである。既にルール地域では就業者数の約 60％がサービス産業に従事し、重厚長大部門の大企業だけでなく将来性のある成長部門で活動する中小企業が多数立地しているし、高等教育研究機関の密度もヨーロッパ随一となっている。大学以外の各種の研究開発機関も充実しており、これら中小企業と研究機関との連携を創り出すための仕組みとして「ルール地域将来コンペティション」が実施されている。中小企業と研究機関が協力してイノベーションを創り出すプロジェクトに対して、そのための資金の 35％から 50％、最大 50 万ユーロ（約5650 万円）の助成金を提供する政策である。その効果として、助成金 10 万ユーロにつき 1 人分の雇用の創造が期待されている。既に第 1 回の公募がなされ、283 の応募プロジェクトのうち 36 が認定されている。公募は 2001 年時点でもなされている。

この政策は大企業に対しても開かれているが、主要なターゲットは中小企業である。この場合の中小企業とは、従業員数が 250 人を下回り、かつ年間販売額が 4 千万ユーロ以下かまたは年間収支が 2700 万ユーロ以下である。しかし、資本金の 25％以上が中小企業として認定し得ない企業に所有されている場合は、中小企業の範疇に入らないとされている。但し、公的機関やベンチャーキャピタルなどが資本の 25％以上を所有する場合は、例外的に上記の基準の中に含められる。

ZENIT 有限会社は、この「ルール地域将来コンペティション」の事務局として活動しており、すべての申請は同社に提出すべきとされている。もちろん、選考過程にも ZENIT 有限会社は関わる。

5.2. エルンスト・ヘーゼ機械工業有限会社

ZENIT 有限会社のハーゲドルン氏による紹介で、ルール地域北部のゲルゼンキルヒェン市に立地するエルンスト・ヘーゼ機械工業有限会社を訪問し、この企業の概要や抱えている課題などについての聴き取りをした。そこから得た知見は以下の通りである。

第 10 章　ドイツの産業集積支援政策

　同社はコンベヤシステムを設計製造する、従業員数約 220 名、年商約 6千万マルク（約 35 億円）の中堅企業である。創立は約 100 年前にさかのぼる。この地域は石炭産業によって勃興したところであり、採掘した石炭を輸送するコンベヤシステムに対する需要があった。同社はこの需要に応えるためにコンベヤシステムを開発生産してきた。同社の技術の淵源はそこから来ている。現在でも同社の主要な顧客は石炭産業の企業であり、販売高の約 50％はこれに依存している。しかしそれだけではなく、鉄鋼業、非鉄金属業、発電所、化学工業、水処理工業なども同社の素材取扱技術（material handling technology）の顧客となる分野となっている。これらの新しい顧客分野でも、コンベヤシステムが重要な商品となっているが、スクラップの選別、再生処理のためのプラントやバイオガス生産プラントなど、広い意味での環境関連技術に同社の事業は展開しつつある。

　販売額に占める輸出比率は 10％である。メッセにも積極的に参加し、これを通じて新しい顧客を獲得することもあった。日本の大成建設もその一つだとのことである。営業のために活動する従業員は約 100 人いる。他方、従業員の中で設計能力を持つ者は約 60 人いる。この約半数がテヒニカーであり、他の半数がエンジニアである。

　同社には 4 つの子会社がある。フリッツシュテラー搬送技術（有）（Fritz Steller Fördertechnik GmbH）、ヘルヴェーク計量器機械工場（有）（Waagen- und Maschinenfabrik Herweg GmbH）、ヘーゼ組立鉄鋼製造（有）（HMS Hese Montage und Stahlbau GmbH）、そしてヘーゼ環境（有）（Hese Umwelt GmbH）である。いずれも所在地はエルンスト・ヘーゼ機械工業有限会社と同じゲルゼンキルヒェンである。要するに同社の事業分野ごとに、子会社を設置していることになる。フリッツシュテラー社はコンベヤシステムの製造企業であり、例えばチリの銅山で同社のコンベヤプラントが活用されている。ヘルヴェーク社は計量機やスクラップ選別機械などの製造に特化している。ヘーゼ組立鉄鋼製造社は、例えば化学プラントのために必要なスチール構築物を設置する企業である。そしてヘーゼ環境社は最も新しい子会社であり、バイオガス生産プラントや堆肥を生産する装置などの生産子会社である。

　同社が直面する最大の問題は、伝統的な素材処理技術であれば東欧諸国の安価なコストで生産する企業に太刀打ちできないし、石炭産業は衰退産業である

355

からこの分野での販売減少が確実であることなどにどう対応するかということである。ヘーゼ環境社を設立したのは環境関連技術という新しい分野を開拓するためである。バイオガス生産施設の開発研究のために州政府から350万マルクの助成金を得た。この新しい技術分野で日本企業と提携することも考えており、日本ドイツ商工会議所等を通じて適当なパートナーを探しているところである。

　以上がエルンスト・ヘーゼ機械工業（有）の概要である。残念ながら、この企業がイノベーションを実現するために、ZENIT有限会社がどのように関わったのか、確認しなかった。この企業はZENIT支援協会には2001年時点で加盟していないので、ZENIT有限会社から見れば、将来の協力相手として考えられているか、または協力関係が構築されつつある企業と思われる。そのことはともかくとして、東欧諸国の企業とコスト面で競争した場合到底太刀打ちできないので、これまで社内に蓄積された技術を基盤に、環境関連技術という新しい分野に事業を展開し、質の面で差別化を図ろうとしている点が注目される。未開拓の技術の開発に挑戦しようというわけだから、そのような企業を支援する制度を持つ州やドイツ、さらにはEUと連携しつつ、ZENIT有限会社は何らかの役割を、この企業の技術発展のために果たすであろう。

5.3. フラウンホーファー環境・安全・エネルギー技術研究所[7]

　フラウンホーファー研究所協会は1949年にミュンヘンで設立された、産業界に応用できる技術を開発するための研究を行なう非営利組織である。その名前は、レンズ磨き職人として出発し、後に光学分野で学問的業績を挙げたヨーゼフ・フォン・フラウンホーファー（Joseph von Fraunhofer）（1787-1826）にちなんでいる。2000年時点でフラウンホーファー研究所の名称を持つ機関は48あり、合計約9千人の研究員・職員が働いていた。そのうち41機関がドイツ国内にあり、本部はミュンヘンにある（図10-3）。2001年5月には東京にもフラウンホーファー研究所が設立された。フラウンホーファー研究所は決して中小企業のためだけに事業を行なっているわけではない。しかし、大企業は自前の研究開発センターを持っていることが普通であるのに対して、中小企業の研究開発スタッフは必ずしも充実しているわけではないので、中小企業への知識移転・技術移転はフラウンホーファー研究所にとって重要な事業

第10章　ドイツの産業集積支援政策

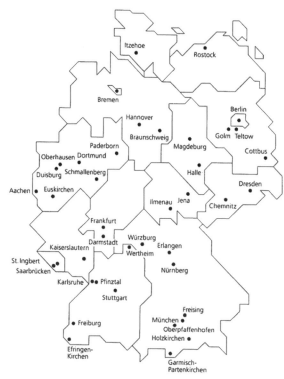

図10-3　フラウンホーファー研究所の地理的分布
出所：Fraunhofer Institut für Umwelt-, Sicherheits-, Energeitechnik UMSICHT (2000：26)。

であると認識されている。フラウンホーファー研究所協会全体として2000年には全歳出額が16億マルクに達したが、そのうち3分の2が産業界の企業との契約や、公的助成に基づく研究プロジェクトのために使われた。資金面から見て、産業界向けの研究開発活動のうち約50％は中小企業向けだった。

オーバーハウゼンにある「フラウンホーファー環境・安全・エネルギー技術研究所」は、1990年にドルトムント大学熱プロセス工学講座のヴァインシュパッハ教授（Prof. Dr. Weinspach）によって設立された。ヴァインシュパッハ教授は定年で2000年に退いたが、それ以前から共同所長として活動していた同大学化学工学部環境技術講座のファーレンカンプ教授（Prof. Dr. Fahlenkamp）が単独で所長を務めている。ドルトムントは同じルール地域にあるといっても東部に位置するのに対して、オーバーハウゼンはルール地域西部に位置する。しかもこの両都市の間に位置するボーフムに、ドイツの大学の中でも有数の規模を持ちかつルール地域最初の大学たるルール大学がある。さらに近隣には、エッセン大学やデュースブルク大学もある。そのような場所にあえて、相対的遠方のドルトムント大学の教授が中心となってフラウンホーファー研究所の一つが設立された

のは、オーバーハウゼン市と地元の産業界が誘致に熱心だったからである。しかし、設立資金はオーバーハウゼン市や地元の産業界が負担したのではなく、EU の資金や州政府によっている。

この研究所の 2000 年の予算規模は 2850 万マルクであり、このうち 1400 万マルクが中小企業との契約による研究開発活動だった。大企業との契約に基づく収入は 350 万マルクだったので、フラウンホーファー研究所協会全体の中で見て、環境・安全・エネルギー技術研究所は中小企業指向がより強いと言える。研究員・職員の総数は 265 人であり、このうち科学者・エンジニアは 73 人である。そのほかポストドクターや在学中の学生など、期限付きの研究員あるいは研究補助者も含めると 100 数十人規模で研究活動を行なっていることになる。したがって、この研究所での活動経験をもとにしてスピンオフし、ベンチャー企業を起こす人材もありうることになる。この実績がどの程度あるのかはっきりしたことは分からないが、当研究所からのスピンオフ企業として 6 つの有限会社が年次報告書に掲載されている。

この研究所は非営利的な研究所であるので営利目的のビジネス活動をすることはできないが、研究開発依頼に対しては迅速に対応し、期待された成果をあげることで評判を高め、これによって顧客を増やし続けてきたとのことである。同研究所に研究開発依頼をする新規の顧客はそうした評判の口コミによって先方から接触してくる場合が多いとのことである。他方、研究所の側からも、国内に限らず外国でも顧客を探す活動をしている。その結果として、広島の企業とも協力関係を持っているとのことである。

フラウンホーファー環境・安全・エネルギー技術研究所の存在が、ルール地域、とりわけオーバーハウゼンを初めとするルール地域西部の中小企業の技術進化あるいは技術転換にどの程度貢献しているのか、これについて踏み込んだ調査をしたわけではない。したがって、このような研究所があることだけをもって、地域経済の構造転換が進んでいると楽観的に評価できるわけではない。このような評価を下すための調査をする場合に注意すべきことは、確かにフラウンホーファー環境・安全・エネルギー技術研究所は地元中小企業の技術進化・転換に貢献しようという意欲を持っているが、同時に研究所の側からすれば地元の企業だけに視野を限定しているわけではないということである。このことは決して低く評価されるべきことではなく、逆に積極的に評価すべき姿勢であ

ろう。というのは、フラウンホーファー研究所の研究員が研究活動を遂行する際に、接触する外部の主体が多様であればあるほど、新しい知識を生み出すための基盤が拡大しうるからである。ルール地域の中だけでの研究に終始するならば、発展の芽は限られざるをえないであろう。

6. ノルトライン・ヴェストファーレン州の創業支援政策

ノルトライン・ヴェストファーレン州では1995年末から、創業支援政策を積極的に進めている。これは州の経済省が中心となり、さまざまな経済団体を巻き込んで1995年11月末に全州に呼びかけることをもって始められた "GO" Gründungsoffensive NRW（ノルトライン・ヴェストファーレン州創業攻勢施策 "GO"）である[8]。これは、創業数を増加させるとともに、ひとたび創業した若い企業が持続力をつけることを支援する事業である。特に、失業者、女性、外国人住民、大学卒業生などによる創業の支援を重点としている。広く見れば、自助努力の文化を州に根づかせるための政策である。この政策に州レベルで関わっている支援機関は、ノルトライン・ヴェストファーレン経済支援有限会社（Gesellschaft für Wirtschaftsförderung Nordrhein-Westfalen mbH (GfW)）である[9]。しかし、GfW が中央集権的にその施策を進めているのではない。GfW は創業攻勢施策を進めるための一つの拠点としての役割を果たしているにすぎない。創業を志す人々がそのために必要な支援をどこで受けることができるかという情報を GfW が提供している。言わば各々の地元で創業を目指す人々や創業したばかりの若い企業が、必要な情報収集・コンサルティング・資格取得などのためのサービスを受けられるように、第1次的な情報を提供する役割を持っている。

創業支援のための具体的な施策は州というスケールの地域ではなく、もっと小さなスケールの地域で行なわれている。この点で重要な役割を果たすのは、州内各地にあるテクノロジー・創業者センターである。我々が訪問したゾーリンゲン創業者・技術センター有限会社とアーヘン・イノベーション技術移転有限会社もその一つである。

ドイツ国内各地にあるテクノロジー・創業者センターの最初は、1983年に設立されたベルリン・イノベーション創業者センターである（Schütte 1985：162）。ノルトライン・ヴェストファーレン州内ではドルトムントやアーヘン

のそれが最も早く設立されたものであり（山本 1997、本書第 8 章）、また成功した事例としてよく言及される。ZENIT 有限会社のシェーンヴァルト社長は、州内に 63 箇所もその種の施設があるがその 90％は失敗であり資金の浪費に終わっているが、ドルトムントとアーヘンは成功している、と話していた。ゾーリンゲン創業者・技術センターは 1992 年にゾーリンゲン市によって設立され、明らかに後発である。それゆえ、既存のテクノロジー・創業者センターの単なるコピーでしかない可能性もある。

6.1. ゾーリンゲン創業者・技術センター有限会社 [10)]

　双子のマークで有名な刃物製造のヘンケルス社のちょうど真向かいに位置しているかつての刃物工場が記念建造物として残され、その内部が約 1 千万マルクかけて改造されている。この建物にゾーリンゲン創業者・技術センターが数年前に移転入居し、規模としては 2 万 5 千平方メートルの敷地に 8500 平方メートルの床面積が入居企業の利用に供されているので、かなり大きな施設になっている。ここには 2001 年時点で 25 社がベンチャー企業として入居しており、約 150 人分の雇用が生み出されている。しかし工業都市ゾーリンゲンのイメージとは異なり、そのすべてが製造業ではなく、企業サービス業である。入居企業には、郵便・通信業務、秘書業務、共用の小会議室利用、駐車場 1 台分、コピー機、ファックス機など各種共用設備の利用など全体に関しての基本料金として 1 ヶ月 200 マルクを、そしてさらに利用頻度や形態に応じて追加料金を入居企業はセンターに対して支払う。

　しかし、センターは不動産業的性格の施設に留まるわけではない。ここにはコンサルティングを行なう要員が 2 人配置されている。2 人とも工学系ではなく経済経営系である。技術的なコンサルティングは Bizeps Netzwerk という名前で組織されている創業支援のための地域ネットワークを介して、地域に立地する高等教育研究機関などに紹介することになる。もちろん、マーケティングや資金調達など、センター専任職員で対応できるコンサルティングも行なわれているし、創業を考えている人々向けあるいはベンチャー企業向けの各種のセミナーもセンターで開かれている。そうしたセミナーの講師はセンター専任職員の伝手で探すことになる。

　ところで、Bizeps という地域内ネットワークの名前は、Bergisch-Märkische Initiative zur Förderung von Existenzgründungen, Projekten und Strukturen（創業・プロジェクト・構造支援のためのベルギッシュ・メルキッシェ・イニシャチヴ）というネットワーク組織の正式名称の頭文字を、Bizeps という上腕二頭筋のことを意味するドイツ語になぞらえた名称である。この単語は力強さを象徴しうる。他方、ゾーリンゲンやこれに隣接するヴッパータール、レムシャイト、ハーゲンなどを含めた地域は、ベルギッシュ・メルキッシュ（山間という意味のベルク、辺境という意味のマルクの形容詞形）地域と呼ばれ、ドイツの中でも古くから金属加工業が栄えてきた地域である。この地域に立地する高等教育研究機関であるヴッパータール大学の経済学専門領域やリエゾンオフィス（Transferstelle）などがイニシャチブをとって、大学の側から創業支援に貢献するためのネットワーク Bizeps が 1997 年に設立された [11]。これにはほかにハーゲン通信教育大学（FernUniversität in Hagen）とイーザローン専門高等教育学校（Fachhochschule Iserlohn）が加わっている。裏付けある資料で確認したわけではないが、大学からのスピンオフやベンチャー企業の設立はドイツの大学の中でみるとヴッパータール大学がもっとも盛んだとのことである。

　ヴッパータール大学は「企業創立・経済発展講座」を 1999 年に開設して、起業家育成を大学の正規の授業を通じて行なったり、地元企業の支援を得て「ビジネスエンジェルキャンパス基金」を設定してスピンオフを可能にする資金的基盤を作ったりしているが、そのような支援を得て実際に創業する人材に活動空間を保障するのが、ゾーリンゲン創業者・技術センターなど、ベルギッシュ・メルキッシュ地域内にある 8 つのテクノロジー・創業者センターである。

　ところで、センター専任のコンサルタントの重要な仕事の一つに、失業者向けの創業支援事業がある。これは、職業紹介等を任務とする地元の労働局と協力して、失業者を対象に起業のための訓練コースの提供である。2000 年までは 14 日間でその訓練コースを修了できたが、創業まもなく撤退する者が決して少なくないので、スタートアップした企業の持続性を高めるため、訓練コースを入門、中級、仕上げなど多段階の訓練期間に組み替え、各段階で創業し持続する力がある人材を見出すための篩い分けを行なうシステムに 2001 年から変えた。各段階の訓練は、全体を構成するモジュールであると表現していた。結果として訓練コースは、各段階の間の休みを含めて半年以上にわたることに

なる。

　訓練コースを強化したということは、とりもなおさずそれまでの創業後まもない若い企業の中に失敗するものが多かったことを意味する。そして、訓練コースを強化することによって創業後の持続性がどれだけ高まるのか、その成否を見極めるには時期尚早に過ぎる。また、現にゾーリンゲン創業者・技術センターに入居している企業は例外なく企業サービス業であるので、そのサービスを受ける企業がしっかりしている必要がある。そのような企業サービス業を利用しうる企業の有無・発展・縮小の如何を考慮にいれて、産業集積支援政策を評価すべきであろう。

6.2. アーヘン地域における創業支援

　我々が訪問したもう一つのテクノロジー・創業者センターであるアーヘン・イノベーション・技術移転有限会社は、アーヘン市、アーヘン郡、デューレン郡、オイスキルヒェン郡、ハインスベルク郡、アーヘン商工会議所、アーヘン手工業会議所、地元企業、アーヘン工科大学などによって 1983 年に設立された[12]。しかし、その具体的構想は既に 1979 年に生まれていた。そこで特に重要な役割を発揮したのはアーヘン商工会議所事務局長のエッシュヴァイラー氏である。AGIT の生みの親と言ってもよい存在である。この会社の目的は、石炭業、重機械工業などに彩られたアーヘン地域の産業のハイテク化を支援することである。そのためには高等教育研究機関と民間企業とのネットワーク化が必要であるという認識を既に 1970 年代からエッシュヴァイラー氏は持っていたし、そのための支援機関設立に向けた取り組みがこの頃から始まっていたという。

　現在 AGIT はアーヘン地域だけに視野を限定せず、ベルギーのリエージュ、オランダのマーストリヒトなどとの国境地域という位置を活用して、国境横断的な地域として命名されたユーレギオ「ミューズ・ライン」のスケールでの地域振興をめざして活動している。その際、特に将来の成長が期待される分野で活動しようとする中小企業への支援や創業支援、ドイツ内外からの企業誘致活動、そしてアーヘン地域既存企業に対する支援を通じて、アーヘン地域を、さらにはユーレギオ「ミューズ・ライン」を、生命科学、自動車技術、情報通信技術、生産技術の各分野で、ヨーロッパの中でもひときわ秀でた地域に転換させようとしている。

第 10 章　ドイツの産業集積支援政策

　AGIT の具体的任務としてまず、すべてのテクノロジー・創業者センターと同様に、スタートアップしたばかりのベンチャー企業にオフィス空間を提供するアーヘン技術センターの運営や、ここに入居したベンチャー企業に対するコンサルティングという仕事がある。また 1986 年から地域の高等教育研究機関（アーヘン工科大学、アーヘン専門高等教育学校、ユーリヒ研究センター、アーヘンとオイスキルヒェンにある 2 つのフラウンホーファー研究所）と中小企業との仲介役として技術移転を促進する仕事と、アーヘン地域を外部世界に対してプロモーションし、大小を問わずハイテク企業の誘致活動を行ない、そのために必要なすべてのコーディネートという任務もある。こうした活動の成果がエリクソン、三菱電機、フォード研究センター、ジーメンス試験センターなどの新規立地であり、これらによってアーヘン地域の産業構造も徐々に変ってきた。

　さらにアーヘン地域全体の経済振興のために、地域内にある主要な経済アクターが参加するアーヘン地域会議をコーディネートする仕事が 1993 年からスタートした。この会議のメンバーには AGIT 自身やその設立母体である上記諸機関のほかに、労働局、労働組合、ケルン県当局、各種の産業団体、商業者団体、農業会議所、消費者団体、地域内のすべての高等教育研究機関、地域選出の州議会議員、連邦議会議員、EU 議会議員などが含まれている。中小企業への技術移転に関しては、AGIT 自身が積極的に中小企業や大学が持っている関心やアイデアを発掘し、それらを結び合わせるリエゾン機能を果たしており、依頼があってから行動するというタイプの機関ではない。

　アーヘン地域には 12 のインキュベータがある（表 10-6）。そのうちアーヘン市内にある 2 つ、即ちアーヘン技術センターと医療技術センターが創業を目指す人々に対して AGIT によって直接斡旋されるインキュベータである。前者は AGIT と同じ敷地に、後者はアーヘン工科大学付属病院の敷地内にある。アーヘン地域経済の高度化のために AGIT が特に力を入れている技術分野の一つは生命科学である。それ故医療技術センターも設立されたのである。これは AGIT と同じく 1983 年に開設されて生命科学分野のベンチャー企業を受け入れている。他方、アーヘン技術センターは 1984 年に開設された。

　この 2 つの施設に入居するベンチャー企業の 90％はアーヘン工科大学卒業生が起こした企業である。2001 年 9 月現在、医療技術センターには 17 社が

363

表10-6　アーヘン地域のテクノロジー・創業者センター　2001年9月時点

	供用面積 m²	入居企業数	雇用数	平均雇用数	所在地
Techonologiezentrum Aachen	14,000	69	776	11.2	アーヘン市
Medizintechnisches Zentrum	4,300	17	78	4.6	アーヘン市
Industrie- und Gewerbepark Alsdorf	9,000	39	266	6.8	アーヘン郡
Internationales Transfer- & Service-Center Baesweiler	4,500	33	220	6.7	アーヘン郡
Gewerbe-Technologie-Center Eschweiler	3,600	20	88	4.4	アーヘン郡
Euro-Service-Center Geilenkirchen	2,000	15	61	4.1	ハインスベルク郡
Technologiepark Herzogenrath	22,000	96	1,000	10.4	アーヘン郡
Gründer- und Service-Zentrum Huckehoven	5,500	37	192	5.2	ハインスベルク郡
Technologiezentrum Julich	7,600	46	280	6.1	デューレン郡
Handwerker-Innovationszentrum Monschau	7,000	30	90	3.0	アーヘン郡
Dienstleistungszentrum Stolberg	3,500	36	119	3.3	アーヘン郡
Carolus Magnus Centrum für Umwelt-technologie	4,200	17	194	11.4	ハインスベルク郡
アーヘン地域合計	87,200	455	3,364	7.4	

資料：AGIT 提供資料より作成

入居し78人分の雇用が、アーヘン技術センターには69社が入居し776人近くの雇用が生み出されている。ただし、実験室も含めて80社まで対応できる施設である。アーヘン技術センターには、その設置以来、累計130強のベンチャー企業が入居し、約50社がここを卒業してアーヘン地域内に立地した。なお、ここに入居するベンチャー企業は、情報通信、新素材、計測制御、生産加工、環境などの技術分野のものが多い。

　インキュベータに入居する企業はAGITのスタッフによるコンサルティングを受けるが、コンサルティングを受けるのはインキュベータに入居する企業だけではない。これらを合計して、年間平均60人の大学卒業者がコンサルティングを受け、そのうち約4分の1がアーヘン地域にあるインキュベータのいずれかに入居するとのことである。ここ5年間をとれば、継続的なコンサルティングの対象となるベンチャー企業は年間平均で約80社になり、このうちすでにベンチャーの域を脱して従業員規模140人の中堅企業にまで成長した企業が3社あるし、200人規模や380人規模に成長した企業もある。

　ビオメディカヨーロッパ社の事例　AGITの紹介で、我々は医療技術センターに入居するビオメディカヨーロッパ社を訪問して聴き取りをする機会を得た。この企業は、一種の痘苗（細胞培養）を開発生産する企業である。痘苗は

牛の血清を用いて生産されるのが通例だが、ウイルスや BSE 感染の危険があるので、これを回避すべく同社は植物性の痘苗を開発した。

この企業はもともと 1994 年にフランスで設立されたが、アーヘンに移転する前はオランダのマーストリヒトに立地していた。同社の代表はベルギー人であり、ベルギーの大学で獣医学を学んだ人である。マーストリヒトでジャガイモやキュウリを用いた植物性痘苗を開発してきたが、最大の市場がドイツであり、ドイツでのマーケティング活動を強化するために適当な物件をアーヘン地域で探していた。たまたま 2000 年 10 月にアーヘン地域のユーリヒで開催された会議で AGIT 事務局長と知り合いになり、その斡旋を得て現在地に 2001 年 7 月に入居することができた。アーヘン事務所の従業員は代表を含めて 3 人で、全員ベルギー人であり、開発とマーケティング活動の両方に従事している。

同社の親会社は家畜飼料を生産するフランスの企業であり、生産工場をフランスとカナダに持っている。オーナーはフランス人である。またボルドーにR&D があり、ボルドー大学と協力している。この R&D とは全く別の分野の研究開発を同社は行なっているので、同社とボルドーの R&D とはコミュニケーションの必要がない。これまで同社は研究開発面でマーストリヒト大学やブリュッセル大学と協力してきた。しかし同社代表本人はベルギーのヘント大学卒業であり、他の 2 人はルーヴァン大学卒業である。

医療技術センターで賃借している部屋は 50 平方メートルであり、1 台分の駐車場料金も含めて月 900 マルクの家賃である。これには光熱費と水道費も含まれている。アーヘン市内の民間住宅市場でオフィスを借りればもっと高い家賃になるので、この点有利である。また、ドイツの大学は基礎的な研究面に強いので、まだ協力関係が構築されているわけではないが、研究レベルアップに有利であることも期待しているという。

7. むすびに代えて

ドイツ経済の運営はいうまでもなく市場メカニズムを重視したものである。これは保守のキリスト教民主同盟と左派の社会民主党のいずれが政権を握っていようと、基本的に変らない。しかし、経済の構造転換が 30 年以上前から課題となっているノルトライン・ヴェストファーレン州では、そしてその中で最

も古い工業の歴史を持つアーヘン地域やゾーリンゲンなどのベルギッシュ・メルキッシュ地域、あるいは最大の工業地域であるルール地域では、市場メカニズムに委ねておけば自然と構造転換がなされるという観点での経済運営がなされているわけではない。構造転換は、言わば歴史的に形成された、ある種の一体性を持ちうる人口規模が数十万人から120万人前後までの地域を重要な枠組みとして、その中に存在する市や郡などの地方自治体や商工会議所などを初めとするさまざまな公的機関や準公的機関が積極的に後押しすることによって可能になる、という考え方が広く共有されている。

　それはあくまでも支援であって、実際の構造転換は、個々の企業活動によるしかないが、それら企業の活動が成功するためには、多様な経済主体のネットワーク化を図る必要があると考えられている。1つの企業から見てネットワークが構築されているというよりも、必要があればこれまでコンタクトのなかった民間企業や公的・準公的機関と接触することを可能にするためのインフラストラクチャー、あるいはプラットフォームとしてのネットワークを構築しておく、ということである。この意味でのネットワーク構築はかなり進んでいるし、それを用いて例えば "GO" という一種の文化運動をノルトライン・ヴェストファーレン州政府は巻き起こそうとしているのである。この文化運動と創業支援政策がどの程度成功しているかは検討の余地がある。確かに創業数は増えているものの、撤退数も増えているからである。だからこそ、撤退数を減少させるためにも、創業に至るまでのコーチングを強化する方策も、基礎的な地域単位で進められるようになってきている。

　他方、技術の転換は、人口規模が数十万人から120万人前後の地域単位だけでなしうるものではないと認識されていることも見逃せない。ヨーロッパ規模でのイノベーション・リレー・センターのネットワークを利用したイノベーション活動や、アーヘン地域内だけではなく、外部からの企業誘致やユーレギオ「ミューズ・ライン」としてのまとまりを重視する動きがAGITに見られることなどが、それを示唆している。しかし、同時に技術転換のもととなる技術として地域に蓄積されている知識・技術を生かす方向が模索されていることも重視されなければならない。ルール地域は重厚長大産業の技術に特化していたからこそ環境関連技術への転換が可能であるし、模索されているのである。

　他方、地元の大学や研究所に蓄積されている知識がもとになっての技術転換

が進められていることにも注目すべきであろう。我々が訪問した範囲では、アーヘンにおけるアーヘン工科大学医学部や大学病院が、ルール地域ではドルムント大学とつながりのあるフラウンホーファー研究所[13]が、ベルギッシュ・メルキッシュ地域ではヴッパータール大学が重要な役割を担っているか、あるいは少なくとも担うと期待されているのである。地元のさまざまな経済主体が交流することなしには技術の高度化・転換もおぼつかないという認識がある。民間企業の自主性を重んじ、これの活動を、公的機関あるいは公的機関によって設立された企業、さらには民間企業と公的機関との協力によって設立された企業などが支援するという、パブリック・プライベート・パートナーシップ（PPP）が大中小さまざまなスケールで存在する重層的な諸地域の各単位で追求され、それらによるさらなる相互ネットワーク化の追求という姿が、近年のドイツにおける産業集積支援政策の特徴となっている、とひとまず言える。この意味からすれば、地域というまとまりはイノベーション活動に重要な意義を持っている。こうした地域内に存在する諸主体間のネットワーク化に基盤を置きつつ、地域間のネットワーク化も追求するという産業集積支援政策が、どの程度成功しているか否か、これについて判断を下すためのデータは、残念ながらまだ収集しきれていない。今後の研究課題としたい。

　付記：本稿は、日本学術振興会科学研究費の助成による研究プロジェクト「産業集積に対する支援体制の国際比較調査研究」（研究代表者：法政大学社会学部教授岡本義行）の研究成果の一部である。本稿をまとめるに当たって、田柳メモを参考にした。記して感謝する。

第11章　ドイツにおける境域を越えた地域づくり

　本章は、愛知大学綜合郷土研究所と日本地理学会との共催で1997年10月11日（土）に愛知大学で開催されたシンポジウム「県境を越えた地域づくり—「三遠南信地域」づくりを中心に—」において筆者が報告した「ドイツにおける境域を越えた地域づくり」に加筆補正したものである。

1.　ヨーロッパにおける国境を越えた地域づくり

　ドイツにおける境域を越えた地域づくりについて報告する前に、ヨーロッパにおける国境を越えた地域づくりに関わる動きがどんな所でなされているか、地図で紹介しよう。

　図11-1のなかで4角形は、1971年に設立されたAGEG（Arbeitsgemeinschaft Europäischer Grenzregionen 欧州国境諸地域作業共同体）に加盟している国境地域を示している。これは、国境を越える地域づくりがすでに具体的に進行しているところを示している。当初の加盟地域は10地域しかなかったが、現在、56地域が加盟している。欧州国境諸地域作業共同体は定期的に会合を開き、国境を越える地域づくりのための経験交流を行なっている。作業共同体に加盟していないが、国境を越える地域づくりの動きがある場所はほかにもある。それは、図11-1のなかで楕円で示されている。欧州国境諸地域作業共同体に加盟する地域は、ドイツとその隣接国との間に多いことが分かる。

　国境を越える地域づくりは、1992年末実現を目指したEC市場統合や、EUの形成によって初めて動き出したというものではない。作業共同体が1971年に結成されたことによってもそれは明らかである。むしろ、こうした国境地域での自主的な動きも作用することによって、EC市場統合やEUの形成が促進されたと見るべきであろう。

　国境を越える地域づくりの主要なものは、住民生活や経済活動の展開において否応なしに国境をまたぐ活動がなされたときに、制度の異なる国にまたがるその活動がスムースになされるよう、法律上の問題を解決するというところに

369

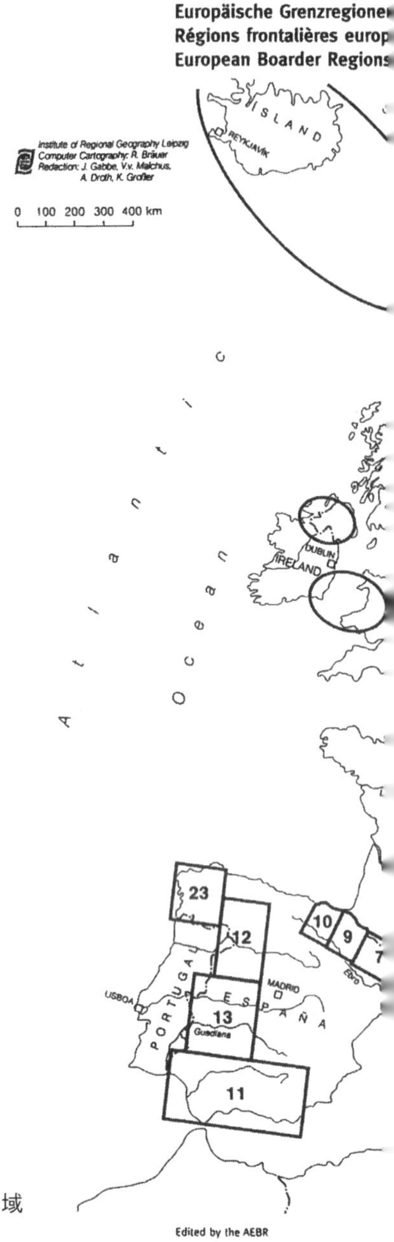

Europäische Grenzregione
Régions frontalières europ
European Boarder Regions

Institute of Regional Geography Leipzig
Computer Cartography: R. Bräuer
Redaction: J. Gabbe, V.v. Malchus,
A. Droth, K. Großer

0 100 200 300 400 km

図 11-1　欧州国境地域作業共同体加盟国の国境地域
出所：AGEG（1996：12-13）

第11章 ドイツにおける境域を越えた地域づくり

371

力点がある。この種の地域づくりは、経済水準が低い地域の振興を図るという
ものでは必ずしもない。むしろ、社会生活や経済生活がスムースに展開するた
めには国境に伴う様々な障壁を除去しなければならないこともあり、それこそ
が、欧州諸国間の国境を越える地域づくりの直接の課題となってきた。それゆえ、
1980年代半ば以降になってようやく本格化するEC市場統合の動きに先立って、
国境という障壁を除去しようという動きを起こした一つの主体としての欧州国
境諸地域作業共同体に結集する地域がたくさんあったと評価できるだろう。

　なお、56個所の国境地域のうちかなりが、ユーレギオ（Euregio）すなわち
ヨーロッパ地域という名前を冠している。その多くはこの言葉の後に地域固有
名詞をつけている。その中で唯一Euregioという名前だけの地域がある。そ
れは28番のドイツとオランダの国境地域である。ここはヨーロッパのなかで
国境を越える地域づくりを最初に始めたところであり、現在でも地域固有名
詞のつかないEuregioを標榜できる場所となっている。前述の欧州国境諸地
域作業共同体が結成された会議もここで開催された。このEuregioの設立は
1960年代半ばころにさかのぼる。

2.　ドイツにおける県境を越えた地域づくりの一例—ルール地域—

　さて、筆者の報告のメインテーマは、ドイツにおける県境を越えた地域づく
りの一例としてルール地域を紹介することである。ルール地域という名称はわ
が国でも比較的よく知られていると思われるが、その位置については必ずしも
そうではない。そこで、最初にこの地域の位置を確認しておきたい。

　ルール地域は、ドイツを構成する16州のうち最大の人口を擁する西部のノ
ルトライン・ヴェストファーレン州に位置する（図11-2）。この州は、人口約
530万人のデュッセルドルフ県、約410万人のケルン県、約250万人のミュ
ンスター県、約200万人のデトモルト県、約380万人のアルンスベルク県と
いう5つの県から成り立っているが、ルール地域はそのうちデュッセルドルフ
県、ミュンスター県、アルンスベルク県にまたがっている。ここでいうルール
地域とはルール地域自治体連合（Kommunalverband Ruhrgebiet：KVR）に
加盟している市郡の領域を意味する。

　ところで、ノルトライン・ヴェストファーレン州には、県や市郡とは別に
ZIN地域なるものが15設定されている。現在のルール地域を意味するKVR

第11章　ドイツにおける境域を越えた地域づくり

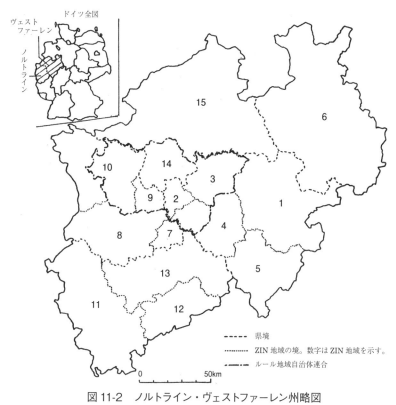

図 11-2　ノルトライン・ヴェストファーレン州略図
Dürr, Heiner (1993) Einleitung: Politik und Forschung für das Ruhrgebiet. In: Heiner Dürr und Jürgen Gramke (Hrsg.) *Erneuerung des Rurgebiets. Regionales Erbe und Gestaltung für die Zukunft.* Festschrift zum 49. Deutschen Geographentag (Bochumer Geographische Arbeiten, Heft 58, S.10 掲載の Abb.1 に基づいて筆者作成。

地域は6つのZIN地域にまたがっている。ZIN地域は、開発・構造政策の地域化のために、既存の5つの県とは別にいくつかの社会的経済的まとまりをもつ隣接しあう市や郡をまとめたものである。その規模は、図11-2に示されているように面積的には大小様々であるが、例えばNo.9エッセンほかの人口は約102万人、No.14ゲルゼンキルヒェンほかは約107万人、No.3ドルトムントほかは約120万人、No.2ボーフムほかは約70〜80万人、No.10デュースプルクほかは約130万人となっており、概ね100万人前後の人口である。

ZIN地域とは、Zukunftsinitiative für die Regionen Nordrhein-Westfalens、

373

即ち「ノルトライン・ヴェストファーレン州内諸地域のための将来イニシャチブ」という地域計画の枠組みの中で、1989年に15の地域に州を区分したものである。いずれもなんらかの中心的な都市を核にして、これと周囲のゲマインデが実質的な経済的社会的なつながりを持つ地域である。そのなかでオランダやベルギーとの国境に位置する地域では、国境を越える地域づくりにいくつかの自治体が独自に参加している。個々の自治体が異なる地域づくりに重層的に参加しているという特徴が認められるのである。

　ZIN地域が設定されたのは次のような事情があったからである。ドイツは州が国家としての性格を部分的に持つ連邦制を取っており、州という一種の国家的活動は数多くの部分的な決定権を持つ機構に分散化するプロセスがあった。国家の意思決定の分散化という構造を当面する問題に適するように調整可能にするために、州という国家が適切に行動しうる場として州内におけるいくつかの地域の存在を発見したという意味を持っている。第2に、各地域に特有の、発展の障害となるボトルネックや発展を促進するポテンシャルを認識し、公的資金を各地域の実情に応じて投入できるよう、州政府の活動を分散化するというプロセスもZIN地域の設定に作用した。第3に、EC市場統合によって経済的統一体としての国民国家の意義が減退し、それに代わって国民国家より小規模な経済地域間の競争が前面に出てきたというプロセスとの関連でZIN地域が設定された。

　さらに、やはり1980年代末から、IBA Emscherpark（国際建築展エムシャーパーク）の活動がルール地域で、既存の行政境界を越えて展開していることにも注目しなければならない（図11-3）。これは、ライン川の支流で東から西に流れるエムシャー川流域全域で企画実行されている、80を上回る分権的に組織された地域再開発プロジェクトのことである。その実行を担うIBAエムシャーパーク（有）は州政府のイニシャチブで設立された民間企業形態を取る公企業であって、これによる支援を通じて各地方自治体や諸組織は自助の力を動員することや、組織間かつ自治体間の協力と調整の改善が期待されている。

　県境を越える地域づくりの伝統を持つルール地域のなかでも、近年最も注目されているのがIBAエムシャーパークの整備である。これは県境を越える地域づくりであるだけでなく、ZIN地域の境域を越える地域づくりなのである。

第11章　ドイツにおける境域を越えた地域づくり

図 11-3　ルール地域自治体連合（KVR）の中央部を東西にのびる
IBA エムシャーパークの位置
資料：図 11-2 と同じ。

3. ラインラントとヴェストファーレン

　現代ドイツのなかでルール地域は県境を越えて形成された地域であるだけでなく、より古い歴史を持つ地域の境界を越えて形成されてきた新しい地域でもある。その歴史的な地域とは、ライン川に近いラインラントと、これの東に位置しているヴェストファーレンの2つである。第2次世界大戦後に連合軍の占領体制のもとでドイツ連邦共和国を構成する州が形成されたが、その1つであるノルトライン・ヴェストファーレンは、本来ならば州としての地位を得たとしても十分な歴史的根拠があるラインラントの一部でしかないその北部と、やはり州としての地位を得たとしても不思議ではないヴェストファーレンとが

375

合併した州なのである。

　ラインラントとヴェストファーレンの境は 8 世紀にまでさかのぼることができるとされている。西から来たフランク族と東から来たザクセン族の居住域がそこで分かれていたのである。その後、両地域はいずれも異なる複数の封建君主の領邦に分割されたしその変遷もあったが、ラインラントとヴェストファーレンとの間の南北に連なる文化的な境は存続した。1815 年のウィーン会議後にこの 2 つの地域一帯がプロイセンの支配下に置かれると、プロイセンは古くからの境界を尊重してラインプロヴィンツとヴェストファーレンという二つの省を置いたのである。

　もちろん、その当時、ルール地域と言いうるような地域は存在しなかった。これが形成されたのは、ひとえに炭坑の開発とこれに関連した製鉄工業や化学工業部門の工場が群生した 1870 年代以降のことである。それらの鉱山や工場は各々独自に設立された。そしてそれぞれの鉱山や工場の周囲に労働者の住む都市が建設された。現在のルール地域のうち、少数の中世以来の都市を除く大部分は、それ以前において人口希薄な農村地帯だった。そのため、鉱山や工場を核にして建設された都市はいずれも基本的には小都市であり、隣接する同様の鉱山都市や工業都市との間には農地・森林・原野が広がっていた。現在でもルール地域の諸都市の間には農地や森林が広がっている。それら都市の住民の職場や生活物資を購入する商店は各都市内部にあるのが普通だったから、ルール地域は石炭鉄鋼産業という共通の性格を持つ中小都市が群集する地域であったとはいえ、これら中小都市相互の間には、企業の合併による所有の集中や労働組合活動あるいは移住者たるドイツ国籍ポーランド人たちの連携を除けば、交流が活発だったとは言い難い。

　このような歴史を背負っているルール地域は 19 世紀末から現在に至るまで多核心分散型の構造を示す大都市圏なのである。多核心分散型という構造は、ルール地域全体のみならずこのなかのいくつかの大都市自治体、即ちエッセン、ドルトムント、デュースプルクなど、人口 50 万人を上回る都市の内部構造にもあてはまる。これらは、相互に独立して形成された都市自治体が合併することによって大規模化した都市自治体だからであり、住民の日常的な社会生活もその比較的狭い範囲内でなされていたからである。

　ルール地域の都市づくりは、それゆえ、当初、個々バラバラに行なわれざる

をえなかった。開明的な炭鉱企業主や鉄鋼企業主がいたところでは田園都市というにふさわしい快適な住宅建設もなされたが、同時に、きわめて高密度の住宅街区も形成された。このようなルール地域全体を見通す地域計画が必要だと考えられた直接的な契機は、第1次世界大戦後、ドイツ経済の再建とヴェルサイユ協定に基づく賠償責任を実現するためには、ルール地域の炭鉱で石炭を増産する必要があるという認識からだった。増産のためには新たに約15万人の炭鉱労働者がルール地域に流入する必要があり、それは約60万人の人口増を意味すると考えられた。当時の人口約350万人に対して、10数％の人口増加をみこんだことになる。増産は緊急課題とされたから、この人口増加は短期間に発生すると考えられた。これに対応するためには、ルール地域全体としての計画が必要だと考えられたのである。

その結果生まれたのが、交通網や住宅建設、緑地計画、上下水道の整備などの計画を担当する、ルール炭田地域集落連合（Siedlungsverband Ruhrkohlenbezirk：SVR）である。これは、既に述べたように、2つの歴史的地域にまたがるとともに、3つの異なる県にまたがるものだった。2つの歴史的地域は気風の異なる地域である。1960年代から1980年代にかけてドイツの地理学を牽引した一人であるシェラー教授によると、その違いは後述のごとくである。彼は、ルール地域そのものではなく、これの南に位置する山間地域であるとともにルール地域よりもはるかに古い工業の伝統、即ち繊維工業と鉄加工業の伝統を持つベルギッシュ・メルキッシュ（ベルク伯爵領、マルク伯爵領）地域に、上の歴史的境界がどのような影響を刻印しているかを研究したのである。

Schöller（1953）を要約して紹介した齋藤（1982：8-9）によれば、ラインラントでは人々は移勤しやすく、うちとけやすく、移り気であるのに対して、ヴェストファーレン人は芯が強く、頑固、保守的、閉鎖的、謹厳である。経営者のタイプから見れば、ラインラント人は着想がよく、計算的、組織者的、商人的であるのに対して、ヴェストファーレン人は冒険を好まず、技術者的、生産者的である。労働者としての性格から見れば、ラインラント人は一般に熟練しており、精密な仕事に適し、移動しやすいが、反抗するので使いにくい。けれども説得は可能である。他方でヴェストファーレン人は、無骨で難しい仕事をやりたがり、大きな仕事に向いているし、統制が取りやすい。総じて、ラインラント人には自由業とホワイトカラーが多いが、ヴェストファーレン人には

手工業者と役人が多い。宗教的にはどちらもプロテスタントが優勢だが、ラインラントではカルヴァン主義が顕著であり資本主義的精神が発達したのに対して、ヴェストファーレンではルター主義が優勢であり反政治的態度が強く、そのため政府の反発と抑圧を招いたとのことである。

　以上のような住民気質の違いがあるとはいえ、ルール地域そのものについて見れば、その鉱工業化が始まったばかりの1870年ころの人口は、後のルール炭田地域集落連合の範囲で約100万人にすぎなかった。ところが、20世紀初めには約300万人に増えたし、1910年頃には約370万人に達していた（デーゲ 1981：76）。つまり、ドイツ帝国内のさまざまな地方からはもとより、外国からも大量の人口がここに流入し、新たにルール民族 Ruhrvolk（Brepohl 1948）とも称しうるほどの、新しい住民が人口の過半数を占める新しい地域が出現しつつあったのである。

4. ルール炭田地域集落連合からルール地域自治体連合へ

　この報告はルール地域の歴史を論ずる場ではないから、これ以上、歴史に深入りすることは控えたい。しかし、ここで筆者が強調しておきたいのは、要するに、ルール地域とは2つの相異なる歴史的・文化的・政治的境界を越えるだけでなく、近代国家内部の政治行政境界を越えて新しく作られてきた地域であり、それゆえ既存の境界を維持しようとする力と、経済の動きを根底にしてその境界を壊して新しいまとまりを持とうとする力とが相せめぎ合ってきた場所だということである。

　そのような状況のなかで、先に述べたように、石炭増産を迫られ人口急増が予測されていた地域に統一的な地域計画の主体として設立されたのが SVR であり、これに県が持つべきとされていた地域計画の権限が付与されたのである。その管轄する範囲は当初 3840 km²、人口約 360 万人だった。その後のゲマインデ合併や管轄範囲拡大のために面積は 4591 km² に、人口は 1929 年で約 430 万人、1969 年で約 570 万人に膨れ上がった（祖田 1984：37）。

　しかしその後、SVR の計画権限は取り上げられた。1975 年のことである。ノルトライン・ヴェストファーレン州の国土計画法が制定され、新しく設立された県計画評議会（Bezirksplanungsräte）に、地域計画に関わるより重要な権限が委譲されたのである。県というのは、ドイツの場合その首長が住民によ

る選挙で選ばれたり、住民の選挙による議会が存在したりする自治体ではない。これは、州という国家と、コムーネ（ゲマインデ即ち基礎的地方自治体のことをドイツでは近年、この言葉で表現する人が多くなっている）とを媒介する中間的な行政組織であり、県知事は州政府の任命によっている。複数の自治体に関わる行政事項は県の管轄である。県の行政権限を持っていなかったSVRから、本来の行政権限を持つ機関に地域計画の権限が戻ったというべきかもしれない。ちなみに、SVRが設立された1920年から1975年まで、ほぼ常にそれまでの行政区分とは異なる新しい県たるルール県が設立されるのではないかという不安と恐れが存在していたのである。もちろん、その不安と恐れを抱いていたのは既存の県に深く関わる州の行政官僚だった。

　さて、1975年以降、SVRは県計画評議会の会議に、相談に応ずる団体として出席する権利を維持することはできた。しかし決定に参加する権限は付与されなかった。SVRが保持し得た権限は廃棄物処理、関係自治体の統計整備、森林・余暇、景観保全、広報、交通、測量、経済構造、及びSVR自身の財務経理・管理・人事などである。

　州の国土計画法の公布から4年たった1979年10月には、SVRの名称もKommunalverband Ruhrgebiet（KVR）「ルール地域自治体連合」となった。この間に進行したゲマインデ合併の影響もあって、KVRに変わると参加自治体の数と総面積も減少した。現在は11の市と4つの郡、すなわち53のゲマインデが参加する団体となっている。1995年時点で人口約544万人、面積約4434 km²、南北の最大距離67 km、東西の最大距離116 kmにわたる範囲である。

　KVRになると、その任務も以前と違って課題の任務と業務活動の任務の2つに分けられた。課題の任務とは余暇、広報、測量と地図作成であり、業務活動の任務とは廃棄物処理、景観保全、森林、計画に関わるサービス、エネルギー供給に関する諮問に応ずることを意味する。課題の任務はKVRに参加している市郡が、業務活動の任務はKVRという団体そのものが引き受けている[1]。

　以上のような、ルール地域の自治体によって自主的に構成された地域団体の権限が、余暇や景観保全、廃棄物処理などのいわばマイナーな仕事に限定されたのは、ルール地域の経済的な一体性が石炭鉄鋼産業の衰退によってなくなってしまったからでもある。1950年代末から不況産業と化して衰退の一途をた

どってきた石炭採掘は、1970年代半ばまでにルール地域の中核を構成する都市からすべてなくなってしまった。炭坑はいまでは北部の周辺的な郡でしか操業されていない。また、石炭業の衰退をある程度補って雇用を維持してきた製鉄所も、1970年代半ば以降、日本や韓国との国際競争という環境のなかで合理化につぐ合理化を余儀なくされ、これもまた現在ではルール地域の一部でしか操業されなくなっている。

　他方で、ルール地域の中核を構成するエッセン市やドルトムント市は、経済の構造転換を進めてサービス産業の都市へと変貌してきた。鉄鋼業の最大の拠点であるデュースブルク市もマイクロエレクトロニクスを初めとするハイテク工業の都市に変貌しようともがいているし、隣接するオーバーハウゼンは、鉄鋼企業の撤退後に残された巨大な跡地にヨーロッパ最大規模のショッピング・レクリエーションセンターなるツェントロ（*CentrO*）を開発し、これを梃子にして都市経済をたてなおそうとしている。ボーフムもまた周知のようにオーペル自動車の工場誘致とルール大学という大規模大学の設立によって脱石炭鉄鋼産業化を進めてきた。

　要するに、実際に地域内交流が活発だったかどうか再検討する余地はあるが、石炭鉄鋼産業によって一色となっていたルール地域は、産業構造の変化の故に1970年代以降、統一的な経済的関心事を持ちえず、解体の方向に進んできたといってよい。

　しかし他方で、SVRの設立当初からもくろまれてきた、地域内を貫通して、隣接するライン・ルール地域のメトロポールたるデュッセルドルフやケルンと直結する高速道路の建設や密度濃い鉄道網の鉄道運行プログラムの改善も進められてきた。そのため、他に類を見ないほどに発達した交通網を擁する地域でもある。わずか数kmから10kmの距離をおいて並行して東西を貫く3本のアウトバーン、南北方向にも116kmの範囲に6〜8本のアウトバーンとこれに準ずる高規格道路が通っている地域である（図11-4）。鉄道も環状線になり、かつその間を縦横に結ぶSバーン網の構築、Stadtexpress、IC、EC，ICEの運行スケジュールの革新によって高い頻度で結ばれている主要諸都市という具合に、地域内諸都市間の近接性は高い（図11-5）。それに加えて、鉄道、バス、地下鉄、市街電車を共通の切符で、しかも非常な割安で利用できる切符や定期券の販売によって、公共交通機関も、あれほど乗用車のためのインフラが整備

第11章　ドイツにおける境域を越えた地域づくり

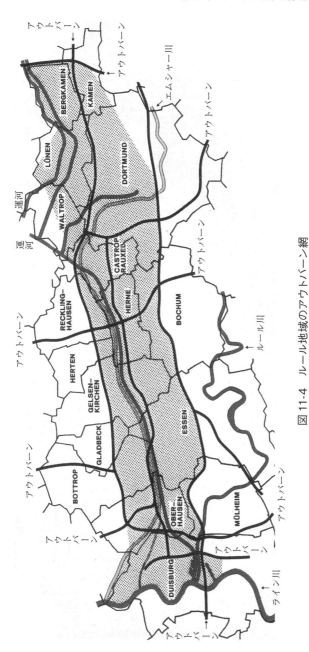

図 11-4　ルール地域のアウトバーン網

出所：Der Minister für Stadtentwicklung, Wohnen und Verkehr des Landes Nordrhein-Westfalen (Hrsg.) (o.J.) Internationale Bauausstellung Emscher Park. Werkstatt für die Zukunft alter Industriegebiete, S.6. 原図はカラー。図の中央にある、二重太線はエムシャー川とライン・ヘルネ運河。

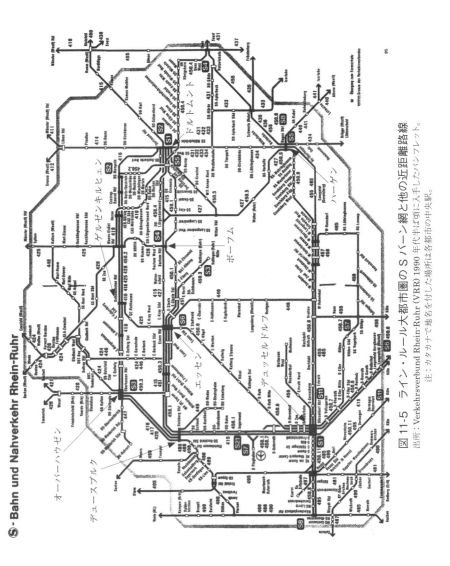

図 11-5 ライン・ルール大都市圏の S バーン網と他の近距離鉄道路線
出所：Verkehrsverbund Rhein-Ruhr (VRR) 1990 年代半ば頃に入手したパンフレット。
注：カタカナで地名を付した場所は各都市の中央駅。

されていながら健闘している。

　また、「ルール地域賛成（Pro Ruhrgbiet e.V.）」という団体や「ルール地域イニシャチブクライス（有）Initiativkreis Ruhr GmbH」という企業など、ルール地域の一体性を擁護してその意識を高めようとする組織も設立された。

　ルール地域は、一方で解体の方向にありながら、他方で一体性を保ち、むしろ真の一体的な地域を構成しようとする努力がなされ、そのためのインフラ基盤が整備されている地域である。

5.　国際建築展エムシャーパーク

　そのルール地域で、特に近年注目されてきたのがノルトライン・ヴェストファーレン州政府によって、1989年に10年計画で開始されたIBA（Internationale Bauausstellung）Emscherpark（国際建築展エムシャーパーク）である。これを紹介して、私の報告を終えたい。

　国際建築展エムシャーパークは、ルール地域のなかでも、その産業開発の歴史の故に住宅建設の面でもエコロジカルな面でも、さらには失業問題に先鋭的に現れる経済面でも、最も大きな問題を抱えているエムシャー川流域の再生を図るための活動である。特に力点はエコロジーに置かれている。地域のエコロジカルな質の高さが将来の発展にとって決定的であるという認識が共有されている。この認識の下で、輸送コストや労働コストといったハードな立地要因ではなく、やわらかな立地要因の開発がルール地域、とりわけそのなかでもエムシャー川流域のような老朽工業地域の重要な課題であるとされている。やわらかな立地要因とは、厳密なコスト計算ができるわけではないが、経済活動の活性化や他地域からの経済的資源の誘引のためには重要な役割を果たす要因のことである。例えば、エコロジーの質、都市環境の質、文化的な魅力、イメージの改善がそれにあたる。

　具体的には、①景観の再生（19プロジェクト）、②エムシャー川を基軸にした排水体系のエコロジカルな再生（10プロジェクト）、③高い質を持った商工業地区の開発（公園のなかの仕事、23プロジェクト）、④産業遺跡の保全（これは地域的アイデンティティと将来の経済発展にとって重要な「やわらかな立地要因」である。そのなかで「産業遺跡の新しい利用」プロジェクトが7つ）、⑤住宅の改善と都市中心部の再開発（26プロジェクト）がエムシャーパーク

のメインテーマである。約 800 km^2、人口約 200 万人、17 の都市自治体にまたがる大規模な国際建築展のために、上のテーマに沿って 85 の建築プロジェクトが進められている。

　景観再生のテーマの一例はエムシャー景観公園の整備である。これは、総面積約 800 km^2 のうち 321 km^2 を占めるものとされているが、そのなかでも重要なプロジェクトの一つがデュースブルク北部の景観公園の建設である。これは産業遺跡の保全というテーマとも抱き合わせになっている（図 11-6）。

　排水体系のエコロジカルな再生というテーマのもとでは、これまでエムシャー川流域のすべての雨水と汚水を約 300 km の延長を持つ開渠でライン川にまで運び、そこで集中的に処理してきた体系を、雨水と汚水とを別々に処理して汚水は暗渠で、雨水はできるだけ自然な流れで排水する体系に変えようというものである。しかも汚水については 4 個所に処理施設を設けて分散的に処理する一方で、雨水は単に自然な流れのなかに排水するだけでなく、土壌のなかに染み込ませたり庭園や景観のデザインのために利用したりしようという計画である。

　高い質を持った商工業地区の開発（公園のなかの仕事）というテーマのもとでは、敷地面積のうち 50% を緑地にして公園のイメージを持たせると同時に都市のイメージを失わせない商工業地区の開発が意図されている。そこに建設される建物は共通のモチーフで統一感を出すが、同時にモノトーンではなく、個々の建物には独自の個性を持ったものにする。また、ここでの経済活動に際して水やエネルギー資源を節約し、廃棄物もできるだけ出さないようにすることが意図されている。そこでは単に職場だけでなく社会的アメニティや住宅も整備するし、技術センター即ち創業のためのインキュベータとしての役割を持つ、企業にとって共用可能な施設もつくる。このような商工業地区の開発プロジェクトが、もともと工業地区だったところ 12 個所で進行している。その面積の合計は 320 ha に達する。

　以上のような内容からなるエムシャーパーク内部の個々の建設プロジェクトの主体は、17 の自治体と 2 つの郡である。こうした公共団体は民間の投資家や市民団体と協力してプロジェクトを遂行することが期待されている。IBAエムシャーパーク（有）（IBA Emscherpark GmbH）という企業が州政府による 100% 出資で設立されており、これはそうしたプロジェクト遂行のための

第11章　ドイツにおける境域を越えた地域づくり

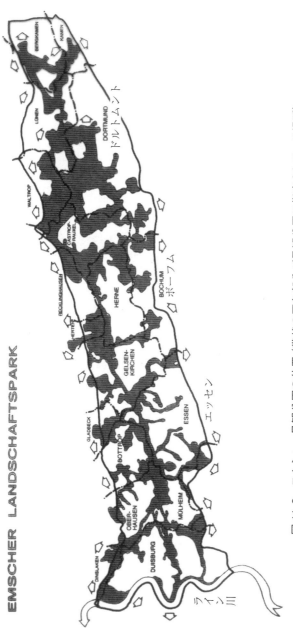

図11-6　エムシャー景観公園の位置（帯状の灰色部分が景観公園に指定されている場所）
資料：International Building Exhibition Emscher Park. Workshop for the future of old industrial areas と題された小冊子。

コーディネータとしての役割を果たし、1999年の国際建築展開催の準備にあたるという役割を負っている。この企業の社長には地理学者として研究者の道を歩むと同時に、地域計画を実践する分野でも活躍してきたカール・ガンザー教授が就いている。彼はドイツ社会地理学の泰斗ヴォルフガング・ハルトケ教授（ミュンヘン工科大学地理学研究所）の門下生である。

　このようなパブリック・プライベート・パートナーシップによる地域づくりが功を奏して、ドイツの企業経営者によるルール地域に対する評価は10年前と比べて大きく改善されている。どの都市が理想的な工業立地点かという問いに対して、1987年にはシュトゥットガルトが24%、ミュンヘンが19%の支持を得て、他の都市を大きく引き離して理想的な都市と考えられていた。1997年においてもなおこの両都市は16%の支持を得て高い人気を誇っているが、ルール地域も15%の支持を得てその両都市とほぼ並ぶ人気を得るようになったのである。1987年にはわずか5%の支持しか得られなかったのだから著しいイメージアップである。これと逆にフランクフルト・アム・マインは12%から7%へと人気が著しく凋落した。ベルリンは2%から8%へと上昇したがルール地域ほどではない（Berliner Morgenpost, 20.8.1997）。

6.　ドイツにおける境域を超えた地域づくりから学べること

　以上のような、ルール地域における既存の政治行政的な境界を越えた地域づくりから我々が学ぶことはなんであろうか。

　その第1は、そもそも既存の政治行政的境界を越える経済的つながりがまずなければ、境界を越えた地域づくりは問題にならないということであろう。そうした経済的つながりは行政による計画によってではなく、個々の経済主体が自由に活動することによって、即ち自然発生的に起きるのが普通である。

　第2に、しかし、経済的動きによって形成された境界を越える連携がさらに強化されるためには、政治行政の支援も必要である。その際の支援は、基礎的な自治体から湧き上がってくるものでないと本当の力にはなれないと思われる。

　第3に、他方で、政治行政システムの上位に位置する公的組織は、そうした基礎的地方自治体の意向と努力を規制するのではなく、自治体間の連携がなされやすいような環境を整えるコーディネータとしての役割を果たす場合に効

果が大きくなると考えられる。

　第4に、プロジェクトの企画実行のために開催される円卓会議に多様なアクター即ち関係者・行為主体が参加するということに注意を払うべきであろう。参加者には基礎的地方自治体や州の関係機関という公的な団体の代表者だけではなく、企業や労組、多様な NPO も含まれる。これら多様な行為主体が建設的な議論を進めるからこそ、政治行政的な境域を越える地域づくりが可能になる。この点については、その具体例をほとんど述べることができなかったが、重要な学ぶべき点である。パブリック・プライベート・パートナーシップが重視されているのであり、これは日本でよく使われる産官学や政官財という言葉よりもはるかに広い積極的な意味を含んでいる。

　第5に、今後の地球の未来に関する構想をも含めれば、ローカルなレベルでの地域づくりが交通インフラの整備だけに終わってよいはずはない。地域のイメージを高めてこそ地域外からの経済的資源の流入、即ち資本や人の流入も活発になりうる。それが地域の経済発展の、迂遠には見えてもとるべき正道ではなかろうか。地域内にずっと以前から存在している経済的資源だけで地域の発展をめざすのでは自ずと限界がある。地域の外部からも人や資本、アイデアを呼び込むのでなければ、真の意味での地域の発展はありえないと考えられる。外部からそれを呼び込むためには、地域のイメージを高める必要がある。イメージを高めるために、直接的な経済計算にのりにくいエコロジーに着目したここ数年来のルールの地域づくりは重要なモデルとなろう。

　石炭と鉄鋼業、さらには化学工業などによってエコロジカルな環境の破壊がなされてきたルール地域だからこそ、エコロジーという問題を扱わなければならなかったとも言える。しかし、自然に恵まれた三遠南信はそのような負の遺産を背負っていないが故に、地域イメージを世界規模で高めるためにも、エコロジーに配慮した県境を越える地域づくりを行いやすい位置にあるといえよう。

第12章　BMWによる新規工場立地選択プロセス

1. はじめに

　東西ドイツ統一から10年余が経過した2001年7月19日にドイツの新聞各紙は、同国の有力自動車メーカーBMWによる旧東ドイツ地域の大都市ライプツィヒへの完成車組立工場新設を、いっせいに報道した[1]。このBMWの決定は、ドイツ国内で固唾を呑んで待ち受けられていたのである。というのは、同社はすでに2000年夏に、本格的な組立工場の立地点を探すべく、受け入れ地を広く公募していたし、その選考過程が折に触れて報道されていたからである[2]。

　BMWは、なぜライプツィヒを、新しい組立工場立地点として選択したのだろうか。本章の目的は、その理由を明らかにすることにある。これを通じて、従来提起されてきた企業の立地行動を理解するための視点を、よりリアルなものにすることができる。

　企業の立地行動を理解するための方法として、物理学の方法を経済学的に利用したアルフレート・ヴェーバーの立地論やこれの修正的な方法、環境変化に対する適応過程として立地行動を理解する行動論的方法などがある。筆者がリアルでないと考えているのは、実は行動論的立地論である。かつて富樫幸一（1990：43-44）は、行動論的立地論を、「立地行動を説明するフレームとしては有効であるが」、「実証上の問題としては、企業の内部で過去に行われた複雑な意志決定の過程を、正確に把握するのには困難がともなう」と批判した。この批判は当たっている。意思決定過程を正確に把握するだけの十分な材料が得られないのは、この過程に関わる情報が表に出てこないからである。しかし、そうした情報が表に出てくるならば、行動論的立地論の視点が具体的現実を説明する上でいかに有効か、逆にいかなる限界があるか点検できる。

　冒頭で述べたように、BMWによるライプツィヒ選択は、立地候補地を公募し、応募した諸都市を選考した結果である。そのため、選考結果についてだけでなく、選考プロセスについても、さまざまな報道がなされてきた。このよう

389

な新聞報道を、本章は資料として積極的に用いる。その際、個々の新聞報道が真実の一部を指摘しているとはいえ、十分に大局を捉えているわけではないことに注意する。この点、BMW は公募したがゆえに、ある程度の情報を公表してきた。その情報と新聞報道とをつき合わせることによって、新聞報道がどの程度的を射たものか否か、批判的に解読することが可能となる。他方、BMW の公表文書が常に明快であるというわけでもない。新聞報道で補うことによって、その行間を読むことが可能になる。

　そこで、以下では、最初にライプツィヒ決定に関してどのような報道がなされたかを概観し、ついで BMW の公表資料を検討する。さらに、BMW の意思決定に関する中間報告的な一連の記事を検討することによって、ライプツィヒという立地選択に至る経緯を考察する。この作業は、企業戦略と立地選択との動態的連関を描き出すために必要な作業である。これらの作業を踏まえて、標準的なテキストブックに表れた企業の立地行動に関するこれまでの理論的考察に反省を加える。

2. 新聞報道に見る BMW の立地選択の理由

　ドイツで大きく注目された BMW の立地選択について、日本ではたとえば日本経済新聞が、2001 年 8 月 30 日に報道した。これによれば、BMW のライプツィヒ工場建設は、「雇用対策を重視する独政府の助成措置を活用したプロジェクト」であり、「旧東独地域は東欧諸国に比べると賃金水準は高い」が、「独労組との話し合いから、三交代制などの勤務時間や賃金体系を東欧より柔軟に運用できると判断した」とのことである。また、旧東独地域の高失業率問題に対処するためドイツ連邦政府が工場新設に対して助成措置を打ち出しており、BMW が「政府の期待にこたえることにした」という文言で記事が結ばれている。

　この記事からは、最も重要なライプツィヒ選定理由が、連邦政府による旧東ドイツ地域の失業克服のための立地助成にあるかのように読める。それは一つの理由でありうるが、政府の政策を最重視するのはあまりにも単純に過ぎる。後に述べるように、ライプツィヒ以外にも旧東ドイツの中で立地候補地となった場所がいくつもあったからである。また、ドイツでは 2000 年夏からの報道で周知のことだった BMW による立地候補地の公募に、日本経済新聞は全く

触れていない。それを考慮に入れなければ、ライプツィヒ立地の真の理由は明らかにしえない。

当然のこととはいえ、ドイツの新聞は、より詳しくBMWの意思決定を報道した。ライプツィヒで発行されているLeipziger Volkszeitung（以下LVZと略）（19.7.2001a）は、ミルベルクBMW社長とのインタビュー結果を、「一連の論拠全体の故にライプツィヒに決定した」と報ずるとともに、「可変的な労働時間もそれに与かった」と付け加えた。また、「ライプツィヒに決定したのは、既存工場群に近いからだ」という見出しのもとに、ミルベルク社長の発言も掲載されている。これによれば、ミルベルク社長は、いくつもの理由があるのであってたった一つの要因にライプツィヒ決定を帰するわけにはいかないと前置きしながらも、2つの要素がその決定にとって特に重要だったと述べている。第1は既存工場群への近さである。第2はフレキシブルな労働時間である。政府からの助成は、その2つに付け加えて考慮された、と述べている（LVZ 19.7.2001b）。

他方、同じLVZ（19.7.2001c）の別の記事には次のように書かれている。「ライプツィヒが提供した立地要因は次のようなものである。最適のインフラストラクチャー、有利な地価、すばやく対応する行政、豊かな労働力ポテンシャル、ヨーロッパの中央に位置し、東に近いという地理戦略的な位置。EUの助成金については言うまでもない。」

さらに、同日の別の関連記事（LVZ 19.7.2001d）には、ライプツィヒ市当局による土地手当のための奔走が、BMWの意思決定に一つの役割を果たしたと報じられた。これによれば、ライプツィヒがBMWの公募に対して当初予定した用地は、貨物輸送センターに近い北部と南部の2箇所あった。しかしどちらもBMWの眼鏡にかなわなかった。3番目の用地として北東部に隣接するゲマインデ、ゼーハウゼンとの境界地帯が提案され、ここが最終的にBMWによって採用されたのである。ただしその用地の所有者は約50人に上り、ライプツィヒ市がそれを買収する交渉を進めながらの提案だった。ライプツィヒ市の経済担当副市長を務めるシューベルトは、3番目の用地の買収が不調に終われば、公募の早い段階でライプツィヒは篩い落とされていただろうと述べたとのことである。

BMWの本社があるミュンヘンで発行されているSüddeutsche Zeitung（以

下 SZ と略）（19.7. 2001a）は、冒頭で次のようにライプツィヒ決定要因に言及した。「BMW のマネージャたちにとって、建設地の選択に際して助成金は、労働市場での専門的労働力の雇用可能性やバイエルンの BMW 工場群との近さと同様に重要だった」。しかし、この程度の要因指摘にとどまらず、さすがに SZ は BMW の本拠地で発行されているためか、今回の立地選択の背景をかなり詳しく報道している。その中で、以下の諸点が注目される。

①2000 年 7 月 13 日に BMW は新しい完成車組立工場建設計画を発表した。VW のゴルフ級の小型乗用車を生産する計画があるが、そのためのキャパシティが既存のバイエルンに立地する工場には欠けている。

②約 250 都市が BMW に誘致を働きかけたが、その中で最終的に、ドイツの都市の中ではアウクスブルク、シュヴェリーン、ライプツィヒ、外国ではフランスのアラスとチェコのコリーンが選考対象として残っていた。

③アウクスブルクは地価が高すぎるし、助成金も見込めない。

④フランスのアラスは、工場での指導的立場に就くべき英語を話す人材を見つけるのが困難な地域であるという評価が、BMW 社内にあった。

⑤チェコのコリーンはプラハから約 60km 東に位置し、ドイツの工場に比較して年間 2 億 1 千万マルクの人件費節約になるという有利さがあるが、東ドイツほど多くの助成金は得られない。

⑥BMW の戦略担当者が、助成金を決定の基礎的な要素であることを認めた。それは約 5 億 5 千万マルクに達する。

⑦東ドイツには 2 つの候補が残っていたが、ライプツィヒはシュヴェリーンに比べてバイエルンの工場群に近い。上記戦略担当者は、「工場間連携（Werkverbund）から遠く離れれば離れるほど、新しい工場の課題達成は困難になる」と述べていた。

これらの SZ による論評から、ライプツィヒ選択の理由は明瞭と感じられるかもしれない。確かに、LVZ の記事では見過ごされている要因も記されている。しかし逆に、LVZ が重視し、SZ が度外視した要因もある。しかも、SZ の記事には次のような背景も記されている。

①BMW は 9 頁に上るアンケート用紙を、立地候補地として応募した都市に送付した。そこには交通の便のよい 250 ha の問題なく工場を建設できる用地や電力供給能力などの基準が記されていた。

② 250 ha という広大な工場適地の有無というだけで、250 の応募都市の中
から 32 市だけが残った。

③ 1990 年代半ばに BMW はアメリカに完成車組立工場を新設したが、その
稼動初期に大きな困難を BMW は経験した。アメリカで生産した乗用車
をドイツで改良せざるを得ない事態に陥り、同社のマネージャたちはこれ
を苦い経験として記憶している。

④ 工場建設のためには行政当局による認可が必要であり、この迅速さを
BMW のマネージャたちは重視していた。ザクセン州はそれを VW やポ
ルシェの新工場建設認可で実証していた。

LVZ が重視しながら、上の SZ の記事で無視された要因は労働のフレキシビ
リティである。しかし、SZ は別の記事で次のようにそれを指摘している。

「ライプツィヒ立地の決定に先駆けて、コンツェルンの指導部と従業員代表との
間で長期にわたる対話がなされた。金属労組とコンツェルンの事業所委員会は大
幅な譲歩を行った。「労働のための BMW 公式」というタイトルのもとで、労働者
側の代表たちはフレキシブルな労働時間を受け入れる用意があることを表明して
いる。このモデルによれば、労働者の労働時間は可変的となりうる。景気のよい
ときには超過勤務時間を、労働時間口座に記帳する。景気が悪いときには操業短
縮によってその口座勘定は取り崩される。こうしてコンツェルンは、時間外労働
に対する支払いを節約する。このモデルでは、設備がフレキシブルに利用されう
るので、設備のための資本経費が約 20% 少なくなる。」(SZ 19.7.2001b)

この労働のフレキシビリティについては、ドイツの労働者の優秀さとも絡め
て、同日の別の記事でも次のように触れられている。

「(ドイツの労働コストの不利を緩和する：引用者補足)このモデルによれば、
時間外労働に対する支払いはもはやなされない。これは犠牲には違いないが、構
造的に弱体な地域の労働者にとってはいずれにせよ甘受しがいのある犠牲である。
それ以上にドイツという立地は、BMW に対してかなりの利点をもたらす。新しい
工場を国内で操業するのは外国よりも常に容易である。このことを BMW は数年
前にアメリカ合衆国で感じ取った。この工場の本格稼動までの時間は、BMW の企

画立案者たちが考えていたよりもはるかに長くかかった。ドイツでは労働者の質がすぐれているし、それゆえより容易に習熟させうるのである」（SZ 19.7.2001c）。

BMWが投資総額の28%、5億5千万マルクの補助金を連邦とザクセン州から受け取る予定であることも報道された（SZ 19.7.2001b）。以上のSZの記事は、いずれも記者の署名入り記事である。当然のことながら、それは執筆した記者の解釈が入っている。しかし、それは荒唐無稽の推測ではなく、それなりの取材を踏まえてのものである。これらのライプツィヒ決定に関する背景の諸論点から、BMWが何故ライプツィヒを選んだか、その理由が透けて見えてくる。しかし、それを結論づける前に、BMWが公表した資料も検討したい。

3. BMW公表資料に見る立地選択の理由
3.1. 立地候補地の募集と評価基準
BMWは、公募と立地選択にかかわるいくつかの資料を公表した。その中で、2000年7月13日のBMWによる記者会見発表資料（BMW Group Pressemeldungen — Press information 13. Juli 2000）には次のように書かれている。

「BMWは2004年までに、中級車下位部門のなかの上位分野で、全く新しいモデルシリーズを取り揃えて市場に提供する予定である。この新しいモデルシリーズは、3月半ばに予告された新しい経営方針の重要な一要素である。…（中略）…BMWグループは、この新しいモデルシリーズの生産をレーゲンスブルク工場で始めることを決定した。しかし、BMW工場間連携内での既存のキャパシティは、新しいモデルシリーズの追加的な生産量のためには不十分である。そこでBMWは、全く新しい最終組立工場を設立することを企画している。立地の決定は非常に長期的な性格のものとなり、詳細かつ包括的な吟味を必要とする。最終的な決定は、2001年半ば頃までにする予定である。どのモデルを新設工場で生産することになるかは、未定である。

BMWグループの生産部門役員であるノルベルト・ライトホーファーは、レーゲンスブルク工場の今日の事業所大会を機会に、次のように述べた。"レーゲンスブルク工場は生産初期段階におけるすばらしい経験を有している。…中略…工

場間連携の中での稼動のフレキシブル化は、将来さらにより重要になるだろうし、それによって企業全体の敏捷性をたかめることになるだろう。"

　レーゲンスブルク工場が生産初期段階を担当するという決定にはいくつかの理由があるが、なかでも決定的なのは次の理由である。統一的な労働内容と作業工程を伴うBMW工場間連携の積極的な利用が効率的であるからであり、個々の工場をしてぎりぎり最大限の仕事をさせることがそれによって保障されるからである。さらに、工場間連携における高められたフレキシビリティによって、顧客のためにより短い納期が可能になる。さらに、経験によって実績を持つ既存の工場が新しいモデルの生産初期段階を担当することは、著しい時間の節約を意味するし、新しい工場で働く新しい従業員の集中的な訓練を可能にする。

　過去数週間で、選定されうる新しい立地の一般的条件が具体化された。2 km^2以上という十分な面積を持つ敷地、交通の利便性（アウトバーン、鉄道、空港）、資格を持っているかまたは資格を持ちうる質の高い従業員、既存のBMW工場間連携との連結、地元市場の魅力、そして総コストのほかに、枠組みとなる政治的諸条件も決定的に重要である。」

あえて記者会見文書のほぼ全文を翻訳したが、それは結果としてライプツィヒに決定したことを知っている今となっては、この文書の中にその最も重要な理由がかなり明瞭に書きこまれていると考えられるからである。それは、何のために工場を新設するのかという企業戦略と、工場間連携によってフレキシビリティを高めるという考え方である。

　既に紹介したように、BMWが新工場立地点を探していることが公になると、ドイツ内外の約250都市がこれに応募した。それら都市に対して、BMWは表12-1にまとめたような立地条件を応募都市に送付し、必要事項記入の後に返送を受け、立地候補として適格か否かを吟味した。

3.2. 意思決定の公表

　既述のように、2001年7月18日にBMWはミルベルク社長自らの記者会見で、新工場立地の選定結果を公表した（BMW Group Presse- und Öffentlichkeitsarbeit 18. Juli 2001a）。その中で、既に紹介した新聞報道にはないが、BMWの意思決定を解釈するために重要な意味を持つ論点を摘記する。

表 12-1　BMW 社が提示した新工場のための立地条件

大項目	具体的条件
1. 用地の位置と規模	200 ～ 250ha のまとまりを持つ用地
2. 地形条件	**最高標高、最低標高**、道路の標高、最寄りの水面（川、湖）の標高
3. 技術的な調達・廃棄処理条件	最寄りの**電力**（110kV/40MW）調達可能地点までの距離 最寄りの**ガス**（6600m³/h）調達地点までの距離 最寄りの**工業用水**（450m³/h）調達地点までの距離 最寄りの**通信**（2x PMA mit je 60 AL; 12x グラスファイバー、各 34MB/sec）接続地点までの距離 最寄りの**工業排水溝**（250m³/h）までの距離、その標高 **雨水処理施設**（運河、自然水面）までの距離、標高 **廃棄物処理**（固形物 2000t/a、汚泥・油脂 1500t/a、薄め液 95t/a）
4. 交通	最寄りの**鉄道駅**、最寄りの鉄道線路までの距離、標高 工場用地に接する道路 最寄りの**アウトバーン**の特徴 アウトバーンまでの道路距離（物理的距離、時間（分））
5. 近隣の建築状況	**最寄りの住宅地まで最低限 800m 以上離れていること** **外部からの**煤煙・粉塵その他の**汚染物質**が工場用地に来る可能性 半径 5km 以内で災害が発生する可能性
6. 最寄り空港	国内空港、国際空港までの距離（1 時間以内が条件）
7. 用地の地質、建築阻害条件	地盤の固さ 建築物を支えうる地盤の深さ 地下水面の高さ 地下に空洞部分や充填部分があるか否か 考古学的に価値あるものがあるか否か 汚染物質が蓄積されているか否か 地震の危険性 上空や地下に構築物（電線、管など）があるか否か 建築物や記念建築物があるか否か
8. 建築法（権利）	土地利用計画による指定状況 建設計画 建築基準の規制（高さ 30 メートル以上まで建物を建設できること）、例外条件（煙突の高さなど） 建築許可交付までの期間（2002 年初めには工場建設を開始できること） エコロジー、自然保護、樹木などの条件
9. 雇用条件（半径 50 km 以内の地域）	地域名 **人口の年齢構成**（0-5 歳、6-15 歳、16-25 歳、26-45 歳、46-65 歳、66 歳以上） **人口動態**（出生数、1980 年、1990 + 1999 年；死亡数；自然人口動態 1980 年、1990 + 1999 年） **住民の学歴**（卒業資格なし、基幹学校卒、実業学校卒、大学入学資格保持者、学業継続中） **住民の職業教育受講状況**（なし、職業教育、マイスター・テヒニカー、大卒、職業教育受講中） **学校種類別の生徒数**

(9. 雇用条件の続き)	**学校卒業者数**（1980 年、1990 ＋ 1999 年）（総数、基幹学校卒資格なし、 　基幹学校、実業学校、ギムナジウム、職業学校） **大学生**（総合大学、専門高等教育学校） **大学生の専攻分野**（自然科学＋数学、工学） **就業データ** 　失業者、失業率 　金属・電機分野での規定労働時間数（週、有給休暇日数、祝日日数） 　平均病欠日数（年間、従業員数当り、労働日あたり、工業分野） 　労働争議による操業不可能日数（年間、従業員千人当り、工業分野） **産業分野別就業者数**（農業、工業、商業・運輸・サービス） 　工業分野における平均時間給 　工業分野における平均月給 　金属・電機部門における付加的な人件費（法律に基づくものと協 　約に基づくもの。実労働時間当り）
10. 生活環境（半径 　50km 以内の地域）	基礎学校、基幹学校、上級学校のある都市までの距離 大学のある都市までの距離 最寄りの病院までの距離 最寄りの中規模都市、大規模都市までの距離 医療インフラ（1999 年） 　人口 10 万人当り医師数 　人口 10 万人当り歯科医師数 　人口 10 万人当り薬局数 　病院病床数 犯罪発生率（最新の統計で人口 10 万人当り犯罪件数） ドイツ学校、国際学校の有無（外国の場合）
11. 用地取得の可能性 　（権利のある第三 　者）	用地を一人の土地所有者から取得できるか否か 基礎的サービスを請け負うところがあるか否か 土地返還要求権利者がありうるか否か 用地内の耕区数 用地の土地所有者数（個人、農民、企業、公的機関）
12. 年間販売額 1 千万 　マルク以上のサプ 　ライヤー	半径 10km 以内におけるサプライヤー企業名・場所 半径 10 〜 50km 以内におけるサプライヤー企業名・場所 半径 50km 以内でサプライヤーを拡大できる見込み 半径 50km 以内でサプライヤーが新規立地する見込み

資料：BMW 社提供に基づいて簡略化。

第1に、最後まで立地候補地として残った5都市は、すべてBMWによる立地決定基準を満たしていた、と言明された。それゆえ決定は簡単ではなかったとされている。その上で最も重要な基準は、以下の7点であったと公表された[3]。①経済性とフレキシビリティ、②将来の工場敷地の理想的状況と位置、③専門能力を持つ従業員の雇用可能性、④既存工場、サプライヤー、ロジスティクスとの関連で、既往の構造を利用すること、⑤交通、調達、廃棄のためのインフラストラクチャー、⑥当社の販売網との連結、⑦転換・実行のプロセス。

　この7点のうち、2000年8月時点で作成されていた立地条件一覧表になかった項目は、①経済性とフレキシビリティ、⑥販売網との連結、⑦転換・実行プロセスの3点である。その他は一覧表にあり、最後まで残った5つの立地候補都市は、ミルベルク社長の記者会見の言が正しい限りにおいて、いずれも差がなかったことになる。

　ミルベルク社長は、経済性のうち、賃金水準で見るならば外国立地の方が明らかに有利であることを認めている。しかし、その意味でのコストの考慮は、「労働構造のフレキシビリティ」と「BMWの工場間連携への組み込み」、企画から完全な生産開始までのプロセスのコントロール、見込まれる補助金の3点によって相対化されることもまた認めている。「労働構造のフレキシビリティ」とは、すでに新聞が報道したような、時間外労働と操業短縮とを相殺させるという意味でのフレキシビリティであろう。他方、「BMWの工場間連携への組み込み」とは、2000年7月の立地候補地を募集する記者会見文書の中で述べられている、レーゲンスブルク工場や、その他のドイツ国内にある工場との協力関係を意味する。この点を、新聞はあまり明快に報道しなかったのである。あえて解釈するならば、既存工場への空間距離的近さを新聞は指摘していたので、空間距離に「BMWの工場間連携への組み込み」が含意されていたと言えるかもしれない。だが、この「BMWの工場間連携への組み込み」という言葉の意味は単純ではない。それは以下のミルベルク社長の言葉からうかがい知ることができる。

　「ライプツィヒ／ハレに決定したことによって、新しい立地を既存のBMW工場間連携に容易に統合することも可能となる。基本的に、当社のすべての生産立地は、異なるモデルの生産のために用意されている。これによって、完全なフレキシビ

第 12 章　BMW による新規工場立地選択プロセス

リティがあれば、さまざまな顧客要望に的確に対応し、よくある需要変動を均斉化できるようになる。この理由のゆえに、既存の BMW 工場間連携に新しい立地を連結することは、重要な基準であった。われわれにとって問題なのは、すべての立地に対して、等しく高度にぎりぎりまでの仕事に従事させることを確実なものにする、ということである。これが、最高度の効率性と収益性とをわれわれに保障するのである。このことを、われわれは既存の立地において繰り返し実証している。サプライヤーとの連結は、それと密接に関係している。われわれは、ライプツィヒ／ハレで、南ドイツで意のままに利用している既存のサプライヤー構造を、引き続き頼りにすることができる。総じて言えば、われわれは迅速な生産初期段階の開始と、初期段階開始プロセスの最適な計算可能性とを達成するのである。」

さらにミルベルク社長は、1980 年代のレーゲンスブルク工場新設時に際しても既に問題になっていたドイツにおける生産の高コストを、労働側代表との建設的な協議を踏まえて、労働者にとって魅力的な労働時間のフレキシブル化を実現するとともに、工場の経営時間と生産性の向上とを実現したと指摘した上で、「労働構造のフレキシビリティ」のことを、今回も労働側との対話を重ねて合意に至った「労働のための BMW 公式」と命名して、次のように述べている。

　「労働構造と労働組織をさらに最適化することが核心となっている。これには経営に利用する時間と個人の労働時間との連結を解除することも含まれる。われわれはこれを、分化した労働時間モデルへと至るモジュール的労働時間・構成要素を通じて達成する。その結果として、われわれは経営に利用する時間をさらに高めることができる。これとの関連で、われわれは、立地する場所に関連する競争力のある報酬水準で一致した。それも、総括的協約に基づいてである。」

このミルベルク社長の発言のうち、「モジュール的労働時間・構成要素」という用語はやや抽象的で、分かりにくい。しかし、それは、SZ が報道したような、時間外労働時間を、その後に起こりうる操業短縮によってまさしくモジュール的に結合させ、それによって本来企業が払うべき時間外労働時間の手当てを節

約する方法を意味しているのであろう。しかも、賃金水準は、BMW 全社に等しい水準ではなく、ザクセン州の平均的水準に合わせた上でのことである。

ミルベルク社長は、2001 年 8 月 30 日にライプツィヒで、ザクセン州首相、ライプツィヒ市長などの新工場受け入れ地側の重要人物を招いた席で、BMW のライプツィヒ選択の意味や、BMW の状況を講演した（BMW Group Presse- und Öffentlichkeitsarbeit 30. August 2001）。そこでも、同年 7 月 18 日の記者会見と同様のことを述べた上で、「新しいライプツィヒ／ハレ工場のすばやい統合にとって重要なのは、BMW グループのバイエルン州にある自動車工場への近さである」と付言した。また、総括的協約では、操業時間が 1 週間に 60 時間から 140 時間であることも言及された。

このことから、ライプツィヒ工場は、ここで生産すべき乗用車に対する需要が最高潮の場合には、1 週間のうち 6 日間の操業として 1 日ほぼ 24 時間稼動を、需要が落ち込んだ場合には 1 日 10 時間稼動を想定していることが分かる。バイエルンの工場より低い賃金水準も考慮に入れると、既存工場に比べて 40％の改善になり、たとえドイツ国内の立地であったとしても十分競争力を持ちうることをミルベルク社長は保障している。また、生産キャパシティは BMW3 シリーズを 1 日に 650 台と設定しているので、長期休暇期間における生産減少を顧慮に入れれば、年間 20 万台の生産能力を持つ工場が予定されていることが分かる。

さらに、2001 年 9 月 1 日から、ライプツィヒ工場のために雇用関係を既に結んだエンジニア 35 人を、ミュンヘンあるいはレーゲンスブルク工場で研修させること、またエンジニアやマイスターレベルの従業員の採用決定を同年秋から、生産ラインに就く労働者の採用を 2003 年半ば頃から開始することも、このライプツィヒでの講演で明らかにされた。工場の稼動は 2004 年後半、量産は 2005 年前半に開始する予定も明らかにされているので、新たにライプツィヒで雇用される従業員はいずれも、バイエルン州にある工場で研修を受けるはずである。先に述べた既存工場との近さの有利性は、単なる空間的距離だけでなく、このような研修実施のための容易さをも含意している。

3.3. 1 つの疑問

BMW がライプツィヒを新工場立地点として選択した理由は、前章までの叙

述から明白に思われるかもしれない。一言で言えば、「労働構造のフレキシビリティ」と「BMWの工場間連携」に新工場を統合しやすい位置が重視されたということになる。もちろんコストの節約も重視された。ランニングコストとしての労働コストは、ドイツよりも外国のほうが有利であるが、これは公的機関からの補助金もあるので相対化される、という趣旨のことがミルベルク社長自身による記者会見で語られていた。

　一見、説得力のある説明のように思われるが、幾つかの疑問が残る[4]。その中で最大の疑問は、なぜBMWは公募という方式を取ったのか、ということである。フレキシビリティに関わる条件をBMWは最初から重視していた。しかし、表12-1に示した詳細な立地条件一覧表は、その条件を含んでいない。そのような立地条件一覧表を作成して250以上もの応募都市に提示し、記入を求めたのは何故だろうか。

　ほかにも疑問はあるが、本章ではこの疑問に焦点を当てたい。そのため、BMWによる選考過程をもう少し詳しく検討する。特に、250以上もの都市が応募したのに、BMWが作成した立地条件の全項目を満たすのがわずか5都市しかなかったことになるが、これはにわかには信じがたい。なにしろ、BMWが提示した立地条件のうち数値化しうるものについては、そもそもどの都市もが応募前に、自都市がそれに適合するか否かを容易に判断しうるのであって、適合しうると判断したからこそ応募したと考えられるからである。

4. 新聞報道に見るBMWによる選考過程

　筆者が確認した限りで、BMWによる新工場立地候補地公募への応募状況を最初に報道したのは、SZ（7.8.2000）である。これによれば、8月初め時点でドイツ全国から50強の自治体・地域が誘致活動を行なっていた。8月12日には、BMWの立地応募状況がより詳しく報道された。SZ（12/13.8.2000）によれば、バイエルン州内各地の都市がそれに関心を示しているが、BMWの要求する広さの敷地を用意できない都市の悲哀が伝わってくる。例えば、シュヴァインフルトは8haしかない。バンベルクの工場適地も面積が狭すぎる。ニュルンベルクは隣接するフュルトと共同で応募したが、その敷地は2つに分散しており、誘致の可能性は小さい、といった具合である

　ルール地域では北部のヴァルトロプ／ダッテルンが応募し、そのためにエ

ムシャー・リッペ・アゲントゥーアという、ルール地域北部の 12 の地方自治体と 40 の地元企業や組織によって 1990 年に設立された地域プロモーションのための機関が、BMW と接触を始めていた（WAZ, 12.8.2000 WAZ は Westdeutsche Allgemeine Zeitung の省略形）。

SZ は 2000 年 8 月末に、バイエルン州首相シュトイバーの思惑を詳しく報道した。これによれば、シュトイバー首相は、バイエルン州内で BMW の新工場立地適地となるのはホーフのみと言明したとのことである（SZ, 26/27.8.2000）。シュトイバー首相の思惑についてはその真偽を確かめる術がないので省略するが、旧東ドイツとの境界に位置するバイエルン州最北東部のホーフは、バイエルンにおいて最も失業率の高い地域である。

しかし、BMW のミルベルク社長は、新工場立地都市の選定に際し政治からの圧力は受けず、自らの判断で決定することを言明した。また、新工場設立担当の取締役は、既存工場との近接性重視を認めると同時に、新しい市場開拓のために有利な東欧への工場設立の可能性に関する SZ 記者からの質問に対しては、東欧経済の発展の可能性の見極めと政治的安定性の重要性を指摘した上で、十分な交通インフラの存在と重要なサプライヤーの存在が、立地選択のうえで特に重要であると指摘した。この時点で新工場での生産車種は決まっていないし、金融的な助成を重視しているわけでもない。しかし、金融的な助成がなされるのであれば、これは利用する、と取締役は語った（SZ, 31.8.2000）。言うまでもなく、生産車種が決まっていなければ、工場立地点が市場に近いか否かを判断できない。

同じく 8 月末の WAZ の報道によれば、BMW はドイツ国内が新工場立地点にとって不適切だと決めているわけでもないし、他方において国外であってもヨーロッパ内部であれば候補として検討に値すると見ていた（WAZ, 31.8.2000）。

10 月になると、応募状況が一層はっきりした。SZ（9.10.2000）によれば、BMW が新工場設立構想を持っていることがドイツ中に知られ、至るところ、市長たちが誘致のために奔走し始めた。既に、10 月初めの時点で 100 を上回る自治体が、誘致の意欲を BMW に対して表明していた。BMW は、応募を 9 月末に締切っていたが、これ以降でも配慮するとした。外国では、フランス、ハンガリー、チェコ、スロヴェニアの都市が誘致を表明したし、BMW の本拠

地バエイルン州内では、最も経済状況のよい地域に属する南部のアウクスブルク周辺だけで、8つもの自治体が誘致を表明した。この時点で SZ が挙げた誘致に積極的な都市は、ダッテルン、シュヴァインフルト、ブランデンブルク、エムデン、コーブルク、ランツベルク、ギュンツブルク（シュヴァーベン）、ブルンスビュッテル・アン・デア・エルベ、リューベック、ホーフ、ドルトムント、グラーベン（シュヴァーベン）などである [5]。どの自治体も誘致のためにあらゆるてだてを尽くすことを表明したし、ホーフならば3ヶ月で建築許可がおりるようにする、と郡議会議員が発言していた。金属労組の地区委員長は、地方政治家たちの動きを、「ゲマインデの売春」と批判するほどだった。これらの候補地の中から、立地点として不適格であると BMW がいくつかの自治体などに通知を開始したのは、11月初めのことである。この時点でヴァルトロプ／ダッテルンが候補から外れた（SZ, 10.11.2000）。

　最終的に立地都市として選択されたライプツィヒの新聞が、BMW による選考過程を熱心に報道するようになるのは、2001年に入ってからである。LVZ（2.1.2001）は、BMW が 2000年末までの選考過程を経て応募都市の中から候補として残している都市にライプツィヒが含まれていることを報道した。

　さらに LVZ（4.1.2001）は、ザクセン州東部の都市が、既に候補から篩い落とされていることを報道した。それはコーデルスドルフとドレースデンである。1月時点で候補として残っている旧東ドイツ領域の都市の数は3ないし4であった。同じザクセン州内のトルガウ・オシャッツとデーベルンが 200 ha の用地を共同で用意して BMW に応募したが、選ばれる見込みが薄いという感触を得るような手紙がデーベルン郡長のもとに BMW から届いたばかり、という報道もなされた。この時点で選考に残っている優先度の高い候補地は 20 都市でありその中にライプツィヒもある、と郡長は LVZ に対して述べた。しかし、LVZ が BMW の報道担当者に問い合わせたところ、落選通知を受け取っていない自治体はいずれも候補として選考過程にあるし、優先度の高い候補リストなるものは存在していないとのことだった（LVZ, 5.1.2001）。

　どちらの言が正しいにせよ、1月初めの時点で、候補がかなり絞られてきていることは確実だった。SZ（5.1.2001）によれば、バイエルン州南部のランツベルクが候補から外れたが、その理由は BMW から伝えられなかった。他方、SZ（9.1.2001a）は、BMW 社長と会談したバイエルン州環境相の印象を報道

した。それは、新工場での生産車種の市場をにらんで、BMW が南ヨーロッパか東ヨーロッパを視野に入れ、旧東ドイツ領域に関心を示しているというものである。

　そしてこの時点で、検討対象となる立地候補地は 25 から 30 残っていたとのことである。1 月 9 日の別の記事には、候補から外れていることが判明している自治体として、シュヴァインフルト、シュヴァーンドルフ地域の 7 つの自治体、グラーベン、ニュルンベルクとフュルト、バンベルク、フォイヒトヴァンゲン、ノイシュタット・バイ・コーブルクがあると書かれている。他方、この時点で BMW から落選の報が届いていないバイエルン州内の自治体は、既に BMW の工場があるヴァッカースドルフのほかに、アウクスブルクとフリートベルクだけであった（SZ, 9.1.2001b）。

　LVZ が、優先度の高い都市という情報を得たライプツィヒに関して初めて報道したのは 1 月 11 日である。ライプツィヒ市が用意した BMW 工場用地はいくつかの集落に取り囲まれている。いずれも交通騒音などの工場立地に伴う問題や、住民に対する説明の遅れなどを問題にしていたが、それら集落の 1 つゼーハウゼンの住民約 40 人に対してライプツィヒ市副市長（経済担当）シューベルトと都市計画・環境局の職員が、そうした諸問題の解決方法などを説明した。その結果、BMW 工場立地によってむしろインフラが整い、生活環境がよりよくなるという印象を住民は持つに至った。この報道の前の週に開催された別の集落の住民集会でも懸念が払拭され、BMW 工場誘致のため、住民はライプツィヒ市と農業用地を交換することに合意した（LVZ, 11.1.2001）。しかし LVZ（16.3.2001）は 3 月に再び、BMW 工場がライプツィヒ北部の工場団地に立地した場合に発生する交通量の著増に、関係住民が懸念を抱いていること、それに対してライプツィヒ市副市長シューベルトや都市計画局担当者がその時点での道路建設計画を提示して住民の理解を求めたことを報道した。

　上のようなライプツィヒの動向に対して、バイエルンでは、ホーフが BMW 工場の誘致競争に勝つべく、新しい土地利用計画を考えるに至った。誘致のためならば、かなり以前から計画され、かつ既に 800 万マルクを投資してきたホーフ・プラウエン空港の拡張を犠牲にしてもよいことを、ホーフ市長が表明したのである（SZ, 24.3.2001）。

　このような一連の動きを観察するならば、BMW は、候補地として残ってい

る各自治体と、立地のためにはどのような条件整備がなされなければならない
か、個別に交渉していた、と言える。そこでは表に出てこない、あるいは出て
きにくいBMWからの要求に、各自治体が誘致競争に勝つために応えざるを
得ない、という状況が作られつつあったとみることができよう。これは、売り
手が一人であり、買うことを熱望する買い手が多数存在する独占の状況に近
い。しかも、必要にして十分な情報を持っているのは売り手だけである。買い
手は、買い手自身の地域情報と売り手が公表した情報しか持たないという、情
報の非対称性のもとでのゲームである。このような状況のときに、どちらが有
利な立場に立ちうるかは明白である。そして、候補から落選した自治体に対し
て、BMWがその理由を明白にすることはなかった。これは、BMWが記入を
求めた立地条件一覧表だけならば、十分誘致競争に勝てるのではないかという
希望を抱いていたヴァールブルク（ヴェストファーレン）にとっても同様だっ
た（SZ, 17.4.2001）。

　このような誘致競争と個別交渉を経て、4月半ば過ぎまでに候補地が10強
に絞られた。シュヴァーベンから選出されているバイエルン州農業相が、バ
イエルンで残っている唯一の候補地はアウクスブルクであることを公表した
（SZ, 21.4. 2001）。LVZ（21.4.2001）もまた、バイエルン州政府が強く望んで
いたホーフへの立地がありえないことを報道した。その理由は、敷地にある樹
木の除去や整地のための費用もあって、建設コストが高くつきすぎるからであ
り、また近くに人口密度の高い住宅地があるからである。

　だが、このような理由ならば、すでに立地条件一覧表と現地観察によって、
2000年末までの間に十分判断を下せたと言わざるを得ない。それにもかかわ
らず、2001年4月半ば頃までホーフが一つの有力な候補地として残っていた
のは、前記の意味での交渉ゲームを、応募した各自治体との間でBMWが繰
り広げるためだったと解釈できる。交渉ゲームは、すでに示唆したように労働
組合との間でもなされていたと考えられる。

　SZ（21.5.2001）は、バイエルン州政府も州内で唯一候補として残っている
アウクスブルクを支援していることを報道する一方で、ザクセン・アンハル
ト州ハレ市の市長がBMW工場誘致に自信を深めていることを報道した（SZ,
17.5.2001）。ハレ市はライプツィヒ市に隣接する都市である。5月21日の報
道によれば、シュトイバー首相からの情報ということで、BMWがその時点で

スペイン、旧東ドイツ、ハンガリー、チェコなどの立地も検討している段階だった（SZ, 21.5.2001）。5月末には、タタバーニャ（ハンガリーのブダペスト西方約50km）、オイスキルヒェン（ボン西方約20km）、シュターデ（ハンブルク近郊）が候補から外れた（SZ, 28.5.2001）。そして依然として残っている候補は、コリーン（チェコ）、アラス（フランス）、オルテ（スペイン）、アウクスブルクなどであることも報道された（SZ, 28.5.2001）。折から開かれたBMW株主総会で、ミルベルク社長は、旧東ドイツならば投資金額の18％が補助されるので、これが立地要因の一つとして考慮されうるが、補助金の有無や多寡が唯一の条件というわけではなく、諸条件全体を考慮して決めることを発言した（SZ, 28.5.2001）。

　この頃には、旧東ドイツのいくつかの自治体が、BMW工場誘致に、かなり自信を見せるようになってきた。LVZ（28.5.2001）は、BMWがアメリカに設立した工場に関して苦い経験をしているので、ドイツ国内に新工場を建設したいと考えているし、東ドイツならば投資金額の18％が補助されると報道した。この日の報道では、SZが残っている候補地として挙げたのと同じ都市あるいは地域の名前も見られた。特にザクセン・アンハルト州では、ハレのほかにマクデブルクも残っていることが明らかにされている。そのハレ市が、依然として誘致に自信を示していた（LVZ, 31.5.2001a）。この日のLVZによれば、この時点で立地候補地として検討対象となっているのが12都市あり、その中にハレもあるし、既にアウトバーン14号線沿線の230 haの工場用地が6月1日以降いつでも建設可能な状況に整備されること、ならびにBMW工場誘致のための用地整備に既に5000万マルク支出してきたと、ハレ市長は発言したのである。

　アウトバーン14号線に沿っており、しかもこの時点で候補に残っているライプツィヒ、ハレ、マクデブルクの3都市には優劣がつけがたいという趣旨を含んで、3都市が用意している工場敷地の状況が報道された（LVZ, 31.5.2001b）。しかし、6月7日には、ハレもマクデブルクも、候補から外れたことが明らかになった。BMWは、残る候補のほうが両都市よりも条件がよいというだけで、具体的にどの点がよいのか、明らかにはしなかった（LVZ, 7.6.2001）。

　この5月末から6月初めにかけての推移は、BMWの意思決定を解釈する際

に、十分注意しなければならない。それは、後に明らかにされたアウクスブルクを選定しない理由を考えれば、この時点でアウクスブルクが候補から外れ、ハレとマクデブルクが候補に残ることが自然だっただろうに、と考えられるからである。実際、LVZ（7.6. 2001）によれば、アウクスブルクの敷地は300 haもあるし、ミュンヘンに近いという利点はあるが、1ha当り180万マルクもするという短所と労働力不足の地域という不利を抱えている。これに対して、旧東ドイツ中南部で残ったライプツィヒは、補助金を取得できる魅力もあるとのことだが、それはハレとマクデブルクにもあてはまるのである。マクデブルクもまた300 haの敷地があるので、これらと比べてアウクスブルクが有利であるという明白な理由はない。

　このような選考過程を経て、既に紹介した最後まで立地候補地として残った5都市の名前が明らかになったのは、6月11日のことである（図12-1）。LVZ（11.6.2001）は、BMWが最終的な決定を下すのが7月であり、その際の判断基準として交通、労働力確保、地域市場の魅力、総コストの諸点があると報道した。その上で、LVZなりの比較を試みている。この比較は、ハレをさしおいてそれらが最終候補に残りうる条件を備えていたといえるか否かを判断する上で有用なので、その概略を摘記する。

　アウクスブルクは人口26万5千人の都市であり、ミュンヘンのBMW本社工場からわずか65kmしか離れていない。立地予定地は300 haの農地でゴルフ場も含む。連邦道路17号に接続し、これが2本のアウトバーンに接続する。鉄道への接続も見こまれている。土地所有者は101人全員が売る用意を持っている。しかし、価格は1ha当り180万マルクもする。ミュンヘンに近いが故に、かえって専門能力のある労働者が不足するという問題もある。

　シュヴェリーンは人口11万人のメクレンブルク・フォーアポンメルン州の州都である。立地予定地はかつての軍事演習場であり、シュヴェリーン市の南4kmに位置している。面積は350 haに上る。軍事演習場だったため、軍需品や散弾を除去する必要がある。土地所有者は州政府と市である。アウトバーンと接続し、鉄道との接続も容易である。ミュンヘンから遠いが、逆に海岸に近い。人口希薄地のため、専門能力のある労働者の確保が懸念される場所である。

　ライプツィヒは人口約49万人の大都市である。農地として利用されている620 haの敷地が立地予定地である。アウトバーンと空港に隣接する場所であ

図12-1　ヨーロッパにおけるBMWグループの工場立地と最終選考に残った立地候補地
資料：BMW Group (2001) Annual Report 2000 などに基づき筆者作成。
注：BMW社の乗用車組立工場は、ミュンヘン、ディンゴルフィング、レーゲンスブルクに立地している。ミュンヘン工場では乗用車の中で3シリーズの各種モデルとZ8の組立のほかに、6気筒、8気筒、12気筒のオットーエンジンと8気筒ディーゼルエンジンが生産されている。ディンゴルフィング工場では5シリーズと7シリーズの一貫生産のほかに3シリーズについても塗装と最終組立が行なわれている。またM5などの少量生産や各種部品生産も行なわれている。レーゲンスブルク工場では3シリーズの6つのモデルが生産されているが、これらのうちこの工場でのみ生産されているモデルが3つある。2004年から1シリーズも生産される予定である。(http://www.bmwgroup.com/d/nav/?/d/0_0_www_bmwgroup_com/homepage?index.jsp?1.0)。

り、鉄道も接続する予定なので、ロジスティクスのためには申し分ない。サプライヤーと労働力も十分ある。

　アラスは、ベルギー国境に近い北東フランスの人口4万5500人の小都市である。海に近く、2つのアウトバーンへの接続も良い。パリとブリュッセルの空港のどちらにも、高速鉄道で1時間の距離でしかない。敷地は十分あり、将来の拡張に対応できる。この地域には、ルノーやプジョーのためのサプライヤーが多く立地している。

　コリーンはプラハの東50kmに位置する人口3万2千人の小都市である。労働力確保は問題ない。鉄道、アウトバーン、河川港への連絡も、プラハに近いが故に問題ない。市のすぐそばには軍の空港があったので、かなり大規模な飛行機も着陸できる。労働コストが、他の4都市に比べて圧倒的に安い。

408

6月時点で、アウクスブルクへの立地をBMWはかなり真剣に考えていたようである。SZ（28.6. 2001）によれば、立地が予定されている土地の所有者約100人に対して、1m²当り125マルクから100マルクに売値を下げるよう交渉したが、失敗した。24人しか値下げに応じなかったのである。5つの候補地のうち、アウクスブルクだけが、他と比べて非常に高い地価であることをBMWは告げていたにもかかわらず、である。

最終決定は7月18日までずれこんだものの、6月末時点で、金属労組とドイツ労働総同盟バイエルン支部という労働側の代表は、BMWがドイツ国内を選択することを示唆されていた。まだ正式にはアウクスブルクが候補から外れたわけではないが、労働側代表は、BMWがアウクスブルクではなくライプツィヒを選ぶであろうという見通しを立てていた（SZ, 29.6.2001; LVZ, 29.6.2001）。ライプツィヒの交通条件の良さと労働市場の状況のゆえに、ライプツィヒが選ばれるであろうという見通しは、その後再び報道された（SZ, 4.7.2001; LVZ, 4.7.2001）。

7月4日のLVZによれば、この日にBMW監査役会が開かれるので、これまでの審査過程が報告され、実質的な決定がなされる、とのことであった。監査役会には労働側代表の事業所委員会や金属労組の代表者も加わっている。したがって、上述の労働側代表の発言は、単に経営側と労働側の協議に参加した者としてだけでなく、それまでにも開かれていたはずの監査役会での議論も踏まえてのことだったと推測できる。7月4日の監査役会を経て、アラスが候補から外れた。しかし、チェコのコリーンは、ドイツの都市に比べて人件費が年間2億マルクの節約になるので、まだチャンスがあるとされた（SZ, 5.7.2001）。金属労組代表として監査役会に出席した人物は、監査役会でドイツへの立地を強く擁護し、主張した（LVZ, 5.7.2001）。

以上のような選考過程を経て、7月18日の最終発表に至ったのである。既に紹介した、その決定を報ずるSZ（19.7.2001a）には、BMWに照会した自治体・地域は約500に上り、このうち、実際に誘致を表明したのは約250、そして、立地条件一覧表に基づく書類選考で残り、実際に候補となる敷地をBMWの担当者10人のチームによって吟味してもらうことができたのは、わずか32の候補地だったとのことである。

ところで、書類選考で残った候補地が表12-1の立地条件を十二分に満たし

ていたとは限らない。若干の問題がある候補地の場合には、その問題を解決するための示唆を与えたものと考えられる。そうでなければ、本章の第2節で触れたように、ライプツィヒが当初用意していた敷地とは別の土地を、住民との交渉を経て用意しなおすということはなかったであろう。また、アウクスブルクに見るように、土地コストや労働コストが高いというだけで候補からふるい落とすということもなかった。それは、企業戦略の展開のためには、何らかの工夫で克服することができるとBMWが考えていたことを示唆する。言うまでもなく、高い労働コストの克服は、立地候補地との交渉によってではなく、労働組合との交渉によって「労働構造のフレキシビリティ」を獲得して克服できると考えていたはずである。また、公表した立地条件にはなかったが、最も重視していた工場間連携の構築という点から見れば、相対的に不利な外国を最後まで残していたのは、この不利さをなんらかの方法で克服できるとBMWが考えていたからであろう。もちろん、これを候補として残すことによって、労働組合との交渉やドイツ国内の候補地との交渉を有利に進めうるとBMWは考えていたはずである。

このように立地候補地や労働側との交渉を同時に進めることによって、次第に企業戦略を実行するのにもっともふさわしい場所と方法を作り上げていくという動態性が、本章で提示した一連の新聞報道を通覧することによって看取できる。公募という方式は、その動態性を実現できる有効な方法であると考えられたからこそ採用されたものと解釈できる。

公募という方式がもつ別の意味にも着目したい。それは選考の透明性に関わる問題である。BMWは、最終選考に残った5都市の中での選定については、意思決定の透明性を出すことができるように工夫した。しかし、5都市に絞り込む直前の選考プロセスは必ずしも透明ではない。その不透明さが不自然ではないという印象を与える行動も、BMWはとっていた。篩い落とされた候補地に対して、なぜ不適格と判断したのか、その理由を最初から最後まで伝えないという行動は、最終段階で候補に残った諸都市の中で選択が、合理的であり透明であるという印象を与えることができさえすれば、不問に付されるのである。

5. 既往の行動論的立地論への含意
5.1. 西岡（1976）の理論的考察

第 12 章　BMW による新規工場立地選択プロセス

　BMW の立地選択は、既往の理論に照らしてどのように解釈できるだろうか。
逆に、BMW の立地選択は、既往の理論にどのような批判を投げかけるだろうか。
　この問題に答えるために、まず、古典的立地論に依拠しながら、行動論的立
地論に分類しうる考察も行った西岡久雄（1976）の議論を検討する。西岡は「第
4 章　立地適応と立地決定」において、立地条件と立地因子との区別を論じて
いる。立地する主体にとっての効用に影響を与える個別の場所の性質を立地条
件と定義し、それを、1. 市場、2. 用地、3. 用水、4. 建物、5. エネルギーを含
む原材料、6. 労働力、7. 公的資金援助を含む資金調達、8. 税金、9. 交通、10.
通信、11. 情報機関、12. 関係産業、13. 気候、14. 災害、15. 公害、16. 生活環
境および地域社会、17. その他という項目に分類している。BMW が、応募し
た都市等に対して記入を求めた立地条件一覧表は、そのほとんどに対応してお
り、経済合理的に行動しようとする企業が、上の意味での立地条件を考慮する
という西岡の考え方が実証されていると言える[6]。
　西岡が言う立地因子、すなわち販売価格と販売量からなる収入因子や、輸送
コストや非輸送コストからなる費用因子に、BMW が応募各都市の立地条件の
すべてを変換して計算したか否かは定かでない。しかし、用地、労働力、資
金調達は明らかに立地因子に変換されて考察された。とはいえ、立地因子の
なかで古典的立地論において重視された輸送コストが重視された様子は見られ
ない。市場やサプライヤーとの距離や、BMW の既存工場との距離は問題にさ
れたが、それは輸送コストに換算できるものとしてではなく、むしろ迅速性に
影響を与える要因としてであった。迅速性がもたらす利益を具体的に貨幣換算
しうるか否か筆者は疑問に思うが、「市場に立地する場合は、随時・随所に適
量・適質・適価の商品を配給できること、アフタケアの容易性、工場等を広告
媒体に利用できること等々によって、特別の収入増大利益を得られよう」（西
岡 1976：25）と述べていることに、また「供給地に立地すれば、適量・適質・
適価の要素を随時に随所から安定的に入手しやすいことその他によって、特別
の費用減少利益や収入増大利益をえられる」（西岡 1976：26）と述べている
ことに、その迅速性が対応しているとみなすことは可能かもしれない。
　実際、ライプツィヒ立地を決定した際に、BMW は新工場で生産する車種
を 3 シリーズと決めていた（BMW Group Presse- und Öffentlichkeitsarbeit,
18. Juli 2001a）。これは、BMW が生産する乗用車の中では相対的なスモール

411

カーであり、1990年代後半のBMWの成長を牽引して
きた車種である。その主たる市場はヨーロッパである
が、なかでもドイツ市場が他の欧州諸国市場に比べて
はるかに重要である（表12-2）。アメリカを除けば、イ
ギリス、イタリア、フランスがBMWにとっての重要
な市場としてドイツに続いており、ヨーロッパがBMW
にとって最も重要な市場であることは明白である。成
長率という点では、スペイン、イタリア、フランスが
2001年に公表された年次報告書に特記されている。こ
れに対して東欧市場に関する記載はない（BMW Group
2001：10）。したがって、ライプツィヒが市場に近い場

表12-2　BMW乗用車
の市場別販売比率

市場	比率（%）
ドイツ	29
イギリス	8
イタリア	5
フランス	4
アメリカ	23
日本	4
その他	27
世界	100

資料：BMW Group (2001):
Annual Report 2000,
p.10

所であることは確かだが、それは時折新聞が報道した東欧市場への近さという
ことではない。

　また、確かにザクセン州にはサプライヤーの集積が形成されつつあるといっ
ても、ザクセン州にすでに立地する部品供給企業がBMW新工場へのサプラ
イヤーになるかどうかも決まっていたわけではない。それゆえ、交通インフラ
の充実による輸送の迅速性が確保されることを重視したといっても、それが原
料や製品の輸送コストそれ自体の削減や、特別の収入増大利益、特別の費用減
少利益を狙ったものであるとは言いがたい。この意味において、BMWの立地
選択は、西岡が論理的には正当に述べていることを実証するとは言い難い。

　企業の立地行動について、西岡は立地選択の3段階説も主張している。企
業は、目標とする市場を大きく定めた上で、その市場にもっとも経済的に出荷
しうる地理的範囲、すなわち地域を決定し、最後にその地域内の特定地点を選
択するという3段階論である（西岡1976：51）。この説明は論理的に明快だが、
BMWの取った行動はこれと明らかに異なる。BMWはその主たる乗用車市場
をヨーロッパに置いているのだから、この市場をめざしてヨーロッパの内部に
立地すべきことを決定したとは言える。しかし、ヨーロッパの中から立地すべ
き地域を第2段階として選んだのではない。公式的には、ヨーロッパ内部で
あれば、立地条件さえみたせばどこでもよいとして立地候補地を公募したので
ある。最後まで候補として残った5都市の立地する地域はあまりにも相互に
離れており、地域を選び、最後に地点を選ぶという意思決定の順序ではなかっ

た。

　しかし他方で、前章で見たような候補地選考プロセスを見ると、BMW はその当初からドイツ国内での立地を望んでいたと見ることもできる。BMW の既存事業所やサプライヤーとの連結を重視するということは、それらとの空間距離の短さだけでなく、むしろこれ以上に新工場とそれらとの間のコミュニケーションを重視することであったと解釈できる。この意味は次節で述べるが、たとえ外国であったとしても、ドイツのバイエルンにある既存の主力事業所との間のコミュニケーションに支障がなければ、候補地として考慮される余地があるだろうが、それが困難であれば、ドイツ国内に立地することを BMW 首脳部は当初から考えていたのではないかと考えられる。

　それを傍証するのが、本章第 3 節の冒頭で紹介した 2000 年 7 月 13 日の記者会見用原稿に記された「工場間連携の中での稼動のフレキシブル化」という考え方である。そして 2001 年 7 月 18 日にミルベルク社長が語った 7 つの重要な考慮事項のうち、「経済性とフレキシビリティ」、「既存工場、サプライヤー、ロジスティクスとの関連で、既往の構造を利用すること」、「転換・実行のプロセス」もまた、それを傍証している。

　しかし、ドイツ国内への立地は、国外への立地と比べて大きなコスト増という問題をはらんでいた。これを克服するために、BMW と候補地 1 箇所との間での 1 対 1 交渉よりも、強い立場と情報の非対称性を利用して、さまざまな候補地や労働組合と同時に交渉するのが得策と考えたのではなかろうか。もちろん、BMW が強い立場に立てるのは、これが優良企業であり雇用創出力があるからであるし、高い失業率に苦しむ地域を多数抱えるヨーロッパにおいてだからである。

5.2. Hayter の理論的考察

　Hayter（1997：137-159）によれば、行動論的立地論とは意思決定者が不確実性に如何にして対処するかを問題とするアプローチである。行動論的アプローチが採用される背景には、交通通信費の重要性の低下によって、収益性の空間的限界が著しく広範囲に及ぶようになったために、新工場を立ち上げる際に立地候補地となりうる場所の数が著しく増えたことがある。

　このような認識が、BMW のライプツィヒ選択を説明する上で、有効性を持

413

っているのは明らかである。BMW が最も重視したのは、需要変動という不確実性に対して如何に対処するか、という点だったからだし、たとえドイツ国内への立地がベターであるという本音が背後にあったとしても、全ヨーロッパを視野に入れたことは確実だからである。

しかし、Hayter（1997：147）に示されているような立地意思決定の諸段階に関する図式は、BMW の立地行動を説明するのに十分ではない。それは、立地候補地との交渉によって、自らが望む立地条件を整える、という段階を明示的に組み込んでないからである。とはいえ、Hayter（1997：161-188）は、工場立地を企業戦略のプロセスとして捉える見方を、多国籍企業などの大企業の場合に適用すべきだと主張しており、ここでは企業と受け入れ地の中央・地方政府や労働組合との間の交渉が重要な意味を持っていることを、いくつかの先行研究の紹介によって示している。「特に多国籍企業にとって、立地条件・因子は、費用曲面や収入曲面あるいは情報空間の形を取った単なる所与のデータではない。むしろ、賃金水準やその他の労働の諸特徴、輸送料金、価格、課税水準、インフラストラクチャーの供給、多数の規制など、空間的収益性に影響を与える諸要因は、あれこれの交渉、説得、協定に左右される」という Hayter（1997：161）の認識は、BMW のライプツィヒ選択プロセスに、ほぼそのまま妥当する。

BMW の戦略とは、この企業がそれまで経験しなかったほどに新しい市場攻勢、製品攻勢をかける、ということである。「その基礎となるのは、BMW、MINI というブランド、そして 2003 年からはロールスロイスのブランドも含めた、妥協の余地のないプレミアムブランド戦略である。BMW グループは自動車工業界で最も成功したプレミアム生産者たることを目標に掲げた」（BMW Group Presse- und Öffentlichkeitsarbeit 18. Juli 2001a）のである。コンパクトなスモールカーからスポーツユーティリティを経て大型リムジンにいたるまでのあらゆる車種を、特別な車というイメージを付与して市場に供給するためには、既存の工場だけではキャパシティが不足しているので、新しい工場の設立を必要としたのである。

この企業目的を実現すべく、企業戦略を遂行するためには、新工場と既存工場群との間の連携が不可欠であるという認識を BMW は最初から持っていた。というのは、BMW の生産工場はすべて、さまざまなモデルの生産ができ

414

る態勢を基本としており、これによって完全なフレキシビリティが可能となるからである。そのフレキシビリティとは、「顧客のさまざまな要望に最適に対応し、よくある需要変動に対応して調整する」（BMW Group Presse- und Öffentlichkeitsarbeit 18. Juli 2001a）ということである。つまり、BMW の各工場は、その時々の需要動向に対応して特定のモデルの生産に特化したとしても、需要動向が変化するならば、これに対応して別のモデルの生産に転換することがありうるが、その際には、生産を拡大するモデルをそれまで生産していた工場と、転換を余儀なくされる工場との間の密接な連携が必要不可欠になり、それが可能な場所という条件が、新規立地点の選択に際して最重要の立地条件であると認識されていたのである。

　この意味での工場間連携のために有利な場所として、BMW は最初からドイツを視野に入れていたが、ドイツ国内への新規立地がはらむ経営への負荷を取り除く必要があると考えていたことも確かである。コストと工場間連携のどちらを優先するかに関して、明確な立地戦略を BMW が持っていたかどうかは分からない。結果的には、その両方を満たすことができると、2001 年夏の時点で見通されたことになる。しかし、2000 年夏から 2001 年春にかけて、国外も含めて、複数の都市政府やそれに準ずる組織と交渉を進めながら、同時にドイツへの立地がはらむ負荷を取り除くために労働組合や BMW 内の組織である事業所委員会との交渉を進める中で、ヨーロッパ内であれば、どの場所に立地することもありうると考えていたことになる。そして、候補を 5 都市に絞ってからは、ほぼ確実にドイツ国内への立地、それもライプツィヒへの立地を決定し、必要な最後の調整をしていたのだと解釈できる。これは、下記のように報道する SZ（23.7.2001）から分かる。

　BMW がチェコに立地決定しないですんだのは、経営側と BMW の事業所委員会、金属労組などが数ヶ月にわたって協議し、共通の結論に至るべく協力した結果だからである。その結論とは、工場設備・機械の稼動時間と、労働者の労働時間とを切り離してフレキシビリティを確保する方法の発見である。交代制で操業し、需要変動に応じて、1 週間に 60 時間から 140 時間の幅で工場を稼動させる。緊急の場合には 1 週間 168 時間の稼動も可能とする。週末も就業を可能にする。協約では東ドイツの労働者は 1 週間に 38 時間労働となっているが、これを超えて働くことも可能とした。超過勤務割増金は支払われない。

景気が悪くなれば操業短縮も自動的に行なわれる。労働者の時間給は景気の如何にかかわらず同一である。交代制勤務に伴う割増金はない。このようなフレキシビリティを確保することによって設備投資額を 20％削減できる。それは約 4 億マルクに匹敵する。これが BMW の競争優位の基盤になると労組代表も語る。

　レーゲンスブルク工場では既に労働のフレキシビリティは実行されており、全労働者が 3 週間に 1 回土曜日も就業している。工場は 1 週間 6 日稼動し、最大で 99 時間稼動する。しかし労働者は 1 週間に 1 日 9 時間労働を 4 日間だけ行ない、3 日間働かないというスタイルである。また 3 週間に 1 回は、5 日間連続して就業することのないようにしている。このような就業形態を取ることにより、機械の稼動率は 24％高まる。

　以上のような SZ の報道も考慮するならば、BMW のライプツィヒ選択は、フレキシブルな操業時間と個別労働者の労働時間の組み合わせを実現することによって工場間連携のフレキシビリティを確保できるがゆえになされたと解釈できる。工場間連携のフレキシビリティによって不確実性に対処する方法を確立できるならば、ドイツ国内のどこであってもよい。そのためには労働組合の譲歩を引き出す必要がある。外国の都市が候補地として最終段階まで残ったのはその故であろう。また最終的には 1 箇所しか選択できないので、誰が見ても容易に総合的判断を下しうる場所どうしを比較した方がよい。総合的にコストが低くすみ、将来の拡張にも備え、ロジスティクスという点で、最後に残ったドイツ国内 3 都市の間で比較するならば、それは容易である。しかし、もし、ハレやマクデブルクが最後まで候補として残っていたならば、比較し、決断することは困難だったであろう。

　Hayter（1997：161-188）に掲載されている企業戦略と交渉をキーワードにするいくつかの事例研究は、Hayter による紹介の限りでは、本章で扱ったほどに、戦略と交渉とのつながりが明瞭ではないし、力のある企業が、戦略を実行するために、同時に多様なレベルの相手と交渉するものである、という重要な事実が伝わってこない。本章が Hayter（1997：161-188）に加えて新しく提供した知見があるとすれば、具体的事例を見る際に、この 2 つの点を重視する必要があることを具体的事例に即して示した点にある。

6. 結論

BMW がライプツィヒを新しい乗用車組立工場の立地点として選択した理由は、その意思決定のプロセスと組み合わせて、下記のようにまとめることができる。

1. BMW の企業戦略は、新しい次元の市場攻勢、製品攻勢をかける、ということである。

2. BMW にとって最も重要な市場とはヨーロッパであり、これは成長を見込める市場でもある。この市場に攻勢をかけるためには生産キャパシティが不足していた。そこで新しい工場立地が不可欠となった。

3. 新しい立地点は、既存の工場間連携に迅速に連結しうる位置になければならない、と当初から BMW は認識していた。この点からすれば、ドイツ国内での立地がベターである。これは単なる空間距離の近さではなく、たえざるコミュニケーションを確保することによって、市場に迅速に製品を供給するためである。

4. しかし、ドイツ国内での立地はコスト高を招く恐れが強い。これを回避するために、BMW は、立地候補地を公募し、情報の非対称性のもとでそれらと交渉し、望ましい立地条件を整えていくという方法を選択した。その際、ドイツ国外への立地選択も排除せず、各候補地や労働組合との交渉を同時に進めることによって、望ましい立地条件を整えていくことが可能になる、という判断が背後にあった。

5. 公募と最終的な意思決定を透明なものとするために、長大な立地条件一覧表を作成し、これによって不適格な場所を公明正大に篩い落とすことが可能になった。そのことによって、政治からの圧力もまた回避できるし、逆に政治からの支援を引き出すことも可能になった。

6. 最終選考に残すのは、比較と判断が容易なものに絞った。判断が困難になる恐れがある候補地は、書類選考では当然残るし、それを踏まえての交渉においても BMW にとって有利な条件を引き出しうるぎりぎりまで交渉するが、最終選考には残さなかった。

7. その結果、ライプツィヒを選択した理由として表面的には、既存工場への空間的近さ、豊富な優秀な労働力、ロジスティクス上有利な交通インフラ、土地取得コスト、将来の工場拡張の余地、多額の補助金などを挙げること

ができる。

8. しかし、選考途中段階で候補から外された都市の中には、上記の透明な基準からして、最終選考に残ったライプツィヒ以外の4都市に比べて明らかに不利だったというところばかりでない。

9. 結果として、工場操業時間と従業員の労働時間とを切り離すという新しいフレキシビリティを案出することに成功した。このフレキシビリティの確保のためには、ライプツィヒでなければならないというわけではない。しかし、意思決定の透明性を打ち出すために、ライプツィヒ選択が必然的なものであることを印象づける選考がなされたと言える。

行動論的工業立地論に対して本章が持ちうる含意は、強い交渉力を持つ企業の立地行動を理解するには、企業戦略と立地選択との動態的連関、および立地候補地や労働組合など全国スケールの団体との同時的交渉に注意を払う、という視点を明示的に組み込むことが必要である、というものである。収益性の空間的限界が広範囲に及ぶようになった現在では、西岡（1976：51）が主張した立地選択の3段階説は、地域を国よりも小さく、都市よりも大きなエリアとして理解する限りにおいて有効性をもたない。

付記：本章は、日本学術振興会科学研究費補助金による基盤研究（C）「産業集積地域におけるイノベーション形成に関する比較実証研究―「イノベーティヴ・ローカル・ミリュー」と「暗黙知」概念の有効性の再検討―」（課題番号：13680091）に基づく研究成果の一部である。また、本章執筆のための資料収集は、Philipp-Franz-von-Siebold Preis 2000 の枠組みで 2001 年夏にドイツに滞在できたことによって可能となった。短期滞在を許可してくれたミュンヘン工科大学地理学研究所の Heinritz 教授（現在は、大学再編制を受けて、ミュンヘン大学地理環境科学分野地理学部門教授）ならびに Dr. Kuhn、さらには BMW 広報担当者に御礼申し上げる。

第13章 ドイツ経済復活を支える
ミッテルシュタント

1. はじめに

　ドイツは1950年代以降、長期にわたってヨーロッパ経済のみならず世界経済において牽引車としての役割を果たしてきている。しかし、その地位から脱落した時期が例えば1990年代後半から2000年代前半にかけてあった。この時期にドイツ経済は「欧州の病人」と称されるほどに、他の欧州諸国に比べて不振をかこっていたのである[1]。ところが、リーマンショック以降、多くの欧州諸国の経済が低迷し、なかにはギリシアを初めとして経済破綻の危機に瀕する国もいくつか現れるほどになった一方で、ドイツの経済活力は著しく復活した。

　日本では、そのドイツ経済の好調さを、シュレーダー政権による社会保障制度改革や通貨ユーロの対ドル為替レートの低下による輸出上昇に求める論調が優勢だったように思われる[2]。他方、欧州では、ドイツの諸産業における単位労働コスト、即ち生産物単位当たりの平均的な労働コストの顕著な低下がドイツ経済の復活の主因であり、その背景にドイツにおける経営側と労働側の関係が、産業別労働組合と産業別経営者団体との交渉だけでなく、各企業における労働側の代表が企業の監査役会に加わる一方で、個別企業の事業所単位で組織される事業所委員会と当該事業所の経営側とがコミュニケートするというドイツ独特の企業制度があるとする見解が出されている（Dustmann et al. 2014）。

　他方において、ドイツ経済の強さを製造業におけるミッテルシュタント（Mittelstand）[3]の活力に求める見解が、アメリカ人経済学者やジャーナリストなどによって示された。ミッテルシュタントを重視する見解は決して新しくない。すでに1990年代に、ドイツ人経営学者のヘルマン・ズィーモンが『隠れたチャンピオン』という著作（Simon 1996）で、他の先進諸国と異なるドイツ経済の特徴、即ちその輸出力の強さの秘密を製造業部門のミッテルシュタントに求める説を提示していたからである。しかし、この本が出版された当時、ドイツ経済は低迷し始めたためと思われるが、その見解は少なくとも日本では

419

あまり注目されなかったように思われる[4]。とはいえ、2000年代後半以降にドイツ経済が力強く復活して発展すると、その要因をミッテルシュタントに、特にその中での「隠れたチャンピオン」の存在に求める考え方がドイツのみならず他の欧米諸国に広まった。在独アメリカ人ジャーナリストのユーイングの著作（Ewing 2014）はその一つである[5]。そこで本章では、ユーイングが紹介した「隠れたチャンピオン」の具体的事例企業を紹介する。その前に、「隠れたチャンピオン」の一般的性格をSimon（1996：5-6）にしたがって要約し、その立地環境に関する彼の考え方を紹介する。

2. ヘルマン・ズィーモンによる「隠れたチャンピオン」論

「隠れたチャンピオン」は3つの要件を持つ企業のことである。第1に世界市場に占めるシェアにおいてトップあるいは第2位にあるか、またはヨーロッパ市場でトップの地位にあること。仮にそのシェアが不明の場合には、当該市場における最強の競合企業との比較において市場リーダーであると自他ともに認める企業であること。第2に年間販売高が10億USドル以下の中小規模の企業であること。ただしこの要件は絶対的なものではなく、「隠れたチャンピオン」で大企業となっている場合もある。第3に一般消費者にはほとんど知られていないこと。以上の3つである。

上の3つの要件のうち、第2は世界経済の発展に対応して、Simon（2010）で30億ユーロ以下、そしてその2年後にSimon（2012：83）は50億ユーロ以下、即ち約62億USドル以下であるとした[6]。第1の基準についても、Simon（2012：83）は、地球規模の世界市場でトップ3に入るか、または当該企業の母国が所在する大陸規模の市場でトップであること、と若干修正した。この2012年時点での基準はSimon（2021：23）でも維持されている。

「隠れたチャンピオン」を上の3つの基準に従って捉えることができるのは、そうした企業が消費者市場ではなく、企業間取引におけるニッチな市場で活躍しているからであり、資本主義システムの中でたえざる成長を目指す企業である以上、狭い自国市場だけに依存できず、全世界あるいは少なくとも大陸規模市場で競合企業に対して競争優位を維持するためにイノベーションの実現を絶えず進めてきているからである。そのイノベーションは何よりも技術を基盤にしているが、成果として地球規模の世界市場あるいは大陸規模の市場で高い占

第13章　ドイツ経済復活を支えるミッテルシュタント

有率を確保しているかどうかでチャンピオンたり得ているかどうかが判断されるというわけである。

Simon（1996：203-205）は、「隠れたチャンピオン」が立地する場所として農村的地域を重視する視点を提示している。しかし、最終的には必ずしも重視しているわけではない。重視するかにみえる議論は、第9章「チーム」のなかの「農村的な立地 Rural location」（邦訳では「地方都市の環境」となっている、p.271）という小見出しのもとでの次のような記述に認められる。

　　「何が、隠れたチャンピオンの従業員の濃密なコミットメントの根源なのだろうか？明白な焦点、最終結果への緊密さ、チームメンタリティといった明らかな諸要因のほかに、立地もまた重要な役割を果たす。ベルリン、フランクフルト、ミュンヘン、デュッセルドルフといった大都市に本社を置く隠れたチャンピオンはほとんど存在しない。…（中略）…農村という立地はいくつかの重要な効果を持つ。第1に、隠れたチャンピオンは町で唯一の重要な雇用主であるのが普通なので、従業員はほかに選択肢を持たない。他方で、その町は資格を持つ労働者の限定的な貯水池であるから、企業はその従業員の良き意思に依存せざるをえない。よかれあしかれ、これらの条件は相互依存関係を作る。雇用主は従業員を必要とし、労働者は会社の仕事を必要とする。」（Simon 1996：203-204）

「隠れたチャンピオン」のオーナー経営者は従業員と同じ町で生まれ育ったがゆえに、大都市の企業ではまねのできないような親密な関係が生み出される。地元サッカーチームなどスポーツクラブのスポンサーとしての役割を果たすのがならいだし、これはその町での当該企業の人気を支える。このようにして従業員の強いコミットメントが醸成される、というのである。さらに、小さな町に立地するので、従業員は仕事以外のほかのことにわずらわされないですむ、ということも利点であるという。

そして Simon（1996：265-266）は、場所という環境が、Michael Porter（1990）によるダイヤモンド理論での4つの条件、すなわち、需要条件（要求の厳しい顧客の存在）、企業の戦略・構造及びライバル間競争（強い競合企業の存在）、関連・支援産業（支えとなる業界）、要素条件のうち最初の3つが近くにあれば、地球規模の第一人者を鍛える良い環境である、と述べている。

421

それゆえ、「隠れたチャンピオン」へと企業が成長するためには、その立地環境が重要ということになる。

Simon（2012：381-385）でも「第16章 仕事仲間が鼓舞する」の1節として「農村的立地あるいは農村的な場所（ländliche Standorte）」が設けられて、ドイツにおける「隠れたチャンピオン」の3分の2は農村的な場所に立地しており、その地名のほとんどはアメリカの経営学者の多くにとって知られていないと述べ、大都市デュッセルドルフからラインラント・プファルツ州北部の農村的地域であるアイフェル地方のプリュムという小さな町に移転した「隠れたチャンピオン」の1つ、クラウス・グローマンが設立して成功を収めていたグローマン・エンジニアリング（有）という企業[7]の事例に言及すらしている。大都市では従業員が自社の仕事に集中することができないほどに様々な誘惑があるが、プリュムのような小さな町でならば仕事に集中できるし、不動産価格もはるかに安価なので従業員は戸建ての住宅を持つことができるし、すぐ近くには森や山があるので保養にもよく、従業員の定着率がデュッセルドルフ時代に比べればはるかに高くなったという趣旨のことをグローマンが述べたことをズィーモンは紹介している。

要するに、Simon（1996）が認める「隠れたチャンピオン」の農村的な立地の意義は、オーナー経営者と従業員との間の親密な関係に基づく、会社への従業員のコミットメントだけということになる。

しかし、「究極的な要因は立地ではなく、カンピタンスと特定市場で必要とされる競争優位を開発する能力であって、この能力が立地環境と無関係ではないかもしれないが、環境は成功の1つの要因でしかない」と述べ、「隠れたチャンピオンのグローバル指向と事業所を各所に持つようになるということは、これが特定の国に依存しなくなるようにさせる」（Simon 1996：267）と断じているのである。Simon（2012：384）でも、ルール地域の大都市ドルトムントからアイフェル地方に移転した上記とは別の「隠れたチャンピオン」を所有して経営している企業家のアイフェル地方に関する評価、即ち従業員の企業に対する忠誠心だけでなく、低い賃金コストでありながら欧州規模で見れば中心に位置しているという有利性という評価を紹介しているが、競争優位を発揮し続ける環境として農村的地域が有利であるとズィーモンは評価しているわけでない。そして Simon（2021）では、「隠れたチャンピオン」の職場における従

業員どうしの関係を扱っている「第27章　仕事仲間と先導（Mitarbeiter und Führung)」には農村的地域への「隠れたチャンピオン」の立地を扱う節は設けられていない。

　実際、この最新版においてズィーモン自身が、農村的地域への立地を重視する考え方を否定するデータを掲げている。つまり、Simon（2021：51-53）では、ドイツのどこに「隠れたチャンピオン」企業が多く集積しているか、地図と解説で示されている。その地図によれば、ベルリン、ハンブルク、ミュンヘン、フランクフルト・アム・マイン、デュッセルドルフ、シュトゥットガルトの各大都市圏に数多くの「隠れたチャンピオン」が多数立地していることを明白に読み取ることができる。州単位で見れば、絶対数ではノルトライン・ヴェストファーレンに410社、バーデン・ヴュルテンベルクに367社、バイエルンに303社が立地しており、この3州合わせてドイツ全国の約70％を占めている。ただし人口100万人当たりの比率で高いのはバーデン・ヴュルテンベルクが33.1社と最も高く、これにバイエルン（23.1社）、ノルトライン・ヴェストファーレン（22.8社）、ヘッセン（20.0社）が続いている。都市州であるブレーメン（25.0社）とハンブルク（21.1社）も比率が高いが、ベルリン（10.1社）は低いし、他の広大な農村部を含む広域州のほとんどすべてが10社前後台以下という比率でしかない。ただし、ラインラント・プファルツ（18.6社）とシュレースヴィヒ・ホルシュタイン（16.2社）は、特に比率が低いわけではない。つまり、「隠れたチャンピオン」は旧西ドイツの南部への集積・集中が顕著であると同時に、大都市圏にも農村的地域にも立地しているのである。そのことは世界市場リーダーとしての地位を獲得しているドイツ企業の多くが決して名の知られた大企業だけではないことを承認しつつ、そのドイツ国内での立地を詳細な地図で描いた Ermann et al.（2012）からも、明確に見て取ることができる。

　しかし、ズィーモンは「隠れたチャンピオン」が大都市圏内に含まれない小都市や町に立地することを無視したわけでないことにも注意したい。Simon（2021：123-134）の第16章「ビジネスエコシステム」では、ドイツ語圏に存在する中小企業が集積している地域の具体例を示しつつ、「エコシステムにとっての地域の重要性 Regionale Bedeutung der Ökosysteme」という節において、大都市圏から離れた場所にある小都市や町への「隠れたチャンピオン」の

立地の意義、即ちそうした企業が小都市や町の発展に貢献しているという趣旨をライプニッツ共同体地誌学研究所の研究成果[8]を参照しつつ述べているからである（Simon 2021：129-130）。だが、次節で紹介する Ewing（2014）が例示するミッテルシュタントでも明らかなように、「隠れたチャンピオン」たるミッテルシュタントが農村的地域や小さな町だけに立地しているわけではない。

3. Ewing（2014）によるミッテルシュタント論

　既に述べたように、Ewing（2014）は、2000 年代半ばころまで不調だったドイツ経済がその後急速に回復し、欧州諸国や米国を上回るパフォーマンスを示すようになったことに着目している。その要因は多岐にわたるが、政府の政策、民間企業、労働側からの協力などが合したことに拠っていることを指摘しつつ、特にミッテルシュタントの活動にユーイングは着目している。彼自身は「隠れたチャンピオン」という用語よりもミッテルシュタントという用語をはるかに頻繁に使ってドイツ経済の復活力（レジリエンス）を描いているが、ズィーモンの「隠れたチャンピオン」論に言及し、これを高く評価している（Ewing 2014：50）。つまりユーイングが例示するミッテルシュタントは必ずしも世界市場でトップ 3 や欧州市場でトップの地位を占めているとは限らないが、ニッチ市場で競合企業に対して優位な地位を築いている企業である。

　ユーイングはアメリカ人ジャーナリストであり、20 年以上にわたってフランクフルトに拠点を置きながらドイツの経済と企業を観察したりインタビューを繰り返したりして、*New York Times* や *Business Week* のために欧州経済やドイツ経済に関する記事を寄稿してきた人物である。

　ミッテルシュタントの具体例を詳しく紹介する前に、Ewing は第 1 章「メイド・イン・ジャーマニー略史（A Brief History of Made in Germany）」で、ドイツの産業化の歴史を瞥見し、この国にはもともと企業家精神の伝統があったこと、そしてメイド・イン・ジャーマニーが質の高い製品の代名詞になっていることを確認している。続く第 2 章「リバイバル（Revival）」では、第 2 次世界大戦で荒廃したドイツにおいて、戦地で米軍の捕虜となり米国で囚人生活を送ったことのあるラインハルト・モーン（Reinhard Mohn）が、片田舎の町に立地する中規模出版社ベルテルスマン（Bertelsmann）を継承してグローバルスケールで活動するメディア大企業へと成長させる姿などをはじめ、

1950 年代のドイツ経済復興を牽引した幾人かの当時の若き経営者の姿を描写している。そして第 3 章「The Seeds of Complacency　ひとりよがりの種」で、第 2 次世界大戦後の「奇跡の復興 Wirtschaftswunder」以降、労働側にとって手厚すぎるともいえる社会保障制度が構築されたことを指摘している。第 4 章「Renaissance ルネサンス」で、2000 年代半ば以降における「第 2 の奇跡の復興」とでも形容されるドイツ経済の目覚ましい復活を準備したのは、1998 年に政権についた SPD のシュレーダー首相のリーダーシップの下での労働市場に関する法制度の改革（いわゆる Hartz IV）であるとして、その経緯を紹介している[9]。この労働法制改革の結果として失業率が下がり、ドイツの 1 時間当たり労働コストも 2011 年までに 31.10 ユーロとなり、フランスのそれを 12% 下回るほどになった。労働生産性を考慮に入れるならば、ドイツは、スペイン、イタリア、ギリシアよりも労働コストが低い国になったというのである。興味深いことに、ドイツの伝統的な強みである優れたインフラストラクチャー、一般的に正直な公務員、ビジネス上の契約に関する紛争をスピーディに解決する裁判システムが維持されていることも付言されている（Erwing 2014：41）。

　しかし、政府による政策は企業が活動するための条件を整えたに過ぎず、2010 年前後以降のドイツ経済の目覚ましい復活を実現したのは何よりも個々の企業の活動の成果であるという見方をユーイングは取っている。そして 1990 年代からの経済不振に耐えて存続し、2010 年代に躍進した企業は、産業革命以降のドイツ経済の成功をもたらした 3 つの原則を再発見し、これを実践した企業であると主張している（Ewing 2014：43）。第 1 の原則はイノベーションである。それは製品についても生産方法についても漸次的であることが多いとしている。第 2 の原則は高品質高価格市場への集中である。第 3 の原則はニッチ市場に焦点をあて、これを支配することである。要するに、価格だけが決定的な競争要因である大衆市場あるいは量産品市場ではなく、他社が生産できない高い品質の製品を生産すべく開発に励む企業が、2010 年前後以降のドイツ経済の復活をもたらしたとユーイングはみているのである。

　ドイツ経済の復活を支えた要因として Ewing（2014：44-45）は、ダイムラーやジーメンスなどの大企業による「選択と集中」という戦略の実行や、成長著しい中国における自動車・機械市場で大きなシェアをドイツ企業が獲得する

425

という幸運もあったからということを指摘している。また、経済不振の時期に倒産した中小企業が多いことを十分認識しつつも、活躍するミッテルシュタントの実態を見ることによってドイツ経済復活の要因を解明できるし、それがアメリカ経済にとっても教訓になる、とユーイングは考え、それ故いくつかの企業とその経営者に焦点をあてることによって、ドイツのミッテルシュタントによるビジネスの成功の秘密を解明するとしている。どのようにして彼等はドイツに内在する高コストを克服することができたのか、そして製造企業として成功することができたのかを解明するというのである。ドイツ経済の復活の文脈の中に企業家精神あふれるミッテルシュタントを位置づけ、そのビジネスが常に政治的法的社会的環境と相互作用する、とユーイングは考える。またそれらの企業の起源を説明し、それらが変化する環境の中でいかにして進化してきたかを示しているのである。

　Ewing（2014：51）は、成功しているミッテルシュタントの経営者に共通する特徴を9点あげている。第1に高度に国際的であることである。つまり、外国で事業を展開する際に遭遇する困難にめげることはないし、情報通信技術を駆使して遠く離れた外国とも容易にコミュニケーションをとる。第2に自己のビジネスに強い情熱をもっている。すなわち利益を上げることよりもむしろ永続するなにかを作り上げることに情熱を注ぐ。第3に従業員と協力的な関係を構築している。第4に長期的見通しのために経営している。販売が不振の時期であってもR&D（研究開発）への投資を怠らない。第5に、それに基づいて極めてイノベーティブである。第6にハイエンド市場を指向している。これはイノベーティブであることと密接に関係しており、高い品質の製品を高い価格で購入することをいとわない顧客に焦点をあてることを意味する。第7に、他社よりも自社が優れているニッチ市場に焦点をあてている。第8に職人気質をもって、顧客の期待以上の最高級の質のものを提供しようとする完全主義である。そして第9に度が過ぎるほどに用心深く、負債を避ける。ただし、危機に直面した時や機会が求めるときには大胆さを発揮できる。以上である。

　以上の特徴を共有するミッテルシュタントの具体例として、表13-1に示した企業が紹介されている。これらの企業の概要を、Ewing（2014）の記述だけでなく、その他の資料も用いて紹介しよう。

第 13 章　ドイツ経済復活を支えるミッテルシュタント

表 13- 1　Ewing (2014) で紹介されているドイツのミッテルシュタント

企業名	本社所在地	事業の内容	主要顧客	従業員数
ピックハンエンジニアリング（有）	ズィーゲン　ノルトライン・ヴェストファーレン州	重量金属部材の製造	発電所、造船、海上プラント等建設企業	130
ヘルベルト・カネギーサ（有）	フロー　ノルトライン・ヴェストファーレン州	ランドリー機械装置の製造	業務用洗濯企業	1,300
ハーン・ガラス製造（有）	フランクフルト・アム・マイン　ヘッセン州	ガラス製展示ケースの製造	世界の著名博物館	140
クリスティアン・ボリン・アルマトゥーレン（有）	オーバーウルゼル　ヘッセン州	計測制御機器用バルブ製造	化学・製油・発電企業	28
トゥルンプ（有）	ディツィンゲン　バーデン・ヴュルテンベルク州	レーザー加工機械の製造	レーザーによる金属加工企業	11,883
シャープミュラー自動車技術（有）	グロースメーリング　バイエルン州	自動車部品製造	Audi、VW、Porsche、BMW 等	150

資料：Ewing (2014) の記述と下記データから筆者整理。
　　Handelsblatt (28.11.2011) Ein Familienunternehmer und Verbandspräsident.
　　　Frankfurter Allgemeine (09.03.2010) Glasbau Hahn. Vitrinen für die Welt - von der Hanauer Landstraße
　　AKTIV Wirtschaftszeitung (24.04.2009) Weltmarktführer. Über 2.000 Kunden füllen die Auftragsbücher. Christian Bollin Armaturenfabrik liefert Ventile in alle Welt.
　　Donaukurier (19.06.2016) Bekenntnis zum Standort. Schabmüller Automobiltechnik weiht neue Halle im Interpark in Großmehring ein.
　　Trumpf GmbH +Co. KG (2017) *Vier Null* Geschäftsbericht 16-17.
　　EEW Pickhan 社ホームページ：http://www.eew-group.com/de/standorte/eew-pickhan/　2017 年 10 月 29 日アクセス。
注：Trumpf の従業員数は全世界に関するものである。また Schabmüller は所有かつ経営する企業全体でみれば 800 人規模である。

3.1. ピックハン社

　ピックハン社は、ノルトライン・ヴェストファーレン州南部の山間地域、周辺的性格を持つ地域の中心都市であるズィーゲン（Siegen）に立地する中小企業だった。この企業のことを、Ewing（2014：xiii-xiv）はその序文で真っ先に取り上げている。その理由は、アメリカの著名な彫刻家リチャード・セラの求めに応じて、鉄を素材とする大規模な彫刻作品製造を請け負うために、それまでの工場建物では収容できないほどの巨大な金属工作機械を設置するだけの心意気と技術力の高さを持つミッテルシュタントとしての典型を描くためである。巨大な鉄鋼や鉄板を素材として、セラが要求する複雑な形状にするために精密に加工できる技術を持つ金属加工企業は世界広しといえども決して多いとは言えないが、ドイツにはそのような実力を発揮できるミッテルシュタント

427

が、どの町にも存在していることを示すためである。

　ただし、現在のピックハン社はセラの求める芸術作品を製作していない。それは、かつての所有者であり経営者だったフリートヘルム・ピックハンが、同社を同業のEEW社（Erndtebrücker Eisenwerk GmbH und Co. KG）に売却し、これの経営者がセラとの協力を続けるよりも、鋼管メーカーとしてより利益の上がるビジネスに注力するようになったからであるとEwing（2014：169）は注記している。しかし*Siegener Zeitung*（21.8.2014）によれば、ピックハン変形技術（有）という名称の企業が倒産の危機に瀕していたところ、EEW社によって吸収されたとのことである。この新聞記事の主要内容は、ズィーゲンに立地していたベルクロール（有）が倒産の危機に瀕していたところ、EEW社がこれを救済吸収し、さらなる成長を遂げることを報道することにあるが、ついでにピックハン社の吸収合併にも触れているのである。その結果としてピックハン社の名称はEEWピックハン変形技術（有）となった。この企業については EEW 社のホームページにも記されている[10]。

　Ewing（2014）はEEW社について詳しいことを何も記していないが、同社ホームページによれば、これはズィーゲン・ヴィトゲンシュタイン郡に属するエルンテブリュッケという町に立地する企業であり、海底油田やガス田の掘削、そして洋上風力発電などのための施設建設に必要な鋼管生産で世界的にリードする位置にあるミッテルシュタントである。1936 年に設立された企業であり、鋼管だけでなくあらゆる種類の貯蔵タンクを生産する中小企業だったが、次第に暖房用石油タンクを主要製品とするようになった。1974 年に創業者の娘婿が社長となり、そのもとで UP 溶接（Unterpulver-Schweiss：サブマージアーク溶接）技術によって生産する鋼管を機械メーカーや北海油田掘削企業に供給するという事業に参入し、次第に風力発電を含む洋上プラント建設のための鋼管を主要製品とするようになった。

　EEW 社は 2001 年に韓国に子会社を設立し、2005 年に第 2 工場を同国に設立した（*Siegener Zeitung*, 7.12.2015）。さらに 2009 年にはマレーシア工場を設立し、その海外展開は合弁企業の形でサウジアラビアやイギリスにも及んでいる。2017 年時点での従業員数は全世界で約 2100 人に上る、家族によって所有され経営されている多国籍企業である[11]。

428

3.2. カネギーサ社

Ewing（2014）が、ドイツのミッテルシュタントの特徴として9番目に挙げた用心深さと大胆さとを併せ持つ企業として具体的に紹介しているのは、ヘルベルト・カネギーサ社である。これは、ノルトライン・ヴェストファーレン州北東部に位置する小都市フロートに立地している。創業者は、現在のポーランド領となっているかつてのドイツ東方領域から、第2次世界大戦後に難民として移住してきたヘルベルト・カネギーサである。彼はもともと航空機産業で働いていたエンジニアだった。フロートを含むヴェストファーレン地方は衣服工業が盛んだったところであり、この地方のワイシャツ製造企業のニーズを捉えて、業務用衣服プレス機を製造したのがカネギーサ社設立の由来である。つまり零細企業だったが、表13-1にあるように、現在では大企業となっている。その背景には、危機に際してのカネギーサ社の事業転換にあるという（Ewing 2014：13）。

カネギーサ社は1950〜60年代に順調に成長し、1960年代には150人の従業員、年間販売額1500万マルク（当時の為替レート1DM＝約90円とすると13億5千万円[12]）という中堅企業に発展したが（Wocher und Creutzburg 2011）、パーマネントプレス加工を施したシャツが生産されるようになると、業績が急速に悪化した。この危機を克服するきっかけは、ある顧客企業から湿ったシャツをプレスする機械を生産できるかと問われたことにあった。これに応えることによって、衣服生産企業だけでなく業務用ランドリー企業も重要な顧客企業とするようになった（Ewing 2014：58-59）。

しかし1990年代に入ると、ドイツの衣服生産企業は低賃金で生産できるアジア諸国との国際競争に耐えることができずに工場を閉鎖し[13]、中国などに投資するようになった。カネギーサ社は再び危機に陥り、700人の従業員のうち約半数の解雇に踏み切らざるを得ない状況に陥った（Wocher und Creutzberg 2011）。この危機を脱して従業員千人を上回る大企業にカネギーサ社が成長したのは、業務用ランドリー企業のための機械装置をさらに自動化するための機械装置の開発だった。単に衣服をプレスするだけでなく、洗濯、乾燥、プレス、折りたたみといった一連のランドリー工程を機械化する装置の開発生産である。その際には、フロートにある本社工場だけでなく、M&Aを通じて取得した他企業の技術も動員した。さらに機械装置の開発だけでなく、

それを用いるサービス生産にもカネギーサ社は進出し、ロシアでのソチ冬季オリンピックや、サウジアラビアの医療センターを顧客とするなど、国際的に活躍する企業へと発展した（Ewing 2014：59-62）。

3.3. ハーン・ガラス製造社

　カネギーサ社とは対照的に、創業以来 200 年近くにもなる歴史を持ち、一貫して中小企業規模でありながら、世界のハイエンド市場で他の追随を許さないミッテルシュタントとして、Ewing（2014）が注目するのはハーン・ガラス製造社である。これは 1836 年創業になり、2010 年代の現在に至るまで所有と経営がハーン家によって担われている中規模企業であるが、そのビジネスは世界規模に拡大している典型的な「隠れたチャンピオン」である。その主要生産物は、大英博物館、ルーブル美術館、ニューヨークのメトロポリタン美術館、ロシア、サンクトペテルブルクのエルミタージュ美術館、イタリア、フィレンツェのウフィツィ美術館など、世界的に著名な美術館や博物館で貴重な展示物のためのガラスケースを生産する企業である（von Kittlitz 2010）。

　それを開始したのは 1937 年にまでさかのぼるし、現在に至るまで他の追随を許していない。それは、2 枚のガラスを、フレームを用いずに接合する技術を開発したことに拠っている。ただし、その事業を発展させたのは 1950 年代以降のことである。2010 年時点で 70 歳台初めになっていた同社社長のティル・ハーンが、まだ 20 歳にもならない頃に、見聞を広め教養を高めるためにアメリカ合衆国を旅行し、約 200 もの博物館・美術館を訪ね、その事業分野でのチャンスに気がついたことをきっかけとしている（Ewing 2014：70）。

　ハーン・ガラス製造社の製品は展示用ガラスケースにとどまらない。フランクフルトから南東方向に約 40 km 離れたシュトックシュタット・アム・マインにある同社第 2 工場でビル用窓ガラスが製造されている[14]。これはもともと、天井から大きなガラスを吊るす方法でビルディングに取り付ける工法に適したものであり、空港ビルディングに採用されていた。ところが、1970 年代の石油危機を契機にドイツ政府によって設定されたエネルギーコスト削減のための規制のゆえに、そうした窓ガラスを 2 重にすることが義務化され、2 重窓ガラスが天井から吊るす工法に適さないがゆえに、ハーン・ガラス製造社のこの業務は危機に瀕した。そこでティル・ハーンは薄板での表面積の大きな 2 重窓

430

ガラス製造の新しい技術を考案し、展示会に出展したところ、建築家によって高い評価を獲得し、同社の主要ビジネスの一つとして、カスタマイズされたビル用窓ガラス事業が存続している（Ewing 2014：71）。

3.4. クリスティアン・ボリン・アルマトゥーレン社

　ハーン・ガラス製造社よりさらに小規模でありながら、国際的に顧客を多数持ち、かつどの顧客にも販売高の 10％以上を依存することのないフランクフルトのミッテルシュタントとして、Ewing（2014）はクリスティアン・ボリン・アルマトゥーレン社を紹介している。この企業は 1924 年創業になるが、ドイツ国内だけでなく全世界の石油化学企業や電力企業など約 2000 社に顧客特別仕様のバルブを供給する、従業員 30 人足らずの小規模企業である（*AKTIV Wirtschaftszeitung*, 24.4.2009）。このビジネスを可能にしているのは、CAD による設計、インターネットによる顧客とのコミュニケーション、そして DHL 社による小荷物宅配サービスである。その製品の質は非常に高く、実際に形あるバルブを製造できる職人技術が同社の強みである。同社経営者は、価格が重要なのではなく、納期厳守が重要であるという認識を持っている（Ewing 2014：77-78）。また同社の製造技術の高さゆえに、ダルムシュタット工科大学学生が実習に来るほどである（*AKTIV Wirtschaftszeitung*, 24.4.2009）。

　同社の世界市場での成功にとってユーロの導入が重要であったことを Ewing（2014：78）は指摘している。それによってユーロ導入諸国でのビジネスにおいて為替変動による損失発生を懸念する必要がなくなったし、対ドル為替レートでドイツマルクの時代に比べてユーロは安くなり、欧州以外でのビジネスにも有利に働いたからである。さらに、ユーロ導入諸国のなかで、ドイツ以外の国々では生産性よりも賃金の上昇率が高かったのに対して、ドイツではそうでなかったので、かつてに比べてドイツでの生産コストが相対的に低くなったからであるという。

　同社はもともと、フランクフルト市内の労働者居住地区に立地していたが、同市近郊のオーバーウルゼルの商工業団地に移転することが 2016 年に報道された。それは、フランクフルト市内の工場面積が 1400 m^2 しかなく、町中にあるために事業拡大のための用地を確保できなかったが、オーバーウルゼルならば 5000 m^2 の敷地を確保できるからだった。しかし同時に、同社とボリン

家にとっての故郷ともいえるフランクフルトの市当局が、同社の望む方向での対応をしてこなかったことに不満をもっての移転だった（Remmert 2016；Jensong 2016）。オーバーウルゼルはフランクフルト郊外の小都市であるから、故郷を捨てたというほどではないにせよ、ミッテルシュタントが創業地を離れることはありうるのである。

そのことはともかくとして、従業員数がわずか30人前後の小企業の移転が新聞報道されたのは、同社が2010年前後からのドイツ経済を支える「隠れたチャンピオン」たるミッテルシュタントの典型の一つとみなされているからである。同社社長で創業者の孫にあたるダークマル・ボリン＝フラーデ（Dagmar Bollin-Flade）は、ドイツ商工会議所のミッテルシュタント委員会委員長の職に長年あるほどである（Ewing 2014：79）。

3.5. トゥルンプ社

ミッテルシュタントが中小企業を意味するわけでないことはカネギーサ社の例によっても分かるが、それ以上の世界的大企業となった金属工作機械メーカートゥルンプ社の成長ぶりを Ewing（2014：87-96）は取り上げている。これはレーザーによる金属加工機の開発生産で世界トップにある大企業であり、わが国の金属加工業界でも著名な企業である。横浜に日本子会社の本社を、相模原に工場を配置しており、生産子会社を配置する外国の数は11カ国に達する[15]。

同社がそこまで成長したのは、同社社員のベルトホルト・ライビンガーの手腕に拠っている。彼は従業員数145人規模だったトゥルンプ社で1950年に実習生として訓練を受け、シュトゥットガルト工科大学（現在のシュトゥットガルト大学工学部）で機械工学を学んだ後に同社の設計技師として勤務した。さらに1957年に彼は、アメリカのオハイオ州ウィルミントンに立地するシンシナティ・ミリング社での勤務経験を積んだ後に、1961年にトゥルンプ社に戻った。シンシナティ・ミリング社は、当時世界最大の工作機械メーカーだった（Ewing 2014：89）。

トゥルンプ社の所有者であり経営者だったクリスティアン・トゥルンプに子供がいなかったこともあって、彼からトゥルンプ社の資本を漸次買い取ったライビンガーは、1970年代末に同社の所有者兼経営者になった。レーザー加工の原理はもともとアメリカで発明されたが、ライビンガーはそれを用いて、金

属加工企業が利用できるレーザー加工機械を開発した。その際にライビンガーは単独でそれに成功したのではなく、シュトゥットガルト郊外のファイインゲンに立地するドイツ航空宇宙センターの支援や、開発のために必要な資金を連邦科学技術省から得たことにもよっているという（Ewing 2014：90-91）。

　トゥルンプ社の規模は、2016年時点で全世界での従業員数が約1万2千人、年間販売額も31億ユーロを超えているので、堂々たる大企業である（TRUMPF GmbH + Co.KG 2017）。ライビンガー自身、BMWやドイツ銀行の各監査役会委員になったこともあるし、ドイツ機械・設備装置工業連盟（VDMA：Verband der Deutscher Maschinen- und Anlagenbau）の会長になったこともあるほどの有力者である（Ewing 2014：90）。それゆえ、この企業をミッテルシュタントとして位置づけるのは、この語句が中小企業を意味するとすれば適切ではないことになる。しかしEwingは、家族所有になりかつその家族の成員が経営者となっているという意味でミッテルシュタントであるとしているし、当のトゥルンプ社が家族企業（Familienuntenehmen）であると自称し、「長期的に思考し、責任をもって行動することを信条としている。そして私たちは、私たちの仕事仲間（Mitarbeiter）との評価に値する付き合い、教育への投資、あるいは社会的政治的な対話への積極的な参加を通じて、生き方の範を示す」と謳っているのである（TRUMPF GmbH + Co.KG 2017：86）。

3.6. シャープミュラー自動車技術社

　ミッテルシュタントは、職業教育における二重システムでも若者に対する実習訓練で重要な役割を果たしている。これに関連してEwing（2014：115-128）は、自動車部品メーカーのシャープミュラー自動車技術社を取上げている。これは、高級自動車メーカーであるアウディの本社工場があるバイエルン州中央部に位置するインゴルシュタット近郊に立地している。この地域は、2012年時点での失業率2.2％と完全雇用の状況にある。有力大企業アウディ社に対して労働力確保という点で後れを取りがちであると考えられる中小企業は、優秀な若者を確保することに苦心している。シリンダーヘッドカバーを生産するシャープミュラー社の生産拡張のための工場新設を報道した地元新聞には、従業員100人弱から150人規模にまで拡大したばかりの同社にとって、その工場新設によってさらに30人以上の雇用を拡大することは単純なことではない

だろう、と記されている（Schmidl 2017）。

だが、Ewing（2014：116-118）によれば、男性労働力の職場と思われがちな自動車用金属部品加工を業務とする同社は、意欲と能力のある若い女性も含めて、ドイツの伝統的な二重システム職業教育で実習生を、さらには従業員を確保している。そのために同社は、ジョブフェアや中等教育学校で、金属加工という仕事の魅力と必要な知識や技能に関する説明会を実施するという努力をしてきている。実習生を受け入れるということは、それだけ本来の部品生産というビジネスよりも、技術力ある後進育成のために企業の人的資源と資金とを注ぎ込むことになるが、それによって労働力不足の中でも、そして青少年人口減少下でも人材を確保する道につながる、というのである。それはシャープミュラー社だけの考えではなく、ジーメンスのような大企業も含めてドイツ製造企業一般に普及している思想であり、職業教育における二重システムにおいて若者のための実習の場を提供することが、他の欧州諸国と異なって若者の失業率が低く、かつ技能・技術水準の高い後進を継続的に育成できている秘密である、と Ewing（2014：120-121）は理解している。

3.7. ミッテルシュタントの特質

以上のようなミッテルシュタントの具体例を紹介したうえで、Ewing（2014：159）は「世界の他の国々にとっての教訓」と題する第 14 章の冒頭で、ドイツの製造企業の特徴として、職人気質、家族への忠義、職業教育の 3 点を指摘している。これが、世界のどこでも迅速にコミュニケートできる通信技術と、容易に地球の裏側にまでも行くことのできる交通輸送技術と一体となって、2000 年代後半以降のドイツ製造業の復活がなされている、というのである。ドイツの文化的特質を簡単に外国に移植できるものではないことを認識しつつ、アメリカをはじめとする諸国がドイツから学び応用できる点として、Ewing（2014：160-164）は以下の諸点を指摘している。

第 1 に国際指向である。高い輸出比率がその指標である。狭いドイツ市場だけではやっていけないがゆえに、外国市場に積極的に出るのである。特に高品質の特殊な製品であれば、どの国であれその国内市場だけでは狭すぎる。さまざまな外国市場に打って出るためには、その外国の文化を学ぶ必要がある。そのために、経営者は若い時に外国を旅行するのが良い。その好例はトゥルン

プ社のベルトホルト・ライビンガーであり、ハーン・ガラス製造社のティル・ハーンだというのである。

第2にビジネスへの情熱である。ただしそれは金銭の取得を最重要視するということではない。それ以上に、人々のための諸々の生活手段を創造することによって達成感を得ることを重視する。そうした活動に従事する従業員が深くかかわるローカル経済をサポートし、それを長続きさせる制度を創造することに喜びとプライドを持つということである。

第3にイノベーションの実現である。これは単にアイデアを重視するだけではなく、むしろそれ以上に、たとえ販売が思わしくない時であっても、収入のかなりの部分をR&Dに投入することを意味するとユーイングは理解している。証券市場に上場する企業は株主への配当を増やすべしという圧力にさらされやすいが、ミッテルシュタントであれば、自社の売上げが悪い時でも所有者兼経営者の判断でR&Dに投資できる。

第4にハイエンド市場を占有することである。顧客が喜んで高い価格を支払おうとするだけの高度なものを生産することをそれは意味する。プレミアム製品の生産は完全主義と密接に結びついており、そのためには最高の品質を提供する職人気質を持たなければならない。

第5に従業員との協力的な関係を築くことである。労働法制によって事業所委員会を設置することが企業に義務づけられており、これはアメリカから見れば労働側による経営への不当な干渉と映るかもしれないが、ドイツ人経営者はむしろ、これを活用して自社へのコミットメントを高めている。従業員が高度熟練労働者になるために企業としても投資してきたので、そうした労働者をできるだけ自社にとどめようとするのがドイツ式の経営である。hire and fireではないのである。Ewing（2014：164）は、事業所委員会や、前述の労働時間と賃金との関係に関するフレキシブルな制度（本章の注9）を参照）をアメリカに移植することは現在のアメリカの法制度の下ではできないとしても、これを克服して導入する価値があるとみている。

第6に、長期指向の経営実践である。最大利潤を素早く獲得することを目的とする経営ではなく、最高級のブランド品を開発生産し、顧客に提供すること。そのためには時間がかかることを認識すること。世界の最高級車であるメルセデス、BMW、アウディがドイツの製品であることは、そうした経営認識

435

を反映するというのである。

4. おわりに

　活躍するミッテルシュタントとしてユーイングが具体的に紹介した6社のうち、農村的地域に立地するのはピックハン社、カネギーサ社、シャープミュラー自動車技術社の3社でしかない。ハーン・ガラス製造社とクリスティアン・ボリン・アルマトゥーレン社はフランクフルト・アム・マイン市内あるいは移転したとしてもその近傍に立地しているし、金属加工機械の企業として世界的に著名なトゥルンプ社はシュトゥットガルトに立地している。したがって、活力あるミッテルシュタントあるいは「隠れたチャンピオン」は大都市にも農村的地域にも立地しているのが実態である。

　しかし、事例企業6社のうち半数が農村的地域に立地しているという事実は、ドイツ経済の地域構造を理解するうえで示唆的である。次章で強調するように、複数の大都市が併存して国民経済を牽引するというイメージに傾きがちな「多極分散型」というよりもむしろ、農村的地域の経済活力もまた重視する「多極＋農村的地域への広域的分散」としてドイツ経済の地域構造をより的確に表現すると筆者は考えている。

　ユーイングは、ミッテルシュタントとこれが立地する地域との結びつきを重視していると解釈できることを述べている。前節の最後でユーイングがドイツから学べることとして指摘した6つの教訓のうち、第2点目で示唆されているビジネスへの情熱は、従業員が住んでいるローカルな地域の経済への貢献と結びついているからである。

　実はこうしたミッテルシュタントの特徴は、ズィーモンが命名した「隠れたチャンピオン」の特徴（Simon 1996：18）に類似している。即ちそれは、中小規模の家族所有企業であり、世界のなかでのニッチ市場のための目立たない製品を生産して輸出比率が高く、高い国際競争力のゆえに世界市場の中で高いシェアを確保しており、長期的に存続してきた企業という特徴である。

　付記：本稿は日本学術振興会科学研究費挑戦的萌芽研究（研究代表者：山本健兒、課題番号：15K12952）「中欧諸国の多様な連邦制の下での周辺的位置にある地域の経済発展に関する比較研究」による研究成果の一部である。

第 14 章　21 世紀におけるドイツ経済の
　　　　　　空間的構成と地域整備

1. はじめに

　本章は、日本と類似のプロセスで経済発展を遂げたとみなされがちなドイツ
の国土構造の 2020 年頃の特徴と、その形成要因を明らかにすることの解明を
目的とする。一軸一極型国土構造の日本とは対照的に、ドイツは多極分散型の
国土構造を呈していると言われている。それは間違いではないが、多極分散と
いう語句は大都市に焦点を合わせた表現であり、ドイツの国土構造の特質を
十二分に表現するものではない。農村的地域への経済力の広域的分散もまたこ
の国の経済地理的な特徴である。本章はそれを具体的に明らかにするとともに、
経済力の「多極＋農村的地域への広域的分散」を可能にした諸要因の考察を目
的とする。

　周知のように、ドイツは日本と同様、先進資本主義諸国の中では相対的に後
発であり、それゆえ先発のイギリスなどにキャッチアップするために国家の主
導による上からの産業化が推進されたと理解されてきた[1]。しかも両国ともに
第 2 次世界大戦で敗戦国となりながら、奇跡と言われるほどの経済復興と経
済成長を 1950 年代後半から 1970 年代初めにかけて成し遂げ、1970 年代末か
ら 1990 年代初めにかけて世界経済の機関車に喩えられるほどになったし（日
本経済新聞 1982 年 7 月 17 日、1991 年 1 月 8 日）、中小企業の活躍などによ
る「フレキシブルな専門化」によって 1970 年代の資本主義の危機を克服した
と見られるなど（Piore and Sabel 1984）という点で共通する。また、ドーア
（2001）はアングロサクソン諸国の市場原理主義的な証券市場資本主義とは対
照的に、日独いずれも福祉資本主義という共通性を持つと指摘した。

　このように、類似性が多い日独の経済ではあるが、その国土構造が正反対の
特徴を示すこともよく知られている。政治的・経済的・社会的な国土構造とい
う点で、ドイツは日本と対照的なパターンを取っている。即ち、政治的に日本
は中央集権制を取る単一国家であるのに対して、ドイツはこれを構成する諸州

437

が独自の憲法を持つ連邦国家である。経済面で日本は首都である東京への一極集中型であるとみなされることが多い[2]のに対して、ドイツは主要都市の地域的な経済圏即ち大都市圏が相互に地理的に遠く離れており、かつ特定１つの大都市圏に経済力が集中しておらず、多極分散型である。

そして社会面では例えば近隣地域社会の中での人々のつながりに着目すると、日本では初等教育や前期中等教育においてローカルなまとまりを持つ地理的範囲の中で育まれる人間関係や、後期中等教育でもいま少し広域的なまとまりを持つ地理的範囲の中での人間関係が人生において比較的重要な役割を果たす一方で、私立学校の発達とそこに通う児童生徒の居住地や出身地の広域性の故にローカルなまとまりとは無関係な人間関係が、特に大都市で形成されやすい。しかも、大学も含めて卒業後に職業の世界に入ると、居住するローカルなコミュニティよりも、雇用されている組織の中での人間関係の方がはるかに重要になるという社会的特徴が日本にはある。

しかしドイツでは、初等・中等教育学校のほとんどが基礎的地方自治体によって設立されており[3]、児童生徒はスポーツや文化に関わる活動を在籍する学校においてではなく、居住するローカルな地理的範囲の中で設立されている各種のクラブ（フェライン Verein、団体）で行なっており、この余暇活動は職業の世界に入っても続けられることが少なくない。フェラインは決してスポーツや趣味的な文化活動だけに限定されるわけではなく、市民運動などの政治的活動や職業に関わる経済的な意味を持つものもあるので一般化しにくいし、ローカルなコミュニティを超えた広がりを持つ場合もあるが[4]、スポーツや文化活動に関わるフェラインに対して基礎的地方自治体から補助金が交付されることもあって、その募集や活動は概ね基礎的地方自治体の地理的範囲の中で行なわれる[5]。

上記の政治・経済・社会の３側面において、ドイツは日本と大きく異なる特徴を持っているので、一軸一極型国土構造ではなく、多極分散型国土構造を呈するのは当然と言えるかもしれない。しかしそれにしてもなぜ、ドイツは、日本と類似する資本主義体制のもとで、日本と著しく異なる国土構造を持つことができ、かつこれを維持できているのだろうか。この点を解明することが本章の目的である。

ドイツの政治的・経済的・社会的な多極分散型国土構造の具体的姿について

は、すでに数多くの先行研究[6] があるし、筆者自身もその時々の情勢に応じて依頼されたテーマでの考察や、筆者自身の研究関心から取り組んだテーマでの論稿もあるので[7]、その繰り返しを避けて、本章では日本における国土軸に相当するものがドイツにあるか否かを検討する。第2に、できるだけ最近のドイツの多極分散型国土構造の姿を、主導産業に即して提示する。第3に、現代ドイツの経済的国土構造を形成した根本的な要因についての仮説を提示する。第4に、よりよい国土構造をつくりあげていくために現在のドイツがどのような点を重視する政策を取っているかを紹介する。

2. ドイツにおける都市化地域の地理的分布と交通の大動脈

ドイツの国土総面積は 357,582km²、2017 年の総人口は約 82,792 千人に上る（Statistisches Bundesamt 2019 による。以下、ドイツの概略を理解するための統計データはこれによる）。その南北間の最大距離は 876km、東西間の最大距離は 640km である。北海やバルト海に浮かぶ人の住む離島の数は Google map で確認すると約 20 であり、大陸本土からもさほど離れていない。国土の中で農地が占める比率は 50.7％、集落・交通用地の比率は 14.4％であるから、人が住むことのできない山岳地や水面の占める比率は約 3 分の 1 でしかない。ちなみに集落・交通用地には工場・倉庫・墓地・公園・運動施設用地なども含まれている[8]。つまり、現在のドイツの国土面積は日本のそれに比較的近いが、はるかにコンパクトにまとまっていると同時に、人間の活動や移動を妨げる自然的障害が少ない。標高 2000m 台の山頂が連なるアルプスはオーストリアとの国境沿い、最南部で東西に連なっているだけであり、中位山地と呼ばれる標高数百メートル、高くともせいぜい 1400m 台の頂上を含む山地は国土中央部に幾列も走り、そこに急峻で狭く深い谷を刻む場合もあるが、緩やかにうねる場合もある。いずれにせよ、中位山地は居住や移動を妨げるほどではない。

平均気温と降水量は北海やバルト海からの距離や標高によって異なるが、総じて温暖であり、季節による降水量の差は大きくない。1961 年から 1990 年までの 30 年間の夏の平均気温は 20℃を下回り、冬は零度前後である。ただし、合計約 7 年間に及ぶ筆者の滞独経験からすれば。真夏の午後に 35℃以上になることが珍しくない場所もあるし、内陸部で標高が高い場所での真冬の気温

が零下 10℃ を下回る集落もある。月間降水量が 100mm を超えることは稀で、冬の降雪によって交通が麻痺することは余りない。オルカーン（Orkan）と呼ばれる暴風雨が吹き荒れることもあるし、山岳地帯での豪雨で河川が洪水となり、道路や建物の 1 階部分が水没することもあるが、こうした自然災害は日本に比べればはるかに少ない。要するに、ドイツは日本に比べて自然環境からすれば居住条件により恵まれている。

　以上のような国土条件に恵まれたドイツで都市化されている地域と広大な農地を含む農村的集落からなる地域との地理的分布は、図 14-1 に示されている通りである。これは、ドイツの地方制度としての郡から独立している人口 10 万人以上の都市、郡単位でみて都市化している場所、人口密度が比較的高い農村的な郡、そして人口密度の低い農村的な郡に大きく 4 分類して示したものである。この地図から、ドイツで都市的集落が連なるのは、北西部のデュッセルドルフやルール地域からみて東北東にハノーファまで至る地帯と、南にライン川に沿ってケルン、ボン、コーブレンツ、マインツ、ヴィースバーデンを経てスイスとの国境までや、マンハイムあるいはカールスルーエを経て南東にシュトゥットガルトとその周辺まで至る地帯であることを読み取れる。州名で言えば、ニーダーザクセン州南部のごく一部とノルトライン・ヴェストファーレン州の大部分、ヘッセン州の南西部、ラインラント・プファルツ州の東縁部、バーデン・ヴュルテンベルク州の大部分が都市的集落の連なる地帯に相当する。

　ドイツの中で経済力の高い地域が連なって国土の主要軸をなす地帯があるとすれば、上に指摘した諸州あるいはその一部が連なる地帯ということになる。実際、隣接諸国との連絡も含めて交通の大動脈としてのアウトバーンの路線網を示した図 14-2 から明らかなように、デュッセルドルフ、ケルン、エッセン、ドルトムントを中心とするライン・ルール大都市圏や、フランクフルト、マインツ、ヴィースバーデンを中心とするライン・マイン大都市圏でのアウトバーンの密度が極めて高く、この 2 つの大都市圏をつないで南東方向にシュトゥットガルト、そしてミュンヘンに至るアウトバーンも複数あり、ドイツにおける高速陸上交通の大動脈が、図 14-1 に関して指摘した南北に延びる地帯に形成されていることを見て取れる。このことは、時速 250km 前後以上で走る高速鉄道列車 ICE（イーツェーエー：インターシティエクスプレス Inter City Express）の路線網を示した図 14-3 からも明らかである。

440

第 14 章　21 世紀におけるドイツ経済の空間的構成と地域整備

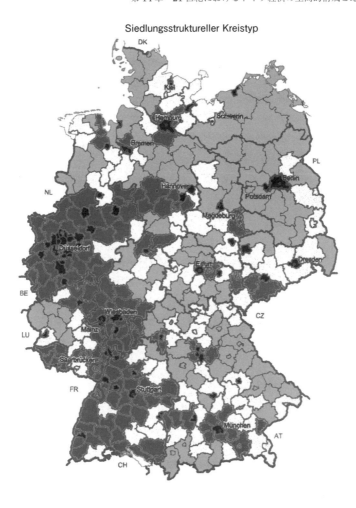

- ■ Kreisfreie Großstädte
- ■ Städtische Kreise
- □ Ländliche Kreise mit Verdichtungsansätzen
- ▨ Dünn besiedelte ländliche Kreise

図 14-1　ドイツにおける 4 つの集落類型の地理的分布パターン

資料：Bundesinstitut für Bau-, Stadt- und Raumforschung (2017) *Raumordnungsbericht 2017 — Daseinsvorsorge sichern—*. Bonn: Bundesamt für Bauwesen und Raumordnung, S.10.

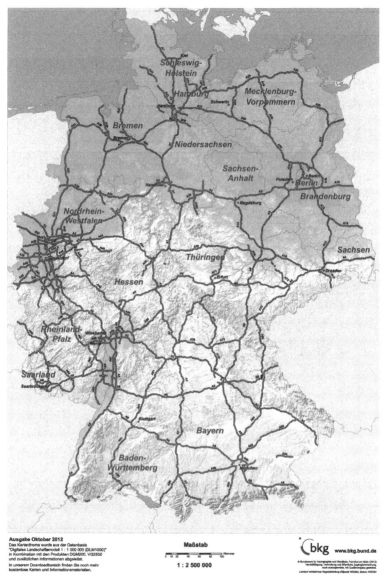

図14-2 ドイツのアウトバーン路線網 2012年時点
資料：Bundesamt für Kartographie und Geodäsie　https://www.bkg.bund.de/SharedDocs/Downloads/BKG/DE/Downloads-Karten/Downloads-Wussten-Sie-Schon/Deutschland-Autobahn-2012.pdf?__blob=publicationFile&v=1　2021年2月15日取得。

第14章　21世紀におけるドイツ経済の空間的構成と地域整備

　単に旅客や貨物の道路・鉄道輸送だけでなく、貨物の水上輸送という点でも上記の南北に連なる地帯は大動脈である。それはライン川とその支流のマイン川、ネッカー川が運河化されており、ヨーロッパ最大の海港であるロッテルダムと、ライン・ルール大都市圏、ライン・マイン大都市圏、ライン・ネッカー大都市圏（主要都市はマンハイム、ルートヴィヒスハーフェン、ハイデルベルク）だけでなく、シュトゥットガルトにもつながるからである。ネッカー川はバーデン・ヴュルテンベルク州の南部に源流を発し、シュトゥットガルトを初めとする同州の大小さまざまな工業都市や、テュービンゲンとハイデルベルクといった中世以来の大学都市も結び、マンハイムでライン川に合流する川である。

　しかし、この南北軸に存在している諸都市は特に大規模というわけではないし、ドイツには上記の南北につながる1軸しかないというわけではない。そもそも2017年時点での人口100万人を上回る大都市はベルリン（3,613,495人）、ハンブルク（1,830,584）、ミュンヘン（1,456,039人）、ケルン（1,080,394人）の4都市しかなく、国土の中でベルリンは北東端に近い位置に、ハンブルクは北海近くに、そしてミュンヘンは南東端近くに位置している。しかもこれらの大都市は広大な農村的地域に囲まれており、各大都市圏の中で比肩する大都市がないという意味で大都市圏内での中心都市への一極集中パターンを取っている。

　それらに対して、南北大動脈（これをライン川とその主要支流であるルール川、マイン川、ネッカー川の名前にちなんでライン・ルール・マイン・ネッカー大動脈と呼んでもよい）内に位置している諸都市は、それぞれの境界がどこにあるのか分からないほどに建築物が連続しているわけではない。アウトバーンを走る自動車や高速鉄道列車ICEの車窓から景色を眺めればすぐ分かるように、日本のいわゆる「太平洋ベルト」と異なり、個々の都市の周囲にはかなり広い農地や林地が広がっている。このことは、図14-1で郡から独立している人口10万人以上の諸都市が連続しているライン・ルール大都市圏内にも当てはまる。いわんやライン・マイン、ライン・ネッカー、シュトゥットガルトの各大都市圏内部に存在する諸都市の境界についてもほぼ当てはまる。日本の地理学者でルール工業地域を訪れた人のほとんどが、日本の学校教科書での記述から得られるイメージと異なり、緑あふれるルール工業地域の景観に強い印象を受けたことを述べてきた。田園地帯の中に中小の諸都市が密度濃く、しか

443

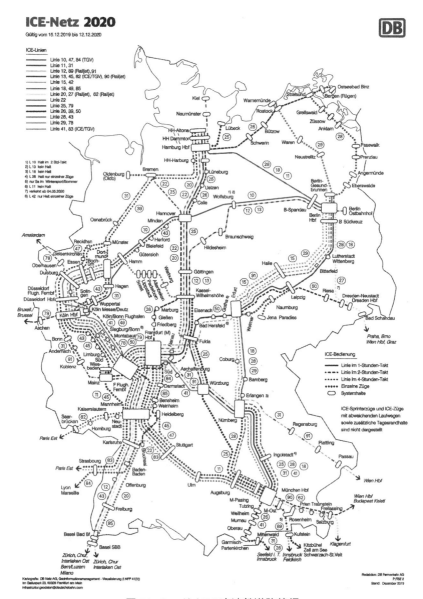

図 14-3　ドイツの高速鉄道路線網
資料：https://www.bahnstatistik.de/Strecken/ICE-Netz2020.pdf　2024 年 1 月 19 日取得。

し相互間に農地や林地を挟んで連なるというのが、ライン・ルール・マイン・ネッカー大動脈の姿なのである。

　先にドイツの経済的な国土構造は1軸ではない、と記した。それは、大動脈から200km前後以上離れた所にベルリン、ハンブルク、ミュンヘンというこの国の3大都市が位置しているだけでなく、人口50万人を超えるブレーメンが北海沿岸近くに、ニュルンベルクが南東部に、そしてドレースデン、ライプツィヒ、エアフルトが旧東ドイツ南部にそれぞれ広大な農村的地域に囲まれて位置しており、これら有力大都市とライン・ルール・マイン・ネッカー大動脈内に位置する有力大都市とを結ぶアウトバーン、高速鉄道、水路、そして空路もまた整備されているからである。

　ドイツは日本に比べて国土がコンパクトにまとまっており、最遠隔地間でも900km弱しか離れていないが、年間の乗降客数が200万人を超える空港が12もある。日本の人口は約1億2千万人であり約8500万人のドイツに比べてはるかに多く、国土は南北に約3000kmにわたって伸びているので乗降客数が200万人を超える空港はもっと多いが、18空港しかない[9]。しかも、国際便の乗降客数が年間200万人を超える空港が日本には7つしかないが、ドイツには10空港ある（表14-1）。

　つまり、現代において経済的な国土構造で重要な位置を占める国際航空便発着空港は、ドイツでは国土の中に分散的に位置しているのである（Mayr 2001）。それは、ドイツという国民経済の枠組みの中だけでこの国の軸を見るのではなく、ヨーロッパ全体の枠組みの中で見る必要があることを示唆している。言うまでもなく、ドイツでも他のEU諸国でも、国よりも小さなスケールの諸地域がグローバルな経済空間の中で活動しているのであって、その視点からも経済的な国土構造と、この中での各地域経済を考察する必要がある。

　人と貨物が流動するためのインフラストラクチャーが、ドイツではライン・ルール・マイン・ネッカー大動脈と、これから比較的遠隔にある大都市との間で、あるいは後者の大都市間で整備されていることは前述した。つまりドイツの経済的な国土構造は決して1軸しかないのではない。その理由は、ドイツにおける人口20万人以上の大都市の多くが産業化以前の時代から政治的・経済的・文化的な有力都市だったからであり、産業化とともにそれぞれの経済力がさらに向上したからである。このことはライン・ルール・マイン・ネッカー

表 14-1　ドイツの都市別に見た航空旅客数　2019 年

空港所在都市名	現地空港乗降客数　発着合計						トランジット客数	総計
		内　定期便・チャーター便合計				他の商業便		
			内					
			ドイツ国内便	欧州便	欧州域外便			
フランクフルト	70,456,630	70,443,339	7,386,382	37,513,344	25,543,613	13,291	99,442	70,556,072
ミュンヘン	47,905,796	47,880,564	9,604,199	28,678,066	9,598,299	25,232	35,552	47,941,348
ベルリン	35,633,152	35,622,971	8,270,306	25,611,609	1,741,056	10,181	11,853	35,645,005
デュッセルドルフ	25,497,380	25,480,393	4,245,971	18,217,677	3,016,745	16,987	10,186	25,507,566
ハンブルク	17,275,409	17,264,061	5,111,857	11,415,013	737,191	11,348	33,364	17,308,773
シュトゥットガルト	12,703,685	12,682,509	3,110,847	9,087,043	484,619	21,176	17,756	12,721,441
ケルン／ボン	12,354,398	12,340,949	3,123,404	8,757,414	460,131	13,449	14,121	12,368,519
ハノーファ	6,288,609	6,285,382	1,055,049	4,784,263	446,070	3,227	12,757	6,301,366
ニュルンベルク	4,100,575	4,085,769	704,245	3,169,115	212,409	15	11,114	4,111,689
ドルトムント	2,719,566	2,707,326	190,775	2,516,551	0	12,240	0	2,719,566
ライプツィヒ／ハレ	2,606,372	2,605,030	664,310	1,507,803	432,917	1,342	9,429	2,615,801
ブレーメン	2,305,794	2,302,580	887,047	1,390,948	24,585	3,214	2,544	2,308,338
ドレースデン	1,592,662	1,590,383	932,684	594,374	63,325	2,279	3,013	1,595,675
ミュンスター／オスナブリュック	983,901	980,980	374,286	339,637	267,057	2,921	2,359	986,260
ザールブリュッケン	343,127	341,767	105,129	236,402	236	1,360	23,447	366,574
エアフルト	153,512	150,326	2,362	28,739	119,225	3,186	2,814	156,326
その他の都市	5,142,508	5,076,535	411,863	4,194,426	470,246	80,764	104,236	5,246,744
合計	248,063,076	247,840,864	46,180,716	158,042,424	43,617,724	222,212	393,987	248,457,063

資料：Flughafenverband (2020) ADV-Monatsstatistik 12/2019
　　　https://www.adv.aero/wp-content/uploads/2016/02/12.2019-ADV-Monatsstatistik.pdf 2021 年 2 月 16 日
　　　取得.
　注：ベルリンにはテーゲル空港とシェーネフェルト空港の 2 つがあり、その合計値である。

大動脈内に位置する人口 20 万人を超える大都市 [10] の多くに当てはまるし（表
14-2）、これらより規模の小さな諸都市にも当てはまる。

3. 大企業本社の立地パターン
3.1. 全国的影響力を持つ有力都市

　ドイツの大企業の立地パターンについて、筆者は 1970 年当時の西ドイツに
おける株式会社本社に即して明らかにしたことがある（山本 1984、本書第 3
章）。またその後、複数の場所に事業所を配置する企業がどの都市に本社を置
き、どこに工場を含む支所たる事業所を配置しているかを明らかにしたことが
ある（山本 1988、本書第 4 章）。いずれも公的資料に基づいており、多くの先
行研究が指摘する多極分散型を具体的に確認できたにとどまらず、複数事業所
企業の支所配置パターンから、フランクフルトアム・マイン、ボン、ハンブル

446

表 14-2　ドイツの人口 20 万人以上の都市　2011 年末時点

順位	都市名	人口
30	Kiel	237,667
35	Lübeck	210,679
2	Hamburg	1,718,187
10	Bremen	544,043
27	Braunschweig	243,829
13	Hannover	509,485
18	Bielefeld	327,199
10	Münster	293,393
8	Dortmund	571,403
16	Bochum	362,585
25	Gelsenkirchen	257,994
9	Essen	565,900
36	Oberhausen	210,256
15	Duisburg	487,470
7	Düsseldorf	589,649
33	Krefeld	221,864
17	Wuppertal	342,570
26	Mönchengladbach	254,834
29	Aachen	238,665
4	Köln	1,013,665
19	Bonn	307,530
5	Frankfurt am Main	676,533
23	Wiesbaden	270,952
39	Mainz	201,002
22	Mannheim	291,458
21	Karlsruhe	291,995
34	Freiburg im Breisgau	214,234
6	Stuttgart	591,015
14	Nürnberg	490,085
24	Augsburg	269,402
3	München	1,364,920
38	Rostock	201,813
1	Berlin	3,326,002
32	Magdeburg	228,910
37	Erfurt	201,952
31	Halle (Saale)	230,494
12	Leipzig	510,043
28	Chemnitz	240,543
11	Dresden	517,765

資料：Großstädte in Deutschland nach Bevöl-
kerung am 31.12.2011 auf Grundlage
https://www.destatis.de/DE/Themen/
Laender-Regionen/Regionales/Gemeinde-
verzeichnis/

注：網掛けをした都市は、図 14-1 に関連して
名づけたライン・ルール・マイン・ネッカ
ー大動脈に位置する。この表では、旧西ド
イツにおいて概ね北から南に、ついで旧東
ドイツでも概ね北から南に順番に示してあ
る。

ク、ミュンヘン、ケルン、デュッセルド
ルフ、エッセンの 7 都市が相互依存関係
にあり、ほぼ同格の首位都市サークルを
形成していることを明らかにした。ただ
し、これらの都市の中でボンやフランク
フルトに本社を置く企業は西ドイツ全域
に支所を張り巡らしているのに対して、
他の諸都市に本社を置く企業は当該都市
の周囲に広がる市郡に連続的に支所を配
置し、そうした周囲の市郡での就業者数
に占める当該企業支所での就業者数の比
率が比較的高いと同時に、この比率の高
い市郡は各当該都市から遠く離れたとこ
ろでも西ドイツ全域にわたって非連続的
に分布していた。

　上記の 7 都市に比べて、1970 年当時
で人口 50 万人以上の諸都市、即ちドル
トムント、シュトゥットガルト、ブレー
メン、ハノーファ、そして約 47 万人の
ニュルンベルクは、本社・支所間関係を
通じて雇用面で影響力を発揮しうる市郡
の地理的分布が、それら諸都市の各周囲
にほぼ限定されていた。その意味でこの
5 都市は、先に挙げた 7 都市ほどの影響
力を、西ドイツ全体に及ぼしていなかっ
た。他方、西ベルリンは西ドイツと切り
離されて東ドイツの中に浮かぶ孤島であ
ったために周囲に経済的影響力を発揮し
ていなかったのは当然であるが、西ドイ
ツ本土に支所を配置する企業が存在して
おり、これによる雇用をみる市郡が西ド

イツ全域にわたって分散するパターンがみられた。しかし、その比重は極めて低かったので、西ベルリンの経済力は首位都市サークルを形成する7都市に比べて低かったと言える。西ドイツ全国に分散的に支所を配置する西ベルリンの企業が具体的に何かということを筆者は把握しなかったが、第2次世界大戦以前の遺産と思われる。これに対してボンには西ドイツ連邦政府と密接な関係をもつ企業の本社が置かれたし、フランクフルトにはドイツ銀行やドレースデン銀行を初めとする西ドイツの主要銀行の本社、そして大手電機企業AEGの本社があった。いずれもかつてベルリンに本社を置いていた企業である。

3.2. 売上高最大500社の本社所在地

　1990年に東西ドイツが統一し、経済のグローバリゼーションが進展した今日、どのような経済力の分布パターンとなっているのだろうか。この問題を、図14-4で確認しよう。これは銀行と保険会社を除く2002年時点での売上高でみたドイツの大企業500社の本社立地パターンを示したものである。ただし、この500社すべてが相互に独立する企業であるとは限らない。いずれかの企業の子会社という位置にある企業が158社あり、これらはコンツェルン親企業60社のいずれかの傘下にあるからである。また、外国に本部を置く多国籍大企業のドイツ子会社も含まれている。その中にはソニー（ケルン）、トヨタ（ケルン）、マツダ（レーヴァクーゼン）、パナソニック（ハンブルク）、東芝（ノイス）、三井物産（デュッセルドルフ）が含まれている。言うまでもなく、アメリカ、イギリスやオランダなどの欧州諸国に本拠を置く多国籍企業のドイツ子会社も多数含まれている。日本であれば、そうした外国に本拠を置く大規模多国籍企業の日本子会社は東京ないしこれの大都市圏内に集中立地しているが、ドイツでは決して特定都市に集中せず、ベルリンも含めて人口50万人前後以上の大都市のいずれか、あるいはそれらの近傍に位置する中小都市に分散立地している。

　最大500社の本社立地数が10社を超える都市はライン・ルール・マイン・ネッカー大動脈に位置するエッセンに24社、デュッセルドルフに27社、ケルンに22社、フランクフルトに20社、シュトゥットガルトに22社立地している。この大動脈内に位置する中小の諸都市にも大企業本社が立地しており、これらを含めると最大500社の本社立地に占める大動脈の比重は約55％に達する。国土の地理的周辺にある人口100万人を超える大都市を見ると、ハン

第 14 章　21 世紀におけるドイツ経済の空間的構成と地域整備

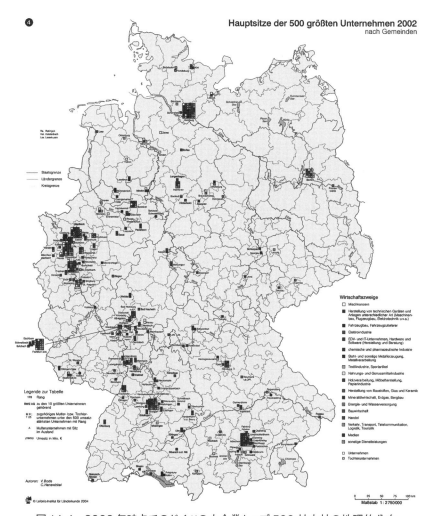

図 14-4　2002 年時点でのドイツの大企業トップ 500 社本社の地理的分布
資料： Haas, Hans-Dieter, Martin Heß, Werner Klohn und Hans-Wilhelm Windhorst (2004) Unternehmen und Märkte – eine Einführung. In: Leibniz-Institut für Länderkunde (Hrsg.) *Nationalatlas Bundesrepublik Deutschland. Unternehmen und Märkte*, München: Elsevier GmbH, Spektrum Akademischer Verlag, S.14.
注 1)　原資料は高級週刊新聞 Die Zeit がまとめた TOP500 der deutschen Unternehmen であるが、外国に本拠を置く多国籍企業子会社も含まれている。
　2)　銀行と保険会社を除く。原図では各都市の位置する場所に、正方形のマスで示された企業ごとに第 2 次・第 3 次産業の 18 部門のどれに属するかがカラーで識別され、そのマスを縦横に積み重ねて示されているので、その塊が大きければ大きいほど、大企業本社が多く立地していることになる。

449

ブルクに 42 社、ミュンヘンに 27 社、ベルリンに 14 社ある。人口 50 万人前後を超える諸都市であっても立地する大企業本社が特に多いとは限らず、ブレーメンに 3 社、ハノーファに 6 社、南北大動脈内のドルトムントに 4 社とデュースブルクに 7 社、そしてバイエルン州北部に位置するニュルンベルクに 6 社となっている。

　以上にみた大都市での大企業本社の集積とは別に、それら大都市から離れた農村的地域にも大企業本社が立地していることに着目したい。例えば、ライン・ルール大都市圏とハノーファの間の地帯には大都市ビーレフェルト以外にも比較的多くの大企業本社が分散している様子を見て取ることができる。その北、即ちニーダーザクセン州西部の農村的地域にも大企業本社が数社分散立地している。ライン・マイン大都市圏を貫流するマイン川に沿うバイエルン州内北西部の農村的地域にもそれが認められる。バーデン・ヴュルテンベルク州南東部からバイエルン州南西部にかけての農村的地域、即ちシュヴァーベンも同様である。それゆえ、21 世紀初め時点でのドイツの大企業 500 社の立地は「多極＋農村的地域への広域的分散」というパターンを示していると言える。

　なお、大企業数が多い産業は商業部門で 125 社に上り、これに機械・装置工業の 54 社と化学・製薬工業の 47 社が続いている。言うまでもなく、現代ドイツのリーディングインダストリーは自動車産業、化学・製薬工業、電気電子機械工業である。

3.3. 先端的工業部門の本社立地
3.3.1. 自動車工業大企業の本社立地

　乗用車メーカーの本社はフォルクスヴァーゲンが北部の小都市ヴォルフスブルク、ダイムラーとポルシェが南西部のシュトゥットガルト、BMW が南東部のミュンヘン、アウディがミュンヘンの北約 100km に位置するインゴルシュタット、ドイツフォードが北西部のケルン、オーペルがフランクフルト近郊のリュッセルスハイムと全国に分散している。商用車専門メーカーの MAN はミュンヘン、トラックや消防車専門メーカーのイヴェコ・マギルスはミュンヘンとシュトゥットガルトの中間に位置するノイウルムに本社を置いている。各メーカーは本社から遠く離れたドイツ国内の他の場所に完成車組み立て工場を配置していることもあって、自動車工業は多極分散型の立地となっている。

第 14 章　21 世紀におけるドイツ経済の空間的構成と地域整備

表 14-3　ドイツにおける自動車部品メーカー TOP10 の概要

企 業 名	本社所在地地方自治体名	州名	2016 年売上高100 万 €	事 業 分 野
Robert Bosch GmbH	Gerlingen	BW	43,900	電装部品
ZF Friedrichshafen AG	Friedrichshafen	BW	29,736	トランスミッション、シャシー部品、ステアリングシステム、アクスル等
Continental AG	Hannover	NS	24,496	タイヤ、センサーシステム、ブレーキシステム等
Schaeffler AG	Herzogenaurach	BY	10,333	ボールベアリング、クラッチ
Mahle GmbH	Stuttgart	BW	9,167	ピストンシステム、バルブシステム、シリンダー部品等
ThyssenKrupp AG	Essen	NRW	6,807	鋼板
Brose Fahrzeugteile GmbH & Co.	Coburg	BY	6,443	シート部品、自動車用ドア、電気電子部品
Benteler Automobiltechnik GmbH	Paderborn	NRW	5,880	衝撃吸収部品、シャシー部品、車体プレス部品
Hella KGaA Hueck & Co.	Lippstadt	NRW	4,843	制御システム、自動車用ランプ等
Leoni AG	Nürnberg	BY	4,431	ワイヤーハーネス

注：州名の列の記号はは次の州を意味する。BW：バーデン・ヴュルテンベルク、NS：ニーダーザクセン、
　　NRW：ノルトライン・ヴェストファーレン、BY：バイエルン。
出所：Meyer Industrie Research (2018) Top 100 Automobilzulieferer in Deutschland.
　　https://www.meyer-industryresearch.de/wp-content/uploads/2020/01/180122_TOP100-Autozulieferer-
　　in-Deutschland_FINAL.pdf　2021 年 2 月 17 日取得。
　　事業分野については、下記による。
　　http://vehicle-dictionary.com/%E3%83%89%E3%82%A4%E3%83%84/　2021 年 2 月 20 日閲覧

　このことは自動車部品メーカーにもあてはまる（注記　表 14-3 のもとになった資料を閲覧できるウェブサイトには、それを一目瞭然とさせてくれる地図が掲載されている）。売上高でみた自動車部品メーカー最大 100 社の本社はライン・ルール、ライン・マイン、ライン・ネッカー、シュトゥットガルトの各大都市圏に集積しているが、各大都市圏の中では分散的であるし、その 4 つの大都市圏以外にも多くの自動車部品メーカー本社がある。フォルクスヴァーゲン本社工場があるヴォルフスブルクとライン・ルール大都市圏をつなぐ地帯、バーデン・ヴュルテンベルク州南部やバイエルン州北部といった農村的色彩が比較的濃い地域にも自動車部品メーカーは比較的多く立地しているし、ミュンヘン近郊とこれから離れたバイエルン州南西部や南東部の農村的地域にも立地しているのである。売上高で見た最大 10 社（表 14-3）の中には、ローベルト・ボッシュ（Robert Bosch）やマーレ（Mahle）のようにシュトゥットガルト大都市圏内に本社を置く企業もあるが、ZF（Zahnradfabrik ツァーンラートファブリーク、即ち歯車工場を意味する）はそこから南に遠く離れたボーデン

451

ゼー湖畔のフリードリヒスハーフェンに、コンティネンタール（Continental）はハノーファに、これの親会社ともいえるシェフラー（Schaeffler）はバイエルン州ニュルンベルクの北西に約30km離れたヘアツォーゲンアウラハに、そしてブローゼ自動車部品（Brose Fahrzeugteile）はここから北に遠く離れた旧東西ドイツ国境間近のコーブルクに本社を置いている。ベンテラー自動車技術（Benteler Automobiltechnik）やヘラ（Hella）はノルトライン・ヴェストファーレン州の中では農村的色彩の濃い同州北東部に立地しているのである。つまり、ドイツでは、自動車メーカーと有力自動車部品メーカーとが同じ地域に集積しているわけでは必ずしもない。

3.3.2. 化学工業大企業の本社立地

化学工業大企業の立地もまた多極分散型である。その本社はライン・ルール・マイン・ネッカー大動脈に厚く分布するとともに、ハンブルク、ベルリン、ミュンヘンの各大都市圏にも集積している姿を見て取ることができる（注記　表14-4のもとになった資料を閲覧できるウェブサイトには、それを一目瞭然とさせてくれる地図が掲載されている）。しかも、大都市ではなくルートヴィヒスハーフェン、レーヴァクーゼン、ダルムシュタット、ヴァインハイム、インゲルハイムといった中小規模の都市に本社を置く大企業が売上高トップ10の中で過半数を占めることも注目される（表14-4）。ただし、レーヴァクーゼンはケルンとデュッセルドルフの中間に位置し、ルートヴィヒスハーフェンとヴァインハイムはライン・ネッカー大都市圏内の中小都市、インゲルハイムはライン・マイン大都市圏内の町、ダルムシュタットはライン・マイン大都市圏内にある都市である。

ちなみに、化学工業の一部としての製薬分野において、表14-4にあるベーリンガー・インゲルハイム（Boehringer Ingelheim GmbH）が2019年の売上高190億€でトップ、第2位がレーヴァクーゼンに立地する180億€のバイエル、第3位がダルムシュタットにある162億€のメルクである。これらに続いてスイス製薬企業ノヴァルティスのドイツ子会社（Novartis Deutschland GmbH、2018年の売上高41億€）がニュルンベルクに、同じくスイス製薬企業ホフマン・ロシュのドイツ子会社（Roche Deutschland Holding GmbH、2018年の売上高18億€）が、本部の立地するバーゼルの隣のドイツ

第 14 章　21 世紀におけるドイツ経済の空間的構成と地域整備

表 14-4　ドイツにおける化学工業企業 TOP10 の概要

企業名	本社所在地 地方自治体名	売上高 10 億 €	概　要
BASF SE	Ludwigshafen	59,3	1865 年設立、総合化学
Bayer AG	Leverkusen	43,6	製薬・健康関連消費財・農業用化学薬品など
Henkel AG & Co. KGaA	Düsseldorf	20,1	1876 年アーヘンで設立、洗剤などの消費者用化学製品
Boehringer Ingelheim GmbH	Ingelheim/Rhein	19,0	製薬
Merck KGaA	Darmstadt	16,2	製薬
Evonik Industries AG	Essen	13,1	ルール石炭（株）の子会社であるが石炭事業との関連は薄く、Degussa の事業を引き継ぐ化学製品メーカー
Covestro AG	Leverkusen	12,4	ポリマー製造販売。Bayer 社の合成物質製造部門から独立した企業
Freudenberg SE	Weinheim	9,5	消費者向け洗剤、自動車メーカーへのサプライヤーとして合成物質生産
Helm AG	Hamburg	8,3	農薬、製薬、化学肥料
Beiersdorf AG	Hamburg	7,7	身体用医薬品ニベア、シャンプーなど

資料：Top 600 Chemie Unternehmen Deutschland
　　　https://www.listenchampion.de/produkt/chemie-unternehmen-liste/　2021 年 2 月 19 日取得。
　　　概要は各社ホームページによる。

　の町グレンツァハ・ヴィーレンに立地している [11]。

3.3.3. 医療技術工業大企業の本社立地

　医療に関わる産業企業はハイテクノロジーという特徴を持つ。製薬分野だけでなく機械工学やエレクトロニクスと結びついて治験器具や治療器具などを生産する企業もまた、そうしたハイテク企業である。この医療技術分野での大企業は、ベルリン、ハンブルク、ミュンヘンの各大都市圏に集積するとともに、ライン・ルール・マイン・ネッカー大動脈に連続的に分布している。ただしこの大動脈では大都市によりもむしろ、中小規模の都市での立地が目立つ（表 14-5）。他方で、外科治療器具を生産する大中小様々な企業が多数集積する小都市トゥットリンゲンが、バーデン・ヴュルテンベルク州の最南部の農村的地域に位置している（Halder 2006；山本 2014b）。

3.3.4. 電気機械工業大企業の本社立地

　電気機械も、19 世紀末から 20 世紀前半期においてベルリンで誕生して世界的な巨大企業となったジーメンスが第 2 次世界大戦後にミュンヘンやエアランゲンなどのバイエルンに本社と主力工場を移転する [12] 一方で、同様にベルリンで誕生して巨大企業となった AEG はフランクフルト・アム・マインに本社を移転し、後にテレフンケン（Telefunken）を吸収して AEG テレフンケン

453

表 14-5　ドイツにおける医療技術工業企業 TOP10 の概要

企業名	本社所在地地方自治体名	所在州名	売上高10 億 €	概　要
Fresenius SE & Co. KGaA	Bad Homburg	Hessen	35,5	1462 年にフランクフルトで薬局として創業。病院群も経営。療養食や点滴器などを製造する子会社を所有。コンツェルン全体での従業員数は 29 万 4 千人。
Siemens Healthineers AG	Erlangen	Bayern	14,5	ジーメンス・コンツェルンの医療機器部門企業。診断機器・放射線治療機器等の開発生産。全世界 75 か国で約 5 万人の従業員数。
B. Braun Melsungen AG	Melsungen	Hessen	7,5	1867 年にメルズンゲンで薬局として創業。医療技術、創薬、医療サービスなどを提供。トゥットリンゲンの外科医治療器具開発生産企業を傘下に持つ。全世界 64 か国で約 6 万 5 千人の従業員数。
Drägerwerk AG & Co. KGaA	Lübeck	Shleswig-Holstein	2,8	1889 年創業。酸素吸入器、麻酔技術、患者モニター機器等の開発生産。従業員数約 1 万 5 千人。
Paul Hartmann AG	Heidenheim an der Benz	Baden-Württemberg	2,2	1818 年に取得した紡績会社から進化した企業。創傷治療技術、血圧計、赤外線体温計、医療計器等を専門とする。従業員数は約 1 万 1 千人。
Röchling SE & Co. KG	Mannheim	Baden-Württemberg	2,1	ザールラントの石炭鉄鋼企業を起源とし、医療技術に関係する合成樹脂部品を生産するサプライヤー。従業員数は約 1 万 1 千人。
KARL STORZ SE & Co. KG	Tuttlingen	Baden-Württemberg	1,8	1945 年に耳鼻咽喉科のための医療器具の開発生産に取り組み、現在の主要業務は内視鏡の開発生産に従事。獣医用内視鏡も含む。従業員数約 8 千人。
Sartorius AG	Göttingen	Niedersachsen	1,8	1870 年に精密機械生産企業として生産。創薬メーカー・実験室器具の部品・ソフトウェアを開発生産。
Carl Zeiss Meditec AG	Jena	Thüringen	1,5	医療器具用光学器具の開発生産。従業員数は約 3 千人。
Gerresheimer AG	Düsseldorf	Nordrhein-Westfalen	1,4	1864 年創業。創薬・ヘルスケア・美容・食品産業のためのガラス・合成樹脂製品を生産。スイスの医療器具メーカーを取得して流動薬投入のためのマイクロポンプを生産。従業員数は約 1 万人。

資料：Top 100 Medizintechnik Unternehmen Deutschland Liste der größten MedTech Firmen
　　　https://www.listenchampion.de/produkt/top-medizintechnik-unternehmen-deutschland-liste-der-
　　　groessten-medtech-firmen/　2021 年 2 月 19 日取得
　　　概要は各社ホームページによる。

となった[13]。この企業は早くも 1980 年代に倒産する一方で、ジーメンスはマイクロエレクトロニクス化でアメリカや日本の後塵を拝するようになった。パソコンの開発生産でノルトライン・ヴェストファーレン州東部農村的地域の小都市パーダボルンで誕生成長したニクスドルフ・コンピュータが躍進したこともあったが、この企業は 1990 年に電気機械工業分野で欧州最大規模企業で

454

あるジーメンスの子会社となった[14]。マイクロエレクトロニクスの基礎的部品である半導体の開発生産でもドイツの諸企業は立ち遅れた[15]。したがって、ドイツの電気電子機械メーカーは現在ではジーメンスやボッシュを除いて目立つ企業は乏しい。

3.3.5. IT産業大企業の本社立地

しかし、IT分野の企業がないわけではない。2017年にミュンヘンで創業した市場調査に基づくデータベースを販売するリステンチャンピオン（Listenchampion）社によれば、IT分野で活躍する企業は2018年時点で約9万9千社あり、合計2600億€の売上高を挙げている。企業数の約94％は小規模零細企業で、ソフトウェア開発やITサービスに従事している。IT分野の企業全体の就業者数は約120万人に達し、このうち約63％がITサービスに、37％がITのハードウェア生産に従事しているという[16]。

IT分野の大企業本社はドイツ全国にわたって広く分散立地している（リステンチャンピオン社のウェブサイトには、それを一目瞭然とさせてくれる地図が掲載されている）。ただし、ミュンヘンとシュトゥットガルトの両大都市圏での集積が目立つ。言うまでもなくミュンヘンでの集積はジーメンスの本社や研究所、主力工場の立地と、研究力の高いミュンヘン工科大学の存在が背景にある。他方、シュトゥットガルトにはドイツIBMの本社が立地するだけでなく、電気電子技術という点での有力企業でもある自動車部品サプライヤーであるボッシュの研究所、主力工場があるし、シュトゥットガルト工科大学（現在は総合大学）の存在が背景にある。なお、ボッシュの本社は現在シュトゥットガルト郊外のゲルリンゲン（Gerlingen）にある[17]。

IT分野で最も成功している企業はSAPである。これは企業が必要とする独自ソフトウェアの開発を行なう企業で、ドイツIBMのマンハイム事業所に勤務していた5名のエンジニアが、自分たちの抱いたソフトウェア開発に関するアイデアをドイツIBM社内の従業員である限り実行に移せないということで1972年に独立創業し、1970年代半ば頃から急成長し、企業向けソフトウェア開発生産という分野で世界的企業となったものである[18]。図14-4の資料によれば、2002年時点において売上高でドイツ第69位の大企業になっていた。2018年時点でドイツの証券取引市場に上場している株式会社の中でSAP

455

は 247 億ユーロの売上高で第 32 位に躍進し [19]、2020 年時点で売上高が 273億 4 千ユーロ、従業員数が全世界で 10 万 2 千人を超えている。その顧客は全世界 180 か国強にわたって 44 万社以上あり、そのうち約 80％が中小企業である [20]。

　この企業は設立当初、マンハイム近くのヴァインハイムに事業所を置いたが、1980 年にそこから約 30km 南のヴァルドルフという町に 80 名の従業員が勤務する本社建物を建設して移転した [21]。大企業となった現在でもこの町に本社と開発センターを置いている。言うまでもなく大企業化するにしたがってヴァルドルフの本社の規模は大きくなった。ヴァルドルフの人口は 1970 年に 1万 3 千人弱（12,935 人）[22]、2020 年時点で約 1 万 5 千人でしかない。ただし、この町はマンハイム、ルートヴィヒスハーフェン、ハイデルベルクを中心とするライン・ネッカー大都市圏内にあり、SAP 本社での従業員数は約 1 万人に上る [23]。

3.3.6. 産業用機械工業大企業の本社立地

　国際的に特に強い競争力を持つドイツの産業は、各種の産業用機械工業である。売上高で見た最大 100 社の本社はシュトゥットガルト大都市圏に特に多く集積している。この都市を中心にして半径 50km 以内に最大 100 社のうち 23 社がある。他方、ライン・ルール、フランクフルト、ミュンヘン、ハンブルクなどの大都市圏にも小さな集積が認められるし、ミュンヘンの北西約 70km に位置するアウクスブルクにも小さな集積がある。その結果として、全国的に極めて分散的となっており、特にバーデン・ヴュルテンベルク州、バイエルン州、ニーダーザクセン州南西部からノルトライン・ヴェストファーレン州北東部にかけての農村的地域に広く分布していることも、リステンチャンピオン社のウェブサイト [24] にそれを一目瞭然とさせてくれる地図が掲載されていることから分かる。

　ここではすべての産業について、それぞれの代表的企業の地理的分布を検討する余裕がないが、以上の分析から明らかなように、ドイツの産業は東西ドイツが統一してから 30 年近い年月を経た時点においても依然として多極分散的ということが明らかである。

3.3.7. 多極＋農村的地域への広域的分散

しかし、多極分散的という形容だけでは、ドイツにおける経済的な意味での国土構造の特徴を十分表現できることにはならない。大都市圏には属さない農村的地域にも広くさまざまな産業の大企業が分散しているからである。したがって、「多極＋農村的地域への広域的分散」がドイツの経済的な国土構造の実態である。ここで言う多極とは、既に幾度も述べている各大都市圏内の中心都市のことを意味する。そしてライン・ルール大都市圏からシュトゥットガルト大都市圏をつなぐ南北大動脈という太い軸があるが、そこから遠く離れている国土の最北部と最南東部、そして最東部にこの国の三大都市が位置するという地理的特徴の故に、大動脈とは異なる別の重要な交通軸が複数ある。それ故、ドイツの経済的な国土構造は、日本と全く異なる。

ただし、ドイツ経済を牽引する力を持つ産業での大企業がほとんど立地しない農村的地域があり、人口規模という点で大都市圏を形成していても産業力が強くない場合もある。それは旧東ドイツの大部分である。旧西ドイツでも、南北大動脈からはずれた地域、即ち最北部のシュレースヴィヒ・ホルシュタイン州、ニーダーザクセン州の北東部や北西部、ヘッセン州の北東部といった農村的地域には、ドイツ経済を牽引する産業部門での大企業の立地が薄い。とはいえ、ニーダーザクセン州北西部の農村的地域にあるクロッペンブルク郡やフェヒタ郡では養豚・養鶏・酪農や食品工業が盛んであり[25]、経済力が弱いわけではない（Windhorst 2004a, 2004b）。また、この畜産業の盛んな農村的地域のさらに西にあってオランダと接するエムスラントは、かつて「ドイツの貧民窟」と呼ばれたこともある農村的地域であるが、1990年代初め以降において、すなわち経済のグローバリゼーション急進展のもとで、ドイツの平均を上回る経済成長を遂げている。ここには内陸の河川港に面して大型豪華クルーズ船を製造する造船企業や、農業機械・トレーラーを生産する企業など、「隠れたチャンピオン」と呼びうる企業が立地している（山本 2016）。また、バーデン・ヴュルテンベルク州中部の小都市シュヴェービシュハルを中心とする農村的地域には包装機械を生産する中小規模の企業が多数集積している（Moßig 2000）。そして同州のネッカー川中流域に面する小都市ハイルブロンから北東方向にかけての農村的地域には多種多様な産業クラスターが成立している（Kirchner 2011）。

4. 産業の「多極＋農村的地域への広域的分散」をもたらした諸要因

　現在のドイツが「多極＋農村的地域への広域的分散」という国土構造を示すに至ったのは何故だろうか。森川（1995：15）は「多極分散型国土の形成」の背景として、ドイツの歴史を重視し、10世紀の神聖ローマ帝国発足の頃からの歴史を説き起こしている。東西ドイツに分かれていた時代の西ドイツについて斎藤（1977：19）は同国の割拠性の歴史的背景として同様に中世初期から説き起こしている。現在のドイツを理解するためにその時代からの歴史を顧みることの意義を筆者も認めるが、資本主義の下での産業化の時代以降に焦点を当てることが、経済力の多極分散を説明するうえでより適切な方法であると筆者は考える。その理由は、国民経済という枠組みの中で資本主義が機能すれば首位都市への経済力の集中が引き起こされると論理的に考えられるし、実際19世紀初めから1930年代までの長期間にわたるドイツ経済の空間的構成を検討するならば、多極分散が維持されながら次第にベルリンへの経済力の集中が進んでいったことを確認できるからである（山本1991、本書第2章）。

　1国のなかでの首位都市への経済力の集中を資本主義がもたらすと論理的に考えられるのは、次の理由からである[26]。資本主義の下で企業は最大限利潤を追求する。獲得した利潤の一部は拡大再生産のために必要な資金として蓄積される。また最終消費者に分配された所得のうち貯蓄に回される部分は、ファイナンスの仕組みによって企業の拡大再生産の原資となる。拡大再生産は単なる生産量の増大だけを意味するのではなく、競合する他企業が生産する商品やサービスの質を上回る新しい商品・サービスの開発も意味する。これなくしては競合他企業に後れを取りかねないし、その結果として市場から撤退せざるを得なくなる危険があるからである。つまり、資本主義の下で企業は競争という圧力に絶えずさらされ、シュムペーター（1977：180-185）の言う新結合、即ちイノベーションの実現を追求しようとするし、そうせざるを得ない。

　他方で、イノベーションを実現する企業は、拡大した生産力で生産できる商品・サービスを販売可能とするだけの広い市場を必要とする。言い換えれば、資本主義の下で企業は成功するにしたがって絶えずより大きな市場を求め、その大きな市場に自らの組織を適合させようとする。より大きな市場とは人口や取引先企業数が多いだけでなく、土地面積でも大きいことを意味するがゆえに、企業は特定1か所に事業所（本社、支社、工場、研究開発センターなど）を

置くだけでそのより大きな市場に対応できるわけではない。つまり、資本主義の下で成功する企業はより大規模となり、面積的に広がった市場でより大きな利潤を獲得するために、企業としての戦略策定や意思決定に必要な情報を得ることのできる場所に本社を置く一方で、市場全体をいくつかの部分市場に分割して、各部分市場に対応する支社や工場を配置するようになるし、研究開発センターを技術に関する高度人材を得やすい場所に配置する。

　企業としての戦略策定や意思決定に必要な情報を得ることのできる場所とは、企業活動に大きな影響力を行使する政府の所在地であったり、他の企業の本社がすでに多数立地している場所であったり、人口が多い場所であったりする。これらは企業活動のために重要な情報を直接得やすい場所であると同時に、企業が情報を発信しやすい場所でもあり、高度な知識や技能を駆使しうる高度人材を得やすい場所でもある。つまり、資本主義の下では、多様な高度人材が多数住み、交通通信のインフラストラクチャーが整備されているがゆえに企業活動にとって重要な新しい知識の生産と情報の受発信に便利となっている場所に、様々な産業分野の大中小様々な企業が多数集まってくる、と考えられる。そのような場所は経済力が強くなり、資本主義下の一国の中で、経済力という点で第2位以下を引き離す場所が1つに定まることが多い。イギリス、フランス、日本、韓国がその典型であるが、アメリカもそうである。

　しかし、既にみたように、現在のドイツでは経済力が類似する大都市圏が割拠し、特定1つの大都市圏の経済力が他を圧して強いわけではない。他方で、産業化が開始されてから1930年代までのドイツでは、次第にベルリンへの経済力の集中が進んだことは紛れもない事実である。筆者は19世紀初めからの約100年間におけるプロイセン王国内での経済的地域間格差の変化や、第2帝政成立以降、1930年代までのドイツにおける地域間格差の変化を、Hohorst（1980）やBorchardt（1966）の考察やそこで掲げられているデータを参考にして検討したことがある（山本1991、本書第2章第2節）。その結果、産業化の進展と第2帝政の下で、ドイツの中でベルリンとこれを直接取り囲むブランデンブルクへの経済力の集中、即ち大都市圏化が次第に進んだことを確認した。この事実からすれば、現在のドイツにおいて経済力の多極分散が見られる理由は、中世以降のドイツの歴史を見るよりも、産業化以降の歴史に限定して考察することによって初めて解明できると考えられる。

459

経済力の多極分散をもたらした要因は、現在のドイツに相当する領域が産業化時代において 30 を上回る領邦国家や 4 つの自由都市に分かれていたこと [27]、そしてプロイセンを盟主とする第 2 帝政のドイツという国家が誕生してもなお、22 の領邦国家と 3 つの自由都市の連合体 [28] であったという歴史、そして第 2 次世界大戦後の連邦制といった政治行政制度にまず求められる。中央集権的なフランスでは政治行政権力と経済力のパリへの一極集中が見られるのに対して、連邦制を取るドイツでその 2 つの力が複数の極に分散するのは、この国が産業化する時代において諸領邦や自由都市が割拠していたこと、それらが産業化の推進においてライバル関係にあったことによる、という説明である。

　しかしそれだけではない。前述したように、1930 年代まででベルリンとこれを取り囲む地域への経済力の集中が進展したが、現在、この地域の経済力はさほどでない。その理由は連邦という歴史にではなく、第 2 次世界大戦の敗北に求めるのが妥当である。この第 2 の要因の意味についても具体的に論じたい。以上の 2 つの要因がもたらした具体的な事実を見れば、ドイツにおける経済力の多極性を説明することは可能だろう。だが、それだけでは農村的地域への広域的分散を説明することは難しい。この点に関する筆者なりの仮説も提示したい。本章では、以上の観点に基づいて産業発展の実態に焦点を当て、現代ドイツにおける「多極＋農村的地域への広域的分散」をもたらした諸要因を説明してみたい。

4.1. 19 世紀に領邦国家単位で推進された産業化

　多極性が形成された最重要の要因は、ドイツ全体が産業化する時代に数多くの王国や公国が存在していたこと、そして 1871 年に成立したドイツ第 2 帝政がそれら領邦国家などの連合体であり、産業化がそれぞれの領域単位で進められたことに求められる。

　加えて、産業化時代の経済発展のための重要な生産要素となった石炭資源が、ルール地域、ザール地域、シュレージエンという相互に遠く離れた場所で採掘される一方で、これら産炭地域が各領邦国家の首都や遠隔地交易で活躍する富裕な商人が拠点を置いた自由帝国都市、即ちアウクスブルク、ニュルンベルク、フランクフルトア・アム・マイン、ハンブルク、ブレーメンなどからも遠かったこと、そして産業化の初期段階を担った繊維工業、特に綿紡績工業の盛んな

地域が、現在のドイツ連邦共和国の領域の中で見れば、ザクセン、ラインラント、ヴェストファーレン、ヴュルテンベルク、バーデン、バイエルンとやはり相互に遠く離れた場所に分散していたことも、経済力の「多極＋農村的地域への広域的分散」に影響している。ラインラントとヴェストファーレンは隣接しているし、ヴュルテンベルクはバーデンやバイエルンと隣接しているが、それぞれの地域内の中で綿紡績工業が盛んになった場所は相互に離れており、しかも農村的地域だった。こうした地理的歴史的な事情（Kiesewetter 1989a：176-184）が、「多極＋農村的地域への広域的分散」というパターン形成にとって重要な要因となった。

　綿紡績工業は、蒸気機関導入以前において、水車動力を利用できる河谷沿いでまず盛んになった（松田 1967：355-428；Kiesewetter 1989a：178；Berthold et al. 1990：102-104；Grees 1989）。しかし、蒸気機関によってその地理的制約はなくなり、むしろ綿花の輸入に便利な交通位置にある場所や都市市場に立地する傾向を示すようになった（Wiese und Zils 1987：107-111）[29]。綿紡績工業は機械を必要とするので、機械工業の発展をもたらす苗床となった。産炭地域もまた、石炭採掘のために必要な機械を開発生産する産業の苗床となった。他方で各領邦国家の首都には、産業近代化のために必要な工学技術を振興すべく、後の工科大学へと昇格するポリテヒニクム（工業高等専門学校）が 19 世紀に続々と設立された。ベルリン、ドレースデン、ミュンヘン、シュトゥットガルト、カールスルーエ、ハノーファ、ダルムシュタット、ブラウンシュヴァイクにはいずれも工科大学があるが、それらはプロイセン王国、ザクセン王国、バイエルン王国、ヴュルテンベルク王国、バーデン大公国、ハノーファ王国、ヘッセン・ダルムシュタット大公国、ブラウンシュヴァイク公国の首都だったのである。ただし、これらの中でハノーファとシュトゥットガルトの工科大学は後に総合大学へと変化した。

　神学・法学・医学などの学部を持つより伝統的な総合大学は、必ずしも領邦国家の首都ではなく、より小規模な都市（例えばハイデルベルク、ゲッティンゲン、フライブルク、テュービンゲン、マールブルク、ギーセン、ボン、ミュンスター、エアランゲンなど）に立地する場合が多いのと対照的である（Blotevogel 1983：148-149）。ちなみにアーヘン工科大学はアーヘン市民の発意と資金拠出によって設立されたものであり、他の工科大学の設立主体が邦政

府だったのと異なる [30)]。

　アメリカと同様にドイツでも、国民経済の成立と発展にとって鉄道建設が非常に重要な意味を持つ鉄道時代と呼ばれる時代があった。鉄道ネットワークが国内に整備されることによって、それまで国土の中に分立併存していたいくつもの地域市場が、国民経済的な市場へと統合されたし、鉄道と機関車や車両などの建設のために必要とされる鉄が大量生産されたからである（Kiesewetter 1989a：248-261）。ただし、ドイツといえども国内の機械メーカーが蒸気機関車を最初から供給できたわけではなく、イギリスから輸入されたものが多かったし、ベルギー製やアメリカ製の蒸気機関車を輸入する状況が 1840 年代半ばまで続いた。国産の蒸気機関車だけで鉄道時代のドイツの一部即ちプロイセンの需要を賄うようになったのは 1855 年以降になってからである（Fremdling 1985：122，Tabelle 10，S.133）。その直前の 1853 年にドイツの各領邦国家内で走っていた蒸気機関車を製造した工場とその所在都市を示した表 14-6 から、蒸気機関車を生産できるだけの当時の先端技術を持つ企業がドイツ内各地に分散していた様子を見て取ることができる。その中では、鉄道建設が各領邦国家の政府によって推進されたがゆえに、各領域内の都市にある機械メーカーによって製造された蒸気機関車が相対的により多く導入された。プロイセン王国ではベルリンの、バイエルン王国ではミュンヘンの、ザクセン王国ではケムニッツの、ヴュルテンベルク王国ではエスリンゲンの、ハノーファ王国やブラウンシュヴァイク公国ではハノーファあるいはブラウンシュヴァイクの、バーデン大公国ではカールスルーエの機械メーカー製造になるものが相対的に多かった。

　Kiesewetter（1989a：204-222）は機械工業と電気機械工業が盛んになった場所に関して概説している。これによれば、機械工業はドイツ全国各地にある都市で盛んになり、少数の特定の都市に集中するとか、少数の特定工業地域に集中していたわけではなかった。19 世紀半ば頃に機械工業が盛んになっていた都市はベルリン、マクデブルク、ハレ、ライプツィヒ、ドレースデン、ケムニッツ、ニュルンベルク、アウクスブルク、ミュンヘン、ケルン、アーヘンである（Kiesewetter 1989a：208）。1850 年から 1870 年にかけてドイツで新たに設立された 169 の機械製造工場のうち 118 が都市に立地したので、都市への立地という傾向は 19 世紀後半になっても継続したし、その都市の数は 25

第 14 章　21 世紀におけるドイツ経済の空間的構成と地域整備

表 14-6　19 世紀半ばにおけるドイツの諸領邦で走る蒸気機関車を生産した企業の
立地都市別にみた生産台数
（外国からの輸入機関車を除く）

蒸気機関車生産企業立地都市	蒸気機関車生産台数	主要企業名	領邦・省（プロヴィンツ）	備考（現在の都市名）
Berlin	493	Borsig	プロイセン王国	
Buckau	16	Hamburg-Magdeburger-Dampfschifffahrt-Comp.	プロイセン王国・ザクセン省	Magdeburg の1 地区
Elberfeld	4	Wewer & Comp.	プロイセン王国、ライン省	Wuppertal の1 地区
Sterkerade	3	Jacobi, Haniel & Huyssen	プロイセン王国・ライン省	Oberhausen の1 地区
Aachen	1	S. Dobbs & Pönsgen	プロイセン王国・ライン省	
Breslau	1	Ed. Herrenkohl	プロイセン王国・シュレージエン省	
Karlsruhe	149	E. Keßler	バーデン大公国	
Kassel	20	Henschel & Sohn	ヘッセン選帝侯国	
München	105	v. Maffei	バイエルン王国	
Chemnitz	37	Hartmann	ザクセン王国	
Hannover	46	Egestorff	ハノーファ王国	
Braunschweig	7	Maschinenfabrik Zorge	ブラウンシュヴァイク公国	
Esslingen	33	Maschinenfabrik in Esslingen	ヴュルテンベルク王国	
Heidelberg	1	Hardtmann & Lindt	バーデン大公国	
合計	916			

資料：Fremdling (1985: 122-123) の記述をもとに作成。
注：同一都市に複数の蒸気機関車生産企業があったのは、ベルリン、ブカウ、カールスルーエ、ケムニッツ、ブラウンシュヴァイクである。

を上回っていた（表 14-7）。51 工場は農村部に立地したことになるが、その地理的分布は分からない。しかし、Berthold et al.（1990：Karte 24）に掲げられている 1875 年時点での市郡別にみた工業密度（$1km^2$ 当たりの工業就業者数と人口 100 人当たりの工業就業者数）の地図から、工業が発展していた地域は現在のライン・ルール大都市圏、ライン・マイン大都市圏、ライン・ネッカー大都市圏、シュトゥットガルト大都市圏に相当する諸地域や、ザクセン州からテューリンゲン州、ザクセン・アンハルト州を経てニーダーザクセン州

463

表 14-7　1850 年〜 1870 年にドイツで新設された機械製造工場の立地都市

領邦名	都市名	新設工場数	現在の所在州・国
プロイセン王国	Berlin	13	Berlin
	Halle	7	Sachsen-Anhalt
	Magdeburg	6	Sachsen-Anhalt
	Aachen	4	Nordrhein-Westfalen
	Breslau	3	ポーランド
	Düsseldorf	3	Nordrhein-Westfalen
	Burscheid	2	Nordrhein-Westfalen
	Köln	2	Nordrhein-Westfalen
	Königsberg	1	ロシア
	Stettin	1	ポーランド
	Dortmund	1	Nordrhein-Westfalen
	他の小都市	7	
ザクセン王国	Chemnitz	18	Sachsen
	Leipzig	10	Sachsen
	Dresden	7	Sachsen
	Weißenfels	1	Sachsen
バイエルン王国	Augsburg	2	Bayern
	München	2	Bayern
	Kaiserslautern	2	Rheinland-Pfalz
	Nürnberg	1	Bayern
	Würzburg	1	Bayern
ヘッセン大公国	Offenbach	4	Hessen
	Darmstadt	3	Hessen
バーデン大公国	Mannheim	3	Baden-Württemberg
	Karlsruhe	2	Baden-Württemberg
ヴュルテンベルク王国	Stuttgart	4	Baden-Württemberg
合計		110	

出所：Kiesewetter (1989：210) の記述から作成。
　注：Kiesewetter (1989：210) には 118 工場が都市に立地したとあるが、都市名に即して提示している工場数
　　　を合計すると 110 工場しかなく、残りの 8 工場の所在地が不明である。

南部に至る諸地域だったことが分かる。これらに加えてベルリン、ハンブルク、
ブレーメン、ニュルンベルク、アウクスブルクなどの広大な農村的地域の中に
位置する都市も工業活動が活発だったことを知ることができる。19 世紀後半
までに全国各地に分散立地した機械製造業は、既に 1871 年時点でドイツ関税
同盟に属する諸領邦全体として国際貿易面からみた比較優位産業となっていた
し[31]、現在に至るまでドイツの比較優位産業である。そしてこの産業は分散
的立地を維持してきているのである。

464

4.2. 第2次世界大戦敗北の影響

超長期にわたって国際経済におけるドイツの比較優位産業となっている機械製造業や、一定の時期において比較優位産業となっていた他の工業が「多極＋農村的地域への広域的分散」をするにあたって、第2次世界大戦の敗北とこれへの有力ドイツ企業の対応が重要な役割を果たした。これによって、旧西ドイツ内ではさらにその立地パターンが強固なものとなった。そのことをシュトルパーほか（1969：281）は次のように描いている。

　「ドイツの全ての工業地帯の中でルール地方が占めていた優越的地位は、復興に際してやや失われた。ライン＝マイン＝ネッカー地域の生産がますます増大し、それと並んで新しい工業地帯が成立した。例えば、第二次大戦までは比較的工業に乏しかったミュンヘンが工業の一つの中心地になったのである。一九六五年には、工業地帯は全体として数十年前よりもずっと平均した形で連邦各地域に分散していた。工業立地はもはや鉄道と石炭によってそれほど決定的な制約は受けず、それ以上に自動車と電気が反局地化的な作用をおよぼしていた。」

シュトルパーほか（1969）は、ミュンヘンやドイツ南西部における工業力の拡大について具体的なことを何も述べていないが、電気機械工業の2大企業のうちジーメンス・コンツェルンの首脳部はドイツの降伏前にベルリンからミュンヘンに移動して、そこで直ちにアメリカ占領軍首脳部と企業再建のための折衝を開始したし、戦後になって通信部門の本社をミュンヘンに、重電部門の本社を同じバイエルン州の北部にある小都市エアランゲンに移転したし[32]、AEGはフランクフルト・アム・マインに本社を移転したのである。

ザクセンのツヴィッカウに本社工場があった自動車メーカーのホルヒとアウディ、チョーパウにあった DKW（Dampf Kraft Wagen 蒸気力車という意味）、ヴァンデラー社のケムニッツ近郊にあった自動車部門など4つの自動車メーカーが1931年に合併してケムニッツに本社を置いていた自動車メーカーのアウトウニオン（株）[33]は、1949年にバイエルン州のインゴルシュタットで新しいアウトウニオン（有）として再建された。ドイツが連合軍に対して無条件降伏を宣言した1945年5月7日に、アウトウニオン社の首脳部の一部はケムニッツを去って西側占領軍が支配する場所に逃れ、ザクセンにあった同社工場が

465

ソ連軍によって接収されて機械施設がほとんどすべて撤去されたのを知って、同社のミュンヘン支店で会合してバイエルンでの同社の再建に取りかかった。インゴルシュタットにそのための用地を確保し、1945年12月に「アウトウニオン補充部品インゴルシュタット中央保管有限会社」が設立されたのである。これが1949年9月に誕生した新生アウトウニオン有限会社の前身企業となったのであり、その際にはバイエルン州立銀行の支援を得た（AUDI AG 2000：109，151-152）。

　テューリンゲン地方のイェーナに本社があったカール・ツァイスは、1945年4月から6月にかけてテューリンゲン地方全体を占領した米軍によって押収され、開発生産に従事していた研究者やエンジニア77名が、米軍によって光学機器生産のための重要な設計図や特殊な生産機械とともに、その占領地域のヴュルテンベルク東部農村的地域の町ハイデンハイムに連行され、後にその10数km北に位置するオーバーコッヘンで西ドイツのカール・ツァイスとして再出発した[34]。フランクフルト・アム・マイン、シュトゥットガルト、ミュンヘン、そしてこれらの都市を中心とする地域はいずれもアメリカ軍政府の占領統治下にあったのである。

　有力製造企業だけがソ連占領下におかれた場所から旧西ドイツに移動して再建されたのではない。第2次世界大戦後のドイツで3大銀行と呼ばれていたドイツ銀行やドレースデン銀行が本店をベルリンからフランクフルト・アム・マインに移す一方で、コメルツ銀行がデュッセルドルフに移った。第2次世界大戦以前のドイツにおいて、経済力のベルリンへの集中が次第に進行していたが、敗北によってその流れが断ち切られ、経済力が高かったベルリン、ザクセン、そしてテューリンゲンが旧東ドイツに位置してそれぞれの経済力が著しく低下した一方で、旧西ドイツ南部の経済力が興隆したのである。

　ドイツに対する戦後処理に機敏に対応することができた大企業だけが、戦後西ドイツにおける産業の「多極＋農村的地域への広域的分散」に寄与したのではない。東プロイセンやシュレージエンなどのソ連やポーランドの領土となった旧ドイツの東方領域や、第1次世界大戦後にチェコスロバキアの領土となっていたズデーテン地方などから約810万人に上るドイツ人ないしドイツ系の人々が大戦末期から1950年までの間に「故郷を追われた人々」として西ドイツに移動してきた。また東ドイツからも約100万人が西ドイツに逃亡してきた。

第 14 章　21 世紀におけるドイツ経済の空間的構成と地域整備

これらの人々をまず受け入れた場所は、戦災を受けずに住宅が存在していた農村的地域だった（Reichling 1989）。そうした難民・逃亡者の中には後に大都市圏に移動した者も少なくないと考えられるが、才覚と知識・技術を有して幸運に恵まれて農村的地域で独立創業した人たちがいる。その数は決して多いとは言えないかもしれないが、例えば 1990 年代に業務用ランドリー機械を開発製造する企業として成功したカネギーサ社の創業者ヘルベルト・カネギーサは、東方領域からの難民でノルトライン・ヴェストファーレン州北東部農村的地域の町フロートに定住し、企業を設立した。ヘルベルトの子息マルティーンはドイツ金属機械製造企業経営者連合（Arbeitgeberverband Gesamtmetall）の会長を務めたことがある。それはカネギーサ社が成功した企業であることを意味する（Ewing 2014：13，57-64；山本 2018a：73-74、本書第 13 章第 3 節第 2 項）。

　東方領域からの難民によって設立された企業がどれだけあるか、またあったとしてその場所が農村的地域であるかどうか、その正確なことは分からない。しかし、ズデーテン地方やその他の東方領域からの難民の教育水準は高く、西ドイツ在来住民との差がなく、彼らが故郷で享受していた社会的地位への上昇志向が強いこともあって、工業、手工業、農業、商業、運輸交通などの産業諸分野で数多くの事業所をそうした難民が設立したと Djeković und Gross（1989：130）は述べている。

　旧西ドイツの農村的地域には、そうした難民の定住によって新たに生まれた地方自治体がある。例えばバイエルン州ミュールドルフ郡のヴァルトクライブルク，トゥラウンシュタイン郡のトゥラウンロイト，バートテルツ・ヴォルフラーツハウゼン郡のゲーレツリート、レーゲンスブルク郡のノイトゥラウプリング，そして後にカウフボイレン市に合併したノイガーブロンツである[35]。いずれもナチスドイツの兵器庫だった場所が難民収容地として利用され、後に人口 1 万人台から 2 万人台規模の町となったところである。これらの町で設立された小規模事業所のなかで大企業あるいはこれに準ずる規模の企業へと成長したものがあったか否か分からないが、難民の存在が戦後西ドイツの社会に全体として大きな影響を与えたことは否定できない。

4.3. 政府による工業立地政策あるいは企業家の分散的輩出

以上から、ドイツ連邦共和国における「多極＋農村的地域への広域的分散」の理由の一つが、第 2 次世界大戦の敗北と連合国 4 か国による分割統治の下でソ連軍占領地域に位置していた諸企業の対応にあることは明らかであろう。しかしそれだけではない。ナチスドイツ政府の政策や、1960 年代以降のドイツ連邦政府による構造不況地域のための振興政策もまた、現在の「多極＋農村的地域への広域的分散」型国土構造形成の一因である。

4.3.1. 国策によるフォルクスヴァーゲン社の設立と立地

例えば、フォルクスヴァーゲンの本社工場がニーダーザクセン州最東部のヴォルフスブルクに置かれたのは、ナチス政権による大衆への乗用車普及政策（古川 1979, 1981；西牟田 1999）と軍事的考慮による工場立地政策があったからである。ナチス政権は乗用車を大衆に普及させる政策を推進すべく、ダイムラー社など高級乗用車メーカーに低価格の国民車（フォルクスヴァーゲン）の開発を求めたが、ヒトラーが要求する販売価格に見合うだけのコストでの生産が困難であるとみた当時の乗用車メーカーは、結果的に国民車製造を諦めた。そこで、ナチス体制下で労働組合が再編成されて経営者や管理者層も参加して組織された「ドイツ労働戦線」が、1937 年 5 月にベルリンで「ドイツ国民車準備有限会社」を設立した。この企業は翌 1938 年初めに、ブラウンシュヴァイクの北東約 10km に位置する町ファラスレーベン近くの原野で、国民車を生産するための工場建設を開始し [36]、同年 9 月に「フォルクスヴァーゲン工場有限会社」と名称変更した（Volkswagen AG 2008：8）。

ファラスレーベン近くの原野が国民車を製造する工場の適地と判断されたのは、当時のドイツの 2 大経済拠点であるルール地域とベルリンとの中間に位置し、両地域を直結する鉄道と、ルール地域とエルベ川までをつなぐミッテルラント運河とが通じている場所だったからである。ベルリンからエルベ川までは湖や運河によって水運が可能なので、工場建設予定地は 2 大経済拠点を水運でもつなぐ中間点に位置していたのである。ベルリンとルール地域を直結するアウトバーンは工場建設予定地から 10km 南を東西に走ることになっていたので、ファラスレーベンは交通至便の場所だった。ここは、当時のドイツ国境から遠隔地だったので空襲を受ける危険性が低いと見込まれたことも適地と判断

された理由である。しかもファラスレーベンの南西約30kmのザルツギッター
には、地元産の鉄鉱石を用いる新しい製鉄工場「帝国鉱山製鉄工場株式会社"ヘ
ルマン・ゲーリング"」の建設が1937年に開始されていた[37]。

ザルツギッターで生産される鉄鋼を利用して国民車を生産する工場が本格稼
働する前に、伝統ある都市ブラウンシュヴァイクで国民車を生産するための分
工場が1938年に稼働した。ここで、本工場で雇用される労働者の職業訓練が
なされたのは1938年10月になってからであり、生産設備や工具の生産が開始
されたのは1938年末になってからだった。本工場の建設は1938年前半期に開
始されていたが、労働力不足と資材不足のために完成が遅れていたのである。
第2次世界大戦が始まるとファラスレーベン郊外の工場は、フェルディナント・
ポルシェによって設計され、ヒトラーによって歓喜力行車（KdF-Wagen）[38]と
名付けられた乗用車の生産ではなく、軍用機の修理工場としてまず機能し、後
に軍用車の生産に従事するようになった（Volkswagen AG 2008：8-10）。要
するに、ファラスレーベン郊外で国民車生産のための工場が建設されたのは、
当時のナチスドイツのアウタルキー政策と関連した軍事的考慮と、ベルリン
とルール工業地域の中間にあって輸送至便の場所だったからである（Brücher
1982：119；Geipel 1981：189-190；Kehrer 1996：17）。

第2次世界大戦後にファラスレーベン郊外の工場はイギリス占領軍に接収
され、そのもとで占領軍が必要とする車が生産された。ナチス政権の下で「歓
喜力行車の都市 Stadt des KdF-Wagens」と名づけられていた場所は、イギ
リス軍占領下でヴォルフスブルクという名称に変更された。ヴォルフスブル
クという都市名は、フォルクスヴァーゲン本社工場のすぐ北を東から西に流
れるアラー川畔にあるヴォルフスブルクという古城の名前に由来する（Stadt
Wolfsburg 2018：5）。

イギリス軍政府の管理下で、フォルクスヴァーゲン工場での乗用車生産は、
顧客サービスを充実させるための部署がつくられたり、オランダ、ベルギー、
スイス、北欧諸国への輸出が奨励されたりして次第に盛んとなった。こうし
て軍需工場から民需工場に転換したフォルクスヴァーゲン（有）の受託管理権
を、イギリス軍政府は1949年10月に、建国間もない西ドイツ政府に返還し、
これの委託によってニーダーザクセン州政府が工場を管理することになった
（Volkswagen AG 2008：14-17, 28）。フォルクスヴァーゲン工場（有）の本

469

社はベルリンにあったが 1948 年にそこからヴォルフスブルクに移転したのは
（Volkswagen AG 2008：24）、ドイツの東西への分裂が決定的になったからで
あると考えられる。西ドイツ政府は社会的市場経済と呼ばれる経済政策の基
本理念に従ってフォルクスヴァーゲン（有）の民営化を目指し、1960 年 8 月
に株式会社に改組した。その際に、資本金の 60％を民間出資者に払い下げる
一方で西ドイツ政府とニーダーザクセン州政府が各 20％を保持した。それは
同社の経営に影響力を及ぼすことを可能にするためだった（Volkswagen AG
2008：35, 56）。その間にフォルクスヴァーゲンは、その低価格と品質が高く
評価されて、ドイツ国内だけでなく主として大陸ヨーロッパ諸国と北米での販
売が特に 1954 年以降に大きく伸びた。1950 年代を通じての西ドイツ乗用車
市場での同社のシェアは約 40％に達し、その成長は「奇跡の復興」といわれ
た西ドイツ経済を象徴するとみなされたほどである（Volkswagen AG 2008：
33）。

4.3.2. 企業家の分散的輩出

　ガソリン内燃機関で動く自動車の特許を最初に 1886 年 1 月に取得したのは
マンハイムで自身の企業を設立経営していたカール・ベンツである。そこから
約 100km 南のバート・カンシュタット（現在はシュトゥットガルトの 1 地区）
でゴットリープ・ダイムラーも同年に 4 輪車の開発に成功した（Verband der
Automobilindustrie e.V. 1996：1-4）。ローベルト・ボッシュが内燃機関の点
火装置をシュトゥットガルトで開発したのが 1887 年であり（Weimer, 1995,
S.28）、ルードルフ・ディーゼルが 1897 年にディーゼルエンジンを開発して
彼の勤務するアクスブルクの M.A.N. も自動車生産に早くに参入した企業の 1
つである[39]。アウクスブルクはシュトゥットガルトの南東約 160km の場所に
位置する都市である。その中間のウルムで消防設備の開発生産をしていたマギ
ルスが 1916 年にトラック生産を開始した[40]。

　つまり、ドイツでの自動車開発と生産は特定都市で集中的になされたのでは
ない。この国の南西部で分散的に開発・生産がなされたのである。それは、フ
ランクフルト近郊のリュッセルスハイムで自転車生産から自動車生産へと発展
したアーダム・オーペル、シュトゥットガルトとマンハイムの中間に位置する
ネッカーズルムで自転車生産からオートバイ生産へ、そして自動車生産へと進

470

化した NSU も考慮に入れると一層はっきりする。ドイツ南西部への自動車工業の分散的集積は国や邦政府の直接的影響によるものではなく、むしろ企業家精神あふれる人物があちこちで独自に事業を起こしたことに起因する。何故その場所なのか、という問題を解く論理必然性はない。たまたまそこで事業を営む人物がいたからである。この点については後述する。

4.3.3. 構造不況地域への自動車工場の配置

　自動車工業の分散的立地に政府の影響力が及んだ事例として、フォルクスヴァーゲンのその後の成長について述べておきたい。この企業はヴォルフスブルクだけで自動車生産に従事したのではない。1955 年から 56 年にかけてハノーファに工場を設立し、小型商用車生産を移管した（Volkswagen AG 2008：48）。1958 年には、ヘッセン州北部のカッセル近郊にあったかつての航空機エンジン製造のヘンシェルの工場を取得して改造し、自動車のための交換部品やトランスミッションなどの生産工場とした。1970 年には、ザルツギッター工場が完成した（Volkswagen AG 2008：86）。ブラウンシュヴァイク工場は戦後も部品工場として稼働している[41]。こうして、ニーダーザクセン州南東部からヘッセン州北東部にかけて、ヴォルフスブルクを中心とする自動車工業地域が形成された。ヴォルフスブルクに近い所にフォルクスヴァーゲン社の工場が設立されたのは、本社工場への部品供給や本社工場のエンジニアの指導を受けるのに便利であるという経営上の理由もあるだろうが、戦後の西ドイツの中では相対的に経済力の弱いニーダーザクセン州が、州経済のテコ入れを図るという政策があったからであると考えられる。それは 1964 年に北海沿岸の港町エムデンに立地した工場に、より明瞭に当てはまる。ここに乗用車組立工場が設立されたのは、有力市場である北米への輸出に便利だからであると同社社史に記されているが、エムデンよりもはるかに港湾機能が発達しているハンブルク港の方がヴォルフスブルクにはるかに近いし、ブレーマハーフェンもエムデンより近い。北米への輸出を重視するのであれば、ハンブルクやブレーマハーフェンに近い所での工場設立の方が経営的にはより合理的であるはずだが、港湾機能の弱いエムデンが選ばれたのは、ここがニーダーザクセン州内の最北西部にあって経済力が特に弱い地域だったからであると考えられる。ハンブルクとブレーマハーフェンはニーダーザクセン州には属さないのである。エムデン工場

には重要な部品生産機能がなく、せいぜいのところ座席シートやワイヤーハーネスといった部品生産と最終組立機能しかなかった。車体はヴォルフスブルクから、エンジンはハノーファから、トランスミッションとシャシーはカッセルから輸送されてエムデンで組み立てられた（Volkswagen AG 2008：60, 70）。この工場は言うなればノックダウン式工場だったのである[42]。

　構造不況地域への自動車工業の立地はフォルクスヴァーゲンのエムデン工場だけではない。石炭産業が斜陽化すると、ルール工業地域のボーフムに、フランクフルト近郊に本社工場を有していたオーペル社が組立工場を建設し、これが 1962 年 10 月から稼働した[43]。また、ケルンに本拠を置いていたドイツフォード社は、炭田地域ザールラントのザールルイにあった空港跡地に工場を 1966 年から建設し始め、1968 年に稼働させた。これは当初車体部品だけを生産したが、その後生産部品を拡充し、1970 年に最終組立工場となった。ザールルイ工場立地に関して 1966 年当時西ドイツ首相となっていたルートヴィヒ・エアハルトが関わっていたことをドイツフォード社が公表している[44]。また造船業が不況になり、物流拠点としての港湾機能もロッテルダム港との競争にやぶれ、ベルリンを含む旧東ドイツ領域という後背地を失ったことなどによりドイツ南部やライン川流域の大都市と比べて経済的に振るわなくなったハンブルクやブレーメンにダイムラー・ベンツ社が工場を配置したのは、もともと各都市に立地していた自動車メーカーが立ち行かなくなったからであるが[45]、経済力を維持したいとする各都市政府（州政府）の願望やドイツ連邦政府の構造不況地域振興政策と関係していると考えられる。

　こうして、旧西ドイツ領域の中で自生的に自動車工業が誕生し発展してきたライン・マイン大都市圏からバーデン・ヴュルテンベルク州各地だけでなく、西ドイツ全域にわたって分散的に、20 世紀後半以降現在にまでいたるドイツのリーディングインダストリーとなっている自動車工業が立地するようになったのである。しかし、ボーフムに設立されたオーペル工場は 2014 年に閉鎖された。それは地域政策の失敗の故ではなく、グローバル競争のなかでオーペル社さらにはその親会社の GM が劣位に追い込まれたからである[46]。

4.4. 遍歴職人としての修業を経験する企業家の存在

　ところで、もともと、20 世紀前半期にドイツ各地で自動車生産に参入した

企業は多く、その立地が当時のドイツ全国に分散していたことも忘れてはならない[47]。南西ドイツに分散的に立地した自動車メーカーの個別の場所については前述したが、ほかにも第 1 次世界大戦勃発前までにバーデンのガッゲナウにベルクマン社[48]、フランクフルト・アム・マインにアードラー社、ヴルテンベルクのバックナンにケルブレ社という自動車メーカーが成立していた。また、ドイツ中部のザクセンでも自動車工業企業が分散的に集積していたが、ここと南西ドイツ以外でも比較的大きな都市には自動車またはオートバイを製造する企業がそれぞれ独自に成立するようになっていた。例えば、テューリンゲンのアイゼナハでは Fahrzeugwerke Eisenach が、ベルリンでは NAG-Werke Berlin が、ブランデンブルクでは Brennaborwerke が、ビーレフェルトでは Dürkopp-Werke が、ブレーメンでは Hansa-Lloyd-Werke が、シュテティーンでは Stoewer-Werke が、ミュンヘンでは Hildebrand & Wolfmüller などが 1890 年代末から 1905 年頃までにかけて自動車またはオートバイの開発生産に成功した。1914 年時点で比較的大きな自動車ないしオートバイ生産企業が 25 社、小規模な企業が 35 社存在しており、この部門の就業者数は約 3 万 5 千人に達していたのである（Kehrer 1996：11-13）。

また Flik（2001a：65-71）は 1895 年から 1933 年までの間の 6 つの時点でドイツの自動車メーカーの立地パターンの変化を地図[49]に描くとともに、その立地パターンをもたらした要因について説明している。これによれば、当時のドイツ北東部の農村的地域には自動車メーカーがほとんど成立していなかったが、それを除けばドイツ全国に分散的に成立し、1923 年当時に多数の自動車メーカーが存在していたのはベルリン（23 社）を筆頭として、ミュンヘン（7社）が続き、シュトゥットガルとマンハイムにも複数社立地していたこと、そしてザクセンからテューリンゲンにかけて多数の自動車メーカーが分散的に立地していたことが分かる。自動車メーカーが立地する場所は機械工業、特に精密機械工業が盛んで金属加工の熟練技能労働者が多く、かつ富裕な人々が多く住む都市だったと Flik（2001a：65-71）は説明している。そうした労働力と局地的市場という 2 つの要因に着目するのは当然のことであるが、それ以上に全国的に分散していることを説明する要因として、企業家精神を発揮する人材の全国的遍在を挙げることが重要であると筆者は考える。なぜ遍在していたのか。その理由として、次のような仮説を提起したい。

473

もともとドイツでは、一人前の職業人となるために、徒弟（Lehrling）から始め、職人（Geselle）を経て、親方（Meister）になるという身分制度があった。この身分制度は、産業化とともに崩壊したが、一人前のエンジニアとなるために、出身地とは異なる場所にある企業で職人あるいはエンジニアとして訓練を受けるという慣行は産業化時代にも残っていた。19 世紀半ば頃から各領邦国家単位で設立された工業高等専門学校（ポリテヒニクム）などの高等教育機関での教育が、企業家精神を発揮する人材の輩出に貢献したと考えられる。遍歴職人としての経験や高等教育機関での教育が、新しい知識・技術を考案する重要な契機となったと考えられるからである。さまざまな場所を経巡り、さまざまな人々と交流する経験が、さまざまな情報や素材をもとにして自分自身の発想によって新しい組み合わせで新しいことを試みるという行動を起こす契機になったのではなかろうか。

　言うなれば、生まれ育った狭い世界から飛び出して、広い世界の各地での修業体験が、第 1 に重要と考えられる。その前提条件となるのは、ドイツ語圏各地に有力な金属・機械製造企業がすでに成立していたことであるし、ポリテヒニクムの分散的立地である。第 2 に重要なのは、新しく獲得した知識・技術を実用化して、自らの意思の下で経営するための企業を設立しようとする自主独立精神である。事業を起こす場所は生まれ故郷ないしその近く、あるいは修業した場所などさまざまであるが、必ずしも各領邦国家の首都というわけではないし、急速に大都市化していたベルリンでなければならない、というわけでもなかった。産業化の担い手となる工業企業はドイツ語圏各地に散在する大中小さまざまな都市にあり、そうした都市ならばどこでも自主独立した企業が成功するチャンスはあったのである。

　上の仮説を例証する典型はゴットリープ・ダイムラーである。彼はシュトゥットガルトの東に約 30km 離れた町ショルンドルフで 1834 年に生まれた。父親はパン製造マイスターだった。14 歳の時から 4 年間、銃器製造マイスターのもとで徒弟修業をして職人試験に合格した後、ヴュルテンベルク王立工芸学校で機械製造を学んだ。これは、王国の産業化振興政策のもとでフェルディナント・シュタインバイスが設立した学校である。この学校で優秀な成績を収めたダイムラーは、シュタインバイスの推薦を受けて、職人として更なる修業を積むための旅費を含む奨学金を得ることができ、まずアルザス地方の機械製造

工場で 1853 年から 4 年間働いた。そしてシュトゥットガルト・ポリテヒニク
ム（シュトゥットガルト工科大学の前身）で 2 年間学んで卒業した後の 1859
年から欧州内（パリ、リーズ、マンチェスター、コヴェントリ）での遍歴修業
を続け、1863 年にヴュルテンベルクのガイスリンゲンにある金属製品工場で、
ついで 1865 年からロイトリンゲンの機械製造工場で指導者として働いた。こ
こでダイムラーの片腕として終生活躍するヴィルヘルム・マイバハの知遇を得、
1869 年に彼とともにカールスルーエの機械製造企業に転職し、この企業の工
場全体を統括する役割を担った。そして再びシュタインバイスの推薦を受けて
ヴュルテンベルク王国政府の委任を受けてパリに派遣され、ここでガスモータ
ーの将来性を確信し、この技術で先行していたドイツガスモーター製造工場か
らヘッドハンティングを受けて工場長として勤務した。この工場はライン川を
はさんでケルンに隣接するミュールハイム（現在はケルン市内の 1 地区）に
立地していた。ここでオットーサイクルとして知られるガソリン内燃機関を発
明したニコラウス・オットーと知り合ったが、両者は友好関係を結ぶことがな
く、ダイムラーに約 1 年遅れて同社の設計室長として勤務していたマイバハと
ともに辞職して、ネッカー川をはさんでシュトゥットガルトに隣接するバート・
カンシュタットで 1881 年に自分たち自身の企業を設立したのである（Weimer
1995：49-55）。

　ゴットリープ・ダイムラーと同時代人の工業企業家には、同様に徒弟あるい
は職人（エンジニア）としての遍歴修業の経験を持っているものが目立つ。カ
ール・ベンツ、ローベルト・ボッシュ、アーダム・オーペル、カール・ツァイ
スなど、後にドイツ工業を代表する大企業となる会社を立ち上げた人物がそう
である（Weimer 1995）。

　ザクセンのツヴィッカウでアウディ社を設立したアウグスト・ホルヒもまた
遍歴エンジニアとしての経験を持っている。彼はモーゼル川岸の村ヴィニンゲ
ンで 1868 年に生まれ、小学校卒業後に金属加工の徒弟修業と職人試験に合格
した後、1884 年から 1887 年まで遍歴職人としてドイツ語圏だけでなく南東欧
各地を巡った。その後、ザクセンのミットヴァイダにある工業専門学校で学ん
だ。ここを 1890 年に卒業した後、ロストクの造船所で舶用機械の設計や、ラ
イプツィヒで魚雷艇のための内燃機関の開発に従事した。そして 1896 年にマ
ンハイムのカール・ベンツの会社に自動車製造部門長として採用されたのであ

る。しかし1899年にはアウグスト・ホルヒ＆カンパニーという自動車修理会社をケルンのエーレンフェルトで立ち上げた。出資者がここの住人だったからである。ホルヒ自身は、乗用車の開発にも従事し、1901年に最初の車を完成させた。しかし、出資者との折り合いが悪くなったのか、1902年にザクセン南西部の町ライヒェンバハに移動し、ここで新しい出資者を得て乗用車開発に従事した。ホルヒは1904年に会社をツヴィッカウに移転して株式会社としたが、監査役即ち出資者の一部と仲たがいし、会社を辞めて1909年に同じツヴィッカウで別の乗用車メーカー、アウディを立ち上げた。前述したように、1932年にホルヒ社、アウディ社、ケムニッツに立地していたヴァンデラー社の自動車部門、そしてケムニッツ近郊のチョーパウに立地していたDKWの4社が合併してアウトウニオン社が設立されたのである。アウグスト・ホルヒ自身は1933年にこの合併企業の監査役の1人に選ばれたが、経営には実質的に関わらなくなった。しかし、第2次世界大戦後の1949年におけるバイエルン州インゴルシュタットでのアウトウニオン社の再建に関わった[50]。

　20世紀初めまでのドイツの企業家がすべて遍歴修業を経験したというわけではあるまいが、技術力を蓄えて自分自身の企業を設立するまでの間、さまざまな場所でエンジニアとしての経験を積んだ企業家は少なくない。そして、彼らがドイツ国内の限られた特定大都市に引き付けられたのではなく、なじみのある場所や資金を得ることのできる場所で創業したのである。そこが生まれ故郷という場合もあっただろうが、生まれ故郷に比較的近い場所ということもあったし、そもそもなじみのない場所だったこともある。そうした個別の事情の違いはあれ、19世紀末から20世紀初めにかけて自動車生産というベンチャー事業を起こしたエンジニア達を全体としてみれば、全国の大小さまざまな諸都市に分散していたことは紛れもない事実である。そしてそこで成功すれば、その場所を故郷としたとみてよいであろう。故郷に戻るというよりも、事業を起こした場所を故郷とし、事業規模が大きくなってもそこから全国的レベルでの大都市に移転するということはなかったのである。その理由として、事業を起こした場所を故郷とみなしうるほどに、生活の便宜がそこで得られ、他に転居する動機を持たなかったからであるという仮説を考えることができる。言い換えれば、ドイツでは大都市だけでなく中小都市でも高い質の生活を送ることができたからである。

第14章　21世紀におけるドイツ経済の空間的構成と地域整備

5. 生活の質を重視する国土政策

　「多極＋農村的地域への広域的分散」という経済的な国土構造を特徴とするドイツには、克服すべき国土構造問題がないのであろうか。実はどの時代にもあったし、現在でもある。ただし、ドイツでは国土という日本語に相当する用語で問題を見出しているのではないということに注意しなければならない。ラウム（Raum）という用語で国土に関わる問題を論じてきたのである。ラウムとは空間という日本語に相当するが、空間という日本語がもつニュアンスとは大きく異なる。ラウムとは、地球という大地の一部であり。大小さまざまな区域に分けて捉えることができる実体である。大地そのものだけではなく、その上に人間が構築した建築物の内部の個別の部屋もラウムという用語は意味しうるし、縦・横・高さという広がりを持つのがラウムである。この3次元は、大地に即していえば面積と標高差を意味すると解釈できる。したがってラウムには様々なスケールがあり、どのスケールのラウムであってもラウムはあらゆる人々の生活・活動の土台をなしており、これをどのように利用すれば人々の生活をよりよくできるのか、ということがドイツにおける国土構造への最重要関心事となる。

　したがってラウムを問題にする主体は個人から各レベルの地方政府を経てドイツ連邦政府全体にまでわたる。国土構造という日本語に相当するスケールのラウムを問題にする主体は連邦政府であるが、連邦政府と16の州政府は上下関係にあるのではなく、対等のパートナーであり、同様にして州政府と基礎的地方自治体としてのゲマインデ（Gemeinde）あるいは市・郡（kreisfreie Stadt、Landkreis）は対等のパートナーである。そうした各レベルの政府がその領域（テリトリー）というラウムの利用の仕方に強い関心を持ち、人々の生活にとって良好な状態に整備することがラウムオルドヌング（Raumordnung）なのである。オルドヌングとは秩序を意味するが、要するに望ましい状態を意味する。したがって主観的な価値観あるいは同じ間主観的な価値観を内包する用語であるが、個人主義と民主主義を踏まえた社会的調和を実現することが政府の責任であるということが常識となった現代にあっては、望ましい状態とは何かということが当然のことながら議論の対象となりうるし、見解が対立すれば民主主義の原則に基づいて望ましい状態を定義し、時には再定義することになる。このように考えると、ラウムオルドヌングという

477

ドイツ語の訳語としては地域整備を当てるのが妥当である。地域という日本語は、ラウムというドイツ語と同様に、大地に即した様々なスケールの広がりを意味するからであり、望ましい状態にするという意味を整備という日本語は持つからである。

ラウムオルドヌング（地域整備）を論じた日本語文献は少なくない（石井1974, 1988；金田 1981；祖田 1984；中村 1992, 1998；森川 1995；山田1989；山本 1982a, 1997b）。それらは、公表された時点あるいはその比較的近い過去における西ドイツあるいは東西統一後のドイツにおける地域整備を知るのに有効である。地域整備政策の目的は「すべての市民にとっての生活の質を改善するという社会に関する政策の根本的な目的に基づいて、連邦共和国の全ての部分地域において同等の価値を持つ生活諸条件（gleichwertige Lebensbedingungen）をつくることが、これまでと同様今後も地域整備政策の課題である」（Bundesminister für Raumforschung, Bauwesen und Städtebau 1979：12）と規定されている[51]。この目的は若干の語句の変更はあるが、最新の地域整備報告でも「さまざまな分野にわたって生活の備えをすることは（Daseinsvorsorge）、同等の価値を持つ生活状態（gleichwertige Lehensverhältnisse）のためのドイツにおける本質的な土台である」（Bundesinstitut für Bau-, Stadt- und Raumforschung 2017：6）という表現で維持されている。

しかし、当然のことながらドイツ内外の政治的・経済的・社会的な状況は時代によって変化してきた。それゆえ、どのような具体的課題を重視するかは時代によって変化してきた。その変化は、数年おきに公表されてきた『地域整備報告』を比較すれば自ずと明らかになる。ドイツ連邦政府は「地域整備法」を根拠として、『地域整備報告（Raumordnungsbericht）』を数年おきに公表することを義務づけられているのである。

東西ドイツ統一以前にあっては失業率が高い構造不況地域、具体的には東ドイツとの国境沿いに南北に延びる地帯や、就業機会の少ないドイツ北部・西部・南部の農村的周辺地域が問題地域として認識され、就業機会の創造を重視する国土整備政策が取られた。また、石炭鉄鋼産業などが斜陽化してからは、たとえ大都市であったとしても就業機会の創造のためのテコ入れが図られた。しかし、そうした雇用に関わる問題だけが地域整備政策として重視されたわけではない、すでに山本（1982a、本書第5章）で論じておいたように、生活の質に

関わるインフラストラクチャーの整備が立ち遅れていたり、大気汚染や河川の水質など自然の状況に関わる問題が発生している場所を望ましい状態にしたりすることも地域整備の重要課題となっていた。

生活の質に関わるインフラストラクチャーの整備は、「生活に関する基本的諸機能（Daseinsgrundfunktionen）」と概念化されている活動に関する施設の整備を意味する。Partzsch（1970a）はそれが7つの機能から構成され、各機能が発揮されるためにはそれなりの空間（Raum ラウム）を必要とし、しかもその7つの機能が相互に関連して全体としての生活空間が形作られることを論じた。7つの機能とは、居住、労働、調達、教育、休養、交通、コミュニケーションである。最初の5つの機能を果たす場所は、現代では誰にとっても同一の場所ではなく、相互に離れているので、居住している場所（居宅）を中心として相互の間を移動する必要がある。その移動を支えるのが交通施設・手段である。そしてコミュニケーションとは、そうした機能を果たすためには、多種多様な共同体（Gemeinschaft community：即ち家族、親族、交友範囲、地方自治体としてのゲマインデ、信仰共同体、職業や利害関心をもとにした共同体＝フェライン、政党、労働組合、居住建物共同体等々）の秩序との関係のなかで表れるものとされた[52]。Partzsch が挙げた生活に関する基本的な7つの機能は、後にミュンヘン社会地理学派によって社会地理学という学問の骨格を形作り、かつ地域計画や都市計画に携わる専門職業人を育成するための学科目として構想された社会地理学の指導原理となった。ただし、コミュニケーションという機能は、「共同社会の中での生活」、と読み替えられた（Maier et al. 1977）。他方、ギムナージウムや職業教育上級学校での教科書、あるいはそうした学校教師のための教科書として編纂された Pfeuffer et al.（1977）は、廃棄物処理を加えた8つを生活の基本的諸機能としている。そして、地域整備に関する実務と研究の両面で著名なアクセル・プリープスは、ラウムオルドヌングに関する教科書において、その7つに加えて廃棄物処理（Entsorgung）も生活に関する基本的諸機能の一つに位置づけている（Priebs 2013：9-12）。

実は、ドイツの2010年代最後の『地域整備報告』では、「生活の備え（Daseinsvorsorge）」が主題となっている（Bundesinstitut für Bau-, Stadt- und Raumforschung 2017：11-20）。つまり生活に必要な各種のサービス供給・調達が可能となっているかどうか、これに地域差があるか否かを問題にしてい

るのである。ドイツは、すでに 1972 年以降において自然的人口動態からすれば人口減少社会となっているものの、国外からの人口流入によって総人口が増えてはいる[53]。しかし、ベルリン、ライプツィヒ、ドレースデンなどの都市圏を除く多くの旧東ドイツ内諸地域は人口流出に見舞われている。そして旧西ドイツでも、人口流出がルール地域やザール地域といったかつての石炭鉄鋼産業地域やいくつかの農村的地域でみられる。上記の『地域整備報告』はそのドイツ特有の状況を踏まえているのである。

　具体的に問題として論じられている生活に必要な基本的サービスは保育、学校教育、職業教育、保健医療、介護、消防、上水供給、下水処理、廃棄物処理といった分野であり、前述の生活の基本的諸機能のすべてではない。ただし、保育・教育・保健医療・介護に関しては生活者（消費者）としての人々が利用しうる交通手段が重視されざるをえないので、交通という基本機能も扱われている。また人の移動を補完しうる機能として、デジタル情報技術のサービス利用への応用と利用の便宜に関する地域差も扱われている。総じて、旧東ドイツで広大な広がりを持つ農村的地域と、旧西ドイツでも上記の諸機能を十分に果たすことが難しい点在する農村部とが、生活の基本的諸機能の整備の立ち遅れている場所であることを示す豊富な地図とともに、農村的地域で基本的サービスとモビリティとを長期にわたって確保保障するための試みが、ドイツ全国にわたって 22 のモデル地域で推進されていることが紹介されている（Bundesinstitut für Bau-, Stadt- und Raumforschung 2017：132-133）。

6. おわりに

　本章の結論を述べよう。地域整備の土台となる自然条件が日本よりも恵まれているとはいえ、特有の歴史と政治的・経済的・社会的な諸条件の故に、「多極＋農村的地域への広域的分散」を実現しているドイツでは、国内のどこに住もうとも同等の生活諸条件を享受できるように国土全体を、通勤・通学・買い物・医療などの基礎的サービス・日常的余暇行動などの諸側面でまとまりを持つ個別地域の集合体として整備してきた。

　国土計画の当初から、人々の生活を重視するという意味での「地域間で均衡のとれた国土」形成を目指すことを謳いながら、実質的には経済成長を最重要視する国土政策を進めてきた日本と異なり、そして 1990 年代以降地域間の均

衡を謳うことすらやめて成長する力を独自に備える地域をさらに後押しすると
いう政策を取ってきている日本と異なり、ドイツは 1960 年代から現在に至る
まで、国土の中で、生活の基本的諸機能を発揮するのに困難を抱える地域の同
定と、そうした地域での生活の基本的諸機能を発揮するための施設とそのため
の交通・通信施設との整備を進めてきたし、現在でもそれを最重要視している。

　それが可能だったのは、中央政府である連邦政府と州政府とが対等のパート
ナーであり、州政府と基礎的地方自治体とが対等のパートナーであるという政
治行政構造があるからであろう。そして、それを人々が強く意識し、自治の精
神をもって行動するとともに、所得を稼ぐことだけに専念するのではなく、い
わゆる余暇、つまり自分自身で何をするかを決定できる自由時間が保障されて、
この自由時間に自治の精神をはぐくむフェラインの活動に参加する人たちが多
くいるからではなかろうか。

　生まれ育った場所だけを故郷とするというわけでは必ずしもない。生まれ育
った場所とは異なる場所に青年時代に積極的に出かけてゆき、さまざまな人々
と交流して多様な体験を積みながら獲得した能力を活かせる場所に落ち着き、
そこを新たな故郷として定着するという行動パターンがドイツ人に認められ
る。この行動パターンはドイツ人特有というわけではないと考えられるが、能
力を活かせる場所が大都市圏だけでなく農村的地域にも全国的に分散している
というのがドイツの特徴である。Audretsch and Lehmann（2016）はドイツ
経済がレジリエンスに優れている理由の一つとして、故郷に根差すとともに世
界に雄飛するドイツ人の行動を指摘したが、その故郷とは必ずしも生まれ故郷
そのものだけでなく、何らかの事情で定住した場所を故郷とする場合も含むと
理解するのが妥当と筆者は考える。全国の多くの場所で生活諸条件がよく整備
されているがゆえに、そしてそこでフェラインなどでの活動によって良好な人
間関係を形成できれば、ドイツ人は定着した場所を故郷とみなすことが多いと
筆者は考える。

　空間的に見れば狭い故郷から、より広い世界に向かって雄飛するという行動
は、産業化以前における職人の遍歴修業の伝統に由来すると考えられる。そし
て、19 世紀半ば頃以降の本格的な産業化時代に輩出された企業家は、その伝
統を引き継いで、故郷に留まるのではなくより広い世界に雄飛して修業し、故
郷あるいは故郷とみなした場所で現在のドイツを代表する大企業の礎を築い

た。

　現在のドイツにおいても、世界に雄飛するという行動をドイツの若者に認めることができるし、外国人がドイツに移住して事業を起こすことが可能になっていると評価できる。この2点について本章では論ずることができなかったが、負のイメージがあったベルリンを外国人にとってもポジティヴなイメージを持つ都市に変えることに貢献した2000年代から2010年代にかけての市長クラウス・ヴォーベライトの行動と、その影響もあって企業家精神あふれる若者が国内外からベルリンに移住して文化産業企業を起こし、この都市がドイツの中で最も活気ある都市の一つに変容しつつある、とAudretsch and Lehmann（2016：161-164）は述べている。

　若者をその出身地にとどめさせることが「地方創生」の要諦であるかのような政策を取り、世界各国の歴史において移民が果たしてきた役割を認識しない日本政府と比較して、ドイツは大きく異なる行動を諸政府が取っている。中央政府たる連邦政府、州政府、地方自治体がそれぞれ独自の政策を企画し、実行している。ドイツの経験から学ぶべきことは、国土構造の在り方という点でも多々ある。その最も重要な点は、大小さまざまな地域が多層にわたって存在するという現実を踏まえて、自治と民主主義を実現することであると筆者は考える。

　付記：本章は2021年3月28日にほぼ完成させたが、あまりにも長大に過ぎたので若干の短縮と推敲を行なって同年6月4日に脱稿した。その後、日本都市地理学会の機関誌『都市地理学』第16巻を入手したところ、これに森川（2021）が掲載されていることを知った。この論文では、ドイツの地域整備が同等の生活諸条件を全国土で確立することよりもむしろ経済成長をより重視する方向に転換してきている、と示唆されている。また、森川（2022）は2021年に公表されたドイツ連邦共和国の『地域整備報告』（Bundesinstitut für Bau-, Stadt- und Raumforschung 2021）を詳しく紹介し、その示唆をより鮮明に述べている。

　しかし、そもそも2021年に公表された『地域整備報告』は、2016年3月9日に第41回地域整備担当閣僚会議で決定された「ドイツにおける地域発展のための指導諸理念（Leitbilder）と実行諸戦略（Handlungsstrategien）」（Geschäftsstelle der Ministerkonferenz für Raumordnung im Bundesministerium für Verkehr und digitale Infrastruktur 2016）において提示されている４つの戦略的指導理念（strategische Leitbilder）、即ち①競争力強化（Wettbewerbsfähigkeit stärken）、②生活への備えを確実にすること（Daseinsvorsorge sichern）、③空間利用をかじ取りして持続可能な発展に導くこと（Raumnutzungen steuern und nachhaltig entwickeln）、④気候変動とエネルギー転換の具体化（Klimawandel und Energiewende gestalten）のうち第１点目に焦点を、2017 年に公表された『地域整備報告』は第２点目に焦点を当てたものである。そして、「ドイツにおける地域発展のための４つの戦略的な指導諸理念と実行諸戦略は、連邦と諸州の地域整備政策（Raumordnungspolitik）の発展戦略を示している」と Geschäftsstelle der Ministerkonferenz für Raumordnung im Bundesministerium für Verkehr und digitale Infrastruktur (2016: 3) で明言されている。

　ちなみに、連邦政府の内務省、食・農業省、家族・高齢者・女性・若者省の３省の大臣が連名で『ドイツのための我々のプラン―同等の生活諸条件をあらゆる場所に―』（Bundesministerium des Innern, für Bau und Heimat 2019）を 2019 年に公表している。なお、「地域発展のための指導諸理念と実行諸戦略」がすでに 2006 年に公表されていることを森川（2021:15）は指摘し、森川（2022：96）では 2016 年に提示された戦略的指導理念に言及している。筆者は、ドイツにおける Raumordnung の考え方が超長期的にみて根本的な変化があるか否か、より踏み込んで検討したいと考えている。

第 15 章　結論と展望

　本書の目的は、「経済地理学の視点に基づいて、ドイツ経済の地域構造の変動を具体的に描き、その変動をもたらした要因を解き明かすこと」であると、第 1 章の「5. 本書の目的と構成」において述べておいた。

　その具体的変動の最初の現象は、産業化以前の時代の構造がまだ残っていたものの、19 世紀初めには確立していたドイツ語圏における農村部での繊維工業地域の形成である。その主要な場所はニーダーライン、ザクセン、シュレージエン、そしてシュヴァーベンだった。これらの地域それぞれにおける中心的都市に加えて、他の地域にあって遠隔地交易の拠点となっていた有力都市や有力領邦君主の宮廷都市などを結ぶ主要通商路が、当時のドイツ語圏の経済的地域構造の骨格を形成していた。

　このドイツ語圏における地域構造において、エルベ川以西と以東との間の差異が歴史学者によって注目されていたが、文字通りのエルベ川を境にしての東西差というよりも、土壌や気候条件などを反映してドイツ語圏北部の中での南に位置し相対的に土地生産性の高い農業が営まれていた東西に連なる中位山地の山麓地帯と、氷河に覆われた影響を受けて土地生産性の低い北の低平地との間での人口密度や経済力の差という地理的差異にも注目しておくべきというのが本書第 2 章の論点の 1 つである。中位山地地帯のなかには、鉄鉱石などの鉱物資源とエネルギー源となる木材を伐採できる森林資源とに恵まれていたがゆえに早くから鉱業と金属加工業とが起こっていた場所があることにも留意したい。その典型はザクセン南部のエルツゲビルゲであり、現在のノルトライン・ヴェストファーレン州南部のベルク・マルク地方である。

　上記の地域構造を規定したのは、天然資源の賦存に関する場所による差異であると受け取られるかもしれないが、自然環境が当時の産業の地理的分布を決定したとみるのは妥当ではない。自然条件が産業活動にとって重要な意味を持っていたことは確かだが、後にドイツと呼ばれる場所に住んでいた人々が何を重視し、生活のために必要な物資を生産したり居住地以外の場所で生産された

ものを調達したりするためにどのような技術を開発して応用してきたのか、そのためにどのような社会組織を構築したのか、という観点から解釈するのが妥当である。

この観点は、ドイツの産業化を本格的に担った最も重要な場所であるルール地域の経済的勃興を説明する際にも重要である。ルール地域の形成はドイツの鉄道時代における石炭鉄鋼産業の隆盛によっており、産業化初期の頃までに形成されていた地域構造を大きく変えた。ほかにもザールラントやオーバーシュレージエンでも石炭資源の故に製鉄業が隆盛したが、ルール地域での生産量が圧倒的に多かった。ルール地域の形成は、鉄の大量生産のために石炭を加工したコークスの大量投入が必要であり、そのために高炉を用いるという技術が導入されたことと密接に関係している。高炉による銑鉄生産のためには鉄鉱石よりも圧倒的に多くの石炭を必要とし、これの輸送コストが大きかったがゆえに生産コスト全体を節減する工夫ともルール地域の形成は密接に関係している。

ここに1870年代から20世紀初めまでの間に炭坑を中心とする大中小の諸都市が生まれ、これら相互の間に農村があるとはいえほぼ連坦してルール大都市圏が形成されたという変動が、現在のドイツを理解するうえでも重要である。そしてドイツ語圏に位置する諸領邦がプロイセン王国のヘゲモニーのもとで第2帝国を形成し、これが工業力においてイギリスを凌駕するにいたる期間には、ルール大都市圏だけでなく、第2帝国内各地で大都市へと成長する場所があったことも重要である。その最たる例はプロイセン王国の首都としてだけでなくドイツ第2帝国の首都としての地位にもついたベルリンである。しかしベルリンだけでなく、有力交易都市として世界経済におけるドイツの流通拠点となったハンブルクや、帝国内の有力領邦国家バイエルンの首都であるミュンヘンなどもまた大都市へと発展した。

まさしくその時代に、各種の機械工業が有力大都市だけでなく、第2帝国内各地のさまざまな中小都市においても盛んになった。複数の繊維工業都市が比較的密度濃く集積立地していたザクセン、ヴュルテンベルクとバイエルン西南部の両方にまたがるシュヴァーベン、あるいはヴェストファーレンなどや、ルール地域を始めとするいくつかの石炭鉄鋼産業地域でも各種の機械工業企業が叢生したが、産業化以前から鉄鉱石資源と森林資源の故に独自に鉄加工業が盛んになっていたベルク・マルク地方などの中位山地地帯における機械工業・

金属加工業の隆盛も重要である。これらに加えて、各領邦国家の首都に設立されたポリテヒニクム、即ち後の工科大学の役割が重要である。工科大学は各領邦国家の首都だけでなく、市民の発意によって設立された場合もある。それはアーヘンである。さらに工科大学に昇格しなかったとはいえ、第2帝国内各地に工業学校が設立されていた。

　そうした工業学校での教育のなかで、ヴュルテンベルク王国のシュタインバイスによる工業振興政策の一環として実施されたドイツ語圏特有の二重システム職業教育が、繊維工業への依存の故に低迷しかけていた状況からヴュルテンベルク経済が脱却することに貢献した。その脱却は学校教育だけで可能となったわけではなく、新しい機械工業企業の設立を奨励するシュタインバイスによる振興政策も寄与した。そうした長期にわたる工業振興政策は、結果としてヴュルテンベルクがザクセンと並ぶ有力機械工業地域へと経済発展するうえで重要な役割を果たした。もちろん、自身の技術力を磨き上げるために、若い時期にドイツ語圏だけでなく仏英も含めた近隣諸国に遍歴修業して後に自身の企業を立ち上げる若者が数多くいたということ、そしてそうした若者が故郷で、あるいは偶然によって生活の拠点を置くようになった場所で活躍したということも重要である。その典型は自動車工業に参入する企業家たちであり、そうした企業家が第2帝国内のさまざまな場所にいたのである。

　つまり、第2帝国の時代に、有力諸都市を中心にした各大都市圏の成長拡大と、それらをつなぐ都市ネットワークの形成がなされた一方で、農村的地域に位置する中小都市にも20世紀のリーディングインダストリーとなる電気機械・自動車・精密機械を含む機械工業が発達したのがドイツなのである。しかし、巨大化するベルリン大都市圏とルール地域という2大工業地域がドイツの相対的北部の東西にあり、その中間あるいは比較的近い南のザクセン、テューリンゲン、ザクセン・アンハルト、ブラウンシュヴァイク、ヴェストファーレンなどの農村的地域に位置する中小都市と上記の2大工業地域とを結んで、ドイツ最大で豊かな工業地帯が形成されたのである。言うなれば北高南低の経済的地域格差という現象を呈する地域構造へとドイツの経済的な国土の姿が19世紀末から20世紀初めにかけて再編成された。

　これを大きく変えたのが第2次世界大戦のナチスドイツの敗北、4か国占領軍による分割統治とそのもとでの東西ドイツの分裂、そして伝統的な地域の領

域を活かす一方でそれらを再編成した新しい州の形成を含むドイツ連邦共和国の設立であり、ソ連軍占領下にあった場所でのドイツ民主共和国の設立である。

　アメリカ軍占領下に置かれたバイエルン、ヴュルテンベルク北部、バーデン北部、そしてフランクフルト・アム・マインを中心都市とするライン・マイン大都市圏が、自動車工業、電気機械工業、化学工業の復活とともに1950年代からそれぞれの経済力を大きく強化したのに対して、石炭資源に依存していたルール地域の停滞、造船工業が重要な役割を果たしていたハンブルクやブレーメンの停滞によって、南高北低の経済的地域格差を呈する地域構造へと1960年代から1970年代ににかけて大きく変わったのである。その際には、ベルリン経済を支えた2大電気機械メーカーの1つであるジーメンスがバイエルン州のミュンヘンとエアランゲンに、もう1つのAEGがフランクフルト・アム・マインにそれぞれ本社と主力工場を戦後間もない時期に移転し、ドイツ銀行やドレースデン銀行もフランクフルト・アム・マインに本社機能を移転したことが重要である。

　著名な光学企業のカール・ツァイスはアメリカ軍によってそのエンジニアや貴重な設計図などとともに、まだ米軍占領下にあったがソ連軍の占領下におかれることがヤルタ会談の結果として決まっていたテューリンゲンのイェーナから、米軍占領下におかれることが決まっていたヴュルテンベルク東部の農村的地域の小都市ハイデンハイムにひとまず移転させられ、後にその北に位置するより小規模な町オーバーコッヘンで再建された。

　ちなみにハイデンハイムは農村的地域に位置する小都市であるが、現在に至るまでドイツ機械工業企業の1つとして有力な地位を維持し続けているフォイト社の本社工場がすでに存在していた場所である。アウディ社は西ドイツに逃れていた同社首脳部によって、バイエルン州政府の支援を受けながらザクセンからバイエルンの小都市インゴルシュタットに移転して、ここで新しい拠点を徐々に構築した。シュトゥットガルトにIBMのドイツ子会社が設立されたのも、そこが米軍占領下にあったが故にその影響を強く受けていたことと無関係ではないと推定される。

　しかしドイツの北部がすべて経済的に停滞ないし衰退したわけではない。フォルクスヴァーゲン社はベルリンに本社機能を置いてヴォルフスブルクに生産工場を持っていたが、後者が奇跡の復興を象徴する本社工場の拠点となったか

らだし、すでに戦前にドイツフォード社がベルリンからケルンに拠点を移していたからである。化学工業のIGファルベンを構成していたメーカーの中で2社は、フランクフルト・アム・マインとこれより南のライン・ネッカー大都市圏内の都市ルートヴィヒスハーフェンにそれぞれの拠点を置いているが、バイエル社はケルンとデュッセルドルフの中間に位置するレーヴァクーゼンに、つまりどちらかと言えばドイツ北部に拠点を置いているのである。

　第2次世界大戦後の東西ドイツ分裂時代に東ドイツのザクセンとテューリンゲンの工業力は西ドイツに比べて大きく立ち遅れるようになったのに対して、西ドイツではミュンヘン大都市圏、シュトゥットガルト大都市圏、フランクフルト大都市圏（ライン・マイン大都市圏）、マンハイムとルートヴィヒスハーフェンを中心とするライン・ネッカー大都市圏の経済力が主導製造工業だけでなく金融・保険・情報などのサービス産業の隆盛もあって、ドイツだけでなく欧州経済全体を牽引する力を発揮するようになった。国家の政治経済体制の違いが、技術開発の進展に大きく影響したのである。短期的にみれば社会主義体制下の国家において技術開発がより急速に進む時期があったとはいえ、長期的にみれば資本主義体制の下で技術開発が継続的に進展していくことは、コルナイ（2016：29-64）が実証しているように、疑いえない。

　こうした政治経済体制の違いの故に人々の生活水準においても東ドイツは西ドイツに比べて立ち遅れるようになったし、その情報が遅くとも1980年代には東ドイツ市民に広く行き渡っていた。東西ドイツ間、東西ベルリン間に敷設されていた壁や鉄条網という障壁が1989年11月に崩壊したので、同年末以降に東から西への人々の移動が急増した。その前兆はすでに1989年夏に東ドイツ市民による東欧社会主義諸国の首都に置かれた西ドイツ大使館への逃亡と、それ以前にオーストリアとの国境管理を緩めていたハンガリーとオーストリア経由での東ドイツ市民の西ドイツへの逃亡という形で起きていた。その背景にはルーマニアに少数民族として先祖代々住んでいたハンガリー系の人たちがハンガリーに難民として移住することを容易にすべくハンガリーが国連難民条約に1989年6月に署名していたことがあった。8月初め時点ではその条約の批准手続きが済んでいなかったが、東ドイツから西ドイツへの逃亡移住をそれまでよりも容易にする国際情勢になりつつあったのである（Der Spiegel 1989 Nr.33）。

東西ドイツの統一はそれぞれの同盟国によって歓迎されたわけではなかった。いずれも欧州におけるドイツの覇権復活を懸念したからである。しかし、当時のコール西ドイツ首相やゲンシャー外相による外交努力もあって、東西ドイツは 1990 年 10 月に合併した。形式的には東ドイツの中に州が復活し、それら復活した州がドイツ連邦共和国に加盟したが、西ドイツが東ドイツを吸収合併したとみなしうる [1]。この東西ドイツ統一の結果として、北部の中にも経済力の強い大中小の都市がパッチワーク状に点在するという注釈付きではあるが、大局的にみれば南高北低と概括できる 1970 ～ 80 年代西ドイツの経済的な空間パターンはあまり目立たなくなった。旧東ドイツの経済力が、旧西ドイツのどの地域と比べても見劣りがし、南高北低ではなく西高東低の経済格差が顕著になったからである。

　しかも本書では論及できなかったが、ドイツの首都となったベルリンが、政治行政機能だけでなくドイツ鉄道（株）の本社機能や有力な外国企業子会社の本社機能の所在地となっただけでなく、旧東ベルリンにあった第 2 次世界大戦以前の建築物を有効活用して文化産業での事業創造を目指す若者を外国からも誘引したり、ハンブルクのハーフェンシュタットの建設というウォーターフロント再開発が進展したり、さらにかつて「ドイツの貧民窟」と称されたオランダとの国境に位置するエムスラント郡での「隠れたチャンピオン」の成長が実現したりなどして、停滞・衰退していたドイツ北部の地域や都市の復活あるいは隆盛もまた 21 世紀にはっきりと表れるようになった。

　以上のように、ドイツ経済の地域構造は過去約 200 年強の間に、大きくダイナミックに変化してきた。しかし、その変化にもかかわらず、長期的にみて変わらざる特徴もある。それは経済力の「多極＋農村的地域への広域的分散」である。この点が長期にわたって持続できているのは何故なのか、集中をもたらすはずの資本主義経済の浸透にも拘らずその特徴が持続しているのは何故なのか。この点を本書によって十二分に解明できたわけではないが、一つの仮説として、各人の故郷に対する強い愛着と、それがゆえに故郷を住みやすい場所にするための絶えざる努力、そして自身の能力を高めるために若い時に世界に雄飛して遍歴するという行動とが複合しているが故に、経済力の「多極＋農村的地域への広域的分散」が実現し、維持できているのだと考えられる。但し、故郷とは生まれ育った場所だけを意味するのではなく、人生の歩みの中で何ら

かの個人的事情のゆえに、したがって偶然も作用して定住した場所も故郷の概念に含めてもよい、と筆者は考える。この意味での新しい故郷に定住して活躍する企業家も少なくない。

そうした人たちが所有しかつ経営するミッテルシュタントと呼ばれる企業が、全国各地に存在している。ミッテルシュタントが大規模化すれば所有と経営とが同一人物あるいは同一家族ないし親族の手中にあり続けるというわけでは必ずしもないし、ミッテルシュタントがその本拠地を変えずに創業者の故郷に留まり続けるというわけでも必ずしもないが、日本と比べるならば創業者の故郷に留まり続ける傾向がはるかに強い。そして、ミッテルシュタントを率いる人々が定住しているローカルな場所の中で、その住民との社会的なつながりを強く維持していることが、経済力の「多極＋農村的地域への広域的分散」の長期的持続性を可能にしていると考えられる。

したがって、決して経済力だけが「多極＋農村的地域への広域的分散」を呈するのではなく、余暇活動と密接に関わる狭義の文化もまた「多極＋農村的地域への広域的分散」の状況となっている。それは、各都市を象徴する建築物を描いたシルエットをみただけでどの都市であるかを推定できるというほどに、ドイツの諸都市は個性に満ち溢れていることに象徴されている。それは他者に学びつつ、それに追従するのではなく独自性を打ち出そうとする、あるいは独立しようという気概を持つという心性をドイツ人の多くが持っているからであろう。これは、自身の力で築き上げたものを大事にし、これを維持しようとする心性につながる。しかし、それぞれが個性を持つ他者との協力を重視する文化がフェライン（Verein）という自主的団体に象徴的に表れる。この自主的団体では個人主義と連帯精神とが共存して相互作用しあう。フェラインはゲマインデという基礎的地方自治体のレベルで、大都市ゲマインデであればその下位に設けられる地区（Stadtbezirk）レベルで、人と人とのつながりを育んでいる。さらには、街路祭り（Straßenfest）や近隣住区単位での祭りもまた、そのつながりの維持に貢献している。

身近な小規模地域の生活と密接に関わる伝統を重視するとともに、世界や国家というレベルでの大状況という環境が変われば、これに適応するための何らかの新しさを工夫するという意味でのイノベーションを実現しようという気概を多くの諸個人がもち、かつその気概を実践するだけの能力を若い時期に鍛え

上げていることがドイツ人の多くにとっての変わらざる特徴であり、これが「多極＋農村的地域への広域的分散」の持続性にとって重要と考えられる。ドイツ経済が危機に陥ったことが近現代史において何度かあるが、レジリエンスを発揮することができたのはその特徴の故であろう。

　以上に述べたドイツ経済の地域構造と密接に関わることだが、社会構造と法律とによって具体的なプロセスが規定されて、農村レベルや中小都市レベルでも、大都市圏レベルや州レベルでも、そして国土全体を統治する連邦レベルでも着実な地域整備が進められてきていると考えられる。本書では地域整備の具体についてほとんど何も明らかにしなかったし、前述のように「多極＋農村的地域への広域的分散」をもたらしたのは価値観、社会組織、技術の3側面から構成される広義の文化であるという仮説を十分に実証したわけではない。それゆえ、こうした論点を探求することが今後の研究課題となる。

　また、日本では知られていないとしても、相対的に高いレベルの生活の質を実現してこれを維持していたり、停滞や衰退から脱却して著しく成長・発展したりしている地域を見出して、なぜそこでそれが可能となったのか、その要因を考察することが今後の研究課題の一つとして提起できよう。後者の典型として、例えばドイツ北西部の農村的地域でオランダと国境を接するエムスラントがある。他方、いくつもの中小都市を含む農村的地域のなかには長期にわたって高い工業力を維持している場所がある。その典型はヴュルテンベルクのパッケージングバレーや中位山地地帯の一部であるベルク・マルク地方である。これら以外にも農村的地域で経済力の強い場所はあるし、そうした場所では生活の質が高く維持されていると考えられる。

　こうした地域のいずれについても、すでにドイツの経済地理研究者による重要な先行研究がある。エムスラントについては Danielzyk und Wiegandt（1985，1999，2005）と Danielzyk et al.（2019）が、パッケージングバレーについては Moßig（1998，2000）や Schieber und Mossig（2011）と Packaging Valley Germany e.V.（2017）が、ベルク・マルク地方の一部については Schamp（1981）などがある。これらに学びつつ、そこで解明されていない問題を発見して新たな研究の地平を切り開くことが求められる。

　もちろん、ドイツにあっても衰退傾向に直面して苦しんでいる地域はある。その典型は旧東ドイツの南端部、現在のザクセン州の南部に位置するエルツゲ

ビルゲという山間地域であろう（Wirth und Bose 2007；Wirth et al. 2016）。またドイツといえども、大都市であればその内部に貧困状況にある人々が多く住み、かつ住民数に占めるその比率が高い街区がある。そうした困難を抱える地域や街区の再生に、それぞれの地域や都市あるいは街区レベルで、さらには州レベルやドイツ全体としてどのような取り組みがなされ、どのような成果を上げているか、あるいは依然として困難な状況が続いているのか、といった問題の探究も今後の課題である[2]。

　ところで、1990年代から2000年代初めにかけて取り組んだドイツにおける中小企業支援政策と産業集積地域との関係についての研究を、その後筆者は個人的な事情の故に継続しなくなったために、第8章〜第10章の各末尾に呈示した研究課題に取り組んでいない。また、それに取り組む時間的余裕と資金的基盤を年金生活者となった今となっては持ちえないでいる。それ故、2020年前後におけるドイツの中小企業集積地域の状況を明らかにしつつ、本章で提示した研究課題に関する仮説すら残念ながら提示できない。しかし、筆者が40歳代の頃に取り組んだドイツ人研究者などによる先行研究に学び、かつ筆者自身が行なった現地研究から、つぎのような結論を下すことはできる。

　製造業部門の個別中小企業からすれば、市場経済の厳しい動きの中で存続するためには、たえず何らかの新しさを追求し続けざるを得ない。その新しさは商品開発、生産技術の革新、新しい市場即ち新しい顧客の開拓、新しいサプライヤーの開拓、企業組織の革新といったイノベーションを実現することによって得ることができる。そのために最も重要な契機は、顧客からの要望に応えるということである。顧客には既存のものもあれば、将来そうなる可能性のあるものもある。前者からの要望という情報は、日常的な企業活動によってドイツの中小企業は得ている。他方、後者からの要望はメッセが盛んなドイツにあっては、メッセへの積極的参加が重要な契機になっているはずである。しかし同時に、個別の中小企業自身の産業分野以外に存在する情報を得ることは簡単ではないと考えられる。そこに、公的あるいは準公的な中小企業支援機関の存在意義があり、その活動は1970年代にバーデン・ヴュルテンベルク州やノルトライン・ヴェストファーレン州、ベルリンなどで開始され、1980年代には全国に支援機関の設立ブームが起き、活動が活発化した。

　そうした支援機関による支援が、中小企業によるイノベーションの活発化に

寄与したか否かはケースバイケースであろう。バーデン・ヴュルテンベルク州では、研究者によって注目されてきたシュタインバイス財団の活動とほとんど全くと言ってよいほどに関わらない中小企業や、関わったとしても満足しない中小企業の比率が高いと考えられる。これは英米あるいは一部の日本の研究者によるシュタインバイス財団評価が正しいとは必ずしも言えないことを示唆する。

　他方、ノルトライン・ヴェストファーレン州では、個別中小企業がそれまで属していた産業分野から大きく転換しようとする場合に、それなりに重要な役割を支援機関や研究所が果たしていると言える。ただし、大きな転換といっても無から有を生み出すのではなく、それまでの個別中小企業の中に蓄積された技術と何らかの関係がある。その典型はルール地域やアーヘン地域という石炭鉄鋼産業を始めとする重厚長大産業が栄えたがゆえに、これと関わる環境汚染問題を克服するための新しい産業技術分野である。

　いずれにせよ、イノベーションを実現しようとする中小企業は、立地する地域内の他企業や支援機関とのみ連携するわけではない。むしろ、地域の外に存在する能力ある企業との取引関係を高品質商品の適時な生産供給によって構築してきたと言える。そのような企業の中から「隠れたチャンピオン」と位置づけることのできる企業も生まれたはずである。それらの生産物はほとんどの場合、一般消費市場で購入される財ではなく、国内外の企業が生産している商品のために必要な部材であったり生産機械であったりする、というのがドイツの「隠れたチャンピオン」と称しうる製造企業、特に機械工業分野の、規模で定義できるわけではないミッテルシュタントの実態であると考えられる。そうしたミッテルシュタントの絶対数は大都市圏に多いが、農村的地域にも存在している。

注一覧（各章別）

第1章

1) ドイツの政治的・経済的・社会的な多極分散型国土構造の具体的姿については、石井（1974, 1986：32-45, 1988）、金田（1981）、祖田（1984）、森川（1995, 2021）、渡辺（1972, 1994）などすでに数多くの先行研究があるし、筆者自身もその時々の情勢に応じて依頼されたテーマでの考察や、筆者自身の研究関心から取り組んだテーマでの論稿（山本1982b, 1984, 1987, 1992, 1997b, 2003）もある。

2) 日本における「東京一極集中」という表現は、東京と比較した大阪経済の相対的な「地盤沈下」を強調したり、札幌、仙台、広島、福岡などのいわゆる地方中枢都市の役割を度外視したりする表現であり、社会経済的な意味での国土構造を的確に表現するものではない、と筆者は考える。また、多くの県において県庁所在都市への県内政治的権力と県経済にとって重要な意味を持つ民間企業が集中していることも併せて考えるならば、「異なる地理的スケールのエリアそれぞれにおける経済力の一極集中の複合」として日本の経済地理的実態を表現するのが妥当である。経済力の一極集中の複合は、教育機関や文化的施設の配置によって強化されている。

3) 野原敏雄・森滝健一郎（編）（1975）『戦後日本資本主義の地域構造』汐文社がその記念碑的著作である。この書籍の「序章 経済地理学の課題と方法」（pp.5-41）を執筆したのは矢田俊文であり、これのもとになった論文は矢田（1973）である。ただし、川島哲郎がすでに1960年代初めに日本工業を経済地理学的視点から分析した論文（川島1963）を公表しており、これが当時の日本経済の地域構造を解明した先駆的業績である。

4) 経済地理学は「生産配置論」、「経済地域論」、「国土利用論」、「地域経済政策論」の4分野から成り、この4分野を統合する簡潔な用語として「地域構造」という用語を用いるということを、矢田（1975a）はその36頁に示した総括表と35頁から41頁にかけての「五 総括─経済地理学体系化の試み」の論述において明示している。なお矢田（1975a）は、矢田（1973）で提示した先行研究の一部に対する評価を修正しているもののほぼ同一であるし、さらに矢田（1982a, 1982b）において「産業配置論」、「地域経済論」、「地域政策論」というように用語の微妙な変更がなされているが、その趣旨においてほぼ一貫している。それは矢田（1982b）が矢田（2015：5-267）にほぼそのまま収録されていることからも明らかである。

495

矢田が提起した地域構造論は、1970年代半ばからの当時の若手経済地理研究者たちによる密度の濃い集団的討議を経て、「日本の地域構造」というシリーズ名での6巻本として結実した。第1巻の朝野ほか編（1988）、第2巻の北村・矢田編（1977）、第3巻の長岡ほか編（1978）、第4巻の北村・寺阪編（1979）、第5巻の伊藤ほか編（1979）、第6巻の千葉ほか編（1988）が集団的研究の成果である。その意味では、地域構造論の視点は1970年代後半当時の若手経済地理研究者の多くによって支持されただけでなく、当初の矢田の構想に肉付けされた部分も多々あると考えられる。筆者はそれについて検討したわけではないが、本章で提起した文化の側面を重視する考え方はその一例であると筆者は考える。

　なお、これらの出版年を比較すれば分かるように、1970年代末に刊行された4冊に対して、2冊が大きく遅れて1980年代末に刊行された。その理由の1つは実質的な集団的研究が1980年代初めに終わったにもかかわらず、第1巻と第6巻の刊行の見通しがついていなかったことにある。最初に刊行された北村・矢田編（1977）のp.1に記載された「刊行にあたって」には、第1巻と第6巻の書名が未確定ではあるけれども刊行する予定であることが明記されていたので、シリーズ読者への約束を果たすために、地域構造研究会に結集した研究者がそれ以外の研究者の協力も得て、その2巻を刊行した。シリーズの6巻を刊行できたのは、その意味で研究会の世話役たちのみならず、これに結集した研究者たちプラスアルファの努力の賜物である。

5）　人文地理学分野では森川（2002）が、ドイツ語圏人文地理学者 Benno Werlen によるギデンズ社会学の人文地理学への導入を紹介している。ヴェルレンの思考理解のためには、大学生向け社会地理学テキストとして刊行された Werlen（2000）が読みやすい。

6）　筆者は Huxley による文化に関する論考を直接読んでいるわけではないが、その考え方を教職についた初期の頃に Haggett（1979：246-247）から知り、納得して現在に至っている。

7）　例えば Scott（2001）や Taylor（2004）などを挙げることができる。ただし言うまでもなくその先駆的な著作は、1980年代から1990年代にかけて盛んになった世界都市論（Friedmann 1986；Sassen 1991）であり、さらにはハイマー（1979）の多国籍企業論である。

8）　ドイツ北西部でオランダと国境を接するエムスラントは、かつて「ドイツの貧民窟」と呼ばれたほどに貧しい地域だったが、1990年代頃から目覚ましい経済発展を遂げ、現在ではドイツの平均的な1人当たり GDP を上回るほどになっている。その要因についてのまとまった論文をまだ公表していないが、2016年3月22日に早稲田大学で開催された日本地理学会春季学術大会でその概要を報告したことがある（山本

注一覧（各章別）

2016)。

第 2 章

1) シュトルパーほか（1969：25-26）によれば、1900 年時点での銑鉄生産においてド
イツはイギリスよりも少なかったが、鉄鋼生産はでイギリスのそれを凌駕していた。
Sautter（2004：173-177）によれば、1890 年の粗鋼生産はドイツが 2135 千トン、
イギリスが 3636 千トンだったが、1900 年にはドイツが 6461 千トン、イギリスが
4980 千トンであり、ドイツの生産力がイギリスのそれを上回っていたことになる。
ちなみにこの統計データの出所は、Mitchell（1992）である。これの第 4 版（Mitchell
1998：459-461）によれば、銑鉄生産量でドイツがイギリスを凌駕したのは 1906 年
であり、これ以降第 1 次世界大戦終了年まで常にドイツの生産量がイギリスを上回
っていた。粗鋼生産量ではすでに 1893 年にドイツがイギリスを凌駕し、その状況
が同じく 1918 年まで続いた（Mitchell 1998：466-468）。

2) 山本（1993：6-21）は、山本（1991）の一部に基づいている。産業化時代と両大戦
間期における経済力地域間格差の変動に関する本章での記述は、ドイツ人経済史研
究者たちの研究、すなわちモテック（1968）、Borchardt（1966）、Hohorst（1980）、
Kiesewetter（1989a）、Kaelble & Hohls（1989）、Petzina（1987）、Berthold et al.
（1985, 1988, 1990）などに依拠している。

3) ヨハン・ゴットフリート・ブリューゲルマンについては渡辺（1987:39-71）が詳しい。

4) https://www.bpb.de/kurz-knapp/lexika/lexikon-in-einfacher-sprache/328544/
industrialisierung-industrielle-revolution/ https://www.planet-wissen.de/
gesellschaft/wirtschaft/industrialisierung_in_deutschland/index.html 2023 年 3
月 11 日閲覧。

5) 例えば Kohl, Marcinek & Nitz（1980：10-23）を参照。もちろん、農業生産力は土
壌の質だけで決定されるものではない。作物それ自体の性質、気候、水文、技術な
どが複合的に作用する。しかし農業技術が未発達な時代にあっては、土壌とその組
成に影響を与えてきた気候や水文の状況が農業生産力に大きく影響したことは疑問
の余地がない。ドイツ北部のそれについての詳細は Haversath（1997：49-51）を、
シュレージエンから旧東ドイツ南部にかけての東西に連なる地帯についての詳細は
Rother（1997：42-44）を参照。

6) Borchadt（1982：246）。本書の表 2-2 の出所は Borchardt（1982：45）に掲載され
ている表である。ただし、本書の本文で述べたこの表の読み取りに際しての留意事
項は、Borchardt（1982：44）に記された注記 1 の内容（246 頁）に依拠している。
なお、山本（1991：123, 1993：10）に掲載した Borchardt（1982：45）掲載にな
る表からの引用部分において「1 人当たり未訂正所得」の年次の 1 つを 1900 年とし

497

たが、1901 年が正しい。本書ではこの点を修正する表にした。

7) 中位山地（Mittelgebirge）という概念は、高山と言えるほどではない山地が連なる地帯のことを意味する。Brunotte et al.（2002：389）によれば、標高 500 ～ 1500 m 程度、その周囲の平坦地からの比高が 300 ～ 1000 m 程度の比較的なだらかな山地であり、氷河地形が認められることはほとんどなく、風向との関係で降水量が多い地域である。

8) ドイツにおける産業革命準備期あるいは初期における中位山地及びその縁辺部での繊維工業の実態に関する日本語で読める文献として松田（1967：53-71、187-444）と馬場（1993）がある。前者は主としてヴュルテンベルク王国を、後者はシュレージエンとその西のオーバーラウズィッツの農村工業を分析している。

9) 柳沢（1981：6-10）は Schlier（1922）が明らかにした 19 世紀後半以降のドイツにおける工業立地分布を紹介したうえで、Scheu（1924）が提示した地図に独自の解釈を加えてこれを提示している。それはシュレージエン、ザクセン、テューリンゲン、そして現在のザクセン・アンハルトの西、ヴェーザー川まで東西に延びる範囲を一つの大規模な工業地帯として認識するべく、それらを閉曲線で囲んで「東部工業地域群」と命名する一方で、ドイツ北西部のミュンスターラントからライン・ルール工業地域を経てライン川沿いにスイス北部までの南北に延びる範囲を閉曲線で囲んで 1 つの広大な工業地帯と認識し、「西部工業地域群」と命名する解釈である（この操作は Scheu（1928：12-13）が述べた 2 つの農村工業地帯を示した、と解釈することが可能かもしれない）。そのほかに、ハンブルク、ブレーメン、ベルリン、ニュルンベルク、ミュンヘン・アウクスブルクが比較的小さな工業地域としてそれぞれを閉曲線で囲むという操作を、Scheu（1924：8）が提示した工業分布図に加えた（現在はポーランドの領土となりシュチェチンとカタカナ表記されている都市シュテティーンも小さな工業地域として閉曲線で囲んでいるが、Lübeck と誤記している）。その上で柳沢（1981：12-18）は、Scheu（1924）と Scheu（1928）に基づいて、第二帝政末期のドイツ国内各地域の経済的結びつきを要約している。

10) Scheu（1927）には Tiessen が書いた論文に関する書誌情報が明示されていないし、彼がどのような人物であるかという情報も提示されていない。しかし、Ernst Tiessen という 20 世紀前半期に活躍したドイツ人地理学者のことであろう。その著作には Reichsverband der Deutschen Industrie 編纂になる *Deutscher Wirtschafts-Atlas* などがあり、日本のいくつかの大学図書館に所蔵されていることが CiNii Books による検索から知ることができる。

11) この地図の出所は、Nach dem Karten- und Zahlenwerk des Reichsarbeitsministeriums für das Jahr 1921 と記されている。Scheu（1924：173-175）に記載されている文献リストから判断すると、その正確な書誌情報は Reichsarbeitsamt（1924）

注一覧（各章別）

Die Arbeiterverteilung in der deutschen Industrie. Karten- und Zahlenwerk nebst Begleitwort von Fr. Syrup. Berlin であると推定される。

12）原語は Spinnstoffgewerbe なので、紡績・織物工業に限定されており、衣服製造業は含まれないと解釈できる。

13）この著作を執筆するにあたってショイが依拠した資料は、das ganze Aktenmaterial des Reichswirtschaftsministeriums であり、物資の移動については Statistik des Güterverkehrs nach Verkehrsbezirken と unveröffentlichtes Material der Reichsbahn であると序言（Vorwort）（S.5）に記されている。また同じ序言の S.6 の最後に、Präsident des Statistischen Reichsamtes に言及している。それゆえ、当時利用可能だった公刊・未公刊の政府資料や帝国鉄道の資料を用いて分析した著作であるとみなしうる。

14）柳沢（1981：16）は、ライン左岸地方からザクセンへの糸の移出が、逆方向での糸の移出の2倍に上っている、と述べているが、これは Scheu（1924：86）の誤読である。原文は次の通りである。Das linksrheinische Gebiet erhält sogar über das Doppelt von dem, was es nach Sachsen sendet. この一文はザクセンで生産される紡績糸がザクセン内ですべて販売されえないので、大量にテューリンゲンとメルゼブルク県、即ちプロイセン内のザクセン地方に移出されるし、ヴェストファーレン、ルール地域、そしてシュレージエンもザクセンの紡績工業の生産物の重要な購入者として立ち現れている、という文章に続けて記されている一文である。つまりニーダーライン左岸地域はザクセンに移出する糸の量の2倍以上をザクセンから移入している、とショイは述べたのである。

15）シュタインバイスの事蹟についての簡単な解説はベルリンにあるシュタインバイス大学のホームページに記されている（https://www.steinbeis-iec.de/de/steinbeis/ferdinand-von-steinbeis/　2023年3月13日閲覧）。また、ミュンヘンにあるバイエルン州立図書館とミュンヘンデジタル化センターとが共同で運営しているウェブサイトからアクセスできるドイツ人人名事典から、かなり詳しいシュタインバイスの履歴を読むことができる（https://daten.digitale-sammlungen.de/0008/bsb00085894/images/index.html?seite=192　2023年3月13日閲覧）。しかし、それ以上に、1970年代初めにバーデン・ヴュルテンベルク州政府によって、19世紀に活躍したフェルディナント・フォン・シュタインバイスの名前をとって設立された工業部門の中小企業を支援するために設立されたシュタインバイス財団のホームページから入手できる von Alberti（2016）が、ドイツ語だけでなく英訳も併記されていて、フェルディナントの履歴と事蹟について詳述している。なお、松田（1967：356）は、後にヴュルテンベルク王国領に組み入れられた自由帝国都市ロイトリンゲンで1789年に誕生したフリードリヒ・リストの予見になる「農業と工業の縺れ合い」

による工業発展がシュタインバイスによって実現された、と述べている。同様の趣旨で松田（1967：451）は、シュタインバイスと彼の後継者が農工商の結合のなかでの多種多様な加工工業をヴュルテンベルク王国で発展させたという趣旨のことを述べている。松田によるシュタインバイス評価は、1960 年にテュービンゲン大学での在外研究（ベルリン日独センターのホームページで閲覧できる記事「松田智雄——ドイツ経済史研究と日独交流の生涯」から分かる　https://jdzb.de/ja/blog/71178　2023 年 3 月 21 日閲覧）に従事した際の指導教授だった Prof. Dr. Paul Gehring の論考などに依拠したものである。このことは松田（1967：425）に記された注（3）から分かる。松田はまた上記の在外研究時にテュービンゲン大学教授だった地理学者 Friedrich Huttenlocher によるバーデン・ヴュルテンベルクの地誌研究からも学んでいることが、上掲書のはしがき（p.xiii）、上掲書の後編「資本主義の南ドイツ的基盤」の「２　ヴュルテンベルク研究補論」の注（1）（pp.424-425）、そして「３　展望　いわゆる「工業化」の歴史的過程について―資本主義の南ドイツ的基盤―」の「二　「工業化」過程」での記述に付された注記（1）からうかがい知ることができる。ただし、Württembergische Jahrbücher から得られる情報に基づいて松田（1967：355-428）が整理した郡別の「工場・マヌファクトゥア目録」から、我々は 1830 年代のヴュルテンベルク王国の製造工場のほとんどが繊維製品を生産しており、その販路が王国内に限定される場合が比較的多く、王国外に販路を持つ企業の場合であっても、それがバーデン大公国、バイエルン王国、スイス、ヘッセンなど西南ドイツとその近隣が多かったことを知ることができる。他方において、von Alberti（2016：8）は、1828 年に制定された商工業規則（Gewerbeordnung）によって営業に関する規制が緩和されたが故に 1830 年代が同王国の産業化の初期段階であり急速に製造企業数が増加したことを認めているが、S.9-10 で、本格的な同王国の産業化が 1848 年に設立された「商工業センター（Centralstelle für Gewerbe und Handel）」による民間事業者への支援強化以降に進展したと述べている。すでに述べたように、王国政府に直属するこの新しい機関にシュタインバイスは勤務し、後にこの機関のトップの座につき、王国の産業化を推進するための環境整備を行なったのである。それは王国の主要産業だった麻工業が 1840 年代に欧州スケールでの競争に敗れて衰退する一方だったからである（von Alberti 2016：17）。ヴュルテンベルク王国の本格的な産業化は 1830 年代ではなく、1850 年代以降であることを示す統計が von Alberti（2016：20）に提示されている。王国内で増加しつつあった男性成人人口の中で、これに占める商工業経営者の比率が 1835/ 36 年の約 38％から徐々に上昇し、1875 年には 48％に達したのである。工場の数も 1832 年の 324 から 1875 年の 2381 に増加したし、商工業（Gewerbe）に従事する就業者数の中に占める繊維工業就業者の比率が 1852 年の 58％から 1875 年の 23％に低下する一方

注一覧（各章別）

で、機械工業就業者の比率は 3％から 13％に増加した。19 世紀後期に至ってもなお
ヴュルテンベルク王国の主要産業が繊維工業だったことは紛れもない事実であるが、
明らかに機械工業がそれを凌駕する方向にあった。

第 3 章

1) 参考のために、この 4 ヶ国の人口と国土面積を付記しておく。西ドイツは約 6200
万人、249 千 km²、フランスは約 5400 万人、547 千 km²、イギリスは約 5600 万人、
244 千 km²、イタリアは約 5700 万人、301 千 km² となっている（いずれも 1980
年央の数値で『日本国勢図会 1983 年版』32-33 頁による。その原資料は United
Nations, Demographic Yearbook など）。みられるように、いずれも人口は日本の
50％前後しかない。しかし、他のヨーロッパ諸国は遥かに人口が少なく、第 5 位に
位置するスペインですら約 3700 万人でしかない。他方、1 億人前後の人口を擁す
る日本以外の国はインドネシア、パキスタン、バングラデシュ、ナイジェリア、メ
キシコ、ブラジルなどしかない。したがって、先進資本主義諸国の中で日本と比較
的近い規模を持つのは上記 4 ヶ国なのである。

2) Herausgeber：Statistisches Bundesamt, Kartographie und Druck：Bundesfor-
schungsanstalt für Landeskunde und Raumordnung という形で、例えば Arbeits-
stättenzählung 27.5.1970 に関して、次のようなテーマ地図が作製・出版されている。
「非農業的職場における就業者数」、「生産的営業における就業者数」、「石炭、褐炭、
金属鉱業における就業者数」、「鉄鋼業における就業者数」、「化学工業及び石油精製
工業における就業者数」、「合成物質、ゴム、アスベスト製造業における就業者数」、「鋼・
軽金属及び機械工業における就業者数」、「自動車・造船工業における就業者数」、「電
気機械、精密機械及び光学工業における就業者数」、「鉄・ブリキ・金属製品、楽器・
スポーツ用品・玩具及び装飾品工業における就業者数」、「繊維・衣服工業における
就業者数」、「皮革及び靴製造業における就業者数」、「陶磁器及びガラス製造加工業
における就業者数」、「ビール醸造及びタバコ製造業における就業者数」。

3) 筆者自身は中心地研究の専門家ではないのでその全貌を把握しているわけではな
い。しかし手元にあるものを数えてみただけでも、次のものが挙げられる。Hartke
(1939)、Schöller (1972) 所収の諸論文、Münchener Geographische Hefte, Nr. 39
(Beiträge zur Zentralitätsforschung) , 1977 所収の諸論文、Heinritz und Popp
(1978)、Heinritz (1978a, 1978b, 1979)、Heinritz et al. (1979)、Ruppert (1980)。

4) これを収録しているドイツ語雑誌は 1980 年 8 月に東京で開催された 24th Interna-
tional Geographical Congress（第 24 回国際地理学会議）に向けて西ドイツのナシ
ョナルコミッティーが作成したドイツの地理的現状を紹介する諸論文を掲載したも
のであり、その英語版（Schöller et al. 1980）も別途作成された。

501

5) Schmacke（1976）の Ergänzungslieferung vom 31. Januar 1979 による。

6) マルクと円との為替レートは変動があるけれども、筆者の経験によればこの論文を執筆した 1984 年当時は概ね 1 マルクが 100 円前後だったとみてよい。以下、主な企業についてその資本金を掲げるが、1 億マルク≒100 億円という見当で把握されたい。

7) なお、プロイサク社の営業内容は石炭業だけに限られるものではない。Schmacke（1976）、但し Ergänzungslieferung vom 12. Dezember 1978 によれば、この企業は石炭業のほかに金属、運輸、エネルギー生産などの諸部門も含んでいる。こうしたことは、他の企業についても多かれ少なかれ言えることである。

8) シュトルパーほか（1969：216）によればイー・ゲー染料工業の後継会社は BASF、カッセラ、バイエル、ヘキストの 4 社となっているが、佐藤（1976：18）によると後継会社は 5 社となっている。一方、永川（1975：258）はシュトルパーほか（1969）と同様、4 社を後継会社としている。いずれが正しいのか筆者は確認していないが、イー・ゲー染料工業の成立にあたって合同した会社としてアグファがあり、戦後にこれはバイエルの 100% 出資の会社として再建されたので佐藤はこれをも数えいれたのかもしれない。しかし、筆者が確認した限りにおいて、佐藤の挙げたイー・ゲー染料工業を結成した 8 社のうち Kalle AG（カレ（株））も Statistisches Bundesamt（1970）に載っており、これを加えれば後継会社は 6 社となる。なお、カレの本社もライン川に面しているヴィースバーデンに位置している。

9) 樗木（1975）と小林（1983：164-165）によると、オーバーハウゼン製鉄のアウグスト・テュッセンによる合併は 1969 年のことである。しかるに、Statistisches Bundesamt（1970）は 1970 年 3 月 31 日現在のデータであるはずなのに、オーバーハウゼン製鉄の名称を依然として記録している。恐らくこれは、樗木や小林の指摘の方が正しいのであろう。とすれば本文で指摘した原資料のもつ問題点のほかに、正確性という点でも問題があることになる。

10) ここで言うドイツ鉄鋼業の地域性とは、要するにルール炭田地域、それもライン川に近い西の方に大規模な鉄鋼業地域が形成された、ということを意味している。勿論、現在の西ドイツだけをみても、ルール炭田地域のほかに、ザール炭田地域、ニーダーザクセン州東部のザルツギッター、バイエルン州東部のズルツバハ・ローゼンベルクなどに鉄鋼業地域が形成されている。しかし、ルールのそれは、周知のように他を圧して大規模である。

このようなルール鉄鋼業地域の形成は、コークスを利用する製鉄技術やベッセマー法あるいはジーメンス・マルタン法などと称される製鋼技術の開発、鉄道時代という歴史的条件、歴史的に先行してルール地域のすぐ南のベルク・マルク地方に形成されていた鉄加工業地域の存在、優良な外国産鉄鉱石の搬入に有利な交通位置条

件、ロートリンゲンやルクセンブルクとの政治的分離など、様々な要因が作用している。詳しくは Steinberg（1965）、Knübel（1961, 1965）、Mertins（1965）、Wiel（1965a, 1965b）などを参照されたい。

11）Mellor（1978：51-54）を参照。なお、当時のプロイセンの領域を考慮にいれれば本文で挙げた3地域に加えて、ズデーテン山脈の北縁にあたるシュレージエンも重要な繊維工業地域を形成していたとみるべきであろう。こう解釈すると、この4つの繊維工業地域は渡辺（1972）の指摘した「プロイセンドイツ」の4大工業地帯に対応していることがわかる。

12）ライン鉄鋼はアウグスト・テュッセン製鉄の傘下に1973年に入っている（小林 1983：169-172）。

13）グーテホフヌングス製鉄は、元来ルール工業地帯のオーバーハウゼンに本社工場を有していた。それにも拘らずニュルンベルクに本社を置いているのは、これを支配していたハニエル・コンツェルン、すなわちグーテホフヌングス製鉄株式連合が M.A.N. を傘下におさめたことに由来するのかもしれない。なお、小林（1983：165-166）によれば、この株式連合の実質的な本社はオーバーハウゼンに置かれていることになっている。

14）例えば、玉野井（1978）の第5章「ドイツ経済学の伝統―空間と地域主義―」及び第9章「国家と経済―地域分権を求めて―」を参照。又、祖田（1980a, 1983）も西ドイツをあるべきモデルとして描いている。

15）この点についてより詳しくは、永井・宮地（1967）、森滝（1975）、北村・寺阪（1979：230-269）、阿部（1973, 1975, 1977）、Abe（1984）を参照されたい。

16）この両国については Dicken and Lloyd（1981：77-80）を参照。

17）Heuer（1977）は産業構造、製造業の立地展開、労働力供給ポテンシャルに焦点をあてて西ドイツにおける都市成長の比較分析を試みたものであり、巨大都市が形成されなかった理由の考察にとって参考になる。しかし、中枢管理機能の立地を問題にする視角は欠落している。なお、本書について筆者は書評（山本 1983）を試みたことがある。

18）この点についての日本をモデルとした理論的説明と実態については、矢田・長岡・青野（1975）と矢田（1984）を参照されたい。

19）この点についてのよりしっかりした理論的考察は、別の機会に果たしたい。ここではこの問題に関連する文献として日野（1981）、田辺（1982）、Pred（1977）、Bourne and Simmons（1978）、Boume, Sinclair and Dziewonski（1984）を挙げておくに留める。

20）Lee（1978：283）を参照。なお、これは、1800年当時の比較として、本文に紹介したことを書いている。

21）この点は、Schöller et al.（1984：183）も指摘している。もっとも、シェラーらは、ドイツ第２帝政の最盛期ですら、ベルリンの役割はフランスにおけるパリやイギリスにおけるロンドンほどのものではなかったとしているし、たとえ第２次世界大戦以前の傾向が続いたとしても、ベルリンの圧倒的優位は形成されなかったであろうと考えており、この点で筆者の考えとは異なる。そうならなかった、あるいはならないであろうとする根拠は強いリージョナリズムに求められている。なお、Schöller et al.（1984：181）を参照。

第4章

1）この用語を筆者は Storper（1981）から借用している。

2）ガルブレイス自身はテクノロジーによって必然化される企業の大規模化と、これを支える企業内分業、更にそのような現代的大企業のみならず経済全体をも組織的に支配するテクノストラクチュアを、「計画化体制」（プランニング・システム）という用語で表現している。

3）この考え方は殊更目新しいものではない。Storper（1981：22-23）もルーティン機能と非ルーティン機能とに企業内分業を分け、前者が分散的に立地するのに対し、後者はフェース・トゥー・フェースで情報を得ることのできる大都市に集中するとしている。また、ハイマー（1979b：277-290）は、分業を、市場によって調整される企業間のそれと企業家の計画によって調整される企業内分業とに分類し、チャンドラーの企業発展の３段階説と組み合わせて、後者が現在及び将来の経済においてより重要である、と述べた上で、チャンドラーとレドリッヒが提唱した企業機構の３段階図式を、空間に対応させている。それによると、既に確立した枠組の中で日常業務に携わる第３段階は世界中に広がるのに対し、この第３段階の経営者達を調整する第２段階は、ホワイトカラーという労働力や情報を入手する必要性のため大都市に集中し、更に高次の意思決定を行なう第１段階は単なる大都市にではなく、世界の主要都市に集中するとしている

4）Pred（1977：98-107）はイギリス、スウェーデン、アメリカ合衆国を事例にして、各地に事業所を配置している企業の重要性が増大していることを述べている。

5）日立製作所の場合、本社とは別の場所に位置する工場において、独自の判断で商品開発がなされたこともあるとのことである。茂原工場での電子部品の開発に関する岡本（1979：139-171）の記述を参照せよ。

6）ハイマー（1979a：247-250）も多国籍企業についてであるが、中央集権的方向への企業の成長と同時に、現地環境への適応のために分権方向への成長が必要不可欠であることを論じている。

7）但し、ゲッティンゲン市は郡から独立しているわけでないが、特別の地位を有する

注一覧（各章別）

ために場所単位として掲載されている。

8）農林業、家計、外国公務、軍隊、国際機関、及び名誉職に関わる事業所と就業者は調査の対象から除かれている。但し、ラインラント・プファルツ州については軍隊が含まれている（Statistisches Bundesamt 1971b：3）。

9）表4-4の示すところでは、支配・従属といっても当該都市内就業者の高々数％程度の重みでしかない。従って、各大都市は相互に独立的な関係にあるとみるのが正しいのではないか、という疑問が生まれるかもしれない。この疑問を一概に否定することはできないが、もともと本稿では経済的支配・従属の1部面でしかない同一企業内事業所間関係だけをみているのであって、それのみですら、ある都市での就業者数の1％前後を占めるのは、かなりの重みであるとみることもできよう。

10）Strickland & Aiken（1984）に掲載されている第4表をもとに計算すると、最大500社のうち1950年に187社、1960年に202社、1970年に213社、1982年に218社が本社を首位都市サークルに属する7都市の大都市圏に置いていた。西ドイツでは首位都市サークル全体としての経済力が強くなってきたのである。これに対し、シュトゥットガルト、ハノーファ、ニュルンベルク、ドルトムント、ブレーメンの5都市への本社立地数は、80、75、68、71と若干減少傾向にある。

第5章

1）本文に示した住宅や居住環境に関する大都市圏間の格差に関する出所として言及したギムナージウム用教科書を点検したところ、そこには記載されていなかった。新聞報道などの資料をみてその格差を記述したと思われるが、資料散逸のためにこれを明示できないことをお詫びする。いずれ、資料を再発見できたならば、そしてその後の変化を点検できる資料を発見できたならば、ドイツにおける居住と住環境の地域間格差に関する論考を執筆したいと考えている。

2）Partzsch（1970：883）によると、稠密地域は、人口と非農業事業所での就業者の合計が$1 km^2$当たり1250人を上回るゲマインデ（基礎的地方自治体）と、これに隣接して1961年から1967年の間の人口増加率が平均を上回るゲマインデとを合わせたエリアとして設定された。そうした複数の隣接し合うゲマインデから構成される稠密地域は人口が15万人を、人口密度が1000人／km^2を上回る都市的な地域である、と1968年11月21日の地域整備担当閣僚会議で決定されたとのことである。稠密地域に含まれない場所は農村的な地域ということになる。

第6章

1）松橋（1989：27）によると、西岡久雄が既に60年代初めに「企業の地理学」の視点を紹介し、70年代初めにその具体的研究成果を紹介しているとのことだが、当時

505

のわが国経済地理学界ではその反響が余りなかったというべきだろう。

2) 複数事業所企業にあたる英語は multi-locational enterprise、ドイツ語では Mehr-betriebsunternehmen である。multi-plant enterprise という用語もあるが、これは生産事業所を複数かかえる企業という限定された意味を持っているのに対して、日本語の用語も含めて前 3 者は、生産事業所のみならずサービス活動に特化する事業所も含む用語である。

3) von Rohr（1970）がハンブルク大都市圏における工業立地を論じているが、「支所たる工場」には着目していない。

4) 「拡張された作業台」というのは、verlängerte Werkbänke の訳語である。ドイツでは、技術的水準の低い、生産機能しか果たさない「支所たる工場」のことを、本工場の作業台が別の場所に延長されたものでしかない、という意味を付与してそう呼ぶことが多い。

5) 具体的にはイギリスのことを指しているものと思われる。

6) 1980 年に Süddeutsche Zeitung（SZ と省略）に掲載された関連記事だけでも、次のものが挙げられる。

Wegen des Mangels an Gewerbeflächen : In vier Jahren gehen 25.000 Arbeits-plätze verloren. Viele Gewerbebetriebe wandern ab/ Debatte im Stadtrat um die künftige Entwicklung Münchens（17.1.1980 von SZ）.

In den letzten 10 Jahren : 250 Betriebe wanderten ab. Kiesl : Verbesserung der Standortbedingungen zentrale Aufgabe der Stadt（26./27.1.1980 von SZ）.

Im Sog der Großstadt. Unternehmer der Region spüren größere Attraktivität Münchens（2./3.2.1980 von SZ）.

Mehr Gewerbeflächen für Münchens Wirtschaft. Kiesl stellt 131 Hektar in Aus-sicht/Auf 4500 Betriebe kommen Standortprobleme zu（2.10.1980 von SZ）.

7) アシャ（Ascha）のまちがいと思われる。Wir und unser Betrieb. Werkzeitschrift für die Grundig-Gruppe, Heft 2, 1973, S.26 には、当時のグルンディヒの工場の国内における配置図が掲載されているが、そこでは Aschau ではなく、Ascha となっている。なお、Ascha はニーダーバイエルンにではなく、オーバープファルツに位置している。

8) 筆者が 1987 年夏に山形県の各職業安定所で行なった聴き取りによると、全国的に名の知られた有名メーカーが山形県内に工場を立地させると、地元企業から多くの転職希望者が労働力募集に応じ、進出企業と地元企業との間にコンフリクトの生ずることも少なくないとのことである。

9) 労働市場地域（Arbeitsmarktregion）とは、共同課題「地域的経済構造の改善」（GRW: Gemeinschaftsaufgabe "Verbesserung der regionalen Wirtschaftsstruktur"）の

枠組みの下で設定された地域区分であり、1980年代当時の西ベルリンを含む西ドイツ全国で180地域が設定されていた。これをGräber et al（1987：99-100）は4つの類型に区分した。第1は人口密度が300人／km²以上で人口30万以上の上位中心都市があり有利な構造を持つ労働市場地域である。これは実質的に大都市圏とみなしうる。第2は不利な産業構造を示す「古くからの工業地域」であり1980年代当時失業率が高く労働力流出がみられた地域である。なお、これは大都市圏であることが多い。第3は人口密度100人／km²前後で人口10万人以上の上位中心都市がない農村的周辺地域である。第4は人口密度150人／km²以上で人口10万人以上の上位中心都市があることが多い場所で、稠密化傾向を示す地域（Regionen mit Verdichtungsansätzen）と名づけられている。

第7章

1) 旧西ドイツ国内における雇用機会の地域格差は決して南部と北部との間だけに見られたわけではなく、南部に位置していても失業率が長期にわたって高かった場所がある一方で、北部に位置していてもそれが長期にわたって低かった場所がある（Schliebe 1980）。しかし巨視的にみれば、経済力という点で南部が高く北部が低いという現象は1960年代から顕在化しつつあったし、特に1980年代に旧西ドイツで大きな問題として認識されていた。この問題に関連する論文や書籍として例えば Gatzweiler（1982）、Niedersächsisches Institut für Wirtschaftsforschung e.V.（1984）、Bonkowski und Legler（1985）、Friedrichs et al.（1986）、Wehling（1987）、Strubelt und Bals（1987）を巻頭論文とする Bundesforschungsanstalt für Landeskunde und Raumordnung（地誌と地域整備のための連邦研究所）が発行する学術雑誌 Informatoinen zur Raumentwicklung の特集号「経済的な不利性に関する空間的諸問題（Räumliche Probleme wirtschaftlicher Benachteiligung）」1987年第9/10合併号がある。

第8章

1) この論文は、清成（1993：221-235）にほぼ同文で所収されている。
2) ベルリンの事例については三井（1995：156-160）も紹介している。
3) この措置が1990年代も継続されているかどうか、筆者は確認していない。東西ドイツ統一後に刊行された『地域整備報告』の中で研究開発を扱った個所では中小企業のための技術支援政策も言及されているが、それは旧東ドイツ領域に立地する企業に重点をおいたものであり、しかも研究開発要員のコスト補助についてはなにも言及がない（Bundesministerium für Raumordnung, Bauwesen und Städtebau 1994：176-180）。なお、1980年代のこの政策については、Klein（1980）と

Recker und Schütte（1982）も参考になる。

4）この政策については石井（1988）を参照されたい。

5）南西ドイツ経済支援研究所は、南西ドイツの経済的社会的プロセスを他の研究機関と協力して分析し、行政、科学、経済に対してその報告書や鑑定書などによって支援することを任務としている。

6）新コミュニケーション技術調整事務所は、コンサルティングや補習教育の機会に関する情報収集とその普及、情報・コンサルティング活動の仲介、既になされている情報・コンサルティング活動の支援を任務としている。

7）同じインターネットの情報で、技術移転センターの数は270、うち200がバーデン・ヴュルテンベルク州内に立地しているという、別の数値も掲げられている。

第9章

1）シュタインバイス財団は、ドイツの中小企業政策を議論する者ならば誰もが言及するバーデン・ヴュルテンベルク州シュトゥットガルトに本拠を置く準公的機関である。これについては、筆者も簡単に紹介したことがある（山本1997：185-187、本書第8章 pp.290-291）。

2）この3つの種類のネットワークについては、山本・松橋（1999）を参照されたい。

3）これについては1998年にGrotz教授から教示を受けた。

4）この聴き取りにはグロッツ教授らドイツ側の3人の共同研究者のほかに、日本から岡本義行（法政大学）、若林直樹（東北大学）、小門裕幸（日本開発銀行）も参加した。本稿は、専ら筆者のヒヤリングメモをもとにしている。3名の所属は当時のものである。

5）この内容はアーヘン・イノベーション技術移転有限会社（Aachener Gesellschaft für Innovation und Technologietransfer mbH（AGIT））でのヒヤリングによる。この企業はアーヘン地域の産業構造転換・経済発展を支援するために、アーヘン商工会議所の肝いりで、アーヘン市、アーヘン郡、デューレン郡、オイスキルヒェン郡、ハインスベルク郡、それにこの地域の産業界の代表たちが出資して、1983年に設立された。設立の目的は、新しい仕事、新しい企業を作ることであり、中小企業への技術移転だった。1970年代初めの不況のために、この地域では5万人分の雇用が失われたことをきっかけにしている。この種の地域振興機関として、ドイツの中で最も成功しているものの一つといわれている。なお、アーヘン地域の経済については、Voppel（1993：191-193）がより詳しく述べている。

6）テヒニカーとは大学卒レベルのエンジニアではないが、高度な中等教育、あるいは短期の高等教育を受けて設計能力を持つに至った、生産技術も持つ技術者のことである。わが国ではドイツの工業というとマイスターがよく話題になるが、機械工業

企業の生産現場にあってはマイスターよりもテヒニカーの方が重要であると言えよう。

第 10 章

1) 聴き取り、及び、下記のパンフレットと Web サイトを参照。ZENIT GmbH（ohne Jahr）Perspektiven für den Mittelstand.　http://www.zenit.de/

2) ノルトライン・ヴェストファーレン州以外に立地する加盟企業が 2 社ある。1 つはヘッセン州のヴィースバーデン、もう一つはニーダーザクセン州のオスナブリュックに立地している。

3) 次の Web サイトに基づく　http://www.zenit.de/regionalinnovation/

4) 次のパンフレットによる。European Commission（without year）The Innovation Relay Centers.

5) 次の Web サイトに基づく。http://europa.eu.int/comm/regional_policy/activity/erdf/erd1b_en.html

6) 次のパンフレットによる。Ministerium für Wirtschaft und Mittelstand, Energie und Verkehr des Landes Nortrhein-Westfalen. Referat Öffentlichkeit（2001）innovativ：nrw. Ideen schaffen Wachstum. ZukunftsWettbewerb Ruhrgebiet.

7) 本項の記述は Fraunhofer Institut für Umwelt-, Sicherheits-, Energietechnik UMSICHT（2000）に基づいている。

8) 次の Web サイトに基づく。http://www.go-online.nrw.de

9) もともと GfW は、経済構造の改善を進めるために、1960 年に州政府の 100％出資によって設立された企業である。1980 年代半ばまでは、内外の企業に対してノルトライン・ヴェストファーレン州への立地を促進する活動や、具体的な敷地選定と資金調達のためのコンサルティングを中心とする業務だったが、その後、州内に立地する企業の外国市場開拓支援もその任務に含めるようになっている。従業員数は約 50 人であり、シンガポールと東京に子会社を配置し、さらにテルアビブ近郊、ソウル、ニューヨーク、ハノイ、北京、南京に事務所を配置している。かつて GfW は、中小企業支援のための特別なセクションを持っていなかったが、2001 年の機構改革によってそれを持つようになった。

10) パンフレット Gründer- und Technologiezentrum Solingen. 及び、Hölscheidt, F.（2001）GuT Solingen　— seit fast 10 Jahren Motor der Existenzgründung. In：Kirk in Zusammenarbeit mit der Stadt Solingen（2001, S.36-41）.

11) 次の Web サイトを参照。http://www/bizeps.de/

12) 雑誌 *Technologie Region Aachen*、パンフレット AGIT（ohne Jahr）Ihr Partner in der Region Aachen、AGIT（2001）及び次の Web サイトを参照。http://www.agit.

de/

13）もちろん、ルール地域にはボーフムにあるルール大学など、他の大学や研究所などがこの地域の産業企業の技術転換のために活動しているであろう。

第 11 章

1）ルール地域自治体連合(KVR)は州法の改定によって2004年にルール地域連合(RVR: Regionalverband Ruhr）と名称変更し、地域計画の権限を 2009 年に再度得るようになった　https://www.rvr.ruhr/politik-regionalverband/ueber-uns/　　2024 年 5 月 4 日閲覧。

第 12 章

1）例えば、Frankfurter Allgemeine Zeitung（19.7.2001）、Süddeutsche Zeitung（19.7. 2001a, 19.7.2001b, 19.7.2001c, 19.7.2001d）、Leipziger Volkszeitung（19.7.2001a, 19.7.2001b）、Freie Presse Chemnitz（19.7.2001）、Börsenzeitung（19.7.2001）、Bildzeitung Leipzig（19.7. 2001）。

2）筆者は、2000 年夏にデュースブルク大学客員研究員としてドイツに滞在した際に、BMW の立地点公募を、ルール地域の有力新聞 Westdeutsche Allgemeine Zeitung（12.8.2000）によって知った。日本での報道は、管見の限りでもっと後であり、日本経済新聞が 2001 年 8 月 30 日に報道した。

3）この 7 点は、同日に公表された BMW による記者会見用原稿（BMW Group Presse- und Öffentlichkeitsarbeit Presse-Information 18. Juli 2001b）と若干食い違っている。ここでは、第 4 項の「既存の構造の利用」が、サプライヤーとロジスティクスだけに限定される一方で、第 6 項で「BMW の工場間連携との連結」がうたわれ、販売網との連結は削除されている。また、第 7 項の「転換・実行のプロセス」には「迅速な」という形容詞が付されている。

4）新聞報道の通りならば、旧東ドイツ領域への立地によって政府から得られる補助金は、チェコに立地するならば節約できる労働コストの 3 年分にも満たない。一時的な補助金よりも、中長期的に考えたコスト節約のほうが重視されてしかるべきだと考えられる。これも BMW の意思決定に関する疑問のひとつである。

5）後に最後まで立地候補地として残ったアウクスブルクとは別に、アウクスブルク郡のグラーベンが有力候補地であるという報道を SZ は行った。ここには BMW が望む広さの十分な敷地があるし、アウトバーンの利用など交通条件もすぐれている（SZ, 2.9.2000）。

6）立地条件と立地因子とを区別すべきという西岡の考え方は、工業立地論に関する大学用テキストとして英語圏で最も新しいものの一つである Hayter（1997：83-110）

でも採用されている。ただし、Hayter が採用する立地条件と立地因子の区別の基準
は、西岡が Krumme と共同で書いた英語論文（Nishioka and Krumme, 1973）に
依拠しており、西岡（1976）とは異なる。Hayter（1997：83）は、立地条件をす
べての産業に一般的な立地による差異とし、立地因子を企業が立地選択をする際に
特別な重要性が与えられる立地による差異と規定している。西岡（1976）と Hayter
（1997）が異なることは、西岡（1976）の 46 ページに掲げられた表と、Hayter
（1997：103-107）に掲げられた表とを比べても明らかである。

第13章

1) ドイツを「欧州の病人」とみなした最初は、管見の限りで The Economist（1999）
と思われる。またドイツの著名な経済研究所である ifo-Institut の所長かつミュンヘ
ン大学経済学部教授だったヴェルナー・ズィン教授（Prof. Dr. Hans-Werner Sinn）
が 2003 年 11 月 15 日にブランデンブルク州ノイハルデンベルク（Neuhardenberg）
で行なった講演（Sinn 2003）において、ドイツを「欧州の病人」と称して、その
病状を克服するための方策を提起した。それは、雇用よりも失業を選ぶという、職
業上の資格を持たないドイツ人たちの行動パターンを変えるような制度改革である。
その改革案は、社会的弱者の切り捨てを目指すというわけではなく、むしろ自助の
ための支援としての社会政策の必要性を維持するものであるとズィン教授は主張し
た。社会政策を堅持する国家は民間企業に対するライバルになるのではなく、その
パートナーになるような改革が必要であり、そのためには賃金に関するフレキシビ
リティの実現が必要である、という主張だった。

2) 朝日新聞（2012 年 5 月 2 日）は、ドイツ経済の復活がシュレーダー首相時の労働
市場改革に由来するという解釈と、この改革によってドイツでは格差が拡大したと
いうこととを報道している。我が国における E U 研究の第一人者田中素香（2015：
52）は注記の中での指摘でしかないが、ドイツの「一人勝ち」の要因としてユーロ
為替相場や中国など高度成長している新興諸国への輸出を重視する趣旨のことを記
している。田中（2016：131-135）でも、シュレーダーによる労働市場改革よりも
ドイツ製工業製品の輸出力の向上を重視している。その背後に、低賃金の旧東欧諸
国に配置した工場との生産ネットワークの活用と単位労働コストの低下やユーロ安
があるとしている。他方、ユーロ安の効果を認めつつも、それ以上に労働市場改革
と中小企業の輸出力に注目する論文（杉浦・吉田 2014）もある。なお、ドイツ経済
における製造業の強さという点で、例えば読売新聞（2015 年 7 月 31 日）にみられ
るように、インダストリー 4.0（第 4 次産業革命）という旗印の下で、ドイツの製造
企業が IoT を進めていることに数年前から日本では関心が寄せられている。

3) ミッテルシュタントは中小企業と和訳されてきた場合があるし、筆者もまたかつて

その理解を部分的に受け入れていたが（山本 1997）、決して中小企業という規模の概念で定義されるものではない。むしろ、特定個人あるいはその家族、場合によれば少数の相互に近い関係にある諸個人や諸家族が所有し、その一員が経営にもあたる企業のことを意味している。詳しくは山本（2024）第 4 章第 3 節「ミッテルシュタントとは何か？」、及び本書第 10 章の「3. ドイツのミッテルシュタントの概況」を参照されたい。

4) ただし、Simon（1996）の和訳書（サイモン 1998）が刊行されたので、全く注目されなかったというわけではない。また、ドイツ経済復活の鍵としてミッテルシュタントに注目するものとして、先に言及した杉浦・吉田（2014）のほかに 2010 年代に入ってからわが国でも、例えば日本貿易振興機構（2012）、岩本（2016）、西垣（2017）が表れた。なお、Simon はドイツ人であるから、サイモンでなく、ズィーモンとカタカナ表記するのが正しい。またミッテルシュタンドではなく、ミッテルシュタントとカタカナ表記すべきである。

5) 産業経済学分野で著名なアメリカ人経済学者オードレッチュは、その単著（Audretsch 2015）やドイツ人経営学者との共著（Audretsch and Lehmann 2016）において、ドイツ経済の復活力をミッテルシュタント、特にその中での「隠れたチャンピオン」に求める見解を提示している。その詳細については山本（2018a；2018b）において紹介し、山本（2024）でも取り上げたので、本章では割愛する。しかし、Ewing（2014）によるミッテルシュタント論は山本（2024）に収録しなかったので、これを本章で紹介する。

6) 2012 年 6 月 1 日のユーロと US ドルの為替レートは €1 = $1.2435 である（https://www.exchangerates.org.uk/EUR-USD-spot-exchange-rates-history-2012.html 2023 年 4 月 29 日閲覧）。それゆえ 50 億ユーロは約 62 億 US ドルである。1990 年代半ば頃から世界経済の規模が 6 倍前後まで成長したわけではない。Simon（2012：83）が販売額基準での「隠れたチャンピオン」を同定する基準を大幅に引き上げたのは、1990 年代半ば頃からの 10 数年間で、マクロにみた経済成長率よりも、「隠れたチャンピオン」として同定していた企業がより顕著に成長したからであるという趣旨のことを述べている。

7) この企業は、2016 年 11 月にイーロン・マスク率いるテスラ社の傘下に入り、2017 年にはテスラ社に完全に吸収された（https://www.tesla.com/blog/formation-of-tesla-advanced-automation-germany https://www.reuters.com/article/us-tesla-germany-exclusive-idUSKBN17T2IY 2023 年 6 月 11 日閲覧）。グローマン・エンジニアリングはテスラ社の傘下に入る以前にドイツの有力自動車メーカーの生産自動化設備の革新に貢献していたが、マスクはテスラ社との取引に専心することを要求したのに対して、グローマンは複数の自動車メーカーとの取引を継続したい

512

と考え、両者の主張が折り合わなかったためにグローマンは自身が設立した会社から退出させられ、アイフェル地方にあったグローマン・エンジニアリングは現在ではテスラオートメーション（有）という名称の企業になっている。このことは、Grohmann Engineering という用語を Google のサーチエンジンに入れると Tesla Automation を解説する wikipedia のドイツ語版に誘導され、そこにこの吸収合併劇に関する解説が掲載されていることによって分かる。

8) 具体的には、ライプニッツ共同体地誌学研究所の共同研究成果のうち 2 つの論文がメンションされているが、容易に取得できるものは Bundesinstitut für Bau-, Stadt- und Raumforschung（BBSR）im Bundesamt für Bauwesen und Raumordnung（2019）であり、同研究所の研究成果を要約した次のブログである。Hidden Champions als Impulsgeber für die Kleinstadtentwicklung   https://blog.leibniz-ifl.de/2020/02/hidden-champions-als-impulsgeber-fuer-die-kleinstadtentwicklung/ 2023 年 6 月 11 日取得。

9) 労働市場改革に重要な役割を果たしたものに、電気機械を含む金属機械工業部門における経営側の団体である Gesamtmetall と労働組合 IG Metall との間で締結されたプフォルツハイム協定（Pforzheim Accord）がある。これによって企業単位での賃金のフレキシビリティが確保され、当時の Gesamtmetall 会長だったカネギーサがその協定締結に尽力したと Ewing（2014：56）は述べている。ただし、その協定が締結される以前に、BMW はライプツィヒに新しい組立工場を設立する決定を行なう途上で、独自に賃金に関するフレキシビリティを実現した（山本 2003、即ち本書第 12 章）。なお、プフォルツハイム協定については岩佐（2012）がある。

10) EEW Pickhan Umformtechnik GmbH ホームページ   http://www.eew-group.com/de/standorte/eew-pickhan/   2017 年 10 月 29 日アクセス。

11) http://www.eew-group.com/de/ueber-uns/geschichte/   2017 年 10 月 29 日アクセス。

12) 次のウェブサイトで検索した 1965 年当時の為替レート。http://fxtop.com/jp/historates.php   2017 年 10 月 29 日アクセス。

13) 実際には、この地方の衣服製造企業が完全に消失したのではない。イノベーション形成に成功して現在でも存続している企業がある．例えば   Güth & Wolf 社がその例であるという（Hartmann 2016）。

14) 実際には、HAHN Lamellenfenster GmbH という従業員数 35 人規模の子会社である。http://www.glasbau-hahn.de/unternehmen/standorte-mitarbeiter/   2017 年 10 月 22 日アクセス。

15) 具体的には、フランス、イギリス、イタリア、オーストリア、スイス、ポーランド、チェコ、アメリカ、メキシコ、中国、日本である。   https://www.trumpf.com/de_INT/unternehmen/trumpf-gruppe/standorte/   2017 年 10 月 29 日アクセス。

第14章

1) 「ドイツ資本主義」に多様な側面があることは経済史研究者による豊富な研究によって明らかだし、産業資本が国家によって上からではなく一般市民によって下から形成されたことをラインラントの繊維工業やライン・ヴェストファーレン地方の鉄加工業に即して実証する経済史研究（川本1971）もあるが、敢えて単純化すればドイツにおける産業化の推進力を国家に求めるという観点があったことは否定できない。例えば松田（1968）、諸田（1968）、肥前（1972）、柳沢（1972）などにその考え方を看取できる。

2) 日本における「東京一極集中」という表現は、札幌、仙台、広島、福岡などのいわゆる地方中枢都市の役割を度外視する表現であり、社会経済的な意味での国土構造を的確に表現するものではない、と筆者は考える。また、多くの県において県庁所在都市への県内政治的権力と県経済にとって重要な意味を持つ民間企業が集中していることも併せて考えるならば、「各段階での一極集中の複合」とみるのが妥当である。それは教育機関や文化的施設の配置によって強化されている。

3) 例えば、カーレンベルク（1984）は「ほとんどの学校が地方自治体ないしは州の管轄下にあり、地方自治体ないし州が設置者となっている」（p.139）し、「私立学校は、数のうえではほとんど意味がない」（p.141）と記している。Fickermann et al.（2002）によれば、初等教育での私立学校の比重は極めて低く、中等教育の実科学校（Realschule）や大学進学のための普通科教育を行なうギムナージウムで高くなるが、後者でも私立学校で学ぶ生徒数は1997/98年において約10％でしかなかった。また当時、私立学校はノルトライン・ヴェストファーレン州やヘッセン州の各地に多く分布していた。しかし、現在では私立学校の比重が高いのはザクセン、メクレンブルク・フォーアポンメルン、ベルリンを初めとする旧東ドイツに位置する州である。東西ドイツ統一以降、私立学校の数とそこに通う青少年の人数、および全体に占める比率は、旧東ドイツ領域に位置する各州で増加し続けてきている。それでも私立学校に通う児童生徒の比率は12.3％（1998/99年）であり、旧西ドイツでは8.7％である（Statistisches Bundesamt（Destatis）in Zusammenarbeit mit den Statistischen Ämtern der Länder 2020）。また私立学校に子供を通わせる家庭は相対的に富裕である（Unterberg 2019）。

4) ジーウェルト（1985）によれば、フェラインは18世紀以降、特に19世紀になってからドイツの諸都市でみられるようになった組織形態であり、それへの参加が出自や職業などによって限定されることはなく、むしろ自由な個人がフェラインの規約を遵守することで加入できるものであるし、ローカルなコミュニティに縛られるものではないという。このような組織は農村の名望家層や都市から移住してきた知識人などによって農村地域にも普及したとのことである。ジーウェルト（1985：133-

注一覧（各章別）

134）はフェラインの機能について、「複雑な社会で社会に対する見通しを失った個人が、団体という一つのグループの中で多様性と概観性の両方を獲得できるわけである。団体の枠組みの中で他者と交わり、自己を発達させ、自己の同一性（アイデンティティ）を見いだしていくのである・・・（中略）・・・団体が地域を契機とすることがあっても、地域を団体形成の前提としていない。むしろその理念は、地域を離れた所に求められている。同時に、団体が地域社会において統合的役割を果たすことも忘れてはならない」と述べている。筆者は 2015 年にオーストリアのフォラールベルク州地域整備担当官に案内されて、アルペンライン川を挟んで隣接するスイスのザンクトガレン州ラインタール地方でフォラールベルク州と協力して、オーストリア側のラインタールと一体となっての地域整備に取り組んでいる組織を訪問して、その活動について教示を受けたことがある。その際にスイス側の担当者は、国境を越えての地域整備は、この地方に根づいているフェラインスクルトゥーア（Vereinskultur 団体文化）に基づいて企画実行されていると話していた。つまり、フェラインとはドイツだけの文化的特徴というわけではなく、スイスやオーストリアを含むドイツ語圏一帯に根づいているのではないかと考えられる。

5）　例えばミュンヘン市のホームページには、各種のスポーツや文化的な団体に対して補助金を提供する仕組みがあり、補助金申請のための書式をダウンロードできるウェブサイトがある。https://www.muenchen.de/rathaus/Stadtverwaltung/Kulturreferat/Kulturfoerderung/Zuschuesse-Kooperationen/Zuschuesse.html 次のウェブサイトも含めて 2021 年 2 月 14 日閲覧。https://www.muenchen.de/rathaus/Serviceangebote/sport/sportfoerderung.html#jhrliche-bestandsstatistik_5 Landeshauptstadt München Referat für Bildung und Sport（2020）Richtlinien der Landeshauptstadt München zur Förderung des Sports．及び Süddeutsche Zeitung vom 24.03.2020：München：Anschub für die Vereine. Stadt erhöht die Sportförderung um ein Drittel auf acht Millionen Euro im Jahr を参照。なお、ドイツのエアランゲンに居住する高松（2020）が、ジャーナリストの眼を通してスポーツクラブに限定してではあるが、基礎的地方自治体レベルで活動しているフェラインの姿を描いている。

6）　例えば、石井（1974）、石井（1986：32-45）、石井（1988）、金田（1981）、祖田（1984）、森川（1995, 2021）、渡辺（1994）などがある。

7）　山本（1982a, 1984, 1987, 1992, 1997, 2003）。

8）　https://www.umweltbundesamt.de/daten/flaeche-boden-land-oekosysteme/flaeche/struktur-der-flaechennutzung#die-wichtigsten-flachennutzungen　（2021 年 2 月 15 日閲覧）による。

9）　国土交通省「令和元年（暦年）空港順位表」https://www.mlit.go.jp/koku/15_

bf_000185.html　2021 年 2 月 16 日取得。

10）ドイツのみならずヨーロッパでは人口 10 万人を超えれば大都市とみなされている。2011 年の国勢調査に基づいて、ライン・ルール・マイン・ネッカー大動脈に位置する都市で人口 20 万人を超える都市は表 14-2 に示しておいた。　https://www.destatis.de/DE/Themen/Laender-Regionen/Regionales/Gemeindeverzeichnis/zensus-grosstaedte-einwohner.html　2021 年 2 月 19 日取得。

11）https://www.listenchampion.de/produkt/liste-der-groessten-pharmaunternehmen-deutschland/　2021 年 3 月 20 日取得。ただし、スイスのバーゼルに本部があるロシュとノヴァルティスは世界的にみればベーリンガー、バイエル、メルクを上回る製薬大企業である。　https://www.researchgermany.com/list-of-the-largest-pharmaceutical-companies-in-germany/　2021 年 3 月 20 日取得。

12）山本（1993）は、ジーメンス社の通信部門の前身企業であるジーメンス・ハルスケのミュンヘンへの移転と、重電部門の前身企業であるジーメンス・シュッケルトヴェルケのエアランゲンへの移転を論じた。

13）AEG テレフンケンが実質的に倒産した直後に刊行された AEG-Telefunken Zentralbüro（1982：3）によると、1981 年末時点で同社は 99,400 名の従業員を西ドイツ国内で雇用し、約 32,000 社のサプライヤーに対して総計 50 億マルクに上る金額の発注をしていた。さらに 350 の基礎的地方自治体（ゲマインデ）に総計 950 万マルクの税金を納めていた。また、従業員への俸給賃金と退職者に対する企業年金の支払いを合わせると 48 億マルクに上っていた。

14）1990 年 10 月 1 日にジーメンスはニクスドルフ・コンピュータ（株）の資本金の過半を取得して自社のデータ情報部門と合併させてジーメンス・ニクスドルフ情報システム（株）を設立し、1992 年にこれを 100％子会社とした。https://new.siemens.com/global/de/unternehmen/ueber-uns/geschichte/unternehmen/1989-2006.html 2021 年 2 月 23 日閲覧。

15）日本経済新聞（1985.7.16）によると、ジーメンスは半導体の開発生産における立ち遅れを克服するために、1985 年に東芝から技術供与を受けた。

16）https://www.listenchampion.de/produkt/top-it-unternehmen-deutschland-liste-der-groessten-technologiefirmen/　2021 年 2 月 21 日閲覧。

17）https://www.bosch-presse.de/pressportal/de/de/robert-bosch-gmbh-sitz-der-zentrale-in-gerlingen-bei-stuttgart-34515.html　2021 年 3 月 23 日閲覧。シュトゥットガルトからゲルリンゲンに本社を移転したのは 1970 年のことである（Herdt 1986：158）。

18）SAP とは Systemanalyse Programmentwicklung（システム分析プログラム開発）の頭文字を取った名称である　https://www.sap.com/corporate/de/company/history.

html　2021 年 2 月 14 日閲覧。SAP の設立の経緯とその後の成功を論じた文献は少なくないと思われるが、Audretsch and Lehmann（2016：36-37；43-44；118-120）は、企業家精神が発揮されるための諸条件（新しいアイデアを活かそうとしない既存大企業内部の「知識フィルター」に見切りをつけること、新しいアイデアを生み出す人材を輩出する高等教育研究機関や先端産業分野での企業の研究所の存在、資金面でサポートする金融機関経営者などとの社会関係資本）を論ずる文脈の中で SAP を具体例として取り上げている。また山本（2018b：18-20）は、Audretsch らの考えを論評する文脈の中で、SAP のホームページなどから得た情報に基づいて SAP とその創業者たちの活動について補足的に紹介した。

19）Größte Unternehmen in Deutschland　https://www.boerse.de/wissen/groesste-unternehmen-deutschland　2021 年 2 月 14 日取得。

20）https://www.sap.com/germany/about/company/history.html?pdf-asset=ba8eef54-cc7d-0010-87a3-c30de2ffd8ff&page=2　2021 年 2 月 14 日閲覧。

21）https://www.sap.com/corporate/de/company/history.html?pdf-asset=ba8eef54-cc7d-0010-87a3-c30de2ffd8ff&page=2　2021 年 2 月 24 日閲覧。

22）https://www.citypopulation.de/de/germany/census/baden_w%C3%BCrttemberg/08226095__walldorf/　2021 年 2 月 24 日閲覧。

23）学校教育における教科「地理」に関する教科書や地図帳、地理学の学術雑誌や専門書の出版で著名な Westernmann 社が運営するウェブサイトによると、ヴァルドルフはライン・ネッカー大都市圏に位置し、SAP 本社での勤務者数が約 1 万人に上ると記されている。　https://diercke.westermann.de/content/walldorf-suburbaner-raum-978-3-14-100800-5-47-3-1　2021 年 2 月 24 日閲覧。

24）Top 200 Maschinenbauer Deutschland　Liste der größten Maschinenbauunternehmen　https://www.listenchampion.de/produkt/top-maschinenbauer-deutschland-liste-der-groessten-maschinenbauunternehmen/　2021 年 2 月 19 日閲覧。

25）この両郡における畜産業の盛況ぶりについては、ドイツの学校教科書「地理」でも取り上げられている。詳しくは次のウェブサイトを参照されたい。　https://www2.klett.de/sixcms/media.php/229/104103-2309.pdf　https://diercke.westermann.de/content/cloppenburg-vechta-agrartechnologie-f%C3%BCr-veredelungswirtschaft-978-3-14-100800-5-59-5-1　2021 年 3 月 14 日閲覧。

26）以下の数段落で説明する考え、即ち資本主義の下では経済力が集中する諸都市が形成され、そうした諸都市の中での階層制が発達して第 1 位都市と第 2 位以下の都市との間に大きな差ができるという考えは、循環的累積的因果関係論によって地域間格差の拡大を説明したミュルダール（1959）、競争という圧力が資本主義のたえざる変化即ち進化を説明するとした Bowles et al.（2005）、そして経済的中枢管理機能

が特定都市に集中するメカニズムを情報・交通通信サービス・企業サービスなどを
キーワードとして説明した Pred（1977）、1970 年代の日本における実態に即して資
金の移動を模式図で示した矢田（1975b）などに刺激を受けて、筆者なりに要約的
に示したものである。より詳しくは山本（2005b：142-148）を参照されたい。なお、
経済力の特定都市への集中は、政治行政権力や文化的な影響力と密接に関係してい
るし、本来そうした集中をもたらさないはずの互酬という経済的統合様式の現代世
界における実践主体である NPO・NGO もまた、特定大都市に資金をいったん集中
させる役割を果たしており、経済力の特定都市への集中と無関係ではない、と考え
られる。

27）末川（1996：225）には、ナポレオン戦争後の 1815 年に成立したドイツ連邦の構成
諸国、即ちオーストリア帝国とプロイセン王国のほかに 32 の領邦国家とリューベッ
ク、フランクフルト、ブレーメン、ハンブルクの 4 自由都市を示す表が掲げられて
いる。

28）望田（1996：396）に第 2 帝政ドイツの構成が示されている。

29）Berthold et al.（1990：Karte 21）は 1815 年時点での各種鉱工業の立地を描いた
地図であるが、これによると綿紡績工業の特に重要な立地点としてザクセンのケム
ニッツからフォークトラントにかけての 4 か所のほかに、ベルリン、ハンブルク、
エルバーフェルト（ヴッパータール）、アウクスブルクがあり、バーデン、オーバ
ーシュヴァーベン、ヴュルテンベルク、ニュルンベルク、ヘッセンとテューリンゲ
ンの境界付近にも綿紡績工場があった。この地図のもとになった資料は Gaspari,
A.C., G. Hassel und I.G.F. Cannabich（1819）*Vollständiges Handbuch der neuesten
Erdbeschreibung*, Abt.1, Bd.3-5, Weimar であることが注記されている。他方、
Wiese und Zils（1987：108-109）には 18 世紀から 19 世紀初めにかけての産業化
直前時期のドイツにおける繊維工業と製鉄・鉄加工業の地理的分布を示す地図が掲
げられている。当時の繊維工業とは麻や毛織物が重点をなしていたが、その分布は
現代ドイツの領域の中ではオーバーシュヴァーベンからヴュルテンベルクにかけて
の地帯、ザクセンからバイエルン北東部にかけての地帯、ライン・マイン大都市圏
を囲む農村地帯、アーヘンからライン川下流部左岸にかけての地帯、ノルトライン・
ヴェストファーレン州北東部からニーダーザクセン州南東部にかけての地帯、ヘッ
セン州北東部、ベルリンからブランデンブルクにかけての地帯など、広範囲にわた
っていた。

30）https://www.rwth-aachen.de/cms/root/Die-RWTH/Aktuell/Hochschuljubilaeum/
~cjxtk/Gruendung-und-Entwicklung/　2021 年 2 月 24 日閲覧。

31）Kiesewetter（1989a：210）によれば、ドイツ関税同盟に加盟していた諸領邦が全
体として輸出する機械設備の金額は、輸入する機械装置の金額を 3 分の 1 上回って

いたと記されている。

32）コンツェルンとしてのジーメンスは、通信機器部門のジーメンス・ハルスケ、重電部門のジーメンス・シュッケルトヴェルケ、医療機器部門のジーメンス・ライニガーヴェルケから構成されていた。後2社はニュルンベルクとエアランゲンで誕生して成長した企業を前身企業の1つとするが、後にベルリンで誕生して成長したジーメンス・ハルスケ社の傘下に入り、シュッケルトヴェルケはベルリンに本社を移した。第2次世界大戦後、ジーメンス・ハルスケはミュンヘンに、シュッケルトヴェルケはエアランゲンに本社・研究所・主力工場を移転した。ただし、ベルリンの生産機能も温存された。3社は後にジーメンス（株）に統合され、その本社はミュンヘンに置かれた。その詳しい経緯については山本（1993）を参照されたい。

33）合併は世界大恐慌によって各自動車メーカーが経営危機に陥ったからであり、合併するにあたって当時のザクセン州立銀行が支援した（Boch 2001：7）。

34）https://www.zeiss.com/corporate/int/about-zeiss/history.html　https://www.zeiss.com/content/dam/corporate-new/about-zeiss/history/downloads/the_companys_history_of_zeiss-at_a_glance.pdf　いずれも2021年3月1日閲覧。

35）https://www.historisches-lexikon-bayerns.de/Lexikon/Vertriebenengemeinden_und_-siedlungen　2021年3月15日閲覧。なお、この5つの町に関する博士論文（Würnstl 2018）がある。

36）ただし、Seherr-Thoss（1979：316）には、ファラスレーベンでの工場建設起工式は1938年5月26日にアドルフ・ヒトラーと600名の来賓、7万人の参列をもって行なわれたと記されている。

37）https://geschichte.salzgitter-ag.com/index.php?id=11325&L=0 2021年3月3日閲覧。ナチス政権の高官でありプロイセン首相も務めたことのあるヘルマン・ゲーリングの名前を冠したこの企業は、現在のザルツギッター製鉄所（株）の前身企業の1つである。この製鉄企業を中心としてこの地域は都市化し、28の村が1942年に合併してザルツギッターという名称の都市となった（Storkebaum 1985）。

38）KdFとはKraft durch Freudeの略であり、喜びを通じて力を得る、という意味である。ドイツ労働戦線はナチスによる労働政策を遂行するために、歓喜力行団という余暇組織を傘下に持っていた。ヒトラーは、ファラスレーベン郊外で生産されるべき国民車に、歓喜力行車という名前を与えたのである。1938年時点でフォルクスヴァーゲンという名称は企業名であり、車種名ではなかった。その企業が設立される以前において、フォルクスヴァーゲンは、固有名詞ではなく一般名詞だった。

39）https://www.historisches-lexikon-bayerns.de/Lexikon/Maschinenfabrik_Augsburg-Nürnberg_AG_(MAN)　2022年2月9日閲覧。

40）https://magirus-iveco-museum.de/magirus/　2021年3月13日閲覧。

41）https://www.volkswagen-karriere.de/de/volkswagen-als-arbeitgeber/Standorte/ standort-braunschweig.html　2021 年 3 月 5 日閲覧。

42）現在においても実質的にノックダウン式組立工場かどうか、未確認である。しかし、Passat という車種の最終組立工場として 1978 年から稼働したし、2022 年から電気自動車組立工場として稼働することが決定している（https://www.volkswagen-karriere.de/de/volkswagen-als-arbeitgeber/Standorte/ standort- emden.html 2021 年 3 月 5 日閲覧）。

43）Die Eröffnung des Opelwerks in Bochum. https://www.bochum.de/Stadtarchiv/ Erinnerungstage/Die-Eroeffnung-des-Opelwerks-in-Bochum　2021 年 3 月 2 日取得。

44）https://media.ford.com/content/fordmedia/feu/de/de/news/2020/01/16/ford-werk-in-saarlouis--50-jahre-automobile-wertarbeit.html　2021 年 3 月 5 日 閲 覧。 ド イツフォードはもともと 1925 年にベルリンで株式会社として設立され、アメリカで生産された部品をベルリンのヴェストハーフェン（西港）に面した貸工場まで輸送して T 型モデルを生産した。デトロイトからベルリンまで、必要に応じての積み替えがあったにせよ水運だけで部品を輸送できたのである。しかし、後に西ドイツ初代首相となり、当時ケルン市長だったコンラート・アーデナウアーによる誘致政策もあって、1930 年にケルン市内北部ライン川左岸のニ ー ル に 移 転 し た。(https://media.ford.com/content/dam/fordmedia/Europe/ de/2020/09/90Jahre/PM-90-Jahre-Chronik-final1.pdf　2021 年 3 月 6 日取得）。ドイツフォードは、ニールの北に隣接するメルケニヒに部品流通センターを 1962 年に、開発センターを 1968 年に設立した。さらに 1994 年に、アーヘンに「研究イノベーションセンター」を設立した（https://www.ford.de/ueber-ford/standorte-anfahrt　2021 年 3 月 6 日閲覧）。しかしこの R&D 施設を 2024 年半ば頃までに閉鎖することをドイツフォード社は 2023 年 10 月末に決定した。自動車メーカー間のグローバルスケールでの競争に落伍しないためには、ケルンの本社に統合する必要があると判断したからである（Handelsblatt 30.10.2023）。それはドイツフォード社の業績が振るわないためであると考えられる。本書第 10 章第 6 節でアーヘンにフォード研究センターが立地したことに言及したが、これは 30 年間しかもたなかったことになる。場合によれば大企業は「地域」を見捨てることがあることの事例と言わざるを得ない。次の URL も参照されたい。https:// media.ford.com/content/fordmedia/feu/de/de/news/2023/02/14/ford-schliesst-rahmenvereinbarung-bis-2032-und-beschleunigt-die-.html　2024 年 3 月 15 日取得。

45）ダイムラー・ベンツのハンブルク工場はトラックを生産していた Rheinstahl-Hanomag AG から 1968 年に買収したものであり（http://www.ifw-hamburg.de/

seiten.php?id=50　2021 年 3 月 2 日取得）、ブレーメン工場は 1971 年に Hanomag から取得したものである（https://www.bremen.de/ wirtschaft/ standortinformationen/ automotive　2021 年 3 月 2 日取得）。

46）Dezember 2014 Nach 52 Jahre standen die Opel-Bänder still　https://www.waz. de/staedte/bochum/70-jahre/nach-52-jahren-standen-die-baender-in-bochum-fuer-immer-still-id215830881.html　2021 年 3 月 2 日取得。

47）大島（2000：267-278）は、ダイムラーとベンツに続いて 1890 年代から 20 世紀初頭にかけて誕生した自動車メーカー 20 社の概要を素描し、ドイツ自動車工業が全国的に分散したと述べている。それが特定地域への集中を見たイギリス、フランス、アメリカと異なるドイツの特徴であると指摘している。

48）現在ここには、Mercedes-Benz-Werke Gaggenau と名づけられているダイムラー社の商用車工場が立地している。これの起源はテオドール・ベルクマンという人物が創業した Bergmann Industriewerke の工場である。この企業は 1890 年代後半にイギリスやフランスに乗用車を輸出するほどに力ある企業だった。https:// www.gaggenau.de/industriepionier-theodor-bergmann-wurde-eine-bueste-gewidmet.21649.htm　2021 年 3 月 17 日閲覧。

49）地図作成のための資料が明記されていないが、この論文は Flik（2001b）の要約的論文であり、この S.107 に同じ地図が、そして S.305-310 に 1886 年から 1939 年の間に乗用車を生産して販売したドイツの自動車メーカー 224 社の名前と所在地、生産開始年と生産終了年（操業停止年）の一覧表が示され、S.311-312 に一覧表作成のために利用した資料が業界誌紙・書籍や展示会カタログであること、それらに記載されている企業数の約 4 分の 3 を取り上げたことが、その他の注意事項とともに記されている。

50）アウグスト・ホルヒの経歴は次のウェブサイトによる。http://www.sfz-ingolstadt. de/unsere-schule/schulname-august-horch-schule/lebenslauf-august-horch#：~： text=1884%2D1887%20August%20Horch%20geht,als%20Uhrmacher%2C%20 Wagenbauer%2C%20etc.　　2020 年 3 月 6 日閲覧。

51）ドイツ全国の「部分地域間で同等の価値を持つ生活状態」という文言に相当する文言は、1965 年 4 月 8 日に制定された最初の「地域整備法」でも用いられていた。ただしこの法律の第 1 章「地域整備の課題と目的」にではなく、第 2 章「地域整備の原則」で挙げられた 9 つの原則の第 4 番目において次のように記されている。「東ドイツとの国境縁辺地帯の達成力が次の目的をもって優先的に強化されなければならない。即ち、国境縁辺地帯の全ての部分において生活・労働条件並びに経済的・社会的構造が、全連邦領域におけるそれと少なくとも同等の価値を持つように作られなければならない。教育・文化・交通・調達・行政に関わる諸施設が早急に作られ

なければならない。」（Raumordnungsgesetz, Vom 8. April 1965. https://www.bgbl. de/xaver/bgbl/start.xav#__bgbl__%2F%2F*%5B%40attr_id%3D%27bgbl165s0306. pdf%27%5D__1615182384420　2021 年 3 月 8 日閲覧）。ちなみに、この最初の「地域整備法」が明記した法律の目的は次のように記されていた。

「（1）連邦の領域は、その一般的な空間構造において、共同社会の中での人格の自由な展開に最もよく資するような発展に導かれるべきである。その際には、自然の恵み並びに経済的、社会的、文化的な必要が考慮されるべきである。（2）全ドイツの再統合という目的が考慮されるべきであり、その実現が支援されるべきである。その際に、（東西ドイツという 2 つの）領域的な関連に注意を払うべきであり、改善されるべきである。（3）連邦領域の地域整備は、ヨーロッパ空間における協働のための空間的な前提条件をつくり出さなければならないし、これを支援するものでなければならない。」

　　また、法律の第 2 章「地域整備の原則」で挙げられている 9 つの原則の第 1 として、「健全な生活・労働条件並びに均衡のとれた経済的・社会的・文化的な状態を伴った諸地域の空間構造が確保されるべきであり、さらに発展されるべきである。このような構造を欠いている諸地域では構造改善のための施策が取られるべきである。交通と調達に関する開発、交通・調達の実行を伴ったサービス、そして目論まれている発展の三者の調和が相互に図られなければならない」と記されている。それゆえ同等の価値を持つ生活諸条件あるいは生活状態とは、なによりもまず生活である。無論、生活を送るために必要な所得を得る機会としての就業も重視されていると解釈できる。狭義の経済だけを重視しているのではなく、社会と文化もまた重視しているのである。なお、以上の和訳において「調達」の原語は Versorgung である。Versorgung とは生活を送るうえで必要な物財やサービスの供給を受けること、あるいは調達することを意味する。https://www.bgbl.de/ xaver/bgbl/start.xav#__bgbl__%2F%2F*%5B%40attr_id%3D%27bgbl165s0306. pdf%27%5D__1620196815376　2021 年 3 月 8 日取得。

52) Partzsch（1970a）はフェライン、政党、労働組合、同じ住宅建物に居住する複数の家族を共同体として理解している。これらは個人の意思とは無関係に生まれながらにして帰属している共同体ではないが、ドイツ語では「共同の、公共の」などを意味する gemein という性格を持っていると解釈できる。英語に翻訳すれば association であり、団体と和訳するのが妥当と考える。

53) 山本（1986）は、ドイツの人口減少社会化について論じたものであり、すでに 1972 年に西ドイツで出生率が死亡率を下回ったことに資料を明示して言及し、その要因を考察している。山本（1982b：101-108）でもその減少に言及しているが、外国からの人口流入が自然人口減を補っていたことを明らかにしている。

注一覧（各章別）

第 15 章

1) 東西ドイツ統一については余りにもたくさんの文献があるが、例えば Raff（1992：489-502）がその経緯を簡潔に描いている。これの旧版の和訳書（ディーター・ラフ 1990）にその部分は含まれていないが、原著者による「あとがき」（ラフ 1990：424-429）はベルリンの壁が崩壊してから 2 カ月弱しかたっていない時に執筆されたものであり、当時の状況を国際的なそれも含めて簡潔的確に描いている。この「あとがき」は Raff（1992）最終節の一部の元になっていると判断できる。Görtemarker（1999：715-767）も東西ドイツ統一の経緯を叙述した重要文献である。

2) 筆者は、「グローバリゼーションと EU 統合への文化的対応に関する EU 主要都市比較研究」というテーマで 2002 ～ 2004 年度に日本学術振興会科学研究費基盤研究（B）（課題番号：14402041）の助成を得て、また「ドイツ大都市圏の問題地区再生と都市ガバナンスに関する社会地理学的研究」というテーマで 2006 ～ 2008 年度に日本学術振興会科学研究費基盤研究（C）（課題番号：18520612）の助成を得て、ドイツの大都市における移民集住地区に関する調査を進め、いくつかの論文（山本 2005a，2007，2009a，2009b）を公表した。その後、このテーマへの関心を持ち続けてはいるものの、当時集めた資料を十分使いこなしておらず、しかも勤務先で与えられた職務に忙殺されてその後の現地研究を進めることもできないでいたが、いずれできるだけ 2010 年代以降の事実も確認したうえで、ドイツ理解のために資するような一書にまとめたいと考えている。

523

文献一覧

青野寿彦（1986）「経済的中枢管理機能の地域構造の形成と変動」、川島哲郎（編）『経済地理学』朝倉書店、pp. 168-195。

朝野洋一・寺阪昭信・北村嘉行（編）（1988）『地域の概念と地域構造』（地域構造研究会「日本の地域構造　1」）大明堂。

朝日新聞（2012 年 5 月 2 日）「ドイツモデルは手本か　福祉国家路線を転換」。

阿部和俊（1973）「わが国主要都市の経済的中枢管理機能に関する研究」、『地理学評論』第 46 巻、pp.92-105。

阿部和俊（1975）「経済的中枢管理機能による日本主要都市の管理領域の変遷—広域中心都市の成立を含めて—」、『地理学評論』第 48 巻、pp.108-127。

阿部和俊（1977）「民間大企業の本社、支所からみた経済的中枢管理機能の集積について」、『地理学評論』第 50 巻、pp.362-369。

安東誠一（1986）『地方の経済学』日本経済新聞社。

石井素介（1974）「西ドイツにおける地域政策の展開」、『駿台史學』第 35 巻、pp.3-32。

石井素介（1975）「西ドイツにおける農業構造の変貌 - ケルン・アーヘン平坦地域における農業大経営の動向を中心として -」、『明治大学人文科学研究所紀要』第 14 冊、pp.1-62。

石井素介（1976）「現代西ドイツ農村の構造変化—ケルン・アーヘン平坦地域ワイデスハイム村の調査から—」、『駿台史学』第 38 号、pp.100-139。

石井素介（1979）「西ドイツの地域経済政策」、『現代世界の地域政策の展開』(昭和 53 年度科学研究費補助金 (総合研究 A) 研究成果報告書) に所収、pp.23-43。

石井素介（1986）『西ドイツ農村の構造変化—社会経済地理学的分析序説—』大明堂。第 2 章 1「第 2 次大戦後の西ドイツ経済の地域構造」、pp.32-45。

石井素介（1988）「西ドイツの地域経済政策」、川島哲郎・鴨澤巌（編）『現代世界の地域政策』大明堂、pp.72-91。

伊藤達也・内藤博夫・山口不二雄（編）（1979）『人口流動の地域構造』（地域構造研究会「日本の地域構造　5」）大明堂。

井上吉男・伊東維年（編）（1989）『先端産業と地域経済』ミネルヴァ書房 .

岩佐卓也（2012）「2004 年プフォルツハイム協定と IG メタル」、『神戸大学大学院人間発達環境学研究科研究紀要』第 6 巻第 1 号、pp.63-83.

文献一覧

岩本晃一（2016）「ドイツ経済を支える強い中小企業『ミッテルシュタンド（Mittel-stand）』」、http://www.rieti.go.jp/users/iwamoto-koichi/serial/013.html　2017 年 11月 3 日アクセス。

浮田典良（1970）『北西ドイツ農村の歴史地理学的研究』大明堂。

大島隆雄（2000）『ドイツ自動車工業成立史』創土社。

岡本康雄 (1979)『日立と松下―日本的経営の原型―』上 , 中央公論社。

奥村　宏（1984）『法人資本主義―「会社本位」の体系―』御茶の水書房。

カステル、マニュエル（1999）『都市・情報・グローバル経済』（大澤善信訳）青木書店。

金田昌司（1979）「西ドイツの空間整備について」、『経済地理学年報』第 25 巻、pp.227-243。

金田昌司（1981）『福祉社会への地域計画―西ドイツ―』大明堂。

ガルブレイス, ジョン・ケネス（1984）『新しい産業国家』（斎藤精一郎訳）上下、講談社。（Galbraith, J.K. (1978) *The New Industrial State*, 3rd edition, Boston: Houghton Mifflin Co.）

カーレンベルク、ヴェレーナ（1984）「学校教育制度」、大西健夫（編）『現代のドイツ学校と教育』三修社、pp.137-168。

川島哲郎（1963）「日本工業の地域的構成―とくにその局地的集積・集中の問題を中心に―」、『經濟學雜誌』（大阪市立大学経済研究会）第 48 巻第 4 号、pp.19-59。

川本和良（1971）『ドイツ産業資本成立史論』未来社。

北原　勇（1984）『現代資本主義における所有と決定』岩波書店。

北村嘉行・寺阪昭信（編）（1979）『流通・情報の地域構造』（地域構造研究会「日本の地域構造　4 」）大明堂。

北村嘉行・矢田俊文（編）（1977）『日本工業の地域構造』（地域構造研究会「日本の地域構造　2 」）大明堂。

清成忠男（1983）「西ドイツの中小企業と中小企業政策」、『調査月報』（国民金融公庫）No.270、pp.13-21。

清成忠男（1990）「統一で重要さを増すドイツ中小企業」、『エコノミスト』第 68 巻 52 号、pp.18-23。

清成忠男（1993）『中小企業ルネッサンス』有斐閣。

清成忠男・田中利見・港徹雄（1996）『中小企業論』有斐閣。

樗木航三郎（1975）「ルール伝統産業」、伊東光晴・石川博友・植草益（編）『世界の企業　4　西ドイツの経済と産業―補スイス・オランダの企業』筑摩書房、pp.214-242。

クリスタラー、W.（1969）『都市の立地と発展』（江沢譲爾訳）大明堂（Walter Christaller (1933) *Die zeniralen Orte in Süddeutschland. Eine ökonomisch-geographische Untersuchung über die Gesetzmäßigkeit der Verbreitung und Entwicklung der*

525

Siedlungen mit städtischen Funktion, Jena. Nachdruck der 1. Auflage von Wissen-schaftliche Buchgesellschaft, Darmstadt in 1968）。

黒田全紀（1982）「企業の諸形態」、大西健夫（編）『現代のドイツ　職場と社会生活』三修社、pp.27-54。

児島賢治 (1979)「企業組織の空間的構造」、『大分大学経済論集』第 31 巻第 5 号、pp. 1-20。

児島賢治 (1982)「企業組織と活動空間」、『大分大学経済論集』第 34 巻第 1 号、pp.1-28。

小林賢齊（1983）『西ドイツ鉄鋼業―戦後段階＝戦後合理化』有斐閣。

小林浩二（1978）「ハンブルク北西郊における農業的土地利用の地域的差異」、『地理学評論』第 51 巻、pp.687-703。

小林浩二（1982）「ハンブルク南東郊、フィア・マルシュランドにおける野菜栽培農家の農業経営の特色」、『人文地理』第 34 巻、pp.289-309。

小林浩二（1992）『激動の統合ドイツ―都市と農村の変化と課題―』古今書院。

小林浩二（1996）『ドイツが変わる　東欧が変わる』二宮書店。

コルナイ、ヤーノシュ（2016）『資本主義の本質について―イノベーションと余剰経済―』（溝端佐登史・堀林巧・林裕明・里上三保子訳）NTT 出版（János Kornai (2014) *Dynamism, Rivalry, and the Surplus Economy : Two Essays on the Nature of Capitalism*. Oxford: Oxford University Press）。

近藤義晴（1982）「西ドイツの中小企業政策」、『中小企業季報』（大阪経済大学中小企業経営研究所）No.3、pp.1-10。

近藤義晴（1985a）「第 5 章 中小企業政策」、中小企業事業団・中小企業大学校・中小企業研究所『欧米諸国の中小企業に関する研究（西ドイツ編）』、pp.211-247。

近藤義晴（1985b）「西ドイツにおける中小企業のための技術革新政策をめぐる若干の考察」、『中小企業季報』（大阪経済大学中小企業経営研究所）No.4、pp.9-20。

近藤義晴（1987）「西ドイツにおける中小企業政策論の新傾向 ―H. Albach の所説より―」、『中小企業季報』（大阪経済大学中小企業経営研究所）No.3、pp.15-27。

近藤義晴（1989）「西ドイツにおける地域振興政策と中小企業」、『中小企業季報』（大阪経済大学中小企業経営研究所）No.2、pp.14-28。

近藤義晴（1996）「ドイツの中小企業」、森本隆男（編）『中小企業論』八千代出版、pp.331-344。

斎藤晴造（1977）『ドイツ銀行史の研究』法政大学出版局。

斎藤光格（1977）「西ドイツ」、木内信蔵（編）『ヨーロッパⅡ』朝倉書店、pp.1-102。

齋藤光格（1982）『社会地理学試論』古今書院。

サイモン、H.（1998）『隠れたコンピタンス経営：売上至上主義への警鐘』（鈴木昌子訳）

トッパン。

坂本和一・下谷政弘(1987)『現代日本の企業グループ』東洋経済新報社。

佐々木博（1965）「ドイツにおけるブドウ栽培の発達」、『人文地理』第17巻、pp.65-82。

佐々木博（1975）「西ドイツにおける野菜栽培の経営構造と栽培地域」、『立正大学文学部論叢』第51号、pp.51-92。

佐々木博（1976）「ケルン―ボン近郊 Vorgebirge の野菜栽培」、『地理学評論』第49巻、pp.1-24。

佐藤定幸（1976）『世界の大企業―多国籍企業の時代―』第二版、岩波書店。

ジーウェルト、H.-Jörg（1985）「地域における団体活動」、大西健夫（編）『現代のドイツ　家庭と地域社会』三修社、pp.127-144。

シュトルパー、グスタフ、カール・ホイザー、クヌート・ボルヒャルト（1969）『現代ドイツ経済史』（坂井榮八郎訳）竹内書店（Gustav Stolper (1966) *Deutsche Wirtschaft seit 1870*, fortgeführt von Karl Häuser und Knut Borchardt, Tübingen: J.C.B. Mohr, 2. ergänzte Auflage)。

シュムペーター（1977）『経済発展の理論（上）』（塩野谷祐一・中山伊知郎・東畑精一訳）岩波書店（Joseph Alois Schumpeter (1926) *Theorie der wirtschaftlichen Entwicklung : eine Untersuchung über Unternehmergewinn, Kapital, Kredit, Zins und den Konjunkturzyklus*, 2., neubearbeitete Auflage. München und Leipzig : Duncker & Humblot)。

水津一朗（1976）『ヨーロッパ村落研究』地人書房。

末川清（1996）「ウィーン体制下の政治と経済」、成瀬治・山田欣吾・木村靖二（編）『ドイツ史2―1648年～1890年―』山川出版社、pp.221-277。

末吉健治(1989)「最上地域における電機工業の展開」、『経済地理学年報』35巻、pp.221-244.

杉浦哲郎・吉田健一郎（2014）「ドイツ経済はなぜ蘇ったか―労働市場と中小企業から考えるドイツの強さ―」、みずほ総合研究所『みずほインサイト』2014年2月27日。https://www.mizuho-ri.co.jp/publication/research/pdf/insight/eu140227.pdf　2017年11月3日アクセス。

隅倉直寿(1977)「電力産業」、北村嘉行・矢田俊文『日本工業の地域構造』大明堂、pp.100-113。

祖田　修(1980a)「西ドイツ空間の構成―空間整備政策の成立とその理念―」、『経済評論』第29巻第5号、pp.131-144。

祖田　修（1980b)「西ドイツの空間整備政策と農業政策」、『農林業問題研究』第16巻第3号、pp.11-19。

祖田　修（1983）「地域主義の展開」、『経済評論』第32巻第6号、pp.2-13。

祖田　修（1984）『西ドイツの地域計画』大明堂。

高松平藏（2020）『ドイツの学校にはなぜ「部活」がないのか』晃洋書房。

田中素香（2015）「ＥＵの連帯とユーロ圏の連帯」、『ＥＵの連帯　日本ＥＵ学会年報』第35号、pp.28-53。

田中素香（2016）『ユーロ危機とギリシャ反乱』岩波書店。

田辺健一（編）（1982）『日本の都市システム―地理学的研究―』古今書院。

玉野井芳郎（1978）『エコノミーとエコロジー―広義の経済学への道―』みすず書房。

千葉達也・藤田直晴・矢田俊文・山本健児（編）（1988）『所得・資金の地域構造』（地域構造研究会「日本の地域構造　6」）大明堂。

デーゲ、W.（1981）『ルール工業地域―ECの心臓部―』（佐々木博・朝野洋一・田村百代訳）二宮書店（Wilhelm Dege und Wilfried Dege (1980) *Das Ruhrgebiet*. 2., überarbeitete und erweiterte Auflage, Kiel: Verlag Hirt）。

出水宏一 (1978)『戦後ドイツ経済史』東洋経済新報社。

ドーア、ロナルド（2001）『日本型資本主義と市場主義の衝突：日・独対アングロサクソン』（藤井眞人訳）東洋経済新報社（Ronald Dore (2000) *Stock market capitalism : welfare capitalism : Japan and Germany versus the Anglo-Saxons*. Oxford ; Tokyo：Oxford University Press）。

富樫幸一（1990）「産業立地研究の新しい潮流と現代の地域問題」、西岡久雄・松橋公治（編）『産業空間のダイナミズム』大明堂、pp.39-54。

友澤和夫 (1989a)「周辺地域における工業進出とその労働力構造―中・南九州を事例として―」、『地理学評論』第62巻、pp. 289-310.

友澤和夫 (1989b)「わが国周辺地域における「非自立的産業」の展開と地域労働市場の構造―熊本県天草地方を事例として―」、『経済地理学年報』第35巻、pp. 201-220.

永井誠一・宮地治（1967）「中枢管理機能と都市の再編成」、大来佐武郎（編）『地域開発の経済』筑摩書房、pp.91-126。

長岡顕・中藤康俊・山口不二雄（編）（1978）『日本農業の地域構造』（地域構造研究会「日本の地域構造　3」）大明堂。

永川秀男（1975）「息を吹き返した化学工業」、伊東光晴・石川博友・植草益（編）『世界の企業　4　西ドイツの経済と産業―補スイス・オランダの企業』筑摩書房、pp.253-265。

中島 清 (1984)「行動科学的立地論の成果と課題」、『一橋論叢』第92巻、pp. 199-217.

中村剛治郎（1990）「地域経済」、宮本憲一・横田茂・中村剛治郎（編）『地域経済学』有斐閣、pp.31-112。

中村静夫（1992）「地勢・景域と都市」、大西健夫・U．リンス（編）『ドイツの社会―民

族の伝統とその構造―』早稲田大学出版部、pp.32-57。

中村静夫（1998）「国土総合整備」、加藤雅彦・麻生建・木村直司・古池好・高木浩子・辻道通男（編）『事典　現代のドイツ』大修館書店、pp.53-74。

西岡久雄（1976）『経済地理分析』大明堂。

西岡久雄・富樫幸一 (1986)「工業立地への企業行動論的観点からのアプローチ―米英での研究と論争をめぐって―」『青山経済論集』38 巻 1 号、pp. 84-103.

西垣秀樹（2017）「ドイツ経済はなぜ強いのか～中堅・中小企業（ミッテルスタンド）が景気を牽引するドイツ経済～」、三井住友アセットマネジメント情報提供資料、http://www.smam-jp.com/documents/www/market/economist/ED20170628eu.pdf 2017 年 11 月 3 日アクセス。

西牟田裕二（1999）『ナチズムとドイツ自動車工業』有斐閣。

日本経済新聞（1982 年 7 月 17 日）「"三重苦"世界経済、脱出の道さぐる―日米欧経済学者 4 氏座談会」。

日本経済新聞（1985 年 7 月 16 日）「東芝、1MDRAMで西独シーメンスに全技術供与」。

日本経済新聞（1991 年 1 月 8 日）「日本の選択（6）90年代のリーダーに聞く――ドイツ連銀ティートマイヤー氏」。

日本経済新聞（2001.8.30）「BMW、旧東ドイツに新工場／1 万人の雇用創出／政府の助成措置を活用」。

日本貿易振興機構 (2012)「国際競争力あるドイツ中小企業の戦略に迫る」、『ユーロトレンド』5 月号。

https://www.jetro.go.jp/ext_images/jfile/report/07000912/de_sma_bus_str.pdf　2017 年 11 月 3 日アクセス。

野原敏雄・森滝健一郎（編）（1975）『戦後日本資本主義の地域構造』汐文社。

ハイマー、S. (1979a)「多国籍企業の効率（矛盾）」、S. ハイマー『多国籍企業論』（宮崎義一編訳）岩波書店、pp. 233-258（Haymer, S.H., The efficiency (contradiction) of the multinational corporation, Papers and Proceedings of the American Economic Association, May 1970）。

ハイマー、S. (1979b)「多国籍企業と不均等発展の法則」、S. ハイマー『多国籍企業論』（宮崎義一編訳）岩波書店、pp.259-309（Haymer, S.H.: The multinational corporation and the law of uneven development In: Bhagwatti, J.W. ed. (1972) *Economics and World Order*. New York: The Macmillan Company）。

馬場　哲（1993）『ドイツ農村工業史―プロト工業化・地域・世界市場―』東京大学出版会。

ピオレ、マイケル・J・ & チャールズ・F・セーブル（1993）『第二の産業分水嶺』（山之内靖・永易浩一・石田あつみ訳）筑摩書房（Michael J. Piore and Charles F. Sabel (1984) The Second Industrial Divide. Possibilities for Prosperity. New York: Basic

Books Inc.)。

肥前栄一（1972）「プロイセンにおける初期独占展開の原型」、大野英二・住谷一彦・諸田實（編）（1972）『ドイツ資本主義の史的構造』有斐閣、pp.23-46。

日野正輝（1981）「都市群システム研究の方法と課題—特に大企業の空間構造および行動との関連において—」、『人文地理』第 33 巻、pp.133-153。

古川澄明（1979）「フォルクスワーゲンヴェルクの成立過程（1）」、『六甲台論集』第 26 巻第 2 号、pp.116-133。

古川澄明（1981）「フォルクスワーゲンヴェルクの成立過程（2・完）」、『六甲台論集』第 27 巻第 4 号、pp.141-152。

松岡俊二 (1985)「地域経済研究への企業論的アプローチについて」、『財政学研究』10 号、pp. 46-59.

松田智雄（1967）『ドイツ資本主義の基礎的研究—ヴュルテンベルク王国の産業発展—』岩波書店。

松田智雄（1968）「ドイツ資本主義構造論に寄せて」、川嶋武宜・松田智雄（編）『国民経済の諸類型』岩波書店、pp. 469-504。

松橋公治 (1986) 書評；Massey, D. B.: Spatial Divisions of Labour: Social Structures and the Geography of Production,『経済地理学年報』第 32 巻、pp.152-157。

松橋公治 (1988)「円高下における成長産業の再編成と地方工業—成長産業をめぐる地域経済の動向—」、『経済地理学年報』第 34 巻、pp.209-228。

松橋公治 (1989)「構造アプローチについての覚書—方法論的特質と、「地域構造論」との対比を中心に—」、『駿台史学』76 号、pp. 1-37。

マルシャル、A.（1969）『統合ヨーロッパへの道—EEC の政治経済学—』（赤羽裕・水上萬里夫訳）岩波書店（Marchal, A. (1964) L'Europe solidaire, Paris)。

三井逸友（1995）『EU 欧州連合と中小企業政策』白桃書房。

宮崎義一（1982）『現代資本主義と多国籍企業』岩波書店。

宮本憲一・横田茂・中村剛治郎（編）（1990）『地域経済学』有斐閣。

ミュルダール（1959）『経済理論と低開発地域』（小原敬士訳）東洋経済新報社（Gunnar Myrdal (1957) Economic Theory and Underdeveloped Regions. London: Gerald Duckworth & Co. Ltd.)。

望田幸男（1996）「第二帝政の国家と社会」、成瀬治・山田欣吾・木村靖二（編）『ドイツ史 2—1648 年～ 1890 年—』山川出版社、pp.395-430。

モテック（1968）『ドイツ産業革命』（大島隆雄訳）未来社（Hans Mottek (1960) Einleitende Bemerkungen — Zum Verlauf und zu einigen Hauptproblemen der industriellen Revolution in Deutschland. In: Hans Mottek, Horst Blumberg, Heinz Butzmer und Walter Becker Studien zur Geschichte der industriellen Revolution in Deutschland,

Berlin:Akademie-Verlag, S.11-63）。

モテック、ハンス（1980）『ドイツ経済史　1789-1871 年』（大島隆雄訳）大月書店（Mottek, Hans (1969) *Wirtschaftsgeschichte Deutschlands. Ein Grundriß. Band II. Von der Zeit der Französischen Revolution bis zur Zeit der Bismarckschen Reichsgründung*, Berlin: VEB Deutscher Verlag der Wissenschaften, 2. Durchgesehene Auflage）、原書初版は 1964 年。

森川　洋（1979）「西ドイツの空間計画における中心地―バイエルン州を中心として―」、『広島大学文学部紀要』第 39 巻、pp.102-132。

森川　洋（1983）「西ドイツにおける空間整備」、『広島大学文学部紀要』第 43 巻、pp.161-198 頁。

森川　洋（1985）「東西両ドイツの都市システム」、山口岳志（編）『世界の都市システム』古今書院、pp.89-129。

森川　洋（1995）『ドイツ―転機に立つ多極分散型国家―』大明堂。

森川　洋（2002）「ドイツ語圏人文地理学における現代社会の認識と地域概念」、『地理学評論』第 75 巻、pp.421-442。

森川　洋（2012）『地域格差と地域政策―ドイツとの比較において―』古今書院。

森川　洋（2021）「日本とドイツの比較地理：都市システムの差異を中心に」、『都市地理学』（日本都市地理学会）第 16 巻、pp.1-25。

森川　洋（2022）「ドイツ『空間整備報告書 2021 年版―競争力強化』の紹介」、『都市地理学』（日本都市地理学会）第 17 巻、pp.96-104。

森滝健一郎（1975）「中枢管理機能の集中・強化と階級構成の地域的変動」、野原敏雄・森滝健一郎 (編)『戦後日本資本主義の地域構造』汐文社、pp.157-211。

諸田實（1968）「国民経済の建設における関税・貿易政策―「プロイセン関税法」（一八一八年）の一考察―」、川島武宜・松田智雄（編）（1968）『国民経済の諸類型』岩波書店、pp.419-444。

矢田俊文（1973）「経済地理学について」、『経済志林』（法政大学経済学会）第 41 巻第 3/4 合併号、pp.375-410。

矢田俊文（1975a）「序章　経済地理学の課題と方法」、野原敏雄・森滝健一郎（編）（1975）『戦後日本資本主義の地域構造』汐文社、pp.5-41。

矢田俊文（1975b）「一　所得・資金の地域的集中と再配分」、野原敏雄・森滝健一郎（編）『戦後日本資本主義の地域構造』汐文社、pp.212-216。

矢田俊文（1977）「課題と方法」、北村嘉行・矢田俊文（編）『日本工業の地域構造』大明堂、pp.7-14。

矢田俊文（1982a）「産業配置と地域構造・序説―経済地理学の体系化プラン」、『経済地理学年報』第 28 巻、pp.79-98。

矢田俊文（1982b）『産業配置と地域構造』大明堂。

矢田俊文（1984）「第三次産業の配置と所得の地域的循環」、『經濟學研究』（九州大学経済学会）第 49 巻第 1・2 合併号、pp.143-169。

矢田俊文（2015）『矢田俊文著作集　第二巻　地域構造論《上》理論編』原書房。

矢田俊文・田村大樹（編）（2023）『矢田俊文著作集　第三巻　国土政策論　《下》　国土構造構築編』原書房。

矢田俊文・長岡顕・青野寿彦（1975）「第二節　所得・資金の地域的集中と再配分」、所収：野原敏雄・森滝健一郎 (編)（編）（1975）『戦後日本資本主義の地域構造』汐文社、pp.212-273。

柳沢　治（1972）「ドイツ立憲国民議会における土地問題」、大野英二・住谷一彦・諸田實（編）（1972）『ドイツ資本主義の史的構造』有斐閣、pp.128-147。

柳沢　治（1981）「第二帝制期におけるドイツ経済の地域的編成」、『経済と経済學』（東京都立大学経済学部・経済学会）第 47 号、pp.1-21。

山田　誠（1981）「1970 年代前半の西ドイツ地域政策―地域経済構造改善政策の雇用政策としての有効性―」、『經濟學雑誌』（大阪市立大学経済学会）第 82 巻第 3 号、pp.62-78。

山田　誠（1989）『現代西ドイツの地域政策研究―西ドイツ国民経済における地域政策と地方財政―』法律文化社。

山本健児（1982a）「地域整備政策」、大西健夫 (編)『現代のドイツ　国土と国民』三修社、pp.193-230。

山本健児（1982b）「人口」、大西健夫 (編)『現代のドイツ　国土と国民』三修社、pp.71-108。

山本健児（1983）書評「ハンス・ホイエル『都市発展の社会経済的決定諸要因』」、『経済志林』（法政大学経済学会）第 51 巻第 3 号、pp.61-80。

山本健児（1984）「西ドイツ経済の空間的構成―株式会社本社立地の特性―」、『経済志林』（法政大学経済学会）第 52 巻 2 号、pp.1-84。

山本健児（1986）「先進国の苦悩＝西ドイツ」、『地理』（古今書院）第 31 巻第 2 号、pp. 52-60。

山本健児（1987）「西ドイツ経済における支配・従属・相互依存の空間的パターン ―企業による事業所展開を手がかりにして―」、『経済地理学年報』（経済地理学会）第 33 巻、pp.158-180。

山本健児（1991）「ドイツにおける地域間格差の変動」、『経済志林』（法政大学経済学会）第 58 巻第 3/4 号、pp.115-146。

山本健児（1992）「ドイツ」、浮田典良・大林太良（監修）『世界の国ぐに大百科 第 2 巻 ヨーロッパ・旧ソ連諸国・北米』ぎょうせい、pp.138-145。

文献一覧

山本健兒（1993）『現代ドイツの地域経済―企業の立地行動との関連―』法政大学出版局。

山本健兒（1997）「ドイツの中小企業と地域経済」、『経済志林』（法政大学経済学会）第
65巻第2号、pp.165-202。

山本健兒（1997b）「国土構造」、渡辺重範（編）『ドイツ　ハンドブック』早稲田大学出版部、
1997年9月、pp.3-31。

山本健兒（編）（2000）『中小企業集積地域の域内ネットワークと域際ネットワークの相
互作用に関する比較研究』。文部省科学研究費・日本学術振興会科学研究費補助金基盤
研究C報告書（課題番号：09680168）、法政大学。

山本健兒（2003）「ドイツの地域構造」、松原宏（編）『先進国経済の地域構造』東京大
学出版会、2003年2月、pp.89-121。

山本健兒（2003）「ＢＭＷによる新規工場立地選択プロセス」、『経済地理学年報』49巻4号、
pp.331-353。

山本健兒（編）（2004）『産業集積地域におけるイノベーション形成の比較実証研究―暗
黙知とイノベーティヴ・ミリュー概念の再検討―』日本学術振興会科学研究費補助金
基盤研究C報告書（課題番号：13680091）、法政大学。

山本健兒（2005a）「「フローの空間」における「場所の空間」としてのミュンヘンとベ
ルリン」、『経済志林』（法政大学経済学会）第72巻第4号、pp.87-180。

山本健兒（2005b）『経済地理学入門　新版』原書房。

山本健兒（2007）「ドイツの都市政策における「社会的都市プログラム」の意義」、『人
文地理』（人文地理学会）第59巻3号、2007年6月、pp.205-226。

山本健兒（2009a）「ドイツの都市内社会的空間的分極化は激化したか？―ドルトムント
市の事例―」、『地理学評論』（日本地理学会）、第82巻1号、2009年1月、pp.1-25。

山本健兒（2009b）「グローバリゼーションのもとでの欧州的都市政策―ドイツ・ドル
トムント市の問題街区再生事業に焦点を当てて―」、『日本ＥＵ学会年報』第29号、
2009年4月、pp.222-245　（本文）、pp.271-272（英文サマリー）。

山本健兒（2010）「ＥＵによる都市政策 "URBAN Community Initiative" の実態―デュ
ースブルク市マルクスロー地区の事例―」、『経済志林』（法政大学経済学会）第77巻
4号、2010年3月、pp.47-105。

山本健兒（2014a）「第1章　産業集積とイノベーション」、山川充夫編『日本経済と地
域構造』原書房、pp.2-27。

山本健兒（2014b）「バーデン・ヴュルテンベルク州の外科治療器具産地」、山本健兒・
平川一臣（編）『朝倉世界地理講座―大地と人間の物語―　第9巻　中央・北ヨーロッ
パ』朝倉書店、pp.245-258。

山本健兒（2016）「ドイツの周辺部における経済活力ある農村地域」、日本地理学会
2016年春季学術大会一般報告、早稲田大学。『日本地理学会2016年春季学術大会要

旨集』https://doi.org/10.14866/ajg.2016s.0_100051

山本健兒（2018a）「ドイツ経済復活の鍵としてのミッテルシュタントと地域経済―Audretsch and Lehmann (2016) と Ewing (2014) の見解を踏まえて―」、『經濟學研究』（九州大学経済学会）第 84 巻第 5・6 合併号、pp.51-86。

山本健兒（2018b）「地域経済の 4 つの支柱とシュタントオルトポリティークの意義―David B. Audretsch による議論の再検討―」、『經濟學研究』（九州大学経済学会）第 85 巻第 1 号、pp.1-26。

山本健兒（2024）『「隠れたチャンピオン」を輩出する地域―欧州における小規模農村的地域の事例―』古今書院。

山本健兒・松橋公治（1999）中小企業集積地域におけるネットワーク形成―諏訪・岡谷地域の事例―、『経済志林』第 66 巻第 3・4 合併号、pp.85-182。

吉田敬一（1993）「ドイツにおける創業・技術支援の政策とシステム」、関満博・吉田敬一編『中小企業と地域インキュベータ』新評論、pp.142-169。

読売新聞（2015 年 7 月 31 日）「欧州の今　ドイツ　製造業の底力　ネット駆使「第 4 次産業革命」」

ラフ、ディーター（1990）『ドイツ近現代史』（松本彰・芝野由和・清水正義訳）シュプリンガー・フェアラーク東京（Diether Raff (1987) *Deutsche Geschichte. Vom alten Reich zur zweiten Republik*, 2. veränderte und erweiterte Auflage. München: Max Hueber Verlag）。

レッシュ、アウグスト（1968）『経済立地論』（篠原泰三訳）大明堂（Lösch, August. (1962) *Die räumliche Ordnung der Wirtschaft*, 3. unveränderte Auflage, Stuttgart: Gustav Fischer Verlag）。

渡辺　尚 (1972)「「ドイツ」資本主義と地帯構造」、大野英二・住谷一彦・諸田實（編）『ドイツ資本主義の史的構造』有斐閣、pp.151-171。

渡辺　尚（1987）『ラインの産業革命―原経済圏の形成過程―』東洋経済新報社。

渡辺　尚（1994）「ラントとブント―西ドイツ政治・経済空間の形成過程―」、諸田實・松尾展成・小笠原茂・柳澤治・渡辺尚・E. シュレンマー『ドイツ経済の歴史的空間―関税同盟・ライヒ・ブント―』昭和堂、1994 年、pp.177-272。

Abe, Kazutoshi (1984) Head and Branch Offices of Big Private Enterprises in Major Cities of Japan, In: *Geographical Review of Japan*, Vol. 57 (Ser. B), pp. 43-67.

AEG-Telefunken Zentralbüro (1982) Unser Unternehmen als Wirtschaftsfaktor. Daten und Fakten. Frankfurt am Main.

AGEG (1996) Arbeitsgemeinschaft Europäischer Grenzregionen 25 Jahre Gemeinschaftsarbeit, 30 Seite.

AGIT (2001) *Tätigkeitsbericht 2000.*

文献一覧

AKTIV Wirtschaftszeitung (24.4.2009) Weltmarktführer: Über 2.000 Kunden füllen die Auftrags-
bücher. Christian Bollin Armaturenfabrik liefert Ventile in alle Welt. https://www.aktiv-online.
de/arbeitswelt/detailseite/news/ueber-2000-kunden-fuellen-die-auftragsbuecher-734 2017 年
10 月 29 日アクセス。

Amt für Statistik und Datenanalyse der Landeshauptstadt München (Hrsg.) (1975) *1875-1975 100
Jahre Städtestatistik in München. Statistisches Handbuch 1975 der Landeshauptstadt München.*

AUDI AG (Hrsg.) (2000) *Das Rad der Zeit. Die Geschichte der AUDI AG.* 3. Auflage. München:
Oldenbourg.

Audretsch, David B. (2015) *Everything in Its Place. Entrepreneurship and the Strategic Manage-
ment of Cities, Regions, and States.* New York: Oxford University Press.

Audretsch, David B. and Erik E. Lehmann (2016) *The Seven Secrets of Germany. Economic Resil-
ience in an Era of Global Turbulence.* New York: Oxford University Press.

Bachfischer, Robert (1984) Innovationsförderung und Technologietransfer als Instrument re-
gionaler Wirtschaftspolitik. In: Akademie für Raumforschung und Landesplanung (Hrsg.) *Der
ländliche Raum in Bayern. Fallstudien zur Entwicklung unter veränderten Rahmenbedingungen*
(Veröffentlichungen der Akademie für Raumforschung und Landesplamng, Forschungs- und
Sitzungsberichte, Bd. 156). Hannover: Curt R. Vincentz Verlag, S.141-156.

Bade, Franz-Josef (1979) Funktionale Aspekte der regionalen Wirtschaftsstruktur. In: *Raumfor-
schung und Raumordnung*, Jg. 37, S. 253-268.

Bade, Franz-Josef (1981) Die Standortstruktur großer Industrieunternehmen. In: *Jahrbücher für
Nationalökonomie und Statistik*, Bd. 196, S. 341-366.

Bade, Franz-Josef (1983a) Large corporations and regional development. In: *Regional Studies*,
Vol. 17, pp: 315-326.

Bade, Franz-Josef (1983b) Locational behavior and mobility of firms in West Germany. In: *Urban
Studies*, Vol. 20, pp. 279-297.

Bade, Franz-Josef (1987) Die wachstumspolitische Bedeutung kleiner und mittlerer Unternehmen,
in: Fritsch, M. & Ch. Hull (Hrsg.) *Arbeitsdynamik und Regionalentwicklung. Beiträge zur be-
schäftigungspolitischen Bedeutung von Klein- und Großunternehmen.* Berlin: Edition Sigma,
S.71-99.

Bamford, C. G. and H. Robinson (1983) *Geography of the EEC. A systematic Economic Approach.*
Plymouth: MacDonald & Evans.

Berliner Morgenpost (20.8.1997) Top Manager entdecken Berlin.

Berthold, Rudolf, Karlheinz Fischer, Dorothea Goetz, Thomas Kuczynski, Karl Lärmer, Hans-
Heinrich Müller, Elfriede Rehbein, Wilfried Strenz, Irene Strube und Hans Wußing (Hrsg.)
(1985) *Produktivkräfte in Deutschland 1870 bis 1917/18.* Berlin: Akademie-Verlag Berlin.

535

Berthold, Rodolf, Karlheinz Fischer, Dorothea Goetz, Thomas Kuczynski, Karl Lärmer, Hans-Heinrich Müller, Elfriede Rehbein, Wilfried Strenz, Irene Strube und Hans Wußing (Hrsg.) (1987) *Produktivkräfte in Deutschland 1917/18 bis 1945*. Berlin: Akademie-Verlag Berlin.

Berthold, Rodolf, Karlheinz Fischer, Dorothea Goetz, Thomas Kuczynski, Karl Lärmer, Hans-Heinrich Müller, Elfriede Rehbein, Wilfried Strenz, Irene Strube und Hans Wußing (Hrsg.) (1990) *Produktivkräfte in Deutschland 1800 bis 1870*. Berlin: Akademie-Verlag Berlin.

Bertram, Heike und Eike W. Schamp (1989) Räumliche Wirkungen neuer Produktionskonzepte in der Automobilindustrie. In : *Geographische Rundschau*, Jg.41, S. 284-290.

Beyer, Burkhard (1994) Regionale Wirtschaftsförderung durch Technologie- und Wissenstransfer aus Hochschulen? In: *Zeitschrift* für *Wirtschaftsgeographie*, Jg.38, S.76-82.

Bildzeitung Leipzig (19.7.2001) 250 Städte wollten BMW. BMW wollte Leipzig!

Blotevogel, Hans Heinrich (1983) Kulturelle Stadtfunktionen und Urbanisierung. Interdependente Beziehungen im Rahmen der Entwicklung des deutschen Städtesystems im Industriezeitalter. In: Hans Jürgen Teuteberg (Hrsg.) *Urbanisierung im 19. und 20. Jahrhundert. Historische und geographische Aspekte*. Köln und Wien: Böhlau Verlag, S.143-185.

Blotevogel, Hans Heinrich und Manfred Hommel (1980) Struktur und Entwicklung des Städtesystems. In: *Geographische Rundschau* Bd. 31, S. 155-164.

BMW Group (2001) *Annual Report 2000*.

BMW Group Pressemeldungen—Press information (13. Juli 2000) Standortentscheidung für neue BMW Modellreihe: Kapazitätserweiterung des BMW Werkverbundes notwendig.

BMW Group Presse- und Öffentlichkeitsarbeit (18. Juli 2001a) Rede von Prof. Dr. Ing. Joachim Milberg Pressekonferenz anlässlich der Entscheidung über das neue BMW Werk.

BMW Group Presse- und Öffentlichkeitsarbeit Presse-Information (18. Juli 2001b) Neues BMW Group Werk wird in der Region Leipzig/Halle gebaut.

BMW Group Presse- und Öffentlichkeitsarbeit (30. August 2001) Rede von Prof. Dr. Ing. Joachim Milberg, Vorsitzender des Vorstandes der BMW AG, Pressegespräch "BMW kommt nach Leipzig/Halle" in Leipzig am 30. August 2001.

Boch, Rudolf (2001) Geschichte und Zukunft der deutschen Automobilindustrie: Eine Einführung. In: Rudolf Boch (Hrsg.) *Geschichte und Zukunft der deutschen Automobilindustrie*. Stuttgart: Franz Steiner Verlag, S.7-22.

Bonkowski, Sabine und Harald Legler (1985) Süd-Nord-Gefälle bei industrieller Forschung und Entwicklung? In: *Raumforschung und Raumordnung*, 43. Jg. Heft 1, S.1-10.

Borchardt, Knut (1966) Regionale Wachstumsdifferenzierung in Deutschland im 19. Jahrhundert unter besonderer Berücksichtigung des West-Ost-Gefälles. In: Abel u.a. (Hrsg.) *Wirtschaft, Ge-*

schichte und Wirtschaftsgeschichte für Lütge. Stuttgart, S. 325-339, wieder gedruckt mit einem Nachwort. In : Borchardt, K. (1982) *Wachstum, Krisen, Handlungsspielräume der Wirtschafts- politik*. Göttingen: Vandenhoeck & Ruprecht, S.42-59.

Borchardt, Knut (1982) *Wachstum, Krisen, Handlungsspielräume der Wirtschaftspolitik*. Göttin- gen: Vandenhoeck & Ruprecht.

Borchert, John R. (1978) Major control points in American economic geography. In: *Annals of the American Association of Geographers*, Vol. 68, pp. 214-232.

Börsenzeitung (19.7.2001) Der Reiz des Ostens.

Bourne, Larry S. and James W. Simmons, (1978) *Systems of Cities; Readings on Structure, Growth, and Policy*. Oxford: Oxford University Press.

Boume, Larry S., Robert Sinclair and Kazimierz Dziewonski (1984) *Urbanization and Settlement Systems. Internatoinal Perspectives*. Oxford: Oxford University Press.

Bowles, Samuel, Richard Edwards and Frank Roosevelt (2005) *Understanding Capitalism. Com- petition, Command, and Change*. Third Edition. New York: Oxford University Press.

Brepohl, Wilhelm (1948) *Der Aufbau des Ruhrvolkes im Zuge der Ost-West-Wanderung. Beiträge zur deutschen Sozialgeschichte des 19. und 20. Jahrhunderts*. Recklinghausen: Bitter.

Brücher, Wolfgang (1982) *Industriegeographie*. Braunschweig: Georg Westermann Verlag.

Brunotte, Ernst, Hans Gebhardt, Manfred Meurer, Peter Meusburger und Josef Nipper (Hrsg.) (2002) *Lexikon der Geographie in vier Bänden*. Zweiter Band. Heidelberg und Berlin: Spektrum Akademischer Verlag.

Bück, Mario und Rüdiger Kiani-Kreß (2014) Erfolgsfaktoren. Die Mittelstand ist Deutschlands Geheimwaffe. In: *Wirtschafstwoche*, 13.10.2014. http://www.wiwo.de/unternehmen/mittelstand/ erfolgsfaktoren-der-mittelstand-ist-deutschlands-geheimwaffe/10819364-all.html 2017 年 11 月 2 日アクセス。

Bundesforschungsanstalt für Landeskunde und Raumordnung (1994) *Dezentrale Konzentrartion* (Informationen zur Raumentwicklung, Heft 7/8), S.427-540.

Bundesinstitut für Bau-, Stadt- und Raumforschung (BBSR) im Bundesamt für Bauwesen und Raumordnung (BBR) (2017) *Raumordnungsbericht 2017. Daseinsvorsorge sichern*. Bonn: Bundesamt für Bauwesen und Raumordnung.

Bundesinstitut für Bau-, Stadt- und Raumforschung (BBSR) im Bundesamt für Bauwesen und Raumordnung (2019) Hidden Champions und Stadtentwicklung. Die wirtschaftliche und ge- sellschaftliche Bedeutung innovativer Unternehmen für Kleinstädte in peripherer Lage. Bonn: Bundesinstitut für Bau-, Stadt- und Raumforschung

Bundesinstitut für Bau-, Stadt- und Raumforschung (BBSR) im Bundesamt für Bauwesen und Raumordnung (BBR) (Hrsg.) (2021) *Raumordnungsbericht 2021. Wettbewerbsfähigkeit stärken*, Bonn: Bundesamt für Bauwesen und Raumordnung.

Bundesminister für Raumordnung, Bauwesen und Städtebau, in Zusammenarbeit mit der Bundesforschungsanstalt für Landeskunde und Raumordnung (1979) *Raumordnungsbericht 1978 und Materialien.* Bonn.

Bundesminister für Raumordnung, Bauwesen und Städtebau (1986) *Raumordnungsbericht 1986.* Bonn-Bad Godesberg.

Bundesministerium für Raumordnung, Bauwesen und Städtebau (Hrsg.) (1994) *Raumordnungsbericht 1993.* Bonn.

Bundesministerium des Innern, für Bau und Heimat (Hrsg.) (2019) *Unser Plan für Deutschland —Gleichwertige Lebensverhältnisse überall— Schlussfolgerungen von Bundesminister Horst Seehofer als Vorsitzendem sowie Bundesministerin Julia Klöckner und Bundesministerin Dr. Franziska Giffey als Co-Vorsitzenden zur Arbeit der Kommission „Gleichwertige Lebensverhältnisse",* Berlin: Orca Affairs GmbH.

Burtenshaw, David (1974) *Economic Geography of West Germany.* London and Basingstoke: Macmillan.

Castells, Manuel (1989) *The Informational City — Information Technology, Economic Restructuring, and the Urban-Regional Process.* Oxford: Basil Blackwell.

Cooke, Philip and Kevin Morgan (1998) *The Associational Economy. Firms, Regions, and Innovation.* Oxford: Oxford University Press.

Danielzyk, Rainer und Claus Christian Wiegandt (1985) *Lingen im Emsland. Dynamische Entwicklungszentrum oder "Provinz"? Ansätze zu einer qualitativen Methodik in der Regionalforschung.* Münstersche Geographische Arbeiten, Heft 22. Paderborn: Ferdinand Schöningh.

Danielzyk, Rainer und Claus Christian Wiegandt (1999) Das Emsland – "Auffangraum" für problematische Groß-project oder "Erfolgsstory" im ländlich-peripheren Raum? In: *Berichte zur deutschen Landeskunde*, Bd.73, S.217-244.

Danielzyk, Rainer und Claus Christian Wiegandt (2005) Das Emsland – ein prosperierender ländlicher Raum. In: *Geographische Rundschau*, Bd.57, S.44-51.

Danielzyk, Rainer, Philipp Friedsmann, Carl-Hans Hauptmeyer und Nadja Wischmeyer (2019) *Erfolgreiche Metropolfernen Regionen. Das Emsland und der Raum Bodensee-Oberschwaben.* Ludwigsburg: Wüstenrot Stiftung.

Decker, Hedwig (1984) *Standortverlagerungen der Industrie in der Region München.* Münchner Studien zur Sozial- und Wirtschaftsgeographie, Bd. 25.

Der Bundesminister für Arbeit und Sozialordnung (1961) *Die Standortwahl der Industriebetriebe in der Bundesrepublik Deutschland mit Berlin (West) von 1955 bis 1960.* Bearbeitet im Institut für Raumordnung, Bonn.

文献一覧

Der Bundesminister für Arbeit und Sozialordnung (1964) *Die Standortwahl der Industriebetriebe in der Bundesrepublik Deutschland. Verlagerte und neuerrichtete Betriebe im Zeitraum von 1961 bis 1963.* Bearbeitet im Institut für Raumordnung, Bonn.

Der Bundesminister für Arbeit und Sozialordnung (1966) *Die Standortwahl der Industriebetriebe in der Bundesrepublik Deutschland. Verlagerte und neuerrichtete Betriebe in den Jahren 1964 und 1965.* Bearbeitet im Institut für Raumordnung, Bonn.

Der Bundesminister für Arbeit und Sozialordnung (1967) *Verlagerte, neuerrichtete und stillgelegte Industriebetriebe im Jahre 1966. Zwischenbericht über die Standortwahl der Industriebetriebe in der Bundesrepublik.* Bearbeitet im Institut für Raumordnung, Bonn.

Der Bundesminister für Arbeit und Sozialordnung (1968) *Die Standortwahl der Industriebetriebe in der Bundesrepublik Deutschland. Verlagerte, neuerrichtete und stillgelegte Industriebetriebe in den Jahren 1966 und 1967.* Bearbeitet im Institut für Raumordnung, Bonn.

Der Bundesminister für Arbeit und Sozialordnung (1971) *Die Standortwahl der Industriebetriebe in der Bundesrepublik Deutschland mit Berlin (West) Verlagerte, neuerrichtete und stillgelegte Industriebetriebe in den Jahren 1968 und 1969.* Bearbeitet im Institut für Raumordnung, Bonn.

Der Bundesminister für Arbeit und Sozialordnung (1973) *Die Standortwahl und Entwicklung von Industriebetrieben sowie Stillegungen in der Bundesrepublik Deutschland mit Berlin (West) von 1955 bis 1967.* Bearbeitet im Institut für Raumordnung, Bonn.

Der Bundesminister für Arbeit und Sozialordnung (1975) *Die Standortwahl der Industriebetriebe in der Bundesrepublik Deutschland mit Berlin (West). Neuerrichtete, verlagerte und stillgelegte Industriebetriebe in den Jahren 1970 und 1971.* Bearbeitet in der Bundesanstalt für Landeskunde und Raumordnung, Bonn.

Der Bundesminister für Arbeit und Sozialordnung (1977) *Die Standortwahl der Industriebetriebe in der Bundesrepublik Deutschland mit Berlin (West). Neuerrichtete, verlagerte und stillgelegte Industriebetriebe in den Jahren 1972 und 1975.* Bearbeitet in der Bundesanstalt für Landeskunde und Raumordnung, Bonn.

Der Bundesminister für Arbeit und Sozialordnung (1979) *Die Standortwahl der Industriebetriebe in der Bundesrepublik Deutschland mit Berlin (West). Neuerrichtete, verlagerte und stillgelegte Industriebetriebe in den Jahren 1976 und 1977.* Bearbeitet in der Bundesanstalt für Landeskunde und Raumordnung, Bonn.

Der Bundesminister für Arbeit und Sozialordnung (1981) *Die Standortwahl der Betriebe in der Bundesrepublik Deutschland mit Berlin (West). Neuerrichtete, verlagerte und stillgelegte Betriebe in den Jahren 1978 und 1979.* Bearbeitet in der Bundesanstalt für Landeskunde und Raumordnung, Bonn.

Der Bundesminister für Arbeit und Sozialordnung (1982) *Die Standortwahl der Betriebe in der*

539

Bundesrepublik Deutschland und Berlin (West). Neuerrichtete, verlagerte und stillgelegte Betriebe in den Jahren 1980 und 1981. Bearbeitet in der Bundesanstalt für Landeskunde und Raumordnung, Bonn.

Der Spiegel (1964, Nr. 39) Deutschlands heimliche Hauptstadt. MÜNCHEN O'zapft is (siehe Titelbild) 表紙及び S.42-52.

Der Spiegel (1976, Nr.29) "Da geht es links und rechts nicht weiter" SPIEGEL-Report über den Landkreis Lüchow-Dannenberg an der Grenze zur DDR. S.78-82.

Der Spiegel (1989, Nr.33) Explodiert die DDR? Massenflucht aus Honeckers Sozialismus. Titelgeschichte "Das droht die DDR zu verncihten" 表紙及び S.18-26.

Der Spiegel (1991, Nr.30) Nur noch so beliebt wie die Russen. SPIEGEL-Umfrage über die Einstellung der Ost- und Westdeutschen Zueinander, S.24-29.

Deutscher Bundestag, Verwaltung Presse- und Informationszentrum Referat Öffentlichkeitsarbeit (1977) *Fragen an die deutsche Geschichte. Ideen, Kräfte, Entscheidungen von 1800 bis zur Gegenwart.* Historische Ausstellung im Reichstagsgebäude in Berlin. Katalog, 3. erweiterte Auflage. Druck: Stuttgart: W. Kohlhammer GmbH.

Dicken, Peter (1976) The multiplant business enterprise and geographical space: some issues in the study of external control and regional development. In: *Regional Studies*, Vol. 10, pp.401-412.

Dicken, Peter and Peter E. Lloyd (1981) *Modern Western Socieity. A Geographical Perspective on Work, Home & Well-being.* London: Harper & Row.

Djeković, Liliana und Hermann Gross (1989) Der Beitrag der Vertriebenen und Flüchtlinge zum Wiederaufbau der deutschen Wirtschaft. In: Marion Frantzioch, Odo Ratza und Günter Reichert (Hrsg.) *40 Jahre Arbeit für Deutschland – die Vertriebenen und Flüchtlinge.* Ausstellungskatalog. Frankfrt am Main und Berlin: Verlag Ullstein GmbH, S.128-131.

Dobler, Richard und Martin Fürstenberg (1989) Standortentwicklung und aktuelle Standorttendenzen bei Siemens. In : *Geographische Rundschau*, Jg. 41, S. 274-282.

Dörrer, Ingrid (1993) Kraichgau und Heilbronner Raum, in: Christoph Borcherdt (Hrsg.) *Geographische Landeskunde von Baden-Württemberg*, dritte, überarbeitete und erweiterte Auflage. Stuttgart: Verlag W. Kohlhammer, S.251-272.

Dürr, Heiner (1993) Einleitung: Politik und Forschung für das Ruhrgebiet. In: Heiner Dürr und Jürgen Gramke (Hrsg.) *Erneuerung des Rurgebiets. Regionales Erbe und Gestaltung für die Zukunft.* Festschrift zum 49. Deutschen Geographentag (Bochumer Geographische Arbeiten, Heft 58), S.9-16.

Dustmann, Christian, Bernd Fitzenberger, Uta Schönberger and Alexandra Soitz-Oener (2014) From sickman of Europe to economic superstar: Germany's resurgent economy. In: *Journal of*

Economic Perspectives. Vo.28, No.1, pp.167-188.

Ermann, Ulrich, Thilo Lang und Marcel Megerle (2012) Weltmarktführer abseits der Agglomerationsräume. In: Leibniz-Institut für Länderkunde Nationalatlas aktuel 6 (18.10.2012) 11. http://aktuell.nationalatlas.de/wp-content/uploads/12_11_Weltmarkt fuehrer. pdf　2016 年 7 月 16 日閲覧。

Ewing, Jack (2014) *Germany's Economic Renaissance. Lessons for the United States*. New York: Palgrave Macmillan.

Fickermann, Detlef, Ursula Schulzeck und Horst Weishaupt (2002) Private allgemein bildende Schulen. In: Institut für Ländekunde, Leipzig (Hrsg.) *Nationalatlas Bundesrepublik Deutschland. Bildung und Kultur*, mitherausgegeben von Alois Mayr und Manfred Nutz. Heidelberg und Berlin: Spektrum Akademischer Verlag GmbH, S.30-31.

Flik, Reiner (2001a) Automobilindustrie und Motorisierung in Deutschland bis 1939. In: Rudolf Boch (Hrsg.) *Geschichte und Zukunft der deutschen Automobilindustrie*. Tagung im Rahmen der "Chemnitzer Begegnungen" 2000. Stuttgart: Franz Steiner Verlag, S.49-84.

Flik, Reiner (2001b) *Von Ford lernen? Automobilbau und Motorisierung in Deutschland bis 1933*. Köln, Weimar und Wien: Böhlau Verlag.

Frankfurter Allgemeine Zeitung (19.7.2001) Ein Zukunftssignal für Ostdeutschland.

Fraunhofer Institut für Umwelt-, Sicherheits-, Energietechnik UMSICHT (2000) *Annual Report 2000*.

Freie Presse Chemnitz (19.7.2001) Leipzig ist das Beste, was uns passieren konnte. Von großen Hoffnungen bis zu verhaltenem Optimismus: Automonilzulieferer in Südwestsachsen über künftigen BMW-Standort in der Pleißestadt.

Fremdling, Rainer (1985) Industrialisierung und Eisenbahn. Der Anstoß zur Entwicklung der deutschen Schwerindustrie. In: Eisenbahnjahr Ausstellungsgesellschaft mbH, Nürnberg (Hrsg.) (1985) *Zug der Zeit – Zeit der Züge. Deutsche Eisenbahn 1835 – 1985*, Das offizielle Werk zur gleichnamigen Ausstellung unter der Schirmherrschaft von Bundespräsident Richard von Weizsäcker, Band 1. Berlin: Wolf Jobst Siedler Verlag GmbH, S.121-133.

Friedmann, John (1966) *Regional Development Policy. A Case Study of Venezuela*. Cambridge/ London: The M. I. T. Press.

Friedmann, John (1986) The world city hypothesis. In: *Development and Change*, Vol.17, pp.69-83.

Friedrichs, Jürgen, Hartmut Häußermann und Walter Siebel（Hrsg.）（1986）*Süd-Nord-Gefälle in der Bundesrepublik? ―Sozialwissenschaftliche Analysen―*, Opladen: Westdeutscher Verlag.

Fuchs, Gerhard (1977) *Die Bundesrepublik Deutschland*. Stuttgart: Ernst Klett Verlag.

Fürst, Dietrich und Klaus Zimmermann (1972) Unternehmerische Standortwahl und regionalpolitisches Instrumentarium —Erste Ergebnisse einer empirischen Umfrage—. In : *Informationen* (Institut für Raumordnung) 22. Jg., S. 203-217.

Gatzweiler, Hans Peter (1982) Regionale Disparitäten im Bundegebiet — ein Dauerzustand? In: *Geographische Rundschau*, Band 34 Heft 1, S.3-12.

Geipel, Robert (1981) *Industriegeographie als Einführung in die Arbeitswelt*. Braunschweig: Georg Westermann Verlag.

Georg Westermann Verlag (1977) *Diercke Weltatlas*, 17. Auflage der Neubearbeitung. Braunschweig: Georg Westermann Verlag.

Gerlach, Hans-Henning (1986) *Atlas zur Eisenbahn-Geschichte. Deutschland Österreich Schweiz*. Zürich und Wiesbaden: Orell Füssli.

Gerlach, Knut und Peter Liepmann (1972) Konjunkturelle Aspekte der Industrialisierung peripherer Regionen—dargestellt am Beispiel des ostbayerischen Regierungsbezirks Oberpfalz. In : *Jahrbücher für Nationalökonomie und Statistik*, Bd. 187, S.1-21.

Geschäftsstelle der Ministerkonferenz für Raumordnung im Bundesministerium für Verkehr und digitale Infrastruktur (Hrsg.) (2016) *Leitbilder und Handlungsstrategien für die Raumentwicklung in Deutschland*. Verabschiedet von der Ministerkonferenz für Raumordnung am 9. März 2016.

Gesellschaft für Wirtschaftsförderung Nordrhein-Westfalen mbH (2000) *GfW PROFIL. Report 2000*.

Giddens, Anthony (1984) *The Constitution of Society: Outline of the Theory of Structuration*. Cambridge: Polity Press（アンソニー・ギデンズ（2015)『社会の構成』（門田健一訳）勁草書房）。

Görtemarker, Manfred (1999) *Geschichte der Bundesrepublik Deutschland. Von der Gründung bis zur Gegenwart*. München: C.H. Becksche Verlagsbuchhandlung (Lizenzausgabe veröffentlicht im Fischer Taschenbuch Verlag in Frankfurt am Main in 2004).

Gräber, Heinrich, Mathias Holst, Karl-Peter Schackmann-Fallis und Harald Spehl (1986) Zur Bedeutung der externen Kontrolle für die regionale Wirtschaftsentwicklung. In: *Informationen zur Raumenwicklung*, H. 9/10, S. 679-694.

Gräber, Heinrich, Mathias Holst, Karl-Peter Schackmann-Fallis und Harald Spehl (1987) *Externe Kontrolle und regionale Wirtschaftspolitik*. Berlin: edition sigma.

Gräber, Heinrich und Mathias Holst (1987) Externe Kontrolle in der Bundesrepublik Deutschland. Begriffliche Klärung und ausgewählte empirische Befunde für das Verarbeitende Gewerbe. In: *Raumforschung und Raumordnung*, Heft 5/6, S. 207-220.

文献一覧

Grees, Hermann (1989) Standort, Verkehr, Umwelt. In: Otto Borst (Hrsg.) *Wege in die Welt. Die Industrialisierung im deutschen Südwesten seit Ausgang des 18. Jahrhunderts.* Stuttgart: Deutsche Verlags-Anstalt GmbH, S.129-174.

Grotz, Reinhold (1970) Zweigbetriebe und Betriebsverlagerungen Stuttgarter Industriebetriebe. In: *Informationen* (Institut für Raumordnung), 20. Jg., S. 467-479.

Grotz, Reinhold (1971) *Entwicklung, Struktur und Dynamik der Industrie im Wirtschaftsraum Stuttgart — Eine industriegeographische Untersuchung—*, Stuttgarter Geographische Studien, Bd. 82.

Grotz, Reinhold (1979) Räumliche Beziehungen industrieller Mehrbetriebsunternehmen. Ein Beitrag zum Verständnis von Verdichtungsprozessen. In: Christoph Borcherdt und Reinhold Grotz (Hrsg.) *Stuttgarter Geographische Studien*, Bd. 93, Festschrift für Wolfgang Meckelein, Stuttgart, S. 225-244.

Grotz, Reinhold (1989) Technologische Erneuerung und technologieorientierte Unternehmensgründungen in der Industrie der Bundesrepublik Deutschland. In: *Geographische Rundschau*, Jg.41, S.266-272.

Grotz, Reinhold (1993) Competitiveness and technological change by networking in a SME environment? A regional case study in South West Germany. Paper presented to the Tokyo-Conference of the IGU (International Geographical Union) on the Organisation of Industrial Space, 26-30 July 1993.

Grotz, Reinhold and Boris Braun (1993) Networks, milieux and individual firm strategies: empirical evidence of an innovative SME environment. In: *Geografiska Annaler*, 75B, pp.149-163.

Grotz, Reinhold and Boris Braun (1996) Spatial aspects of technology-oriented networks: examples from the German mechanical engineering industry, Bonner Beiträge zur Geographie Materialien aus Forschung und Lehre, Heft 3.

Haggett, Peter (1979) *Geography: A Modern Synthesis.* Third Edition. New York: Harper & Row, Publishers.

Håkanson, Lars (1979) Towards a theory of location and corporate growth. In: F.E. Ian Hamilton and Godfrey J.R. Linge (eds.) *Spatial Analysis, Industry and the Industrial Environment.* Vol.1 *Industrial Systems.* Chichester: John Wiley, pp.115-138.

Halder, Gerhard (2006) *Strukturwandel in Clustern am Beispiel der Medizintechnik in Tuttlingen.* Münster: LIT Verlag.

Handelsblatt (30.10.2023) Ford schließt sein Aachener Forschungszentrum Mitte 2024. https:// www.handelsblatt.com/unternehmen/industrie/autohersteller-ford-schliesst-sein-aachener-forschungszentrum-mitte-2024/29472154.html　2024 年 2 月 28 日アクセス。

Hartke, Wolfgang (1939) Pendelwanderung und kulturgeographische Raumbildung im

543

Rhein-Main-Gebiet. In: *Petermanns Geographische Mitteilungen*, 85.Jg., S.185-190.

Hartmann, Guido M. (2016) Der Konkurrenz immer eine Elle voraus. Nordrhein-Westfalen Textil im Ostwestfalen. https://www.welt.de/regionales/nrw/article159239741/Der-Konkurrenz-immer-eine-Elle-voraus.html　2017 年 10 月 29 日アクセス。

Hassink, Robert (1992) *Regional Innovation Policy: Case-Studies from the Ruhr Area, Baden-Württemberg and the North East of England*, Nederlandse Geografische Studies 145.

Hauser, Hans-Eduard (2000) *SMEs in Germany. Facts and Figures 2000*. Bonn: Institut für Mittelstandsforschung.

Haversath, Johann-Bernhard (1997) *Deutschland — Der Norden*. Braunschweig: Westermann Schulbuchverlag GmbH.

Hayter, Roger (1997) *The Dynamics of Industrial Location. The Factory, the Firm and the Production System*. Chichster: John Wiley & Sons.

Hayter, Roger & H. Doug Watts (1983) The geography of enterprise: a reappraisal. In: *Progress in Human Geography*, Vol. 7, pp.157-181.

Heinritz, Günter (1978a) Ranges and catchment areas of selected recreation facilities in Bavaria. In: *Wiener Geographische Schriften*, 51/52 , S.177-187.

Heinritz, Günter (1978b) Weißenburg in Bayern als Einkaufsstadt. Zur zentralörtlichen Bedeutung des Einzelhandels in der Altstadt und außerhalb der Altstadt gelegenen Verbrauchermärkte. München.

Heinritz, Günter (1979) *Zentralität und zentrale Orte*. Stuttgart: Teubner.

Heinritz, Günter und Herbert Popp (1978) Reichweiten von Freizeiteinrichtungen und aktionsräumliche Aspekte des Besucherverhaltens. In: *Mitteilungen der Geographischen Gesellschaft in München*, Bd. 63, S. 79-115.

Heinritz, Günter, Walter Kuhn, Günter Meyer und Herbert Popp (1979) *Verbraucher Märkte im ländlichen Raum. Die Auswirkungen einer Innovation des Einzelhandels auf das Einkaufsverhalten*, Münchener Geographische Hefte, Nr. 44.

Herdt, Hans Konradin (1986) *Bosch 1886-1986 Porträt eines Unternehmens*. Mit Farbfotos von Dieter Blum. Stuttgart: Deutsche Verlags-Anstalt.

Heuer, Hans (1977) *Sozioökonomische Bestimmungsfaktoren der Stadtentwicklung*, 2. ergänzte Auflage. Stuttgart, Berlin, Köln, Mainz: Verlag Kohlhammer.

Hohorst, Gerd (1980) Regionale Entwicklungsunterschiede im Industrialisierungsprozeß Preußens – ein auf Ungleich gewichten basierendes Entwicklungsmodell. In: Sidney Pollard (Hrsg.) *Region und Industrialisierung : Studien zur Rolle der Region in der Wirtschaftsgeschichte der letzten zwei Jahrhunderte,* unter Mitwirkung von Lucian Hölscher. Göttingen: Vandenhoeck & Ruprecht, S.215-238.

文献一覧

Hottes, Karlheinz (1980) Gegenwartstendenzen in der Entwicklung der Industriestruktur und der Standortverflechtung. In: *Geographische Rundschau*, Bd. 32, ,S. 148-155.

IBA Emscherpark GmbH (o.J.) Internatoinal Building Exhibition Emscher Park. Workshop for the future of old industrial areas.

IBA Emscherpark GmbH (1996) Internatoinale Bauausstellung Emscherpark. Eine Einrichtung des Landes Nordrhein-Westfalen. 41 Seite.

IBA Emscherpark GmbH (1996) Examples of Projects. Examples from an Industrial Region in Transitoin.

Industrie- und Handelskammer Heilbronn-Franken (o.J.) *Cluster-Region Heilbronn-Franken. Vielfältige Netzwerke* für Innovation und *Wertschöpfung.*

Institut für Mittelstandsforschung Bonn (2000) *Wissenschaftliche Begleitforschung 1998/99 und Würdigung der Gründungs-Offensive Nordrhein-Westfalen "Go!" NRW. Gutachten im Auftrag des Ministeriums* für *Wirtschaft, Mittelstand, Technologie und Verkehr des Landes Nordrhein-Westfalen.*

Institut für Mittelstandsforschung Bonn (2001) *Arbeitsbericht 2000.*

Jensong, Martina (2016) Armaturenfabrik plant Umzug. Hier will Bollin bauen. In: *Taunus Zeitung* vom 5.2.2016. http://www.taunus-zeitung.de/lokales/hochtaunus/vordertaunus/Hier-will-Bollin-bauen;art48711,1836750 2017 年 10 月 22 日アクセス。

Johnston, Ron J. (1981) Urban System. In: Johnston, R.J, Derek Gregory, Peter Haggett, David Smith and D.R. Stoddart (eds.) *The Dictionary of Human Geograhy.* Oxford: Basil Blackwell, pp. 362-363.

Kaelble, Hartmut & Rüdiger Hohls (1989) Der Wandel der regionalen Disparitäten in der Erwerbsstruktur Deutschlands 1895-1970. In: Jürgen Bergmann, Jürgen Brockstedt, Rainer Fremdling, Rüdiger Hohls, Hartmut Kaelble, Hubert Kiesewetter und Klaus Megerle (1989) *Regionen im historischen Vergleich. Studie zu Deutschland im 19. und 20. Jahrhundert.* Opladen: Westdeutscher Verlag, S.288-413.

Kehrer, Gerhard (1996) *Hundert Jahre Standortphänomen Kraftfahrzeug.* Ergänzungshefte zur Petermanns Geographischen Mitteilungen Nr.292. Gotha: Justus Perthes Verlag.

Kiesewetter, Hubert (1989a) *Industrielle Revolution in Deutschland 1815-1914.* Frankfurt am Main: edition Suhrkamp.

Kiesewetter, Hubert (1989b) Regionale Lohndisparitäten und innerdeutsche Wanderungen im Kaiserreich. In: Bergmann J. et al. *Regionen im hisiorischen Vergrgleich. Studie zu Deutschland im 19. und 20. Jahrhundert.* Opladen: Westdeutscher Verlag, S.133-199.

Kirchner, Peter (2011) *Die Cluster-Region Heilbronn-Franken.* Ubstadt-Weiher: Verlag regionalkultur.

545

Kirk, Christian in Zusammenarbeit mit der Stadt Solingen (2001) *Wirtschaftsstandort Solingen*. Darmstadt: Europäischer Wirtschafts Verlag.

Klein, Hans (1980) Erfahrungen mit Förderprogrammen. In: *Informationen zur Raumentwicklung*, Heft 7/8, S.435-441.

Knübel, Hans (1961) Die Eisenhüttenindustrie des Ruhrgebiets. In: *Geographische Rundschau*, 13. Jg., S.193-203.

Knübel, Hans (1965) Die räumliche Gliederung des Ruhrgebiets. In: *Geographische Rundschau*, 17. Jg., S.180-190.

Kohl, Horst, Joachim Marcinek und Bernhard Nitz (1980) *Geographie der DDR*, 3.Auflage, Gotha/Leipzig: VEB Hermann Haack, Geographisch-Kartographische Anstalt.

Kommunalverband Ruhrgebiet (1994) Das Image des Ruhrgebiets im Spiegel von Meinungsumfragen.

Kommunalverband Ruhrgebiet (1995) Kommunalverband – Ruhrgebiet. Wege, Spuren. Festschrift zum 75 jährigen Bestanden des Kommunalverbandes Ruhrgebiet.

Kommunalverband Ruhrgebiet (1996) Das Ruhrgebiet und SVR/KVR. Eine Dokumentation der Verbandsgeschichte.

Kommunalverband Ruhrgebiet (1996) Aufgaben Organisation Profile.

Korczak, Dieter (1995) *Lebensqualität-Atlas. Umwelt, Kultur, Wohlstand, Versorgung, Sicherheit und Gesundheit in Deutschland.* Opladen: Westdeutscher Verlag.

Kroker, Michael (2013) Tobit Software. Mach mich zur App. In: *Wirtschaftswoche* vom 12.12.2013. http://www.wiwo.de/unternehmen/it/tobit-software-mach-mich-zur-app/9145724-all.html 2017 年 11 月 3 日アクセス。

Krugman, Paul (1991) *Geography and Tarde*, Leuven: Leuven University Press（北村行伸・高橋亘・妹尾美起訳『脱「国境」の経済学』東洋経済新報社、1994 年）。

Krumme, Günter (1970) The interregional corporation and the region: a case study of Siemens' growth characteristics and response patterns in Munich, West Germany. In: *Tijdschrift voor Economische en Sociale Geografie*, Vol. 61, pp. 318-333.

Landschaftsverband Rheinland. Rheinisches Industriemuseum. Außenstelle Ratingen (1996) *Die erste Fabrik, Ratingen-Cromford.* Köln: Rheinland-Verlag GmbH.

Laux, Hans-Dieter (1991) Berlin oder Bonn? Geographische Aspekte einer Parlamentsentscheidung. In: *Geographische Rundschau*, Bd.43, S.740-743.

Lee, John Joseph (1978) Aspects of Urbanization and Economic Development in Germany 1815-1914. In: Philip Abrams and Edward Anthony Wrigley (eds.) *Towns in Societies. Essays in Economic History and Historical Sociology.* Cambridge: Cambridge University Press, pp. 279-293.

Lee, Roger (1976) Integration, spatial structure and the capitalist mode of production in the EEC.

In: Lee, Roger and P.E. Ogden (eds.) *Economy and Society in the EEC*. Farnborough: Saxon House.

Leipold, Helmut (1983) Gesellschaftstheoretische Fundierung der Wirtschaftssysteme. In: Hannelore Hamel (Hrsg.) (1983): *Bundesrepublik Deutschland - DDR. Die Wirtschaftssysteme*, 4., überarbeitete und erweiterte Auflage. München: C.H.Beck, S.17-60.

Leipziger Volkszeitung (2.1.2001) Sachsens Arbeitsamtspräsident hofft auf BMW-Ansiedlung.

Leipziger Volkszeitung (4.1.2001) BMW-Werk: Ostsachsen aus dem Rennen.

Leipziger Volkszeitung (5.1.2001) Gemeinsame Bewerbung von Torgau-Oschatz und Döbeln.

Leipziger Volkszeitung (11.1.2001) BMW-Ansiedlung – Ortschaftsrat dafür, Kirchgemeinde stellt Flächen.

Leipziger Volkszeitung (16.3.2001) Pläne für BMW-Werk Anwohner warnen vor zu viel Verkehr.

Leipziger Volkszeitung (21.4.2001) Aus für Hof als Standort des neuen BMW-Werkes.

Leipziger Volkszeitung (28.5.2001) Chancen für Standort Leipzig steigen.

Leipziger Volkszeitung (31.5.2001a) Reden in Halle, Schweigen in Leipzig.

Leipziger Volkszeitung (31.5.2001b) Dreikampf an der A14 um neues BMW-Werk.

Leipziger Volkszeitung (7.6.2001) BMW gibt Halle und Magdeburg Korb

Leipziger Volkszeitung (11.6.2001) Fünf Städte im Endspurt um neues BMW-Werk.

Leipziger Volkszeitung (29.6.2001) Fünf Städte im Rennen – BMW dementiert Vorentscheidung über neues Werk.

Leipziger Volkszeitung (4.7.2001) Heute Daumendrucken in Leipzig.

Leipziger Volkszeitung (5.7.2001) Noch keine Entscheidung: Weiter Nervenkitzel um BMW-Werk

Leipziger Volkszeitung (19.7.2001a) BMW kommt: Messestadt setzt sich gegen 250 Mitkonkurrenten durch.

Leipziger Volkszeitung (19.7.2001b) BMW-Vorstand Milberg: Nähe zum Verbund gab Ausschlag für Leipzig.

Leipziger Volkszeitung (19.7.2001c) Im Charterflug nach München und zurück – Eindrücke von einem wichtigen Tag in der Konzernzentrale.

Leipziger Volkszeitung (19.7.2001d) Rathaus rang um die Grundstück.

Leipziger Volkszeitung (19.7.2001e) Anruf in Leipzig: "Macht den Schampus auf!" Die Entscheidung fiel am frühen Morgen — Eindrücke von einem wichtigen Tag in der Münchner Konzernzentrale.

Lepping, Bernd und Friedrich Hösch (1984) Das Konjunkturverhalten von Zweigbetrieben in peripheren Regionen. In: *Der ländliche Raum in Bayern. Fallstudien zur Entwicklung unter veränderten Rahmenbedingungen* (Veröffentlichungen der Akademie für Raumforschung und

Landesplanung, Forschungs- und Sitzungsberichte, Bd. 156). Hannover: Curt R. Vincentz Verlag, S.101-127.

Maier, Gunther and Franz Tödtling (1986) Towards a spatial deconcentration of entrepreneurial control? Some empirical evidence for the Austrian regions, 1973-1981. In: *Environment and Planning. A.*, Vol.18, pp. 1209-1224.

Maier, Jörg, Reinhard Paesler, Karl Ruppert und Franz Schaffer (1977) *Sozialgeographie*. Braunschweig: Georg Westermann Verlag. (J. マイヤー、R. ペスラー、K. ルッペルト、F. シャファー（1982）『社会地理学』（石井素介・水岡不二雄・朝野洋一共訳『社会地理学』古今書院）。

Maier, Jörg und Jürgen Weber (1987) Regionalentwicklung und Regionalpolitik in peripheren Räumen — das Beispiel Oberfranken. In: *Berichte zur deutschen Landeskunde*, 61. Bd., S.453-485.

Marshall, Alfred (1890) *Principles of Economics*, London: Macmillan and Co., （マーシャル（1965 ～ 1967）『経済学原理』全 4 巻（馬場啓之助訳）東洋経済新報社）。

Martin, Ron & Peter Sunley (1996) Paul Krugman's Geographical Economics and Its Implications for Regional Development Theory: A Critical Assessment. In: *Economic Geography*, Vol.72, pp.259-292.

Massey, Doreen (1979): In what sense a regional problem? In: *Regional Studies*, Vol.13, pp. 233-243.

May, Heinz-Dieter (1968) *Junge Industrialisierungstendenzen im Untermaingebiet unter besonderer Berücksichtigung der Betriebsverlagerungen aus Frankfurt am Main*. Rhein-Mainische Forschungen, Heft 65.

Mayr, Alois (2001) Luftverkehr – Mobilität ohne Grenzen? In: Institut für Ländekunde, Leipzig (Hrsg.) *Nationalatlas Bundesrepublik Deutschland. Verkehr und Kommunikation*, Mitherausgegeben von Jürgen Deiters, Peter Gräf und Günter Löffler, Heidelberg und Berlin: Spektrum Akademischer Verlag GmbH, S.82-85.

Mellor, Roy E.H. (1978) *The Two Germanies. A Modern Geography*. London: Harper & Row.

Mende, Hans-Jürgen und Kurt Wernicke (Hrsg.) (2002) *Lexikon der Berliner Stadtentwicklung*. Berlin: Haude & Spenersche Verlagsbuchhandlung.

Mertins, Günter (1965) Die Entwicklung von Bergbau und Eisenindustrie im westlichen Ruhrgebiet. In: *Geographische Rundschau*, 17. Jg. S.171-179.

Meyer-Larsen, Werner (1985) Der große Treck nach Süden. In: *Der Spiegel*, 39. Jg., Nr. 1, S. 36-51.

Mikus, Werner unter Mitarbeit von G. Kost et al. (1979) *Industrielle Verbundsystem. Studien zur räumlichen Organisation der Industrie am Beispiel von Mehrwerksunternehmen in Südwest-*

文献一覧

deutschland, der Schweiz und Oberitalien. Heidelberger Geographische Arbeiten, Heft 57.

Ministerium für Wirtschaft, Mittelstand und Technologie des Landes Nordrhein-Westfalen (1993) Euregio. Grenzüberschreitende Zusammenarbeit in Europa. Bilanz der Zusammenarbeit des Landes NRW mit der EG, Belgien und den Niederlanden im Rahmen des INTERREG-Programms. 50 Seite.

Ministerium für Wirtschaft und Mittelstand, Energie und Verkehr des Landes Nordrhein-Westfalen. Referat Öffentlichkeit (2001) *innovativ:nrw. Ideen schaffen Wachstum. ZukunftsWettbewerb Ruhrgebiet.*

Mitchell, B.P. (1992) *International Historical Statistics Europe 1750-1988.* New York: Stockton Press.

Mitchell, B.P. (1998) *International Historical Statistics Europe 1750-1993.* Fourth Edition, London: Macmillan Reference Ltd, and New York: Stockton Press.

Moßig, Ivo (1998) *Räumliche Konzentration der Verpackungsmaschinenbau-Industrie in Mittelhessen. Eine Analyse des Gründungsgeschehens. Studien zur Wirtschaftsgeographie.* Giessen: Geographisches Institut der Justus-Liebig-Universität.

Moßig, Ivo (2000) *Räumliche Konzentration der Verpackungsmaschinenbau-Industrie in Westdeutschland. Eine Analyse des Gründungsgeschehens.* Reihe Wirtschaftsgeographie, Band 17. Münster, Hamburg, London: LIT Verlag.

Münchener Geographische Hefte Nr. 39 (1977) Beiträge zur Zentralitätsforschung.

Niedersächsisches Institut für Wirtschaftsforschung e.V.（Hrsg.）（1984）*Süd-Nord-Gefälle in der Bundesrepublik? Thesen und Beobachtungen*（NIW-Workshop 1984）. Hannover: Niedersächsisches Institut für Wirtschaftsforschung e.V.

Niedzwetzki, Klaus (1977) *SII Arbeitsmaterialien Geographie im gesellschaftswissenschaftlichen Aufgabenfeld Raumordnung und Landesplanung.* Stuttgart: Ernst Klett Verlag.

Nishioka, Hisao and Gunter Krumme (1973) Location conditions, factors and decisions: an evaluation of selected location surveys. In: *Land Economics,* Vol. 49, pp.195-205.

Nuhn, Helmut und Manfred Sinz (1988) Industriestruktureller Wandel und Beschäftigungsentwicklung in der Bundesrepublik Deutschland. In : *Geographische Rundschau,* Jg. 40, S. 42-52.

Nuhn, Helmut and Manfred Sinz (1988) Industrial Change and employment trends in the Federal Republic of Germany. In: *Geographische Rundschau,* special edition, pp.68-78.

Olbrich, J. (1984) Regionale Strukturpolitik mit Büroarbeitsplätzen? Das Standortwahlverhalten von Hauptverwaltungen der Industrie. In: *Raumforschung md Raumordnung,* 42. Jg., S.225-238.

Packaging Valley Germany e.V. (2017) *Der Packaging Valley Leitfaden. Die Spezialisten im Verpackungsmaschinenbau.* http://www.packaging-valley.com/downloads/ packaging_valley_ leitfaden_2017_de.pdf 2017 年 10 月 25 日取得。

Partzsch, Dieter (1967) Wesentliche Merkmale der raumordnerischen Entwicklung von Groß Berlin. In: *Raumforschmg md Raumordnung*, 25. Jg., S.207-211.

Partzsch, Dieter (1970a) Daseinsgrundfunktionen. In: Akademie für Raumforschung und Landesplanung (Hrsg.) *Handwörterbuch der Raumforschung und Raumordnung*. Band I (A-H), Zweite Auflage. Hannover: Gebrüder Jänecke Verlag, Spalte 424-430.

Partzsch, Dieter (1970b) Gebietskategorien nach dem Raumordnungsgesetz des Bundes. In: Akademie für Raumforschung und Landesplanung (Hrsg.) *Handwörterbuch der Raumforschung und Raumordnung*, Band I (A-H), Zweite Auflage. Hannover: Gebrüder Jänecke Verlag, Spalte 881-885.

Peppler, Gernot (1977) Ursachen sowie politische und wirtschaftliche Folgen der Streuung hauptstädtischer Zentralfunktionen im Raum der Bundesrepublik Deutschland. In: *Frankfurter Wirtschafts- und Sozialgeographische Schriften*, Heft 27（筆者未見）。

Petzina, Dietmar (1987) Wirtschaftliche Ungleichgewichte in Deutschland. Ein historischer Rückblick auf die regionale Wirtschaftsentwicklung im 19. und 20. Jahrhundert. In: Wehling, H.-G. (Redaktion) *Nord-Süd in Deutschland? Vorurieil und Tatsache*. Stuttgart, Berlin, Köln und Mainz: Verlag W. Kohlhammer, S. 59-81.

Pfeuffer, Hans-Dieter, Wolfgang Ambros, Josef Brunner und Hans Georg Mors unter Mitarbeit von Friedhelm Latsch und Ebernhard Slowak (1977) *Wirtschafts- und Sozialgeographie. Daseinsgrundfunktionen*. München: Hueber-Holzmann Verlag.

Piore, Michael J. and Charles F. Sabel (1984) *The Second Industrial Divide. Possibilities for Prosperity*, New York: Basic Books（マイケル・J・ピオリ／チャールズ・F・セーブル（1993）『第二の産業分水嶺』（山之内靖・永易浩一・石田あつみ訳）筑摩書房）。

Porter, Michel E.（1990）*The Competitive Advantage of Nations*, New York: Free Press（M.E. ポーター（1992）『国の競争優位』上下 2 巻（土岐坤・中辻萬治・小野寺武夫・戸成富美子訳）ダイヤモンド社）。

Porter, Michael E. (1998a) Clusters and the New Economics of Competition. In: *Harvard Business Review*, Vol.76, No.6, pp.77-90.

Porter, Michael E. (1998b) *The Competitive Advantage of Nations: With a New Introduction*. New York: Free Press.

Poter, Michael E. (2000) Location, Competition, and Economic Development: Local Clusters in a Global Economy. In: *Economic Development Quarterly*. Vol.14, No.1, pp.15-34.

Pred, Allan (1977) *City-Systems in Advanced Economies. Past Growth, Present Processes and Future Development Options.* London: Hutchinson & Co. (Publishers) Ltd.

Presse- und Informationsamt der Bundesregierung (1979) *Gesellschaftliche Daten : Bundesrepublik Deutschland*. Bonn.

Priebs, Axel (2013) *Raumordnung in Deutschland*. Braunschweig: Bildungshaus Schulbuchverlage Westermann Schroedel Diesterweg Schöningh Winklers GmbH.

Raff, Diether (1992) *Deutsche Geschichte. Vom alten Reich zum vereinten Deutschland*. Neuausgabe. München: Wilhelm Heyne Verlag.

Recker, Engelbert und Gerlind Schütte (1982) Räumliche Verteilung von qualifizierten Arbeitskräften und regionale Innovationstätigkeit. In: *Informationen zur Raumentwicklung*, Heft 6/7, S.543-560.

Reichling, Gerhard (1989) Wandel der Bevölkerungsstruktur und regionale Konsequenzen im Licht der Statistik. In: Marion Frantzioch, Odo Ratza und Günter Reichert (Hrsg.) *40 Jahre Arbeit für Deutschland – die Vertriebenen und Flüchtlinge. Ausstellungskatalog*. Frankfurt am Main und Berlin: Verlag Ullstein GmbH, S.86-89.

Remmert, Jochen (2016) Umzug nach Oberursel. Bollin Armaturenfabrik verlässt Frankfurt. In: *Frankfurter Allgemeine Zeitung* vom 26.01.2016. http://www.faz.net/aktuell/rhein-main/bollin-armaturenfabrik-verlaesst-frankfurt-14036011.html#void 2017年10月22日アクセス。

Richter, G. und Schmals, K. M. (1986) Der Krise des ländlichen Raums. Aktiver Strukturwandel und passive Sanierung am Beispiel der Wachstumsmetropole München und der entleerungsgebiete Oberpfalz-Nord und Landshut. In: Klaus M. Schmals und Rüdiger Voigt (Hrsg.) *Krise ländlicher Lebenswelten. Analysen, Erklärungsansätze und Lösungsperspektiven*. Frankfurt/ New York: Campus Verlag, S. 193-227.

Roth, Jürgen (1979) *Armut in der Bundesrepublik. Untersuchungen und Reportagen zur Krise des Sozialstaats*. Reinbek bei Hamburg: Rowohlt Taschenbuch Verlag GmbH.

Rother, Klaus (1997) *Deutschland — Die östliche Mitte*. Braunschweig: Westermann Schulbuchverlag GmbH.

Ruppert, Karl (1980) Grundtendenzen freizeitorientierter Raumstruktur. In: *Geographische Rundschau*, Bd.32, S.178-187.

Sassen, Saskia (1991) *The Global City : New York, London, Tokyo*. Princeton: Princeton University Press.

Sautter, Udo (2004) *Deutsche Geschichte seit 1815: Daten, Fakten, Dokumente*. Band 1: Daten und Fakten. Tübingen und Basel: A. Francke Verlag.

Schackmann-Fallis, Karl-Peter (1985) *Externe Abhängigkeit und regionale Entwicklung*. Mannheim: Forschung Raum und Gesellschaft e. V.

Schamp, Eike W. (1981) *Persistenz der Industrie im Mittelgebirge am Beispiel des märkischen Sauerlandes*. Kölner Forschungen zur Wirtschafts- und Sozialgeographie.

Schamp, Eike W. & V. Spengler (1985) Universitäten als regionale Innovationszentren? Das Beispiel der Georg-August-Universität Göttingen. In: *Zeitschrift* für *Wirtschaftsgeographie*,

Bd.29, S.1166-178.

Scheu, Erwin (1924) *Deutschlands wirtschaftsgeographische Harmonie*. Breslau: Ferdinand Hirt.

Scheu, Erwin (1927) Die wirtschaftsgeographische Gliederung Deutschlands. In: *Erde und Wirtschaft*, Heft 1, S.7-30.

Scheu, Erwin (1928) *Deutschlands Wirtschaftsprovinzen und Wirtschaftsbezirke*. Berlin: Zentral-Verlag G.m.b.H.

Schieber, Lars und Ivo Mossig (2011) *Clusterentwicklung und -politik in der Verpackungsmaschinenbau-Industrie Baden-Württembergs*. Beiträge zur Wirtschaftsgeographie und Regionalentwicklung, Nr.1-2011. Bremen: Institut für Geographie der Universität Bremen.

Schliebe, Klaus (1980) Gebiete hartnäckiger Arbeitslosigkeit im Konjunkturverlauf seit 1967. In: *Informationen zur Raumentwicklung*, Heft 3/4, S.105-119.

Schliebe, Klaus (1982) *Industrieansiedlungen. Das Standortwahlverhalten der Industriebetriebe in den Jahren von 1955 bis 1979*. (Bundesforschungsanstalt für Landeskunde und Raumordnung, Forschungen zur Raumentwicklung, Bd. 11).

Schlier, Otto（1922）*Der deutsche Industriekörper seit 1860. Allgemeine Lagerung der Industrie und Industriebezirksbildung*. Tübingen: J.C.B. Mohr（筆者未見）.

Schmacke, Ernst (1976) *DIE GROSSEN 500. Deutschlands führende Unternehmen und ihr Management* mit Ergänzungslieferung vom 31. Januar 1979. Neuwied: Luchterhand Verlag.

Schmaderer, F. O. (1997) *Geschichte der Lehrerbildung in Bayern*, in: Max Liedtke: *Handbuch der Geschichte des Bayerischen Bildungswesens*, Band IV, Bad Heilbrunn: Klinkhardt.（筆者未見）。

Schmidl, Norbert (2017) Bekenntnis zum Standort. Schabmüller Automobiltechnik weiht neue Halle im Interpark in Großmehring ein. In: *Donaukurier* vom 19.06.2016. http://www.donaukurier.de/lokales/ingolstadt/Grossmehring-Bekenntnis-zum-Standort;art599,3232688 2017 年 10 月 22 日閲覧。

Schmitz, S. (1993) Verkehr und Umwelt an der Schwelle zum nächsten Jahrtausend. In: *Informatoinen zur Raumentwicklung* (Bundesforschungsanstalt für Landeskunde und Raumordnung) Heft 12, S.853-875.

Schöller, Peter (1953) *Die Rheinisch-westfälische Grenze zwischen Ruhr und Ebbegebirge. Ihre Auswirkungen auf die Sozial- und Wirtschaftsräume und die zentralen Funktionen der Orte*. Veröffentlichung des Provinzialinstituts für westfälische Landes und Volkskunde. Reihe 1. Wirtschafts- und Verkehrswissenschaftliche Arbeiten Heft 6. Münster: Aschendorffsche Verlagsbuchhandlung.

Schöller, Peter (Hrsg.) (1972) *Zentralitätsforschung*. Darmstadt: Wissenschaftliche Buchgesellschaft.

文献一覧

Schöller, Peter (1980a) Bundesstaatliche Ordnung —Deutsche Länder— Hauptstadtfragen. In: *Geographische Bundschau*, Bd.32, ,S.134-139.

Schöller, Peter (1980b) The Federal System — Development and Problems of States and Capital. In: Peter Schöller et al. (eds.) *Federal Republic of Germany. Spatial Development and Problems*. Bochumer Geographische Arbeiten, Heft 38., Paderborn: Ferdinand Schöningh, pp.5-10.

Schöller, Peter, Willi Walter Puls and Hanns J. Buchholz on behalf of the National Committee of the Federal Republic of Germany in the Internatoinal Geographical Union (eds.) (1980) *Federal Republic of Germany. Spatial Development and Problems*. Bochumer Geographische Arbeiten, Heft 38. Paderborn: Ferdinand Schöningh

Schöller, Peter, Hans Heinrich BIotevogel, Hanns J. Buchholz, Manfred Hommel and I. Schilling-Kaletsch (1984) The Settlement system of the Federal Republic of Germany. In: Larry S. Bourne, Robert Sinclair and Kazimierz Dziewonski (eds.) *Urbanization and Settlement Systems. International Perspectives*, Oxford: Oxford UniversityPress, pp.178-199.

Schultze, Arnold, Edmund Blank, Jürgen Bünstorf, Manfred Geuting. Karl-Günther Krauter, Eberhard Kroß, Rudolf Schönbach und Ulrich Schröder (Hrsg.) (1979) *Terra: Geographie 9. und 10. Schuljahr, Ausgabe B*. Stuttgart: Ernst Klett.

Schütte, Gerlind (1985) Regionale Technologieförderung in der Bundesrepublik Deutschland. In: *Zeitschrift* für *Wirtschaftsgeographie*, Bd.29, S.145-165.

Scott, Allen (ed.) (2001) *Global City-Regions. Trends, Theory, Policy*. Oxford: Oxford University Press.

Sedlacek, Peter (1975) *Industrialisierung und Raumentwicklung*. Braunschweig: Georg Westermann Verlag.

Seherr-Thoss, Hans C. Graf von (1979) *Die deutsche Automobilindustrie. Eine Dokumentation von 1886 bis 1979*, 2., korrigierte und erweiterte Auflage. Stuttgart: Deutsche Verlags-Anstalt.

Siegener Zeitung (21.08.2014) Eisenwerke übernehmen die Bergrohr GmbH. EEW-Gruppe bekommt Zuwachs. http://www.siegener-zeitung.de/siegener-zeitung/EEW-Gruppe-bekommt-Zuwachs-df88ae1e-573c-4703-adef-4f3017b38019-ds 2017 年 10 月 29 日閲覧。

Siegener Zeitung (7.12.2015) Zuwachs für das Erndtebrücker Eisenwerk. EEW eröffnet zweites Korea-Werk. http://www.siegener-zeitung.de/siegener-zeitung/EEW-eroeffnet-zweites-Korea-Werk-ac934f41-def2-4c59-a455-4cd8a7b113bc-ds 2017 年 10 月 29 日閲覧。

Simon, Hermann (1996) *Hidden Champions. Lessons from 500 of the World's Best Unknown Companies*. Boston: Harvard Business School Press.

Simon, Hermann (2010) Hidden Champion in the 21st Century. The Success Strategy of Unknown World Market Leaders. https://www.deginvest.de/DEG-Englische-Dokumente/PDFs-Download-Center/Presentation-Herrmann-Simon.pdf 2017 年 10 月 19 日閲覧。

Simon, Hermann (2012) *Hidden Champions — Aufbruch nach Globalia. Die Erfolgsstrategien unbekannter Weltmarktführer.* Frankfurt/New York: Campus Verlag.

Simon, Hermann (2021) *Hidden Champions — Die neuen Spielregeln im chinesischen Jahrhundert.* Frankfurt/New York: Campus Verlag.

Sinn, Hans-Werner (2003) Der kranke Mann Europas: Diagnose und Therapie eines Kathedersozialisten. http://www.cesifo-group.de/de/ifoHome/publications/individual-publications/Hans-Werner-Sinns-Viewpoints/Mut-zu-Reformen/Deutsche-Rede-200311.html 2017 年 8 月 2 日閲覧。

Smith, Eric Owen (1994) *The German Economy.* London: Routledge.

Staber, Udo (1996) Accounting for variations in the performance of industrial districts: the case of Baden Württemberg. In: *International Journal of Urban and Regional Research*, Vol.20, pp.299-316.

Stadt Wolfsburg (2018) *Statistisches Jahrbuch 2018 Stadt Wolfsburg.*

Statistisches Amt der Landeshauptstadt München (1985) *Statistisches Handbuch der Landeshauptstadt München 1985.*

Statistisches Bundesamt (1970) *Verzeichnis der Aktiengesellschaften. Stand: 31. März 1970.* Stuttgart und Mainz: W. Kohlhammer Verlag.

Statistisches Bundesamt (1971a) *Systematik der Wirtschaftszweige, Grundsystematik ohne Erläuterung. Stand: 1970.* Stuttgart and Mainz: Verlag W. Kohlhammer.

Statistisches Bundesamt (1971b) *Unternehmen und Arbeitsstätten. Arbeitsstättenzählung von 27. Mai 1970, Heft 8, Zusammenhänge zwischen den nichtlandwirtschaftlichen Unternehmen (Wirtschaftseinheiten) und ihren Arbeitsstätten (örtlichen Einheiten).* Stuttgart und Mainz: Verlag W. Kohlhammer.

Statistisches Bundesamt (2019) Statistisches Jahrbuch der Bundesrepublik Deutschland 2019 https://www.destatis.de/DE/Themen/Querschnitt/Jahrbuch/_inhalt.html

Statistisches Bundesamt (Destatis) in Zusammenarbeit mit den Statistischen Ämtern der Länder (2020) Privatschulen in Deutschland – Fakten und Hintergründe. https://www.destatis.de/DE/Themen/Gesellschaft-Umwelt/Bildung-Forschung-Kultur/Schulen/Publikationen/Downloads-Schulen/privatschulen-deutschland-dossier-2020.pdf?__blob=publicationFile#:~:text=Im%20Schuljahr%202018%2F19%20gab,es%20nur%203%20232%20Privatschulen. 2021 年 3 月 12 日取得。

Statistisches Landesamt Berlin (Hrsg.) (1996) *Statistisches Jahrbuch 1996.* Berlin: Kulturbuch-Verlag GmbH.

Steinberg, Heinz Günter (1965) Die Entwicklung des Ruhrgebietes von 1840 bis 1914 aus der Sicht der Raumforschung. In: Ausschuß "Historische Raumforschung" der Akademie für Raumforschung und Landesplanung (Hrsg.) *Raumordnung im 19. Jahrhundert*, 1. Teil, Hannover: Gebrüder Jänecke Verlag, S.175-244.

Sternberg, Rolf (1986) Technologie- und Gründerzentren in der Bundesrepublik Deutschland. In: *Geographische Rundschau*, Jg.38, S.532-535.

Sternberg, Rolf (1988) Fünf Jahre Technologie- und Gründerzentren (TGZ) in der Bundesrepublik Deutschland - Erfahrungen, Empfehlungen, Perspektiven. In: *Geographische Zeitschrift*, Jg.76, S.164-179.

Sternberg, Rolf (1989) Innovation centres and their importance for the growth of new technology-based firms: experience gained from the Federal Republic of Germany. In: *Technovation*, Vol.9, pp.681-694.

Sternberg, Rolf (1990) The Impact of Innovation Centres on Small Technology-Based Firms: The Example of the Federal Republic of Germany. In: *Small Business Economics*, Vol.2, pp.105-118.

Sternberg, Rolf (1995) *Technologiepolitik und High-Tech Regionen - ein internationaler Vergleich*, Münster: LTI Verlag.

Storkebaum, Werner (1985) Salzgitter. In: *Diercke Lexikon Deutschland Bundesrepublik Deutschland und Berlin (West)*. Braunschweig: Georg Westermann Verlag, S.372.

Storper, Michael (1981) Toward a structural theory of industrial location. In: John Rees, Geoffrey J.D. Hewings and Howard A. Stafford (eds.) *Industrial Location and Regional Systems. Spatial Organization in the Economic Sector*. New York: J.F. Bergin Publishers, Inc., pp. 17-40.

Strickland, Donald & Michael Aiken (1984) Corporate influence and the German urban system: headquarters location of German industrial corporations, 1950-1982. In: *Economic Geography*, Vol. 60, pp.38-54.

Strubelt, Wendelin und Christel Bals (1987) Armut in der Bundesrepublik Deutschland—ein Problem aus räumlicher Sicht? In: *Informationen zur Raumentwicklung*, Heft 9/10, S.503-514.

Strunz, Joachim (1974) *Die Industrieansiedlungen in Oberpfalz in den Jahren 1957 bis 1966 . Ihre Zusammenhang mit der gesamtwirtschaftlichen industriellen Entwicklung. Die Bedeutung ausgewählter Infrastrukturkomponenten und staatlicher Kredithilfen für das Standortwahl.* Regensburger Geographische Schriften, Heft 4.

Süddeutsche Zeitung (7.9.1995) Landkarte der Kaufkraft nach Netto-Einkommen je Einwohner. Spitzenverdiener in westdeutschen Ballungsräumen.

Süddeutsche Zeitung (28/29.9.1996) Länderkammer: Bonn liegt künftig an der "Peripherie der Republik". Bundesrat zieht bis zum Jahr 2000 nach Berlin um. Nur drei Länder stimmen für Verbleib in Bonn/ Stoiber betont bessere Arbeitsbedingugen in der Hauptstadt.

Süddeutsche Zeitung (7.8.2000) Auch kleiner BMW mit Heckantrieb.

Süddeutsche Zeitung (12/13.8.2000) Für die Ansiedlung eines neuen BMW-Werks. Mittelfranken lockt mit dem besten Standort. Sieben Gemeinden bieten Einzelgrundstücke bis zu 300 Hektar an / Stoiber macht sich für den Raum Hof stark.

Süddeutsche Zeitung (26/27.8.2000) Eine wirtschaftspolitische Entscheidung vor parteipolitischem Hintergrund. Das neue BMW-Werk rollt auf Hof zu. CSU-Chef Edmund Stoiber soll CSU-Kandidaten Hilfestellung leisten / Aber die SPD ist geschlossen mit im Boot.

Süddeutsche Zeitung (31.8.2000) BMW hält Standortfrage offen. Milberg will Entscheidung für Autowerk frei von Politiker-Druck treffen.

Süddeutsche Zeitung (2.9.2000) Noch eine Lockspeise für BMW. Landkreis Augsburg bietet in Graben über 200 Hektar für das neue Autowerk.

Süddeutsche Zeitung (9.10.2000) In Deutschlands Rathäusern ist das BMW-Fieber ausgebrochen. Heftige Konkurrenz um ein neues Werk. Rund hundert Gemeinden umwerben den Münchner Autohersteller und preisen ihre Vorzüge als Industriestandort / Der Konzern lässt sich mit der Entscheidung Zeit.

Süddeutsche Zeitung (10.11.2000) BMW verschickt erste Absagen.

Süddeutsche Zeitung (5.1.2001) Landsberg kommt für BMW nicht in Frage.

Süddeutsche Zeitung (9.1.2001a) BMW steuert Richtung Osten. Die Anzeichen mehren sich, dass der Auto-Konzern sein neues Werk doch nicht in Freistaat bauen will.

Süddeutsche Zeitung (9.1.2001b) Blaue Briefe von BMW.

Süddeutsche Zeitung (24.3.2001) "Das einzig flache Gelände in der ganzen Region" Tausche Flughafen gegen BMW. Die Stadt Hof ist bereit, für eine neue Automobilfabrik ihren Landeplatz zu opfern.

Süddeutsche Zeitung (17.4.2001) Investitionsförderung: Der Kampf um die Milliarde aus München – Für das geplante BMW-Werk ist manches Mittel recht. Die wahre Hilfe kommt verdeckt. Bei Großinvestition überbieten sich die Standorte gegenseitig/ Weil die Europäische Union Beihilfen nur in Einzelfällen genehmigt, wird auch verborgen gefördert.

Süddeutsche Zeitung (21.4.2001) Jetz konzentrieren sich die Hoffnungen auf Aufgsburg. Im Freistaat ist nur noch Schwabens Bezirkshauptstadt als Standort für das neue BMW-Werk im Rennen.

Süddeutsche Zeitung (17.5.2001) Halle rechnet mit Zuschalg für BMW-Werk.

Süddeutsche Zeitung (21.5.2001) Stoiber plädiert für ein BMW-Werk in Augsburg.

Süddeutsche Zeitung (28.5.2001) BMW entscheidet im Juli über neuen Standort. Rund ein Dutzend Kommunen im In- und Ausland stehen noch zur Wahl für das neue Werk.

Süddeutsche Zeitung (28.6.2001) Schwaben verweigern BMW besseres Angebot.

Süddeutsche Zeitung (29.6.2001) Gewerkschaften spekulieren um BMW-Werk. IG-Metall-Chef Zwickel: Entscheidung zu Gunsten Deutschalnds/Favoritin Leipzig.

Süddeutsche Zeitung (4.7.2001) 10000 neue Arbeitsplätze. Leipziger Schweigekartell. Die deutsche Stadt ist favoritin für den geplanten Standort von BMW, weil Flughafen und Autobahn in der Nähe liegen.

Süddeutsche Zeitung (5.7.2001) Arras aus dem Rennen für BMW-Werk.

Süddeutsche Zeitung (19.7.2001a) 250 Städte bewarben sich um das Werk. Tschechien bot Kostenvorteile, Ostdeutschland die höchsten Subventionen.

Süddeutsche Zeitung (19.7.2001b) BMW baut neues Werk in Ostdeutschland. 10000 Arbeitsplätze für Leipzig. Mit Infrastruktur und Subventionen Konkurrenten abgehängt/ Zugeständnisse der Arbeitnehmer.

Süddeutsche Zeitung (19.7.2001c) Schöne Heimat.

Süddeutsche Zeitung (19.7.2001d) Konzern baut neues Werk in Leipzig statt in Schwaben. Absage von BMW verbittert Augsburg. Die Stadt glaubt, wegen der Subventionen für den ostdeutschen Standort unterlegen zu sein.

Süddeutsche Zeitung (19.7.2001e) Der Mut macher ist da. Leipzig verspricht sich Arbeitsplätze und großen Imagegewinn.

Süddeutsche Zeitung (23.7.2001) Flexible Arbeitszeit hilft Kosten sparen. Die Belegschaft muss sich der Nachfrage anpassen. Für die Fabrik von BMW in Leipzig macht der Betriebsrat Konzessionen/ Der IG Metall ist die neue Beweglichkeit noch unheimlich.

Taylor, Michael. J. (1975) Organizational growth, spatial interaction and locational decision making. In: *Regional Studies*, Vol. 9, pp.313-323.

Taylor, Peter J. (2004) *World City Network : A Global Urban Analysis.* London and New York: Routledge.

The Economist (5.6.1999) The sick man of the euro, pp.21-23. http://www.economist.com/ node/209559 2017 年 8 月 2 日閲覧。

The Economist (12.7.2014) German Lessons: Many countries want a Mittelstand like Germany's. It's not so easy, p.56. https://www.economist.com/news/business/21606834-many-countries-want-mittelstand-germanys-it-not-so-easy-copy-german-lessons 2017 年 8 月 7 日閲覧。

Thürauf, Gerhard (1975) *Industriestandorte in der Region München. Geographische Aspekte des Wandels industrieller Strukturen.* Münchner Studien zur Sozial- und Wirtschaftsgeographie, Bd. 16.

Trägerverein ZENIT e.V. (2001) *Trägerverein ZENIT e.V. Eine tragende Säule der ZENIT GmbH.*

TRUMPF GmbH + Co. KG (2017) *Vier Null. Geschäftsbericht.* https://www.trumpf.com/de_INT/ unternehmen/trumpf-gruppe/geschaeftsbericht/ 2017 年 10 月 22 日閲覧。

Unterberg, Swantje (2019) Zahl der Privatschulen steigt weiter. In: Spiegel Panorama vom 08.01.2019 https://www.spiegel.de/lebenundlernen/schule/privatschueler-zahl-der-privatschulen-steigt-weiter-a-1246918.html　20201 年 3 月 12 日取得。

Verband der Automobilindustrie e.V. (1996) *AUTO Geschichte Technik Bedeutung 1886-1986.* Frankfurt.

Verband Deutscher Maschinen- und Anlagenbau e.V. (1995) *Maschinen- und Anlagenbau im Zentrum des Fortschritts*, Frankfurt am Main: Maschinenbau Verlag.

Verband Deutscher Maschinen- und Anlagenbau e.V. (VDMA) (1998) *Statistisches Handbuch* für den *Maschinenbau*, Ausgabe 1998.

Volkswagen AG (2008) *Volkswagen Chronik. Der Weg zum Global Player*. Historische Notate. Schriftenreihe der Historischen Kommunikation der Volkswagen Aktiengesellschaft, Wolfsburg. Wolfsburg: Volkswagen AG. https://vwpress.files.wordpress.com/2012/01/volkswagen-chronik1. pdf　2021 年 3 月 1 日取得。

von Alberti, Günter (2016) *Ferdinand von Steinbeis. 1807–1893.* Siebte Auflage. Stuttgart: Steinbeis Edition.　初版はドイツ語で 1986 年に刊行。

von Kittlitz, Alard (2010) Glasbau Hahn: Vitrinen für die Welt – von der Hanauer Landstraße. In: *Frankfurter Allgemeine Zeitung* vom 9.3.2010. http://www.faz.net/aktuell/rhein-main/ wirtschaft/glasbau-hahn-vitrinen-fuer-die-welt-von-der-hanauer-landstrasse-1956904.html 2017 年 10 月 22 日閲覧。

von Rohr, Hans-Gottfried (1971) *Industriestandortverlagerungen im Hamburger Raum.* Hamburger Geographische Studien, Heft 25.

Voppel, Götz (1993) *Nordrhein-Westfalen*. Darmstadt: Wissenschaftliche Buchgesellschaft.

Watts, H. Doug (1980) *The Large Industrial Enterprise, Some Spatial Perspectives*. London: Croom Helm.

Watts, H. Doug (1981) *The Branch Economy: A Study of External Control*, London: Longman.

Weber, Jürgen (1984) Die Funktionen von Zweigbetrieben auf regionalen Arbeitsmärkten —Eine Analyse am Beispiel Oberfranken— In: *Der ländliche Raum in Bayern. Fallstudien zur Entwicklung unter veränderten Rahmenbedingungen* (Veröffentlichungen der Akademie für Raumforschung und Landesplamng, Forschungs- und Sitzungsberichte, Bd. 156). Hannover: Curt R. Vincentz Verlag, S.129-140.

Wehling, Hans-Georg (Redaktion) (1987) *Nord-Süd in Deutschland? Vorurieil und Tatsache.* Stuttgart, Berlin, Köln und Mainz: Verlag W. Kohlhammer.

Weimer, Wolfram (1995) *Kapitäne des Kapitals. Zwanzig Unternehmerporträts großer deutscher Gründerfiguren*. Frankfurt am Main: Suhrkamp Verlag.（ヴォルフラム・ヴァイマー（編）（1996）『ドイツ企業のパイオニア―その成功の秘密―』（和泉雅人訳）大修館書店。

Weinstein, Bernard L., Harold T. Gross and John Rees (1985) *Regional Growth and Decline in the United States*, 2nd Edition. New York: Praeger Publishers.

Werlen, Benno (2000) *Sozialgeographie: eine Einführung*. Bern • Stuttgart • Wien: Verlag Paul Haupt.

Westdeutsche Allgemeine Zeitung (12.8.2000) Revier bewirbt sich um BMW-Werk. Waltrop/ Datteln hoffen auf Investition.

Westdeutsche Allgemeine Zeitung (31.8.2000) Über 50 Standorte umwerben BMW. Neues Werk soll im Jahr 2004 produzieren.

Wiechers, Ralph (1995) Maschinen- und Anlagenbau im Zentrum des Fortschritts, in: Verband Deutscher Maschinen- und Anlagenbau e.V. (VDMA) *Maschinen und Anlagenbau im Zentrum des Fortschritts*. Frankfurt am Main: Maschinenbau Verlag, S.7-34.

Wiel, Paul (1965a) Die Entwicklung der Ruhrgebietswirtschaft nach dem zweiten Weltkrieg, In: *Geographische Rundschau*, 17. Jg., S.138-146

Wiel, Paul, (1965b) Die wirtschaftliche Logik des Ruhrgebiets. In: *Geographische Rundschau*, 17. Jg. S. 190-197.

Wiese, Bernd und Norbert Zils unter Mitarbeit von Gabriele Knoll (1987) *Deutsche Kulturgeographie. Werden, Wandel und Bewahrung deutscher Kulturlandschaften*. Herford: Verlag Busse + Seewald GmbH.

Wild, M. Trevor (1979) *West Germany. A Geography of Its People*. London & New York: Longman.

Williamson, Jeffrey G. (1965) Regional inequality and the process of national development. In: *Economic Development and Cultural Change*, XII, No. 4, pp.3-84.

Windhorst, Hans-Wilhelm (2004a) Schweinefleischerzeugung – Schwerpunkt im Nordwesten. In: Leibniz-Institut für Länderkunde (Hrsg.) *Nationalatlas Bundesrepublik Deutschland. Unternehmen und Märkte*. Mitherausgegeben von Hans-Dieter Haas, Martin Heß, Werner Klohn und Hans-Wilhelm Windhorst. München: Elsevier GmbH, S.78-79.

Windhorst, Hans-Wilhelm (2004b) Geflügelhaltung — die Dominanz agrarindustrieller Unternehmen. In: Leibniz-Institut für Länderkunde (Hrsg.) *Nationalatlas Bundesrepublik Deutschland. Unternehmen und Märkte*. Mtherausgegeben von Hans-Dieter Haas, Martin Heß, Werner Klohn und Hans-Wilhelm Windhorst. München: Elsevier GmbH, S.80-81.

Wirth, Peter und Marc Bose (Hrsg.) (2007) *Schrumpfung an der Peripherie. Ein Modellvorhaben — und was Kommunen daraus lernen können*. München: oekom verlag.

Wirth, Peter, Volker Elis, Bernhard Müller and Kenji Yamamoto (2016) Peripheralization of small towns in Germany and Japan — Dealing with economic decline and population loss. In: *Journal of Rural Studies*, Vol.47, pp.62-75.

Wittmann, Peter (1987) Steinbeis-Stiftung für Wirtschaftsförderung. In: Jürgen Allesch und Dagmar Preiß-Allesch (Hrsg.) *Innovationberatung und Technologie-Transfer. Spannungsfeld*

559

zwischen hochschul- und wirtschaftsnahen Beratungsstellen. Köln: Verlag TÜV Rheinland, S.87-92.

Wocher, Martin und Dietrich Creutzburg (2011) Kannegiesser: Ein Familienunternehmer und Verbandspräsident. In: *Handelsblatt* vom 28.11.2011. http://www.handelsblatt.com/unternehmen/mittelstand/kannegiesser-ein-familienunternehmer-und-verbandspraesident/5895868.html 2017 年 10 月 22 日閲覧。

Würnstl, Barbara (2018) *Die Vertriebenenstädte – zwischen Altlasten und Neubeginn Stadtgründungen auf ehemaligen Rüstungswerken in Bayern im städtebaulichen Kontext von Kontinuität, Neuorientierung und Integration in der frühen Bundesrepublik*. Dissertation zur Erlangung des akademischen Grades Doctor Philosophie (Dr. phil.) eingereicht an der Kultur-, Sozial- und Bildungswissenschaftlichen Fakultät der Humboldt-Universität zu Berlin.

事項索引

　ここで取り上げた用語の参照ページの後に→を付して別の用語を記してある場合、その2つの用語が同義ないし類似の概念であることを意味する。

【ア 行】

アイデア　308, 314, 317, 363, 387, 435, 455, 517
アイデンティティ　46, 341, 383, 575
アウスズィートラー　263
アウタルキー　36, 469
アウトソーシング　316, 328, 330, 331
アウトバーン　245, 246, 406-408, 440, 442, 445
アクター　387
麻　26, 65, 500
アジア経済危機　331
アビトゥーア　325
アフターサービス　327
アメリカ軍政府　466
硫黄酸化物　161
イギリス軍政府　469
意思決定　70, 109, 110, 119, 147, 207, 223, 235, 374, 391, 395, 410-418, 459, 504
一軸一極型　437
一極集中　1, 111, 247, 438, 460, 495, 514
移動　64, 154, 167, 173, 187, 241, 466, 479, 480　→ モビリティ
イノベーション　218, 224, 228, 241, 280-285, 303, 304, 317 334, 335, 348, 352-354, 366, 367, 420, 425, 435, 458, 491, 493, 494
衣服工業　196, 197, 429
移民　482
イメージ　299, 383, 384, 386, 387, 414. 482
医療技術工業　453,454
入れ子構造　145
インキュベータ　297, 363, 384
インダストリー 4.0　511
インフラストラクチャー　3, 117, 154, 155, 160, 164-166, 171-173, 175, 190, 215, 265, 299, 321, 344, 366, 391, 398, 414, 445, 459, 479
ウィーン会議　376
ウォーターフロント再開発　490
運河　33, 468
運河化　321, 443

運輸・通信業　97
営業所　118, 119, 237
営業の自由　14, 66
衛星都市　116
エコシステム　423
エコノミック・プランニング　168
エコロジー　383, 387　→ 自然生態
エネルギー　19, 30, 77, 169, 172, 353, 384, 430, 483, 485
エムシャー景観公園　384, 385
エムシャーパーク　374, 375, 383
エレクトロニクス　208, 263, 270, 279, 318, 326, 453
遠隔地交易　460
エンジニア　59, 65, 194, 313-315, 335, 429, 466, 474-476, 488　→ 技師
エンジニアリング企業　322-324
欧州の病人　419
オーナー経営者　421, 422
親会社　86, 123, 221, 225, 321, 332, 333, 365, 452, 472
親方　474　→ マイスター
親企業　213, 316, 321, 448　→ 親会社
オルカーン　440
オルドヌング　477

【カ 行】

解雇　152, 181, 205, 219, 239, 270, 429
海港　91, 99, 443
外国市場　434, 509
外国人排斥運動　268, 271, 272
外国人労働者　263, 269　→ ガストアルバイター
階層制　7, 154, 517
外部経済　308-310, 334
外部従属　221, 222-226, 234
街路祭り　491
価格　218, 305, 316-318, 327, 329, 414, 425, 435, 468, 470
化学工業　53, 57, 64, 66, 84, 85, 112, 207, 271,

304, 342, 387, 452, 488
価格弾力性　218, 219
学習　352
拡大再生産　458
拡張された作業台　190, 195, 209, 211, 506
隠れたチャンピオン　10, 420-424, 430, 432,
　436, 490, 494, 512
ガストアルバイター　269, 272　→ 外国人労働者
寡占化　212
河川港　80, 99, 153, 321, 408, 457
家族企業　340, 433　→ 家族所有企業
家族所有企業　317, 328, 436　→ 家族企業
価値観　4, 5, 7, 341, 477, 492
学校教育　149, 487
褐炭　41, 57, 84
株式会社　74, 78-105, 110
カルヴァン主義　378
為替　419, 431, 511
灌漑施設　168
環境汚染　64, 260, 353
環境関連技術　355, 356, 366
環境決定論　6
環境政策　172
環境保全　167, 168, 343
歓喜力行車　469, 519
玩具工業　265
観光業　168
監査役会　409, 419, 433, 476
関税同盟　14, 17, 464, 518
完全雇用　156, 166, 433
カンピタンス　422
官僚主義　323
キーインダストリー　70
機械工業　19, 37, 39, 41, 53-57, 64, 89, 90, 111,
　280, 281, 299, 303-308, 310-313, 321, 334-
　336, 456, 461, 462, 486-488
起業家育成　361
企業家精神　66, 424, 426, 474, 482, 517
企業サービス　192, 211, 226, 351, 360, 362, 518
企業戦略　234, 390, 395, 410, 414, 416-418
企業内空間分業　177
企業の地理学　178, 241
気候　485, 497
技師　226, 291, 332, 340, 432　→エンジニア
気質　378, 426, 434, 435
技術移転　279, 282, 284, 288, 290, 291, 299,
　353, 356, 363, 508
技術革新　273, 300

技術コンサルティング　281, 284, 288, 290, 291
技術支援　280-283, 288, 507
技術指向　279, 280, 282, 292, 296, 297, 300,
　301, 337, 343
技術の伝播　308, 334
規制　331, 386, 414, 430, 500
奇跡の復興　425, 470, 488
季節的労働　269
帰属意識　3, 4, 49, 236
機能的分業　190, 210-213, 215, 216, 228, 236
規模の外部経済　309
規模の経済　309, 343
基本的サービス　480
基本法　152
ギムナージウム　75, 150, 154, 514
逆 U 字型モデル　129
吸収合併　209-212, 217, 222, 240, 428　→
　M&A
宮廷都市　485
教育水準　467
供給曲線　219
競合企業　314, 319, 320, 326-329, 332, 335,
　420, 421
競争促進政策　278
競争的経済　278
競争的市場　118
競争優位　303, 416, 420, 422
共同課題　168, 171-175, 281, 283, 297, 506
協同組合　78
共同体　479
局地的市場　473
居住環境　154, 155
居住構造　167, 168, 172
居住条件　154, 440
巨大企業　453
距離逓減　112
キリスト教社会同盟　250　→ CSU
キリスト教民主同盟　249, 273, 365　→ CDU
近距離交通　170
近接性　110, 189, 197, 200, 308-310, 319, 333,
　334, 402
金属加工　37, 199, 281, 319, 335, 361, 427, 432,
　434, 436, 473, 475, 485, 487
金属製品　92
金属精錬　65
金融センター　99
金融・保険業　99
近隣住区　491

近隣地域社会　438
空間距離　398, 417
空間構造　167, 222, 522
空間システム　115, 116
空間政策　216
空間整備政策　109　→地域整備政策
空間的構成　458
空間的収益性　414
空間的統合　239
空間的パターン　13, 16-18, 21, 145, 146, 155,
　158, 160, 251, 260
空間的分業　177, 178, 189　→地域間分業
空間的分布　115
空間的流動　117
空洞化　199, 300, 301
クラフト的生産　303
グローバリゼーション　5, 10, 263, 312, 352,
　448, 457, 523
グローバル指向　422
軍需　271, 407, 469
経営環境　120
経営機能　227, 236
経営者　78, 118, 349, 426, 428, 432-435, 468
経営哲学　326
計画地域　165, 170
景観　4, 168, 243, 264, 266, 379, 383, 384
景気　166, 180, 196, 222, 393, 415
景気感応性　201, 234
景気変動　121, 158, 184, 201, 203, 204, 211,
　216-220, 223
経済活力　419, 436
経済空間　213, 214, 445　→経済地域
経済圏　30, 34, 49, 52, 165, 263, 438　→経済
　地域
経済史　13-15, 497, 514
経済主体　4, 292, 297, 366, 367, 386
経済水準　16, 17, 22, 66, 150, 279, 348, 372
経済性　398, 413
経済政策　62, 277-279, 470
経済成長　23, 25, 121, 180, 251, 275, 457, 480,
　482
経済地域　2-4, 31, 34, 36, 37, 46, 49-52, 112,
　165, 374　→経済圏, 経済空間
経済地誌　5
経済地理　1, 71, 437
経済地理学　1-3, 5, 6-8, 177, 337, 485, 495
経済的困窮地域　169
経済的資源　383, 387

経済的自由　278
経済的自律性　119
経済的統合様式　518
経済的パフォーマンス　228
経済発展　23, 30, 66, 122, 127-129, 169, 177,
　179, 253, 383, 387, 437, 460-487, 496, 508
ゲマインデ　25, 74, 165, 205, 207, 236, 245,
　338, 379, 403, 477, 479, 491, 505, 516
限界費用曲線　219
研究開発　66, 217, 218, 223, 235-237, 273, 279-
　281, 284, 296, 307, 315, 343, 354, 356-358,
　365, 458, 459　→R&D
権限委譲　237
建設業　96
原料産地指向　209
権力　66, 247, 460, 495, 518
行為主体　387
公害　161, 411
光学機器　63, 466
工科大学　297, 344, 461
工科短期大学　281, 284, 285, 288, 290, 291,
　296, 321-323, 325　→専門高等教育学校
公企業　78, 374
後期中等教育　438
鉱業　83
工業学校　265, 487
鉱業組合　78
公共交通機関　380
工業高等専門学校　461, 474　→ポリテヒニクム
公共サービス　151
工業団地　324, 333
工業地域　2, 9, 18, 31, 32, 39, 41, 42, 56, 57, 62,
　72, 164, 228, 270, 353, 383, 487, 498, 507
工業立地　19, 168, 178, 180, 181, 189, 192,
　195-197, 271, 386, 465
工作機械　319, 432
合資会社　78
工場間連携　92, 394, 395, 398, 410, 413, 415-
　417, 510
工場立地　177, 179-184, 190, 196, 197, 395,
　400-402, 404, 417, 468, 472
後進地域　18, 264
構造の変動　121
構造転換　205, 285, 348, 351, 358, 365, 366, 380
構造不況地域　468, 472, 478
高速鉄道　408, 440, 443-445
交通条件　152, 200, 208, 409, 510
高等教育　474

563

高等教育研究機関 66, 313, 354, 360, 361-363, 517
行動原理 109
行動パターン 481, 511
行動論的立地論 389, 411, 413, 418
高度成長 166
購買行動 218
後背地 116, 251, 472
鉱物資源 30, 65, 66, 485
合弁企業 428
合名会社 78
効用 411
合理化 200, 209, 297, 380
小売商圏 73
子会社 85, 87, 90, 92, 101, 112, 118, 146, 192, 208, 213, 221, 222, 224, 226, 227, 235, 315, 331, 355, 428, 432, 448, 452, 455, 488, 516
護岸施設 168
顧客企業 325, 429
顧客サービス 237, 314, 319, 325, 469
故郷 11, 59, 432, 466, 467, 474, 476, 481, 487, 490, 491
国際競争力 10, 304, 305, 436
国際指向 434
国際人口移動 263
国際貿易 305, 464
国土構造 8, 9, 243, 245, 248, 249, 254, 255, 263, 437-439, 445, 457, 458, 468, 477, 482, 495, 514
国土軸 439
国土条件 440
国土利用 2, 70, 495
国内市場 329, 434
国民経済 1-3, 5, 7, 8, 10, 69, 103, 109, 145, 169, 208, 210, 282, 436, 445, 458, 462
国民国家 5, 111, 249, 374
互酬 518
個人企業 78, 341
個人主義 477, 491
コスト構造 219
国境縁辺地帯 155, 165, 167, 173, 174, 207, 521
国境地域 258, 320, 362, 369-372
固定資本 14, 224, 226, 299
固定費用 219
コナーベイション 115, 116
コーポレート・システム 118
コミットメント 421, 422, 435

コミュニケーション 189, 413, 417, 426, 431, 479
ゴム工業 86
雇用機会 8, 204, 205, 216, 226, 238, 239, 254, 255, 258, 260, 263, 507
雇用創出力 413
コングロマリット 218
コンサルタント 285, 300, 330, 351, 361
コンツェルン 208, 212, 213, 263, 393, 448

【サ 行】
再生産構造 69
ザクセン族 376
サプライチェーン 308, 315, 334, 335
サプライヤー 343, 398, 399, 402, 408, 411-413, 510, 516 →部品供給企業
産業遺跡 383, 384
産業化 3, 4, 13-16, 18, 26, 30, 31, 34, 42, 65, 66, 111, 313, 458-460, 474, 481, 486, 500, 514
産業クラスター 303, 457
産業構造 22, 120, 121, 363, 380, 507, 508
産業資本 514
産業社会 154
産業集積 9, 303, 305, 308-310, 312, 333-339, 347, 348, 367
産業政策 168
産業組織 112, 189, 213, 221, 308
産業配置 1, 70, 71, 73
酸性雨 258
事業所委員会 409, 415, 419, 435
事業所間分業 177, 178, 180
事業部制 120, 219
資金助成 282-283, 288
資金調達 340, 342, 352, 360, 411
仕事仲間 422, 423, 433
試作 236
自主独立精神 474
支所 112, 119-121, 123, 128-142, 178-180, 182-188, 190-209, 211, 213-221, 224-227, 229-234, 237-241, 290, 291, 447, 448
自助 359, 374, 511
市場開拓 237, 284, 292, 351, 353, 402, 509
市場空間分割 73, 82, 177
市場経済 110, 168, 273, 278, 493
市場圏 70, 236
市場原理主義 437
市場戦略 209
市場地域独占 82

市場メカニズム　118, 365
市場リーダー　420, 423
自然環境　3, 161, 162, 164, 165, 434, 440, 485
自然条件　6, 27, 30, 66, 106, 480, 485
自然生態　9　→エコロジー
自然地理　105
自然的人口動態　480
持続可能な発展　3, 483
下請　118, 119, 316-319, 324, 330, 333
自治の精神　481
実科学校　514
失業率　152-154, 156-159, 205, 255, 257, 258,
　268-270, 278, 353, 390, 402, 413, 425, 433,
　478, 507
実習生　205, 226, 296, 297, 315, 317, 323, 326,
　342, 343, 434
自動車工業　59, 64, 90, 91, 208, 304, 321, 327,
　450, 471-473, 488
支配　117-122, 125-128, 130, 143, 145, 146,
　190, 221, 222, 228-234, 505
資本　6, 14, 66, 70, 72, 116-118, 209, 214, 217,
　219, 221, 222, 224, 226, 227, 233-235, 237,
　240, 241, 266, 317, 327, 354, 387, 432
資本会社　78
資本集約　322
資本主義　4, 14, 69, 266, 378, 420, 437, 438,
　458, 459, 489, 490, 517
市民運動　438
社会関係資本　517
社会教育　164
社会構造　492
社会集団　278
社会主義　155, 165, 266, 270-272, 306, 307, 489
社会政策　511
社会組織　486, 492
社会地理学　386, 479, 496
社会的アメニティ　384
社会的関係　4
社会的規範　65
社会的市場経済　168, 277, 470
社会的弱者　511
社会的調和　477
社会的統合　278
社会保障　267, 278, 419, 425
社会民主党　250, 365　→SPD
首位都市　106, 110, 111, 115, 145, 146, 447,
　448, 458
収益性　110, 399, 413, 414, 418

重化学工業　19, 162
就業機会　153, 164, 165, 172, 173, 175, 478
就業構造　171, 172, 217
重厚長大　9, 349, 351, 354, 366, 494
州政府　170, 173, 273, 279-282, 284, 292, 330,
　344
重層性　7, 245
従属　117, 119-122, 125-128, 145, 209, 214,
　216, 220-234, 237, 505
住宅建設　377
収奪　119
集中　64, 65, 73, 74, 84-86, 91, 92, 94, 99, 102-
　104, 106, 109, 110, 116, 125, 146, 167-169,
　172, 173, 184, 204, 208, 211, 213-215, 218,
　230, 247-249, 251, 258, 277, 308, 423, 438,
　448, 458-460, 462, 466, 470, 490
自由帝国都市　23, 25, 460, 499
柔軟な専門化　303　→フレキシブルな専門化
周辺性　205
周辺的地域　177, 179, 180, 189, 201, 203, 205,
　206, 208, 216-219, 221-223, 228, 239, 478
　→農村的周辺地域
自由民主党　250　→FDP
熟練労働者　59, 64, 194, 195, 204, 205, 226,
　317, 325, 326, 329, 333, 335, 435
手工業会議所　281
首都　31, 73, 74, 110, 111, 195, 249-253, 255,
　438, 474, 486, 487, 490
受動空間　213
主導産業　66, 439 →　リーディングインダスト
　リー
需要変動　398, 414, 415
順位規模曲線　247
循環圏　70
循環的累積の因果関係　145, 215, 517
小規模企業　275, 296, 318, 322, 342, 431
商業　97
証券市場資本主義　437
証券取引市場　455
商工会議所　281, 284, 292,328, 366
商工業規則　500
上水供給　81, 168, 480
情熱　435, 436
消費者　237, 420, 458, 480
商品化　236, 279
情報　66, 70, 72, 116-118, 217, 235, 240, 336,
　359,389, 390, 405, 459, 474, 489, 493, 504,
　508, 518

情報通信技術　362, 426
情報の非対称性　405, 413, 417
情報流動　117
職業教育　150-152. 154, 172, 175, 341, 433,
　480
職人　64, 266, 309, 356, 431, 434, 435, 474, 475
食品工業　37, 94-96, 209, 457
女性労働力　192, 196,
ショッピング・レクリエーションセンター　380
所得格差　154
ジョブフェア　434
所有者兼経営者　432
所有と経営　274
シリコン・ババリア　277
シリコンバレー　211, 292
自立性　112, 218, 220, 290
人員整理　152
進化　358, 426
人格　152
新結合　458
人口移動　154, 260, 263
人口規模　26, 106, 155, 207, 243, 247, 248, 255,
　366, 457
人口減少社会　480, 522
新興工業国　278
新興諸国　511
振興政策　62, 468, 472, 474, 487
人口ピラミッド　150
人口密度　23, 30, 34, 36, 165, 405, 440
人口流出　23, 150, 154, 480
人口流動　243
人口流入　23, 169, 263, 480, 522
新古典派的経済思想　118
人材　211, 235, 323, 358, 361, 392, 434, 459,
　474, 517
神聖ローマ帝国　23, 458
人的企業　78
人的資源　434
人的資本　217
信頼　317, 335, 336
森林資源　65
森林の死　258
水車動力　13, 14, 27, 65, 461
水上輸送　99, 443
衰退産業　120, 355
水路　33, 66, 445
スケール　3, 5, 7, 57, 71, 145, 146, 154, 159,
　179, 189, 236, 245, 310, 312, 320, 334-336,

352, 359, 362, 367, 418, 424, 445, 478, 495,
　500
スタートアップ　292, 361, 363
スピルオーバー効果　270
スピンアウト　296
スピンオフ　211, 296, 358
生活空間　479
生活圏　170
生活者　480
生活諸条件　164, 478, 480, 481-483, 522
生活水準　489
生活に関する基本的諸機能　479-481
生活の質　164, 255, 258, 260, 262, 477-479, 492
生活の備え　478, 479
生業　4
西高東低　490
生産技術　195, 207, 218, 235, 241, 279, 282,
　284, 352, 362, 493, 508
生産機能　207, 211, 214, 218, 223, 226, 228,
　237, 239, 506
生産コスト　431
生産諸要素　117, 118, 240, 241
生産性　65, 66, 171, 209, 399, 431
生産ネットワーク　511
政治行政構造　481
政治行政制度　110, 189, 460
政治経済体制　106, 489
製紙工業　93, 316, 321
政治的安定性　402
生態的秩序　161
成長力　121, 222
精密機械　53, 57, 62-64, 92, 213, 487
製薬　450, 452, 453
世界経済　3, 5, 7, 69, 301, 419, 420, 437, 486,
　512
世界市場　112, 278, 314, 334, 420, 423, 431, 436
石炭資源　9, 22, 36, 65, 127, 460, 486, 488
石炭鉄鋼産業　9, 15, 36, 156, 164, 179, 376,
　379, 380, 478, 480, 486, 494
石油化学　72, 103, 431
石油危機　152, 156, 157, 167, 170
石油精製　85
接触の利益　192, 197
繊維・衣服工業　93, 94, 186, 207
繊維工業　13, 19, 26, 27, 37, 41, 42, 93, 94, 112,
　195, 342, 377, 460, 486, 487, 498, 500, 501,
　503, 514, 518
戦後処理　466

先進資本主義諸国　69, 111, 149, 189, 437
先進地域　18, 169, 213
選択と集中　425
先端技術　292, 462
先端産業　270, 349, 517
専門高等教育学校　343, 361, 363　→工科短期
　大学
専門労働者　218
戦略的提携　328
占領統治　466
創業支援　273, 337, 359-362, 366
操業短縮　153, 393, 398, 399, 416
相互依存　117, 120-122, 125-128, 130, 145,
　220, 421, 447
総合大学　461
造船　91, 105, 457, 472, 488
ソフトウェア　293, 318, 322, 333, 455

【タ 行】
第1次世界大戦　34, 36, 41, 377, 429
大気汚染　161, 168, 258
大衆市場　425
対等のパートナー　477, 481
大都市圏　2, 5, 10, 22, 77, 116, 154, 164, 169,
　172, 179, 184, 186, 189, 208, 209, 213, 217-
　219, 228-230, 243-245, 260, 263, 277, 285,
　347, 423, 438, 459, 494, 507
第2次世界大戦　57, 91, 110, 111, 165, 264, 325,
　326, 375, 453, 460, 465, 468, 469, 487, 519
第2帝政　13, 18, 23, 43, 65, 247, 459, 460, 504
ダイヤモンド理論　421
代理店　320, 327
大量生産　59, 223, 236, 303, 313, 327, 462, 486
大量販売　303
多角化　218
多核心分散　111, 376　→多極分散
多極＋農村的地域への広域の分散　57, 62, 436,
　437, 457, 458, 460, 461, 465, 468, 477, 490-
　492
多極分散　1, 10, 33, 56, 104, 105, 187, 190, 243,
　245, 249, 255, 263, 436-439, 450, 452, 456-
　460　→多核心分散, 多数核分散
多国籍企業　117, 210, 414, 428, 448
多数核分散　106, 109　→多極分散
多品種少量生産　303, 313, 319, 322, 324, 329
単位コスト　219
単位地域　310
単一国家　437

単一事業所企業　119-121, 123, 128, 203, 206-
　209, 217-220, 232-234
単位労働コスト　511
団体　170, 267, 292, 324, 349, 359, 363, 379,
　383, 384, 418, 419, 438, 491, 515, 522　→フ
　ェライン
地域開発　169, 279, 283, 288
地域格差　149, 154-156, 158-161, 162, 255　→
　地域間格差
地域カテゴリー　165, 166, 168　→地域類型
地域間格差　2, 13, 15, 18-22, 122, 128, 129, 239,
　353, 459　→地域格差
地域間平等　159, 271
地域間分業　2, 217　→空間的分業
地域区分　50-52, 164, 170, 507
地域計画　374, 378, 379, 479, 510
地域経済　2, 70, 109, 112, 121, 168, 169, 172,
　177-180, 182, 186, 210, 211, 213, 215, 216,
　222, 227, 228, 232-234, 238-239, 274, 277, 296
地域構造　26, 34, 39, 62, 64-67, 69, 73, 232,
　436, 485-488, 490
地域構造論　1-3, 5-7, 34, 70, 496
地域市場　407, 462
地域システム　110
地域社会　309, 411
地域主義　9, 106, 251, 253, 254　→リージョナ
　リズム
地域振興　362, 508
地域性　88, 272, 350, 502
地域政策　2, 70, 71, 149, 150, 204, 207, 271,
　353, 354
地域整備政策　164-167, 169, 172, 173, 483　→
　空間整備政策
地域整備担当閣僚会議　165, 505
地域整備法　164-166, 171, 478, 521
地域整備報告　166, 167, 171, 172, 478-480,
　482, 483, 507
地域づくり　369, 372, 374, 386, 387
地域的不均等　160
地域的分業体系　69
地域プロモーション　402
地域問題　149, 152, 154, 155, 171
地域類型　120, 121, 124, 127, 128, 171, 232
　→地域カテゴリー
地域労働市場　219
地球温暖化　258
畜産業　457, 517
知識　7, 279, 284, 285, 290, 314, 323, 324, 326,

567

352, 357, 359, 366, 459, 474
知識移転施設　288
知識集約的産業　172
知識フィルター　517
地方自治体　170, 236, 338, 366, 374, 379, 386,
　387, 438, 477, 481, 491, 505, 515, 516　→ ゲ
　マインデ
地方制度　440
地方政府　109, 282, 477
地方創生　482
地方中枢都市　495, 514
地方分散　106, 173
地元企業　211, 361, 362, 401
中位山地　27, 30, 33, 38, 41, 65, 66, 439, 485,
　486, 492, 498
中央集権　106, 109, 190, 248, 359, 437, 504
中央政府　74, 109, 254, 481
中堅企業　355, 364, 429
中小企業　175, 214, 273-275, 277-285, 300,
　301, 303, 304, 307-309, 333-337, 341-344,
　348-354, 356-358, 362, 363, 423, 437, 456,
　493, 494, 499, 508, 511
中心性　26, 152, 190, 214
中心地　36, 37, 73, 154, 155, 205
中枢管理　70, 72-74, 92, 97, 106, 110-112, 223,
　517
中等教育　434, 438, 508, 514
稠密地域　71, 165-169, 505
長期取引関係　324, 328
調節弁　184, 201, 219
調達圏　70
地理　1, 181, 189, 190, 221, 236, 251, 264, 270,
　299, 438, 457, 461, 485, 495, 501, 517
地理学的視点　6, 7, 337, 495
地理戦略的な位置　391
地理的分布　65, 272, 275, 277, 308, 440, 447,
　518
通貨・経済・社会同盟　268
通勤圏　70, 73, 335
通商路　26-29, 485
低開発地域　18, 172, 211, 213
低賃金労働力　265
テクノロジー・創業者センター　292, 293, 296-
　299, 337, 349, 352, 359-364
デジタル情報技術　480
鉄加工業　30, 65, 377, 486, 518
鉄鋼業　65, 86, 88, 380, 387, 502
鉄鉱石　469, 485, 486, 502

鉄道　15, 34-36, 65, 321, 380, 407, 443-445,
　462, 486, 502
鉄のカーテン　165
テヒニカー　314, 335, 508
田園都市　377
電気機械工業　19, 22, 91, 92, 111, 201, 204,
　304, 454, 462, 465, 488　→ 電気技術工業
電気技術工業　57, 64, 65　→ 電気機械工業
天然資源　30, 65, 485
電力　81-83, 392, 431
ドイツ関税同盟　17
ドイツ語圏　423, 474, 475, 485-487
ドイツ帝国　23, 109, 247, 378
ドイツの貧民窟　457, 490, 496
ドイツ民主共和国　151, 488
ドイツ連邦　518
ドイツ連邦共和国　149, 152, 153, 249, 339,
　375, 461, 468, 488, 490
ドイツ労働戦線　468, 519
東欧　155, 165, 306, 314, 316, 355, 356, 390
統合的システム　116
東西ドイツ統一　269, 300, 301, 490, 514
東西ドイツ分裂時代　15, 23, 248, 253, 258, 489
東西冷戦　165
同等の価値を持つ生活諸条件　164, 478, 522
東方領域　429, 466, 467
独立企業　201-203, 224-227
都市　3, 5, 26, 27, 30, 32, 33, 36, 37, 53, 56, 57,
　62, 66, 76-78, 110-112, 376
都市化　116, 169, 238, 440
都市計画　479
都市経済　109, 380
都市システム　37, 73, 109, 110, 115-117, 146
都市地域　154, 155, 353
土壌　16, 30, 65, 485, 497
都心　25
土地　16, 153, 191, 197, 200, 207, 217, 238,
　239, 292, 391, 410, 417, 458
土地所有　27, 65, 407
土地生産性　65, 485
特化　16, 27, 125, 189, 207, 209, 211, 214, 216,
　218, 219, 223, 236, 237, 239, 240, 308, 318,
　322, 343, 366, 415
特許　285, 307, 324, 332, 470
徒弟　474, 475
取引関係　221, 224, 229, 324, 328, 333, 494

【ナ 行】

内発的開発　279
内部サービス　219
内部労働市場　219
ナチス　22, 53, 247, 467-469, 487, 519
ナポレオン戦争　518
南高北低　16, 17, 22, 258
難民　263, 270, 429, 467, 489
肉体労働者　223, 226, 232
二重システム職業教育　22, 66, 343, 434, 488,
　490
ニッチ市場　420, 425, 426, 436
人間関係　438
ネオナチ　272
ネットワーク　5, 112, 145, 263, 288, 301, 303,
　335, 352, 353, 360, 361, 366
　企業外環境ネットワーク　303
　企業間ネットワーク　303, 335
　企業内空間的ネットワーク　112
　企業内ネットワーク　303
　鉄道ネットワーク　66-67, 462
　都市のネットワーク　487
ネットワーク化　352, 362, 367
納期　317, 324, 333, 336, 395, 431
農業　13, 16, 27, 30, 36, 65, 467, 485, 499
農業会議所　363
農業地域　36, 153, 165, 168, 172
農山漁村地域　2
農村　3, 5, 11, 37, 154, 168, 239, 245, 486
農村工業　16, 26, 27, 30, 65, 498
農村の周辺地域　229-231, 478　→ 周辺的地域
農村の地域　6, 10, 11, 19, 56, 57, 62, 125, 158,
　162, 164-166, 168, 184-187, 189, 191, 196,
　205, 214, 232, 238, 239, 255, 258, 277, 279-
　282, 297, 300, 312, 334, 421-424, 436, 437,
　443, 445, 450, 451, 456, 457, 466, 467, 480,
　481, 487, 488, 492, 494, 505
農村部　125, 158, 277, 423, 463, 480, 485
農地　30, 376, 407, 439, 443, 445
能動的主体　352
ノウハウ　285, 314, 328, 329, 331
農林水産業　71, 80
ノックダウン式工場　472, 520

【ハ 行】

ハイエンド市場　426, 430, 435
バイオガス　355, 356
廃棄物処理　151, 168, 175, 379, 479, 480

廃業　344-346
排水処理　151, 170
排水体系　383, 384
ハイテク企業　277, 363, 453
ハイテク工業　57, 293, 380
ハイテク地域　299
ハイテクノロジー　320, 453
ハイテクランド　264
パイプライン　85
波及効果　215
場所　3-7, 64-66, 170, 236, 238, 239, 308-310,
　333-335, 410-412, 415-417, 421-423, 459-462,
　466-471, 474, 476, 479-481, 490-492
パッケージングバレー　492
ハードウェア　455
パブリック・プライベート・パートナーシップ
　367, 386, 387
半熟練労働者　226
比較優位　464
庇護権請求者　269, 270, 272
ビジネスエコシステム　423
非鉄金属工業　88
ビール醸造業　96
貧困　153, 272, 493
品質　317, 324, 330, 332, 333, 336, 425, 494
ファイナンス　458
フィジカル・プランニング　168
フェース・トゥー・フェース　322, 504
フェライン　438, 479, 481, 491, 514, 515, 522
　→ 団体
フォーディズム的生産　303
不確実性　220, 414, 416
福祉資本主義　437
複数事業所企業　119-121, 128-130, 178-180,
　208-217, 219, 220, 229, 232-239, 241
複数本社制　78, 84, 88, 91, 92, 101-103
復活力　424, 512　→ レジリエンス
不動産業　101
部品供給企業　210, 217, 331, 335, 412　→ サブ
　ライヤー
プフォルツハイム協定　513
フランク族　376
ブランド　414, 435
フレキシビリティ　212, 393, 395, 398, 399,
　401, 410, 413, 415, 416, 418, 513
フレキシブルな専門化　437　→ 柔軟な専門化
プロダクトサイクル　190, 223, 226, 228
プロテスタント　378

569

プロトタイプ　284, 321, 322
フローの空間　6
文化　3-5, 7, 260, 359, 366, 376, 378, 383, 434, 438, 445, 491, 492, 495, 514, 518, 522, 523
文化景観　4
文化産業　482, 490
分割相続制　30
分割統治　468, 487
分極化　190, 213
分権　106, 110, 254, 374, 503, 504
分工場　59, 73, 112, 120, 121, 221
分散的集積　471
分散的立地　112, 471, 474
分散配置　110, 235
ヘゲモニー　486
ベンチャー　292, 344, 358, 360, 363, 364
ベンチャーキャピタル　344, 354
遍歴修業　475, 476, 481, 487
包装機械　305, 457
補完関係　155
補完性の原理　170
母工場　118
補助的（派生的）企業　308
補助の産業　309
北高南低　21, 487
ホップ特産地帯　96
ポリテヒニクム　461, 474, 487　→工業高等専門学校
ホワイトカラー　218, 226, 377, 504
本社機能　78, 191, 211, 213, 255, 488, 490
本社立地　80-103, 110, 448-456, 505

【マ　行】
マイクロエレクトロニクス　177, 380, 454, 455
マイスター　64, 325, 326, 329, 332, 400, 474, 508, 509
マーケティング　285, 351, 365
マスメディア　149
未熟練労働力　207
ミッテルシュタント　274, 339-342, 419, 420, 424, 426-436, 491
緑の党　250
身分制度　474
民営化　270, 470
民需工場　469
民主主義　249, 250, 254, 482
民主的社会主義党　249　→PDS
メカニクス　318, 326

メッセ　319, 325, 327, 330, 333, 336, 351, 355, 493
メンタリティ　317, 421
綿紡績　14, 65, 460, 461, 518
持株会社　102
モデル　106, 129, 208, 239, 278, 387, 393, 399, 503
モビリティ　160, 186, 219, 240, 241, 336
問題地域　8, 149, 150, 157-160, 164-167, 173, 189, 478

【ヤ　行】
ヤルタ会談　488
やわらかな立地要因　344, 383
有限会社　78, 83, 222, 297
誘致　358, 362, 363, 366, 380, 392, 401-406, 409, 520
雄飛　481, 482
輸出　180, 304, 307, 317, 320, 327, 329, 331, 343, 355, 419, 434, 469, 471, 511, 521
輸送コスト　190, 217, 317, 383, 411, 412, 486
輸送用機械工業　19, 90
豊かさ　278
輸入　42, 57, 65, 314, 329, 330, 461, 518
ユーレギオ　362, 372
窯業　86
要素賦存　217
余暇　151, 154, 168, 379, 438, 480, 481, 491, 519
余暇環境価値　164
余暇行動圏　73
ヨーロッパ地域開発基金　353
世論　149, 219, 267

【ラ　行】
ライバル　421, 460, 511
ライン・ルール・マイン・ネッカー大動脈　443, 445, 448, 453, 516
ラウム　477-479
ラウムオルドヌング　477, 479
リエゾン　361, 363
利潤極大化　109
リージョナリズム　504　→地域主義
リセッション　201, 220
立地　1-4, 22, 26, 27, 30, 31, 36-38, 53-64, 69, 80-103, 110, 130, 172, 348, 350, 421-424, 450-457
立地因子　411, 510, 511　→立地要因

事項索引

立地環境　420, 422
立地行動　179, 208, 241, 389, 412, 414, 418
立地条件　395, 396, 411, 510, 511
立地選択　390, 392, 394, 402, 411, 412, 417, 418
立地体系　73
立地展開　73, 112, 147, 503
立地パターン　56, 83, 84, 93, 103, 106, 112, 118, 448, 465, 473
立地誘引力　172
立地要因　30, 191, 193, 194, 196, 197, 200, 207, 212, 215, 296, 297, 344, 391, 406　→ 立地因子
リーディングインダストリー　1, 19, 26, 39, 53, 62, 450, 472, 487　→ 主導産業
リーマンショック　419
量産品市場　425
領邦　13, 14, 21, 23, 31, 43, 66, 106, 109, 264, 376, 460-464, 474, 485-487, 518
緑地　164, 169, 170, 377, 384
類型区分　72, 103, 104, 125, 165, 187, 236, 237
ルター主義　378
ルール民族　378
零細企業　274, 429, 455
歴史　27, 34, 46, 69, 73, 106, 109, 110, 149, 169, 189, 241, 251, 264, 353, 366, 375-378, 424, 430, 458-461, 480, 482
レジリエンス　424, 481, 492　→ 復活力
レッセフェール　278
連帯90・緑の党　250
連帯精神　491
連邦議会　249, 250
連邦機関　74, 250, 253
連邦国家　249, 438
連邦参議院　254
連邦主義　250
連邦制　109, 110, 189, 190, 254, 374, 460
連邦政府　173, 178, 249, 254, 273, 279-282, 292, 330, 339, 390, 448, 468, 472, 477, 478, 481-483
連邦地域整備プログラム　155, 164, 167, 168
労資　310, 334, 335
労働許可　270

労働局　361, 363
労働組合　363, 410, 413-419, 468, 479, 513, 522
労働構造　398-400, 410
労働コスト　383, 401, 510
労働市場　203, 205, 209, 217, 219, 229, 231, 236, 240, 268, 309, 392, 409, 425, 506, 507, 511, 513
労働生産性　425
労働法制　425, 435
労働力　70, 172, 191-197, 200, 201, 207, 209, 215, 217, 219, 223, 238-240, 265, 269, 270, 296, 309, 329, 391, 407, 408, 411, 417, 433, 434, 466, 473, 503, 506, 507
ローカリティ　308, 334-336
ローカル　352, 387, 435, 436, 438, 491, 514
ロジスティクス　236, 408, 413, 416, 417
ローテクノロジー　320

【アルファベット】
CAD　322, 431
CAD・CAM　323, 327
CDU　250, 274, 282　→ キリスト教民主同盟
CNC　333
CSU　199, 250, 254　→ キリスト教社会同盟
EC: Eurocity　380
EC: European Community　284, 297
EC市場統合　369, 372, 374
EEC　3
EU　352, 353, 369
FDP　274　→ 自由民主党
IC　380
ICE　380, 440
IoT　511
ISO9000　330, 351
ISO14001　351
IT　455
M&A　429　→ 吸収合併
PDS　250　→ 民主的社会主義党
R&D　190, 435　→ 研究開発
SPD　199, 250, 274, 425　→ 社会民主党
Standort　53, 300, 422
ZIN地域　372-374

571

地名索引

　この索引項目としたのは、原則として欧州諸国内における国よりも小さなスケールの場所である。なおこの索引では、同じ地名で指し示す地理的エリアに広狭の差があっても、その区別をしていない。

【ア　行】

アイゼナハ Eisenach　56, 408, 473
アイフェル Eifel　316, 422, 513
アインベク Einbeck　81
アウクスブルク Augsburg　26, 27, 32, 37-39, 56, 76, 81, 89, 90, 94-98, 112, 166, 202, 244, 312, 392, 404-409, 456, 460, 462, 464, 470, 498, 510, 518
アシャ Ascha　506
アシャウ Aschau　206
アーヘン Aachen　26, 76, 81, 86, 89, 91, 95, 98, 100-102, 156, 157, 166, 245, 277, 311-317
アラー川 die Aller　469
アラス Arras　392, 406, 408
アルザス Alsace　34, 52, 474　→ エルザス
アルトナ Altona　248
アルトマルク Altmark　52, 151
アルプス Alpen　27, 439
アルペンライン川 der Alpenrhein　515
アルンスベルク Arnsberg　52, 346, 372
アンスバハ Ansbach　157
アンハルト Anhalt　23, 32, 62
イェーナ Jena　62, 63, 266, 466, 488
インゲルハイム Ingelheim　452
インゴルシュタット Ingolstadt　85, 157, 202, 216, 433, 465, 476, 488
ヴァイデン Weiden　156
ヴァインスベルク Weinsberg　331
ヴァインハイム Weinheim　452, 456
ヴァッカースドルフ Wackersdorf　404
ヴァルトクライブルク Waldkraiburg　467
ヴァルドルフ Walldorf　456
ヴァルトロプ／ダッテルン Waltrop Datteln　401, 403
ヴァールブルク Warburg　405
ヴィースバーデン Wiesbaden　76, 81, 84, 87, 89, 91, 95-98, 100, 102, 157, 440, 502, 509
ヴィニンゲン Winningen　475

ウィーン Wien　26, 146, 324
ヴェーザー川 die Weser　46, 163, 498
ヴェストファーレン Westfalen　16, 18-20, 22, 26, 28, 30, 32, 33, 38, 41, 46, 52, 63, 82, 93, 94, 125, 429
ヴェストプファルツ Westpfalz　156, 157
ヴェストプロイセン Westpreußen　16, 20, 22, 34
ヴェッツラル Wetzlar　62
ヴォルフスブルク Wolfsburg　90, 125, 450, 451, 469-472, 488
ヴッパー川 die Wupper　14, 161, 163
ヴッパータール Wuppertal　14, 346-348, 361, 518
ヴュルツブルク Würzburg　57, 77, 81, 89, 95, 96, 202
ヴュルテンベルク Württemberg　19-23, 42, 43, 46, 47, 52, 57, 59, 62, 64-66, 303
ウルム Ulm　66, 170, 297, 331, 470
ウンターフランケン Unterfranken　202
エアフルト Erfurt　31, 52, 56, 252, 445, 446
エアランゲン Erlangen　92, 202, 204, 244, 255, 315, 461, 465, 519
エスリンゲン Esslingen　260, 323, 462
エッセン Essen　56, 76, 81-85, 87-89, 93, 95-98, 100-103, 105, 106, 134, 143-145, 156, 157, 162, 243, 245, 314, 315, 319, 346, 348, 350, 373, 376, 380, 382, 385, 440, 447, 448
エムシャー川 die Emscher　161, 163, 374, 381, 383
エムス川 die Ems　163
エムスラント Emsland　457, 490, 492, 496
エムデン Emden　125, 403, 471, 472
エルザス Elsaß　34　→ アルザス
エルスニツ Ölsnitz　41
エルツゲビルゲ Erzgebirge　57, 485
エルバーフェルト Elberfeld　14, 518
エルベ川 die Elbe　15-18, 21, 27, 33, 40, 46, 52,

572

地名索引

80, 190, 191, 163, 468, 485
エルンテブリュッケ Erndtebrücke 428
エーレンフェルト Ehrenfeld 476
オイスキルヒェン Euskirchen 315, 362, 363,
　406, 508
オストプロイセン Ostpreußen 16, 20, 22, 26,
　52 → 東プロイセン
オスナブリュック Osnabrück 76, 81, 84, 92,
　95, 157, 166
オッフェンバハ Offenbach 56, 77, 84, 89, 95,
　96, 98, 100
オーバーウルゼル Oberursel 431, 432
オーバーコッヘン Oberkochen 466, 488
オーバーシュヴァーベン Oberschwaben 157,
　518
オーバーシュレージエン Oberschlesien 39-41,
　52
オーバーバイエルン Oberbayern 202, 216
オーバーハウゼン Oberhausen 350, 357, 380,
　382, 503
オーバープファルツ Oberpfalz 26, 152, 164,
　201-203, 205, 506
オーバーフランケン Oberfranken 26, 202-204
オーバーライン Oberrhein 157, 158
オーバーラウズィッツ Oberlausitz 32, 56, 498
オルテ Orte 406

【カ　行】
ガイスリンゲン Geislingen 66, 475
カウフボイレン Kaufbeuren 67
ガッゲナウ Gaggenau 473
カッセル Kassel 76, 81, 83, 87, 90, 95, 96, 98,
　100-102, 125, 157, 166, 472
カールスルーエ Karlsruhe 52, 76, 81, 82, 86,
　87, 89, 91, 95, 98, 100-102, 166, 260, 292,
　310, 323, 440, 461-463, 475
ガルト Gartow 151
ギーセン Gießen 461
旧東ドイツ 245, 250, 253, 255, 258, 260, 263,
　265-272, 300, 315, 330, 389, 390, 392, 402-
　404, 406, 407, 415, 445, 457, 466, 472, 480,
　492, 510, 514
ギュンツブルク Günzburg 403
キール Kiel 76, 81, 89, 90, 95, 98, 100-102,
　166
クーアフュルステンダム Kurfürstendamm 23
クラクフ Kraków, Krakau 264
グラーベン Graben bei Augsburg 403, 404

クレーフェルト Krefeld 76, 81, 88, 89, 93-95,
　98, 100, 101, 346
グレンツァハ・ヴィーレン Grenzach-Wyhlen
　453
クロッペンブルク Cloppenburg 457
クロムフォード Cromford 14
ケツティング Kötzting 153
ゲッティンゲン Göttingen 77, 128, 156, 157,
　461, 504
ゲッピンゲン Göppingen 66
ケムニッツ Chemnitz 26, 56, 57, 243, 246,
　256, 312, 463, 465, 476
ゲーラ Gera 56
ゲルリンゲン Gerlingen 455
ケルン Köln 26, 49, 52, 56, 59, 76, 81, 83-87,
　89-91, 93, 95, 97-103, 105, 106, 112, 125, 133,
　143-145, 157, 158, 243, 245, 247, 248, 255,
　258, 260, 277, 321, 344, 346, 372, 380, 440,
　443, 447, 448, 450, 452, 462, 472, 475, 476,
　489,
ゲルゼンキルヒェン Gelsenkirchen 76, 81, 83-
　87, 93, 95, 98, 102, 150, 154, 347, 355, 373,
　382
ゲーレツリート Geretsried 467
コヴェントリ Coventry 475
ゴータ Gotha 56
コーデルスドルフ Kodersdorf 403
コーブルク Coburg 202, 204, 264, 403, 452
コーブレンツ Koblenz 52, 77, 81, 95, 98, 103,
　166, 244, 440
コリーン Kolin 392, 406, 408

【サ　行】
ザウアーラント Sauerland 143
ザクセン Sachsen 16, 19, 20, 21, 22, 23, 26,
　27, 29, 30, 31, 33, 37-43, 45, 46, 52, 53, 56,
　57, 59, 62, 64, 65, 93, 94, 253, 258, 264, 270,
　271, 393, 394, 399, 403, 412, 461-465, 473,
　475, 476, 485-487, 498, 499, 514, 518
ザクセン・アンハルト Sachsen-Anhalt 23, 43,
　56, 62, 64, 253, 255, 258, 271, 405, 463, 487,
　498
ザール川 die Saar 162, 163
ザール地域 Saargebiet 39-41, 179, 189, 460,
　480
ザルツギッター Salzgitter 77, 83, 84, 88, 89,
　101, 103, 469, 502
ザールブリュッケン Saarbrücken 44, 77, 81,

83, 89, 95, 98, 100, 102, 103, 446
ザールラント Saarland　20, 40, 41, 52, 123,
　124, 127, 156, 157, 161, 227, 233, 258, 283,
　285, 345, 454, 472, 486
ザールルイ Saarlouis　472
ザーレ・エルベ・エルツゲビルゲ Saale-Elbe-
　Erzgebirge　57
サンクトペテルブルク St. Petersburg　111, 430
シャルロッテンブルク Charlottenburg　23
シュヴァインフルト Schweinfurt　157, 403, 404
シュヴァーベン Schwaben　26-29, 37, 38, 93,
　94, 202, 277, 310, 403, 405, 450, 485, 486
シュヴァルツヴァルト Schwarzwald　62, 157,
　310, 331
シュヴァーンドルフ Schwandorf　404
シュヴェービシュハル Schwäbisch Hall　457
シュヴェリーン Schwerin　392, 407
シュターデ Stade bei Hamburg　406
シュテティーン Stettin　52
シュトゥットガルト Stuttgart　32, 37, 38, 56,
　57, 59, 66, 76, 81, 87-98, 100-103, 105, 106,
　112, 138, 143-145, 158, 166, 179, 187, 189,
　192-195, 197, 225, 243-246, 255, 258, 260, 267,
　277, 297, 314, 321, 323, 327, 330, 333, 344,
　386, 433, 436, 443, 446-448, 450, 451, 455-
　457, 463, 466, 470, 473, 475, 488, 489, 505
シュトックシュタット・アム・マイン Stock-
　stadt am Main　430
シュナッケンブルク Schnackenburg　150, 151
シュレージエン Schlesien　16, 18-20, 22, 26,
　27, 29, 30, 36-39, 42, 43, 46, 52, 62, 460, 466,
　498, 499, 503
シュレースヴィヒ Schleswig　156, 157, 164,
シュレースヴィヒ・ホルシュタイン Schleswig-
　Holstein　16, 18, 20-22, 52, 76, 123-125, 127,
　130, 170, 206, 283, 284, 286, 345, 423, 457
ショルンドルフ Schorndorf　474
ズィーガーラント Siegerland　32, 41, 57, 125
ズィークマリンゲン Sigmaringen　16
ズィークマル・シェーナウ Siegmar-Schönau　56
ズィーゲン Siegen　57, 157, 166, 244, 277, 312,
　346, 427, 428
ズィーゲン・ヴィトゲンシュタイン Siegen-
　Wittgenstein　428
ズデーテン Sudeten　325, 466, 467, 503
ズルツバハ・ローゼンベルク Sulzbach-
　Rosenberg　152, 153, 502
ゼーハウゼン Seehausen　391, 404

ゼメルダ Sömmerda　56
ゼルプ Selb　204
ソチ Sochi　430
ゾネベルク Sonneberg　263-266
ゾーリンゲン Solingen　76, 88, 90, 93, 95, 101,
　347, 360, 361, 366

【タ 行】

タタバーニャ Tatabánya　406
ダービシャー Derbyshire　14
ダルムシュタット Darmstadt　56, 76, 81, 87,
　98, 101, 156, 157, 452, 461
チョーパウ Zschopau　465, 476
ツヴィッカウ Zwickau　56, 59, 243, 465, 475,
　476
デッゲンドルフ Deggendorf　158
デッサウ Dessau　56, 62
デトモルト Detmold　331, 346, 372
デーベルン Döbeln　403
デュースブルク Duisburg　76, 81, 83, 85, 87-
　91, 95, 97-103, 105, 106, 112, 153, 162, 346,
　350, 376, 380, 382, 384
デュッセルドルフ Düsseldorf　13, 56, 59, 76,
　83, 86-88, 92-103, 105, 106, 136, 143-146,
　169, 243, 245, 260, 277, 346, 347, 350, 372,
　380, 382, 421-423, 440, 448, 452, 466, 489
テュービンゲン Tübingen　260, 299, 443, 461
テューリンガーヴァルト Thüringer Wald　264,
　265
テューリンゲン Thüringen　20, 23, 26, 27, 30-
　32, 37, 39, 41-43, 45, 46, 52, 56, 57, 253, 255,
　263, 264, 266, 270, 271, 463, 466, 473, 488,
　498, 499
デューレン Düren　316-318, 362, 508
ドイベン Deuben bei Dresden　41
トゥットリンゲン Tuttlingen　453
トゥラウンシュタイン Traunstein　467
トゥラウンロイト Traunreut　467
トゥリーア Trier　77, 89, 98, 156, 157, 164,
　221, 222, 224, 225
ドーナウ・イラー die Donau/die Iller　216
ドーナウヴァルト Donau-Wald　150
トルガウ・オシャツ Torgau-Oschatz　403
ドルトムント Dortmund　76, 81-83, 86-89, 91,
　93, 95, 97-103, 105, 106, 125, 137, 143-145,
　157, 243, 245, 346, 357, 376, 380, 385, 440,
　450, 505
ドレースデン Dresden　27, 41, 52, 56, 59, 243-

246, 403, 445, 446, 461, 462, 480

【ナ 行】

西ベルリン West-Berlin　23, 69, 76, 78, 81, 83, 84, 86-93, 95-103, 105, 106, 123, 124, 142-145, 158, 161, 185-187, 195, 232, 248, 255, 270, 283, 286, 338, 447, 448, 489, 507

ニーダーザクセン Niedersachsen　26, 27, 52, 76, 77, 82, 123-125, 127, 129, 130, 143, 151, 156, 164, 231, 255, 284-286, 345, 440, 450, 451, 456, 457, 463, 468-471, 509, 518

ニーダーバイエルン Niederbayern　196, 202, 205

ニーダーライン Niederrhein　26, 28, 32, 33, 37, 42, 94, 485, 499

ニュルンベルク Nürnberg　26, 27, 32, 37, 38, 56, 59, 62, 65-66, 76, 81, 84, 87-93, 95, 96, 98-103, 105, 106, 125, 141, 143-145, 157, 162, 166, 202-204, 206, 255, 265, 266, 271, 312, 325, 326, 404, 445, 450, 452, 460, 462, 464, 505, 518, 519

ニール Niehl　520

ネッカー・アルプ Neckar-Alp　299

ネッカー川 der Neckar　32, 56, 57, 62, 163, 321, 443, 457, 475

ネッカーズルム Neckarsulm　90, 321, 328, 470

ノイウルム Neuulm　170, 450

ノイエンシュタット Neuenstadt　324, 325

ノイガーブロンツ Neugablonz　467

ノイシュタット・バイ・コーブルク Neustadt bei Coburg　264, 404

ノイス Neuss　77, 84, 91, 95, 96, 99-102, 260, 448

ノイトゥラウブリング Neutraubling　467

ノイハルデンベルク Neuhardenberg　511

ノイブランデンブルク Neubrandenburg　271

ノルトライン・ヴェストファーレン Nordrhein-Westfalen　9, 15, 76, 77, 82, 94, 123-125, 127-130, 153, 231, 253, 254, 275, 277, 283-286, 291, 312, 331, 337-339, 341, 344-351, 353, 354, 359, 365, 366, 372-375, 427, 429, 440, 451, 452, 454, 456, 467, 509, 514

【ハ 行】

バイエリッシャーヴァルト Bayerischer Wald　150, 153, 164

バイエルン Bayern　20-22, 27, 30, 40-43, 46, 52, 76, 77, 82, 94, 96, 124, 125, 127, 129, 130,

152, 156, 158, 164, 170, 180, 196, 197, 201-206, 216, 217, 220, 231, 250, 251, 253-255, 258, 263, 264, 270, 271, 277, 283, 284, 286, 308, 331, 344, 345, 392, 400-405, 409, 413, 423, 433, 450, 451, 455, 461-467, 476, 486, 488, 500, 518

ハイデルベルク Heidelberg　77, 86, 87, 89, 93, 95, 98, 243, 284, 297, 324, 443, 456, 461

ハイデンハイム Heidenheim　66, 315, 466, 488

ハイルブロン Heilbronn　57, 77, 83, 87, 90, 95, 96, 98, 100, 101, 311, 321-324, 326-328, 331-335

バイロイト Bayreuth　202-204

ハインスベルク Heinsberg　362, 508

バウツェン Bautzen　56

ハーゲン Hagen　76, 81, 88, 89, 95, 98, 100, 102, 146, 346, 361, 382

バーゼル Basel　452, 516

パーダボルン Paderborn　146, 315, 350, 454

バックナン Backnang　473

パッサウ Passau　125, 150, 157, 202

バーデン Baden　19, 20, 30, 37-39, 43, 46, 48, 52, 82, 518

バーデン・ヴュルテンベルク Baden-Württemberg　76, 77, 94, 123, 124, 125, 127, 129, 152, 170, 216, 253, 270, 273, 275, 277, 280, 283-286, 288, 291, 292, 296, 299, 300, 303, 308, 310, 315, 331, 337, 345, 427, 440, 450, 451, 453, 456, 472, 493, 494, 499, 500, 508

バーデン・バーデン Baden-Baden　255, 256

バート・カンシュタット Bad Cannstadt　470

バートテルツ・ヴォルフラーツハウゼン　Bad-Tölz-Wolfratshausen　467

ハノーファ Hannover　16, 18-20, 27, 41, 52, 56, 59, 76, 81-84, 86, 87, 89, 91-93, 95, 97, 98, 100-103, 105, 106, 112, 140, 143-145, 157, 166, 232, 243, 244, 246, 252, 256, 330, 440, 446, 447, 450, 452, 461-463, 472, 505

ハーフェンシュタット　Hafenstadt 490

ハラタウ Hallertau　96

パリ Paris　408, 475, 504

バーリンゲン Balingen　299

ハルツ Harz　32

バルト海 Ostsee　16, 22, 43, 52, 165, 439

ハールブルク Harburg　248

バルメン Barmen　14

ハレ Halle　52, 244, 245, 246, 271, 398, 399,

400, 405-407

ハンブルク Hamburg　19, 20, 22, 23, 25-27, 32, 33, 37, 46, 49, 52, 57, 59, 62, 76, 80-86, 88-90, 92-103, 105, 106, 111, 112, 116, 123-125, 127, 130, 131, 143-145, 157, 161, 162, 164, 166, 195, 232, 243-248, 252, 255, 256, 260, 280, 283, 286, 292, 312, 325, 345, 423, 445, 446, 448, 452, 453, 460, 464, 486, 488, 490, 506, 518, 520

バンベルク Bamberg　156, 157, 202, 204, 244, 461

東プロイセン　466　→ オストプロイセン

東ベルリン Ost-Berlin　248, 253, 255, 267, 271, 490

ビーレフェルト Bielefeld　56, 76, 89, 94, 96, 98, 102, 157, 166, 244, 245, 277, 312, 346, 450

ファイインゲン Vaihingen　433

ファラスレーベン Fallersleben　468, 469, 519

フィーヒタハ Viechtach　158, 159

フェヒタ Vechta　457

フェルベルト Velbert　350

フォイヒトヴァンゲン Feuchtwangen　404

フォークトラント Vogtland　43, 518

ブダペスト Budapest　405

フュルト Fürth　202, 204, 401, 404

フライウング・グラーフェナウ Freyung-Grafenau　150

フライブルク Freiburg　76, 81, 84, 85, 94, 95, 100-102, 166, 461

プラウエン Plauen　56

ブラウンシュヴァイク Braunschweig　37, 52, 56, 76, 89, 90, 92-95, 98, 100, 102, 103, 156, 157, 166, 461-463, 468, 469, 471, 487

プラハ Praha　264

フランクフルト・アム・マイン Frankfurt am Main　19, 26, 31, 32, 37, 39, 59, 76, 81, 84, 87, 89, 91, 93, 95-103, 112, 125, 135, 143-146, 179, 190-192, 197, 260, 386, 423, 436, 453, 465, 466, 473, 488, 489

フランクフルト・アン・デア・オーデル Frankfurt an der Oder　266

フランケン Franken　43, 46, 157

ブランデンブルク Brandenburg　16, 18-23, 25, 43, 44, 46, 52, 59, 270, 271, 403, 459, 473, 511, 518

フリートベルク Friedberg　404

フリードリヒスハーフェン Friedrichshafen　56, 62, 452

ブリュッセル Brüssel　408

プリュム Prüm　422

ブルンスビュッテル Brunsbüttel an der Elbe　403

ブレスラウ Breslau　52, 60, 247

ブレッケーデ Bleckede　151, 152

ブレーマハーフェン Bremerhaven　76, 80, 81, 90, 98, 100, 166, 471

ブレーメン Bremen　23, 25, 27, 32, 37-39, 46, 56, 59, 76, 81, 87, 90, 93-95, 98-103, 105, 106, 123, 124, 127, 139, 143-145, 157, 162, 166, 243, 244, 246, 283, 284, 286, 292, 345, 423, 446, 460, 464, 472, 473, 498, 521

プロイセン Preußen　16-21, 22, 31, 46, 52, 65, 251, 253, 376, 459-464, 499, 503, 518

プロヴィンツザクセン Provinz Sachsen　16, 20, 22, 62

フロート Vlotho　429, 467

ヘアツォーゲンアウラハ Herzogenaurach　452

ヘアツォーゲンラート Herzogenrath　319

ヘッセン Hessen　20, 26, 46, 76, 77, 123, 124, 127, 129, 130, 170, 206, 227, 233, 255, 270, 286, 345, 423, 427, 440, 457, 463, 471, 500, 509, 514, 518

ヘッセン・ダルムシュタット Hessen-Darmstadt　461, 464

ヘッセン選帝侯国 Kurfürstentum Hessen　463

ヘッセン・ナッサウ Hessen-Nassau　16, 18-23

ベルギッシュ・メルキッシュ Bergisch-Märkisches Gebiet　350, 361, 366, 367, 377　→ ベルク・マルク

ベルク・マルク Bergisch-Märkisches Gebiet　32, 41, 52, 312, 486, 492, 502　→ ベルギッシュ・メルキッシュ

ヘルネ Herne　77, 83, 86, 93, 103, 146

ベルリン Berlin　15, 18-23, 25-27, 32, 33, 37, 39, 41, 43, 44, 46, 52, 53, 57, 59, 62, 65, 66, 243-256, 260, 264, 267, 386, 421, 423, 445, 446, 448, 450, 452, 453, 458-466, 468-470, 472-474, 480, 482, 486-488, 490, 498, 499, 504, 514, 518-520

ホーエンツォレルン Hohenzollern　20, 21

ポーゼン Posen　16, 17, 20, 22

北海 Nordsee　43, 80, 439, 443, 445, 471

ホーフ Hof　156, 157, 202, 204, 402-405

ボーフム Bochum　76, 83, 87-89, 95, 97, 98, 100, 102, 106, 373, 380, 382, 385, 472, 510

ボルドー Bordeaux　365

576

地名索引

ボン Bonn　74, 76, 87-89, 91, 95, 98, 100-103,
　106, 143-145, 243, 245, 249-255, 260, 315,
　339, 344, 346, 347, 350, 406, 440, 446-448,
　461
ポンメルン Pommern　16, 17, 20, 34, 52

【マ　行】

マインツ Mainz　76, 81, 84, 92, 95, 100, 157,
　158, 440
マクデブルク Magdeburg　37, 52, 406, 407,
　416, 462
マーストリヒト Maastricht　362
マールブルク Marburg　461
マンチェスター Manchester　475
マンハイム Mannheim　30, 39, 76, 81, 84, 85,
　87-89, 91, 94-103, 105, 106, 164, 243, 310,
　321, 323, 330, 440, 443, 456, 470, 473, 489
ミッテルフランケン Mittelfranken　143, 202
ミッテルゲビルクスシュヴェレ
　Mittelgebirgsschwelle　27
ミットヴァイダ Mittweida　475
ミューズ・ライン Meuse-Rhein　362
ミュールドルフ Mühldorf am Inn　467
ミュールハイム Mülheim (in Köln)　475
ミュールハイム Mülheim an der Ruhr　76, 88,
　89, 103, 339, 348, 350
ミュンスター Münster　52, 76, 98, 99, 102,
　157, 166, 244, 245, 252, 260, 346, 347, 350,
　372, 446, 461
ミュンスターラント　498
ミュンヘン München　25, 26, 32, 37-39, 52, 56,
　59, 62, 76, 80-91, 93-98, 100-103, 105, 106,
　111, 112, 130, 132, 143-146, 150, 156-158,
　160, 162, 179, 189, 195-200, 202, 205, 232,
　241, 243-248, 252, 253, 255, 256, 258, 264-
　266, 314, 344, 356, 391, 400, 407, 408, 423,
　440, 443, 445, 446, 447, 450, 453, 455, 456,
　461, 462, 465, 466, 473, 488, 489, 498, 499,
　515, 516, 519
ミラノ Milano　314, 320
ミンデン Minden　57
メクレンブルク Mecklenburg　17, 20-22, 52, 151
メクレンブルク・フォーアポメルン
　Mecklenburg-Vorpommern　271, 407, 514
メットマン Mettmann　260
メルケニヒ Merkenich　520
メルゼブルク Merseburg　45, 499
メンヒェングラートバハ Mönchengladbach　76,

　89, 94, 96, 98, 100, 101
モスクワ Moskva　111

【ヤ　行】

ユーリヒ Julich　365

【ラ　行】

ライト Rheydt　77, 81, 91, 94, 96, 101, 103
ライヒェンバハ Reichenbach　476
ライプツィヒ Leipzig　49, 52, 56, 59, 243, 244,
　246, 247, 252, 253, 272, 389-394, 398-400,
　403-418, 446, 462, 480, 513
ラインガルテン Leingarten　321
ライン川 der Rhein　26, 30-33, 38, 46, 52, 85,
　87, 96, 153, 161-163, 258, 321, 347, 374, 375,
　381, 384, 443, 472, 475, 502, 518, 520
ライン・ネッカー大都市圏 Metropolregion
　Rhein-Neckar　225, 243-245, 443, 451, 456,
　463, 489　→ライン・ネッカー地域
ライン・ネッカー地域 Rhein-Neckar Gebiet
　57, 62, 85, 161, 162, 164, 166　→ライン・ネ
　ッカー大都市圏
ラインプロヴィンツ Rheinprovinz　20, 21, 376
ライン・マイン大都市圏 Metropolregion Rhein-
　Main　225, 243, 258, 440, 443, 450-452, 463,
　448, 449　→ライン・マイン地域
ライン・マイン地域 Rhein-Main Gebiet　38,
　46, 56, 57, 62, 162, 166　→ライン・マイン大
　都市圏
ラインラント Rheinland　16-19, 21, 23, 27, 46,
　48, 65, 143, 375, 376, 461, 514
ラインラント・プファルツ Rheinland-Pfalz
　76, 77, 123, 124, 127, 129, 130, 170, 206, 227,
　231, 233, 254, 255, 273, 283-286, 345, 422,
　423, 440, 505
ライン・ルール　42, 116, 166, 225, 258, 456
　→ライン・ルール地域
ライン・ルール工業地域 Rhein-Ruhr
　Industriegebiet　258, 277, 498　→ライン・
　ルール地域
ライン・ルール大都市圏 Metropolregion Rhein-
　Ruhr　106, 244, 245, 382, 440, 443, 451, 457,
　463　→ライン・ルール地域
ライン・ルール地域 Rhein-Ruhr Gebiet　37-39,
　41, 43, 53, 56, 57, 62, 66, 243　→ライン・ル
　ール大都市圏
ラーヴェンスブルク Ravensburg　315
ラーティンゲン Ratingen　13, 14, 350

577

ランダウ Landau an der Isar 206
ランツフート Landshut 157, 158, 202, 206, 408
ランツベルク Landsberg 403
リエージュ Liège 362
リーズ Leeds 475
リヒテンフェルス Lichtenfels 204
リュッセルスハイム Rüsselsheim 56, 59, 90, 322, 450, 470
リューヒョ・ダネンベルク Lüchow-Dannenberg 150, 151
リューベック Lübeck 20, 23, 25, 52, 76, 89, 90, 95, 99, 100, 102, 103, 166, 403
ルートヴィヒスハーフェン Ludwigshafen 30-31, 76, 81, 84, 85, 89, 95, 97, 100, 101, 106, 112, 125, 443, 452, 456, 489
ルートヴィヒスブルク Ludwigsburg 260
ルール川 die Ruhr 153, 163, 348, 381
ルール工業地域 Industrierevier Ruhrgebiet 30, 65, 88, 154, 157, 169, 245, 258, 277, 443, 469, 472 → ルール地域
ルール工業地帯 Industriegebiet Ruhr 22, 125, 503 → ルール地域
ルール炭田地域 Ruhrrevier 40, 502 → ルール地域

ルール地域 Ruhrgebiet 37, 39-43, 46, 49, 52, 83, 93, 143, 150, 179, 189, 230, 231, 292, 348, 350, 351, 353, 354, 357-359, 366, 367, 372, 374, 375-381, 383, 386, 387, 401, 422, 440, 460, 468, 480, 486-488, 494, 502, 510 → ルール工業地域, ルール工業地帯, ルール炭田地域
ルール地方 465 → ルール地域
レーヴァクーゼン Leverkusen 77, 84, 85, 89, 103, 105, 125, 448, 452, 489
レーゲンスブルク Regensburg 77, 81, 93, 95, 99, 101, 156, 157, 202, 203, 216, 292, 394, 395, 398-400, 408, 416, 467
レクリングハウゼン Recklinghausen 77, 85, 102
レムシャイト Remscheid 41, 56, 77, 81, 89, 93, 98, 101, 319, 361
ロイトリンゲン Reutlingen 299, 475
ロストク Rostock 244, 252, 256, 475
ローゼンハイム Rosenheim 156, 157, 331
ロッテルダム Rotterdam 472
ロートリンゲン Lothlingen 34, 503 → ロレーヌ
ロレーヌ Lorraine 34, 41 → ロートリンゲン
ロンドン London 504

企業名・団体名・研究機関名索引

　この索引で取り上げた企業等の参照ページの後に→を付して別の名称を記してある場合、同じ企業について異なる用語を充てたこと、またはある企業が別名称となったことを意味する。なお、ある企業等の子会社や関連団体、あるいは系譜が同じ企業等の場合、主たる項目名から1文字分下げてそれら子会社などの名称を記した。

【ア 行】

アウグスト・テュッセン製鉄 August Thyssen-Hütte AG　86, 502, 503　→ テュッセン

アウグスト・ホルヒ＆カンパニー August Horch & Cie.　476　→ ホルヒ

アウクスブルク・ニュルンベルク機械工業 M.A.N.: Maschinenfabrik Augsburg-Nürnberg AG　90
　→ MAN

アウディ Audi　59, 209, 321, 322, 328, 329, 333, 433, 450, 465, 475, 476, 488
　アウディ NSU 自動車連合 Audi NSU Auto Union AG　90
　アウトウニオン（株）Auto Union AG　465, 476
　アウトウニオン（有）Auto Union GmbH　466
　アウトウニオン補充部品インゴルシュタット中央保管有限会社 Zentraldepot für Autounion Ersatzteile Ingolstadt GmbH　466

アグファ Agfa AG　85, 502

アコナ油圧有限合資会社 ACONA Hydraulic GmbH & Co. KG　318

アーダム・オーペル Adam Opel AG　59, 90, 321-323, 450, 470, 472　→ オーペル

アードラー Adler　473

アーヘン・イノベーション技術移転有限会社 Aachener Gesellschaft für Innovation und Technologietransfer mbH　338, 359, 508　→ AGIT

アーヘン工科大学 RWTH Aachen: Rheinisch-Westfälische Technische Hochschule Aachen　313, 315, 317, 319, 320, 330, 362, 363, 367, 461

アーヘン専門高等教育学校 Fachhochschule Aachen　363

アーヘン商工会議所 Industrie- und Handeslkammer Aachen　362, 508

アリアンツ保険 Allianz Versicherungs-AG　101

イヴェコ・マギルス Iveco-Magirus　450

イー・ゲー染料工業 I.G. Farben-Industrie　502
　イー・ゲーファルベン　85

イーザローン専門高等教育学校 Fachhochschule Iserlohn　361

いすゞ　322

イノベーション・リレー・センター Innovation Relays Centres　352, 366

ヴァンデラー Wanderer-Werke　465, 476

ヴェーゲナ有限会社 Wegener GmbH　313, 334

ヴェストファーレン合同電力（株）Vereinigte Elektrizitätswerke Westfalen AG　82

ヴッパータール大学 Bergische Universität Wuppertal　361, 367

ヴュルテンベルク王立工芸学校 Königliche Landesgewerbeschule in Stuttgart　474

ヴュルテンベルク金属製品工場 WMF: Württembergische Metallwarenfabrik　66

エアランゲン大学 Friedrich-Alexander-Universität Erlangen-Nürnberg Universität　314

エッソ Esso AG　86

579

エデカ EDEKA　97
エネルギー技術振興機構 Energietechnik Förderung Organisation　352
エムシャー・リッペ・アゲントゥーア Regionalagentur Emscher-Lippe　401-402
エリクソン Ericsson　363
エルンスト・ヘーゼ機械工業有限会社 Maschinenfabrik Ernst Hese GmbH　338, 354　→ ヘーゼ機
　械工業
欧州国境諸地域作業共同体 Arbeitsgemeinschaft Europäischer Grenzregionen　369-372
オーバーハウゼン製鉄 Hüttenwerk Oberhausen AG　87, 502
オーペル Opel　322, 450　→ アーダム・オーペル

【カ　行】
カウフホーフ Kaufhof AG　97
カッセラ・ファルプヴェルケ・マインクーア Cassela Farbwerke Mainkur AG　85, 502
カールシュタット Karstadt AG　97
カール・ツァイス Carl Zeiss　62, 466, 488
カレ（株）Kalle AG　502
共同経済銀行 Bank für Gemeinwirtschaft AG　99
金属労組　206, 393, 403, 409, 415　→ IG Metall
グーテホフヌングス製鉄株式連合 Gutehoffnungshütte Aktienverein für Bergbau und Hüttenbetrieb
　102, 503
クラウスマッファイ Kraus Maffei　324
クリスティアン・ボリン・アルマトゥーレン Christian Bollin Armaturenfabrik GmbH　431
クレックナー・ヴェルク Klöckner-Werk AG　87
クレックナー・フンボルト・ドイツ Klöckner-Humbold-Deutz AG　90
グルンディヒ Grundig　206
グローマン・エンジニアリング（有）Grohmann Engineering GmbH　422, 512, 513
ゲルゼンベルク（株）Gelsenberg AG　83
ケルブレ Kaelble　473
ケルン大学 Universität zu Köln　317, 340
合同アルミニウム Vereinigte Aluminiumwerke AG　88
合同工業企業 Vereinigte Industrie-Unternehmungen AG VIAG　102
合同電気鉱山株式会社 Vereinigte Elektrizitäts- und Bergwerks Aktiengesellschaft　86　→ VEBA,
　フェーバ
コダック Kodak AG　92
コメルツ銀行 Commerzbank AG　101, 275, 466
コンティネンタール Continental AG　452
　コンティネンタールゴム製作所（株）Continental Gummi-Werke AG　86

【サ　行】
ザクセン州立銀行 Sächsische Staatsbank　519
ザール鉱山 Saarbergwerke AG　84
ザルツギッター製鉄所：Salzgitter Hüttenwerk AG　87, 519
シェフラー Schaeffler AG　452
ジーメンス（株）Siemens AG　65, 91, 113, 180, 333, 241, 255, 263, 264, 270, 271, 333, 363, 425,
　434, 453-455, 465, 488, 519
　ジーメンス・シュッケルトヴェルケ Siemens-Schuckertwerke AG　92, 516, 519
　ジーメンス・ニクスドルフ情報システム（株）Siemens Nixdorf Informationssysteme AG　516
　ジーメンス・ハルスケ Siemens-Halske AG　516, 519

企業名・団体名・研究機関名索引

ジーメンス・ライニガーヴェルケ Siemens-Reiniger-Werke AG　519
シャープミュラー自動車技術 Schabmüller Automobiltechnik GmbH　433
シュヴァーベン・エネルギー供給（株）Energie-Versorgung Schwaben AG　82
州立西ドイツ銀行 Westdeutsche Landesbank AG　348
シュタインバイス財団 Steinbeis Stiftung　288-291, 299, 303, 323, 326, 328, 330, 332, 494, 499, 508
　シュタインバイス大学 Steinbeis Hochschule　499
シュトゥットガルト工科大学 Technische Hochschule Stuttgart　432, 455, 475
　シュトゥットガルト大学 Universität Stuttgart　304, 327, 328
　シュトゥットガルト・ポリテヒニクム Polytechnikum Stuttgart　475
商工業センター Centralstelle für Gewerbe und Handel　62, 500
信託公社 Treuhandanstalt　270
ズルツァ Sulzer　316
ソニー　448
ゾーリンゲン創業者技術センター有限会社 Gründer- und Technologiezentrum Solingen GmbH　359-362

【タ　行】
大ベルリン目的組合 Zweckverband Groß-Berlin　169
ダイムラー Daimler AG　450
　ダイムラー・ベンツ Daimler-Benz AG　73, 90, 180, 208-210, 472
ダッチシェル Dutch Shell　329
ダルムシュタット工科大学 Technische Universität Darmstadt　431
地誌及び地域整備のための連邦研究所 Bundesanstalt für Landeskunde und Raumordnung　72
ツァーンラートファブリーク ZF: Zahnradfabrik　451
帝国鉱山製鉄工場株式会社"ヘルマン・ゲーリング"Reichswerke AG für Erzbergbau und Eisen-hütten „Hermann Göring"　469　→ ザルツギッター製鉄所
テスラ Tesla　512
　テスラオートメーション（有）Tesla Automation GmbH　513
デマーク Demag AG　90
デュースブルク大学 Gerhard Mercator Universität Duisburg　357
デュッセルドルフ県緑地委員会 Grünflächenkommission der Bezirksregierung in Düsseldorf　169
テュッセン Thyssen　313　→ アウグスト・テュッセン製鉄
　テュッセン鋼管 Thyssen Röhrenwerke AG　87
テュービンゲン大学 Eberhard Karls Universität Tübingen　500
ドイツ IBM IBM Deutschland GmbH　455, 488
ドイツガスモーター製造工場 Deutz Gasmotorenfabrik　475
ドイツ機械・設備装置工業連盟 VDMA: Verband Deutscher Maschinen- und Anlagenbau e.V.　304, 328, 332, 335, 433
ドイツ銀行 Deutsche Bank AG　99, 143, 433, 448, 466, 488
ドイツ金属機械製造企業経営者連合 Arbeitgeberverband Gesamtmetall　467　→ Gesamtmetall
ドイツ経済合理化監督局 Rationalisierungskuratorium der deutschen Wirtschaft　281
ドイツ航空宇宙センター Deutsches Zentrum für Luft- und Raumfahrt e.V.　433
ドイツシェル Deutsche Shell AG　86
ドイツ商工会議所 DIHK: Deutsche Industrie- und Handelskammer　356, 432
ドイツ石油 Deutsche Erdöl AG　84
ドイツ鉄道（株）Deutsche Bahn AG　490
ドイツヒューレットパッカード Hewlett-Packard GmbH　208

581

ドイツフォード Ford-Werke AG　91, 450, 472, 489, 520
ドイツモービル石油 Mobil Oil AG　84, 112, 113
ドイツ労働総同盟 DGB: Deutscher Gewerkschaftsbund　409
トウエト機械製造合資会社 Thouet KG Maschinenbau　320
東芝　448, 516
トゥルンプ Trumpf GmbH + Co. KG　427, 432, 433
トヨタ　448
ドルトムント大学 Universität Dortmund　357
ドルトムント・ヘルデ製鉄連合 Dortmund Hörder Hüttenunion AG　87
ドレースデン銀行 Dresdner Bank AG　99, 143, 448, 466, 488

【ナ　行】
ニクスドルフ・コンピュータ Nixdorf Compter AG　454, 516
西ドイツ協同組合中央銀行 Die WGZ Bank AG: Westdeutsche Genossenschafts-Zentralbank　348
ノヴァルティス Novartis　452, 516
ノルトライン・ヴェストファーレン・イノベーション・技術センター有限会社 Zentrum für Innovation und Technik in Nordrhein-Westfalen GmbH　348　→ ZENIT 有限会社
ノルトライン・ヴェストファーレン経済支援有限会社 GfW: Gesellschaft für Wirtschaftsförderung Nordrhein-Westfalen mbH　359　→ GfW

【ハ　行】
バイエル Bayer AG　85, 125
　バイエル Farbenfabriken Bayer AG　85
バイエルン州立銀行 Bayerische Staatsbank　466
バイエルン抵当手形銀行 Bayerische Hypotheken- und Wechselbank　101
バイエルン電力 Bayernwerk AG　82
バイエルンモーター製作所 Bayerische Motoren-Werke AG　91　→ BMW
バイエルン連合銀行 Bayerische Vereinsbank　101
ハイルブロン機械製造有限会社 Heilbronn Maschinenbau GmbH & Co.　326
ハイルブロン工科短期大学 Fachhochschule Heilbronn　328
ハーゲン通信教育大学 FernUniversität in Hagen　361
バーデン電力 Badenwerk AG　82
パナソニック　448
ハニエル・コンツェルン Haniel Konzern　503
ハノーファ大学 Universität Hannover　328
ハノマク・ヘンシェル Hanomag-Henschel　209
ハーン・ガラス製造社 Glasbau Hahn GmbH　427, 430
ハンブルク電力 Hamburgische Electricitäts-Werke AG　82
日立製作所　504
ピックハン Pickhan Engineering GmbH　427, 428
ヒベルニア Hibernia AG　83
フィヒテル・ザクス Fichtel Sachs　322
フィリプス Philips　206
フェーバ　86, 102　→ 合同電気鉱山株式会社、Veba AG
　フェーバ化学 Veba Chemie AG　86
フォイト Maschinenfabrik Voith　66, 315
　フォイト・ズルツァ Voith-Sulzer　315
フォード研究センター Ford Forschungszentrum Aachen GmbH　363, 520

582

企業名・団体名・研究機関名索引

フォルクスヴァーゲン Volkswagen AG　125, 146, 209, 329, 450, 451, 468-472, 519　→ VW
　ドイツ国民車準備有限会社 Gesellschaft zur Vorbereitung des Deutschen Volkswagens mbH　468
　フォルクスヴァーゲン・ヴェルク Volkswagenwerk AG　90
　フォルクスヴァーゲン工場有限会社 Volkswagenwerk GmbH　469
プジョー　Peugeot　408
フラウンホーファー研究所協会 Fraunhofer-Gesellschaft zur Förderung der angewandten Forschung e.V.　356
　フラウンホーファー環境保安エネルギー技術研究所 Fraunhofer-Institut für Umwelt-, Sicherheits-, Energietechnik UMSICHT　357, 358
　フラウンホーファー研究所 Fraunhofer Institut　356
フランクフルト空港（株）Flughafen Frankfurt/Main AG　99
フリッツ機械製造（有）Friz Maschinenbau GmbH　331
フリードリヒ・クルップ製鉄 Friedrich Krupp Hüttenwerke AG　87
プロイサク Preussag AG　84, 502
プロイセン電力 Preußische Elektrizitäts-AG　82
ブローゼ自動車部品 Brose Fahrzeugteile GmbH & Co.　452
ヘキスト Farbwerke Höchst AG　85, 502
ヘーゼ機械工業（有）Maschinenfabrik Hese　354　→ エルンスト・ヘーゼ機械工業有限会社
　フリッツシュテラー搬送技術（有）Fritz Steller Fördertechnik GmbH　355
　ヘーゼ環境（有）Hese Umwelt GmbH　355
　ヘーゼ組立鉄鋼製造（有）HMS Hese Montage und Stahlbau GmbH　355
　ヘルヴェーク計量器機械工場（有）Waagen- und Maschinenfabrik Herweg GmbH　355
ベッカー機械工場有限合資会社 J.A. Becker & Söhne Maschinenfabrik GmbH & Co.KG　328
ヘッシュ Hoesch AG　87
ヘラ Hella KGaA Hueck & Co.　452
ベーリンガー・インゲルハイム Boehringer Ingelheim GmbH　452, 516
ベルクマン Bergmann Industriewerke　473, 521
ベルクロール（有）Bergrohr　428
ヘルティー Hertie GmbH　97
ベルテルスマン Bertelsmann　424
ヘルベルト・カネギーサ Herbert Kannegiesser GmbH　427, 429
ベルリン・イノベーション創業者センター Berliner Innovations- und Gründerzentrum　359
ヘンケルス Zwilling J.A. Henckels AG　360
ヘンシェル Henschel & Sohn GmbH　471
ベンジン & 石油 Benzin und Petroleum AG　86
ベンテラー自動車技術 Benteler Automobiltechnik　452
ボッシュ Bosch　79, 92, 270, 451　→ ローベルト・ボッシュ
ポートランドセメント工場ハイデルベルク社 Portland Zementwerke Heidelberg AG　86
ホフマン・ロシュ F. Hoffmann-La Roche, Ltd.　452, 516
　Roche Deutschland Holding GmbH　452
ホーマク機械製造株式会社 Homag Maschinenbau AG　331
ポルシェ Dr. Ing. h.c. F. Porsche AG　322, 450
ホルスト・ティーレ機械製造油圧機器有限会社 Horst Thiele, Maschinenbau–Hydraulische Geräte GmbH　324
ホルテン Horten AG　97
ホルヒ Horch　465, 476　→ アウグスト・ホルヒ & カンパニー

583

【マ 行】

マギルス Magirus　66　→ イヴェコ・マギルス
マックス製鉄所 Maxhütte　152
マツダ　448
マネスマン Mannesmann AG　87, 313
マーレ Mahle　451
三井物産　448
ミシュランタイヤ Michelin Reifenwerke AG　86
ミッテルシュタント研究所 Institut für Mittelstandsforschung　339
三菱電機　363
ミュンヘン工科大学 Technische Universität München　386, 455
ミュンヘン再保険会社 Münchener Rückversicherungs-Gesellschaft　101
メタルゲゼルシャフト Metallgesellschaft AG　88, 112, 113
メルク Merck KGaA　452, 516
メルクリン Gebr. Märklin & Cie.　66

【ヤ 行】

ユーリヒ研究センター Forschungszentrum Julich GmbH　363
ヨーロッパ情報センター Euro Info Centres　352

【ラ 行】

ライプニッツ共同体地誌学研究所 Leibniz-Institut für Länderkunde　424, 513
ライン・ヴェストファーレン電力 Rheinisch-Westfälische Elektrizitätswerk AG　81
ライン褐炭鉱山 Rheinische Braunkohlenwerke AG　84
ライン鉄鋼 Rheinische Stahlwerk　102, 503
リステンチャンピオン Listenchampion　455
ルノー Renault　408
ルフトハンザ Deutsche Lufthansa AG　99
ルール地域賛成 Pro Ruhrgbiet e.V.　383
ルール地域 イニシャチヴクライス（有）Initiativekreis Ruhr GmbH　383
ルールガス Ruhrgas-AG　82
ルール石炭 Ruhrkohle AG　83, 453
ルール炭田地域集落連合 Siedlungsverband Ruhrkohlenbezirk: SVR　169, 170, 377, 378　→ SVR
　　ルール地域自治体連合 Kommunalverband Ruhrgebiet: KVR　378, 379
　　　ルール地域連合 Regionalverband Ruhr　510
連邦銀行 Bundesbank　99
ロシュ Roche Deutschland Holding GmbH　516　→ ホフマン・ロシュ
ローベルト・ボッシュ Robert Bosch GmbH　451　→ ボッシュ

【アルファベット】

AEG　65, 91, 448, 453, 465, 488
　AEG テレフンケン　453, 516
AGIT　339, 362-366
BASF: Badische Anilin & Soda-Fabrik AG　85, 125, 502
BMW　180, 322, 389-417, 427, 433, 435, 450, 510　→ バイエルンモーター製作所
　BMW Kreditbank　146
Brennaborwerke　473
B＋G 搬送技術有限会社　315, 335

企業名・団体名・研究機関名索引

Chrsitian Dierig　112, 113
Degussa Bank　146
DHL　431
DKW: Dampf Kraft Wagen　465, 476
Dürkopp-Werke　473
EEW: Erndtebrücker Eisenwerk GmbH und Co. KG　428
　EEW-Pickhan Umformtechinik GmbH　513
Fahrzeugwerke Eisenach　473
Gesamtmetall　513　→ ドイツ金属機械製造企業経営者連合
GfW　359　→ ノルトライン・ヴェストファーレン経済支援有限会社
GM　90, 472
Güth & Wolf　513
HAHN Lamellenfenster GmbH　513
Hanomag　521
Hansa-Lloyd-Werke　473
Hildebrand & Wolfmüller　473
IBA エムシャーパーク（有）　384
IG ファルベン IG Farben　489　→ イー・ゲーファルベン
IG Metall　206, 513　→ 金属労組
iRM 駆動技術有限会社 iRM Antriebstechnik GmbH　321
MAN　146, 324, 450 → アウクスブルク・ニュルンベルク機械工業
　M.A.N.　90, 470, 503
M. ブリュック機械工場有限合資会社 Maschinenfabrik M. Brück GmbH & Co. KG　317, 334
Mobil Oil　112 → ドイツモービル石油
NAG-Werke Berlin　473
NSU　471
　　NSU 自動車工業 NSU Motorenwerke　321
Rheinstahl-Hanomag AG　520
SAP　455, 456, 516, 517
SVR　378, 379　→ ルール炭田地域集落連合
Stoewer-Werke　473
Varta AG　146
VEBA　86　→合同電気鉱山株式会社, フェーバ, Veba AG
Veba AG　146　→合同電気鉱山株式会社, フェーバ, VEBA
VW　392, 393, 427　→ フォルクスヴァーゲン
Westernmann　517
ZENIT 有限会社　339, 348-354　→ ノルトライン・ヴェストファーレン・イノベーション・技術セ
　ンター（有）
　　ZENIT 支援協会 Trägerverein ZENIT e.V.　348-351

人名索引

　ここでは主としてドイツの企業経営者、政治家、地域経済や企業活動の支援に関わる団体職員を索引項目とした。本書の各章執筆のために参照した文献の著者名は、若干の例外を除いて索引項目としなかった。その氏名は文献リストで確認できるからである。語尾が -er となっている氏名のカタカナ表記は長音記号を付すのが慣例であるが、ドゥーデン発音辞典に従ってその記号を付さなかった場合がある。

【ア　行】

アイゼレ，クラウス Klaus Eisele　331
青野壽彦　115
アークライト，リチャード Richard Arkwright　14
アーデナウアー，コンラート Konrad Adenauer　520
石井素介　71, 478, 495, 515
イルムシャ，ギュンタ Günther Irmscher　321
ヴァインシュパッハ，パウルミヒャエル Paul-Michael Weinspach　357
ヴェーバー，アルフレート Alfred Weber　310, 389
ヴェーバ，ヘルマン Hermann Weeber　321
ヴェルレン，ベノ Benno Werlen　496
ヴォーベライト，クラウス Klaus Wobereit　482
浮田典良　71
エアハルト，ルートヴィヒ Ludwig Erhard　472
エッシュヴァイラー，オットー Otto Eschweiler　362
奥村　宏　117
オットー，ニコラウス Nikolaus Otto　475
オードレッチュ，デイヴィド David B. Audretsch　512

【カ　行】

カイザ，グンタ Gunter Kayser　340
カステル，マニュエル Manuel Castells　6
カネギーサ，ヘルベルト Herbert Kannegiesser　429, 467
カネギーサ，マルティーン Martin Kannegiesser　513
金田昌司　71, 115, 178, 478, 495, 515
ガルブレイス，ジョン John K. Galbraith　118, 504

川島哲郎　177, 495
ガンザー，カール Karl Ganser　386
北原　勇　117
ギデンズ，アンソニー Anthony Giddens　5, 496
清成忠男　273, 274
クノープス，ルードルフ Rudolf Knops　320
グラートバハ，フーベルト Hubert W. Gladbach　317
クルーグマン，ポール Paul Krugman　310
グレックナ，ブルーノ Bruno Glöckner　317
グレーバー，ハインリヒ Heinrich Gräber　227
クレメンス，ラインハルト Reinhard Clemens　339
クレメント，ヴォフルガング Wolfgang Clement　349
グロッツ，ラインホルト Reinhold Grotz　208, 303, 304, 312, 508
グローマン，クラウス Klaus Grohmann　422
ゲーデ，ミヒャエル Michael Gehde　313
ゲーベ，ヴォルフ Wolf Gaebe　304, 312
ゲーリング，ヘルマン Hermann Göring　519
ゲンシャー，ハンスディートリヒ Hans-Dietrich Genscher　490
コカリ，リューバ Ljuba Kokalj　339
小林浩二　71
コール，ヘルムート Helmut Kohl　490
コルナイ，ヤーノシュ Janos Kornai　489

【サ　行】

齋藤光格　458
佐々木博　71
シェラー，ペーター Peter Schöller　109-111, 115-117, 146, 377, 504
シェーンヴァルト、ベルント Bernd Schönwald　351, 360

586

人名索引

シャクマンファリス、カールペーター Karl-Peter Schackmann-Fallis 220
シュタインバイス、フェルディナント・フォン Ferdinand von Steinbeis 62, 64, 290, 474, 487, 499, 500
シュトイバー、エドゥムント Edmund Stoiber 402
シュトルパー、グスタフ Gustav Stolper 465, 497, 502
シューベルト、デトレフ Detlef Schubert 391, 404
シュムペーター、ヨーゼフアロイス Joseph Alois Schumpeter 458
シュレーダー、ゲアハルト Gerhard Schröder 419, 425, 511
ショイ、エルヴィーン Erwin Scheu 27, 31, 34, 36, 37, 46, 52, 499
ショイブレ、ヴォルフガング Wolfgang Schäuble 254
水津一朗 71
ズィーモン、ヘルマン Hermann Simon 419, 420, 422, 423
ズィン、ハンスヴェルナー Hans-Werner Sinn 511
セーブル、チャールズ Charles F. Sabel 303
セラ、リチャード Richard Serra 427, 428
ゼンプト、ウーヴェ Uwe K. Sempt 319
祖田 修 71, 106, 109, 115, 478, 495, 503, 515

【タ 行】
ダイムラー、ゴットリープ Gottlieb Daimler 474, 475
田中素香 511
玉野井芳郎 104, 503
チャンドラー、アルフレッド Alfred D. Chandler 504
ツァイス、カール Carl Zeiss 475
ディーゼル、ルードルフ Rudolf Diesel 470
ティーレ、ホルスト Horst Thiele 324
ドーア、ロナルド Ronald Dore 437
トゥルンプ、クリスティアン Christian Trumpf 432

【ナ 行】
西岡久雄 410-412, 418, 505, 510, 511

【ハ 行】
ハイマー、スティーブン Stephen Hymer 119, 504
ハクスリー、ジュリアン Julian Huxley 4
ハーゲドルン、ライナ Rainer Hagedorn 354
バッケスゲルナー、ウシ Uschi Backes-Gellner 340
バーデ、フランツヨーゼフ Franz-Josef Bade 210-212
ハルトケ、ヴォルフガング Wolfgang Hartke 386
ハーン、ティル Till Hahn 430
ピオリ、マイケル Michael J. Piore 303
ピクハン、フリートヘルム Friedhelm Pickhan 428
ヒトラー、アドルフ Adolf Hitler 468, 469, 519
ファーレンカンプ、ハンス Hans Fahlenkamp 357
フォン・フラウンホーファー、ヨーゼフ Joseph von Fraunhofer 356
ブラウン、ボリス Boris Braun 303, 304, 312
プリープス、アクセル Axel Priebs 479
ブリューゲルマン、ヨハン・ゴットフリート Johann Gottfried Brügelmann 14, 497
ブローテフォーゲル、ハンスハインリヒ Hans Heinrich Blotevogel 115
ベス、ディータ Dieter Bös 340
ベック、ハンス Hans Böck 328
ベッケ、ウード Udo Boecke 315
ヘッシュ、フリードリヒ Friedrich Hösch 216
ベルクマン、テオドール Theodor Bergmann 521
ベンツ、カール Carl Benz 470, 475
ボッシュ、ローベルト Robert Bosch 470, 475
ボリン＝フラーデ、ダークマル Dagmar Bollin-Flade 432
ポルシェ、フェルディナント Ferdinand Porsche 469
ホルヒ、アウグスト August Horch 475, 476, 521

【マ 行】
マイバハ、ヴィルヘルム Wilhelm Maybach 475
マーシャル、アルフレッド Alfred Marshall 308-310, 334
マスク、イーロン Elon Musk 512
松田智雄 14, 498-500
ミークス、ヴェルナー Werner Mikus 213
宮崎義一 117

ミュラーアルマック，アルフレート Alfred
　Müller-Armack　278
ミュルダール，グンナー Gunnar Myrdal　517
ミルベルク，ヨアヒム Joachim Milberg　391,
　395, 398-402, 406, 413
メツガ，イェンス Jens Mezger　326, 327
メートナ，マンフレート Manfred Mäthner
　321, 322
モテック，ハンス Hans Mottek　14
森川　洋　71, 115, 458, 478, 482, 483, 495, 515
モーン，ラインハルト　Reinhard Mohn　424

【ヤ　行】
矢田俊文　1, 2, 495, 496, 503, 518
柳沢　治　39 498, 499
山田　誠　71, 478
ユーイング，ジャック Jack Ewing　420, 424-
　426

【ラ　行】
ライツ Reitz　321
ライトホーファー，ノルベルト Norbert
　Reithofer　394
ライビンガー，ベルトホルト Berthold Leibinger
　432, 433

リスト，フリードリヒ Friedrich List　499
リュツェルベルガ Lützelberger　266
レッピング、ベルント Bernd Lepping　216
レドリッヒ，フリツ Fritz Redlich　504
レーン，ヨハン Johann Löhn　290
ロート，ユルゲン Jürgen Roth　153

【ワ　行】
渡辺　尚　13, 14, 39, 495, 503, 515

【アルファベット】
Albach, Horst ホルスト・アルバハ　273
Borchardt Knut クヌート・ボルヒャルト　459
Bowles, Samuel サミュエル・ボールズ　517
Gehring, Paul パウル・ゲーリング　500
Hayter, Roger ロジャー・ヘイター　413, 510,
　511
Hohorst, Gerd ゲルト・ホーホルスト　459
Kiesewetter, Hubert フーベルト・キーゼヴェッ
　ター　15, 461, 462
Krumme, Gunter グンター・クルンメ　511
Porter, Michael E. マイケル・ポーター　421
Pred, Allan アラン・プレッド　518
Tiessen, E. ティーセン　34, 498

著者略歴

山本 健兒（やまもと けんじ）

1952 年 新潟県生まれ

1970 年 新潟県立長岡高等学校卒、1974 年 一橋大学社会学部卒、1976 年 東京大学大学院理
学系研究科地理学専門課程修士課程修了、1980 年 同大学院博士課程単位取得退学、1993
年 学位（博士（理学）東京大学（理 11317 号））取得。

1980 年 高知大学人文学部専任講師として入職し、法政大学経済学部助教授・教授、九州大
学経済学研究院教授を経て 2017 年九州大学名誉教授。その後、帝京大学経済学部地域経
済学科教授として勤務し 2022 年退職。

1977 年から 2016 年までの間にドイツ学術交流会（DAAD）、アレクサンダー・フォン・フ
ンボルト財団（Alexander von Humboldt-Stiftung）、フィリップ・フランツ・フォン・シ
ーボルト賞などの支援を得てミュンヘン工科大学、ゲアハルト・メルカートーア大学（デ
ュースブルク）、地誌学研究所（ライプツィヒ）、ハイデルベルク大学などで研究に従事。

2004 年 10 月に Hannover にある Akademie für Raumforschung und Landesplanung（現
在の Akademie für Raumentwicklung in der Leibniz-Gemeinschaft）通信会員として任
命され現在に至る。

主要単著 『現代ドイツの地域経済―企業の立地行動との関連―』法政大学出版局、『国際労
働力移動の空間―ドイツに定住する外国人労働者―』古今書院、『経済地理学入門　新版』
原書房、『産業集積の経済地理学』法政大学出版局、「隠れたチャンピオン」を輩出する
地域―欧州における小規模農村的地域の事例―』古今書院。

主要共編著　経済地理学会（編）『経済地理学会 50 年史』、経済地理学会（編）『経済地理学
の成果と課題　第 VII 集』日本経済評論社、人文地理学会（編）『人文地理学事典』丸善出版、
『グローバルプレッシャー下の日本の産業集積』日本経済評論社、『朝倉世界地理講座―大
地と人間の物語―　第 9 巻　中央・北ヨーロッパ』朝倉書店、『世界地名大事典　第 4 〜 6
巻　ヨーロッパ・ロシア　I、II、III』朝倉書店。

ドイツ経済の地域構造
―その変動の諸要因と変わらざる特質―

●

2025 年 3 月 25 日　初版第 1 刷発行

著者…………山本 健兒

発行者…………成瀬 雅人

発行所…………株式会社原書房

〒 160-0022　東京都新宿区新宿 1-25-13
電話・代表 03（3354）0685
http://www.harashobo.co.jp
振替・00150-6-151594

印刷…………株式会社明光社印刷所
製本…………東京美術紙工協業組合

©Kenji YAMAMOTO, 2025

ISBN978-4-562-09227-7, Printed in Japan